# 東亜聯盟期の石原莞爾資料

野村乙二朗編

敗戦直後の石原莞爾（昭和20年8月）

# 序

一、石原莞爾先生の事蹟ないし生涯について正確かつ総合的に記録する人として、野村乙二朗氏ほど信頼し得る人を私は知らない。私は石原先生に傾倒しただけの人間で、序を引き受ける資格などないのであるが、信頼する野村氏の要望なので、つい何の抵抗もなく受諾してしまったのである。

二、日本の国歩が最も困難を極めた時代における、石原先生の活動盛期から晩年にかけての日記、書簡類をかくも広く蒐集し、正確精緻なクリティークの加えられたことは、類書を求め得ぬ稀少価値を痛感させる。限りない感謝と喜びを禁じ得ない。

三、曺寧柱氏は朴正熙韓国大統領の依頼により、二期にわたって在日大韓民国居留民団長を受諾した人で、私が淵上辰雄と三人兄弟とも思った石原門下の先輩であるが、本書に収められた同氏の私あて書簡は、石原先生にあてるべき書簡がほとんどすべてであり、先生のご健康その他の事情を考慮してお見せするようにという意向がこめられている。

四、石原先生の生涯につき、「孤独」ということが余り強調されると、一種の誤解が生れかねないではあるまいか。先生ほど多数の人から信頼され、また敬慕された人はまさに稀有と思われる。本書では「孤独」の意味が具体的に説明されているが、「孤独」については適確な説明がつねにつけられてほしい。もちろんこれは私の杞憂かもしれぬ。

五、石原先生の墓前に、「私はただ仏様の予言と日蓮聖人の霊を信じているのです」という先生の言葉を刻まれた石碑が建てられている。

平成一九年三月

武田邦太郎

# 目 次

序 …… 武田邦太郎
凡 例

## 戦 中 編

一 退役まで―― 東亜聯盟の本質と協会改革の必要性(京都市伏見区深草時代)…… 1

昭和十四年(一九三九) …… 1

書簡・文書 …… 1

1▲十月八日付山口重次封書 飯村、遠藤両閣下に拝芝、満州国の内政実情、率直に申上候 1
2▲十月十三日付飯沼守封書 人事に於て大兄と良きが故に使用し得ず 一年間の人事は悉く失敗 3

昭和十五年(一九四〇) …… 3

3▲二月二十五日付杉浦晴男速達封書 高木さんが同行賛美を軽視する傾向 4
4▲六月八日付杉浦晴男速達封書 木村さんの得意とする所は、上層階級の獲得 6
5▲七月四日付杉浦晴男速達封書 宮崎の講演が総軍の空気を決定的にしつつある 9

32●十月五日付自筆メモと講演速記摘録「東亜聯盟協会運動要領ニ就テ」 56
33▲十月六日付小林鉄太郎封書　昨日の講話難有う。小生も同志の末席に入れて下さい 67
34●十月十二日付小泉菊枝宛封緘葉書　婦人部の成立 69
35△尾形好子「婦人部の思い出」（『協和新聞』昭和四十八年六月十一日） 69
36▲十月十五日付杉浦晴男速達封書　原稿の中、野口、淡谷両氏の氏名削除の件等に就いて 72
37▲十月二十日付田中久封書　四国地方御巡回御願ひ 74
38▲十月二十三日付高木清寿封緘葉書　戦争史叢書出版計画、外山の訳本に序文希望 76
39▲十月二十三日付中所豊封書　中央参与会員に推薦され、感激で一杯です 77
40▲十月二十九日付中所豊封書　重要問題の一つである半島同胞問題の解決 78
41●十二月二日付増川喜久男宛封緘葉書　講和の要件、満州国の承認と権益の返還 80
42▲十二月七日付岡野鑑記封書　奉天誌友会発会式 81
43▲十二月二十五日付杉浦晴男封書　宮崎先生の経済建設要綱執筆、淵上、高木氏等の活動場所の件等 83
44▲十二月二十七日付杉浦晴男速達封書　最終戦と大東亜戦争との関係について 85
45▲十二月二十七日付高木清寿葉書　『東亜聯盟と昭和の民』、最終戦論その他の出版計画 87

**昭和十七年（一九四二）** …… 88

46●一月三十一日付淵上辰雄宛封緘葉書　池本氏を納得せしめられし御熱意、全東亜の名を以て御礼申上候 88

あり　112
65▲五月二十四日付増川喜久男速達封書　日蓮無用論掲載に対する詫び状　113
66▲五月二十五日付山口重次封書　事変前の権益喪失は張学良の排日の罪ではなく日本の政策の失敗　114
67▲五月三十日付増川喜久男封書　日蓮無用論は返す返すも申し訳なく存じております　115
68▲五月三十一日付岡野鑑記封書　建国十周年記念の祝賀行事なるもの相次で催され　116
69▲六月二日付福島昌夫封書　雷撃山人こと福島昌夫拝　125
70●六月四日付福島昌夫宛封緘葉書　日蓮聖人との間の事をあんな風にかゝれては心苦しい極みにて　126
71▲六月八日付武田邦太郎書簡（便箋二枚）池本農業政策原稿遅延の件　127
72▲六月九日付杉浦晴男封書　本部体制の確立、建設要綱、日蓮無用論等について　128
73▲六月十日付淵上辰雄封緘葉書　地方工作報告と農業講習会への要望　129
74●六月十二日付淵上辰雄宛葉書　報告諒承　129
75▲六月十三日付石原六郎速達封書　会費制度に対する抵抗、協会本部の内紛　130
76▲六月十四日付中所豊封書　田中直吉氏の「大東亜の地政学的構造」、実に話にならず　131
77▲六月三十日付杉浦晴男封緘葉書　無理なる統合は当初の公約に反す　132
78▲七月一日付淵上辰雄速達封書　関西、山陰地方を廻っての帰郷報告　133
79▲七月四日付田中久封書　桐谷兄弟の覚悟は現代青年の鑑　135

97▲九月七日付淵上辰雄封書　本部機構の確立、名古屋、飛騨、津の状況報告　152
98▲九月十三日付淵上辰雄封書　佐世保・鹿児島等の組織工作報告　153
99▲九月十六日付田中久封書　御母堂様の御病勢拝承、従来の懇請を撤回　155
100▲九月二十五日付田中久封書　東亜聯盟同士会の士の字は志に改むべし　156
101▲九月二十五日付岡野鑑記封書　反動思想台頭し悲しむべき思想的動揺期に在り　158
102●九月二十六日付淵上辰雄宛葉書　此度の戦ひは兄等の勝利　160
103▲十月十三日付田中久封書　綜統医学聯盟四国支部発会式　160
104▲十月十五日消印高木清寿葉書　池本農業政策大観は二十日過ぎに発売　161
105▲十月二十一日付淵上辰雄封緘葉書　関門事務所を山陽事務所と変更、九州巡回予定の遅延謝罪　161
106●十月二十三日付淵上辰雄宛封緘葉書　冬の工作重点は池本農業政策大観の普及徹底　162
107●十月二十六日付小泉菊枝宛封緘葉書　遠路御出、同志一同非常の感激　163
108●十月三十日付淵上辰雄宛封緘葉書　当方、極力秘密に出発　164
109▲十一月八日付宮本忠孝封書　先般、中国政府某代表者来朝の砌　164

四　若杉参謀の中国派遣と東亜聯盟の国民組織（高畑町時代　1）……165

**昭和十七年（一九四二）十一月十三日～**……165

110●十一月十三日付石原錦子宛葉書　廿三日午後帰宅可致　165

書簡・文書

128▲四月一日付杉浦晴男封書　「国民組織案」口述の件、その他　210
129▲五月二日付淵上辰雄封書　筑豊支部結成、長野、三重極秘裏集会の準備等について　211
130▲五月二十四日付福島清三郎封書　御入洛感謝、京都の青年部も其後、大変活気付き　213
131▲五月二十七日付杉浦晴男速達封緘葉書　「昭和維新論」か「昭和維新指導綱領案」とすべきか　213
132▲五月二十八日付淵上辰雄封書　三上卓への紹介先等　215
133▲六月二日付杉浦晴男速達封緘葉書　「昭和維新論」中「経済建設」は従来のまま、又、合本の条件等　215
134▲六月七日付杉浦晴男葉書　国民組織要綱の印刷の遅れ等　216
135▲六月十二日付町村警保局長宛森丘正唯封書　世上、石原将軍を野心家と誤伝、誠に以て悔しき極　217
136▲六月付高木清寿封緘葉書　『国民組織要綱案』の発禁予防策等　217
137▲六月十五日付木村武雄封書　漢民族に伍する日本人の態度が大切、十月下旬、両国協議会準備　218
138▲六月十六日付山本勝之助速達封書　合本漸く校了、近々剞劂に付すること確実、平沢事務官紹介　219
139▲六月十七日付岡野鑑記封書　聯盟思想の浸透、誌友会運動の微力、建国大学改革等　220
140▲六月三十日付杉浦晴男封書　「国民組織要綱案」・「昭和維新指導綱領案」等について　222
141▲七月七日付河辺虎四郎封書　今日は七月七日一文字山事件より六周年　224

158▲十月十八日付武田邦太郎葉書 農村工家を「自給農家」と改称 245
159▲十月二十一日付杉浦晴男速達封緘葉書 東方会検挙、幹部全部ひっぱられた様子 246
160▲十月二十二日消印杉浦晴男葉書 常任委員、お伺ひすべき日 247
161▲十月二十三日付杉浦晴男封緘葉書 山本勝之助との情報交換等 247
162▲十月二十五日付淵上辰雄封緘葉書 十一月四日の工作員、常任委員の鶴岡訪問と九州旅行計画 248
163▲十月二十五日消印杉浦晴男葉書 常任委員お伺ひの折、全国工作員も同行 249
164▲十一月十四日付淵上辰雄封緘葉書 長崎支部講習会について 250
165▲十一月二十五日付杉浦晴男速達葉書 昭和維新の本質は目下智津氏立案中 251
166▲十一月二十七日付岡野鑑記封書 先般横浜高商へ転任を命ぜられ候 251
167▲十二月七日付多田駿封書 御出掛けの折は当地へ枉駕、行事日程を予定せられ度 252
168▲十二月十六日付高木清寿封書 中央参与会員講習会を変更、関東北陸地区の講習会にしました 253
169▲十二月十七日付福島清三郎速達封書 石島（曺寧柱）・安藤に対する公判の模様 255
170▲十二月十七日付高木清寿封緘葉書 講習会不参加止むなき同志のためお話し希望 256
171▲十二月十七日付阿部久兵衛封書 小生事、恐喝、詐欺、横領事件にて鶴岡警察署に 256
172▲十二月二十日付高木清寿葉書 蔵書保管は外山さんにお願いたします 257
173▲十二月二十四日付高木清寿葉書 八日の東京の会合は取り止めました 258

関係等　285
181▲一月二十九日付山本勝之助封書　昨日、親分に面接、支那事変処理について態度の決定を求め候　286
182●一月二十九日付淵上辰雄宛葉書　山本氏のこと誠に感慨深き思出に御座候　287
183▲二月六日付高木清寿葉書　鈴木君には南方行思とゞまる様申上ました　288
184▲三月四日付曺寧柱封書　東聯理論が朝鮮青年の歓心の的となった理由　288
185▲三月六日付高木清寿封書　戦術学要綱改訂等の事　290
186▲三月二十八日付淵上辰雄封書　宇奈月での反省、結婚について　290
187▲四月一日付淵上辰雄葉書　九州の活動家、佐藤守の死　292
188▲四月六日付曺寧柱封書　郵便発送至難の状況、高木氏は体力衰弱意気消沈の状　293
189▲四月十一日付淵上辰雄封書　小泉先生の話、東亜聯盟主義者としての結婚観　295
190▲四月十二日付淵上辰雄封書　内務省町村警保局長等の情報、名古屋青年の事件抗議等　296
191▲四月十二日付岡野鑑記封書　桐谷君の為に御媒酌の栄を辱ふし厚く御礼申上候　297
192▲四月十六日付淵上辰雄書簡封筒なし　東海事務所設置等について報告　298
193▲四月十八日付高木清寿封書　体調不良と東亜聯盟工作　300
194▲四月二十一日付柴田欣志速達封書　お蔭様にて今回多大の進展を見る事に相成り候　302
195▲五月二十一日付高木清寿封書　外山卯三郎によるヤミの撲滅運動　303

203▲八月三十日付田中直吉封書　関西事務所活動状況報告　332
204▲九月一日付高木清寿封緘葉書　鈴木文平の酵素堆肥講習会等　335
205●九月十八日付小泉菊枝宛葉書　同志御揃ひ御出で下され候ひし節、自制を失ひ失礼　336
206▲十月二日付田中直吉封書　関西活動報告、特に天ノ橋立講習会のお願いについて　336
207▲十月六日付曺寧柱葉書二葉　伊地知氏と和田先生との関係が円満化に尽力　338
208▲十月九日付田中直吉葉書　淡路での活動報告　339
209▲十月十一日付杉浦晴男葉書　牛島、千原等の軍法会議送り等　340
210▲十月十二日付曺寧柱封緘葉書　牛島・浅原・津野田及び千原は軍法会議に決定　340
211●十月十七日付小泉菊枝宛葉書　検閲の実態、国に政治なし　341
212▲十月二十六日付平林盛人葉書　座談会的のもの熱望の際は承諾被下度　341
213▲十月二十八日付曺寧柱葉書　空手を通じて東聯挺身隊を組織　342
214▲十一月十一日付曺寧柱葉書　只今、名古屋より井上義郎君出られし旨、便有り　342
215▲十一月二十一日付平林盛人封書　御見送り違約、唯々恥入候　343
216▲十二月五日付石原六郎葉書　フリとナポの本は大部分無事　344
217▲十二月八日付高木清寿葉書　外山家空襲被災　345
218▲十二月二十四日付高木清寿葉書　石井閣下への御紹介有難く御礼申上ます　345
219●月日不詳自筆メモ　「東亜聯盟ノ政治進出」　346

## 戦後編

書簡・文書

## 目次

四月　貧血ノタメメカ疲労漸ク甚シ　諸君ニマルクス主義ニツイテ約一時間半 528

五月　鎌形君トマルクス論アリ　寺村更ニ一泊シテ勉強スルコトトナル 531

六月　軍政部ヨリ精華会取調ニ来シモ面会セズ 534

七月　照井欣平太来ル、菌ノ代金集マラヌ由 536

八月　「言行録」ノ件 539

九月　伊達処刑ノ新聞記事　噫！ 541

十月　月例会相等盛会　十二時四十分ノ列車ニテ南部君到着 544

十一月　トーキー撮影中々ノサワギ 547

十二月　多田大将（昨日）死去トノ通知 549

### 書簡・文書 552

- 268 ▲一月一日南部襄吉葉書　百姓も第五年目　少しは慣れて輝も苦にならず候 552
- 269 ▲一月二日付小泉菊枝封書　入植候補地のこと、精華会組織の進展等 552
- 270 ▲一月七日付曹寧柱封書　御遺文鈔、人造石瓦工場、朝鮮の政論民論等 555
- 271 ▲一月十四日付伊奈重誠封書　近況報告　野菜販売の方は仕入先に知己が出来 557
- 272 ▲一月二十六日付小泉菊枝封書　精華会研究会、朝鮮同志、共産党攻勢、坊さんと論争等 558
- 273 ▲二月十四日付武田邦太郎葉書　山形県知事挨拶に参上予定、御遺文印刷捗らず 561
- 274 ▲二月二十四日付武田邦太郎封書　木村農場の長期講習の模様 562
- 275 ▲三月二十一日付小泉菊枝封書　曹先生の農場、千葉県下周西に決り 564

## 書簡・文書

# 東亜聯盟期の石原莞爾日記及び書簡・文書

# 凡例

一、日記・書簡・文書の採否は、未刊行のものということを基準とした。
一、配列は原則として編年順としたが、昭和十八年以降（日記のある年次）は、章毎に、最初に日記を置き、次で書簡・文書を配置した。
一、石原莞爾自身の書簡・文書にはその冒頭に●印、石原以外の人物の書簡・文書には▲印、参考となる回想禄には△印を付した。
一、書簡は特にことわるもの以外はすべて鶴岡市郷土資料館所蔵と国立国会図書館憲政資料室所蔵のものである。鶴岡市郷土資料館所蔵のものについては「鶴岡・石原・請求番号」、また国立国会図書館憲政資料室所蔵のものについては「憲政○○関係文書・請求番号」と表記した。
一、表記は可能な限り原文書に忠実であることを原則としたが、記号や、一部の漢字、踊り字等で若干、表記を改めたところがある。

# 戦中編

## 一　退役まで――東亜聯盟の本質と協会改革の必要性（京都市伏見区深草時代）

### 昭和十四年（一九三九）

書簡・文書

**1▲飯村、遠藤両閣下に官舎にて拝芝、満州国の内政実情、率直に申上候**
十月八日付石原莞爾（京都市第十六師団司令部）宛山口重次（奉天市紅葉町二）航空便封書［憲政増川喜久男関係文書・61―5］

謹啓　彌々御清穆の旨承はり一同御悦び申上居り候。杉浦君来満御近況承り候。月末頃皆川氏拝趨致す予定との事に

候

飯村、遠藤両閣下に九月二十四日に官舎にて拝芝、第一回は満州国の内政実情、主として人心の不安、五ヶ年計画の現在及将来等率直に申上候。近来の状況は閣下が昨夏御憂慮せられた以上に行き詰り候

其の節、改革意見を出せとの事に候間、十月一日再度参上、例の卑見を九時より十二時まで説明申上候。遠藤閣下は東上、不在なりしが、折り好く岡野鑑記氏も来られ、氏の改革意見も同時に具申せられ候。同氏の意見書は断片的と表現の相異こそあれ現状判断も改革目標も、亦対策も全く卑見と一致し意を強ふし、官舎よりの帰途更に両人にて半日種々意見を闘はし候結果、結束弾となって御国の為に微力を捧ぐる事を約し候。唯、同氏は果たして改革が断行せらるるかどうかと焦慮気味に候いしが、小生は成否を考へては決心がにぶるから成否は天に任せて不退転で突進しよう。兎に角、吾々に御会ひ被下長時卑見を聞いて下さる丈けでも偉大な進展ではありませんかと申し合せ候

鷲崎氏現地より帰京致し候間、種々打合せを了し候。此の点は杉浦君より内容御聴取願上候

全聯に本日まで出席致し状況観取致し候が、代表の熱心と真剣さは逐次加はり内心協和運動の成功が悦ばれ候。政府側は表面熱心なるも代表に押され気味にて忌避の情観取され候。中には真剣に「教へられる」と言ふ真面目の官吏も有之候が大分は代表に政府攻撃をやらせるのは自由主義議会と同様ではないかと不平を申し居り候。中央本部は政府迎合態度を示す為、代表は不満を感じ居り候。協和会にて皆川氏、司令部にては三品氏の苦心察せられ候

統制と物価問題は深刻と相成り民衆は統制の合理化を要求するに対し、政府は凡ての生活必需品まで官営（必需品会社）配給を考へて居るらしく之れは重大問題にて候。政府も行き詰りに苦しむらしく、近頃ノモンハン事件も終ったから半歳位五ヶ年計画を休むと言ふ様な空気が起り居り候。小生等の考へとは全反対方向を示し居り候。根本的改革よりも現在では応対策を要するもの多々湧き出て候。若し小生軍嘱託を命ぜらるれば及ばずながら微力を尽す考へにて候が如何に候や御指示を仰ぎ申し候。何等の位置なくても尽す事は怠らず候へ共、支障多く効果薄く候。出来得れば事変当時の如く無給嘱託で働きたく候。先は右、近況御報告申上候　　　　敬具

十月八日　　重次

2▲人事に於て大兄と良きが故に適所に使用し得ず、一年間の人事は悉く失敗

十月十三日付石原莞爾（京都市伏見区深草）宛飯沼守（東京市外武蔵野町境二七九）封書［鶴岡・石原・101―6］

拝復　御慰問の御詞しみじみ難有御礼申上候
大兄の御病状良好とは風の便りに聞き居候も果して如何、御乗馬は可能となられしや御案じ申上候　大兄の健康に就ては殆ど全員懸念御恢復を祈居る次第御自重願上候　小生に対する御慰め難有存候も総て当らず　決して「石原」を友人に持ちたるが故に些の迷惑も蒙らず候　但　他の人々の人事に於て　大兄と良きが故に適所に使用し得ず、又は之に関連し兎角の故障の出たるは事実　此点部内一般の気持ちに多大の遺憾を感ずると共に　大兄に於かれても大局より観て多少工夫せられて可然点あらずやと存ぜられ候　又一年間の人事は悉く失敗、主要なる点に於ては小生の企図一つも行はれずと申しても宜ろしく従って他日酬ひらるべき何物も無之候
勿論此間曲事怠慢はふきつもりければ別に心残りはなく次の御奉公を期待致居候間　今後共宜敷御示教願上候、切に御自重を祈る　　敬具

十月十三日　　飯沼守

# 昭和十五年（一九四〇）

## 3▲気になりました点は高木さんが「独自の立場」に主点を置き同行賛美を軽視する傾向

二月二十五日付石原莞爾（京都市伏見区深草）宛杉浦晴男（東京市外吉祥寺二九七七）速達封書［憲政増川喜久男関係文書・29―5］

合掌　数々の御訓戒、幾度となく心の中に繰返しつゝ帰京いたしました。小生の如きものに対し心を平かにして聴いて貰ひたいとまで仰せられ諄々としてお示し賜はった今回のお言葉の数々、真実、心の底までしみ通りました。閣下の人生観、人と人との処し方など、恐らく最もよく弁へてゐるべき今までの好境遇にめぐまれておりながら、或は暗愚のため気付かずして人の不平を招き、或はつまらぬ他人の感情を顧慮して自ら引込思案をいたし、この生死存亡の大時期に際し、取り返しつかぬ多くの失敗をいたしました事は、実に実に閣下に対し何とお詫び申上げてよいか判りません。この後は今回の御厳戒を身に体し誓って再び同様のお戒めを頂く事のない様、常時、精進いたしてまゐります。何とぞ閣下におかせられましても、今日までの暗愚お許し下され、従来の如く御指導賜はりたく心より御願ひ申上げます

一、宮崎先生との連絡の件

閣下よりの伝言を申上げました所、本案御採用下され感激の至に耐へざる旨お話あり、閣下の仰せの如く、この案より具体的に展開すべき必要は固よりの事である。自分は着々これをやってゐる。たゞ東亜聯盟に出せるか否かは問題だと云はれました。私よりは本案のみにては同志の研究上不便なので、少くとも機密に亘らざる程度で本案に対する解説の如きは是非御願ひしますと頼みました。

なほ前後の関係より見ての若干の訂正につき御諒解を得た上、

（一）、仮に国営が完全な形態であるとしても云々の部分

（二）、これらの点につき識者間に云々の部分

の両者は削除されては如何と申上げ、その理由を申上げましたところ、先生は快よく同感されました。更に（一）、特種会社の方式の採用が望ましいと云はれてゐる点につき、「東亜聯盟建設綱領」に特種会社による統制に対し一矢報いてゐる事を申上げ、本案中に於ても現経営の欠陥について一言されてはとのべました。これも宮崎先生は賛成されました。

なほ木村氏とは、その以前に訂正案を提示、かくの如く訂正される旨報告しておきました。目下印刷進行中、昨日第一校を了しました。

一、福島先生より頻りに云はれましたので御迷惑と存じましたけれど書物三冊お届け頂きました。残一冊はどうしても見当らず近くまたもう一度捜して見ます。

一、海保、堀両氏にも閣下より承はった要旨を伝へ共に反省いたしました。二人共、私に対してはあくまで東亜聯盟運動をやると申してゐますので、如何にこれを実践（または協会を応援）すべきかに就き真剣なる努力を要望、口だけでは駄目と私が叱られた点を述べ、且つ東京協和会として当然なすべき報告等、繰返してその伝統的本質を擁護されたき旨、協議いたしました。東京協和会と縁を切ったとのお叱りではありますけれど、今暫く御宥恕、御覧下さいます様、まこと協和会が現状より飛躍出来ない様子でしたら（必ず飛躍させる決心です）私は二人に対してもはっきり話をつけねばなりません。

一、高木氏とも会ひました。若干気になりました点は、高木さんが閣下のお示しの中、「独自の立場に於て運動をなす」点に主点を置き、「一日も早く同行賛美の心を以て協会に参加する」点を軽視されてゐることです。私としましては、この点、同氏にもよく申上げ、且つ今後も機会ある毎に同氏と連絡して協和会及び協会と連絡をとらせ、出来うる限り間隔を狭める様努力致しますけれど、何等の機会ありました節には閣下よりも同氏に対し没我の心を以て（同氏は自分は木村氏に異存はないが地方の同志が困ると云ふのだの一点張りです）この指導者なき大運動を建設すべき様、お示し仰ぎたく存じます。

一、他面、木村氏としてもこの際、同志と心より協力して進んでゆくべき心構へを発揮、従来、人をして余りにも政治家的・謀略的と云はれてゐた部分を逐次清算、進んで頂きたく、小生はこの方向に向って必死の努力をつくしてまゐります。

一、野口傳兵衛氏より来信あり。東亜聯盟協会につき在満同志間に若干の誤解ある事情判明いたしました。近く今日までの経過を記し若干同志に報告しようと存じます。

一、六郎氏には連絡了。

一、なほ、先日、申上げるのを忘れましたけれど、崔君より「民心の獲得」と云ふ語は不快を招く事が多いさうです。閣下も御異存なくば、崔君の意見の如く、なるべく彼我の信頼、相互信頼等の平等的用語を使用して参ります。また昭和維新論中（二九ページ）「我々は断じて善意の悪政を行ふの愚に陥ってはならぬ」の一句は、中国に於ける政治独立の原則より見て多少おかしく感ぜられると思ひますので削除いたしました。

一、三月五・六両日の東京の講習会に於ては宮崎、里見両先生は出講承諾、白柳氏は目下、木村氏にて交渉中。

一、「東亜聯盟」の合理的経営の確立は焦眉の急であります。全員の協力を以てこの難関を突破しなければなりません。又、先日申上げました一般書店売上部数は間違ひありません。眼を開けば重大問題が一杯です。捨身、これを解決、東亜聯盟運動の第一歩をして堅確のものたらしめます。

（先日、お聴きにくい事を色々申上げましたけれど、これは常に閣下には真実の様子をお知り頂きたく申上げました事で、現状の困難を誓って我々全体で克服してまゐります故、凡てそのまゝお聴流しおき下さいます様）

杉浦晴男

昭和十五年二月二十五日

## 4▲木村さんの得意とする所は、その場その場の仕事、及び上層階級の獲得

六月八日付石原莞爾（京都市伏見区深草）宛杉浦晴男（東京市外吉祥寺二九七七）速達封書［憲政増川喜久男関係文書・29―8］

合掌　御多忙中に拘らず、週日の長きに亘り、肝に銘ずる御教導を賜はりお礼の申し上げ様がありません。目下の私にとりましては閣下の考へられる所まで如何にして協会事務局をして上昇させるかの問題のみ重大です

帰京直後、宮崎先生にお目にかゝり長時間に亘って種々御報告申上げ、更に強力なる先生の御尽力を御願ひし、同時に協会今後の方針に就いて申上げました。先生は心にかけてゐ乍ら充分出来ず申訳なしと言はれ、今後は何としても週一回は参与会員会議を開くと云はれました（今週は土曜日（今日）四時からです）

二日ほどたって帰京された木村氏にもまた充分説明しました。木村さんの得意とする所は、その場その場の仕事、及び上層階級の獲得であり、総合的計画性は必ずしもすぐれてゐるとは思はれませんし、また、その周囲の人々もともすれば同傾向に走りますので、私としては極力、宮崎先生を仕事の計画の中に引込み、協会の進路に計画性をあたへることに努むべきだと思ってゐます

閣下の平素云はれる事ですが、結局、人間はお互に大した事はないと思ひます。たゞお互に励まし合ひ、許し合って始めて大きな力が出て来ることゝ存じます。忠恕の心と云はれる、その教を体し、私の力のあらん限り、ありとあらゆる手段をつくして協会の進展に努力します

一、編輯は目下、最多忙です。新京、岡野氏より原稿がまゐりました。池本農業政策要綱はあと二日位で出来る相ですが、今月号には間に合ひません

一、朝鮮問題は徹底的に論じられてゐます。詳しくは手紙では不可と存じますのでお目にかゝる時にゆづります。

例の国内の民族問題の内容に就いて、姜、崔両氏の検討を要求しました所、異存ないとのことです。たゞ両氏とも原則的な理論を望んでゐる様ですが、建設綱領全体の調子を説明し、且つどんどん改訂発展するのだと云ひましたら、

納得しました。「悪夢」は如何などとも云ってゐます。仲々むずかしいと思ひました

一、石原智津氏の判断で別冊付録は到底不可能との事なので社長には会ひません。近く同氏は編集局長と共に西下する相で、閣下の御都合を伺ひ、局長と共にお訪ねしたき由です。同氏は適当な筆者を得て、何とか「主婦之友」本文に「東亜聯盟論」を挿入するやう努力してくれてゐる様子で、そんな事より編集局長をして一度、閣下のお話を伺はせたいのださうです。表紙の事に就いても考へてくれてゐます

一、キング編集部来訪、これまた東亜聯盟のはなしをのせたいとの事です。或は南京にまゐった時、板垣閣下のお許を得て東亜聯盟の通俗的解説を板垣閣下の御名前でのせることも考へてゐます

一、たゞ主婦の友、キングとも情報部を極端に怖れており、東亜聯盟をのせる事により情報部よりにらまれる事はないかと気にしてゐます。絶対大丈夫だと答へておきましたが、近く木村氏を煩はして、情報部との懇談会を催さうと考へてゐます

一、嶋中氏工作は藤森氏に瀬ふみさせてゐます。同時に協会では小泉氏のものを単行本にする場合の準備に着手しました

一、南京行は宮崎先生が急に所員四名をつれてゆかれることになったので、或は十二、三日神戸出帆となるかも知れません。児玉氏は十日帰京の様子です

一、笹川氏の件、山口氏には連絡済みであります

一、池本氏には、お手紙拝受、直ちに連絡いたし、出来上り次第、更に打合せたき旨、お報せいたしました

一、大阪朝日のスペースなきためおくれ申訳ありません。十日に出る相です。来月よりはこんな事のない様にします。華文版は十日の東朝に出る様です

一、華文版の主張に、民族解放、政治独立と並べてあり、私共で（民族の二字は削除さるるを至当と考ふ）と書いた事と矛盾ないでせうか。また「民族の二字削除」の立場よりすれば、蒙古を一単位とする国家形成とは矛盾ないでせ

うか。お教を仰ぎます
一、宮崎先生は十一日頃、京都にお伺ひする様です。私も亦、多分先生と一緒の船になると思ひますので、乗船前、必ず御挨拶にお伺ひいたします
一、文武傑氏の件、板垣閣下に直ちに連絡いたしました
一、規約は今日の会議で定まります
一、谷氏より速達あり。今日、お目にかゝれると存じます
一、中央本部長二人制、奇怪極まりなき事、海保氏等も全く寝耳に水のやうです

昭和十五年六月八日朝　　杉浦晴男

## 5▲辻少佐情報、宮崎の講演が総軍の空気を決定的にしつつある

七月四日付石原莞爾（京都市伏見区深草）宛杉浦晴男（東京市外吉祥寺二九七七）速達封書［憲政増川喜久男関係文書・29―9］

合掌　過日、中村氏に持参依頼せる辻少佐案、本日更に同封の如き訂正案を送ってまゐりましたので至急お送りいたします。

同通信に於て、過般の宮崎先生の講演が総軍の空気を決定的ならしめつゝある様子認めてありました。（朝日、日々回答案は板垣閣下の承諾を得られたとの事です）

刻々と動きゆくこの時、斃れても已まざる決心で進んでまゐります

七月四日　　杉浦晴男

## 6▲南京より辻少佐上京、昨今、省部において奮闘の模様及び丸川情報

七月八日付石原莞爾（京都市伏見区深草）宛杉浦晴男（東京市外吉祥寺二九七七）速達封書〔憲政増川喜久男関係文書・29―10〕

合掌　丸川氏電報あり。紀井氏連絡に上京すべき由により　本日同氏と協和会にて面接　同封の如き書面を頂きましたので、取急ぎ御報告申上げます

ただ紀井氏東上の朝鮮水害による遅延のみならず　かくの如き用件に就いて閣下の打電を御願ひする事の可否は小生の判断外の事故　ただこの事情を御報告するとのみ答へておきました

南京より辻少佐殿上京　本早朝連絡済　帰途何とかしてお伺ひいたしたき由です。上京の理由は内閣更迭急速に行はれるの見透の下に　新内閣の政綱に東亜聯盟結成の一点を加へさせんとの折衝　及び　東亜聯盟運営機構の提出の如くであります。昨日今日　省部に於て奮闘です

御在否　御一報　賜はりたくお願ひいたします。

これより大日本印刷にまゐり八月号の進行状態を見て来ます。小生の体の事は何とぞ御安心下さいます様

七月八日　　杉浦晴男

（▲）〔同封杉浦晴男宛丸川順助書簡〕愈々御健祥益々御繁忙の事と存候　扨て、協和会近時の状態に関しては既に萬御承知の事と存候へ共、最早や其まゝの推移を許すとせば、完全解消と可相成、憂慮に不堪るもの有之候

然る処　幸今回　橋本本部長　建国神廟宮司として転出の事に内定致候趣　皆川総務部長より聞及居申候に就いては、此際断乎、嘗て閣下よりも御指示有之候ひし如く　大橋元外務局長官を本部長後任として迎へ、不取敢会内の陣容整備に着手致候を最善と被存、此点　皆川部長も衷心希求致居られ申候間　大至急　何らかの方法にて閣下に御連絡、奉天、瀋陽館（奉天浪花通）内、花谷少将宛、満州国・関東軍両者方面へ、大橋氏推薦方特に御尽力相仰ぐ様御取計

御依頼方御願申上候
花谷少将には一昨二日、山口氏と共に会見致し候処　同少将も全く御同感に有之候
九月迄奉天滞在の由に有之候間　大至急御取運願上候
幸　本日紀井氏上京の機を得　右御依頼申上候。詳細、紀井氏より御聴取願上候
　　七月四日　紀井氏出発前同氏宅にて　　　　　　　　丸川順助

## 7▲挙軍一体の実は東條将軍と石原閣下の握手に外ならず

七月二十日付石原莞爾宛岩畔豪雄封書（託幸便）［鶴岡・石原・手紙248］

◎御一覧後火中御願申候

前略　邦家二千六百年目の転機に際会し真に内外の諸態勢を一新して新国策を強行するの好機に恵まれ同慶至極に存居候処、茲に尤も重要なるは挙軍一体の態勢を作る事にあるかと存候
而して挙軍一体の実は東條将軍と石原閣下の握手に外ならずと愚考仕候
顧みれば不愉快なる思出も多く有之こと丶は存じ候へ共、此際綺麗薩張りと清算し、共に手を携へて御進み願ふこと切なるもの有之候
実は此度、東條将軍出馬に当り我等一同同将軍に望む所一点、即ち石原閣下と握手なさること之なりとて既に意見を具申致置申候　此点次官、武藤各閣下、及渡部富士雄君等も悉く同感にて尚、武藤、小生は石原閣下と田中新一将軍との提携をも引続き試むべく存居候間、出しゃばり者思召し御許容の程願上申候　私をして公平に評せしむるならば、過ぐる歳、支那事変勃発に際する石原閣下の先見の明は今日明瞭に証明せられたる所にして諸人均しく閣下の前に脱

帽すべき必要ありと存候へ共、既に事態茲に到り何人かゞ之を巧妙に収拾せざるべからざるに立到りたる以上、閣下に於せられても諸人の不明を心の中に笑ひつゝ、枉げて御許容の大度を示さるゝ様御願申上候
本件の主旨御異存無之に於ては細工は小生等に御委せ願度存候　右要用まで如斯に御座候　不一

## 8▲小生は暫く朝鮮人問題を見送るを賢明とする者に有之候

七月二十六日付石原莞爾（京都市伏見区深草）宛宮崎正義（東京市麻布区狸穴満鉄総裁社宅内経調事務所）封書［憲政増川喜久男関係文書・59―2］

謹啓　盛夏の候閣下愈々御清穆に被為渉奉賀候。先般は再度御親書賜り有難く御厚礼申上候。折角の御言葉にも不拘、所用の為め参上致し兼ね誠に失礼仕候。小生不相変何かと雑用のみ多く暑中汗だくの態に有之候
新内閣も一応成立し近衛公も今度は相当成算あるらしく布石見るべきものあるが如きも果して何程の事を期待し得るか、東條、松岡等とのコンビ果して如何、暫く見学致すべく候
扨、閣下の提案せられたる「国内に於ける民族問題」特に朝鮮人問題に対する聯盟協会の態度は、前回の中央参与会議に於て、諸般の事情上、暫く研究の為め留保したる次第なるは御承知の通りに有之候。之に対して閣下が御不満なるべき事は各員充分自覚し居り、速に閣下の御方針に副ひたしと衷心より希望致し居る次第に御座候　然る処、小生に関して言へば尚若干の疑問を抱き居り、之を率直に閣下に申上げ御教示を仰ぎ度切望仕候
一、東亜聯盟の国策への推進運動は尚一段の努力を要し中央の情勢未だ楽観を許さず、此際紛糾を生じ易き鮮人問題は暫らく触れざるを可とせずや
先般、辻少佐の上京により陸軍の省、部は趣旨には一応賛成の旨、回答したるも、同氏の斉したる政治機構は意外に

不評判にて、東亜聯盟が斯るものならば反対なりとの気配相当に強きやう見受けられ候
参謀本部側の語る処によれば、省部の東亜聯盟に対する態度は尚六分四分位の煮え切らざるものありとの事にて、新陸相の登場により問題は尚燻る虞れ無しとせず。例令、原則として之を取入るにしても必ずしも安堵し得ず、尚一段の努力を要するやう考へ申候
此時に当り聯盟協会が朝鮮人問題に対して総督府の政治に批判を試み、独立運動者を先覚者の如く取扱ひ、其転向者等と結合せんとする動きを見せる場合には、協会出入の鮮人の行動に不審の点あり等の理由により官憲が協会に手入れを行ひ、一方、聯盟協会が不逞鮮人と連絡あるが如きデマを流布し協会を傷け東亜聯盟運動の展開を阻止せんとする企図行はれずと断言し得ず候
右は単なる小生の憶測なるが、斯る示唆を与へたる者はあり。更に総督府、内務省、警視庁等は共に異口同音に聯盟協会が此際、鮮人問題を取扱はざるやう極力希望し居り、協会側の考慮を促し居り候。小生は暫く鮮人問題を見送るを賢明とする者に有之候
二、朝鮮人問題は重要なるも台湾本島人七百五十万人の問題も同程度に重要にして、殊に後者が支那人なる関係上、問題は更に複雑なり。過去及現在の両総督府の施政を批判する場合には、協会員は更に統治の内容につき徹底的に研究する要ありと愚考す
聞く処によれば、協会木村氏に対し、朝鮮総督府官吏は一々具体的例を挙げて所論を駁論し、木村氏に何等具体的準備無きため、応酬し得ざるものありたる由にて、協会側に準備不足なるを痛感す
要するに閣下の御研究に協会側が追随し得ざる実情にて協会員は本問題に対し自信を失ひつゝある実情なり
三、朝鮮政治当局は日鮮両民族の融和政策は既に昨日の政策に属し、現在は日鮮一如、一体の段階にありと称し三十年の統治の歴史性を強調し、満州及支那に於ける新たなる民族問題と同視するを許さずとの見解を強調致し居れり
斯る見解の妥当性に関しては勿論充分あらゆる角度より検討する要あり。吾人の批判の自由はあり

されど三十年の歳月は民族融合の歴史に於ては一瞬時とも見られ、斯る政策の飛躍は許されずとも考へらるゝも、一面吾人が数十年後に於て、東亜の融合、世界一国家をも夢み得るとすれば、日鮮両民族接触三十年の歴史に於て、挙げ得たる成果を過小評価し、満州国、中華民国と斉しく、同一のスタートより民族協和のやり直しをやる要ありと断ずる事は統治当局の最も苦痛とする処ならんと存じ候

朝鮮が東亜聯盟の角度より再検討する要あるは勿論なるが、閣下の御方針に基き協会員に研究の時日を与へられたしとは一同の一致要望悃願する処に御座候

以上、失礼を不顧、愚見を開陳仕候。閣下の御教示御叱声を仰ぐを得ば幸之に過ぎず候。小生不敏且魯鈍にして、閣下の知遇を得てより十年、其間、無為無能、閣下の御恩に報いる何物も無く、顧て汗顔の至りに御座候。加ふるに閣下の御期待に反して聯盟協会の積極的活動にも何等寄与し得ず、却って閣下のお怒りを求むる如き斯る書を差上る始末にて自らの責任を痛感する次第に有之候

将来の日本建設の柱石たるべき閣下の周囲には須く有為の人材あるべし。小生其任に非ずして知遇に慣るゝが如きは許されずと存じ候。其点、心惑ひ居る次第に有之候

敬具

七月二十六日

宮崎正義

## 9▲日満財政経済研究会の解消に伴う措置

九月二十六日付石原莞爾（京都市伏見区深草）宛宮崎正義（東京市麻布区桜田町八日満財政経済研究会）

封書［憲政増川喜久男関係文書・59―3］

謹啓　秋涼の候、閣下愈々御清穆に被為渉奉大賀候

先日は軍務御多忙中長時間御引見を賜り有難く御厚礼申上候
閣下の命により創設せし日満財政経済研究会の解消に関し閣下の御諒解を求むる事は実に小生の最大関心事なりし処、閣下の御聴許を得て双肩の重荷を一時に下せし感あり。ホッと安堵仕候
二年間の御約束なりしを兎にも角にも五年間継続し、その間最後迄、政府の政策に対する指導的立場を失はざりし事は我等のせめてもの誇り且慰めに有之候。近く五年間の業務の綜合報告書を作製、閣下に提出可仕、何卒之を以て小生に課せられたる任務解消せるものと心得させて戴き度奉願上候
顧れば満州事変以来、長年月に亘り閣下の知遇を辱うしたるは実に小生一生涯の最大感激事にして、此間、皇国の国策の一端に参与し得たるは実に男子の本懐にして閣下の御高恩に対しては感謝の辞を発見するに苦しみ申候
今や任務終り退陣する小生の胸中には何等の蟠り無く、唯々閣下に対する感謝と感激の念のみ、心中清風生ずる想ひ有之候。唯一つの気懸りは、根本国策に関するものを除きては所員の身の振り方なるが、之も先日申上たる通り略々成算あり。堀場中佐等とも協議の上、適当の処置を取る考に付御休神被下度、小生としては彼等が他に転職するにしても退職慰労金等は事情の許す限り十分支給致し度、会の財産（大部分書籍）も、此為め処分するは差支へ無かるべしと愚考致し居り候。彼等は有事の日には一団として君国の御役に立つべき者なれば其糾合の措置は予め講じ置く考に御座候
日満財政経済研究会を解消する以上、小生が満鉄に残る事は殆んど無意義にて、又忍びざる処なるも、今直ちに辞する場合には、小生の今後の身の振り方に関し参謀本部、陸軍省等関係方面に御心配をかける結果となるべしと考へ、会の円満解消の為め暫く之を差控へ、万事落着せし後、静かに退社致したき所存に御座候。南京には来月、渡支の上、板垣将軍に御挨拶申上げ、併せて軍嘱託となりし部下の業務継続に関し必要なる処置を講じ、後顧の憂ひ無きやうにして引上ぐる予定に御座候
引退の後は当分の間は引籠りて読書静養の生活に入り疲労困憊せる身心と宿痾の神経痛を癒するに努め、同時に今少

しく組織立ったる研究に没頭致したき念願に有之候
東亜聯盟運動は我国世界政策の根幹として今後飛躍的な大発展を為すべく、邦家が其柱石として閣下を中央の最大重要任務に要望する日、極めて近きにあるべしと確信致し候
君国が亡びざるために此事を日夜祈願して止まざる次第に有之候
頓首再拝
九月二十六日
宮崎正義

## 10▲軍政なくば今日より飛躍的に良くなるやに関し疑問なき能はず

十月八日付石原莞爾（京都市深草師団長官舎）宛飯沼守（北支飯沼部隊本部）封書〔鶴岡・石原・手紙101―2〕

謹啓　益々御清武奉大賀候　水上大佐昨日当地へ参り、御恵贈の『最終戦論』『昭和維新論』拝受、前者は二三日前義方会より送付を受け拝読、『満州建国と支那事変』一昨日到着拝領、共々一応拝見仕候　平生承り居候処なるもまとめて拝見すれば更に新たなる感興を覚え申候
特に維新論中の教育及農村政策は急務の如く存ぜられ早速具体化せしめられん事切望に不堪候　最終戦が三十年後とすれば教育は明年より始めても此戦争準備に間に合うか合はぬかといふ有様　一刻を争ふ問題に御座候　彼の着想は勿論要路にも理解せしめられたる事と存候も、其具現化は恐らく現政府にのみまかせ置きては不可能なるべく、御手許の調査機関をして具体案を作り、政府を誘導する必要可有之、僭越ながら進言仕候
支那事変処理の御方針、御尤も千万ながら現地にて錯綜せる事象に直面してはなかなか簡明には処理し難く　近衛声明に達する一段階として色々の事も頭に浮び申候　占領地区内の支那人は為政者が誰れなりや、北支が何国に占領されやうが全く無関心の者が九十九パーセント　其他はインテリーにても全くの無気力者か、然らざれば

腹黒き利己的人物、旧支那型にて最早度し難き者に御座候　従って未占領区の抗日意識に燃ゆる青年層を対象とするものとは其趣を異にし、先づ何らかの手段を以て旧秩序を恢復し、然る後、所謂新秩序、東亜聯盟型に改造するを可ならずやと認められ候　勿論、此旧秩序恢復期間に新秩序建設の準備、殊に其核心的人物養成には十分努力せざるべからず

斯く考へ来る時、今日只今より支那人に政治をやらせるが宜ろしきや、或は軍政が宜ろしきやは更めて検討の要あるやに考へられ候　一支那人は日本人が帰化して政治をやれと申候　此件多田将軍に一度話したるところなるも其後つくづく思ふに日本人にて真に優秀なる人が帰化してやり得るか、軍政なくば今日より飛躍的に良くなるやに関し疑問なき能はず　従て目下のところ必勝の信念なくして従来の行きがかりに従順し其範囲内にて最善と信ずるところを実行しつゝ暗中模索をつづけ居候

最終年が三十年後に迫り居り其前に多分準決勝をやらねばならず支那事変の大体のかたは早くつけざれば間に合はず　御高説の如き日支人の精神を根本的（少し言ひ過ぎなるも）に入れ替へさするのを待ちては機を失する虞あり

先ず準決勝又は最終戦に臨むにどうやら差支なき程度に数年にて漕ぎつけ之と併行して真の皇道宣布を準備し、且つ逐次実践する方策による必要を痛感せられ候　小生如き昨年十二月以来はじめて支那人に接したるもの、観察は危険千万とは存候も大命を拝したる以上やはり其時々に一の信念を持つを要する事勿論なれば常に一つの結論を掴むに勉め居候

手紙にては文章を勉強しなかった罰にて到底意を尽さず御教示を受くる事も不叶とは存じながら悶々の情禁ぜず毎日の神頼みと共に聊か愚見開陳致候

水上大佐より承れば秋季演習には神武天皇様御東征の道を選ばれたる由、仮令其一部分なりとも二千六百年の意義ある年に一年有余訓練せられたる精鋭を率ゐて御東征の道を通らるゝ事羨やましく存上候　満州移駐後に於ける御抱負の一端をも拝承　兎も角も御自重せめて準決勝にはもう一働き願度候　富永引込み次長の事務取扱事情は全く知らざ

るも時節柄遺憾に存候　乍末筆御令閨様に宜敷御鳳声願上候　敬具

## 11▲事務の解消が事務の開始より困難にして

十一月四日付石原莞爾（京都市伏見区深草）宛宮崎正義（東京市麻布区狸穴満鉄総裁社宅内満鉄経済調査委員会事務所）封書［憲政増川喜久男関係文書・59―4］

謹啓　初冬の候、閣下愈々御清穆に被為渉奉慶賀候
扨、先般御上京の砌には特に小生の任務に関し御激励の辞を賜はり且更に御懇書を送られ不敏の小生に対する御信任の厚き感泣の外無之候
駑馬に鞭って勉励御高誼に報ゆると共に微力を君国に傾注する事は本懐とする処なるも　経済具体案の作製は容易ならず腹案ありと雖も更に検討を加ふへき点不尠、且つ影響する処甚大なるを想ふ時　小生自ら執筆すべき責任を痛感致し居り候　何卒若干の時日を与へられ度　自信あるものを発表致し度存じ候
参謀本部土居大佐来訪あり、全般の問題に関し懇談仕候　櫛田中佐も来訪　日満財政経済研究会の解消に際し　同部事務の機宜を得ざりし事など述べられ釈明有之、同部としては日満多年の労に酬ゆる何分の措置を講ずべき旨御話有之候　尚　小生の抱懐する時局に関する意見　綜合的総力戦指導計画機関案等々に関し　参謀本部新幹部に講話ありたき旨の要請あり　拝承仕候　但し北支高月中佐の遭難に伴ひ櫛田氏急遽同地に出張し、そのため此等の事　本月十日後となる模様に御座候
日満は十一月末日を以て全員解体、それぞれ新職場に就き申候　事務所は十一月一日より東亜聯盟協会に引継ぎ候
尤も建物所有者の意向未だ判明せざるため、暫く小生名義の貸借関係を形式的に持続致し居り候

資料に関しては御意見の旨　参謀本部に述べたるも同部より譲渡方懇請あり　小生も一端約せる事とて止むなく引渡し申候　悪しからず御諒承被成下度願上候
残務整理事項意外に多く　且つ参謀本部との関聯事項は片付かざるため　此分にては年内は南京出張は或は六ヶ敷からんかと存じ候　南京の業務に関しては特に板垣閣下、堀場参謀より情理ある懇請あり　其企劃大綱を御手伝ひ致すべき旨御話申上候　一、二回の南京出張にて此任務を果したく存じ居り候
大村満鉄総裁には　過般総裁上京の砌面談、日満解消の事及び関係事務一段落後　近く満鉄を退社致したき旨述べ御諒解を求め候　総裁には小生の真意充分に御会得行かざりしやう拝察仕候　此度解消に関し各方面に折衝の結果漸く今日迄漕ぎつけたるも　事務の解消が事務の開始より困難にして　関係方面に不満感を与へたる点不尠　憂鬱に御座候　併し満州事変後約十年　共闘したる小生としては　今回の行動は良心に恥ぢざるものあり余人は兎も角　中央軍部が此事の意義を充分に諒解せざる点あるは遺憾に存じ候　自ら慰むる処は　閣下の御諒解を得られたる事と日満の全員が其処を得たること　委員、調査員の主なる者が、他日有事の際　再び小生と協力すべき旨　力強く約しくれたる事に御座候　小生、最近健康衰へたることを自覚　休養の必要を認め候も　果して何時其希望が達せられるか覚束なく存じ候
されど国家の事を思へば小生一個の事など顧るべきに非ず　閣下希くは名医となりて国家の病を癒されん事を、日夜これのみ祈願罷在候　乍末筆、向寒の砌　一層御加餐御自愛あらん事を切望仕候　頓首再拝

十一月四日　宮崎正義

## 12▲「新体制と東亜聯盟」の公表を切望

十一月二十二日付石原莞爾（京都市伏見区深草）宛淵上辰雄（東京市赤坂区溜池五富士ビル東亜聯盟協会）

# 封書［憲政増川喜久男関係文書・52—1］

謹啓 「新体制と東亜聯盟」を本日読み非常なる感激にうたれました。中山優先生とも此の喜びを午前二時迄語り会ひ、大いに愉快なる時間を過し、只今自宅に帰りまして、感ずるまま、愚見を書き、閣下に失礼とは存じながら御手紙さしあぐる次第であります。

私は協会東京事務所の一員としてよりも、東亜聯盟思想の実現に身を投げ出しても悔ひない一青年として、此の書を天下に公表してゐただきたいと、閣下に切に御願申上げる次第であります。

杉浦兄の御話しでは詳細には聞きませんでしたが、閣下の御名前でも、又、杉浦兄の名前でも、雑誌に発表することは不可能であるとの事、御聞き致しましたが、勿論、政治的な考慮もあるとは考へ、中山優先生に読んでゐただいて、其の主旨を生かしてもらふことも考へては居りましたが、本日、此の書を読みまして、以前の考への誤りであることを信じるに到りました。

此の書は内容と言ひ、文章と言ひ、一言一句もゆるがせにすることの出来、又、変えることの出来る種類のものではなく、神厳なる我々同志の魂、及肉体の指導書であることを感じました。

私は今日迄、共産主義に対抗して、之を完全に撃破することの出来る、日本の思想が、政治が存在してゐるか、国体の優位性の問題は別として、考えて非常なる不安を感じて居りましたが、此の書によって国体を生し、且、新しい時代を指導する、世界を救ふ思想原理に初めてふれ、涙のあふれてくるのを禁ずることが出来ませんでした。我々は此の大自信の下にこそ、初めて東亜聯盟運動に身を捧げて、行動することが出来る、そして一切を開顕することが出来ると信じて居ります。

今日の日本の知識人はマルクス主義に対して恐怖こそ有して居れ、これに対して真正面から戦ふ信念、勇気の出発点を有して居りません。然し此の書を読むことによって初めて理想の出発点と終点を見出すことが出来ると思って居ります。世界最終戦論によって、破壊された世界が、初めて次の大きな建設に入る、其の建設の構想の目標が、理論的でなくとも、はっきり示されて居ります。この目標こそ我々青年が心から切望致して居ったものであります。此の全人類を救ふ大文章が、今日如何なる理由があるとも発表出来ないのは、聯盟同志の努力を無駄にし、又、聯盟結成を遅らせることであると感じました。

魂も生命も投げ出して戦ふ戦場の兵士達にも、此の自覚があってこそ、聖戦を完全ならしめるのであります。閣下、私は一無名同志の声として、又、真理を求めて苦しんでゐる青年の立場として、此の書の発表を御願する次第であります。今日、日本は、東亜は此の様な力強い大宣言を待望して居ります。

閣下、私は私の生命の全てを投げ出しても此の書の発表を御願する次第であります。何卒、一日も早く天下に公表せられんことを念願して、閣下に此の手紙を書きました。乱文乱筆ではありますが、意のある処御汲の上、御諒承下さいます様御願申上げます。

敬具

昭和十五年十一月二十二日午前四時

淵上辰雄拝

## 13▲頻々たる関係軍当局の異動は軍に協力する者に取り最も不便且苦痛とする処

十二月一日付石原莞爾（京都市伏見区深草）宛宮崎正義（東京市麻布区桜田町八日満財政経済研究会）

封書〔憲政増川喜久男関係文書・59―5〕

謹啓　初冬の候　閣下愈々御清穆に被為渉奉慶賀候

陳者　今般本会に於て研究したる英国及独逸の抗戦能力（物資の点より見たる）に関する調査書各一部御送付申上候間　御一覧の栄を賜り度願上候

今回の軍の定期異動により第二課の堀場中佐は南京の総司令部に転勤　従来堀場中佐の次席なりし櫛田中佐後任に決定致し候
澤田次長、富永第一部長、岡田第二課長等先般新任の方々は皆日満財政に多大の好意を寄せられ　過日も次長閣下の鄭重なる御招待を受け恐縮に存じ居る次第なるが　此間　堀場中佐の斡旋大なるものあり　日満財政に深き理解と信頼とを有する同中佐の去る事は誠に哀惜の感に不堪候　頻々たる関係軍当局の異動は軍に協力する者に取り最も不便且苦痛とする処にして　満州事変以来　度々の事ながら協力の熱意を失はしむるに至る場合あるべしと存ぜられ候
ただ我等に不動の指導者閣下あり　閣下の御信頼ありてふ感激が業務に精励せしむる原動力なるを痛感仕候
協和会東京事務所の件は杉浦君より御報告ありたる事と存じ候　今後　事務的には若干整備致すべきも卓越せる中心人物を失ひたる機関の型の如き活動にはあまり心惹かるゝもの無きやう覚え申し候
立命館大学の中川氏より度々講演の依頼あり　過日も田中直吉教授上京の節来訪あり　親しく依頼ありたるが最近特に業務多端にして未だ時日の御約束を為し得ざる事情に有之候　是非そのうち都合をつけ　京都に閣下を御訪問申上る機会を利し立命館大学の依頼に応じたしと存じ居り候
乍末筆　向寒の砌一層御身御大切に遊ばさるゝやう奉祈上候　敬具

十二月一日　宮崎正義

## 14▲教授団の研究会　好意をもつ人々の間にすらかくの如しとせば、われらのみちまた多難

十二月五日付石原莞爾（京都市伏見区深草）宛杉浦晴男（東京市外吉祥寺二九七七）速達封書［鶴岡・石原・手紙997］

合掌　旬日に亙る演習恙なく終了の事と存じます。止暇断眠の御精励、たゞたゞ感激の外ありません
一、山口重次先生とは一晩充分に話し合ふ機会を得、同氏健在の感を新たにし、何とも言ひやうのないうれしさでございました
一、教授団の研究会　先日は大いに議論出で好意をもつ人々の間にすらかくの如しとせば、われらのみちまた多難との覚悟をいたした次第であります
　主なる点は
(一)　天皇を説く事の可否
(二)　国内革新目標の説明、精粗の不揃甚し
(三)「香港の将来を示唆す」なる表現、厳密に適正ならず
(四)　党争万能観念排斥と党部結成の主張とは若干の矛盾免れず
(五)　聖断の範囲、その具体的方法如何、内閣責任制との調和如何
(六)　大政翼賛会との関連性
　とでありました
宮崎先生、及び小生、主としてこれを説明し、矢部教授が大いに肉迫してまいりました。近来にない充実せる会と存じ、お目にかゝりました折、御示教仰ぐのが楽しみであります
一、土居大佐　一寸御病気にて両者の都合中々一致せず、電話では再三話し合ふのですがまだ会へません。私にいろいろと尋ねたき由であります
一、田村氏上京、中国同志会と連絡具体化の件、及び『東亜聯盟』に華文欄をおくことの可否打合せのためであります。同氏は八日に京都にまゐります
一、成田大尉の紹介で、王節廟より日高氏来訪、蒙古問題につき種々論じました

一、先日来、米沢地方にまゐり三日間の講習、好評でありました。同封山形新聞の記事、妙な事を書くものだと思ひました

一、御遺文抄、あと二三日かゝる由です。申訳なく思ひます。国柱会の事は全く論外の事にて言葉ありません

一、東京に於て、またまた東亜聯盟協会に対する中傷が横行してゐます。詳しく拝眉の折申上げます

明晩、当地発、久々にてお話承はれますのを楽しみにいたしております。山形にて風邪をひき臥床のまゝの乱筆、お許し下さいます様

五日

杉浦晴男

## 15▲東亜聯盟促進議員聯盟計画以来予期の如く険悪なる気配生じ

十二月十五日付石原莞爾（京都市伏見区深草）宛杉浦晴男（東京市外吉祥寺二九七七）速達封緘葉書［憲政増川喜久男関係文書・29―18］

合掌　前略

先にお送り申上げました如く東亜聯盟促進議員聯盟計画以来予期の如く険悪なる気配生じありたる所　本日午後三時　木村氏に対し任意来訪を乞ひ　東京隊、大谷特高課長より　同聯盟の結成は目下の政治情勢上、自発的に中止されたき旨　依頼ありました　先日来　各方面の雰囲気にて　今日の事　予期されてゐましたので　木村氏は一存にては答へ兼ねる旨延べ　明日軍務局長と会談することになりました　或は正面衝突かとも存じ、斃而後已の心境にあった我々としては　文化運動の立場に住し、大道を進んでまゐる積りです。最近に於て東京隊の傾向　必ずしも不良ならず、緩徐乍ら運動のみち開けくるのかとも思はれますが　もう一息といふところでせう。元来　代議士を集める運動については　かねてより閣下の御批判もあったところであり　私より充分木村氏に申上げたのですが、やった以上

は充分すぢみちをたて、進退を定めたいと思ってゐます
私は明日の飛行機にて京城にまゐる予定の所　二日延びました　折から例の朴氏よりの書信あり。是亦来鮮乞ふ旨認められてあります　総督府側も歩み寄りつゝある様です　一般情勢を調べて至急帰って来ます
輝かしき二千六百年も騒然たる裡に暮れつゝあります
今日の如き銀座街頭ギッチリの人出にて国歩多難の日をしみじみ想はせられます　木村、田村氏連日の健闘正に賞すべく　私亦良師良友にめぐまれつゝ捨身の奮闘いたしております故　どうぞ御安心下さい
何時　決戦となるやも知れず、変に処して動ぜず、綽々たる余裕をもってあらゆる困難を克服して進むことを誓ひます

## 16▲在中国三団体解消、いよいよ東亜聯盟一本槍に進む事となりました

十二月十九日付石原莞爾（京都市伏見区深草）宛杉浦晴男（下関駅にて）速達封緘葉書［憲政増川喜久男関係文書・29―19］

合掌　在中国三団体解消　いよいよ東亜聯盟一本槍に進む事となりました事　御同慶の至りにたへません
閣下宿年の御主張が多くの共鳴者によりて百人・千人と唱へられ来る事実を視て　ただ感激で一杯です
昨日は日々が社説でこれを扱ひ　今日は朝日が取りあげてゐます　例の議員聯盟の記事をとりあげぬ様にと一部策動がましきことありたる旨にて　それが却て今日の中国側の記事を大きくさせた模様です
昨夜来の車中にて朝鮮小史　及び　安岡正篤氏の王道研究を熟読いたしました　「王」は往なり。天下の帰往するみちなりと秦漢の古書に記されてある由で　安岡氏の見解　亦　王道に日支些かの違ひなく、ただこれが体現されあ

るや否やを異にすと論じてゐます
中山先生「東亜聯盟問答」を作成、目下印刷中です。これは主として　先生が各方面より受けた質問に対する答をまとめたもので　卒読しただけですが非常によく書けてゐると思ひました
天下の形勢　一日一日と動き　吾徒、陣営の拡大　また焦眉の急と存じます　下関に近き頃、車中の移動警察名刺を求めたる折、言下に「あゝ　東亜聯盟ですか」と答へ、よかれあしかれ、急速に有名になりたるものかなと一年前を思ひ感慨無量です
伊地知君よりパンフレット来り始めこれを読み、私の事が引用されてゐるので甚だしく赤面、あとあと頑張らないとあの友に済まぬと思ひまし

## 昭和十六年（一九四一）

### 17▲議員を集めたりする事はやはり従来政治運動をやってゐた人々には大いなる魅力

一月三日付石原莞爾（京都市伏見区深草）宛杉浦晴男（東京市外吉祥寺二九七七）封書〔憲政増川喜久男関係文書・29―21〕

合掌　雲ひとつなく美しく静かな皇紀二千六百一年の元旦を迎へつゝ今年も亦　更に　はげしかるべき雨風を想ひ衷心より　閣下の御武運長久をお祈り申上げます
昨二日　木村氏と田村氏と事務所に会し（牛島氏病気のため不参）当面の問題と　協会の運営の事につき論じました　三十一日　小生より問題の中心を究明せる手紙を　米沢の木村氏に送り　極力　政治運動化と見られるのをさ

くべき旨　申し上げましたので　その限界につき論じ　更に
一、宮崎、中山、木村、三氏の定期的会合
一、支部組織方法
一、本部機構、人事変更
一、正会員、参与会員制度の確定
一、事務所と支部との関係
等の問題をとりあげ、更に大阪支部の問題については　牛島先生に一任さるべきを申しました
以上　諸問題の原則については　何れも異存なかるべき旨　表明されたので　各部責任者と共に　細則を定め、中央参与会員の決定を経て今月中旬までに発表する積りです
議員を集めたりする事はやはり従来政治運動をやってゐた人々には大いなる魅力らしいのです　そのような事に反対する一部の動きも協会内にあり、もっともっと真に実力のある足どりこそ必要と考へられてゐますので　この際相当　思ひ切った改革を実施しようと存じます
逼迫せる政治情勢は　或は協会の実力獲得のため　時日をあたへてくれないかも知れません　正に焦眉の急と存じ一日も速かに　全国的同志陣営の確立に全協会の力を注ぎます　若し意見の異なりますものあれば　已むを得ず退所を求め、全員結束して邁進いたします
昭和十六年一月三日朝　　杉浦晴男

## 18　機関解消に際し最も憂慮したる所員一同の転職問題も都合よく運び

一月六日付石原莞爾（京都市伏見区深草）宛宮崎正義（東京市麻布区狸穴町満鉄総裁社宅内満鉄経済調

査委員会事務所）封書〔憲政増川喜久男関係文書・59―6〕

謹啓　紀元二千六百一年初頭に当り邦家百年の為め閣下の愈々御健勝に被為渉事を奉祈上候
偖日満財政経済研究会の業績概要報告書並十五年度収支決算報告提出仕候間御閑暇の砌御一覧被下度奉願上候
過去五年間浅学短才の身を以て至難なる任務に服し其の間何等業績の誇るへきもの無く顧て忸怩たる感有之候も幸に大過無く御奉公相叶候事は一重に閣下の過分の御指導御厚配の賜に外ならず誠に感銘に堪えざる次第に御座候
機関解消に際し最も憂慮したる所員一同の転職問題も幸に都合よく運び総軍、参謀本部、大政翼賛会、東亜経済懇談会、東亜研究所、産業報国会等にそれぞれ相当の条件にて就職する事を得一安心仕ると共に機関解消の容易ならざるを痛感し二、三年分の年を老りたる気致し候
参謀本部は神田、田中両部長、土居課長、櫛田中佐並に陸軍省岩畔課長及特に総軍堀場中佐等の懇切なる御配慮に基き小生並所員一同に対し過分の御措置あり奉深謝候
十二月十日参謀本部の求めにより小生参上し　塚田次長、神田、田中両部長、土居課長等に対し日満の業績概要並五年間の研究と経験に基く綜合的戦争計画機関の必要性に関し御説明申上候　終って次長閣下より我々の業績を賞賛せられ過分の謝辞あり　「参謀本部は日満財政経済研究会の貴重なる研究の成果を活用すると共に御趣旨の実現を期すべく充分努力する所存」なる旨力強く言明せられ　更に小生の労苦慰労の御言葉あり　寸志として金一封の贈呈有之候　小生は予期せざりし事とて固く御辞退申上たるも強ひてとの事なりし故　拝受し後段述ふるか如き使途に充当する事と致し候
更に二十日　小生の為めに別宴の催しあり　神田、田中、若松の各部長、土居課長其他御出席あり　神田少将より重ねて御鄭重なる御挨拶有之候　田中少将は機関解消を残念がられ「近く本格的戦争計画機関を設置し石原将軍の志を継ぎ度　其暁には再度貴下の御出馬を願ふ決意なり」との御話有之候　田中部長の御熱意と御好意とは有難く存じ候

も未だ機熟せざるやの感あり　又　小生の如き駑馬は既に御役済と存じ候　越えて廿一日には別に日満の所員一同を御招待あり　土居課長、櫛田中佐等出席、所員に対してもそれぞれ礼物の贈与ありたる由にて行き届きたる御取計誠に恐縮至極にして衷心より感謝致す次第に御座候

日満の十五年度の決算報告は別紙の如く差引約弐萬五千円の支払超過（所員、委員に対する解職慰労金は予算外支出となれり）となりたるが当初此不足金は図書、什器類を売却充当する考なりしも中途他より借入金の都合つきしため什器類だけは東亜聯盟協会の希望により相当価格にて譲渡し　其他は小生負担する覚悟にて図書資料類は参謀本部の希望に任せ全部無償にて同部に寄贈すべき旨申入れ候　然る処不図も小生に対し過分の礼金あり　実の処聊か張合ひ抜けの感致すと共に安堵仕り此等の事恐らく総て閣下の御厚配に基くものと存じ深謝に堪えざる次第に有之候　之に依て不足分は小生に贈られたる礼金を以て充当する事と致し候　但し尚余剰ある程の多額のものなりしを以て余剰分は返却致すべきものと存じ候ひたるも周囲のお勧めにより一応拝受仕候　兎に角小生としては多年苦楽を共にしたる所員委員諸氏に対し聊か酬ゆる事を得　深く軍の御芳志に対し奉感謝候

南京総軍に派遣したる三名の所員は正月元日任地より出張の形式にて東京に帰還、両回面談仕候　其話によれば同地にては板垣将軍堀場参謀等小生の渡支を待ち居られ司令部内に特に小生の為め一室の準備あり　専用電話宿舎等の用意もある由にて御配慮に恐縮仕ると共に最初の企劃丈でも御手伝申上ぐ可しとの約に従ひ近く渡支の上及ばず乍ら何分の努力をなす所存に御座候

以上簡単ながら日満解消に関する報告を終り申候　詳細は書類につき御閲覧を願上候　御不審の点等あらば参邸の上詳細御説明等申上候

昭和十六年を迎へ邦家の前途愈々多難なるを覚ゆると共に今や閣下の外　祖国の正しき進路を示し空前の国難に際し其安危を荷ふ者他に無しとの確信の愈々深まるを痛感仕候　閣下の御加餐御自愛を衷心より奉祈上候

最後に日満五年間の御指導、御鞭撻、御厚配に対し重ねて心より御厚礼申上候

頓首再拝

昭和十六年一月六日

宮崎正義

〔同封　書類〕

○昭和十五年度収入支出決算報告　　日満財政経済研究会

一、収入ノ部　　金拾萬七千参百四拾壱円七拾弐銭也

内訳　　前年度繰越金　　六千壱百拾八円八拾壱銭也

参謀本部補助金　　五萬円也

満鉄会社補助金　　五萬円也

雑収入　　壱千弐百弐拾弐円九拾壱銭也

一、支出ノ部　　金拾参萬弐千弐百八拾九円九銭也

内訳　　次表ノ通リ

一、差引不足額　　金弐萬四千九百四拾七円弐拾七銭也（補填処理済）

備考　不足金額補填内容別記ノ如シ

以上

支出内容

| 科目 | 金額 |
|---|---|
| 一、委員研究費 | 三三、〇〇〇、〇〇 |
| 一、調査員及雇傭員諸手当 | 三六、〇六七、三五 |
| 一、外部委嘱調査翻訳費 | 一九、〇九六、五〇 |
| 一、旅費 | 一、七八四、四六 |
| 一、資料購入費 | 五、八三一、七九 |
| 一、印刷費 | 二、四二六、八〇 |

| | |
|---|---|
| 一、文具費 | 一、三九五、九一 |
| 一、備品費 | 二三六、八七 |
| 一、消耗品費 | 二四七、二九 |
| 一、会合費 | 五五五、一四 |
| 一、事務所費 | 四、四四七、六三 |
| 一、交通通信費 | 二、六四三、九五 |
| 一、委員解嘱慰労金 | 一三、〇〇〇、〇〇 |
| 一、調査員雇傭員解職慰労金 | 一〇、八一六、〇〇 |
| 一、雑費 | 七三九、四〇 |
| 計 | 一三二、二八九、〇九 |

不足金補填内容

| 科　目 | 金　額 |
|---|---|
| 一、機器什器類売却金 | 二、六八六、〇〇 |
| 一、文具品売却金 | 四六四、二四 |
| 一、電話売却金 | 一、一〇〇、〇〇 |
| 一、宮崎支出補填金 | 二〇、六九七、〇三 |
| 計 | 二四、九四七、二七 |

以上

備考　会財産ノ内図書雑誌六、六七七冊　報告書六、八七六冊計一三、五五三冊ハ参謀本部ノ希望ニヨリ全部之ヲ同部ニ寄贈セリ

○日満財政経済研究会研究報告事項概要　　作成者　参謀本部嘱託、日満財政経済研究会主事　宮崎正義

内容
一、概説
二、各年度月別研究報告事項表

概説

日満財政経済研究会ハ昭和十年十二月参謀本部ノ依嘱ニ基キ帝国国防経済ノ綜合的研究機関トシテ設立セラレタリ。本機関ノ創設者ハ当時ノ参謀本部作戦課長石原莞爾大佐ニシテ、関東軍参謀長板垣征四郎少将並松岡満鉄総裁ハ之カ設立ニ協力シ、満鉄経済調査会委員兼幹事宮崎正義ハ指名セラレテ本機関ヲ主宰スルコト、ナリタリ。爾来参謀本部、陸軍省、関東軍司令部、支那派遣軍総司令部ノ各幹部、歴代満鉄総裁、政府関係要路者等ハ本機関ニ対シ指導、協力又ハ後援セラレタリ。特ニ石原将軍ハ常ニ本機関運営ノ根本ヲ指導シ又本庄、板垣、多田、町尻ノ諸将軍、松岡、大村ノ両満鉄総裁ハ特ニ本機関ニ多大ノ協力、援助ヲ与ヘラレタリ。

本機関ノ研究立案事項ハ参謀本部嘱託タル宮崎主事ノ主宰且ツ指導ノ下ニ所属委員及調査員ノ担任セルモノニシテ大本営参謀　秩父宮殿下ヲ始メ奉リ陸軍大臣、参謀次長等省部最高首脳者其他ニ対スル口頭報告ハ全部宮崎主事之ニ当レリ。

宮崎主事カ命ニヨリ　秩父宮殿下ヲ始メ奉リ此等省部最高首脳者ニ対シ御進講又ハ報告セル事項ハ数十回ニ上レリ。

主ナル研究報告事項左ノ如シ

一、支那事変及将来戦ノ戦争経済綜合指導計画
二、事変及将来戦ヲ対象トスル長期財政計画
三、日満生産力拡充計画
四、生産力拡充計画ニ要スル資金計画

五、生産力拡充計画ニ伴フ技術者及労務者計画
六、事変下輸入力ノ増進ト東亜自給経済圏確立ヲ目的トスル長期貿易計画及配船計画
七、航空機工業ノ画期的増産計画
八、物資供給力ヨリ見タル軍事費
九、行政経済機構ノ改革案
十、事変下経済政策樹立ノ基礎トシテノ本邦経済国力判断
十一、東亜新秩序建設ノ基本国策、東亜聯盟政策
十二、対支、対満経済諸政策
十三、事変下ノ対独、伊、米、ソ連、英政策
十四、英米其他列国ノ対日経済圧迫ト其対策
十五、日支経済提携具体案
十六、大東亜自給圏研究
十七、支那事変収拾ニ関スル諸政策
十八、英、米、独、伊、ソ連ノ戦争能力
十九、欧州戦乱ノ影響ト其対策
二十、米国及米洲ノ現在及将来ニ於ケル経済国力
二一、各種内外緊急政策及綜合国策　　等

右ハ何レモ事変下最モ重要ナル政策ニシテ、当所ノ立案ハ参謀本部、陸軍省ノ最高幹部ハ勿論、一部ハ軍ノ指示ニ基キ首相、閣僚其他政府要路大官等ニモ提示セラレ、事変遂行上、国策ノ決定ニ寄与シタル処少ラスト信ス

本会ノ委員、顧問又ハ客員トシテ協力セラレタル主ナル者次ノ如シ

津島寿一、土方成美、菱沼勇、泉山三六、小川太一郎、田中敬吉、永井雄三郎、石田四郎、佐々木重雄、山本峯雄、木村秀政、渡邊俊平、渡部一郎、谷口吉彦、十河信二、矢野美章、浅原源七、岡野鑑記、池田省三、高橋亀吉、東畑精一、山崎靖純、小島精一、橋爪明男、那須皓、長谷孝之、前川伊祐、上田貞次郎、船田中、樋貝詳三、武内文彬氏等（順序不同）

軍部ニ於テ本機関ノ事業ニ協力、指導、援助セラレタル主ナル人々ハ前記諸将軍ノ外次ノ如シ

田中新一、岩畔豪雄、堀場一雄、西浦進、今田新太郎、渡部富士雄、高橋柳太、稲田正純、楠木延一、河邊虎四郎、土居明夫、後宮淳、中島鉄蔵、橋本群、神田正種、塚田攻、澤田茂、横山勇、高島辰彦、片倉衷、櫛田正夫、石井春朗、影佐禎昭、鈴木貞一、岡本清福、中西貞喜氏等（順序不同）

次ニ本会ノ調査員トシテ研究調査ニ当リタル者ノ氏名ヲ挙クレハ次ノ如シ

古賀英正、今野源八郎、益田直彦、市川泰次郎、日ノ下藤吾、太田喜久雄、山浦満輝、小田博資、太田弘、平瀬巳之吉、末續吉間、長守善、仲矢虎夫、関口猛夫、内ヶ崎虔二郎、戒能通孝、秋山隆太朗、赤祖父大助、神崎誠、柴村羊五、木村禧八郎、越村信三郎、玉置実、斎藤征生、福島渡、夷石隆寿、今川憲次、斉藤武雄、田坂仁郎、広島定吉、佐伯照明、安藤敏夫、佐藤敏章、井上謙二、能仁充乎、森下覚、川上良一、折登健三郎、長野敏一、柴村勝治、吉田俊介、遠藤秀男、五十嵐駒二、斉藤晴造、石井安次、古市俊一

本会ノ庶務、経理、出版打字等ノ事務ニ比較的長期ニ当リタル者ノ氏名ヲ挙クレハ次ノ如シ

岡村栄、杉谷薫、木口林治、西川正男、保田秀、島村達夫、西田稔、高橋清、松岡久太郎、寺田修治、岡田外美子、剣持ゆき、山本松江、島田君子、若林カツ子、山口きくの、加藤文枝、清水留枝、馬場和代、高岡ミヨ子、甲子つる

以上

［各年度月別研究報告事項表］――省略――

## 19▲弾圧に対して如何に対処すべきか

一月十六日付石原莞爾（京都市伏見区深草）宛岡野鑑記（新京市豊楽路六一一）封書［憲政増川喜久男関係文書・14―3］

謹啓　愈々時局重大なる紀元二千六百一年を迎へ遥かに閣下の御健勝を祈上申候
陳者　聯盟運動に対する本格的弾圧来り　閣下の御言葉の如く本運動が愈々本物となる前兆と存候　しかし弾圧に対して如何に対処すべきかは運動の将来に対し重大関係を有し候間　日本内地に於ける聯盟協会の対策に相呼応し善処すべく考居り候　満州東亜聯盟誌友会の其後の活動状況を左に略述し　今後の運動方針に就き御指示を賜らば幸甚の至りに奉存候

（一）、昨年十一月十七日奉天に於ける誌友会発会式挙行以来　運動準備に着手し十二月中は左記の如く活動致申候
①、十二月十七日、新京誌友会結成準備委員会を開催し　結成式を二月上旬に決定
②、十二月二十日、安東誌友会結成、総会より講師（丁、朴）二名派遣
③、十二月二十七日、「満州東亜聯盟誌友」（別紙同封）発行、本誌はニュースとして毎月一回の予定の処定期刊行物許可　間に合はざる為め　臨時「パンフレット」として発行
④、十二月二十八日、東亜聯盟研究委員会第一回会合開催、昭和維新論の研究
⑤、十二月三十一日、誌友会総会事務所開設、同志の好意により提供されたるもの、
（二）、然る処　十二月二十三日付を以て　関東軍参謀長より三宅協和会本部長宛通牒あり　運動に対する最初の弾圧参り候　既に御承知の御事と存候も　為念　左記に記録致置候

東亜聯盟運動ノ指導ニ関スル件

『目下　中華新政権ヲ中心トシテ唱導セラレツツアル所謂東亜聯盟運動ハ日満華共同宣言ノ根本義ニ立脚スルモノニ

シテ其精神ニ於テハ異議ナキ所ナルモ此際「東亜聯盟」ナル名称ヲ使用スルコトハ　従来此種運動ノ理想内容ガ統一ヲ欠キ殊ニ民族自決ヲ基礎トスル聯盟ノ結成ヲ企図スルカ如キ疑惑ヲ抱カシメタル経緯モアリ　新道義ヲ固成シ以テ鞏固ナル新国家ノ確立ニ邁進シツツアル満州国ニ於テ許容シ得サル所ナルヲ以テ「東亜聯盟」ナル名称ハ此際使用セシメサルコトトシ、且ツ運動ニ就テモ如上　建国ノ本旨ニ反スルカ如キコトナキ様　指導上特ニ配慮相煩度』

右の通牒は政府公報処にも通達されたる由に御座候　この通牒に先立つ十二月二十日の安東誌友会結成に当りては第四課長より堀内次長宛　同主旨の親電発せられ　結成式講演会は急に東亜新秩序講演会に改名せし由に御座候

(三)、右の情勢の変化に対しては、協和会　及　公報処等の如き公共機関による公式声明に於ての使用を禁ずるものなるべしとの解釈の下に　誌友会は新年と共に飛躍的活動を開始し　警察署、警務司、憲兵隊等に事前に連絡諒解を得つゝ、誌友の獲得、各地誌友会の結成準備、各種出版物の配布発送等を行ふと共に　事務所に専任事務員一名、タイピスト及給仕を各一名　雇用決定。我等同志は不断に出入協力して積極的活動を進め居候

(四)、然るに、去る一月十四日の東京電報は閣議決定として本格的弾圧に乗り出したることを報じ　遥かに内地の状況を想像致し居り候　何れ近日協和会其の他へ正式通牒参るべく　従て　誌友会にも弾圧の手下るは必定にて　目下関係者間に協議を進め居り候

仄聞致す処によれば　去る十四日　関東軍報道班長は公報関係者の会合にて中支に於ける運動は現地の特種事情により許可するも満州に於ては許さざる旨言明致したる由に御座候

以上、乱筆を以て長々と記述いたし候へ共　満州に於ける東亜聯盟運動の経過を御判読下され度　願上候　要するに満州の運動は立ち遅れたる為め　その組織は僅かに新京に於ける総会（本部）と安東誌友会（支部）の結成を見たるに過ぎず　その延びんとする時に当り芽を摘まれるとすれば残念至極に御座候　今後は量より質に転化し　地下運動として暫く待機の止むなきかと存居候殊に協和会の幹部異動にて新たに甘粕氏総務部長に就任し　誠にデリケートと相成り　総務庁　及　協和会に期待せし誌友会運動資金を獲得し得ず　今日未だ少数の会員に過ぎざる現状にて種々

考慮致居候
情勢は刻々と変化致居り候へ共　日本　及　中華民国の運動に呼応しつゝ　満州の運動は如何なる根本方針の下に今後進むべきやに就き　ご多忙中誠に恐縮千万に御座候へ共　御指示相成度願上申候
厳冬の折柄　興亜の為め御健勝の程祈上申候
敬具
一月十六日
岡野鑑記

## 20▲昨秋来、随分斡旋致し候も

一月二二日付石原莞爾（京都市深草）宛阿南惟幾（永田町一ノ二〇）封書［鶴岡・石原・手紙1］

拝復　再度の貴翰繰返し拝読、時局に対する御熱意に対しいつもながら敬意を表し候
該問題に関しては従来よりの経緯も十分承知致し居る為、昨秋来、随分斡旋致し候も内地に関する限りは相当の誤解横いつ、上司と貴官との満州以来の感情は到底理論を以て解決し得るものにあらず。総而を超越しある如く観取せられ已むなく翼賛会東亜部出し是等を一括再建せざるべからざる情態に立ち至りしものに有之、其辺は貴官親らよく御諒解の事と察し居り候
国家非常の秋、区々なる感情や従来の経緯を一擲して最も速かに最良の指導原理に則し本問題を解決すべく努力致居り、本日も翼賛会出し関係者の間に研究中に御座候
南支殊に広東は汪の発生地だけに東亜聯盟に対する熱を揚げ林如桁一派の活躍目覚しく民心は之によって把握せられ汪政権支持に向ひ居り候。尚、貴翰の大要、特に幼年校時代よりの精神の点は大臣へも篤くと伝へ置き候へば御諒承被下度候　時下切に御自重を祈上候　万一治療の為にも御上京の節は御来宅待上候

## 21▲会や会合の名称に囚れることなく人的結合を中心として

二月十八日付石原莞爾（京都市伏見区深草町）宛岡野鑑記（新京市豊楽路六一一号）書留封書［憲政増川喜久男関係文書・14―4］

謹啓

時局下益々御健勝之御事と拝察仕り候　陳者　去る一月三十一日付の御芳翰を以て御懇切なる御示教に預り我等同志一同感銘仕り　その御指示に従ひ目下運動方法を研究実施致居候　会や会合の名称に囚れることなく人的結合を中心として組織化することに努め居り候

併し近来の弾圧により同志中に動揺するもの少なからず　且つ各種のデマを信ずる等の傾向生じ居り候為め　これ等を引き締め　且つ規定せる方針に従て着実に邁進しつゝ、ある事実を全満同志に示す為め　意を決して去る二月十六日を期して「新京誌友会」結成式を記念公会堂に於て開催いたし申候

一般には何等公表せず在新京誌友二百名余に通知状を発送するに止め候処　意外にも参会者百二十名余に及び　臨検の警察官及憲兵等も却て多大の感動を受けて帰る等の光景を呈し申候

今回の発会式により弾圧とは反比例して民衆が東亜聯盟思想に吸引されつゝ、ある事実を確認し　今後は「巧妙なる戦術」により思想の普及　及び同志獲得に猛進し度く考へ居り候

併し当局の弾圧は何等後退せるものに無之　寧ろ最近は陰険なる方法に転ぜるものゝ如くに御座候　例へば

一、協和会への弾圧

既に御承知の通りにて目下進行中の人事工作はその重要なる一項が協和会より東亜聯盟主義者を一掃することにあるは一点の疑も無之、皆川氏が副本部長として残れるは表面上　聯盟主義者を認容する如く見せて他に巧妙なる意図の存するものに御座候

二、治安部内同志への弾圧
　鷲崎氏を中心として目下問題の起りつゝあるは御承知の如くにて　問題の内容如何よりも真意は鷲崎氏一団の一掃にあるもの、如くに御座候
三、去る一月十五日付を以て突然　小生の関東軍嘱託を解任いたされ申候　表面の理由は　小生の建大後期学生への開講に専念せよとのことに候へ共　その真意は凡そ諒解し得る処に御座候
以上の他　今後　中心的同志に向って陰険なる弾圧の加り来ることは十分覚悟致すの要有之　種々対策を講じ居り候
去る一月下旬　龍江省公署の依頼にて小生講演に斉々哈爾市に出掛け申候処　測らずも熱烈なる同志三神氏に逢ひ同氏を中心として有力なる同志の座談会を開催し多大の成果を納め申候
何と申しても閣下より直接指導を受けし人々の信念は絶大なるもの有之　全満にかゝる人々尚ほ多数有之べしと存ぜられ候も　その氏名及住所を知り申さず　御多忙中誠に恐縮に存候へ共　若しかゝる人々を御示し下さらば直に赴きて連絡仕るべく　最も安心して協力し得るものと存申候
時局は日に重大を加え満州の前途憂慮すべきもの有之　かゝる重大時局下に於ける閣下の御健在は全く闇夜に光明を与え　最も信頼すべき最大の指導力に御座候間　幾重にも御健康に御注意　御加養専一に祈上申候
且つかゝる非常時局に当りては一部策謀家に煽動せられて盲目的なる危害を加えんとする馬鹿者　往々にして有之候間　御身辺に於ても十二分の御注意を祈上申候
右以乱筆不敢取近況御一報迄　如斯御座候　敬具
　二月十八日　岡野鑑記

# 二　東亜聯盟協会改革の基本方針（京都市上京区等持院北町五二時代）

## 昭和十六年（一九四一）三月〜

### 書簡・文書

**22▲将来の御活動の推定、又希望として 第一、東亜聯盟運動**

三月三日夜付石原莞爾宛平林盛人封書［封筒なし］［鶴岡・石原・手紙732］

謹啓　今回大兄の御勇退は全く意外、真に晴天の霹靂、為皇国、将又為国軍大損失、痛嘆に不堪候。

二月二十三、四日　漢口に部隊長会同あり。二十二日大賀兄武昌へ来訪、共に昼食、武昌案内の後、漢口に至るべく渡船に至れば期せずして町尻、天谷、大賀、小生と四人同船、宿舎も四人共に長江ホテルなりしにより内山を招きて結局、同期生五人、兵団長九人（小生共）中五人は廿一期（廿二期三人、廿三期一人）といふ頭数だけに全盛さ、しかしその会食の席上、兄の御噂にて皆々悲憤、そこであの寄せ書きとなった次第にて候　その際の記念撮影同封御送り申上候。結局の判決が〇〇の狭量といふことに相成り候。町尻と小生とはそれが六七分、他の三四分は或は平素の言により兄が進んで退かれたるに非ずやとのこと、町尻は、兄に全幅を傾倒する熱血児が不祥事を仕でかさねばよいがと心痛、之は小生としても同感にて候。而して将来の御活動の推定、又希望として第一、東亜聯盟運動、第二、満州国指導、第三、学究的事業といふことに町尻、小生の意見、又、一致いたし候。会議終了後、別れの前夜、又、町尻と二人にて永く語り候次第に御座候。何にしても真に遺憾の極に有之、阿南次官の健在を疑はざる能はず候。しかし、申迄もなく自由の立場に於て将来、皇国皇軍の為、最善の途を選んで是非共御活動御願ひする次第にて候。町尻は一昨秋、東京駅にて別れたる当時よりも一段元気なきやうに見受けられ、大賀等とも心痛し居る次第、別に病気もなく便秘もせぬとの事なりしも何となくやせて軽い病気でもあるに非ずやと思はるゝ位、宿の女中等も心配し居り、或は一年半の籠居神様生活の結果か、将又、家庭の同情すべき諸事情によるか、何れにせよ吾人同期生が所謂唯一のホープとせる大兄と町尻兄とにて小生ら頗る寂寞と心配を感じたる処に御座候。小生応役、幸に三回の作戦に参加し得たるも、これと申すこともなく、唯、見聞を広めたるを喜ぶのみ。三月中旬原駐地に復帰、又、北方へ移動の由にて候。先般、御紹介の仁、目下上海に在り、一働き出来る仁とて参謀長も喜び居り、何れ落ちついてからゆっくり研究可致候。切に御自愛御祈申上候　拝具

## 23●「信とは己か言を践行ひ義とは己か分を尽すをいふなり」

三月十二日付石原莞爾自筆メモ「東亜聯盟協会について」［鶴岡・石原・Ⅰ・3・K5①］

一　反省「信とは己か言を践行ひ義とは己か分を尽すをいふなり」

協会ハ果シテ信義ヲ守レルヤ

1、会運動ノ方針ニツキ　　2、会ノ統制要領ニツキ　　3、訓練ニツキ

「東亜聯盟協会運動要領」ヲ遵守スル誠意アリヤ

議会ニ於ケル政治的行動ノ失敗ヲ自認スルニ於テハ此機会ニ於テ当事者ハ明ニ其責任ヲトリ此際協会員一同　徹底的ニ反省　会ノ根本方針ニ立返ルヘク　ソノ態度ヲ内外ニ明確ナラシムルヲ要ス

二　会運動ノ方針

政治運動ニアラス　真ノ文化運動　道義運動　準宗教運動ナリ　国家カ政治的ニ之ヲ採用スレハ事変ノ解決　東亜ノ大同トナリ　社会カコレヲ採用セハ　国民組織ノ原動力トナルヘシ

我等ノ運動ハ些ノ秘密ナク極メテ公明ニ堂々ト淡々ト行ハレサルヘカラス

此主義ニ賛スル限リ既成陣営人士ノ参加ヲ拒否セサルモ「代議士」ヲ鑑判トスル運動ハ適当ト認メ難シ

報告第四十一号　○○代議士、東京支部結成ハ代議士中心ヵ？

二(1)　運動ノ重点

事変処理ヲ目標トシ　東亜聯盟主義ヲ成ルヘク速ニ全国民(指導的能力アル人々)ニ訴ヘ其態度ヲ明ニス

甲　入会スルモノ

乙　中立

丙　反対スルモノ

即チ甲ヲ組織化シテ訓練シテ其信念ヲ強化シ丙ニ対シテハ公正ナル論争ヲ行フ

(木村氏ニ対シ本年中ニ全国民ニ訴フル如ク要望セリ、彼ハ之ヲ承諾セリ)

三　組織

組織ハ右ノ目的ヲ達成スルタメニシテ今日迄ノ如ク支部ノ成立　発会式　祝電等ヲ重視セズ

1、各事務所ノ任務分担ヲ明確ニス　三重支部結成ヲ関西事務所ハ承知セス

2、各支部ハ中央参与会員ヲ中核トス

支部ノ支配範囲ハ確実ニ其力ノ及フコトヲ条件トシ地方ノ実情ニ適合セシム　一縣一支部ト限定セス　要

スレハ聯合支部ノ制度

3、各支部ニ地方参与会員決定ノ権ヲ与フ

地方参与会員ヲ中心トシテ　分会　班　組　等ヲ編成シ組織的ニ責任ヲ持ッテ有力分子ヲ選定　迅速ニ個別的ニ其態度ヲ明カナラシム

地方ノ活動ハ心ヨク地方ニ一任　ヨク地方ノ事情ニ適合セシム

大講演会等ヨリモ会員ノ研究会（講習会）座談会等々有利ト信ス

戦況（甲乙丙ノ％等々）ヲ迅速ニ中央ニ報告　中央ハ常ニ大勢ヲ明ニス

4、参与会員ハ熱意ト実力ヲ標準トシ旧来ノ社会的地位等ニ制セラルべカラズ

中央参与会員ハ地方参与会員ヨリ選定スルヲ原則トス

四　会ノ統制

1、会務職員自ラ聯盟運動ノ色読者タラサルヘカラス

同行賛美　美シキ同志感

会員ノ団結　会員外ニ会員ノ悪口ヲイフ勿レ

2、会議制ノ励行　日本的統制方式ノ実践

**注**

（1）ここは本来なら「三」となるべきところと思われるが、「二」となっている

## 24▲現在の人間では到底、閣下のお考へを実行出来ぬ

三月二七日消印石原莞爾（京都市上京区等持院北町五二）宛杉浦晴男（東京市外吉祥寺二九七七）封緘

葉書［鶴岡・石原・手紙997］

合掌

一、柳川法相出馬確実らしく翼賛会のかゝる性格によっては所謂「大東亜聯盟」案の前途予測し難く、既に阿南次官、武藤局長の転任必至と云はれ、また朝鮮総督は寺内大将、板垣閣下の北支司令官転出も噂されております

一、宮崎先生の辞意固く、結局、顧問格に落着いて頂く以外途ないやうですが更に努力いたします。宮崎先生の部下に悪い奴がおり、それの工作のため家屋借受の連帯保証を先生が拒否され、今日まで事務所借受出来ず、もめぬいた事件も漸く本日を以て落着、東亜聯盟協会の名義で借りることになりました。連帯は尾崎秀実氏（満鉄の勤人との先方の条件）

一、渕上氏には木村氏も是非思ひ止ってくれとの事にて本日同君に充分話をいたしました。一日考へるとの由、同君の真意は現在の人間では到底、閣下のお考へを実行出来ぬから、先づ小者より清算すべく自分がやめるとのことです。私としては、先日プリントせる案に基く具体案を施行、同時に人事を一新し（若し木村氏承諾せずば小生退き同志結成に邁進）全く混沌とせる国内革新運動に邁進する所存です

一、高木さんより承はりましたが　閣下は大体四月六日に身延登詣の御予定と思ひますので是非、高木さんと共にお供したく、この際、数名の精華会員もお供してお詣りする希望でございます故、何とぞお許し下さいます様

一、東方会の平沼氏攻撃鋭く、東方会に対する弾圧のため平沼と軍の一部に諒解ついたとか云はれてゐます。中野さんも必死にて演説会場は相当の人気です

一、淡谷氏改組の処置一任して昨日帰郷、木村氏が自ら率先して陣営を一新することに努力するやう連日説きます。協会に対しては弾圧の様子、目下ありません

## 25▲朝鮮問題は自分と同信者に対してのみ言ふべき事にして

四月三日付石原莞爾宛宮崎正義封書［憲政増川喜久男関係文書・59―7］

謹啓　時下陽春の候、閣下愈々御清安に被為渉奉大賀候
先日入洛参館の節は御身辺御多端なりし際にも不拘、長時間御引見を忝うし洵に難有厚く御礼申上候
閣下今回のこと　誠に痛心の至りにて入洛の当日に之を知りし為め閣下に御目にかゝりし後は夜も眠れぬ想ひ致し候
　小生は熟慮の結果　之に関し聯盟協会理事者等の負ふべき責任の尠らざるを痛感仕候　小生は最近殆んど名義のみの役員なりしとは言へ此事は責任を回避する理由となり得ず　否　却って責任の加重せらるゝを覚え申し候　小生は東亜聯盟協会に対し一切の役員辞任を申出候　理由の最大なるものは実に此責任感に基くものに有之候　併し他にも理由はあり　そは最近　小生が多忙不在等の理由のため　協会の事務、会計等に与り得ず　従って其業務上の責任を分担し難き現実の事態そのものに御座候
最近協会の業務は事務経理共に小生の所期と異るもの多く　小生等が板垣将軍に約したる言葉も反古となりし始末にて　分担し得ざる責任を負ふべき地位に今後も立たさるゝ事は小生の忍びざる処に御座候　勿論　小生には協会の現理事者を非難する如き考は毫も存せず　寧ろ其努力と労苦の大なりし事を充分認むる者なるも役員として残り得ざる事情　御諒察願上候
顧れば嘗て朝鮮問題に関し　閣下と所見を異にしたる際　閣下は書信を賜り「之は自分と同信者に対してのみ言ふべき事にして云々」と認められ候　此御言葉は当時雷霆の如く小生の胸を打ち　法華経行者としての閣下の偉大なる御姿を仰ぐ想すると共に　自らをして深く内省せしめ申し候
小生は昨年　参謀本部の任務を辞すると共に　直に満鉄会社に辞職を申出、許されて浪人生活に入る事を得たるが今回、閣下が現役を去らるゝを機会に　一切の公職より離れ　謹慎すると共に　一老書生として内省、読書の生活を

送り　他日を期したき存念に御座候　唯一の南京総軍の任務は今直に辞任し得ざる羽目となりたるが、単なる経済技術者として暫く御奉公申上げ早晩拝辞する心算に御座候　何卒　小生の微衷御憐憫の上　念願を貫徹せしめられ度奉願上候

皇国今や空前絶後ともいふべき危機に際会　しかも政治の貧困　言ふに忍びざるものあり　閣下の偉大なる思想―御経綸の行はる丶日の来らん事を熱望仕候　閣下　何とぞ邦家と同志のため　御自愛御自重あらん事を衷心より奉希上候

追而　小生は　閣下の御上京を待上げ拝眉の上　此事を申上度存じ居り候いしも　已むを得ざる用務のため郷里に帰る事と相成り候ため　乍失礼書中申上候　小生は本月中旬頃　南京に再度赴き六月帰京の予定に御座候　尚今後閑地に就くと共に　閣下の御都合を伺ひ　時々京都に伺候し　教えを乞ひ度存念に有之　何卒御聴許あり度奉願上候　尚、本書状は協会役員等には御示し無く　御一覧後は火中せられ度願上候

頓首再拝

四月三日

宮崎正義

## 26▲四国地方に於ける運動方針に就き、可否の御指示お願い

四月五日付石原莞爾（東京市麻布区桜田町八東亜聯盟本部）宛田中久（高松市四番丁一四）封書［憲政増川喜久男関係文書・36―6］

謹啓

四国地方に於ける東亜聯盟運動の方針　別紙の様考へ居り候間、御上京直後、和田次衛拝眉いたす筈に付、可否御指示下され度奉願上候

敬具

四月四日

四国地方に於ける東亜聯盟運動方針　　田中久

一、聯盟運動加入者は、著しく社会の指弾を受くる者にあらざる限り　新体制人たると旧体制人たるとを問ふべきにあらず　広く社会の各層を網羅して可なりと信ず　但　其の中核体は善良にして而も革新的実行力を有し　社会の信望も　亦　厚き者に置くべきは勿論なりとす
思ふに東亜聯盟は主として東亜（日本を含む）の進むべき唯一無二の目標なり　勿論　幾分の手段方法に及ぶものありと雖　決して主体にあらず　然るに日本に於ける　今日の　及び過去の、政党政派乃至思想団体は　当面の政策即　手段にして、多少究極の目標を有するものも日本一個限りの仮標（手近の目標）に過ぎず
故に　遠大の目標を主眼とする東亜聯盟は此等政党政派乃至思想団体に関係あるものを包含して不都合無かるべし　勿論、東亜聯盟思想に徹するれば、此の目標に進むべき経路についても、自ら軌道あるを諒得すべく、此程度に達すれば自然、従来関係せし政党政派思想団体を離脱するに至るべきも、此れ自然の結果にして当初より之を条件とするを要せざるものと信ず
故に東亜聯盟に加入せしむべからざるものは、侵略的権道思想を清算し得ずして之に反対するもののみなるべし
四、支部を作り事務を担当するも、支部長以下の役員は急いで設くるの要なく　寧ろ当分世話人制度を以て同一目的を達するを有利と信ず
聯盟思想を普及し其信念を深からしむることこそ東亜聯盟運動刻下の要務たるべし。故に極端に論ずれば　聯盟思想に徹する個々の会員の質的数的増加を以て当分満足すべきものなるも、これが為めには世話人を要することは云ふ迄もなく此の世話人の事務所を支部と称して一向差支なかるべし
然れども、聯盟は尚、政治的運動を展開すべき時機にあらざるを以て（過早なる政治的活動は発展を極限す）支部長以下の役員を設けて統制ある行動を要するものとは考ふる能はず。故に情実多き田舎に於て過早に支部長等を定め

発展すべきものを発展せしめざるは決して有利なる方法と云ふべからず
右の如き考より四国地方に於ては差し当り世話人制度を以て聯盟の拡大を図る（終）

## 27●純然タル文化運動ニヨリ中堅国民ニ聯盟ノ精神ヲ理解セシムルコト

四月十日付石原莞爾自筆メモ「東亜聯盟協会全国中央参与会員会議ニ於テ」［鶴岡・石原・K5②］

一、東亜聯盟中国総会ノ成立ハ日支国交上未曾有ノ大事ナリ　コレヲ誘致セル　協会過去一年半ノ運動ハ東亜諸民族ヨリ甚大ナル感謝ヲ捧ケラルヘキモノト信ス
但シ事此処ニ至リシ根底ハ東亜聯盟運動者　十年不撓不屈ノ実践カ　中国人ノ信頼ヲ博セル点ニアルコトヲ忘ルヘカラス　建設要綱ノ価値ハ　理論ヨリモ同志体験ノ上ニ立ツ点ニアリ
二、時局ノ切迫ハ協会工作ヲ急カシメ　自然半政治的運動トナレリ　此運動カ　東亜聯盟ニ対スル国民ノ関心ヲ刺激シ　中国ニ於ケル運動生起ノ一因トナレリ
然レトモ反面　形体ノミ膨張シ内容伴ハサル弊害　否定スヘカラス　政治的運動ハ　協会ノ公約ニ反スルノミナラス主義ノ純度ヲ低下スル恐大ナリ
三、前途遼遠ナリ
最近ノ形勢ニヨリ　東亜聯盟ノ名称ハ　全知識群ニ普及セルヲ以テ、今日以後ハ協会創立ノ趣旨ニ立返リ純然タル文化運動ニヨリ　中堅国民ニ正確ニ聯盟ノ精神ヲ理解セシムルコトニ全力ヲ傾注スヘシ
本年中ニハ　誓ッテ全国民（中堅者）ニ訴フル決意ヲ固メンコトヲ切望ス
此際　特ニ注意スヘキハ　東亜聯盟ハ未成品ナルコトナリ　会員ハ謙虚ノ態度ヲ堅持シ　反対論ヲ傾聴シ　取ルヘキ

モノハ取リ　正スヘキハ正シ　全国民ト共ニ聯盟精神ノ正シキ進展ヲ計ルヘキナリ
四、協会ノ組織　右運動ノ目的ヲ　尤モ有効ニ達成スル手段ナリ
政治的活動ヲナスタメニハ　中央集権的統一力強キ組織ヲ必要トスルモ　協会ノ目的ヲ達成スルタメ目下ニ於テハ第一線重点主義ニ徹底シ　地方ノ状況ニ応シ　適当ナル組織方法ヲ選フヘシ　一挙ニ支部ヲ結成スルヨリモ　先ツ分会班等成立　逐次支部ニ発展セシムルヲ自然トスル場合多カルヘシ
要ハ　中央ハ指導原理ノ発展　地方ハ実情ニ合スル計画的ニシテ活発ナル工作
五、統合問題ニツキ
大政翼賛会ハ直属ノ団体ヲモタサルヲ正当ト信ス　然モ造ルモノトセハ協会ハ心ヨリ之ニ協力スヘシ　但シ恐ラク半政治的運動トナルヘク　協会ノ着実ナル文化運動ハ当分続クルヲ要スヘシ　特ニ新団体カ　中国人ノ信頼ヲ博スルニ至ル迄ハ協会カ側面ヨリコレヲアッセンスルコト尤モ大切ナリト信ス
「吾人の主張が国民の理解により全面的に国策として採用せらるゝことを念願し　此目的を達成せば協会は当然之を解消する」　協会ノ心境ハ毫モ変化ナカルヘシ
我等ハ大政翼賛会カ速ニ政治的勢力ニ進展スルコトヲ待望シ来レリ
昭和維新論ハ大政翼賛会成立前　全ク混沌タル時代ニ於テ「所在に組織体を結成し逐次統合遂に指導的組織体への発展」ヲ期待セリ　大政翼賛会ノ発生ニヨリ国家権力ニヨリ其成立ノ可能性生シ（国策確立、国防国家ノ本質確立）我等ハソノ成功ヲ待望シテ訂正ヲ加ヘタルモ遺憾ナカラ今日未タ完全ナル信頼ヲナス能ハス　依然民間的文化運動ノ発展ヲアハセ必要ト信スルモノナリ

**28▲水沢、石巻の二ヶ所だけ日程に入れて戴く様御願申上候**

五月十四日付石原莞爾（京都市上京区等持院北町五二）宛高木清寿（目黒区上目黒八―二八四）封書〔憲政増川喜久男関係文書・31―2〕

謹啓　過日は参上致し御世話に相成り有難く御礼申上候　奥様の御平癒御祈申上候　戦争史大観の図、出来申候故本日御送申上候間　御検閲戴き度く御願申上候。章、節、等も　直ちに付申候間　御知申上候　本の型も御送申上候様のものに御座候も　福島君より第一編の戦争史大観の活字を大きく取扱ふ事は　本の体裁を悪くする由にて、ワクにて囲みては如何に候やと御相談有之候間　閣下の御意見御伺申上候

本月末よりの東北地方の工作日程も、小生　早くより杉浦　朝倉両君には、水沢、湯沢、石巻の三ヶ所、出来得れば御巡り願へる様、申上候へしが、本日出来上候日程には全く無之候故、懇願いたし、水沢、石巻の二ヶ所だけ日程に入れて戴く様御願申上候も、一日にて二ヶ所の工作にては　閣下の御疲労の事も有之候へば、閣下の御都合によりては、今回は全然、小生共の同志の地は御遠慮申上度く存じ候

五月三十日、午前七時四十五分　盛岡発、

水沢着、午前九時十五分、

水沢発、午後一時二十四分、

石巻着、午後四時二十五分、

石巻泊、

の予定に御座候も、閣下の御都合お伺申上候　佐渡の方も種々と協会側の方にて行事有之候由に候故　今回は北陸　東北各地の法華の同志の集りも御遠慮申上候　先は取不敢右御礼かたがた御伺ひ迄

敬具

五月十四日

高木清寿

## 29▲概して鮮系に優秀にて熱心なる同志多く

八月十一日付石原莞爾（京都市上京区等持院北町五二番地）宛岡野鑑記（新京市豊楽路六一一）封書［憲政増川喜久男関係文書・14―5］

謹啓　時局下益々御健勝にて聯盟運動に御挺身の趣を協会の報告にて詳細に承知仕り東亜の為　唯々衷心より感謝感激致居候　将来も神霊の加護により益々御健勝の上御活動あらんことを祈上申候

満州に於ても不肖等駑馬に鞭ち時局の重大性に鑑み此の機会に一大躍進を遂ぐべく努力致し居り候

予定の計画に従ひ去る七月一九、二〇、二十一の三日間　建国大学の寮を借り受け興亜修養会を開催仕り候　参加者二十五名に及び　真剣なる会合目的を達成いたし申候　内　鮮系六名に及び　概して鮮系に優秀にして熱心なる同志多く　極めて興味深き事実に御座候

次に六月より開始致せし毎火曜日夜の定例研究会（興亜問題座談会）は　日を追ふて盛会と相成り　継続致す計画に御座候　最初　建設綱要を研究し　目下　最終戦論に進み居り申候

又　四月以来　開講の古知氏を中心とする日蓮主義研究会は　毎金曜日夜に開き熱心なる同志多く逐次聯盟へ参加致し居り候

次に　地方遊説も去る八月十日の吉林市をスタートとして愈々開始致申候　協和会旋風後の吉林は　一時壊滅に瀕し候も　其後再建の情勢に進み　小生等今回の訪問を機として再出発することと相成申候　来る十七、八、九日には　奉天及び撫順を訪ひ　同志結束と運動強化を図る計画に御座候　次で年内には哈爾濱、牡丹江、佳木斯、通化、鞍山、安東等を始めとして全満主要都市を行脚し　地方組織化に乗り出す予定に御座候　お粗末乍ら古知氏の国体論と小生の東亜経済論を看板とし　建設要綱の輪読会をも併せ開催の予定に御座候　会員数を増加するといふよりも　現在会員の中から中堅分子　即ち将来の指導者を探し出し　之を組織化し連携することが目的に御座候

時局の異常なる緊迫は　好むと好まざるとに不拘　愈々本格的なる昭和維新に発足せしむる情勢に進み居り聯盟運動も亦　右の情勢の変化と共に　愈々本格的に躍進する好機を恵まれ　巧妙なる方法を以て挺身し　以て東亜十億の民生解放の為　惹ひては世界人類救済の為　邁進いたす覚悟に御座候

右以乱筆　近況を簡単に御報告申上げし次第に御座候　敬具

昭和十六年八月十一日

岡野鑑記

# 三　東亜聯盟協会改革の具体的展開（鶴岡市番田時雨荘時代）

## 昭和十六年（一九四一）九月～

### 書簡・文書

**30●数ノ獲得ヲ第一義トスル方針ハ我等ノ採ラザル所**

九月二十八日付庄内支部運動要領［鶴岡・石原・K５―㉒］

一、組織ト訓練トノ緊密ナル協調

自由主義時代ニ於ケル、数ノ獲得ヲ第一義トスル方針ハ我等ノ採ラザル所、堅確ナル同志的結成ヲ根本トス、コレガ為メ組織ト訓練ハ渾然一体ナルヲ要ス

二、組織

1．中堅会員ノ組織的発見、獲得、訓練ニヨリ血盟ノ同志タルベキ参与会員ノ任命

2．参与会員ヲ中心トスル班、分会ノ結成

3．分会ハ町村単位、班ハ部落毎

4. 酒田市、飽海郡ヲ合シテ聯合分会
5. 会員ハ分会毎ニ毎月若干ノ会費ヲ納入ス
6. 支部、分会共ニ統制ハ合議制ニヨリ決議権ハ参与会員ニアリトノ協会ノ組織方針ヲ徹底ス
7. 支部費用対策確立

三、訓練

1. 指導原理ノ徹底

イ、分会毎ニ輪読会、研究会等ヲ行ヒ優秀者ヲ支部講習会ニ出席セシム

ロ、分会ノ申出ヲ基準トシテ支部ニ於テ適時各地ニ講習会ヲ開ク、ソノ結果参与会員ノ候補者ヲ決定ス

ハ、分会未成立地方ノ会員獲得訓練ハ支部ノ担任トス

2. 実践

イ、朝鮮人、満州国留学生ノ指導

ロ、新時代ニ於ケル共同生活創造ノ急先鋒

① 会員ノ同行讃美ニヨル協力一致、新シキ生活方式ノ共同体験

② 隣組乃至同業組合ノ最高犠牲者タルベシ

ハ、庄内ガ担任スベキ経済力ノ検討、コレニ基ヅキ

① 池本農業政策ノ庄内ニ於ケル実践

② 庄内重工業建設ヘノ協力

③ 満州移民ヘノ協力

3. 会員大会

イ、庄内出身興亜先覚者ノ慰霊祭

ロ、来春ヲ期シ支部会員大会
全国ノ模範タルベシ

## 31▲閣下京都を御去り後の関西事務所の状況

九月二十九日付石原莞爾（鶴岡市番田）宛福島清三郎（京都市左京区田中大久保町六十三番地義方会）
封書［憲政・増川喜久男関係文書・50―1］

拝復
閣下を始め奥様には無事鶴岡に御到着遊れ候段　慶賀申上候　顧れば閣下の京都に御滞在中　種々御教示御指導を給はり　実に私共の進む可き道を明確に知る事が出来て生甲斐のある人生を送り居り申候　御厚情の段　深く御礼申上候　閣下京都を御去りに相成り候後　関西事務所の動きに付いては　相当の注目も有之候故へ　大に注意仕り居候　鞍馬山の道場の件にて　私二回参り中江君は四五回以上も参り候　貫首は天台宗の大陸開教の総監と相成候故へ　大に積極的に考へ居候　目下　花嫁講習会開催中にて候故へ　中江君出掛け居候　辻本氏も淵上氏の希望も有之　京都の方に置く事に決定仕りて　細君は空手塾の炊事にお願ひして　辻本氏も塾に宿泊して事務所に出勤致す事と致し候
　佐々木氏は其の後熱心に工作仕り居り候　承れば妻子もある由にて　生活には不自由のなき様に致し置き候間　御安心願ひ度く　曺氏も熱心に鮮人の工作致し居り候間　之又　御安心被下度く　大阪には二回参り　吉田　川上　西村の諸氏と御相談仕りて　愈々大阪よりは事務所に対しての補助費は送付する事と相成り候　大阪にての工作上　坂中氏の支部事務所の事にて御承知の通り面倒にて候も　大阪にては場合によりて支部を二ヶ所位も作りてはと考へ居り候　近日中に関西事務所の常任委員会にて相談致したく候

此の頃困った問題にて候　其れは　淵上氏が九州に近々中に帰ると申しだし居候　私としては事務所の者がよく　工作上　君の考へを認識するまでは京都に止まって指導する様と進め居り候も　中々聞き入れないので閉口仕り居候　其の原因は第一に閣下にお供が出来なかった事　第二は辻本氏と何か口論を為した由　辻本の方にては　淵上氏に対しては折れて居る様に見受られ居り候も　何か此の頃　割り切れぬものがある様に見へ　閣下滞在中とは別人の様にて候　昨日も吉氏と共に　其の様な心構にては民族協和の運動をなす者の態度ではないではないかと申しても聞き入れないので閉口仕り居り候　何れ十月　東京にて御会ひ仕りて申し上げたく候　田中先生には其の後　元気が出ない様子にて候　私は元気は快復仕候　廿四五日の両日　福山に青年移民の講習会に参りて両回話に参り候　何卒　閣下にはお体を御大事に其の後　御老母様の御様子は如何にて有之候哉、伺ひ上候　奥様宜敷御伝へ被下度候　早々

九月廿九日　福島清三郎

## 32●大命が降下することがありましたならば、危局を突破する自信を持たなければならぬ

十月五日付石原莞爾自筆メモと講演速記からの摘録「東亜聯盟協会運動要領ニ就テ―中央参与会員全国会議」［鶴岡・石原・K5―③］（カタカナ部分は自筆メモ、平かな部分は『東亜聯盟』十一月号・十二月号に掲載された十月五日当日の第二回全国中央参与会員会議での講演速記からの当該部分摘録）

第一　協会創立ノ趣旨

一、東亜聯盟運動ハ昭和維新運動ナリ　維新ハ「誠」ノ恢復ナリ
会員自ラ協会自ラ維新セサルヘカラス　反省、反省、又反省

革新はどういふ時に行はれるのかと申しますと、社会全体の情勢が余りに形式的になり、いつはりが多くなり、妥協が多くなり、誠心がなくなって、どうにも我慢の出来ない程度に来た時に、革新が必然的に要求されて来るのであります。維新運動は、この意味に於て誠心の回復運動であります。従って我々の一挙手一投足の悉くが、自分の良心を強く満足せしめるものでなければいけません。その点の反省が、私共の一番大切なことであって、反省、反省、又反省、常に我々が真に誠心を以て正しく強くなって行く状況でなければなりません

二、宣言ノ徹底　斉唱ノ方式

第二　協会ノ運動方針

一、政治団体ニアラス　皇国民トシテ正シキ態度　正確ナル方向ノ堅持

現在協会は政治団体ではないと云ふことであります。なぜ政治団体ではないのかと云ふと、運動要領には少くとも政治運動をやるといふならば、畏多いことでありますが、その政治運動をやる運動の責任者に、万一大命が降下することがありましたならば、全責任を以て必ず危局を突破するといふ自信を持たなければならぬ。それがために必要最少限度の指導原理とそれを行ふ人的組織を持たなければならぬ。それだけの準備なくして政治運動として騒ぎたてすることは、断じて良心的に許さないと云ふことを主張して居るのであります。

それ以外に私共として尚ほ体験的に強調しなければならぬのは、政治運動的になると、昭和維新の方向がハッキリ取れないといふことであります。政治運動はどうしても勢ひに押されます。勢ひに押されては新しい時代への方向転換を把握出来ない。過去一ヶ年の東亜聯盟協会運動は、形の上では異常なる発展を見たのであります。然し数万の我々の同志の中に果して昭和維新の方向を正確に握って居るものが何人あるか。即ち、「昭和維新論」、「東亜聯盟建設要綱」の理解について卒業点を差し上げていい人が何人居るかといふ状況であります。我々は浮いた気持で勢ひに乗じてものを運んで行かうと云ふのではなく、正確に冷静に我々の主張を国民に訴へて行かなければならない。このやうな理由で目下政治運動はやるべきぢゃないと主張して居るのであります。

二、大政翼賛会トノ関係

大政翼賛運動成功ノ可能性

昭和維新論ニヨル新政治組織体ノ結成

大政翼賛会の総裁である近衛総理大臣、副総裁柳川国務大臣、さう云ふ方々が、自ら陣頭に立って最も勇敢に国民の向ふところを示して行って下さったならば、私は上からでも国民的結成の生れる可能性が十分あり得ると信じます。私共は、その成功を念願するのでありますが、指導者が果してそれだけの確信と信念と気魄とをお持ちになって居るかどうかといふ一点には多少の心配を禁じえないのであります。

このやうに、悪くすると所期の目的を達成し得ない。でありますから、大政翼賛運動を行はれて居るに拘はらず、「昭和維新論」に書かれてあるやうな方式に依って、下から盛上ってくる運動の必要をやはり痛感するのであります

三、同志的結合

参与会員ノ意義　協和会失敗ノ原因

厳正ナラサル任命、参与会員ノ不熱心　粛正ノ要

参与会員ノ謙譲ナル態度　任命ハ社会的地位ニヨラス、同時ニ参与会員カ会ノ力ニヨリ社会的活動ヲ有利ナラシメントスルハ許サレス

満州帝国協和会の悩みの根本は、各種の事情で満州国が軍の内面指導を撤退し得る状況に至らないことでありますが、併し協和会自体の中に於ける大きな弱点は、中堅会員制度の確立がなかったことであります。協和会を作る時から、正会員制度を確立しなければならぬ、本当に同志として信頼出来るものを正会員として、普通会員とはっきり区別しなければいけないと云う主張があった。殊に現在の朝鮮軍司令官である板垣大将が関東軍参謀長時代大いに努力されたが、到頭それを確立し得なかったのであります。これが、今日、協和会の悩みの大きなも

のであります。私は、大政翼賛会も同じ過失を犯して居るのぢゃないかと思ひます。国家権力に依って急速に発展するもの、悩みは、自然このやうな所にあります。これに対し幸ひ世の中から相当反対を受けてゐるところの東亜聯盟協会の運動は、その点に於て却て恵まれて居ります。反対者の盛んな今の中に中堅会員を厳選して、それを訓練し、組織して行く、そしてこれをしっかりと真の同志的結合にすることが、最も大切なことであります。

今の参与会員の制度はかくの如く同志の貴重なる体験に基いて生れたのであります。それにも拘らず遺憾ながら各支部に於ては、参与会員を決定する権限をもって居ながら、正確に参与会員を決定している事実が、割合に少い…………………「昭和維新論」を読んでいないと自ら云われる中央参与会員が居ります。今日までの中央参与会員の選定は甚だ杜撰である。参与会員の方には特に徹底的に勉強をお願ひしなければなりません。…………………中央参与会員は、断じて社会的地位によるべきものではありません。…………………今日迄の社会的地位に依って指導的位置に据ゑようと云ふことは、そのこと自体が既に昭和維新的ではありません。…………………

第三　指導原理ノ立案

一、指導原理ノ発展ハ会勢発展ノ基礎

協和会失敗ノ一因　協会ノ強ミ　建設要綱ノ改正進歩

協和会には今日未だ自ら指導原理を作っておりません。従て何万の会員、何千の会の職員が協和会の運動に於て思想の統一がないのであります。この点私は大政翼賛会も実に危いと思ふのであります。…………………この点に付きまして、私共の東亜聯盟運動は、非常に恵まれて居ります。十カ年同志一同の努力に依りまして、「昭和維新論」、「東亜聯盟建設要綱」は不完全ではあるが我々の主義を示し、私共は之に準拠して運動するものを総て東亜聯盟運動と言っております。…………………

内政要綱ノ立案　経済　農村　教育

今日の日本の計画経済の或る意味に於て基礎作業を作りました宮崎正義君一党の研究は、私共は最も尊重しなければならないのであります。大体経済に就きましては、勿論多く言はれる経済新体制の研究が非常に大切でありますけれどもそれに増して大切なのは、最も明確に東亜聯盟の経済建設の目標を確立することであります

…………………

「昭和維新論」の農村の改新と教育制度の革新の二項は、鐘紡農務課長の池本氏の執筆であります。さうして「農村の改新要綱」の一部分は所謂池本農業政策要綱として東亜聯盟誌上に三回に亘って分載されなほ未完成でありますが、協会は凡ゆる力を以て、池本氏に一日も速かに草案の完成をお願ひする必要があります。

…………………

更に池本氏に言はせれば農村問題は教育とは不可分であり、又それが所謂国民組織と又不可分でありますが、少くとも「教育革新要綱」は速かに池本氏の案を纏めて貰ふやうに、私は協会の御配慮をお願ひします。

二、反対論ノ爆撃

聯盟ハ敗戦主義

東亜聯盟は敗戦主義であるといふ意見であります。事変の莫大なる犠牲に対し、何か権益を支那本部に設定しようといふ考へは、「聖戦」の見地から、今日思想的には否定せられてをるわけであります。然し、国民の多くは依然この考へを完全に清算し得ないで、東亜聯盟を今尚敗戦主義と信ずるものが少なくない様であります。

…………………

王道　皇道

国家聯合理論

私の「新体制と東亜聯盟」といふ詰らない講演の要旨が、十月の東亜聯盟誌上に出たのでありますが、この中、「東亜聯盟の盟主」の部分が検閲当局から、………………と云ふ理由の下に削除を命ぜられて居るのであります。

是は私個人の意見でありますから私の意見が間違って居れば、私の責任でありますが、協会としても最も真剣に東亜聯盟の盟主の問題を御検討願ひたいと思ふのであります。…………

朝鮮問題　―本部指導者ニ問題ヲ提案　支部実践―協和会

私は、東亜聯盟協会が、実際的に強い摩擦が生ずるとすれば、恐らくこの朝鮮問題から発生して来るだらうと、前々から主張して居るのであります。昭和維新の中核問題は東亜聯盟の結成であり、東亜聯盟の最重要問題は民族問題であります。我々が朝鮮問題を正確に解決しないで東亜聯盟運動を論ずるものは、家庭がおさまらないで社会で説教するやうなものであります。断じて是は解決しなければならぬ。……………

第四　協会ノ組織

一、本部

1、指導原理ノ立案ニヨリ会運動ノ方向ヲ統制ス

イ、総合的発展

指導原理の総合的発展のため、重要論点を究明することであります。いろいろの立場、いろいろの境遇にある人々の、あらゆる角度からの疑問になる問題の要点を御検討願ひたい。…………

ロ、重要論点ノ糾明　特ニ同志的学者評論家ノ総動員　東亜聯盟叢書ノ刊行　パンフレットノ発行

ハ、雑誌ノ戦闘力増加　全責任　反対論ノ爆撃　同志活動「ニュース」ハ重点ナシ

寄稿者ノ名ニ捕ハル、勿レ

2、本部ノ事務処理

目下ハ中央集権ニアラス　然ルニ官僚的

温情　形式的　津山支部ノ例

図書取次ニ関スル件

二、事務所ノ任務

事務所ハ運動要領ノ「中央」？

支部ヲ知ル権能ハ事務所ニアルヘシ（東北事務所ノ話）

事務所は本部と支部の間にあり、その一番大切な任務は支部を作ることであります。事務所自体の判断で管内支部を結成するのであります。所が最近東北事務所の島貫君に聴いて驚いたのでありますが、東北事務所で山形県の置賜に支部を作らうと思った所が、本部でいけないと云って作らせなかった相であります。これは事務所の活動を掣肘するものであり、私は島貫君に「どんどん作って出来たら報告すればよいのだ」と云ったのですが、この辺にもお互ひに仕事のなれない故でもありましょうが、大きな誤解があるやうです。…………………事務所乃至支部の区域は決して行政区域に拘泥する必要はありません。…………………

適任者ヲ得ルニ従ヒ一般情勢ヲ考ヘ事務所ヲ増設

三、支部ノ任務

イ、活動ノ中核ハ目下ニ於テハ支部

参与会員を決定する権限は支部にあります。…………………苟も支部に於ては、その管轄区域内に於て、誰々を参与会員にしようと自分ではっきり自信を以て判定しなければならぬ。支部の地域はこれを可能ならしめる範囲に縮小すべきであります。…………………

ロ、協和ノ組織ハ「数」ヲ第一義トスル自由主義政党　又ハ「利害」ヲ主トスル農民運動ト本質ヲ異スル「主義」中心ノ同志的結合ナリ　弾圧来ッテ而モ厳存スル支部果シテ幾部アリヤ

従来の政党運動は、数を目標とする運動でありました。過去の政党にゐた方々、木村君なんかはよく御存知でありませうが（笑声）口では革新運動と云っても、まだ自由主義政党時代の運動の理念がぬけきれないのであります。彼等に取っては選挙がすべてであり、選挙は数の戦ひであります。運動の目標が数である以上、

大講演会、大演説会を連日行って自分に大衆の目を集めなければならぬ。そこに集まったものが、熱烈な同志であるかないかは、第二義の問題であります。これは我々の運動の組織結成方法とは全く違ふものであることを充分気をつけねばならない。又、現在協会には野口君淡谷君のやうに農民運動のかつてのすぐれたる指導者が居られますが、この体験は必ずしも協会運動の指針とはならぬ。農民運動は、地主と小作人との利害の対立を基礎としてゐます。昭和維新運動、東亜聯盟運動は利害の対立を超越した主義の問題であり、精神の戦ひで有り、世界観の戦ひであります。……………

今日内閣首班の近衛公は、緒民誼大使より承はりますれば、昨年暮自ら汪精衛先生に対して東亜聯盟運動激励の親書を出してをります。世の中の一部で、中国は東亜聯盟運動で結構であるが、日本は考へものだとまじめに云ふ人がゐる。これは実に滑稽で、どうも脳梅毒に罹ってゐるのぢゃないかと思ふ。東亜聯盟は日華間の共通問題であります。中国はいいが、日本は悪いといふやうな理屈は断じて成立ちません。近衛総理が汪精衛氏に東亜聯盟運動を勧められた以上、自ら日本に於て熱心に東亜聯盟運動を行はなければ、不信の人となります。私は近衛公は東亜聯盟の支持者であると確信いたします。

止ムナキ時ハ政党（皇運扶翼会、昭和維新党）ニ追ヒヤラル、恐アリ
徒ニ争ハス　但シ不正、国体不明徴ニ対シテハ果敢ニ戦ハサルヘカラス

何時なんどき常識では考へられない弾圧が来るかも判らない。これは昭和維新の時代に於て当然覚悟しなければならないことであります。寧ろ見方によっては、之れを歓迎しなければなりません。不当の弾圧が加はりました時、皆さんとしては「成程尤もだ」と自ら運動を解消するか、さうでなければ我々としては茲に已むを得ず、希望せざる政治的団結に追ひやられるといふ可能性を今より十分覚悟してをかなければなりません

我々は決して無益の喧嘩はしない。政府当局の方針と意見の相違はあっても、無益の論争をすることは成可

く謹みます。然し勘弁出来ない事が二つあります。一つは権力をもったものが不正を行ふことであります。権力の地位にあって不正を行ふものに対しては、皆さんの身を以て戦ったらよろしい（拍手）。それが国家に忠なる所以であります（拍手）。もう一つは国体の問題であります。普通の理論は我々成可く協調的態度をとりますが、国体不明徴の行為に対しては断固として闘はなければいけません（拍手）。西洋中毒の天皇機関説に対して過去十数年軍を中心として戦ったのであります。思想的には解決しましたが、実質的には国体明徴を唱へた人、天皇機関説を排撃した人でも、今なほ国体不明徴を清算し切れないものが少くない実情であります。………………

ハ、組織ト訓練ハ渾然一体

組織的調査ニヨリ候補者発見、獲得、訓練→参与会員

一つの地方に於て、大体誰と誰を動かしたらよいかといふことを予め丹念に調査して、それに全力をつくすのです。座談会も人員が多くなると価値が逐次低下します。講演会に至っては顔を見に来る聴衆が大部分のやうであります。

参与会員（単数又ハ複数）ノ能力ニヨリ　班、分会、支部結成

支部ノ大キサハ正確ニ参与会員ヲ決定シ得ル範囲

縣単位ハ至難（○○縣支部ノ名称ヲ○○支部ト改称）

四、会ノ統制

合議制、新時代合議制ノ訓練ハ維新ノ大眼目

会の統制は参与会員の合議制によります。

常任委員ハ特権者ニアラス、常任委員増加ノ不合法

常任委員は参与会員が多過ぎるから、日常会務を処理するため参与会員の決議によってその代理を委託されたも

のであります。…………従て今日のやうな大会に於て仕事の関係上机をおいてあるのはよいが、常任委員だけ特に軟らかい椅子に腰掛けてゐるのはどうかと思います。…………………

参与会員ニ決議権アリ　「理事」其他ノ名称整理

第五　会員ノ訓練

1、指導原理ノ徹底

イ、講習会重点　（講演会、等ハ中堅確立後ノ行動）

分会毎ニ輪読会、研究会ヲ行ヒ支部ノ講習会ニ出席者ヲ定ム

支部ノ講習会ハ参与会員決定ノ有力参考　支部講習会ノ優良者ヨリ中央講習会ニ

分会毎に輪読会或は研究会を行って、そこで支部講習会に出すべき人の予選を致します。従って支部の講習会では、世間一般の講習会の如く漫然と希望者を集めるのではなく、分会より選ばれた会員を集める訳です。この支部の講習会は参与会員決定の一つの有力なる参考となります。

ロ、協会儀式行規

2、実践

イ、朝鮮人、留日学生、華僑トノ連絡、誘導、

ロ、内政革新目標ノ実践

農村、教育、

高山ノ例

ハ、会内ノ協和

ニ、会外同志団体トノ協力

高木氏団体トノ例

文化運動中「吾人の主張が国民の理解により全面的に国策として採用せらる、ことを念願し、此の目的を達せは協会は当然之を解消する」トノ公約ヲ守ルヘシ　然ラハ無理ナル統合ハ自然一考セラル、ナラン政治的活動ニ入ルヲ要スル時ハ当然強度ノ統合

雑誌ニモ同志団体ノ活動ヲ記セ

同じ東亜聯盟運動をやってをる団体例へば高木君の方とは、今迄各方面で協会と若干摩擦を来したやうであります。この摩擦を克服してゆくことが、聯盟運動であります。主義主張を異にするなら別問題であります。又人間として許すべからざる性格的欠陥があるならば別であります。大概の欠陥はお互いに持ってをります。これはお互に許さなければならぬ。苟も主義主張を同じくしたものの間にあっては、凡ゆる困難を克服して同志的結成を目指してゆく、これが東亜聯盟運動の第一歩であります。何もかもざつくばらんに申上げるのですが、私が先日青森県にまゐりました折、森田君の方と高木君の方とで会場で睨みあった。

……………

高木君の方では森田君は最近真に聯盟運動に精進する様になったが、始めは選挙運動のため東亜聯盟運動をやり出したと考へたらしい。これは恐らく邪推でせうが、協会の人々にも反省すべき点がないともいへません。…………………今のやうな東亜聯盟運動が世間から若干睨まれてゐる時代は別ですが、景気のよい時代には、東亜聯盟運動を功利的な考へより利用しようとする人が起きないとは云はれません。この　意味で潔癖すぎる人の疑も一応考へてやらなければならないのであります。……………

ホ、隣組、同業組合ニ於ケル共同生活、挺身隊

3、中央ノ訓練

講義科目、講師ノ選定　中央参与会員ノ決定ノ有力参考

### 33▲昨日の講話難有う。スッカリ分りました。小生も同志の末席に入れて下さい

十月六日付石原莞爾（麻布区桜田八東亜聯盟協会）宛小林鉄太郎（淀橋区下落合一ノ四八二）封書［鶴岡・石原・手紙371―4］

昨日の講話難有う。スッカリ分りました。小生も同志の末席に入れて下さい。但し　来年もし人に推されたならば立候補する事丈御許し下さい。

退職早々から馳せ参ずべきでしたが、議席を獲得してから参加しやう。でないと却って立候補の準備運動として聯盟協会に加入する様で面白くないと思ったからでした。昨日のお話で安心しました。何もかも打ち明けて御手伝しやうと決心しました。

議会入りは　小生年来の宿願でした。だからこそ、官吏に入りても、学界に入りても　中途半端にして了ひました。が、悔ゆるところはありません。

　思ひきや　月も流転の影なれや　わか来し方を　何か思はむ

けれども男子として一人前の仕事も仕遂げないで死ぬ事は　何としても自分自身として残念でなりませんでした。仙台の邸で「まあ　男一人の仕事はしましたから」との御言葉と御心境とをいかに羨しく思った事でせう。其の頃の心境は左の通

　此の吾に生命を賭くる仕事あれ　それを仕遂げて　死なんとぞ思ふ

満州問題こそ、その仕事でした。屡々旅順で語り合った事が　いかに小生の心を動かしたかは御想像も及ばぬところ、唯生命がけで飛込み得ず　又　台湾転勤の時も、小生は　いかに悩み通したか……満州に止まらうとせば、満鉄の世話にでもならねばならず……後髪を引かるゝ思ひで台湾に赴任したのでした。

満州事変の第一報は翌九月十九日、総督閣下と佐久間大将記念碑除幕式参列のため　活板山といふ蕃地の山小屋でし

た。

「奉天城占領………ウム石原君やったナ」とは閣下の快心の第一声で　切りに台湾に来た事をくやしがられました。実に千載一遇の機会に何のお手伝もせず　盟友として申訳なく思ひつゞけました。だから其の後　冷遇に甘じ乍ら満人子弟のため、次では中国人青年のために黙々として奉仕生活が出来た次第です。奉天で六千人、北京で四千人以上　計一万人以上の日、中、満人に私の手から免状を渡しました。これがせめても捨石の一助とならうと思って。

奉天に赴任した時、あの御出願った宿舎、あそこで夜になるとポンポンと銃声が聞ゆるのです。長男の帰省した時、此事を話して「両親はいつ何時二人共やられる事なしとは保証出来ない。その時　保険証書は之れに、信託証書はこれこれ」と話して聞かせた事がある位です。私は私なりに相当決意してやった訳です。その頃　舎監の世話で人のめるのも聞かずに郊外に七千坪程の土地を支那大官から買って置きました。それが昨年　希望者に売却しました。一円内外で買ったものが二十円平均にもなったのです。私は冥利がつきると存じ　その半分を奉天市に寄付しました。それでも約十倍のもうけになります。生まれて初めて金をもうけました。天佑と申すより外に考へ様がありません。

用意が出来た以上　一日も早く着手すべしと存じ　昨冬退任しました。

又、二人の子供は東京帝大に入学しました。卒業すればどうせ大君のために捧げなければならぬ子供です。かたがた宅から通学させ度い、などと考へて目白に新宅を構へた次第。

「小林君には恩給はなし………」と小生身上の事を御心配下さった御友情に蔭乍ら泣かされた事もありますので誰にも話さぬ内政上の事まで御耳に入れました。御心配なく邦家のために御用を仰せつけて下さい。

凡人の小生、生命や名誉には多少の執着はありませうが　金は断じて此以上入りません。御含み下さい。右御願まで。

十月六日

小林鉄太郎

### 34●婦人部の成立

十月十二日付小泉菊枝（名古屋市昭和区佐渡町）宛石原莞爾（消印「鶴岡」）封緘葉書［鶴岡・石原・K41―3］

拝啓　芳墨難有拝見致し候。滞京中少々風邪の気味にて只今辛うじて帰宅致し候。満州人の少女、不取敢杉浦氏へ依頼致し候。それにはその後の桂ちゃんに関する御発表を集めて印刷せられては如何に候哉。杉浦氏へも其事申送り候。御伝記、文芸春秋社よりは断り来りし由、誠にしゃくにさわり候も致し方無之候。市川房枝さん等により東亜聯盟婦人部いよいよ成立するらしく候。御奮闘感謝の外無之候。老兵十一月二十日頃より関西に参る心組に御座候。

敬具

### 35△尾形好子「婦人部の思い出」［『協和新聞』724号昭和四十八年六月十一日］

私の主人が石原中将の講演を聴きに行くと申しますので、私もいっしょに参りました。あれは昭和十六年六月三日の午後七時の開会だったそうです。石原先生が三月、予備になり、まだ京都にお住いで五月末から東北地方を巡回して途中、鶴岡に立ち寄られたのです。会場の第一国民学校は校舎の外まで人があふれていて、私たちはやっと中に入れてもらいました。女性は私の外に二、三名しか見えませんでした。先生は協和服を着て演壇に立ちました。先生が「私は仏様を信じています」と云われたことが最も強く私の印象に残っています。

年が改まって昭和十七年正月のことです。尾形幸之助さんが訪ねて来て、石原先生のお話しが新茶屋（鶴岡市の貸席）で開かれると知らせてくれました。先生は十六年九月、鶴岡に転居されたのです。私はそれまで全く外に出たことがなかったので、そういう集会に出るのが恐ろしく思われましたけれども、幸之助さんが連れて行ってやるからと強くすすめてくれるので、遂に腰を上げました。

会場はいっぱいの人でした。私は幸之助さんに紹介されて石原先生に、ごあいさつをしました。その日のお話しから次のようなことが記憶に残っています。ハワイでは勝利を収めたが永くなると負け戦になり、遂には東京が爆撃されて、「ここに東京ありき」という立て札が建つだろうということでした。また、その当時、日の出の勢だったドイツもイタリーも結局は負けるだろうとも云われました。街では勝利、勝利で提灯行列をやっている最中でしたから、私は非常な感銘を受けました。

そのうちに早坂鉄太郎さんが私の家に訪ねてきて、「ぜひ東亜聯盟の婦人部を結成してほしい」と云うのです。早坂さんは石原先生のお宅に同居して東亜聯盟庄内支部の仕事をしていました。私は「体が弱いし外に出たこともないから、とてもダメです」と、お断りしました。早坂さんは、「石原先生の強い御希望だから、ぜひ協力して下さい」と繰り返します。私は東亜聯盟と聞いても何のことか知らないのです。私は「先生のお話しには感激したが運動のことは全くわからないから、今すぐには、お返事できません」と云っていました。それでも東聯支部の人達が私の主人に盛んに談判を繰り返すので主人も、「皆さんがそれほどお望みなら、お手伝いさせてもよい」と許してくれましたが私は、それでも自信が持てないのでお断りし続けていました。早坂さんは毎日毎日やってきて、お茶を飲みながら、いろいろ東亜聯盟のことを話します。そして、「石原先生が一度あなたに会いたいと云っておられるから、お訪ねしてみなさい」と熱心にすすめますので、私はついに決心しました。それでも一人では心細いので児玉さんという友達をしっこく誘って、ようやく説得し二人で先生を時雨荘のお宅にお訪ねしたのです。

先生は、「何でも良いから質問しなさい」とおっしゃいましたけれど、私はどんなことを云ったか、全く覚えておりません。定めし、つまらぬ事を申し上げたのでしょう。お昼になって御飯が出されました。玄米飯、昆布巻きの煮付けと野菜などで、これが健康食だというお話しでした。

早坂さんは相も変わらず毎日のように訪ねてきて、婦人部を結成するようにと云います。私は遂に踏み切る決心をしましたが、私一人ではやれませんので、学校時代からグループを作っていた友達の一人一人を廻って協力を頼みました。直接は動けないが力は貸そうという人も加えて十人が集まりました。これを手づるにして知人を訪ね歩き、今日は一人、明日も一人と会員をつのり会費も集めました。会費は年額が一円二十銭だったと思います。

ある日、先生が「あなたは体が弱いでしょう」と、おっしゃいました。私は、「その通りです」と答えますと先生は、「それはあなたの生活が間違っているからです。御馳走を食べ過ぎるのです」と云われました。私は体が弱いものですから、出来るだけ御馳走を食べるのがよいと思い、西洋栄養学を勉強して料理を作っていました。先生は、「私が良い先生を呼んであげるから、なるべく大勢の人を集めなさい」と、多田政一先生を招いて下さったのでした。第一回は新茶屋を会場にして衣食住の改革についての勉強をやりました。多田先生は主として精神的なことを話され、御一緒に来られた今村富士子先生が実地指導をして下さいました。この講習は、しばらくの間、毎月、一回、開かれました。

私の家族はみんなが丈夫でないので、生活の大改革を決意しました。いわゆる「御馳走」は、あまり食べないこと、子供には手をかけ過ぎないこと、今までに比べると百八十度の大転換を断行しました。もちろん玄米食を実行しました。

その頃、私の同級生のお姉さんの大瀬タカさんが満州から帰っておられたので、お訪ねして、「あなたは石原先生の御親戚だそうでもあり、ぜひ私たちの運動に御参加いただきたい」と御願いしますと、快く賛成してくれました。また大瀬さんは御自分の同級生の永原美さんが高田市から帰郷されたからと、御紹介下さったので、早速、永原さんを訪問して気持ちよくご賛成を得ました。それからは大瀬さん、永原さん、それに私の三人が心を合わせて婦人部運動のために働きました。こうして婦人部は、ぐんぐん大きくなって行ったのです。

石原先生のお話しを伺っているうちに女ばかり七、八人が仏教の勉強をしたいということになり、先生にお願いして御承諾を得て、夜二時間ほど十回ぐらい講話をしていただきました。先生は、「私などよりも、ずっとすぐれた先生を御紹介しましょう」と、小泉菊枝先生に御願いして下さいました。小泉先生は何度も何度も庄内に来られ、宗教の講義と生活指導をされました。十八年二月二十七日には小泉先生御自作の紙芝居「八紘一宇」をお持ち下さったので、会員達はこの紙芝居を持って村々を廻りました。

私の婦人部での担当は衣食住問題でした。私は健康が第一だというので食事の改善指導をやりました。大瀬さんや永原さんらと一緒に農村を泊り歩き、田植えや草取りも手伝いました。慣れない農作業ですから苦労もありました。酵素や木村農法の講習にも出ました。私の家の敷地は五百坪ほどで畑だけでも三百坪ぐらいありましたから、雑多なものを栽培し農村の青年部の人達とも競争をしました。石原先生は熱心に畑を耕して、様々の実験をしていました。私の家では枝豆が自慢で、先生にも大変ほめられました。

阿部久兵衛さん（庄内支部農事部長）は毎日、支部の事務所に出て夜は八時頃に仕事を終わり、会議があると帰りは十一時にもなるのでした。会議は実によく開かれましたが私はつとめて出席しました。いつも最後まで残るのが阿部さんで、彼は夜更けの道を谷定のお宅まで約十キロも歩いて帰るのでした。私が、「久兵衛さん、えらいものですね」と云いますと、久兵衛さんは、「私は思い立ったら苦労など何とも思わないのだ」と答えました。

婦人部は増加に増加を重ね二千人にもなったでしょうか。敗戦直後の新庄市での大会に参加した人で、今もあの日の感激の思い出を語る人があります。前にも申しました通り、私は病弱で時々は寝ているほどでしたのに、生活改善をやり自分の事も家庭の事も忘れて歩き回っているうちに、いつの間にか微熱も消えてしまい畑仕事までするようになりました。戦後は多くの苦難を乗り越えて仏様を信じて参りました。これは何にも代えられないほど、有り難いことだと思っております。

## 36▲速記原稿の中、野口、淡谷両氏の氏名削除の件等に就いて

十月十五日付石原莞爾（鶴岡市番田）宛杉浦晴男（麻布区桜田町八東亜聯盟協会）速達封書［憲政・増川喜久男関係文書・29―25］

合掌

お手紙ありがたく頂きました　またご加筆の速記原稿　本日庄内支部より到着　ご多忙中お手数かけて申わけございませんでした

（一）小泉夫人の満州人の少女出版の件　早速　小泉夫人に連絡いたし　これは小生の責任として仕事を進めてまゐるつもりでございます

（一）世田谷の緒方氏には　多分　原氏直接連絡をとる様でございます。

（一）和田先生より伝言

本日満州国大使館の石富源氏来訪、最近「満州国留日学生十年史」を刊行の予定だ相で　その中に是非　閣下の満州建国と留日学生　とでも申す様な内容に就いて玉稿を頂き由　願ってまゐった相でございます　何れ大使館より直接御願ひ申上ぐべきも　こちらよりも御願ひして頂きたいとの事　然るべく閣下に御連絡する様にと和田先生より言はれましたまゝ

（一）一昨日　里見先生を訪ねまして　盟主の件　よく小生より意見申上げ、且つこれに対する先生の御見解　伺ひました所　イ　将来起るべく予想される所の　天皇の対外的関係については　自分の国体学の大成の最後の問題であって　自分は　今の所　これについての確たる研究はなき旨答へられました

ロ　また、先生は　八紘一宇の解釈につき　国家が悉く解消されるとは考へられず　世界一国家の意見に賛成されませんでした

ハ　聯邦の統制機関に就いて　日本政府が　天皇を補弼してこれを構成するか　若くは　天皇の御下に　各国が代表を差遣して　天皇御親裁せらるゝかとの問題に就いては明答なく、但し吾人の見解が　皇国の主権を晦冥ならしむる虞れあるが如きことは断じてないと云はれました

ニ　法華の問題に就いては　多く答へられませんでした

（一）池本先生　十九日御都合宜しき旨御返事あり　阿子島氏とお訪ねする積りです　関西よりも福島先生か渕上氏同道の筈でございます
（一）故根岸夫人の追悼式について高木氏よりはまだ返事ありません
（一）大変おくれましたが　欧州戦争の進展と支那事変は　明日一杯で出来上ります（五十部）一部　鶴見氏に届けお手許には三十部お送り申上げますが　それで宜しうございますか
（一）私儀　一寸　用件ありますので　協会より暇をもらひ　牛島先生と　二十五日頃たって満州国に行ってまゐります　たゞ当面の仕事だけは片づけてからにいたします
（一）速記原稿の中　野口、淡谷両氏の氏名削除の件　重ねて木村氏より希望之有り、特に淡谷氏に対しては今日なほ県警察にて若干白眼視する様子にて「石原閣下も彼等を見捨てたるかの如き錯覚をあたへては」（木村氏のことばのまゝ）との見地より　もう一度御願ひしてほしい事なので　くどい様でありますが記しました。
以上要件のみ記しました
だんだん寒くなってまゐると存じます　御身御健祥　ひたすら祈りあげます　合掌

十月十五日　　杉浦晴男

## 37▲四国地方御巡回御願ひ

十月二十日付石原莞爾（鶴岡市番田）宛田中久（高松市四番町一四東亜聯盟協会）封書［憲政・増川喜久男関係文書・36―9］

謹啓　秋冷の候に候へ共　閣下益々御清適の段奉賀候

陳者　不快至極なる世態とは相成候へども　これも我が国の当然経過すべき段階と思へば　夜更けて暁近としも存ぜられ候
去る十七日京都に於て　閣下御西遊に関する相談有之　昨夜帰来いたしたる次第に御座候
帰来　御芳書を拝し高知中村源彦氏の件諒承仕候　同氏については数日前東京聯盟本部よりも紹介有之、目下連絡中に御座候
京都にて打合せたる結果は閣下に概ね左の様御巡回御願ひ申上げたく存居候

十二月九日　津山より高松着
十日　高松又は丸亀に於て講習会
十一日　今治にて同右
十二日　高知にて同右
十三日　徳島にて同右
十四日　徳島（小松島）より船にて帰洛

右　予定にて高知中村氏はじめ各地支部長と相談相進め申べく候　御繁忙中には候へ共　枉げて御諒承下され度候
去る十一日　神戸金光氏の方にて講習会有之、別冊目次の如き項目にて支那戦争史論を略述いたし候へ共　時間の関係上　筋のみ駆け歩にて略述したる次第に御座候　其の要目は京都田中直吉氏に印刷を御願ひ致しあり候
近く出来の節　御高覧を得たく存居候
末筆ながら閣下の御健康を奉祈候

敬具

十月二十日　田中久

## 38▲戦争史叢書出版計画、外山の訳本に序文希望

十月二十三日付石原莞爾（鶴岡市番田町）宛高木清寿（目黒区上目黒八―二八四）封緘葉書〔憲政・増川喜久男関係文書・31―3〕

拝啓　御健勝御祈申上候。先般の『英国の制覇（対英封鎖論を改題）』、七年戦争、我時代の歴史、は国防研究会編纂として出版する事に相成り候。戦争史叢書として出版いたし度く存じ候。外山氏が非常な感激にて熱心に校閲被下候。対英封鎖論も相当に拙訳脱落有之由に御座候。出版に当っても不当な圧迫あるべくと存じ、外山氏も堅き決意有之、良き同志と相成申候。出版界は引張りだこに御座候へ共　外山氏は条件を提出（一版につき必ず一千円は国防研究会に印税をくれる事、叢書編纂終了迄、一室を事務所として国研に借与する事）いたし居り候。出版の事は一切外山氏に依頼仕候。灘波君も賛成有之候。丸川先生も今月末には上京と承り候故、モスコー侵略をお願申上る事に相成候フリードリヒ大王とナポレオンのものは次々と翻訳出版いたしたく存じ候へば、閣下より何れを訳すべきかを是非御指示戴き度く外山氏も切に願望有之候間、御指示被下度願上候

成田君のクラゼウイッツも更に改訂いたし、これも叢書に入れる事に相成申候。伊奈君のも出来得れば頂戴いたしたく考へ居候。灘波君の大戦回顧録は頂戴仕候。フリドリヒ、ナポレオン写真版、少年の読物等も出すことに相成申候。大久保君も今度は戦術読本を引受ると申候間、近日成田君と会合協議いたす予定に御座候。版画展覧会はデパートの都合にて来春に相成申候。

外山氏の先般御話申上候へし訳本に閣下の序文を戴きたく伏してお願申上候。非常な熱烈な同志と相成居候間、今後の大激励にも相成るべく候へば、何卒序文を被下度お願申上候。外山氏も切望いたし居候て鶴岡まで参上致したく申居候

外山氏は立正大学に法理論を教授せし事有之（清水学長時代）日蓮主義については非常な理解有之、最終戦論は最

も感激した模様に御座候。樋口君上京、霊動に参候処、樋口君の右の耳が少年時代より全くきこえぬ原因が背骨のまがってゐた事を発見指摘され申候

籔式治療器は小生宣伝売の特約仕候（一ヶ十五円にて引受申候）

岩手の佐藤君、活性炭を蚕糞にて製造仕候由、若し有効のものならば、民間にドシドシ製法を教授して製造せしめ、之を必要方面に売ってあげたくと存じ候。二三日前より小生の身辺は特に憲兵の視察有之、騒々しく相成申候。前年の如き事も来る可と覚悟いたし居候

時節柄皆様の御自愛をお願申上候　　敬具

廿三日　　高木清寿

## 39▲小生、中央参与会員に推薦され、……只、感激で一杯です

十月二十三日付石原莞爾（鶴岡市番田）宛中所豊（大阪府高槻町古曽部三七五）封書［鶴岡・石原・手紙1140―5］

閣下　御無沙汰申して居ります。朝夕は寒くなって参りましたが皆様御健勝で御座いませうか。いつも乍ら御奮闘遊ばされてゐる事を聞きましては私共深くお詫びし誠に申訳ないと存じて居ります。

扨て、去る十七日京都で中央参与会員会議が御座いまして金光、淵上両氏から東京の大会の模様を詳しく聞きましてうれしく存じました。その節、はからずも小生、中央参与会員に推薦されたとの意外な言葉に接し少々驚き入りました。私如きがこの大任に耐えうるかどうか、又、それだけの資格をもってゐるかどうか、返事も出来ない位ハッといたしました。しかし、その瞬間、私は何人にも負けない丈の熱意をもってこの運動に捧げて行ける丈の感激に燃えてゐるあれ以来からの自己を振返ることが出来て、必ずやり遂げなければならぬと自分に誓ひつゝ淵上さんに「何とも

申訳ありません、只、感激で一杯です」と申し上げたのでした。

事実、東亜を結ぶこの東亜聯盟の偉大な業績の発足に対し、私は、中央参与会員といふが如き最高の勲章を戴くことの出来ぬ者ではありますが、この戴いた勲章への功労を逆に報いて行かねばなりませんし、それが、又、私に与へられた大きな使命でもあります。私、茲に喜んで御うけし謹んで閣下に中央参与会員たることを申述る次第であります。

次に、十一月、関西地方事務所管内御旅行の御予定、待遠しく存じております。大阪での小生側予定では、例によって大阪陸軍記者倶楽部員約十二名一回と、同倶楽部員を中心とする朝日、毎日、同盟、私の社、夕刊大阪、日本工業等の同志諸君約三十名との一回、つづいて早大校友会の連中と実業家連中（目ぼしいもの）との一回と都合四回の予定であります。しかし多少の変更はあると存じてゐますが、淵上氏とよく打合せておきます。

それから遂に来るべきものが日本に来たといふ最近の動きに却って心平かなものを感じてゐます。切札を出し切らずに革新はあり得ないでせう。最後の切札は無所不為のまゝ短命に退陣するものと判断せられます。

色々と申し上げたいことがたくさんありますが、書く自由を許されないのを遺憾に存じます。何れ拝顔の節、まとめて御報告申し上げたく存じます。

先日の（十七日）の帰り田中久大佐と同道でありましたので、夕食を共にし乍らゆっくり語る事の出来たのは近来ないうれしい事でした。

向寒の折、御尊体を初め御家族様御一同様の御健康を遥か関西から心こめてお祈りいたします。 敬具

十月廿三日　　大阪府高槻町古曽部三七五　中所豊拝

## 40▲重要問題の一つである半島同胞問題の解決

十月二十九日付石原莞爾（鶴岡市番田）宛中所豊（大阪府高槻町三七五）封書［鶴岡・石原・手紙1140―3］

閣下　御丁重なる御手紙に接し只感謝感激で一杯であります。しかも御手紙を頂いた今日、私は近来には稀な喜びに接しました。その報告旁々、又、手紙で失礼いたします。

一、実は今度、中部軍高級参謀に中野良次大佐殿が着任された事であります。今日は二回目の会見をいたしました。今日の会見は約二時間に及びましたが、終始、閣下の卓越な御見識と御高潔な御人格を偲び上げたと申して良いのです。中野大佐殿を囲んで我々陸軍記者団一同、新たな感に打たれ、敬慕の念いよいよ切なるものを覚えた次第であります。勿論、閣下への我々一同の尊敬申し上げる念には断じて微動だに致すものでは御座いませぬが、我々の日々の職場に於て、しかも、あゝした悪臭の中に、中野大佐を発見することの出来ましたことは、我々に一層の力強さを加へて下さったものと私共は深く信じるものであります。記者団の喜びは大したもので、光明さえ見出したかの如き感をいたすのであります。

二、閣下が東京の大会で訓示されました重要問題の一つである半島同胞問題の解決につきましては雑誌十一月号及び金光、淵上両氏から聞きましたが、私、最近、この問題に就いて全力を捧げております。大阪には三十六万人の半島同胞が居りますが、その最高幹部級（インテリ級）と会見いたしました所、燃ゆるやうな東亜聯盟の同志であり、閣下の一挙手一投足にさえ注目し、閣下に関する一切の書物を読破し、閣下の物語には全身を硬直せしめて聞き続ける彼等でした。この問題に就きましては下阪の節お話し申し上げますが、若しかしたら会って頂けましたら、彼等どんなに喜びに打ち震えることでありませうか。

三、藪清孝君が満州に参りまして、二、三日前に帰って来ましたが、鷲崎さんが元気で八十五万人の北支からの苦力を集めて来て満州のエライ人々を驚かしてゐるさうです。私は僭越ながらさすがは鷲崎さんだと感心致しました。

四、満州国の国通にゐる親友が今日訪ねてくれまして、綏紛河方面に東亜聯盟運動が熾烈化しつつあるとの報告を受けて、当然とは言へ、うれしく、大いに激励してやりました。

五、大阪時事も近く夕刊大阪新聞と合同することに決定致しました。社名も新しく変ること、存じますが、そうした細部はまだ決定いたして居りません。相当用意した金は使ってくれませんでしたが、小生の中心的勢力は益々強化されるものと存じます。地位はほしくはありませぬが、一つの目的を達成せしめやうとする場合、やむを得ないと自己弁解させて戴くことをお許し下さい。まあ、正月ごろから新しい新聞が出ることになると存じます。以上、くだらぬ事を書き立てました。お許し願ひます。では西下の日をお待ちしつゝ、御健康をお祈り申し上げます。

敬具

十月廿九日夜　　大阪府高槻町古曽部三七五　中所豊

## 41●講和の要件、満州国の承認と権益の返還

十二月二日付増川喜久男（桜田町八東亜聯盟協会）宛石原莞爾（京都駅前法華クラブ）封緘葉書［憲政・増川喜久男関係文書・67―2］

拝啓　昨日失礼申上候　その時御話せし講和の形式要点左に

一、太平洋の危局切迫せる今日　支那事変の解決は益々急を要す

二、我等の主張は東亜聯盟結成の条件によること　既に建設要綱に明示しあり　近衛声明　亦　この線によるものと解釈しあり

三、具体的には

1、支那は満州国の承認　日本は既得権益の返還により和平を結ぶ。これは「政治の独立」に当り　聯盟のためには支那を安心せしむる消極的方向なり

更に積極的に聯盟の力を増進するため

2、国防の共同
軍事同盟の締結による「防共駐屯」の止揚
日本軍の威力の下に支那に活動せんとするものは、支那のみならず日本の利益を損する不良者なり
3、経済の一体化
差し当り国際協議機関の設置により速に実際的にその促進を計る
四、文化講通は東亜聯盟のため尤も重要事なるも、真に両国民の諒解の下に、特に大政翼賛会、協和会、国民党の実質的提携による国民運動の結果なるべし

## 42▲奉天誌友会発会式

十二月七日付石原莞爾（鶴岡市番田）宛岡野鑑記（新京市豊楽路六一一）封書〔憲政・増川喜久男関係文書・14―6〕

謹啓　時局益々緊迫の折柄愈々御健勝にて警世経国の為御活動の趣　邦家の為、東亜の為、世界人類の為、唯々感謝感激に耐えざる次第に御座候　不肖等　満州の同志も微力乍ら駑馬に鞭ち運動に挺身いたし居り候　運動の経過は既に桐谷君宛の報告によりて御承知の御事と拝察仕り候
前便に認めし興亜問題講座は　十月下旬を以て終了し　十一月中は新京市内全国民学校校長の希望により　毎土曜日午後の時間を利用し五回に亘り五人にて講座を開き　東亜聯盟宣言（特に最終戦）につき大いに論じ申候　尚ほ十一月十六日の奉天誌友会発会式には御鄭重なる激励の祝電を賜り　一同肝に銘じて感謝仕り候　板垣将軍は職務上祝電は遠慮致され候も　小生宛の親書にて懇切なる祝辞を寄せられ申候

発会式は時節柄　会員のみの会合とせし為め　参列者は僅に五十人内外に候ひしも　皆川次長、堀内次長等も出席せられ　式後の座談会にては　満系等よりも熱烈なる意見の開陳あり　有意義に終了いたし候
又　十月には経済の研究を中心とする或る特種の会を組織し、十二月には国体の研究（日蓮主義）を中心とする会を組織し、何れも毎月一回例会を開き最高指導者層の研究　及　結束に努力いたし居り候
右と共に将来の指導者たる中堅青年層の養成を志し　新春と共に塾を開設致し度く計画いたし居り候　又　誌友会の胎動期も大体経過いたし候間　愈々各地に誌友会を結成して組織網を完成すると共に　その中心に筋金を通すべく或る計画を立て　目下その実践に着手いたし居り候
満州の運動は御承知の如く特種的環境に有之　日本及中華民国の如く華かには進みかね居り候へ共　実質的には急速度に浸透いたし居り　時局の要請有らば相当の効果を挙げ得るものと存居候
さて来る一月三、四、五、三日間の小湊の講習会には　満州よりも是非参加仕り度く　目下の計画にては古知、岡野の両名（外に建大助教授一名も参加希望）は是非加はり度く存居候　久方振りにて御指教を受け　且つ満州運動の将来の方策に就いても御指示を得たく存居候
又　日蓮主義については　古知氏の指導を受けて今日に至り候も　不勉強にてまだその門口にも達し得ず　誠に汗顔の至りに御座候　しかしこの信念なくば運動は本格的に展開し得ざるを益々痛感し　今後大いに勉強いたし度き念願に有之候　この点につきても御指導を賜はらば幸甚の至りに御座候
次に誠に勝手なる希望にて恐縮に存候へ共　今回の講習会に於る御講義中に特に左の二点につきても御指教賜り度く願上置候
一、人類歴史の最大関節　　二、覇道主義
次に重ねて恐縮に存候へ共　先般の貴著二冊を入手致すべく今日迄八方努力いたし候へ共　遂に今日に至るもその目的を達成し得ず　切歯扼腕いたし居り候　誠に申兼ね候へ共　若し事情御許し賜らば　各一冊宛、計二冊　御配慮賜

り度く　小湊にて拝眉の節頂戴することを得ばこの上なき仕合せに御座候
以上とりとめもなく書き綴り　誠に失礼いたし申候　末筆にて失礼乍ら御母堂様並に御令室様に御鳳声の程願上申候
敬具
昭和十六年十二月七日
岡野鑑記

## 43▲宮崎先生の経済建設要綱執筆の件、及び淵上、高木氏等の活動場所の件等

十二月二十五日付石原莞爾（鶴岡市番田）宛杉浦晴男（東京市外吉祥寺二九七七）封書（西洋封筒）〔憲政・増川喜久男関係文書・29―27〕

合掌　木村氏昨朝帰京　御健勝の由聞承　何よりと一同喜んでをります　いろいろと御注意頂きまして　みな恐縮してゐます

今朝、阿子島氏と共に宮崎先生訪問　二時間余に亘って種々お話を承はりました　ずっと先生は家にひきこもられてゐる由ですが　相変らずお元気にて　私どもの質問に対し、例によって明快なる説明をあたへてくれまして、阿子島氏の如き　初対面でございましたか　心より敬服いたしてをりました

経済建設要綱執筆の件、今まで再三失敗いたしましたのに鑑み　今日は少しゆき方を変へまして　大東亜戦争開戦以来　いろいろと事情の変化せるに即応して　昭和維新論中の「経済建設」の項目中の内容について　然るべく訂正加筆をお願ひしたき旨申上げました　これに対し先生は　あれも相当前に書いたもの故　よく読み返して訂正しませう　と答へられ　私よりは「昭和維新論」一部　先生に差上げました　増訂が行はれましたなら、その内容に基いて更に「東亜聯盟建設要綱」中の　経済関係部門の補筆を依頼し、これの出来上りました所で、原案についての講義を

御願ひ致し、逐次所望のものにいたしたく思ひます。
まことに私共の無能ぶりそのまゝの成果で申訳ありませんが、このやうにしてすこしづゝ効果をあげてまゐりたいと考へてをります
　以上　計画も果してスムースに行くか否か（現に何日間で「昭和維新論」補訂完成するやについては明答あたへられず）まだまだ自信ありませんが、何と言っても経済部門については先生に頼る以外方法ありませぬ故、一所懸命に努力いたします
　一昨日、福島清三郎先生御上京、和田先生と私とが主に色々の話を承りました
（一）　淵上君のことに就いては　同君の心情　察するに余りあるもの感じますけれど、相当　福島先生の感情をも害しました様で、和田先生ともども相談致しました結果、当人の心が動かなければ関西事務所を退くのも希望に任せたらよからうといふ結論になりました。淵上君は近く上京する由（目下九州帰省中）なので　なほ小生　よく話を聴きたいと思ひますが　常任委員の空気は右の様でございます
（二）　高木氏のことは、皆真剣に考慮いたしてをります　但し　すぐに関西事務所に行って頂くことに就いては　福島先生も「如何」との意見にて　和田先生は　むしろ本部実践部責任者の如き地位で働いて貰ふのがよくはないかと申されてゐます　但し　同先生も高木さんの性格については　可成にらんでをります故、果して本当に高木さんに快く働いて貰へるか否か　私には希望ある見通し困難にて、何かもっと高木さんに適し　且つ従来の工作を継続出来るやうなお仕事がないかと考へてをります
指導原理書の全部について御指示に従ひ大いに努力致します
右　一応ご報告申上げます
　十二月二十五日　　　　　　　　　　　　杉浦晴男

## 44▲最終戦と大東亜戦争との関係につき疑問が出ていることについて

十二月二十七日付石原莞爾（鶴岡市番田）宛杉浦晴男（東京市外吉祥寺二九七七）速達封書［憲政・増川喜久男関係文書・29―28］

合掌　お手紙拝見いたしました　切々のお言葉心にしみて何とも申上げ様ありません　昭和維新論、東亜聯盟建設要綱の改訂の件　来春御上京まで　我等なし得る限り努力をいたします

一、過日　宮崎先生訪問の折　『目下国運を賭して戦ひつ、ある時、「数十年後ニ近迫シ来レリ」云々の宣言の字句は多少縁遠き感非ずや』との先生より意見あり　私より所見説明申上げましたけれど　目標としての世界最終戦争と今日の時局（大東亜戦争）との関聯につき　必ずしも一般に明快なる理解得られあらざる如き状態にて（石原知津氏の知人会員もかくの如き感ある由）　これ先達ての編集委員会に於て　閣下を煩はして　二月号に　最終戦と大東亜戦争の関聯につき　原稿頂きたき旨　相談した次第であります　何れ講習会に於ても　勢　この点にふれます時にこれを速記して原稿に代へたら如何かと存じてをります

一、二十九日　代議士諸公　お伺ひの様子、左にいささか　お訪ねするに至りたる経過　お報せ申上げます

木村氏帰京前　中村（梅）氏が　常任委員会に於て　左の如き小生の意見に対して発言したのが始まりでございます

小生の意見「本部は指導原理の立案によって会運動の方向を統制する。現状に於てこれを考へれば

（イ）　宮崎氏、池本氏、中山氏の如き人物を十分活動せしめる如き努力

（ロ）　本部は　各方面指導者の調査とその同志的獲得に努力。

（ハ）　庶務の　正確且つ敏活なる処理、

等が主なるものである。協会創立以来「東亜聯盟」なる名称を普及することが第一であったけれど、その任務は既に

終り　本部は各地の同志的結集を概ね各地の運動に任せ　本部は右の如き任務に努力すべく　そのためには　創立以来の仕事に従事せるもの（杉浦、淡谷、野口、朝倉、中村）は　この際退いて　新しき人物によって　目下緊要なる運動に邁進すべきである」

大体右の言に対し　中村梅吉氏は　今迄の如き運動にては　到底　所要の効果なきことはこれを認めねばならぬ、やはりこの際　大いに反省して立直る要がある　と述べました　この時は　みんな　和田、木村両氏の帰京を待って更に相談しようといふことになったのであります　両氏帰京後　更に協議、私としては　本部の任務として　右の如き考へが認められるなら　やはりこの任務をとるに相応しき本部員を以て構成すべきであると主張、特に木村氏に対しては　この際運動方法につき徹底的に考えられたき旨　要望したのでございます

中村氏の如きは　自分が現在の地位を如何に本運動に展開するのかよいのか判らぬ、即ち　本部の任務が　これこれと　はっきりするなら　自分が如何にしたらよいかゞ考へられ、邁進出来る。所が今の実践部の仕事として　単に座談会や講演会の世話をする程度では　自分はどうも捨て身になり兼ねる。この点を指示してほしいと申してをります　これで結局　木村氏以下数名の者が　閣下の許にお伺ひして　徹底的に教を受けようといふことになったのでございます

今日頂きましたお便りによっても　他人のことを云々するより　先づ　自己の責任を果せとのお考へ　よく判りまして実に恥づかしい次第でありますけれど、本部の運営は　創立以来の惰性にて依然として　宣伝本位を　脱却出来ず、「半年後に来たるべき非常時局」に　対処すべき同志陣は　まだまだの感でございます。代議士諸公も　最近はみな真剣にて　殊に原、中村氏の如き　相当考へてをります故　この際、十二分に御説示賜はりたく、同志一同、水も洩らさぬ結盟にて　危局を突破、以て皇国の難に赴きたうございます

くどくど申上げましたけれど　要は　本部の任務を判り易く示さるることのみでございます

一、本日　増川君といろいろ話いたしましたが　同君は　やはり　同志の血盟的集結に編成替することが　目下の急

務に非ずやとの所論開陳いたしをり、大雑把に宣伝して行かうとする行き方とはいろいろの点でくひちがひ生じつゝありますㅤ私といたしましては
一、代議士諸公その他　派手な事の好きなものは　それに応ずる任務をあたへ
一、組織はこぢんまりした同志的のものに作りかへ、且つそれに適する本部員を充て、両者それぞれ持ち味を発揮するが如き明確なる指示を賜ります様　切願に堪へません　ともすれば陣営内お互に排しあひ　全体の運動として進まざる傾向　なきにしも非ざる今日　閣下よりお考へになれば実に恥かしき事乍ら　適当の御指示頂きたう願ひあげます
一、同封のもの　六郎兄の、（私共の相談を書いてくれましたもの）御参考までにお送りいたします。増川君は大いにやってくれ喜んでをります
案中、張景恵氏の譴話については　如何にしてこれを入手すべきや　閣下に伺ったらといふことになりましたが、若しお考へあらばお示し賜はりたく、私といたしましては　山口先生を煩はしては如何と存じてをります
一、興亜諸団体も悉く大日本興亜同盟に解消統合せんとする動き絶無ならざる様子　あらゆる場合を考へてをく必要ありと存じます
以上　乱筆甚だ申訳ありませんが　御判読下さいます様、寒気一しほと存じます　くれぐれも御身御健勝のこと祈るのみでございます

十二月二十七日夕　　　　　　　　　杉浦晴男

## 45▲『東亜聯盟と昭和の民』、最終戦論その他の出版計画

十二月二十七日付石原莞爾（鶴岡市番田）宛高木清寿（東京市目黒区上目黒八―一八四）葉書［憲政・増

川喜久男関係文書・31―4］

拝復　小泉様の日蓮上人御伝記は杉浦君より十二月七日に頂き　目下外山氏が目を通し居候間　御安心被下度願上候
『東亜聯盟と昭和の民』は　新正堂より出版に相成可、近日中に確定致す可候。小泉様には連絡申上候。御安心被下度願上候。最終戦論は　本年末刊行の予定遅延いたし　一月十日頃と相成候。初版は一万部、印税は一割と契約仕候間　悪しからず御諒承被下願上候。装丁は外山氏にお願申上候。契約書並びに企劃届書類を平田君あて御送申上可候。必ず昭和維新読本は研究申上可候　今度　書店と再三の交渉にて　書店といふ者も経済上の事もあり　著書の内容や政治的な事迄顧慮いたし　うるさき事を知り申候。
宣戦の大詔を拝し　益々東亜聯盟の建設に奮闘いたすべく矢もたてもたまらぬ気持に御座候

敬具

## 昭和十七年（一九四二）

### 46●池本氏を納得せしめられし御熱意、全東亜の名を以て御礼申上候

一月三十一日付淵上辰雄（名古屋市東区黒門町一四二東亜聯盟愛知支部）宛石原莞爾（鶴岡市番田）封緘葉書［憲政・淵上辰雄関係文書2］

拝啓　旅行より帰来、二十六日付御手紙難有拝見致候。御活躍感激の外無之候。池本氏を納得せしめられし御熱意、全東亜の名を以て御礼申上候
愛知もすでに糸口を発見せられし様子、小泉さんの居る内に相当の進展を見ることを御祈り申上候。老兵かねて松本

地方座談会を要求せられ居り、又、三月富山に来てくれと樋口氏より要望有之候。若し御希望あらば、三月中旬頃、松本より貴地に立寄り（或は松坂へも足をのばし）飛騨をへて富山へ出てはとも考へ候。其内御意見御洩し被下度候。但し会合の箇所は余り多くは困難かと存じ候。杉浦老人へもよろしく御伝へ被下度候

　一月三十一日　　　　　　　　　　　　　　　　　　　　　　　　　敬具

## 47●池本喜三夫の執筆断念について

二月十日付淵上辰雄（名古屋市東区黒門町一四二伊藤春一方）宛石原莞爾（鶴岡市番田）葉書［憲政・淵上辰雄関係文書4］

池本氏のこと各回共九九％成て敗る。天意か。決して御落胆なく心静かに御奮闘御願申上候

## 48▲武田邦太郎による池本農業政策起草計画

二月十二日付石原莞爾（鶴岡市番田）宛淵上辰雄（名古屋市東区黒門町一四二東亜聯盟愛知支部）封緘葉書［鶴岡・石原・手紙695］

謹啓　先便にて申上げました、武田邦太郎氏と面会致しまして、池本農業政策起草の件頼みました。武田氏は責任をもって、北支に帰る前に完成することを約束されました。閣下の御手紙及、東亜聯盟運動の状勢より、緊急を要するものなる事を話しました事により、武田氏も北支え帰ることを延期しても完成しなければならない意気込でした。

唯、池本先生の満足されるものが短時日で出来るかは疑問である事と、先生が昂奮状態であれば、十三日武田君帰故郷迄に、大要を話していたゞけるかが問題である。この二点から困難はともなふと思ふが、御安心を乞ふ、と武田君は言って居りました。

武田君も結婚に帰って来て式を挙げたばかりに、此の大仕事を引受けて気の毒とは思ひましたが、運動のためいたしかたありません。武田君帰北支は二十日の予定です。杉浦老人は十四日より北支旅行のため、両氏会見は、帰国迄延期に決定致しました。

敬具

## 49▲現今の革新運動はイデオロギーのみで生活が無い

二月十九日付石原莞爾（鶴岡市番田）宛石原六郎（東京市淀橋区戸塚町四―八四三金竜荘）封書［憲政・増川喜久男関係文書・8―3］

本朝　多田先生を訪問、杉浦先生の御近所に付御同道を御願ひ致しました。色々のお話がありました。要する所現今の革新運動はイデオロギーのみで生活が無い、といふ事に落ちました。医者と学者は注意せよとのお話もあり、又、人を探して同志的結合を作る様にとの御忠告もありました。経済人としては三和銀行大阪支店頭取中根定彦といふ人が第一人者であるとの御意見です。今後も御指導を仰ぐ事をお願ひして来ました。月の内　御在京は約一週間で　他は青森、大阪、神戸の支部を御巡回の由にて、兄上にもお目にかゝりたいが　一寸　その機会がうまくつかめさうもないとの事、多田先生の著書及雑誌を近くお送りいたします。

高木先生　今朝　御帰京の予定なりしも未だ帰宅されず　明日かと存じます。

石川翁の簡易生活は石川翁の令孫太郎氏が引受け居る由。先日　移住協会の丸之内氏に紹介されました。丸之内君

の意見では　伊藤永之介（「鶯」「石川理紀之助伝」著者）氏は世界観を持たぬ人だから撫順にはもの足らぬ、島木ならば申分ないが、目下病臥中と聞くから、春にでもなって出かけられるかどうか問合せるとの事。

伊藤永之介氏には別に連絡は取りたいと考へてゐます。

昭和維新論改訂手牒版に関し　明廿日警視庁より呼出しあり　杉浦先生が出頭する由、協会の教書につき今後重大な影響があるのではないかと思ひます。

二月十九日　　六郎

## 50▲石原論文に対する検閲当局の修正・削除要求

二月二十六日付石原莞爾（山形県鶴岡市番田）宛杉浦晴男（東京市外吉祥寺二九七七）速達封書〔鶴岡・石原・手紙997〕

合掌　二月号所載論文全部削除となり我々としての責任重大なるを痛感、今回、私独断を以て昨日三月号ゲラ検閲課長に提出、その見解を求めました所、今日、来訪を求められ、左の諸点に就いて削るやう注意を受けました
一、最高幹部間に於ける意見の不一致に就いては云々の聖断の箇所、（理由）累を天皇に及ぼし奉る
二、作戦課長として知り得た対ソ軍備拡充の遅延事情に就いては相当年月を経た今日であるが公表されないでほしい
三、国民皆兵の義務から義勇へとの表現は現制度を否定する印象をあたへ、且つ、国民皆兵の同時に「権利」なるを考へないかの如き議論である
四、大本営に就いての言及は、前号削除の理由の如く現制度ではだめとの印象を一般にあたへ易い故、留意されたし
五、シンガポール防衛と印度に比較して朝鮮人に言及せる点

六、内面指導撤回論（理由）日満一体の独立国だから
七、軍と政治の中「禁断の木の実云々」と海軍に就て　陸軍以上の評判云々の表現はとって頂きたい
八、「党部に於て立案し　親裁を以て」は既に削ったのであるから繰返されなくともい丶ではないか
以上諸点をめぐり　私と三島事務官との間に二時間に亙り論争行はれ（小生は将来のため増川君帯同）
私は（一）（六）の二点に就いては最もがんばり　（二）（五）（七）（八）は再考を約し、（三）は（一）（六）の次に強硬、
（五）は主として前月号の事なので軽くあしらいました
閣下とされては実に意外な事と存じますが、今松局長の注意もあり、私としては検閲の角度では一応尤もと考へられるものについては一歩ゆづりましたけれど、（一）（六）、殊に（一）の点については今日会見の半分以上の時間を費して激論、私より攻撃いたしましたが、先方は改めず、双方更に考へようといふことになりました
閣下の御意思については、若干、私、窺知する所あり、我々の根本主張に就ては一歩もゆづりませんけれど、（二）（五）（七）（八）等の「表現」のため、この貴重なる御講演の全部を失ふことは忍びず、御不満重々推察申上げますけれど、これらの点についての削減は何とぞお許し下さいます様、但し（一）（六）二点だけは重ねて主張、これをも容れられませぬ折は掲載見合せるか、敢然このま丶載せるかにいたします
殊に（一）の点は我等の寧ろ得意の戦場、かんぷなき迄論破いたしましたけれど、予め協議の上決定した先方の意見はこれを改めず「それでは困る」とのみ申されるだけでした（憲兵検閲官が参加してゐるのは事実です）
（三）の如きは強いて曲解するものと論じました
お叱りはこれを甘受いたします。右の事情に於ける私の独断何とぞお許し下さいます様お願ひ申上げます
上野駅前の郵便局にての走り書、意を尽しませず残念ですが時間のなきま丶、これで擱筆致します。今夜情報部より帰りましたら、和田、木村氏等不在のため、私だけの見解を記しました。
多分、二十八日夜、和田、木村、原、三氏、お訪ねすると存じます故、その折、重ねてお報せ申上げます。乱筆お

許し下さいます様　　　二月二十六日夜　　　　　　　　　　杉浦晴男



## 51●各地巡回計画

二月二十八日付淵上辰雄（名古屋市東区黒門町一四二伊藤春一方）宛石原莞爾（鶴岡市番田）封緘葉書［憲政・淵上辰雄関係文書8］

拝啓　二十六日津市よりの御手紙拝見致し候　然るに只今佐々木政一君より来信　是非彦根又は長浜に出講せられ度しと申来り候　同君先日来訪の時　小兵は断りたる考なりしも同君は大体同意を得たるもの考へ居る様子に候　同君の奮闘に答へるため名古屋方面の時間を節約し出来得れば希望に応じたく存じ候　御研究の上佐々木君と御連絡被下度候　各種の事情により富山着廿三日は変更致し度く無之候も　どうしても止むなき場合は一日を延ばす外無之　其事関東事務所へ御連絡被下度　取急ぎ右用件のみ

## 52▲大阪の食糧難、翼賛選挙の不人気、飯田為三郎紹介等について

三月三日付石原莞爾（鶴岡市番田）宛田中久（高松市四番町一四）封書［憲政・増川喜久男関係文書・36―10］

謹啓　数日前　大阪より知人四人（何れも経済人）来訪有之候処、同方面の国民生活は余程　極点に達しある様子に御座候　和田君の東京の話はさ程にも無之、神戸も小官自ら知る所にて　大阪ほど甚しくは無之候　大阪方面の消息

左の通りに御座候

一、各家庭は朝夕粥となしあるも、従来此中に切り込みありたる大根最近欠乏し　これが為め空腹に苦しみあり

二、学童に体操を休む（空腹）もの各級二三名を下らず　これ等を休ましむれば　直ちに教室に入りて他人の弁当を盗むため弁当の盗難頻繁なり　新嘉坡陥落祝賀行進にも児童にして落伍者続出せり

三、栄養不良より医者につくもの多く　医者の証明にて配給米の増加証明を受け市役所に要求するも十分支給せられず

四、以上の如きも官吏は役所に於て物資を調達するが為め民間の反感強し（高松も同様）

五、企業合同の美名に促はれ無意味の合同（合同せざるも何等不都合不経済なし）を為し失業者を続出せしめあり（大資本のもののみ残る）　石炭販売の合同の如きこれにして　今に大悶着あり　三月中に決着をつける筈なるも、其結果如何によりては岸をやっつけると物凄き連中は手ぐすねひきて待ちある由（別に岸は商工省の疑獄事件にて引張れありとの風説あり）

四、一般に官憲に対する反感強く、為めに今次選挙も政府の指導する推薦母体より推薦せられたるものは却って落選するものと見越し、推薦を断るはる者多き見込（中野正剛も現政府に甚しくぐれて推薦を断るとの風説あり）

五、一般に開戦後三個月にして此有様故、此の五六月には如何に成り行くならんと懸念せられあり　　敬具

三月三日　　田中久

［同封同日付書簡］

拝復　御芳書拝誦仕候処　閣下益々御清適の御様子　何より大慶に奉存候

和田君二十七日来高　其の注射が閣下御一家より歓迎せられあるを頗る光栄と致し居り　四月早々再び御地訪問の由申し残して昨二日　北京に向け出発仕候

扨て御来示の飯田為三郎氏は高松市四番町に居住いたし大朝支局長も勤めたることある老人とて　高松に於ける東亜聯盟運動第一回の折の発起人ともなりし　老人の割には熱心なる聯盟会員に有之候　新聞人たりし関係上、老年層の有力者に交友多く調法なる人に御座候　人物も欠点無く上の部に御座候　閣下には頗る敬服いたし居り候間、御支障なくば簡単なる返信を与へられ度切望に不堪次第に御座候　飯田氏は最近数次来訪あり　昨夜も訪問を受け長時間閑談いたしたる次第に御座候

総選挙については昨年十二月政府の改選発表以来　地方の話題の焦点となりありて　高松にては小生と鈴木君が立候補するとの説流布せられ　これが為めわざわざ拙宅に来訪せらるゝ人も多く、其都度小官は言下に之を否定し　代議士立候補の無意義且低劣なる所以を説明いたし居る状態にて　飯田氏にも概ね次の如く卑見を述べ置候

一、政府は　阿部大将以下　自己の意志に従順なる連中を動員して翼賛選挙貫徹運動なるものを起しあるも、政党既に屏息し代議士亦一人の不正を犯す気力なき今日、何の必要ありて此の如き運動を　軍事八分と称する政府が力を注がんとするや

或は選挙の粛正と云ひ或は新人の推薦と称す　然れども大東亜戦下　不正選挙を為して自ら葬るの愚を為すもの稀なるべきは当然にして　又　例へこれありとすれば司法的方法を徹底せしむれば事足るべし。新人の選挙の如きは　政府及これと表裏一体と称する翼賛会の系統を引き　乃至は指導を受くるものによりて之を行ふことは明に憲法の精神を蹂躙するものにして許すべきことにあらず

故に彼等の大政翼賛選挙とは実は現内閣翼賛選挙に外ならず、明治以来選挙干渉の此の如く甚しきものを見ず。然るに今日、一つの新聞、一人の代議士にして之を論駁するものなきは慨嘆に堪へずや

二、今日の議会は　政府の如何なる不正も不条理も匡救する能はずして　憲法の精神を蹂躙する集会結社の新取締法の如きも目を掩ふて知らざるが如く、又明に幕府的行為なる自己内閣翼賛選挙を行はんとするに却って之に荷担しあり

此の如き時に於て代議士となりて何を為さんとするか。不正を見ては一人孤立すと雖 敢然之に反対するの勇気あらば別問題なるも、然らずして立候補するが如きは代議士と云ふ肩書欲しさの私欲にあらずして何ぞや、又、孤立正義を守るの勇気ありとするも、其の効果なきことは大勢より見て明なり 故に聡明にして真に国家の為めにせんとするならば、此の如き時代には民間の教化と善導に専念すべきものにして 代議士などとなりたがるべきものにあらず。即ち民間革新運動に専念することこそ真の国士なり

三、大体、自分から代議士になりたくて立候補するなどと云ふことは 東洋道徳にはぞぐはぬものなり。殊に従来革新を唱へ 之に多少とも尽力せるものが 今頃 立候補するようなことがあれば、あれは選挙の地盤を作る為めに革新運動をやって居たのだと云ふことになりて革新運動に一大汚点を作り将来の革新を困難ならしむ

以上の意見は当地赤誠会員の集会の際にも小官が屡々繰り返へし述べある所なるも、今日我が国民徳操の低き これを理解体得する能はずして結局 革新運動を新に出来たる旧政党と同様に考へ 選挙季節ともなれば早やこれが革新家の仕事の様考へある始末 誠に慨嘆に不堪候

鈴木義伸君は稍頭脳も進みある故 理解出来ると思ひしも、世間的名誉への欲望は制しきれぬと見へ 再三拙宅に参り立候補の意を漏らし 小官の同意を求め候故、斯くなれば赤坊が菓子を欲しがると同様にて 而も代議士になることも別に泥棒することの如き悪事にあらざる故 已むを得ず同意仕候 既に小官も同意したる以上 友人として相当の援助は避け得ざることと覚悟致居候 然しこれが為め革新運動への誤解を極限することについては苦慮致し居候

前記飯田氏を鈴木君の選挙事務長としてはと愚考致しある次第に御座候

我が国民の名利の前に浅ましきこと 一頃の支那人に異らず候 三木武吉の如き多少とも敬意を払ひありしも 今次選挙には軍の或る者と諒解ありと称し 高松にて立候補することと相成候 見下果てたる男と存候

末筆ながら閣下の御健康を奉祈候

敬具

三月三日

田中久

## 53▲協会宣言に就ての御講述、次の如きものにて承はりたく存じます

三月四日付石原莞爾（鶴岡市番田）宛杉浦晴男（麻布区桜田町八東亜連盟協会）速達封緘葉書［鶴岡・石原・手紙997］

合掌　和田先生、今朝伊豆に行かれ、連絡の件、次の如く報告申上げる様命ぜられましたので、

一、武内文彬氏に対する閣下よりの返事連絡済

一、閣下より和田先生に云はれました事はやりましたとの由

一、東亜聯盟協会宣言に就ての御講述、次の如きものにて承はりたく存じます（責任を以てまとめます）和田、木村、原、阿子島、宮本、石原、増川、高木、野口、朝倉、小生(1)（目下の案）以上

一、伊地知君は昨日、増川君案内、御夫妻にて布施先生宅にまゐりました。どうやら会得した由、今夜、精華会、及び東聯有志、明日のつばめで小泉氏訪問、六日、さくらで名古屋発、鹿児島に行きます

一、福島昌夫氏　かねての希望ですが、閣下に一度、頭山翁とお会ひして頂きたき由（同氏と秀三氏は学友）お含み置き下さいます様

**注**

（1）和田勁、木村武雄、原玉重、阿子島俊治、宮本誠三、石原六郎、増川喜久男、高木清寿、野口傳兵衛、朝倉七郎、杉浦晴男。この時の話は「維新期の同胞に訴ふ」（『東亜聯盟』五月号）としてまとめられた。

## 54▲私かに破門の弟子を以て自ら居り

三月十二日付石原莞爾（鶴岡市番田）宛三品隆以（中支派遣登第七三三一部隊）封書［鶴岡・石原・手紙627］

敬復　過日中村君来滬の節は御芳刺を、復本日は御温情溢るゝ御玉章を拝し、唯々感泣の外無御座候
先年、洛東御病臥の枕頭に拝訣以来、当時叱汰の御声と、御高教の神髄は深く肺肝に徹して忘るゝこと能はず、私かに破門の弟子を以て自ら居り、唯々御厳戒の旨趣を体し、之が具現に駑鈍を尽し候も、行路悉く蹉蛇、とかくして客春、独り憂心を残して、山東に出征仕りたる次第、慚悔此事に奉存候。
閣下御左右に就ては同志の来往に際し、又聯盟誌上にて毎に拝誦、一喜一憂罷在候も、平生の疎懶、久しく御疎遠に打過ぎ、今日却って御高情を拝し、歓喜の情と慚愧の念と、感慨無量に有之候
　今に見よ　四百余洲は蓮華草
建国大学登張竹風翁餞けの一句に仄かなる光明を見出し、中国社会の遺賢を求めて同憂の交りを結ぶことに、無尽の喜びと、希望を感じ居り候処、客秋、中支転任後、はしなくも中山先生、大川博士等の道縁に依り、中国社会純粋長老派蹶起の気運を見出し、爾来、その深き叡智と真剣なる実践的態度に動かされ、唯一念、皇軍と皇国民が、大御心を体して、同胞赤子たる中国の民族と社会に開眼し、一刻の早きに中国の建設と、日支両国の結合提携の実を具現し、以て時世の急に処するの絶対一路なるを想ひ、しがなき情報勤務者の御役目を勤めつゝある次第に有之、大川博士の信書と閣下の御詞には冷汗の流るゝのみに御座候。然しながら、目今の時世は匹夫と雖も御役に立たざるべからずと存じ、正念誠意御奉公仕る覚悟に有之候
過般来、木村氏、大川博士、中山先生等先覚同志接踵来滬せられ、中国側同志の歓喜、唯々御賢察被下度候
尚、中村君も至極元気にて、閣下の御訓言を体し、同志の獲得と基礎的研究に没頭の傍ら、当部隊藤機関の工作を補助せられ、多大の便益を受け居り候に付、御喜び被下度候
江南既に、水ぬるみ、梅花開き居り候。
閣下、御来滬の上、親しく支那側同志と接見せらるゝが如き、真正気運の開顕せんこと、祈念の至りに不堪候
先は右御温情に応へ、当地情勢御一報申上度如此御座候

乱筆且非礼の段、幾重にも御海容被下度、乍末筆、君国の御為、御□□、御摂養専一に被遊為様合掌奉祈念候

恐惶謹言

三月十二日　　三品隆以

石原莞爾中将閣下

追伸

乍恐、和田先生、並に杉原君に宜敷御鶴声被下度奉願候

## 55▲鈴木義伸の立候補、及び東方会と赤誠会の選挙協力等について

三月十四日付石原莞爾（鶴岡市番田）宛田中久（高松市四番町一四東亜聯盟協会四国事務所）封書［憲政・増川喜久男関係文書・36―11］

謹啓　閣下益々御清穆奉賀候　高知中村氏数日前来高　上京せられ候　或は閣下を訪問せらるゝやも測られず候

綜統医学の多田氏は　杉田君の連絡にて四月三・四・五の三日　高松にこらるゝことと相成り候間、其の節　十分談合仕るべく候　但し選挙にて万一変更を余儀なくせらるゝこと懸念致居候

鈴木君　兎に角立候補すること、相成候間　飯田氏を選挙事務長として付け　小生は勤めて圏外に超然と致居候然し何かにつけ往来多く多忙に過ごし居候

過日　鈴木君東京に橋本と連絡したる結果　及　小官の知り得たる所　左の通りに御座候

一、赤誠会は　会員にて立候補するもの三十二名、会員にあらざるも会の諒解を得んと希望し来れるもの十数名計四十余名、而して橋本は小倉より　安達　雨谷は郷里より立候補す

橋本が　今回総選挙に会員の立候補を奨め　積極的に乗り出したる真の目的動機については、質問にも十分の答なく

会員中不審を抱けるものあるも　小官はこれ答を待つ迄もなく明瞭なり　革新運動に自信を失ひ　議席を有せず

政府より疎外せらるゝに淋しさを感じ　遂に多少の議員を握り　政府に物言ひ得る立場を取るを以て満足せんとする

一種の堕落なりと断じあり

二、橋本は近来憂鬱なるが如し

赤誠会にて二月約一月、南方進出の希望者百名を集め講習したり　講習生には商売を畳み、或は　家財を売りて参加せしものありしが、講習中、政府と連絡なく南方に職を得る見込も立たざる為め動揺し、橋本も其の詰問に会ひ閉口したる由なり　香川よりも数名参加せしが　出発前　国家の南方進出を唱へたりとて、それを個人の南方活躍を主張せしものにあらざることを諭し置きたる故　左までの事はあらざりしも、内心不満掩ふべからず　場当りは民間事業には禁物なり

三、東方会と赤誠会は選挙に相互援助することとなれり

神戸金光邦三氏は立候補することとなり　赤誠会に援助を申込み来りたるも考慮中なりとの橋本の言なり

扨て、選挙気構は尚浅く候へ共、現在の方式による選挙は一選挙毎に国家国民を堕落せしむることとなるを痛感いたし候　憲法の存する限り　代議士の選出は廃すべからざるものにて　これが為めには　単に選挙法の改正により相当此害を除き得る様考へられ　多少の腹案も立ち申候　何れ十分研究の上　御笑覧に供し度と考居候

和田君より閣下の御西下は九月頃なれば可能の由承り、四国県下の講習会（精選せる二・三十人と考へあり）を此頃開催いたし度、既に小官友人にて豪農の家を講習場とすべく諒解を得あり候　此処ならば田舎にて清閑にて五・六十人位までは寝具も糧食も大丈夫に御座候

奉祈御健康

三月十四日　　　　　　　　　　　　　　　田中久

## 56▲木村嘉久郎の紹介

三月十八日付石原莞爾（鶴岡市番田）宛田中久（高松市四番町一四東亜聯盟協会四国事務所）速達封書［憲政・増川喜久男関係文書・36―12］

謹啓　過日閣下御上京の際　御発熱之由承り　其後　御恢復とは聞及び候へ共　如何かと案じ居候　切に御全快奉祈候

扨て曩きに御地に御伺ひ致したる節、甘藷栽培に詳しきものの原稿をとの御下命に候ひし処、帰来　本人旅行（約一月上京）中なりし為め　最近漸く本人に会ひ　伝達いたし　本日当人原稿を持参仕候

同人（香川県木田郡長尾町木村嘉久郎）の言によれば　此原稿には比較的詳しく書き置きたるを以て　大抵これにて解ると思ふも、自分が郷里にて手を取りて教へたるものも　時々間違ひて更に教示する必要あることありとのことに候

就ては砂丘開墾ともなれば　此上に尚　現地指導を加ふれば有利と存じ　其の能否も尋ねたる処、御地の気候も考へ（苗を作るに間に合ふ様）四月三日頃より五・六日間ならば時間が取れるとのことに候

聯盟本部増川氏　閣下の御意図を奉じ　此の原稿の要求有之候ひし処、御地に於ける甘藷栽培に間に合はぬこともあればと懸念のまゝ　先づ御手元に別送仕候　聯盟本部には閣下の方より御手渡し賜り度候

尚、現地指導の要否　御一報奉願候

本朝、養正会の結社　解散を命ぜられたる報に接し　権力の濫用に驚き申候　当地にては一騒動免れ難しと観測せられ居候　奉祈御全家御健康

敬具

田中久

## 57▲水稲注油栽培の原稿の件、森丘の交渉

三月二十五日付石原莞爾（鶴岡市番田）宛高木清寿（東京市目黒区上目黒八—二八四）封書［憲政・増川喜久男関係文書・31—5］

冠省　同志への御指導たまわり有難く御礼申上候。おつかれの事とお察申上候　御健勝祈り居候

水稲注油栽培の原稿は早速　森丘様より部長に交渉仕候処、部長は心よく承知被下、電話にて呼出し　問合申候処、二三日中に調べ完了候へば　何卒それ迄お待ち被下度しとの事に御座候。部長には森丘様より、「実は局長に交渉の事に候へしも、部長に交渉いたす故　お待願ひし事に候」と申候処、部長は非常に喜び「よく取り計らひ被下候、有難く存じ候。必ず当方にて責任もって解決いたすべく候故　局長の方へは交渉無之様願上候」と申候由に御座候

森丘様の今朝の会見は想像通りに御座候。先方にては一昨年末の未解決の問題有之候故、非常に残念がり苦心いたし居る由に御座候も、森丘様は先方の意志にまかせ、自発的の不見識は敢ていたさずと申居候

先は取不敢右迄　御老母様、奥様の御健勝祈居候　敬具

廿五日　高木清寿

## 58▲日蓮門下の大同団結

三月三十一日付石原莞爾（鶴岡市番田）宛保坂富士夫（東京市江戸川区一之江四丁目国柱会本部）封書［鶴岡・石原・手紙755］

合掌　しばらく御無沙汰申上げて居りますが、閣下には益々御健勝にて各地に御活動の御様子　法国の為　まことに

大慶に存じ上げます。先般、閣下　名古屋においで遊ばされました節　御目にかゝれると喜んで居りましたが、一日違ひで帰京しなければなりませんでしたので　遂に機会を得ずに終りました。先般　伊地知君来訪の折も、東海道線ですれ違ひになり、これも会はず終ひになり残念に思って居ります。

この一月以来、各地を巡回（と申しましても、北陸、信州、木曽、東海道、三重県）してみますにつけても、国内情勢頗る緊迫の傾向が伺はれ、昭和維新論の指導方針に基く新政治組織確立運動の急を要することを痛感いたします。都会でも農村でも、最終戦論によって時局に対する歴史的認識の基礎を与へますと、霧が晴れたやうだと喜んでくれます。つぶれかゝった明治会も脈の危なくなった国柱会も東亜聯盟結成といふ昭和の立正安国運動の方向に向って、少しづゝではありますが覚醒の気運を見せて来たやうでいよいよ頑張らなければならないと思って居ります。

国柱会本部で最も面白い現象は、一番の長老たる長瀧先生が、東亜聯盟の研究に一番熱心で講師中唯一の雑誌購読者となって居られ、あべこべに、別枝、高知尾両君の如き若い者たちに、これを研究しなければいけないと、閣下の文篇を示されては鞭撻されてゐることです。最近では星野先生もやゝ本気になって研究を始められたやうで、まことに喜ぶべきことゝ存じます。

今夏、東亜聯盟同志の中の法華信仰を求める人達を集めて講習会を開くといふ問題については、先般　小生より芳谷総裁先生に許可を得て置きましたから、あとは、具体的準備と時期の問題となったわけです。杉浦兄とよく打合せをしてからのことにしたいと思ひますが、閣下の御気付きの事御示し下さらば幸甚に存じます

日蓮主義に対する圧迫の強化に伴ひ、恩師門下は勿論、日蓮門下の大同団結は必ず来ると曾て閣下の仰せありし事愈々実現の第一歩に近づいたかと存ぜられます　過日の養正会に対する弾圧は、養正会にとってはよき試練と存ぜられますが、一方、国柱会に対しては、暗に、明治会と国柱会とは一つになったらといふ当局の話しもあり、（恐らく近々何等かの指示あるやも知れません）また養正会の事より延ひて日蓮主義に対する圧迫も更に強くなるとの見解から、内部の統一、教義上に於ける社会国家との関聯に就いての検討、及び、日蓮主義の現代訳等に就ての真剣な反省をせ

ざるを得ざる情勢になり、幹部会の協議の結果、別紙の如く、興学部の能力を総動員して、一大研究を開始するといふ事になりました。紙の統制上、機関誌も、今の『大日本』の月二冊が一冊となることとなり、出版物も、大先生の本の再刊ばかりではいけないこととなり、否が応でも大刷新の時期となりました。

内部問題についても、中平講師の謬説を抑へることになり、また三正標のうち、総裁中心は第二義的だといふことにもなり、恩師絶対の表現は、表現上妥当を欠くといふ反省も生れ、山川先生の間違ひは間違ひとして本部自体の欠点も再検討といふことになりました。

別紙の如く三つの事項について研究するわけですが、興学部といっても特別の人が居るわけではなく、この際、どの程度まで刷新的なことが出来ますか、小生としては、出来るだけ先輩の方々の反省を求めるつもりで努力致す覚悟で居りますが、今後の会運動の方針に就て閣下よりも御示教いただければ望外の喜びです。

里見先生と国柱会は対立状態ですが、先般の立命館の国体学科設置を機に総裁を説いて獅子王文庫及び、国柱会として、大学並びに里見先生に祝意を表し、大同団結の一つの機縁を実現した次第です。

以上、最近の会の状況で御座います。何分の御指示を御願ひ申上げます　恐々

三月三十一日　保坂富士夫

## 59▲東亜聯盟協会ハ解消セズト判断

四月二日付石原莞爾（鶴岡市番田）宛杉浦晴男（麻布区桜田町八東亜連盟協会）速達封書［鶴岡・石原・手紙997］

合掌　お手紙二通、関西出向中に拝受。厚く御礼申上げます

一、統制主義と訂正の件　可能の範囲に於て協議し、皆賛成致しましたので、今回よりこの様に改めます

一、統合問題の件、種々御注意賜はり、各同志にも申上げ熟議いたしました
我々としては極力第一案貫徹の方針にて各方面に手を打ってゐます
昨日、木村氏（米沢より）と電話打合せの結果、同氏が鶴岡に廻ることになってゐましたが、所用のため、今朝直接、帰京したので、不十分乍ら手紙で申上げます
黒竜会、愛国社（岩田氏）は返事まだなく、又、大亜細亜協会は一旦解体の通知をしましたが、更に具体的な事を聴くまで延期すると申出た相であります
中保氏の件は、六郎兄より承はった際、直ぐ興亜院　石岡事務官に通達しました所、先方より翌日返事あり本人は決して東亜聯盟の悪口は云はぬと云ってゐるが、よく注意しておいたから宜しくとのことでした。所が野口氏帰京、同封の如き報告書持参してまゐりましたので、更にこれを永井柳太郎氏に送付、つゞいて和田先生が訪ねられることになってゐます。私は興亜院方面と交渉します
ただ興亜諸団体の足並が予想外に乱れてまゐりますと、或は逆に面子維持のため、弾圧が加はる危険もあり、閣下再三の御注意もありますので、本当に一心にやってまゐります
更に、最悪の場合は充分覚悟してやってまゐります

一、池本先生のお宅にまゐりました（渕上君同道）
病状は大分宜しい様でしたが、まだ臥床のまゝ会はれ三十分ほどお話承はりました。「制度」の二字を削ることなど、その方が宜しいでせうとのことでした
尚ほ、この際頼まれた事なのですが、主治医の原医師（津田社長、金光氏等も熟知の人）がとてもよく診てくれ、且つ自分を通じて東亜聯盟の本を読み、大の将軍崇拝家だから、閣下にお序での折、一筆お手紙を出して頂けたらとのことです。どうぞお願ひ申上げます。病状はラッセルも聴えなくなり、また熱も出なくなった相です

（神戸市花隈町三七〇　原俊一氏）

一、石原知津氏より今日電話、速記原稿清書し明朝、私宅に届く様送るとのことであります。六郎兄と三人で読み合ってお送りいたします

一、大変延び延びになりました「会員手帳」、今午後出来の筈です。印刷、製本の遅延ぶり、言語道断にて、今日になってしまひました。就ては何日ぞや閣下より承はった様に記憶いたしますが、『「会員手帳」の如きは、余り広告する必要なく（こゝまではっきり記憶）、且つ支部にも割引してやる要はない（この点不明確）』とのお示しを頂いた様に存じますが、これで誤りはないでせうか、御指示仰ぎたく存じます

一、宮崎先生にも先日お目にかゝりました所、大変お元気で、長い事、透徹せるお考へいろいろ承はってまゐりました（増川君同道）。以上、取急ぎお報せ申上げます　四月二日　杉浦晴男

石原莞爾閣下侍史

［同封別紙］

四月中、興亜院、石岡事務官ト数回会談セル結果、

一、石原閣下ヲ副総裁ノ一人トシ、東亜聯盟協会ノ解消参加ヲ求ムル件（小生ヨリハ本案ハ実現困難ナラント意見述ベタリ）

一、右ヲ不可能トスレバ、新興亜同盟ト同盟脱退セル東亜聯盟協会トノ成可ク速カナル統合ヲ期待スルタメ、具体的ニ如何ナル処置ヲ講ズベキカ

ノ二点ニツキ正式ニ東亜聯盟協会ニ協議ヲ申込ム順序ニ決ッテ居タ所（尤モコノ話合ヒハ個人的意見交換ナリ）

本日、真方大佐（石岡事務官渡支中）ニ面談セル所、次ノ如キ談話デアッタ

一、加盟団体中、解消参加ヲ回答セルモノヲ主トシテ今後ノ方針ヲ協議シツヽアリ。新団体ノ首脳部決定次第、逐次、態度保留及ビ、解消反対ノ団体ニ話ヲ進メルト思フ

一、東亜聯盟協会ハ大体解消セズト判断シアルヲ以テ、新団体方面ニテモ特ニ積極的努力ハ、モハヤツクサナイ様デアル
一、石原閣下説得ニツイテ本庄将軍ニ依頼シタガ本庄将軍ハ自信ナシト拒否サレタ
一、諸団体一部ノモノニハ東亜聯盟ノ石原閣下以下ノ同志参加セバ興亜同盟ノ主流ヲ奪取サレルタメ、ムシロ余リ勧誘セザル方可トスト考ヘルモノアルヲ否定セス
一、自分ガ石原閣下ニオ目ニカカッタ折、国内運動部面ヲ閣下ハ強調サレテヰタガ、目下進行中ノ政治新体制ハ相当強力ニ行ハレル様デアルカラ、コノ行キ方モ事実上困難デハナイカト思フ
一、石原閣下ニ虚心坦懐ブツカッタラヨイト思フガ、簡単ニ他人ノ意見ヲ聴カヌトイフノデ誰モ逢ハウトセヌ、君達協会ノ幹部デ何トカ閣下ヲ説クベキデナイカ
一、桑島主計氏ガ副理事長ニ予定サレテヰルカラ、コレニ交渉ナリ事情ヲキクナリシテ貰ヒタイ
一、我々トシテハ、閣下、木村氏ソノ他有能ナ人ガ今後活動部面ヲ狭クナルコトノナイヤウニ、ソノタメニモ、コノ統合ニツイテ協力シテ頂キタイ
概ネ右ノ如キ内容ニテ、大体ノ様子ハ本協会ニ対スル説得ヲ打切リ（一原因　本協会動カズト見タタメ　二原因内部ニ於ケル反東亜聯盟者ノ運動）賛成者（殊ニ、大アジア協会　黒竜会）ヲ中心トシ、同盟改組ヲ実現セントスル方針ノ如ク見ラレマス

## 60▲綜統医学多田政一の人物紹介

四月六日付石原莞爾（鶴岡市番田）宛田中久（高松市四番町一四東亜聯盟協会四国事務所）封書〔憲政・増川喜久男関係文書・36―13〕

謹啓　春暖の候　閣下愈々御清適奉賀候
綜統医学多田政一氏来県　三日は高松　四日は丸亀にて講演　帰阪せられ候　何分弱冠之人とて　失礼ながら多少の危惧を抱き居り候ひしが　一見　此の疑念も吹き飛び　誠に稀有の人物を発見したる歓喜に雀躍仕候　既にかゝる上は最早や詳説の必要も無之候へ共、何かの御参考にもと存じ左に誌し申候

一、人物
来県直前　わざわざ杉田君上阪、旅程につき打合せたるに其後再三変更あり　而も此変更を通告せず　且講演も徒らに聴衆の多からんことを望む等　面白からざる空気ありて　高松青年中には早くも失望の色あり　小官も多少の疑念を抱きたるに　着高　直ちに玉藻ホテルに於て最初対面したるに、始めの五分間位、医者　易者　僧侶等妄者共を取扱ふ人に特有のイヤな空気極めて微少ながら多田氏身辺より発散し　小官の気を引きたるも、談進むに従ひ何時ともなく此の空気は散逸し　只　快適暢達の気に心打たれ　思はず時を過し申し候
其後二日間、会食見物等にて接触の時間加はるに従ひ　高潔大悟の人特有の親しみと楽しみのみを感ぜしむるもの有之　誠に容易ならぬ克己修業の人物と確認仕候　而して最初不快なる極めて微かの感覚も其の何の故たりしやと思ひ出すに苦心する程と相成候
小官　未見の内は優れたりとも　所謂「瑚璉の器」の程度ならんと思ひありしに　中々以て既に「君子は器ならざる」の境地に達しあるに驚き申候　兎に角　此の若さを以て名利に対する我欲を制する克己こそ総ての根本たるを悟り之を実行する勇猛心を養ひたること奇特に御座候

二、学識識見
学識の深さは著書にて承知しありたるも　医学の範囲に止まり国家厚生政策の如きには薄きにあらざるやとの懸念もなきにしもあらざりしも　こは全く杞憂に過ぎずして寧ろ厚生政策に関する学殖識見こそ其の長所と思はれ候　厚生大臣として申分なき人に見受けられ候

政治経済教育等にも該博なる知識を有し　間々研究不十分を思はせるもの無きにあらざるも　其の此等に関する意見に於ては透徹しありて　小官と全く所見を同ふしある様存ぜられ候　細事にも一家の見を立て之を主張する風あるはいささか瑕瑾と思はるゝも、若さのさせる悪戯として見逃すべきもの存候

三、取巻き

取巻き連の御粗末なることは　今日日本の偉人の誰れにも見る通弊にして多田氏も御多分に漏れず候

多田氏の取巻きは大本教の教徒が王仁三郎を神様扱ひする如く　無闇に持ち上げありて笑止に候ひき　殊に高松の青年は多田氏の国家有用の材たる点に於て歓迎しあるものにて　決して不治の疾患ありて其神技に接せんと欲するものにあらざるに拘らず之等をも妄者と思ひ込みて応接しありたるは興醒めたる次第に候　更に驚きたることは、杉田、竹林の両君まで稍妄者らしき振舞ありて多田氏の治病診断を目撃して其神技を吹聴しある有様に候

本秋九月頃　高松近郊にて東亜聯盟の四国講習会を催すについて石原閣下の来県を御願いしある由語り　多田氏も講師として来会せられんことを話したるに　是非参会し　石原閣下と会談したしと申され候

先は報告まで

敬具

田中久

## 61▲曺君は利用されたる形

四月十八日夕付石原莞爾（鶴岡市番田）宛杉浦晴男（東京市外吉祥寺二九七七）封緘葉書［鶴岡・石原・手紙997］

合掌

一、昨夜、渕上君帰名の予定なりし所、曺君の情況不明のため、特に同君に京都まで行って貰ひました。今夕電話連絡あり

（イ）詳しくは判らぬ

（ロ）曺君は利用されたる形にして当局も同情してゐるが送局は免れ得ないであろう

との二点だけ判りましたので、更に福島先生の奔走を依頼する一方、東京にても打つべき手段を考へます

一、山本勝之助氏とは再三連絡あり、本屋さんとも今夜会合の予定、空襲のため延期、月曜を約しました

一、今日、敵急襲あり、今なほ未発表ですが多少の被害ありたるらしく、私は増川君と共に大塚、中江（幸男）吉成氏等と同行、ソ連大使館付近にて高射砲機関銃声を聴き、軒下に退避しつゝ、戦争のいよいよ本格的なるを思ひました

以上、取急ぎ曺君の事、一寸御報告申上げたく乱筆にて失礼いたします

## 62▲田中直吉君に中軍で話してくれと頼んでありますが

五月十七日付石原莞爾（鶴岡市番田）宛中所豊（大阪府高槻町三七五）封書［鶴岡・石原・手紙1140］

御無沙汰いたしました。お変り御座いませんか。小生　一月末より三月末迄　マレー戦線に従軍、元気一杯で帰って来ました。五月一日付で　大阪の朝日、毎日を除いた各紙が整理統合され　新たに「大阪新聞社」を創刊　小生もあんまり優遇されてはゐませんが　中核体となって働いてゐますから御安心下さい。

この間、閣下の国防論から　政治組織を抜いて　閣下の名義を拝借して新聞にのせました。遂にのせて行こうと考へてゐます。相当　反響あらうかと存ぜられます　次に中野良次大佐とは親密にやって居ります。又　中部軍へ小生留守中に着任した難波三十四中佐も閣下の事を非常に申して居りまして　心強い限りであります。横浜憲兵隊長の松浦

中佐（29）とも語り愉快でした。

私には同志を獲得するといふことは　結局　職場に於て東亜聯盟理論を徹底せしめることに外ならぬと考へる次第であります。しかし政府も民衆も　好むと好まざるに不拘　我々の理論を目標に歩まざらねばならぬ状況が　今の姿と思はれるであります。

同志　和久幸男（読売新聞社員）君は　同社ハノイ支局長に栄転、南方の読売特派員多数を指揮致しております。同君からの近便は聯盟精神躍如たるものがあります。又、山田俊雄君（同志、朝日記者、夕刊に戦捷に学ぶを連載中）も　小生と同様マレー戦線から帰り付近を講演中です。

新聞社の合併で目のまわる程忙しくて手紙書くひまもなければ　戦線では考へさせられる事が多くて　これ又　手が動かず失礼ばかり重ねまして中訳ありません。

閣下にお願ひがあるのですが　実は恐れ入りますが　新聞に、何か書いて戴きたいと存じるのです。少しでも宣伝して一人でも多く吾々の意図を知らしめ導いてゆきたいと存じるのですが、御承諾下さいますか。是非御願して止みません。小生宛御送付下さる事を願ひます。西村氏とも最近会見の予定です。

金光さん当選しましたね。読売へ金光さんの事を書いてくれと頼んで置きましたら大きく出てゐました。東亜聯盟派だと言って……

田中直吉君に中軍で話してくれと（中部の高等官以上に聯盟論を）頼んでありますが、中部軍は空襲で忙しくてまだ日時決定しません。

一度是非関西に御立寄下さい。筆無精な小生ですから御無沙汰勝ですが、お許しの程願ひます。とに角、元気は三人前以上ですし張切って困る位です。

五月十七日　　　大阪、高槻町三七五　　　中所豊

## 63●日蓮無用論への抗議

五月二十一日付淵上辰雄（名古屋市東区黒門町一四二東亜聯盟愛知支部）宛石原莞爾（鶴岡市番田）封緘葉書〔憲政・淵上辰雄関係文書11〕

拝啓「総力戦と科学」誠に難有御礼申上候。老兵拝見後、庄内支部に寄贈可致候
時局いよいよ切迫し来るに本部は依然無策、誠に歯がゆき次第に御座候。日蓮無用論に我等門下として到底忍び難き暴言有之、痛憤致し居り候。主義の限の論難ならば兎に角、此の如きことを誌上にのせ、同志の分裂を来すこと誠に残念に御座候
津、岐阜等の同志は其後如何に候哉　聖化会連中は大野氏を押し立てて選挙騒ぎをなせる様子誠に気毒に存じ居り候
同志の結束は一層徹底的なるを要する時と相成申し候
中所氏より久し振りに来信　三ヶ月南方に従軍　近頃帰還せる由に御座候

敬具

## 64●老骨談議の日蓮無用論を読み不愉快、憤慨いひ難きものあり

五月二十一日付増川喜久男（東京市麻布区桜田町八東亜聯盟協会）宛石原莞爾（鶴岡市番田）封書〔憲政・増川喜久男関係文書・67―5〕

拝啓　先日御来訪後　老骨談議の日蓮無用論を読み不愉快、憤慨いひ難きものあり、杉浦よりの来信についても返事する気にもならず今日に及び申し候　日蓮主義を理論的に非難するなら固より結構「石原君の人格等…………日蓮もその栄を得るぢゃらうが」に至っては我等日蓮聖人の門下として無上の侮辱に御座候

然るに只今、伊地知氏より別紙の如き来信有之御覧に入れ候　伊地知君の申分を誌上に発表さる丶事を要望致し候
此問題解決迄　老兵の文章等　聯盟誌上に御発表は凡て堅く御断り申上候
敬具

## 65▲日蓮無用論掲載に対する詫び状

五月二十四日付石原莞爾（鶴岡市番田）宛増川喜久男（東京市麻布区桜田町八東亜聯盟協会）速達封書［鶴岡・石原・手紙589―6］

拝復　御書翰難有拝受致しました。五月号「老骨談議」中の文章に就ては、前月編集の際雷撃山人より原稿受領の時いろいろ考へ、又諸同志とも相談致しましたが、次号更に法華の方々の意見を出すべしとの意向に、ついそのま丶掲載致し、閣下はじめ真摯なる信仰を持せられて居る方々に、非常なる御不快、御憤懣を与へ、何とも不注意、余りにも心の至らなさに申上げ様も御座居ません

不取敢昨夜編集委員の方々とも相談の上、別紙の如き文を六月号に掲載、五月号に於て「信仰について」とった私の態度と誠心の至らなさを詫びますと共に今後厳格なる注意を致しますことを明に致します。更に主として精華会の方々よりも前々より雷撃山人の言葉に対して申分有之との事故、伊地知氏の申分をも併せ掲載致し度存じ居ります。

雑誌の持つ重大な意義を思ふ時、之が編集の立場に立つ者の常に確固たる見識を持ち、その責任の重さを心より痛感して居らねばならぬと言ふことを考へます。顧みて自分の至らなさがかなしまれます。然し与へられた責任を遂行すべく自ら鞭ち此処迄来ました。閣下並びに先輩同志の御支持の故に他なりません。従って閣下並びに諸先輩同志がやめろと申されるに非れば總る努力を重ねてもこの責任の仕事を貫遂して行きたいと念じて居ります。この度のことは然し余りにも誠心の足らなさを暴露して居ると申されて致方ありません。ひたすら今後の精進を誓ひまして、心よ

り御宥しを乞ひ奉りますより道がありません。何卒御心かなはぬこと乍ら御宥恕下され度、願上げます。

尚別紙文章六月号掲載の儀御許し頂ければ折返し御送りたまはり度、或は葉書にてもその旨御申越し頂ければ写しがありますのでそれを雑誌に出します。丁度月末にて雑誌の印刷、校正間際の為、取敢えず書面にて申訳無之儀と存じ乍ら御詫び申上げました。尚一段落着きましたら御伺ひの上衷心より御宥しを乞ひ奉り度存じ居ります

敬白

## 66▲事変前の蒙古満州権益の喪失は、張学良の排日の罪ではなく日本の政策の失敗

五月二十五日付石原莞爾（鶴岡市）宛山口重次（奉天市東拓ビル協和会省本部）封書〔憲政・増川喜久男関係文書・61―21〕

謹啓　御近況御伺申上候　当満州の情況は逐次御聴取の事と存じ候へ共　曾て数年前　斯くなりはせぬかと杞憂したる悪結果が　私共の予想に輪をかけ現実となって現はれ来り候　高度産業方面に於ては鮎川氏の退場が新聞に伝へられる程行き詰り　満重は大増資か大減資か何れかせねば維持困難に候　これは独り満重のみでなく凡てがそうで満鉄の如きも外観は堂々たる偉容となり候へ共　内容は恰度十年前の窮状と異ならず　当時は社員間に精神的緊張がありたる丈、未だ好条件にて候　此の十年の経験によれば　事変前日本の蒙古満州権益の喪失は学良の排日の罪にあらずして　実に日本の政策の失敗であり　在満日本人の罪でありし事を感得仕り候
高度産業に於て不振なるのみならず　原始産業に於ては更に甚しく　現在の作付減少状態を以てしては輸出余力（現在は学良排日時代の半額）の維持困難かと憂慮に堪へず　満人地主階級は狂人の如く異口同音に対策を訴へ　日系も心ある者は夫れ夫れ対策に腐心致し居り候も　肝腎の新京要人は十周年祝賀に重点を指向し次へ次へとお祭りを

続け居り候　来年の今頃となって必ず大騒ぎと相成るべく候
平時ならば　失敗も成功への道程として看過され候も今は戦時　然も持久戦に入り　将に来るべき決戦をひかへて世界最強の生産国　米英蘇を相手に経済戦に入った今日　就中肝腎な食糧基地満州の農産対策は実に南方の海戦にも匹敵する重大問題と心得　一同対策の研究起案に没頭致し居り候　然し恵れた国は満州政策を一寸代へれば大東亜の食飼糧は一手に引き請け得べく候　先は御伺旁々、状況まで
敬具

## 67▲日蓮無用論は返す返すも申し訳なく存じております

五月三十日付石原莞爾（鶴岡市番田）宛増川喜久男（埼玉県大宮市高鼻一八八）封書［憲政・増川喜久男関係文書・54―2］

五月二十五日の御書簡難有拝誦仕りました　今度の雑誌上に於ける「日蓮無用論」はかへすがへすも誠の至らざる故と申訳なく存じて居ります　先般　申上げました如く　六月号誌上に於て「信仰について」として編集者の軽率と至らざる点を誠心誠意御詫び致し度いと考へます　御申越の御意向に従ひまして　閣下の「世界最終戦論」からの引用は致しませず　も一度先般の文章は篤と検討の上雑誌に出します
伊地知さんの申分を精華会の保坂さんに　更に精華会の方々の意向を含めて纏めて貰ひ雑誌に出す予定で居りましたが　本日その文章御送りあり　見ましたる所　非常に感情的な書方の為　此侭誌上に発表致しますと　又　論議の出るおそれがありまして、外部からこれを見て利用されること、内部に於て日蓮主義者とそうでないものが徒らに反発し合ふことの憂が如何してもありますので　そうなりますと編集者の失敗に更に失敗を重ねること、相成ること故伊地知さん、精華会の方の申分を出来るだけ読み砕いて　その要点を出す様にと考へます

本日　保坂さん、杉浦さんとも話しましたが　誌上には大体以上の様に致しまして　内部の同志間に於て雷撃山人の筆者たる福島氏をも加えて　今度の事を契機にして出来る限り本問題を掘り下げ明確に致して行き度いと考へて居ります。閣下には御迷惑をおかけ致し　何とも申上げ様ありませぬが　改めて深く御詫び申上げますと共に　機会を見て参上の上　御示教賜はり度　衷心より御願申上げます。

中参会議、本部機構刷新等、会務に就ては　常任委員御伺ひの上申上げるとの事　杉浦氏より話ありました。本部の機構改革は大きな意味を有するものでありますが、少くも現在の切迫した状態に於ては　本当に背水決死の陣を以て　全同志我執を捨て　唯々　必死の努力を重ねるべきものと存じます。従って如何なる構へに改組されるかはっきり分りませぬが　私と致しましては　稍　積極性を欠いて居た従来の気持を　必ず本部を守り抜く決意で再前進致し度存じ居ります。

淵上君　九州に行くことに決り　六月十七日頃参るとの事です。九州工作終了後は上京する事に和田さんと話しをしたと申して居りました

六月号雑誌の校正終了し、今日は少し悠りしました　編輯の仕事には六郎さんの非常なるご援助を得て居り　私と致しましては感激に堪えませぬ　雑誌一つこしらへることでも　やはり他の人の協力と熱い気持による支持がなければなかなか出来ませず　勿論　私と致しては無力を反省すべきですが、協会の仕事は結局　こう言ふ方法に就ては考へるべきだと思ひます　会員は感激を以て本部の職員を助け、本部の者は常に厚い感激で之を受けてやって行ければ非常に能率的な気が致します。右　御報告申上げます。

敬白

五月三十日　増川喜久男

## 68▲建国十周年記念の祝賀行事なるもの相次で催され

五月三十一日付石原莞爾（鶴岡市番田）宛岡野鑑記（新京市東安街官舎第一一三号）封書［憲政・増川喜久男関係文書・14―7］

拝啓　其後は御無音に打過ぎ失礼いたし居り候処　益々御健勝にて東奔西走御活動の趣を拝聞し衷心より感謝感激いたし居り候　五月号御執筆の「維新期の同胞に訴ふ」の御雄論は　我等同志の待望止まざりし大文章にて　従来の東亜聯盟理念の結晶とも申すべく　今日迄　小生が各地に於て独断的に述べ来りし東亜聯盟宣言の意義がここに直裁簡明に解明せられ　今後はこの御文章をテキストとして研究し説明し度く考へ居り候　協会に於て　既に御計画中かと存候も　願はくばこの御文章をポケット用の小冊子に印刷して広く同志及一般に普及方御指示あらんことを願上申候

統合問題も　台風一過落着く所へ落着いたる感有之候も　このまゝにて無風地帯と相成る筈なく　手を変へ品を替へて圧迫し来るべく　十分の覚悟が必要かと存居候。満州の運動もその一環として用意を怠らず　微力乍ら着々と進み居り候間　御放念相成度く　別紙運動報告　によって御一覧下され度く願上候

目下当地は絶好の季節にて　建国十周年記念の祝賀行事なるもの相次で催され居り候も　凡て形式に流れて実質を失ひ　漸次建国の両脚は大地を離れて宙に浮び行く感有之候　十周年を契機とする第二建国こそ偉大なる反省に基く再出発の好機会と確信いたし居候　建大も愈々作田氏退いて　末《ママ》高中将を迎へることと相成り居り多少の進展はあるものかと期待いたし居り候　時局愈々重大化の折柄益々御自愛御健勝之程祈上申候　敬具

五月三十一日　岡野鑑記

［同封別紙運動報告］

聯盟運動報告　第十号（康徳九年四月末日）満州東亜聯盟誌友会総会

内外の止むを得ざる事情のため、昨年九月二十五日の聯盟運動報告第九号を出して以来今日迄休止して居たが、今

回総会事務陣容の再建と共に、茲に新衣装を着けて再び同志の机上に送り得るに至ったことを慶びとするものである。併しこの報告は単なる総会の一方的事務的報告ではなく、同志相互間の緊密なる連絡機関たらしめ度いと考へる。就ては各地誌友会の事業報告は勿論として同志各位に於ても、本報告誌上を借りて希望、意見、経験等を忌憚なく開陳されんことを望むものである。

尚ほ本報告第十号は昨年十月以来の運動状況を記録すべきであるが、之は別に「満州に於ける東亜聯盟運動」と題して一括して発表する予定であるから、本報告は主として本年一月以降現在に至る迄の状況に関し日時を追ふて記述し度い。

一、満州の運動状況

（1） 小湊の聯盟講習会に満州代表参加

一月三、四、五の三日間房州小湊に開催された石原顧問の国防論の講義を中心とする講習会に対し総会より満州代表として参与古知、岡野、天澤の三氏が参加し、聯盟理念の認識に徹底すると共に、今後の運動上に於ける緊密なる連携の具体的基礎を確立して帰国した。

（2） 望月、三神両氏座談会

古知参与の令弟にして滅共青年隊の隊長として蒙彊の厚和に活躍中の望月稔氏を迎へ、一月元旦、古知氏宅に於て座談会を開催、新春に於ける運動の熱烈なるスタートを切った。

一月二十二日、齊々哈爾開拓医学院長三神正蔵博士の来京を機会に松屋ホテルに於て熱心なる少数同志の座談会を開き、談論深更に及んだ。

（3） 総会事務所の移転

事務刷新と共に従来の事務所は狭隘となったので、一月二十四日、左記に移転し積極的運動に発足した。小集会は勿論、将来は同志の宿泊にも当てる予定である。常時利用連絡あられんことを祈る。

新京市豊楽路六一一号（電話二―七八九五番）

（4）　奉天誌友会の運動（二月行事）

一ヶ年の陣痛期を経て漸く昨年十一月十六日に誕生した奉天誌友会は、結成式当日の石原顧問の祝電「一路邁進せよ」との激励に感奮して、爾来鉄石の団結と熱烈なる実践力とに依り、一路運動に挺身しつつあるは、我等同志の感激に耐へざる所である。総会参与古知、岡野両氏を迎へ、二月十五、十六、十七の三日間、左記の如き運動を展開した。

①　二月十五日、午後五時、飯田亘氏宅に於て会合、黒木、長崎、井草、梶岡諸氏等幹部九名と隣組員十八名参集し、香港陥落の勝報を聞きつつ、東亜聯盟運動の理念的発展（古知）大東亜戦争と東亜聯盟運動（岡野）に就き講演した。

②　二月十六日、午後一時、奉ビル会議室に於て全体研究会を開催、参会者は幹部全員の外熱心なる同志三十二名、加藤相談役の笑顔も見へて盛会を極めた。劈頭に常任幹事吉村繁男氏より北支中支旅行の報告あり。次で古知参与は「八紘一宇の国体精神」に就て熱弁を奮ひ、岡野参与は小湊に於ける石原顧問の国防論講義の大要を説明した。

③　二月十七日、午前十時より奉天警察局講堂に於て小田副局長の依頼を受けて、管下の日満警察官約三百名に対し大東亜聖戦の本義（古知）大東亜戦下の満州国防経済（岡野）なる題下に講演を行ひ意外の反響を与へた。次に同日午後三時より奉天平安在満国民学校講堂に於て、在満教務部管下の教職員約四百名に対し同一演題の下に熱演した。特に最終戦の担当者たる現在の子弟教育の任にある教職員の責任の重大性を強調してその奮起を促した。

（5）　誌友会総会の特別短期講習会

新京在住の同志に対する幹部訓練を目的として三月二日より同七日に至る六日間、総会事務所に於て、午後七時より九時半迄、左記により短期の講習訓練を行ひ、最後まで熱烈なる十数名の参加を得た。

三月二日及三日　「満州の社会相」　山崎健太郎氏
三月四日及五日　「東亜聯盟の理念」　岡野鑑記氏
三月六日及七日　「日本国体と東亜聯盟」　古知静岳氏

(6)　誌友会総会の定例役員会（火曜会）

今回総会の機構を改革して、総会参与（全国参与と常任参与）及び総会幹事（全国幹事と常任幹事）を任命し、全国的運動機構の有機的連携を確立したが、特に新京在住の常任参与及幹事より成る定例役員会を設定して、毎週火曜日夜事務所に会合して重要事項を審議決定すると共に、東亜聯盟の理念及時事問題を研究討議することとした。既に三月十七日の火曜日の第一回会合以来四月二十八日の会合迄八回に及んで居る。

(7)　松浦嘉三郎氏座談会

三月九日及同十六日の二回に亘り総会参与大同学院教官松浦嘉三郎氏を中心として、午後七時より事務所に於て時局問題座談会を開催し真剣なる討論を行った。

(8)　奉天誌友会の運動（三月行事）

①　三月十九日、古知参与及佐藤幹事の両氏は、奉天誌友会の黒木、梶岡両氏と同道にて撫順に行き同志と懇談会を開催して今後の運動に於ける連携を強化した。

②　三月二十一日、古知参与は午後三時より岸本氏統率の佛立寺に於て講中五十余名に対し「八紘一宇の皇謨と大東亜戦争」なる題下に講演を行ひ、更に同日午後七時より、同氏は蛯原氏斡旋の下に朝日街天理教会堂に於て、隣組分会の班、組長及組員に対し、同一演題の下に講演した。

③　右同日夜、天理協会別室に於て、研究部及実践部の青年会員を中心とする協議会を開催し、総会佐藤幹事司会の下に今後の運動方法につき忌憚なき意見の交換を遂げた。

④　三月二十二日、午後二時より長崎氏斡旋の下に泰東ビル隣組員を中心とする講演会を開催し、古知、岡野両参

与より講演したが、特に古知参与の国体論は驚くべき感銘を与へた。

⑤　三月二十三日、古知参与は更に招かれて大和警察署に於て国体論を講演した。

（9）　安東誌友会の運動

前安東省次長堀内一雄氏を中心とする安東誌友会は、一昨年十二月結成以来溌剌たる運動を続けて来たが、同氏が今回次長を辞して帝国議会総選挙に立候補するに至り、急に中心人物を失って同誌友会は再出発の必要に迫られるに至った。古知、岡野両参与及佐藤幹事は相携へて安東に至り、昨秋訪問以来の連携を強化し、石崎、伊木両氏等を中心として茲に雄々しく再出発するに至ったことは誠に慶賀に耐へざる所である。

①　三月二十日、安東商工公会主催の下に、午後三時より協和会館に於て、岡野氏は「大東亜戦争と満州計画経済」なる題下に前後三時間に亘り講演を行ひ、戦時下商工業者の重大任務を説いた。

②　同日午後八時より、同じく協和会館い於て、安東誌友会同志の懇談会を開催した。参集する者熱心なる同志約五十名、古知参与より小湊講習会の状況を報告し、岡野参与より東亜聯盟運動の歴史を述べ、佐藤幹事より聯盟運動の実践綱領に就て説明し、出席者は今後の積極的活動を誓て散会した。

（10）　公主嶺誌友会結成式

予て坂萬寿男氏の努力により準備中であった公主嶺誌友会は三月二十五日を期して、午後六時半から商工公会会議室に於て結成式を挙行した。総会から古知、岡野両参与が参加して式後講演を行ひ、参会者約五十名盛会裏に終了した。

（11）　哈爾濱誌友会結成式

北満の中心哈爾濱に於ける誌友会の結成は永い間の懸案であったが、塩見節二氏、伊藤勇治氏を始めとする熱烈なる同志の努力により漸く機熟して、三月二十九日午後三時より、満拓哈爾濱事務所の会議室に於て、熱心なる少数の同志により厳粛に挙行された。総会よりは例により古知、岡野両参与が参加し式後講演した。

（12）　齊々哈爾座談会

哈爾濱誌友会結成式後、古知参与は単独にて齊々哈爾に行き、三月三十一日午後七時より、三神院長斡旋の下に、国立開拓医学院講堂に於て同志の座談会を開催した。古知氏は「八紘一宇の皇謨と東亜聯盟」なる題下に講演を行ひ、熱心なる質疑応答を遂げた。

(13) 王爺廟座談会

四月一日、古知参与は更に王爺廟へ行き、特務機関の篠田、内海両氏の斡旋により、同夜十数名の同志と共に、蒙古民族問題に就て熱心なる討論を遂げた。次で翌四月二日、午後三時より協和会興安南省本部事務所に於て、職員に講演を行ひ、更に同夜七時より協和会旗本部主催の下に、興安軍官学校卒業生及興安学院上級生、並に日語を解する蒙系等約二百名に対し、主として王道の本義に就て講演を行ひ多大の感銘を与へた。

(14) 大連懇談会

四月九日、古知、岡野両参与は大連に行きたる機会に同日午後二時より周水子の松浦與三郎翁を訪問して大連に於ける東亜聯盟運動に関して懇談協議を遂げた。

(15) 建国大学研究会及大同学院座談会

① 建大学生中熱心なるもの十数名は既に昨年暮に学内に興亜問題研究会を結成し東亜聯盟思想及び一般興亜問題の研究を行ひ、特に毎週水曜日午後定例研究会を開催し、中山、岡野、松山、天澤等諸教授の指導の下に熱心なる研究を行ひつつある。

② 大同学院は松浦教官の指導下に漸次研究熱が昂揚しつつあるが、未だ研究会結成に迄至って居ない。而し四月十三日夜、岡野参与は招かれて同学院に於て東亜聯盟論を講じたが聴講者約五十名に及び研究会の成立も近きにありと想像される。

(16) 奉天誌友会の運動（四月行事）

奉天誌友会の四月行事として左記運動を展開し総会より古知、松浦、岡野の三参与が動員されて講演した。

① 奉天青年自興隊の短期講習会を四月十五、十六、十七の三日間奉天医大講堂にて開催し、民族協和の理念（山口）八紘一宇の真義（古知）支那問題解決の根本義（松浦）大東亜戦下の満州国防経済（岡野）等演題にて講演した。
② 奉天郵政管理局の職員練成所に於て山口、古知、岡野の諸氏は右と同様の講演を行った。
③ 更に古知参与は三月十八日、奉天実科高等女学校及電業奉天支社に於て講演した。

(17) 中山優氏座談会

中山参与が中支工作（上海南京）より新京へ帰られたるを機会に同氏を中心として左記の如く座談会を開催したが、同氏の全面和平可能なりとの状況判断に対し同志は東亜の天地に一大光明を認むるの感を覚へた。

① 四月十四日、午後七時より事務所に於て幹部座談会
② 四月二十一日、午後七時より記念公会堂に於て一般座談会

二、日本の運動状況

日本東亜聯盟協会の報告中より重要事項を左の如く抜粋して日本の運動状況の報告に替へる。

(一) 中央講習会開催

本協会中央講習会は昭和十七年一月三日午後三時より千葉県小湊町誕生寺に於て開催された。受講者は全国各支部より選ばれたるもの並満州、北京より馳せ参じたるものにして、いずれも本運動の中核会員百七名に達し、講師顧問石原莞爾閣下の国防政治論、並中央参与会員中山優先生の四書抜粋の烈々真摯なる講述に接すると共に、同志一体三日間の規律ある起居は心身共に鍛へられいつれも本運動の躍進を誓って同五日午後三時閉講せり。

(二) 東京付近中央参与会員会議

第四十一回会議二月十七日午後六時半、於本部開催。出席者和田氏外十名外に在北京石沢四郎氏、協議事項、①、北京に華北地方事務所を設置する事　②、明十八日シンガポール陥落祝賀挙式並明治神宮、靖国神社、宮城参拝のこと　③、正会員制の研究　④、在京中参与会活動の件　⑤、大東亜宣言について　終って在北京石沢四郎氏の華北事

情につき報告　第四十二回会議二月二十四日午後七時於本部開催　出席者原氏外八名　協議事項　①、不活動支部の整理　②、結社届出状況調査（主として届出せざる支部）③、参与会員制の徹底的実施　④、満州国留学生宿所録の作成と支部連絡　⑤、三月一日満州国建国記念日につき満州国大使館に慶祝の意を表すること。

（三）　統合問題の件

三月十七日朝各新聞は興亜団体の統合問題に就き報道してゐるが、本協会は興亜同盟に対し、改組されんとする興亜同盟の明確なる指導理念の提示を要求し、冷静に事態の推移を注視してゐる。本部は逐次報告するが、同志諸君は本協会運動要領に基き、一意活動を継続されんことを乞ふ。

（四）　興亜同盟の改組に就て

統合問題に就き、関西事務所その他同志各位より続々激励状を寄せられてゐることは感激に耐へない　本協会は、その意を体し、去る二十四日大日本興亜同盟よりの解消すべきか否かの問合せに対し「新興亜同盟の主意具体案を提示して後　問合せの手続きに移るべきものと理解する」旨回答したが之に対し未だ何の返答がない而も富山同志の談によれば去る二月十五日大政翼賛会東亜部副部長中保与作氏は富山県上市町の座談会に於て本協会を攻撃してゐる。本協会人各方面に厳重抗議してゐる。同志各位はこの際「我等こそ日本第一の忠の者」との覚悟を心ひそかに抱き益々結束奮闘されん事を祈る。

（五）　石原顧問巡講せらる

我が石原顧問は三月十二日上京せられる予定の所、発熱のため日程を変更せられ、十四日上京十五、六日、事務所に滞在、十七日朝東京発同日名古屋にて夜座談会を開催し、十八日滋賀県長浜町にて夜座談会開催、十九日三重県津市に赴き、午後二時より座談会、廿日岐阜県揖斐町にて夜座談会開催、二十一日同県高山市にて夜座談会開催し二十三日飛騨支部所在地小鷹利村にて午後三時半より関西地方中央参与会議開催、隣保館にて一泊講習会を行ふ。二十三日富山県中新川郡大岩村日石寺にて一泊講習会開催、二十四日桜井町にて講演会に臨み廿五日午後一時より新潟県高田市にて高田分会講習会並びに座談会に出講せられ、十日間に渉りての会員訓練座談会、講習会の日程を滞りなく終了、二十六日午後三時十七分恙なく鶴岡に帰着なされた

## 69▲雷撃山人こと福島昌夫拝

六月二日付石原莞爾（鶴岡市番田）宛福島昌夫（東京市中野区宮前町二四）封書〔憲政・増川喜久男関係文書・51〕

雷撃山人こと福島昌夫拝

石原莞爾閣下　御執事

謹啓　初夏の候　愈々御清祥のことと拝察仕ります。

従来、拝眉の機を得　若しく　書面認めます際は　概ね何か不始末を出来しまして御詫び申上ぐるを常とする如くにて　今回も気衰へ筆鈍るの状　徒らに日を延引するのみにて申上ぐる言葉もなき有様で御座います。

今般「雷撃山人」名にて記しました駄文の故にお心を騒せましたるは何とも御詫びの致し方なく只管恐縮致して居る次第で御座います。

信仰の問題に就きましては　信者の言行に私共の感じますと同じく　若しくはそれ以上に敏感に受けられるであらうことは私とても承知して居る筈で御座いました。また、彼の如きものにても読んで貰いたいと望んで居りました程度の信者には何の反響もなく（少くとも閣下の御書状到来までは）寧ろ少数であらうと想定し　且つそれ等の方々には問題になるまいかと思ひました熱心なる信仰者に問題となりましたに就いては認識不足　只　恥入る許りで御座います。かゝる心の準備なしに　最も微妙なる信仰問題に筆を入れましたる軽率、その故にお心を騒せ申上げましたに就いては　申訳の言葉なき次第乍ら、敢て申訳けも致したくない有様で御座います。只々御詫び申上げます。

この問題が生じましてから　東亜聯盟論は法華から出てゐるのだと説いて下さった方も御座いますが　今日の私には未だ理解し得ずに居ります。諸般に亘る閣下の御研究の綜合統制せられたる結論が現代に適用され組立てられたものが東亜聯盟論であると理解するので御座います。諸般の御研究の中でも甲乙あるべく、或は東亜聯盟論創成の決定的動機等の軽重はあるとしましても　未だ私はかの駄文を記しました時の心を変ずるに至らないので御座います。且つ、信仰問題の故に今一歩の研究を踏み込まずに居る人々を思ひ　又、常識的に思ふならば党中党の生ずるを怖れました。凡智思はぬ問題の発生に恐縮致して居ります。

未だ御詫びのかないませぬに御願ひ申上げますは非礼には存じますが、衷情御賢察被下れ御叱声を仰ぎ得ますれば有難いことに存じます。

末筆乍ら御自愛の程祈念仕ります。

敬具

## 70●私としては私と日蓮聖人との間の事をあんな風にかゝれては心苦しい極みにて

六月四日付福島昌夫（東京市中野区宮前町二四）宛石原莞爾（鶴岡市番田）封緘葉書［鶴岡K40—17］

拝啓　御手紙難有拝見致し候　私としては私と日蓮聖人との間の事をあんな風にかゝれては如何に素人の御筆でも心苦しい極みにて遂に抗議を申込みたる次第に候も　私としてもあの様なことが日蓮聖人を信ぜざる人々から申さるゝ事は十分理解せらるゝところに御座候　私等は極力勢に乗じて日蓮主義を宣伝することをつゝしみ居るものに候も私共から見れば　浅信の私共より更に信心の浅い人々には　私共にも不快な態度に出る人少なからず　大兄の文が出たことについても　私は内心自ら日蓮門下と称する協会内の人に対し　いひ難き不快感を懐き居るものに有之候

然し半面　不惜身命の堅固なる東亜聯盟運動者には　日蓮聖人の信者多きも事実　特に満州国方面はその様にも見

られ候　互に謙譲の気持にて此問題を取扱ふ様祈り居るものに有之候
六月四日　　　　　　　　　　　　　　　　　　　　敬具



## 71▲池本農業政策原稿遅延の件

六月八日付石原莞爾宛武田邦太郎書簡（便箋二枚・封筒なし）［鶴岡・石原・手紙1060―6］

謹啓　御健勝にて益々御活動の趣拝誦大慶の至に奉存候
陳者　池本農業政策原稿遅延の段　何とも申訳無之候　原稿は啓明在任中　私なりに八割方出来し　帰国後約一ヶ月農政界　農学会の新状勢に照して残り二割の仕上げを了し　数日前より池本課長において校閲中に有之昨七日は愛知支部淵上辰雄氏迄　御渡し申上る予定に候処　課長は閣下の御依嘱に御応へ申上るには　及ぶ限りの完璧を期し度と　多忙と病弱の間　私共度々の進言にも不拘　その校閲入念を極め　昨夜も夜を徹し　今暁四時に至て就床被致候次第にて　遂に淵上氏との御約束も違へ申候　何分今数日の御猶余賜り度候　原稿は校閲終り次第御手許迄急送可申上候
次に先日お便り申上候　合田秋義氏については　昨七日　淵上氏と共に同氏宅を訪ね　聯盟運動について淵上氏より万々お話被致候　合田氏は東京・協会の杉浦晴男氏の御高配により　聯盟誌創刊号より全部御贈与相受け、勉強被致る模様に御座候　近日中上京の上は　必ず協会を訪問し、閣下の御都合にて許さるれば　十五・六日の頃　御地に参上、拝眉の機を待ち度と被申候　閣下の御都合に関しては　私よりお伺ひの上　連絡願へぬやとのこと　御多用中誠に恐入り候得共　万一御都合宜しければその日時　私まで御洩し賜り度願上候　右、不取敢　御報告並に御願ひ迄申上候　　　　　　　　　　　　　　　　　　　　敬具

## 72▲本部体制の確立、建設要綱、日蓮無用論、田中政務総監等について

六月九日付石原莞爾（鶴岡市番田）宛杉浦晴男（麻布区桜田町八東亜聯盟協会）封書［憲政・増川喜久男関係文書・29―34］

合掌　高木、六郎両兄帰来　詳しく報告承はり、この際、本部従来の欠点を矯正　平素御指示の如き体制確立出来る様、小生としても一心にお手伝ひ申上げる所存を新たにいたしました

過日　木村氏、今般　両兄を通じ　建設要綱改訂の件　及び　経済建設要綱　武内氏依嘱の件につき　御高示に接しひしひしと懈怠　反省せしめられ、速かに所要材料整備の上　拝参御教示仰ぎたく存じてゐます（武内氏上海転出の噂につき御本人に伺ひます）

「日蓮無用論」掲載に就いては　その責め全く小生一人にこれあり「協会内の偽信者云々」の御叱責も謹んで小生に対するものとして受納、第一歩より行学二道に励む覚悟でございます。

昨日　牛島先生のお供して　田中武雄氏をお訪ねいたし　朝鮮問題に就いての従来の経緯を説明、本協会の所見を概要開陳いたしたる所　田中政務総監よりは　従来の首脳部に対する相当思ひ切った批判もあり　充分誠意を以て本問題を扱ふ由　話ありました。

遅延を重ねたる「大東亜戦争と東亜聯盟」他二論文集載の冊子　出来上りましたので　五〇部お送り申上げます。なほ、発行日の関係上、未だ公然と配布出来ざる点　一応お含みおき下さいます様

姜氏は極めて元気にて　昔の事件より精華会関係に至るまで訊問された由にて　矢張りこれといふ事なくして検束、あらゆる事をきいた様子です

六月九日朝　杉浦晴男

## 73▲地方工作報告と農業講習会への要望

六月十日付石原莞爾（鶴岡市番田）宛淵上辰雄（名古屋市東区黒門町一四二伊藤春一方）封緘葉書［鶴岡・石原・手紙695］

合掌　高山市に来て居ります。高山航空機材会社も　今、工場を建築中です。和井田工場より少し小さい程度です。仮事務所は簡素生活にふさわしいもので、中田君が寝泊りして一人で頑張って居ります。今日は事務所で泊り中部事務所の打合せを致します。代情君は　七月中旬　新潟に出張しますので、其の時足をのばして庄内支部をたづねて木工関係の指導をしてもらふことに致しました。

六月の農業講習会に高倉テル氏、中央公論の木村氏是非出席したい旨手紙参りました。木村氏とは京都で閣下は御会ひになったことがありますが、宜しく御願ひ申上げます。（庄内支部には連絡致して居きました。）

木村氏は中央公論社内で戦争学研究会を今度つくって、世界最終戦の研究をすることになったと手紙をくれました。閣下に高倉氏と二人で御会ひしたいと心から希望致して居ります。　十日　敬具

## 74●報告諒承

六月十二日付淵上辰雄（名古屋市東区黒門町一四二伊藤春一気付）宛石原莞爾（鶴岡市番田）葉書［憲政・淵上辰雄関係文書16］

十日付御手紙難有拝見致し候　高山着々進捗　誠に愉快に御座候　代情君七月御来遊の由　支部一同鶴首御待ち申上候　高倉　木村両氏　講習会参列のこと承知致し候

## 75▲会費制度に対する抵抗、協会本部の内紛

六月十三日付石原莞爾（鶴岡市番田）宛石原六郎（麻布区桜田町八東亜聯盟協会）速達封書［憲政・増川喜久男関係文書・8―4］

今朝到着。木村氏に電話、不在。原氏に電話　本部にて面会。原氏曰く

一、高木、石原、前回鶴岡行の報告により、本部機構の根本的改革なりと考へたり

二、自分等に会費制度確立の自信なし。高木、石原が引受けたるは自信ありての事と信じたり。従って高木、石原が鶴岡より帰りたる時は前述の自信に基き充分打合せ、計画したる方法を発表せるものと思ひたり。従って自分等は至急、高木、石原両名に席を譲る方法を在京中参会の席上にて実行せしなり

小生としては、か丶る自信があって引受けたのではなく、この方向に向って事務を進める場合、高木、石原が適当と考へられたものとしてお引受けした次第です。

原氏は又、私の本日の報告（即ち閣下昨日、一昨日の御指示）を聞き、『しからば結局「原の事務処理が失敗なる故、原に身を引かせろ」と取れるわけなり』と言ひ、どうしても私と高木君が早速にでも会費制度を確立すべきであると主張されます。私も実に軽率でした。会に混乱を生じ申訳ありません。

昼頃、木村氏と会ひました。同氏も、本部がごたごたしてゐる印象を外部に与へるは実に困ると、心痛してゐます。又　牛島さんも抜けたい意向の様であるし（高木君を許さぬ気持があるからでせう）、原さんもこれで去るのではないかと心配されます。それで原氏は　先づ私が高木兄と具体的計画を立て丶、和田さんに会ふべきだと言ひ、木村氏は直ぐ和田さんに会ふべきだと主張します。私は先づ明朝、和田さんを訪ね（伊豆に）るつもりです。短文、意をつくしませんが、小生の浅い人生経験を以てしては殆ど負い切れぬ問題となり、会務の渋滞も案じられ、心痛してゐます。合田秋義氏来会、百円寄付していただきました。同氏　健康が悪い様ですから、藪と綜統医学おす丶め下さる様に

願ひます。

六月十三日

六郎



## 76▲田中直吉氏の「大東亜の地政学的構造」、実に話にならず

六月十四日付石原莞爾（鶴岡市番田）宛中所豊（大阪府高槻町三七五）封書〔鶴岡・石原・手紙1140〕

石原閣下　先日は御書面に接し有難く厚く御礼申上ます。閣下の御元気に心から喜んでゐます。

扨而、先日　田中直吉氏に　中軍で高等官以上に「大東亜の地政学的構造」に就いて東亜聯盟問題を中心に話してもらったのですが、あまりにもまづく　実に話にならず　物笑ひの種となりました。中野大佐等　小生達同志は張切って彼を迎へ、期待するところあまりにも大きかったのに、その論旨たるや、又　内容たるや、あらゆる点に於て問題にならず　一笑に付され、然も低級な幼稚な説明は失望以外の何ものでもありませんでした。私は残念でありました。かかる人物が東亜聯盟の中心人物的存在であることは　聯盟自体の弱さであり、聯盟の若さを失ひ、聯盟の発展に頼しさを失ふのではないか………と深く考へさせられたのです。然し　田中氏も種々考慮の上　話をした事とは思ふのですが、大学教授の名に於ても多数を感服せしめねばならなかった筈であります。

今日、当局の方針によって東亜聯盟協会なるものが解散させられる事があったとしても　新しき日本人の心にはこれ以外　東亜を解決するの道のなきこと、或は又　この道を発見することに衆人一致するであらうと確信するものであります。

昨夜　難波参謀宅で夕食を共にし乍ら種々語りました。遙かに鶴岡の閣下の健康を祈る心や切なるものがあったのであります。八月には中野大佐も進級　現地へ出て行かれること丶存じます。中野大佐殿の高潔な人格と高い識見には

閣下に接するやうな感激に打たれるのであります。軍の部内、部外に於ても実に人気は大したもので、尊敬の的となってゐます。難波参謀亦然りです。閣下と同期生の下川義忠少将（現大阪聯隊区司令官・現役）も閣下に対して非常な敬意を払って居る旨　聞いてうれしく存じました。

夏ごろか、初秋にはどうしても鶴岡へ出掛けて参る予定であります。東北の旅も捨てがたいものがあると存じるのです。中学時代に家出をして北海道へ逃げたとき通ったなつかしいコースです。

今日はこれで失礼します。時折、御近況に接しることが出来れば　幸甚之にすぐるものはありません。

末筆乍ら奥様によろしく御伝へ下さいませ

六月十四日　　中所豊拝

## 77▲無理なる統合は当初の公約に反す

六月三十日付石原莞爾（鶴岡市番田）宛杉浦晴男（麻布区桜田町八東亜連盟協会）封緘葉書［鶴岡・石原・手紙997］

合掌

・統合の件に就き連続各方面と折衝、常任委員会の合議せる所に基き、小生は次の如き要点にて協会の立場主張してゐます

一、強権を以てする統合反対（先方も認む）
一、無理なる統合は当初の公約に反す
一、本協会の解消し得ざる所以

（イ）対支全面和平のための活用
（ロ）従来、本協会に対し理論上、感情上幾多の反対あり
（ハ）国内運動の面、展開しつゝあり
一、無理なく解消し得るため、本協会より若干、興亜同盟に加入し、この人々の努力によりて概ね一ヶ年位を目標として理論上の検討、感情上の融和を促進し協会の加入を招来す
一、即時、思想結社の許可を要望す。然らざれば、強権による統合と見らる
興亜院、内務省（警視庁）より適時連絡を受け、最善を尽してまゐります。明日　警視庁特高第二課長より逢ひたしとの申込あり（先日は同氏に小生より従来の経過詳しく説明しました）（内務省には許可要求）最悪の事態覚悟しつゝ、而も冷静にこの件突破したいと思ひます
・今松氏漸く今日、電話連絡とれ、頗るお元気、呉々も閣下に宜しくとのこと、今日より御旅行のため三、四日頃にお目にかゝります（同氏の辞任は（イ）武藤中将の転出、（ロ）一人一党的右翼三十二社に対する不許可処分、（ハ）選挙責任とか云はれてゐます）
・池本先生原稿つき次第、手帳型にて印刷に着手する様、準備してあります
・協会内部の事情いろいろ複雑な事ありますが、一同の努力で突破します。高木、六郎両兄も元気です
・検閲の三島事務官転出『東亜聯盟』の閣下御論文に対し今後若干やかましくなると思はれます

**78▲関西、山陰地方を廻っての帰郷報告**

七月一日付石原莞爾（鶴岡市番田）宛淵上辰雄（福岡県飯塚市紺屋町）速達封書［憲政・増川喜久男関係文書・52—4］

合掌

二十四日故郷に帰って参りました。関西地方に於て充分な成果を挙げることが出来ずに申訳ありません。今後懸命に自己訓練をなし、成果を挙げうるように努力致します。

故郷にて祖母、父が無信仰の私が法華信仰に入りました事、涙をもって喜んでくれました。唯々有難きことと心から感謝致して居ります。信仰をえて　初めて本当の力強き安かさを得ました。

関西、山陰地方を廻って参りました。揖斐町では森氏が非推薦で町会に第二位で当選。運動はうどんやの土屋氏最も熱心で、充分の成果をあげて居ります。推薦候補で衆議院に落選致しました河村市之衛（帰還軍人）に会ひました。東亜聯盟に対して賛成でした。当地方の人々も河村氏を中心にして進みたい様子なので面会しました。河村氏は閣下に御会ひしたいとの事で紹介状書きました。御訪ねするかもしれませんから　その時はよろしく御願申上げます。

津市は別所信一氏が人が驚く程熱心になり　自己の職業を第二とする程の御奮闘振りです。比企氏は多田政一氏の学説に賛成なるも如何にしてこれを社会の人に実施せしめるかを問題として考えて居られます。比企氏は　閣下のもたれる信仰まで入らなければ、本当の東亜聯盟運動者ではないと、信仰を今までもちえなかったものが、今度こそ信仰に入るのだと勉強して居ります。田中先生の本を読んでもらって居ります。比企氏は大学三郎能本の後裔との事です　これも何かの因縁と比企氏の入信の機を待って居ります。

如何なる状況になるもこの土地の運動は残ります。保険相談所を中心に別所氏等はやって居り、内科、外科、眼科と人がそろひました。土屋忠氏は組織部長をやめ　現在の時局に対し私達と同意見であります。今度話ましたが　非常に良心的な人で　他の評も　この人が動けば三重県の若者全部が動くと言って居ります。閣下の処に一度御訪ねするようになりました。日時は別所氏から連絡致します。何卒宜敷御願申上げます。

武田邦太郎兄の宅に一泊し、池本先生にも会ひました。武田氏が講習会のこと　責任をもってくれました。各地支部の農村を暇を見て武田氏が廻ってくれると約束致しました。七月末から八月にかけて北海道旅行の予定で、その時、鶴岡、飛騨地方によるとの事です。

山陰地方は　丹後支部は木村氏が狂信的な態度で反省反省を加えて運動を致して居ります。然し　事業的な人がないので　運動の広がってゆくのには時間がかかると思ひますが、訓練はこの支部が全国第一です。

鳥取は小田垣、坂田、森口氏と懸命にやられて居りますが、運動に若さがたりないと自分達で反省して居りましたが、やはりこの支部の持つ実力は大きく、会運動に政治性を増すことを熱心に要望されて居ります。

出雲今市に運動が起こりました。この地方は「まことむすび」の勢力が強く、面白い行き方をして居りますが、人間的には単純で強いと思ひます。佐々木君の努力です。

阪神地方は金光さんは中心になれない心境をもってゐるよふでした。万事和田、桑田氏の奮闘をまつのみです。山陰の森口氏と　砂丘地帯に奈良崎氏の砂鉄の問題を研究して事業にしてはと相談致しました。鳥取支部は資金等は集るからと、森口氏は事業方面の進出を計画して居ります。

九州の運動に着手致したいと思って居りますが、国民兵の点呼の教育が急しくて、飯塚を離れることが出来ずに困って居ります。

小泉さんの大阪に於ける生活問題の革新運動はまったく頭が下りました。色々教えられるところがありました。郷土九州の運動に着手するに際して、小泉さんの真剣なる法戦の態度は、私に確信を与えてくれました。一生懸命にやります。

敬具

一日　　淵上辰雄

追伸　講習会に高倉氏不参加の由、まったく申訳御座ひませんでした。又の機会もあることと期待致して居ります。

## 79▲桐谷兄弟の覚悟は現代青年の鑑

七月四日付石原莞爾（鶴岡市番田）宛田中久（高松市四番町一四東亜聯盟協会四国事務所）封書［憲政・増川喜久男関係文書・36―15］

謹啓　昨三日　木村氏帰来　委細拝承仕候処　御母堂様御病気の由　驚き申候　閣下はじめ御令室様の御心痛さこそと拝察仕候　一日も早く御快方奉祈候
開墾について木村氏の異常なる決意もさることながら　桐谷兄弟の物欲を捨てゝ山に入らんとする覚悟は現代青年に又見ることを得ざるもの感佩に不堪候　これ偏へに閣下御感化の致す所と存じ候　木村氏も閣下の知遇に感激し一切を捨てゝ精根を尽さんことを誓ひ居候
最近、東京より帰来せる者の報告によれば　今次総選挙に於ける鹿児島県下非推薦候補　一団となりて行政裁判を起し重大問題を惹起致し居り、或は選挙やり直しとなるやも知れずと云はれ　内閣の生命取りとなりある由に候　新聞には一切掲載禁止となりあるも　一部は此成行を注視しある模様に御座候
追々暑気も烈しく相成候間　御母堂様御養生之程奉祈候
本朝　徳島森氏夫人来宅せられ森氏元気にて閣下の御手紙に感激致し居る由申され候　先は御見舞まで　敬具
四日　田中久

## 80▲各方面とも第一線の者は　協会の態度を支持してゐます

七月四日付石原莞爾（鶴岡市番田）宛杉浦晴男（麻布区桜田町八東亜連盟協会）封緘葉書［鶴岡・石原・手紙997―25］

合掌　委細、平田兄に伝言お願ひ申上げたのですが、昨日午前　大日本興亜同盟桑島副理事長より左の如き返事あり
（イ）東亜聯盟協会より若干の人の同盟に加入されるは異存なし
（ロ）東亜聯盟協会は　この際　解消を決定し　その準備のため若干月延期する建前をとってくれぬか
氏曰く（但しこれは決して最後案に非ずと）
これに対し小生は　その席上　この事にて話がつくなら改組要綱そのまゝ故　何もあなた方にお骨折願ふ必要はないのであって　かう行かぬから　我々は苦心してゐるのだと説き　更に今朝　同氏に協会よりの正式回答を申述べ重ねて我々の提示せる案によって協力し得る様要望、同氏は改めて　又　御返事するとの事です
本交渉は適時　警視庁、憲兵隊、興亜院など連絡、協会の公明なる態度を明かにしてゐます　各方面とも第一線の者は　協会の態度を支持してゐます（昨日　岡崎二課長と会談いたしました）
昨夜　辻中佐殿を訪ね　様々お話承はりました　例の如く極めてお元気でございます
今日　六郎兄より　小島大児氏を紹介する件　伝承いたしました
尚　別便にて　小生義弟（孫呉在勤　軍医中尉）を通じて送り来れる中隊長吉住菊治中尉の手記をお送り申上げます故御一覧賜はりたく、同氏は東亜聯盟の信者、自己の生立記を是非閣下に御覧仰ぎたく熱烈なる希望でございます
御多忙中御迷惑と存じますが宜しくお願ひ申上げます

## 81●少数の真の同志との懇談に重点

七月十二日付淵上辰雄（福岡県飯塚市紺屋町）宛石原莞爾（鶴岡市番田）封緘葉書［憲政・淵上辰雄関係文書17］

拝啓　八日付速達便（消印は不明）只今到着致し候　着々御進捗敬服の外無之候　老兵も十月か十一月出来るだけ御要求に従ひ可申候　但し兄の選定する少数の真の同志との懇談（全く他人を入れずに）に重点を置く方式に今から堅く御願ひ致し置き候　ドイツの攻勢　対ソ決戦の信念なきもの、様観察せられ候　戦争の前途逆睹し難く候　折角御奮闘御願申上候

七月十二日

敬具

## 82▲「東亜の二大民族」の原稿の件、その他

七月十五日石原莞爾（鶴岡市番田）宛高木清寿（東京市麻布区桜田町八東亜聯盟協会）封書［憲政・増川喜久男関係文書・31―6］

拝啓　「東亜の二大民族」の原稿は外山氏より戴き直ちに原稿用紙に写文いたしました。「支那事変解決」は御訂正になった方が宜敷からうと存じますので外山氏と相談決定します。検閲の件は山本氏に相談御依頼いたしました。表題も、「東亜聯盟運動」といたし、華文を中止し、日本文のみ　企劃届出も提出しました。山本氏には良き相談相手になる様努めてゐます　山本氏は感激して工作してゐますが、今迄、協会へ来ても淋しい処があったのではないかと思はれます。山本氏に「陸士本科に入隊の留学生工作のため、日本式の良い家庭で、一杯の茶を飲ましていただきたいが、東亜聯盟を理解されてゐる細川候にあなたのお力でお預かりしていただけませんか」と依頼しました処、非常に喜んで、早速　細川候に話をつけて下さいました。山本さんの様な方には話を聞きはなしで無く　当方より、何かと依頼すべきものを考へて置いて、次々と工作して貰ふ事が必要と存じます。

今般、婦人公論社に、清水と云ふ外山氏の同志が編集部長をして居りますので（世界最終戦論を新正堂に話をつけた

人物）外山氏と小生より、清水君に「橘樸氏より、石原閣下に質問をお願ひいたし、閣下と橘さんと対話を記事にしたならば大したものになるでせう」と申しました処、清水君は俄に本気になって仕舞って、早速橘さんに交渉した処、橘さんは「石原閣下の御意見次第で鶴岡まで参上する」と承認を得たものですから、今度は、私に、閣下の御都合を伺って戴きたいとしきりに申しますので甚だ恐入りますが、閣下の御都合をお伺ひ申上ます。清水君の計画は同封お送申上ました様な順序で進めたい申して居ります。

フリードリヒ大王の「我が時代歴史」は四冊、閣下に差上げる分として中央公論社より送付して参りましたので一部は萱場さんにお贈りすべきものと存じ　六郎君に依頼してあります。小松さんへも贈られるものと存じ、先般　小松さんまで参上いたしましたが　子供さんが御病気に田舎に帰られ当分御留守と承り、目下　私が保管いたして居ります。先は取不敢右お伺ひ迄　時節柄御自愛被下様御願申上ます　御健勝祈居ます　敬具

十五日　　高木正寿

## 83▲周佛海氏訪問

七月十六日付石原莞爾（鶴岡市番田）宛杉浦晴男（麻布区桜田町八東亜連盟協会）封緘葉書［鶴岡・石原・手紙997―24］

合掌

一、大日本興亜同盟よりは未だ正式の返事はありません　山本氏初め各方面と連絡をとり待機してゐます

一、辻中佐殿出張中にて未だ連絡とれません

一、今朝　牛島先生、増川君と共に　周佛海氏を訪問いたしましたる所　劈頭、閣下御壮健なりやと問ひ　種々の事

情にてお伺ひ出来ざるのが残念と云はれました　又　日本の同志諸君は色々困難なことでせうと云はれ、その他、田村さん、辻さん、木村さんなど、共通知人の話出で　更に　最近「政治の独立」なる項を撤去出来かと云はれてゐる由申されました　僅々七・八分の会談でしたが　言外に真剣味あふるる会見であったと思ひます
一、今般、岡崎特高二課長、山形県警察部長に転任いたしました　若し拝趨の折あらば宜しくお願ひ申上げます
一、木村氏来月早々帰京の由

## 84▲中野、難波両参謀と日夜、閣下を語って尽きざるものあります

七月十八日付石原莞爾（鶴岡市番田）宛中所豊（大阪市北区曽根崎上四丁目四八番地大阪新聞社）封書［鶴岡・石原・手紙1140］

石原閣下　御無沙汰申して居ります。暑い折柄　御尊体如何で御座いますか。毎々東亜聯盟で消息に接して居りますが　閣下の御活躍には敬服してゐます。小生も九月頃には是非そちらへ旅行させて戴く覚悟です。それから山田真佐一（早大在学中）君は九月卒業と共に本社に入社、小生と共に同じ目標を抱いて社会戦線で奮闘することになりました。閣下の意図を体した一兵が　又　新しくこの戦線に出たワケであります。

中軍の中野良次大佐も少将進級確定、何処かへ出られることになりました。部内外でこの人位評判の良い清廉で高潔な人格者はありませんでした。閣下によく似てゐられる所があります。今度の八月異動は相当大きなものがありますが………。

それから東亜聯盟を非難するものが　又　増えてきました。これは何処かで操ってゐるところがあるのでせう。○でも出してゐるのでせう。平面主義だとか、敗戦主義だとか、聯盟思想はけしからんとか、汪兆銘を喜ばす丈だとか、

盛んに宣伝して居ります。東京の小林吾郎、大阪の古川武（元参謀本部嘱託）等がその主なメンバーで小生も相当闘ってやりましたが彼等は本も読まず、読んでも上すべりで困った奴だと思ひます。

しかし中野、難波の両参謀と日夜　閣下を語って尽きざるものあります。大迫閣下も出られましたね。とに角　小生は小生でやって行きます。私はどうも会の中に入っておさまってゐられない人間らしいです。会よりも大きいからではないかとうぬぼれてゐます。そんな考へはいけませんと閣下から叱られると思ひますがハチ切れさうな熱で闘ってゐますから御安心下さい。

では、閣下の御健康と御家族の御安泰を祈ります。

七月十八日　　　　中所豊

## 85▲統合問題諸情報

七月二十二日付石原莞爾（鶴岡市番田）宛杉浦晴男（東京市外吉祥寺二九七七）速達封緘葉書［鶴岡・石原・手紙997―20］

合掌

一、土曜日　不在中　平田氏より閣下の御伝言ありました旨承はりました

（イ）桑島氏は　総裁その他　首脳部の合議決定せる所に基いて過般の返答ありたるものにて、彼は小生への回答に先だち　興亜院の真方大佐を訪ね　種々協議した様です

（ロ）返答受領後　小生は真方大佐に連絡いたし、興亜同盟側の返答は　従来　興亜院事務官と小生との間に協議せるものを無視したる点につき抗議いたしましたに対し、同大佐は更に協議を続行、双方の歩み寄りを期待し

てゐると答へました
（ハ）　会談当時の桑島氏の態度　及び真方大佐の言葉より考へ　交渉は未だ終結に到達しあらずと思はれます
（ニ）　興亜同盟側にては　本協会の方針を一種の団体加入を要求してゐるものと判断し、然らば黒龍会と同一歩調、条件に願ひたいとの意向の様でございます
（ホ）　山本勝之助氏とは昨夕二時間　ミッチリ話しあひ　相互に充分諒解いたしました　前日、電話にて小生と若干烈しいことばのやりとりあり　小生も心を決して徹底的にお話しなければと存じました所　固より真剣なる同志、話せば判り　よかったと思ひます
（ヘ）　和田先生も昨夕帰京、種々、協議いたしました
一、後藤隆之助氏を土曜日軽井沢に訪ね、同地に共に二泊いたし同行して帰京するまで二晩三日、徹底的に話しあひ、今後の会運営についていろいろ得る所多かったと信じます（外部に噂にならぬ様、同地に訪ねたのです）
一、木村氏は来月早々帰来との返事ありました
一、三十数団体　結社許可の由、本協会に対しては　このまゝ脱退してガンバルならば　小生は保留のまゝ徐々に圧迫すると判断し　和田先生は直ちに不許可になると判断してゐます
一、武内氏の経済案、あぶないと思って小生再三連絡とり、その度にその中必ずと云はれてゐましたが　急に渡航されてしまひ　毎々の失敗　申わけなく残念で仕方ありません

## 86●名古屋まこと会の活動等

八月四日付小泉菊枝（大阪市東区大手前之町偕行社住宅）宛石原莞爾（鶴岡市番田）封緘葉書［鶴岡・石原・K41―3―16］

合掌　少々旅行致し居り候ひしため七月三十日付芳墨只今漸く拝見致し候
橘女学校の御様子、名古屋まこと会員の御活躍、誠に尊き極に御座候。承れば伊藤君も近来運動に大きな飛躍をなされし由、皆御感化によるものと存じ候。大阪に於ける御活動も着々御進捗、慶賀の至りに御座候。数日前、山形市に於て多田政一氏と会談致し候。大阪にて御目にかかる事を非常に楽しみの様子に候ひし
桂ちゃんの遺児に対する御心尽しは満州国人に至大なる感激を与へつつある事、満州国よりも通信有之、当地の同志と共に喜び居り申し候。当地の連中是非一度御来遊を御願ひ致し度しとの事、何とか御考慮賜り度候。東京へお出での節御出掛被下候はば当地より大阪へは日に三本の直通列車有之案外便利に御座候。
酷暑の折十分御養生被下度御願申上候。　敬具

## 87●老母病臥と九州旅行予定の短縮

八月七日付淵上辰雄（福岡県飯塚市紺屋町）宛石原莞爾（鶴岡市番田）葉書［憲政・淵上辰雄関係文書18］

戦況難有拝見致し候　老母　二ヶ月位前より中風にて病臥　はかばかしからず　御約束せし十月頃の参上　或は不可能かとも存じ候　予め御含み被下度候、十月頃、四国にも参る約束致し居り候間　御伺ひ出来る場合も最小限の日数とするの止むなき有様に候　就ては誠に恐入候へ共　右の事情御含の上　九州旅行の予定（日数及場所）御示し被下度候　帰途は別府より船にて大阪に向ひ度きやう思ひ居り候　八月七日

## 88▲創生会組織の活用

八月八日夜付石原莞爾（鶴岡市番田）宛淵上辰雄（飯塚市紺屋町）封緘葉書〔鶴岡・石原・手紙695〕

合掌

伊万里の運動が小鷹利村の再現になればと祈って居ります。福岡市にて清水先生門下の江崎利一氏に会いました。江崎氏と相談しまして、創生会解散した今日、創生会員をもって、支部組織をなし　又創生会の方針を東亜聯盟に決定させるようしようと思って居ります。清水先生の御回向にも創生会の首脳の人々を合掌して歩るきます。然し相当困難があると信じます。創生会が動いてくれると、福岡地方は強固になります。

閣下御西下の時迄に創生会が支部を組織して居ればよいですが、その時機に至りません時は　一日、創生会の為に時間を取って懇談してゐただけないでしょうか。加藤氏も是非と希望されて居ります。

勝手な申分ですが何卒宜しく御願申上げます。

江崎氏は三十前後で当分福岡に居住されるとのこと、私に代って九州地方を将来歩るいていただけるのではないかと思って居ります。清水先生の膝下に最後迄いたので深く東亜聯盟運動に邁進される決心です。十日より鹿児島宮崎に行きます。

敬具

八日夜

## 89▲多田氏綜統医学の夏季大学等について

八月十一日付石原莞爾（鶴岡市番田）宛田中久（高松市四番町一四東亜聯盟協会四国事務所）封書〔憲政・増川喜久男関係文書・36―16〕

謹啓　暑気烈しく候処　閣下御尊堂皆々様如何御過し被遊候や伺上候　殊に御母堂様御病中此の暑さにて嘸御心配之御事と拝察仕候
当方　神崎　久保其他　何れも元気にて奔走致し居候間　御放念下され度く　八月三四五の三日　木村君の村にて同君主宰の青壮年者の訓練有之　小官も引出され拝見仕候　木村君の熱心にはいつもながら感心仕候
八九十の三日間　西讃にて多田氏の綜統医学の夏季大学有之　小官も神崎　久保其他数名と参加いたし候
其の節　多田氏より山形にて　閣下との御会見の様子も拝承仕候
多田氏九月下旬　山形へ行かれる様子に候間、高松に於ける秋季講習は十月第一日曜と略定いたし置候
鈴木義伸君も選挙落選にて却って各界の同情を聚め市長改任と共に高松市長に納まることと相成　落着き居候　先は御見舞旁々近況報告まで　敬具
八月十一日　田中久

## 90▲日南支部における状況報告

八月十二日付石原莞爾（鶴岡市番田）宛淵上辰雄（宮崎県南那珂郡油津町鈴木旅館）封書［憲政・増川喜久男関係文書・52―5］

合掌　宮崎県南那珂郡油津町に参りました。鹿児島県境に近い漁業の中心地で、南那珂郡地方は日南地方として独立した一地区であります。
京都師団の児玉副官の弟児玉道雄氏が中心で、二年前ぐらいから正会員となり、組織や書籍の注文等について手紙で本部と連絡されても、返事がこないし　又　金を送っても本を送ってこない等で、この地方の同志をふやしてゆくこ

とに唯　専心されてゐた様であります。

其の後、国柱会の松浦利夫氏（地方の有力者）と知り国柱会に入会、東亜聯盟運動と平行して現在運動されて居ります。水本氏（ラジオ屋）中島（無線技師）山口（医師）前田（新聞記者）等があって中核は油津町としては出来て居ります。飯肥、福島等の地区は松浦利夫氏が国柱会　明治会の組織を持って居られるので、両者が一列して、日南の東亜聯盟運動は立派にゆくと思ひます。松浦氏と話しましたが　今後　東亜聯盟の運動を宮崎県下に責任を持ってやるとのことでした。

九月五日頃　再び当地に参りまして、油津、飫肥、福島地方と重点に於て座談会を開催します。それが終りまして、宮崎市、延岡市に松浦氏と二人で旅行して組織を作ります。

児玉氏が代表となって日南支部の結社願を近日出すことに決定致しました。研究会もつづけてゆきます。日南地方は一泊講習会として参与会員となりうる人の講習会を致したいと思って居ります。理論的には完全になるように努力致します。

松浦氏、児玉氏、水本氏は会の中心として立派にやれる人格と熱意をもたれて居ります。特に松浦氏（大連の松浦氏の親類）は会社の重役　村助役等をやられてゐますので心強い存在です。事務所でも出来た時は経済的にも援助されるような意見でした。

日南支部は日蓮聖人の教義をはっきりと把握した人が多いので成長が楽しまれます。明日は鹿屋市に塚野道雄氏を訪ねます。

敬具

十一日

淵上辰雄

## 91▲鹿児島県鹿屋市の塚野道雄氏について

八月十三日付石原莞爾（鶴岡市番田）宛淵上辰雄（飯塚市紺屋町）封書［憲政・増川喜久男関係文書・52―6］

合掌

鹿児島県鹿屋市に於て塚野道雄氏に会ひました。五・一五事件以来　鹿児島市に帰られて藤井療法の先生をされてゐて、昨年より鹿屋市に帰来されて市の助役になられ、壮年団長等の仕事につかれて多忙な日を送られて居ります。閣下の大尉時代、塚野氏の少尉時代　三保の国柱会の講習会で会ひになったと言はれて居りました。非常に謙譲で、皆からしたしまれてゐる様です。鹿児島居住、鹿屋と人は塚野氏に往年の元気なしと他所で批判して居りました。油津の松浦氏もそのような感想を持たれて居りました。然し　御会して　最近にない人間らしい人間に会ふ事が出来た様な喜びでした。烈しさを静かな中につつまれてゐる態度は　人をうつものがあります。都会　東京に出られずに故郷で生活指導に専心　大地に足を下そうとされてゐる氏の意欲を尊いものに思ひました。国柱会に対しては　現在信仰もないと同じと言ってよいか、学んだ事を実行しない自分は駄目ですと静かに笑はれて居りました。塚野氏の信頼される人四名と　六時から十一時半ころ迄話しましたが、塚野氏にくらべては駄目です。現在迄　東方会運動をしてゐた人達です。塚野氏は東亜聯盟の勉強をされて、最終戦論は特に研究されてゐる様です。塚野氏と四人其の他で勉強して、理論を検討して、結果　大体に於てよいとなれば、閣下に鹿屋によっていただきたいと思って居ります。塚野氏一人が真剣になられると　この地方は動くと思ひます。塚野氏一人に御会していただく気持でと考えて居ります。この地方にもきっとよい人物があると信じて居ります。然し鹿児島地方の人達は駄目です。塚野氏も言はれて居りました。よい人は西南戦争で死んだと。塚野氏の外に対する私の感じは私が微力で何も批評の余地はありませんが懸命に努力して塚野氏以外にも人物をさがします。今日は塚野氏と共に鹿児島市に行きます。

我が胸の燃ゆる想にくらぶれば　煙はうすし桜山島（国臣）

敬具

八月十三日

淵上辰雄

## 92▲鹿児島市の山口顕次氏について

八月十五日付石原莞爾（鶴岡市番田）宛淵上辰雄（飯塚市紺屋町）封書［憲政・増川喜久男関係文書・52―7］

合掌　鹿屋市から鹿児島市に参りました。七高剣道教師の山口顕次氏に会ひました。山口氏は理論より実行第一主義で、単純に突撃される形です。閣下に対しては絶対だと言って居られますが、東亜聯盟論は充分勉強されて居りません。然し　鹿児島居住十三年になり　鹿児島市の革新運動者の元老です。佐賀の人で　三上卓氏等とも親交あり、松岡氏の政党解消運動支持者です。塚野氏も私が山口氏を訪ねると言ひますと、単純な人だから山口氏一人では駄目だ、地味な仕事が出来ないと言はれましたが、人間としては信用出来るとの事でした。

山口、三宅（山口氏友人の医学博士）塚野と四人で一夜語りました。鹿児島は山口氏を中心としてゆきます。それに配置する人物は塚野氏と協議して選定致します。

山口氏は青年を多数持って居ります。多少暴力的要素もあるので面白いと思って居ります。山口氏は学校の朝鮮人からすかれて居ります。一日　共に送って気持のよい人でした。

市内には人物少し。これも西南戦争のため、利口すぎる人が多いようです。

御葉書拝読致しました。御病気一日も早く全快を御祈り申上げます。皆様御心配のことと思ひます。今日迄知らずに御見舞も申上げずに申訳ありません。御旅行日程は　北、南九州を廻りましたので　大体予定がつきました。山口（下関）福岡（八幡、福岡）佐賀（伊万里）長崎（佐世保）宮崎（油津）鹿児島（鹿屋・鹿児島）其の他、大分県に一ヶ所　熊本に一ヶ所　運動の基礎が出来るような形勢にあります。然しこれは九月に着手の予定であります。一県、一ヶ所にして八ヶ所、八日間から十日間の御予定いただければ幸ひと考えております。閣下の御予定知らせていただければ　それによって計画致します。

時日がないので各地共　充分の理論訓練は出来ませんが、少数の有力なる人物を集めることには成功する覚悟であります。其の点、何とも申訳ありませんが御許し御願ひ申上げます。閣下を九州にお迎えすることは　今後　希望することが出来ないと思ひますので　此の機会をと考えて居ります。　敬具

十五日　　淵上辰雄

## 93●老母、一進一退、御約束は至難

八月十八日付淵上辰雄（福岡県飯塚市紺屋町）宛石原莞爾（鶴岡市番田）葉書［憲政・淵上辰雄関係文書19］

宮崎、鹿児島地方より再三の戦況報告感激深く拝見致し候　御礼申上候

老母　一進一退　御約束は至難に候も御申込の如く大体十日前後にて廻る場合と　要すれば　最小の日数にて　廻る場合の二案御作製　御通信を賜らば幸甚に御座候　十月中　許す限り機会を捉へて参上可致候

廿五日　東京にて会合ある由　徹底的御検討御願申上候

八月十八日　　鶴岡市番田　　石原莞爾

## 94▲東亜聯盟農業建設要綱としてではなく、池本農業政策大観に変更の要請

八月二十二日付石原莞爾（鶴岡市番田）宛高木清寿（目黒区上目黒八―二八四）封書［憲政・増川喜久男関係文書・31―7］

冠省　御返信拝読いたしました。御臨席の無い事は残念で御座ゐますが　あくまで誠意をつくして御相談申上げます。新潟の同志には私も久しく会ひませんので　私も当方の会合が無ければ参上いたし同志に申上度い事がいろいろありましたが、それが出来ず残念です。新潟には　国研と協会の合同の折には　必ず維持員となる人がゐる事を確信してゐます。

池本農業政策大観は第二回の校正を目下武田君がやってゐます。順調に進行してゐます。宣言の意義の方は出版文化協会より岩佐君に原稿の提出を要求して来たりしてゐますが、それは簡単には参らぬ様です。「東亜聯盟運動」の方は、山本氏が目下病気中なので、検閲交渉の依頼も遠慮いたしてゐます（山本さんにはお話申上てあります）。最近は外山さんが狙はれはじめました。いつれ又、イヤがらせがある事と覚悟いたして居ります。

本日、池本農業政策大観については、武田邦太郎君より、「東亜聯盟農業建設要綱では無くて、池本氏の抱く農業政策であって、若し雑誌東亜聯盟の表題の様に、東亜聯盟の農業政策要綱として出版されるならば、内容が（東亜を対象とせず日本の農村を対象とした故）ふさわしくない様に思ふ。自分は協会の政策として取り上げられるものとは全く存ぜずして、池本課長の講述を受けたもので、池本農業政策の要旨を書くつもりで書いたもの故、出来るならば池本農業政策大観として出版していただけませんか、若し、東亜聯盟農業政策要綱として出版する場合は池本課長と相談していただきたい」と申して参りました。これ本日、六郎君と相談いたし御返事申上ます。

池本農業政策大観は三割引で出版屋より寄付いただく事になりましたが、支部、分会には本部より二割引で渡す事になりました。庄内支部は前金なので特に二割五分引にいたす事になりました。先は取不敢右迄

御老母様の御健康全快を祈上ます。

敬具

八月二十二日

高木清寿

## 95●昭和維新読本、多大の感銘

八月二十六日付小泉菊枝（大阪市東区大手前之町偕行社住宅）宛石原莞爾（鶴岡市番田）封緘葉書［鶴岡・石原・K41―3］

合掌　御手紙難有拝見致し候。国柱会もそろそろ覚醒のきざし有之候由、誠に有り難き極みに御座候。昭和維新読本、多大の感銘を与へつつ有之、世が世なら直ちに単行本と可相成ところ、これまた容易ならぬ事かと存じ候。昭和の民も御伝記ものびのびと相成、何とも痛憤に不堪候。

吉松氏より再度の来信有之候。吉松氏も森氏等も老兵と全く面識なき方々、到底書面丈けにて重要なる判断は致し難く候も、目下の時勢にて支部の結成を急ぐは少々不可解に候。有力同志を中心として所在分会、現実的の結成をなしつつ静かに時の動きに応じ得る態勢を整うること、即ち同志の実質的結合を計ることを第一と可致ものと存じ候。中所氏のこと或は然らん。然し大阪に於ける唯一人の中参に候。一度同志としたる以上、十分具体的検討を終らずしてこれをうとんずるは御一考被下度御願申上候。詳細淵上氏より聴取の上、同氏に伝言依頼可致候。　敬具

## 96▲東亜聯盟は現状のまゝにて放置との憲兵情報

九月七日付石原莞爾（鶴岡市番田）宛田中久（高松市四番町一四東亜聯盟協会四国事務所）封書［憲政・増川喜久男関係文書・36―17］

謹啓　御芳書難有拝読仕候　御母堂様の御病勢　仰の通りにては　閣下御他出は御困難　固よりと拝察仕候　唯、別紙の通り予定いたし居候間　若し御事情許す様相成節は　一日にても半日にても御臨席の栄を得ば誠に望外の悦びに

御座候　御都合の程期に及んで更に奉伺べく候　東京本部へ出頭の件は　野生の如き何のお役に立つものにも御座なく候へ共　仰に従ひ機を見て拝趨仕るべく候
八月中旬、特高憲兵など来宅の節、聯盟を興亜同盟に統合することは政治上の必要に基くものにして　此政治目的を結社禁止と云ふが如き法律手段により達せんとするの不条理を説明し、行政訴訟及請願の用意ある旨　薬を利かせ置候処　一昨日　憲兵来り、之に対する回答的口吻を以て　東亜聯盟は現状のまゝにて放置することに決せる旨　上司より通知ありし由申候　其の理由は　東亜聯盟は　不許可とせば　うるさき故とのことに御座候　但し　特高方面には未だ何等の通知なき由（本日来宅せる者の言）なる上、何分　田舎憲兵の申すこと当てにもなり申さず候へ共　何かの参考にもと御耳に入れ候
独逸商船は　印度洋を経て　平気に上海　香港に来りあるのみならず　神戸にも来り居候　独逸にては三隻に一隻無事ならばとの見込にて此挙に出てあるも　実際は五隻に四隻までは無事往復しある由に候（神戸愚兄の言）。之に関し　独逸の勇敢を嘆美しあるも　野生は案外にも　大西洋　印度洋等の洋上に於て英米艦船との間に妥協が行はれあるにあらずやとも猜り度くなる次第に御座候
御母堂様の御快方を奉祈候

敬具

九月七日　　田中久

## 97▲本部機構の確立、名古屋、飛騨、津の状況報告

九月七日付石原莞爾（鶴岡市番田）宛淵上辰雄（飯塚市紺屋町）封書［憲政・増川喜久男関係文書・52―8］

合掌　東京にては高木・石原・杉浦・増川の諸兄と充分懇談致しました。四人の異体同心の実践あれば、本部機構の

確立は易々たるものと感じました。私のような田舎者は地方に居りて幾分の御奉公出来れば幸であります。
一、名古屋は　正会員増加、維持会員獲得に奮闘、目覚しきもの有之。伊藤、大口（僧侶）の努力の賜です。
二、飛騨にて、協議したるも、本部の強力なる活動が政治的に　又　経済界に対しても行はれて居らなければ、地方の正会員獲得運動は困難なることと意見あり。又、東亜聯盟の会員とするよりも、農村建設、グライダー工場の実践によりて人を指導すれば、それの方が効果が挙るとの意見　以前と変らず。飛騨にて正会員を増加するは困難なる状況にあります。私としては正会員獲得の意義を徹底せしめることの出来ない、我が非才を悲しんで居ります。然し今後勉強して一心貫き徹します。
三、津の運動は其の後増々進展、堅実に基礎を固めて居ります。土屋氏を中心とする、まごころ講座の充実、比企氏の無料治療、人事相談所にはならなくとも、同志が互に協力して、転業問題、就職に力をつくしている有様（辻氏の活動）は美談として新聞にのったりして、敬意を表するに足るものがあります。比企邸に三泊して工作致しました。土屋氏が動けば三重県は大丈夫です。土屋氏は二十日上京の予定で、その時　鶴岡によるようになると思ひます。決定したならば別所氏より連絡致します。別所氏は維持会員、会務、研究会に尽力致して居ります（維持会費三十円ぐらい）。
辻氏に正会員獲得を依頼、これは成功すると思ひます。ここの運動は壮年層の元気で、津市を指導することが出来ると考えて居ります。今一度、閣下に来津を切望して居ります。
組織は大内山村一ヶ所に飛火致ました。

敬具

七日

淵上辰雄拝

## 98▲佐世保・鹿児島等の組織工作報告

九月十三日付石原莞爾（鶴岡市番田）宛淵上辰雄（飯塚市紺屋町）封書［憲政・増川喜久男関係文書・52―9］

合掌

一、十一日　佐世保市野田高寛氏宅に於て座談会開催。参加者十四名。野田氏を中心とする一宇会の人々。思想的訓練なし。一種の町内会の有志をもってする親睦会に近し　転業問題より来る。新しき指導を要望する、熱心なる者少数あり。各地共　経済問題により苦悩するもの多し。憂ふべき現況なり。野田氏統合問題に　不安を多少抱けるも、座談会の空気よりすれば　完全に組織化する事可能なり。然し　一宇会のみにては力弱し。現在　市内の指導者物色中。将来　相当の組織になるものと推定す。

二、十二日　佐世保国柱会にて　馬場氏、長與村（長崎に近し）の波多氏（長與村はほとんど全村国柱会なり）と本部の稲津氏、久留米の蒲地氏と会ふ。今後　全九州に於て　協力して運動することを約す。

三、十三日　鹿児島にて山口顕次氏に会ふ。愛国同志会の淵上氏を　山口氏と共に訪問　愛国同志会の組織を　東亜聯盟の組織にする可能性あり。相当、市内の人物をそろえてゐる様子。山口氏　淵上氏等が中心なり。淵上氏は　相当の店舗を有する商人にして　やはり経済的な不安を抱く。熱狂的性格なれば、面白き運動になる可能性あり。愛同は　思想は神道を中心とすると言ふも　何等具体策を有せず。

市医師会長安田氏と会ふ　老人なるも元気よし。賛成す。この地の組織は山口氏の松岡会、愛同、及　其の他の実力者をもって　強固なる組織をなすことが出来ると確信す。

各地を歩るきまして　中小業者の不安多く、此の問題は　特に重大に深刻化してゐるのを見ることが出来ます。必死でまごころをもって仕事をすれば　何等かの御奉公申上げることが出来ると思ひます。自分自身に自信はなくとも必死で御題目を唱えれば　開けてくる道はあると思って居ります。

異体同心の教の重大なことを痛感致しました。このために微力をつくすことが出来たならばと考えて居ります。協会本部の異体同心が完成したならば　昭和維新と言ふ言葉も　初めて自分達のものとして言ふことが出来るような気が致します。

誰が悪るい善いと言ふよりも　互の心に開顕されなければならないものをもって居ります。運動の上から言えば海綿の水をすふ如く進展するも国家の運命よりすれば悲しむべき状況。

この時勢に直面にして　身の不肖を嘆くのみ。新しき地方組織者の出現を祈って居ります。然し近迫してくればくる程　増加する同志に合掌して居ります。一心に勉学致して出来うれば正しく組織者として終始出来るように努力致します。

考慮致しましたが、東京に出る方がよいならば　上京するように致します。争ふものは争ひに斃れる。天下に先じて協会が王道を実践しなければならないのに、不純な私達の心の表れが現在の状況をつくり出して居ります。

開顕　この言葉を必死で抱いて、上京するならばしたいと思って居ります。不遜な望とも云えるかもしれませんが、精進不退致します。

敬具

十三日　　　淵上辰雄拝

## 99▲御母堂様の御病勢拝承、従来の懇請を撤回

九月十六日付石原莞爾（鶴岡市番田）宛田中久（高松市四番町一四東亜聯盟協会四国事務所）封書［憲政・増川喜久男関係文書・36―18］

謹啓
桐谷君来高　御近況相尋ね申候処　御母堂様の御病勢　必ずしも　閣下の御遠行を便とするものにあらざる様　拝承

仕り　先般来　懇請申上居候　閣下御来県のことは　閣下の御孝養を御妨げ申上ぐることとなる虞ありて　誠に相済まざるもの被存候まゝ　昨日　同志とも相計り　此際従来の懇請を撤回いたすことに一決仕候
就ては之が為め久しく閣下に御心痛相掛け申候段　深く御詫び申上ぐると共に　何卒御気掛りなく十分御看病被遊んこと奉祈候
将来　御他出も御心掛りなく相成候節　又　改めて御願ひ申上げ度　此点予め御諒承給り度　願上候
御母堂様の御快方を奉祈候
敬具
九月十六日
田中久

## 100▲東亜聯盟同士会の士の字は志に改むべし

九月二十五日付石原莞爾（鶴岡市番田）宛田中久（高松市四番町一四東亜聯盟協会四国事務所）封書〔憲政・増川喜久男関係文書・36―19〕

謹啓
昨夜　鶴野氏宅に於ける会合にて　今回の改組に対し　同志も諒解致し　今後益々努力することに誓約して散会仕候
今回の改組は　欲を申せば限りなきことながら　然し　他団体と比較し　上の上とは行かざるまでも　上の下　乃至中の上の結果にして　此の点、本部各員の労を多とし　深く感謝致す次第に御座候
閣下も定めし御安神の御ことと拝察仕り候
但だ　会名の士の字は　志の字に改むべき意見　昨夜取りあへず御手紙差上げたる通りに御座候　文字言葉の末の如きは　之に意見を申すこと　小生尤も好まざる処に御座候へ共、何分　会名は看板にて　今後　何千回となく口にし

筆にするものなれば　之を文中の字句と解すること能はず　敢て意見申上ぐる次第に御座候
さはれ、余り意見の多きことも慎しむべきことなれば　本部には単に強く反対の電報したるのみにて理由は申しあらず候　従って本部に研究せしむる価値ありと御考へある場合、回送の便を考へ　別紙に更に認め申候　近頃の日本人は自分で悪かった思ふても、何とか理屈をつけて改めぬもの故、これもどうかと考居候へ共、事小に似て小に非る故、敢て御賢察を願ふ次第に御座候

敬具

二十五日

田中久

○東亜聯盟同士会の士の字は志に改むべし

一、会名の如きは成語として誤りなく、且其の意味を含めば可なりと申すものに御座なく候　必ず確固たる典拠なかるべからず　而も其典拠は　最も尊敬するに足る道の経典にあらざれば不可なり

二、同士の語も　決して成語として成り立たざるものにてなく　又、同志の意義を含むものなりと雖も、同時に同族同種の意味もありて　同志そのものを現はすには微弱なり　又　其の典拠も人道窮理の経典にはあらず然るに　同志の志は　聖賢に於て最も重んずるもの　従って道に勉むる士は　常に同志の字を使用しあり（朱子の如き）

三、農士、拓士等の語は　近来流行にて　士の字ばやりに候へ共、農士の如きは最も無理なる用語にして　士農工商と社会的階級より起れる字を乱暴に組み合せたるものなり

同士会は　農士程の誤にあらざること勿論なりと雖、而も流行の士の字を追ひたる感ありて　軽薄と云はざるべからず　八紘為宇と称する類を連想して不快なり

四、同士は　同志の意味の外、同種同族の意味もありて、志さへ同じくば町人百姓も同志なりとする吾人の信条にピッタリせるもの、何となく弁護士会的感じを誘はずんばあらず

五、辛亥革命以来の支那人も　同志の語に魅力を感じあり　而して汪精衛等も盛に同志の語を愛用せり　同志と同士は日本音にては同じきも　支那音にては大に異る。即ち同志は tong chi なるに同士は tong su なり。志はチにして士はス。而して　カ　タ　ラ　行は　強烈音にして　サ行は薄弱音なること我国のみにあらず世界的なり　俳諧などにては　雄大強烈を詠するに　必ず　カ　タ　ラ　行の語を用ひ　繊細微弱を現はすにサ行の語を用ふ　試にサ行を考ふべし。サメザメと泣く　シトシトと降る　スッート化けて出る　シクジッタとなるにあらずや　従って支那人が　同士会（トンスホイ）と聞きて　同志会（トンチホイ）程の強さを感ずるや否や

六、汪精衛以下　中国同志は「東亜聯盟同志」の語に慣れ来れり　故に日本の聯盟が　東亜聯盟同志会となりても何等従来と異らぬ感じあるべし　然るに東亜聯盟同士会となりては　音の変化より　又字の変化より　異った感覚を得るは避け難き所なるべし

七、人心を一新せしむる時には字と音との異るものを選むべし。然るに今は変化なき感覚を与ふることこそ大切なれば　為し得る限り同語同意を保存することこそ、聯盟同志の会則に照らす義務なるべし。然るに何でも出来るだけ更新せんとする手口は、政府の手先の如き感あるは独り吾人のみにあらざるべし　　以上

## 101▲民族協和理念に対する反動思想台頭し、建国以来の悲しむべき思想的動揺期に在り

九月二十五日付石原莞爾（鶴岡市番田）宛岡野鑑記（新京市東安街官舎第一一三号）封書［憲政・増川喜久男関係文書・14―8］

拝啓　其後は御無音に打過ぎ失礼いたし居り候処　秋冷の候と共に益々御健勝にて昭和維新完遂の為御精進の御事と拝察いたし誠に大慶に奉存候　唯最近　桐谷よりの報告により候へば御尊母様には永らく御病床に臥せられ居り候よ

し　御心痛の御事と拝察仕り候　御高齢とは申せ一日も早く御回復あらんことを遥かに御祈り申上候
先般　松浦嘉三郎氏よりの報告にて　時局の御観察　並に最近の御動静を承り　愈々情勢の緊迫化と共に我等同志の根強き運動の展開の必要を痛感いたし候
既に御聞き及びの事と存候も　最近　民族協和理念に対する反動思想台頭し　中堅層より上層部に至るまで建国以来の悲しむべき思想的動揺期に在り　一方に於て建国十周年の祝賀に酔ひ　他方思想的錯乱に陥り　このまゝにて推移せんか　由々しき事態に到達せんことを心痛いたし居り候　微力ながら我等同志　死力を尽して奮闘いたし居り候へ共　大勢怒濤の如く　唯々己れの力足らざるを恥じ居り候
先般　南京市長周学昌氏の来満を機会に　同志約十名と膝を交へて懇談し　意見全く一致し東亜的規模に於ける聯盟運動の急務を痛感いたし候　最近の新聞報道により候へば　東亜聯盟同志会へ厚生いたし候よし　同志会ならば却て内的に強化いたしたる感有之候も　蓋し国内運動にのみ限定されるとせば　全東亜同志運動の必要なる秋　誠に遺憾の至りと存候　最近　片倉大佐　南方へ突如転任と相成り　同氏は最近最も実力ある同志として積極的に奮闘され居りしものにて　満州の現段階として誠に残念に存候　反動的傾向の一表現かと推察いたし居候
さて　小生　来る十月十六、七、八日に東京にて開催される財政学会に報告の為に上京いたすこと、相成り　就ては十月二十日過ぎに　鶴岡迄御訪ねいたす所存に御座候　或る重要なる件につき　御相談いたすために御座候　何れ正確なる日取は東京より打電いたす考へに御座候へ共　御含み置き下され度願上候　若し御旅行の御日程有之候へば御旅行先にて拝眉仕り度く　桐谷へ御連絡下され度願上申候
先日　拙著　御送付申上候間　御笑納下され度候　聯盟運動の一翼として新聞雑誌に出したるもの、中より短文のみ選びしものに御座候　未熟未消化の思想多々有之　御叱声を得ば幸甚に御座候

敬具

九月二十五日

岡野鑑記

## 102●此度の戦ひは兄等の勝利

九月二十六日付淵上辰雄（飯塚市紺屋町）宛石原莞爾（鶴岡市番田）葉書［憲政・淵上辰雄関係文書21］

二十二日の御手紙拝見致し候　東亜聯盟同志会と相成候とも支部以下の運動には全く変化なく　此度の戦ひは兄等の勝利と存じ候　許可あり次第　準備会は正式に届出でらるゝを適当と可致愚考致候

## 103▲綜統医学聯盟四国支部発会式

十月十三日付石原莞爾（鶴岡市番田）宛田中久（高松市四番町一四東亜聯盟協会四国事務所）封書［憲政・増川喜久男関係文書・36―20］

謹啓

御母堂様御経過御宜しき様伝承いたし　御安堵嘸かしと拝察仕候

扨て　一昨十日十一日の両日間、西讃蔦島と申す風光明媚の地にて　杉田、竹林両君肝煎の綜統医学聯盟四国支部発会式有之　大阪より多田氏外数名来県、小生も高松　丸亀　宇多津方面の同志と共に応援の為め参会仕候

閣下の御近況　多田氏より拝承仕り大慶に存居候　小生　来る十七日　東京本部に出頭　数日間滞在　連絡致すべく候　それより錦地へ拝趨仕るべく　多分二十日か二十一日と存居候

昨日　大阪方面より来りたるものの信ずべき情報左の通りに御座候

1、最近紀州沖に於て　我が運送船三隻　米潜艦に撃沈せられたるが、敵艦は前後より挟撃する戦法を取り頗る大胆巧妙なりし由

2、東條内閣に対する信望は　近時とみに落ち　政変近しとて大阪方面より政治関係有力者　続々上京中なる由其理由は主として経済政策の行き詰まりにて　最近著しき生産低下により　内閣投出しの気勢ある為めと申居候
委細拝眉の節申上べく候　同志各位へ宜しく御鳳声願上候　敬具

十月十三日　田中久

### 104▲池本農業政策大観は二十日過ぎに発売

十月十五日消印石原莞爾（鶴岡市番田）宛高木清寿（東京市麻布区桜田町八東亜聯盟協会）葉書［鶴岡・石原・1056―3］

合掌　池本農業政策大観は表紙印刷が遅れましたため（十七日に印刷終ります）二十日過ぎに発売になる見込です。宣言の意義（昭和維新宣言）は本文は全部印刷終り、目下表紙印刷中ですから二十日頃には置賜支部へ発送出来る見込です。昭和維新読本も昭和の民も着手しますか。戦争史大観も閣下のおゆるしがありますなら山本氏と協力、協会より出版いたしたく存じます。協会も出版屋としての紙の配給を出版物によって取る事に努力いたします。連絡版は私の不注意にてうかつに代送りいたす事を失念いたし恐縮に存じます。おわび申上げます。先は取不敢右迄

### 105▲関門事務所を山陽事務所と変更、九州巡回日程予定の遅延謝罪

十月二十一日付石原莞爾（鶴岡市番田）宛淵上辰雄（飯塚市紺屋町）封緘葉書［憲政・増川喜久男関係文書・52―10］

合掌

一、関門事務所を改組致しました。山口、広島の両県を範囲として、山陽事務所と変更。責任者を個人でなく長門支部にし、常任として芳武、江口、坂本、広瀬の四氏と決定、活動、事務は若い者で責任を取るようにしました。事務所も長門支部の所在に変更。

二、大牟田市に於いて

古賀栄一氏に会ひました。氏は市壮年団副団長、常務委員、市会議員等をやり四十代の人です。親の代からの国柱会員で、現在壮年団運動の中心に居ります。栄一氏を中心に大牟田、久留米地方の組織をしたいと思って居ります。これには蒲地氏も努力されて居ります。二十六日　古賀氏外十名ぐらいで座談会をやりますからそれによって決定すると思ひます。

三、九州工作おそくなって申訳ありません。伊万里、佐世保の組織が決定しないので旅行日程つくれないで居ります。十一月六日頃より約八ヶ所の予定で居ります。二十五日迄に作製して御送付申上げます　何卒宜しく御願申上げます。

二十一日　於大牟田　敬具

## 106●冬の工作重点は池本農業政策大観の普及徹底

十月二十三日付淵上辰雄（飯塚市紺屋町）宛石原莞爾（鶴岡市番田）封緘葉書［憲政・淵上辰雄関係文書23］

合掌　二十一日大牟田よりの御通信　難有拝見致し候　御奮闘　感謝に堪す候　工作は決して無理に御急ぎなき事も大切かと存し候　老母の病気　依然として変化無之　愚妻は終日つきっきりに候　東京の姉の来援なき時は老兵の旅

行仲々容易には無之候　若し九州旅行を来春迄延し得れば　誠に好都合に有之候　如何に候哉
兄の工作一段落と共に　東京に御出になる様承り居り候も　老兵の旅行は必ずしも　兄が東京へお引上げ前とする必要もなかるべしと考へ候　如何に候哉
去る十九日　小泉女史来鶴　会合有之候　一同大喜び致し候　殊に同日東亜聯盟月刊社より　興亜同盟主催の会合に出席せし張氏来り迫力ある話有之感激を新に致し候
池本農業政策大観もいよいよ近く出版の由　当支部　冬の工作重点は其の普及徹底に置く考にて　湯之浜にて講習会を開き　武田邦太郎氏の出講を請ふ計画に御座候　数日前　三上卓氏来訪、同氏は九州の青年運動に没頭する由　若し同氏と協力するを可と御考の時は一度御尋ね被下度候

二十三日　　敬具

## 107●遠路御出、同志一同非常の感激

十月二十六日付小泉菊枝（大阪市東区大手前之町偕行社住宅）宛石原莞爾（鶴岡市番田）封緘葉書［鶴岡・石原・K41―3］

合掌　先日は御多忙中遠路御出を忝うし当地同志一同非常の感激にひたり居り候。昨日も酒田へ参り候ところ、若い女の人々も講演会に多数出席、今迄になき熱心さを以てつまらぬ話をききくれ候。全く先日の御感化の賜と厚く御礼申上候。次回からは女だけにてとの若い人々の希望の由に御座候。来年四月以後は時々御出頂ける事かと私に期待致し居り候。「まこと」多数御送り被下、誠に難有御礼申上候。本日、建大岡野教授来り満州国の近況承り候。帰途大阪に立寄り御伺ひ致し度老兵に御紹介との事に候ひしも東亜聯盟の同志間に紹介の必要なかるべしと申し置き候

敬具

## 108●当方、極力秘密に出発

十月三十日付淵上辰雄（飯塚市紺屋町）宛石原莞爾（鶴岡市番田）封緘葉書［憲政・淵上辰雄関係文書24］

拝啓

一、帰途　大阪迄汽船結構に候　一日も早く帰るため霧島神宮の参拝も後日に致し度候

二、六日夜　東京につき八日さくらに乗り込む予定に候

三、当方　極力秘密に出発可致　成るべく気につかれぬ事肝要と存じ候　然らされば思ひ切った話は自然困難と相成可申候　右取急ぎ御返事のみ　草々

## 109▲先般、中国政府某代表者来朝の砌

十一月八日付石原莞爾宛宮本忠孝封書（弟に託した旨、文中に記載あり）［鶴岡・石原・手紙615］

謹啓　大詔を奉戴して近く一歳、閣下益々御清武段奉賀候。平素思ひ乍雑務にまぎれ御無音に打過ぎ御持病の経過伺を怠り汗顔至に存候。誠に閣下の御健康は時局の収拾に関するものあり。邦家否大東亜の為深く御自愛の程固く願上申候。今般、愚弟の幸便あり。茲に平素無音を謝し御健勝を伺ふ次第に御座候

尚、先般、中国政府某代表者来朝の砌、東亜聯盟（中国の）の名を興亜同盟とかに変換してはとかの日本側よりの申出に対し日本側にて斯くもしきりなる動揺あるは不可解なりと解答ありしとか、仄聞致候。田村真作とは時に連絡致居候。終りに再び御健勝の程祈上申候　敬具

十一月十八日　宮本忠孝

# 四　若杉参謀の中国派遣と東亜聯盟の国民組織（高畑町時代　1）

## 昭和十七年（一九四二）十一月十三日〜

110●廿三日午後帰宅可致

十一月十三日付石原錦子（鶴岡市高畑町）宛石原莞爾（長崎市諏訪荘）葉書［鶴岡・K38―54］

回送書類落掌致し候　和田デブ君二三日前より行動を共にしくれ、御陰にて大元気に候
廿二日、大阪発、廿三日午後帰宅可致、当日雨ならば傘御願申上候

十一月十三日　　長崎市諏訪荘にて　　石原莞爾

111▲いつも乍らの雄大なる御識見御経綸を拝聴し心より感銘いたし申候

十一月十四日付石原莞爾（鶴岡市番田）宛岡野鑑記（新京市東安街官舎第一一三号）封書［憲政・増川喜久男関係文書・14―9］

拝啓
先般　錦地へ参上仕候節には一方ならぬ御高配を辱ふし御厚志　唯々衷心より感謝感激致居候　旧に倍して御壮健の御姿を拝し　いつも乍らの雄大なる御識見御経綸を拝聴し　心より感銘いたし申候　時局益々重且大を加えつゝある折柄　一層の御自愛御健闘を祈上申候
例の件　早速御賛同を得　肝に銘じて奉感謝候　未だ何等の具体的計画に着手いたし居らず候も　昨今の客観的情勢より判断して資金、資材、労力の何れに於ても逼迫を告げ　その実現には余程の困難を伴ふものと覚悟いたし居り候
今後共　その実現に向って御指導御鞭撻御援助の程　願上申候
去る五日に東京を立ち途中京城に立寄り懇談いたし候　益々御壮健の態に御座候間　御安心下され度候
新京は既に満目荒涼として灰一色厳冬の到来近きを思はせ居り候
乍末筆　御母堂様御不快の御回復の日の一日も早からんことを祈上申候
誠に失礼乍ら御令室様に御鳳声の程願上申候
敬具
十一月十四日
岡野鑑記

## 112▲武田兄御来訪、原稿頂きました

十一月十六日付石原莞爾（鶴岡市高畑町）宛杉浦晴男（麻布区桜田町八東亜連盟同志会）葉書［鶴岡・石原・手紙997―38］

前略　御葉書拝受、また六郎兄を通じての御意見ありがたく拝承いたしました
一、宮崎先生は未だお帰りなきも最近御帰京の予定の由、お帰り次第、お訪ねいたします

一、昨日、武田兄御来訪、原稿頂きました。「農村の改新」は今暫く待ってほしいとの事、農民組織も出来るだけ早く起案して下さる由です。右取急ぎ御返事まで　草々

## 113▲関門トンネル開通と九州巡遊、東京防空の話に感激を以て拝読仕候

十一月十九日付石原莞爾（鶴岡市高畑町）宛田中久（高松市四番町一四東亜聯盟協会四国事務所）封書〔憲政・増川喜久男関係文書・36—21〕

謹啓
九州長期の御旅行より既に御帰還の御事と拝察仕候　御旅中の御便り難有拝承仕候　恰も関門墜道の開通とて意義ある御旅行と悦び居候　其の節　岡山御通過昼間ならば当方各支部長御見送り申上ぐる筈に候ひし処　夜中御就寝後のこととて御邪魔いたしても遠慮仕候
然るに　後日　同志相集まり候節、丸亀杉田氏は　閣下宮崎県まで御旅行なりしならば　自分の故郷にてもあり是非同行いたしたかりしものをと残念がり　小生も誠に惜しきこと致せしものと存居候　杉田氏へは淵上君と連絡して宮崎方面開拓に協力する様頼み置候次第に御座候
十一月号　東京防空の御談話は　一同　深き感激を以て拝読仕候　昭和維新を眼前の問題にあてはめて　御力強き論調　誠に警世の大文字にて　心ある者の襟を正さしめたることと存居候
追々寒さに相向候間、御母堂様はじめ御高堂皆々様の御健康を祈り奉り候　敬具
十九日　田中久

## 114▲東京に於ける会運動の再組織と会費制度

十二月十四日付石原莞爾（鶴岡市高畑町）宛杉浦晴男（東京市外吉祥寺二九七七）洋封筒［憲政・増川喜久男関係文書・29―35］

合掌

私の時計狂ってゐて駅にかけつけたら丁度発車時刻でしたけれど　少し列車が延着したため辛うじて間に合いました。三日間に亘り大変お邪魔して申わけありませんでした　汽車に乗ってからも　閣下に言はれた事　次々と思ひ返してゐます

東京に於ける会運動の再組織の事　一番強く頭にあります　ともかく私の出来る範囲を急速に固めようと思ひます

差当り精華班の結成です　これにはまこと会の二三の人も入るべく　結局十五名位からスタートする様になりませう

昨日　平田さんの家に行き　事務室でいろいろ話し合ってゐたら　丁度そこに吉住さんが来て新会員一人申告してゆきました　平田さんは　すぐ壁に貼った紙に一本棒を増しました　私はぢっと見てゐて恥づかしくて仕方ありませんでした　東京をしっかり固めなければ地方に済まないと思ひました

一昨夜　酒田で寝ながらいろいろお話承はった時　閣下は「会費制度の自信あるのか」と私に聞かれました　私は一瞬ためらひましたが「あります」と答へました　こちらに来る前　和田先生と二人でいろいろ話したのですが　私は会費制度につき少からぬ不安を感じある旨申上げ　万一予想の如く進まざる場合の予備金につき先生に御願ひ致しました　先生は承知されつゝ　なほ　自分は会費でやってゆけると思ふと云はれました　私は先生の自信に励まされ乍ら　なほ　一抹の不安を禁じ得ませんでした　酒田で私は「清水の舞台から飛び下りるやうな気持」で「自信あります」と申上げてしまひましたあと　何だか却って本当に自信が生れて来た様な気がいたしました

会費制度が　確立出来なければ協会は解散したらい丶とさへ考へてまゐりました　私たちの一人一人が会の存亡の運命を負ふ重責を持ってゐるのだと思ひます　この一年　私は皆からさんざん悪口を言はれました　私は我慢しぬきました　もう種もなくなったのでせう　人は余り云ひませんし　私もさう云ふ人たちだって大したものではないと知って来ました

最近二回　弦□先生にお目にか丶り真剣勝負のやうな気持で応酬したことも　私を随分飛躍させました　人は結局今日一日を最善に生き通す以外に途なしと知りました　しっかり腰を据えて進みます　一年ぶりで又はっきり心が定って来たのを感じます　折にふれて私を叱って反省する様　導いて下さった閣下のお心には御礼の申上げ様ありません

来年は三十四才になります　閣下に始めてお目にか丶った時は　二十三才でした　本当にもうかうか出来ませんウロウロとして仕事のまはりを歩くのではなく　仕事をしてウロウロ　私の周りをまはらせる様しっかりした自分自身を確立してゆきます　仕事の主人としての自分です

雪が沢山降ってゐます　どうぞ奥様お大切にと祈ります

十二月十四日　晴男

## 115▲「国民組織要綱案」「東亜聯盟建設要綱案」「南方資源」等についての宮崎氏の意見

十二月十六日付石原莞爾宛杉浦晴男封書　［憲政・増川喜久男関係文書・29—36］

合掌　今朝　宮崎先生にお目にか丶りました

（イ）「国民組織要綱案」に就て

① 「自分も一読したがいささか表現幼稚の感あり　且つ重点明瞭ならず　あの淡谷氏のものとしては不出来だと思ってゐた。一国一党論の展開はデリケートな問題あり　これが発表　殊に政治情勢必ずしも有利ならざる今日に於て　充分の注意を必要とすると考へる」

② 「最近『立憲皇国論』なる主張動きつゝあり　在来の議会無視の行き方につき反省せんとするものにして　今日行政府のゆきすぎに対し反感ある風潮と合致して　この種の動きは軽視出来まい」（小生よりはこれに対し　要綱案の重点につき説明　②項は殊に選挙制度の改正と不可分の関係ある旨述べました

（本要綱案は我等も充分研究すべきも　やはり閣下の御考へを筆記するを中心とする以外途なしと考へられ　一月二十一日静岡講習会の前　又は後　一週間位　和田先生の別宅にて御意見まとめる機会お作り下されたら有難いと存じます　和田先生も大賛成です　それまで研究しておきます）

（ロ）「東亜聯盟建設要綱案」に就て

「貨幣本位の経済機構より　物本位の経済機構への改革」なる表現は　ハッキリせず　自分は過日　山口さんと会ったので　多分かやうな事を意味するのだなと判るけれど　一般読者には　この事だけ卒然と云ったのでは無理ではないか　やはりこの前にこの用語をどういふ意味に使ってゐるかを判らしめるやう説明が必要と思ふ」「内容については異存ない」

（ハ）「南方資源」に就いて

「資源を羅列するなら参考書沢山あり　しかし戦争に現に必要な見地より考へるといふのなら数行書くだけでよくないか」

（出来次第　見て頂きます　又　一月号掲載は　今日　増川君に聞いたら間に合ひさうなく雑誌には出しません）

（ニ）　その他

① 「今月号の『在満同胞に訴ふ』は　近来の大文章、閣下最近のものの中で第一と思ふ。私は全く心を打たれた。

あれを読んで東條以下　粛然と襟を正すべきである」

②「最近の生産状況に就て閣下に申上げたいと思ってゐる」と云はれ　私は一月中旬　多分　御上京の筈と申上げました

○高木兄　本朝帰京　寺村氏には「我が時代の歴史」と申上げたとの由

○紙の件　二・三日前　和田先生が谷萩氏に会ひ　変らぬとの言明を得た由、但し昨夕　石原知津氏に聞いた所恐らく現状のまゝの紙配給は至難ならんと観測してゐます　もう間もなく紙決定の通知ある由

○町尻閣下は　仏印司令官とか　田中閣下は昭南島に行かれます由

○酒井中将『近代戦争論』目下探してゐます

十二月十六日　　晴男

## 116▲三上卓との提携

十二月十六日付石原莞爾（鶴岡市高畑町）宛淵上辰雄（飯塚市紺屋町）封書〔憲政・増川喜久男関係文書・52―11〕

合掌　十五日午後四時　再び佐賀に三上卓氏を御訪ね致しました。三上さんとゆっくり御話したのちに私は三上さんに私達東亜聯盟の運動の中に於て私達を指導していってもらいたいと思ってゐるが如何ですか、そうなれば九州の運動をやられて実績をつくられながら時々東京にも出られて両面の活動を御願ひ出来るならばと考えて居りますがとたずねました。

三上さんは　先日　鶴岡に閣下をお訪ねして、本を読んで感じてゐたり　又　人から聞いていた危惧もなくなり

真の人格と理論にふれた気持ちで今日ゐる。自分は出獄以来 黙々としてやってきたが、真に日本のためになる、人と道のためになれば、いつ生命をなげだしてもよいと思ってゐる。ある名称の下に運動するも、又 名称なしで運動するも 要は、今日の国難突破のために必要なればやります。東亜聯盟のために自分が御役にたつなれば、指導とか言ふことでなくやりましよう。そのためには本部の人達ともゆっくり上京して会ひましよう。又 閣下のところに一緒にゆきましょうと大体右のようなことを言はれました。決定は上京後のことと思ひますが、三上さんのお気持はほぼ決定してゐると信じて居ります。

和田さんにも、牛島さんにも東京で御話ししましたら そうなれば非常にいいがなあーと言はれて居りました。

木村武雄さんのことについて、三上さんは聯盟のためにかえって悪いのではないかと言はれましたから、私は閣下からいつも自分達はどんな たとえ悪い人間でも日本人である以上 縁があって共に手を握ったからには、その人をよくすることが維新運動者の任務と考えて居りますと言ひますと、黙ってうなづいて居られました。

東京で本部の人々と一緒に会ふようにします。其の後、御一緒に鶴岡にゆきます。

一月に静岡には何日頃に出掛けられ、東京に滞在の日程を御知せ御願申上げます。用件のみ。

敬具

十六日

淵上拜

## 117▲御縁故にたより林檎一箱差し上げ申し度く

十二月二十三日付石原莞爾（鶴岡市）宛加藤精三（青森市長島町県官舎）封書［鶴岡・石原・手紙258—②］

謹啓 突然にてあまりに失礼とは存じ候へども閣下には布施の叔母も常に親しく御交誼を忝うし居り、「一度はお前をもお引き合はせ申さむ」などと言ひ居られ候間、その御縁故にたより林檎一箱差し上げ申し度く過日送付いたさせ

申し候間、何卒御笑味願ひ上げ度く、尚若し差し支へこれなくばいつにても御用命なし下され度く存じ候
先づは取り敢へず右御案内迄申し上げ度く斯くの如くに御座候
敬具
昭和十七年十二月二十三日
加藤精三

## 118▲三笠宮御進講につき都合照会

十二月二十四日付石原莞爾（鶴岡市高畑）宛加藤年雄（東京市赤坂区三笠宮御殿）封書［鶴岡・石原・手紙259］

謹啓仕り候。未だ拝眉の栄を不得候へとも閣下には益々御清祥の段奉慶賀候。陳者当宮殿下には左記の通り閣下の御進講を被聞召御思召につき御都合の程承はり度御照会申上候

左記

一、御進講題目
満州事変処理の経験と今後に於ける対支処理の諸問題に就て
二、日時
明春一月十日迄の間に於て御上京の機会有之候はゞ御願致すことゝし二乃至三時間
先は右要用御伺迄斯くの如くに御座候
敬具
十二月二十四日
三笠宮付武官　陸軍大佐　加藤年雄

## 119▲東亜聯盟雑誌用紙の配給が従来の半分に減らされました

十二月二十六日付石原莞爾（鶴岡市高畑町）宛高木清寿（目黒区上目黒八―二八四）封書［憲政・増川喜久男関係文書・31―9］

合掌、今般（十二月廿一日）東亜聯盟雑誌用紙の配給が従来の半分に減らされました。
（一）従来　三ヶ月分　六一八〇ポンドであったものを　三一一〇ポンドに減少しました。今般は新聞、雑誌等全般に亘って割当を減少したもので　一般雑誌社は四割減、新聞は三割減、四割乃至八割の減のしかたです。「東亜聯盟」も　五八頁で八五〇〇部しか出来ませんので（従来、一万一〇〇〇部）日本配給会社へ流す分と　地方事務所に送ってゐた比較的不用の分をへらす事にいたしました。
（二）金井一郎君は二十三日迄、石川先生のところで治療を受けて帰国しましたが、相当神経質になってゐます。万難を排して健康確立のために、再度、石川先生のところへ来る様に申上ました。石川先生のお話では「十二月だけの治療で大体霊動をやれるまでに成れる。霊動をやりたかったら　又　一月に出て来る事がよろしい」と云ふ事でした。
（三）金成君の住所が分りました。近い中に成田君と共にお訪ねいたす事にしてゐます。世田谷区経堂二六二番地です。陸軍省の本間六三郎氏が恩給課にゐるのでその手づるで分かりました。
（四）成田君は陸大の研究室にのこりましたが、四出井閣下が戦地に出ましたので、明年三月頃までに、成田君も他出する模様と聞えてゐます。
（五）天野君は予科士官学校の教官に転任で、十二月末日に埼玉県に移ります。
（六）青森の小島竹雄氏の令嬢の婿様が決まり　本月二十七日、結婚式を挙行いたします。閣下の御言葉がありましたので、各方面をさがしました。奈良県出身の方で、青森商業学校教諭。小生等の同志で、昭和十二年応召、現在、陸軍省、大臣副官室にゐる生島俊雄と云ふ方です。三月には召集解除になる由です。二十八日に生島氏御夫婦が鶴岡へ閣下のもとへ御礼に参上いたします。

（七）　石川先生に富山の森丘氏宅の霊動講習会に御出願ひました。石川先生の説教をうかがひましたが、大したものでした。先生の修業のはげしかった事等もうかがひました。今度から小生を「霊動の講習会の指導が出来るまでにして下さる」と申されましたので、去る十一月から必死で霊動をはげんでゐます。目下　朝夕　気合の修業をしてゐますが、明年の寒稽古には石川先生のところで修業させていただく事にしてゐます。多少なりとも、石川先生の処へ行きかねる遠方の人達に、霊動の手ほどきが出来れば有難ひ事と思ひ、修業を続けます。

（八）　樋口義重君は石川先生から「万難を排して霊動をやる様にすすめます。然らざれば、余命いくばくもあるまい」云はれましたので、今度は真剣になってはじめ、毎日やってゐるとの事です。樋口君は　かつて十日間程　石川先生のところで治療を受け、その時は脊骨がまがってゐるので、厳重注意を受けたのでした。

（九）　京都の籔先生も東亜聯盟の講習会で、治療講習を為す場合にはお出かけ下さるとの話で、有難い事と存じお願申上て参りました。

（十）　和井田君は健康をとりもどして来ました。西洋医者には遂にかからず、街の療術手にかかって治療を受けたとの事です。

（十一）　同封の、池本先生の書類は、先般、津田社長が財界、及び政府委員の列席で、ヤミ退治の話をする為め、池本先生が書かれたものですが、これが津田氏には「自分の事を言はれた」ものとして、池本先生に少々面白くない考へ方をもったものだそうです。池本先生から閣下に差上げていただきたいと申しますのでお送り申上ます。

（十二）　池本先生は健康をとりもどし御元気でした。

（十三）　戦争叢書の原稿は、ほとんど全部完了の模様ですが、印刷能力や出版能力が不足で、進捗いたしかね、やうやくモスクワ遠征が近々発売になります。

御老母様の御健康を祈り上ます

敬具

廿六日　　　　　　　　　　　　　　　　高木清寿

## 120▲福岡の支部設置、鹿児島、飯塚、長崎の工作等について

十二月三十日付石原莞爾（鶴岡市高畑町）宛淵上辰雄（飯塚市紺屋町）封緘葉書［憲政・増川喜久男関係文書・52―12］

合掌

福岡の支部設置について　雨森　江崎さんと協議して居ります。雨森氏の意見は清水先生の門下を分散させないで、そのままもってゆく方法はないかと苦しんで居ります。少い内に組織も確立することと思ひます。

富田さんの件は北支より何等連絡がないそうです。一月二十四日　清水先生の慰霊祭を西日本として福岡でやるそうです。其の時　富田さんも帰ってこられるので協議することにして居ります。

鹿児島で伊地知氏に会ひました。元気な方で、自分として出来ることならば何でもやると言はれて居りました。山口、大橋氏と同伴して紹介しておきましたから　今後は連絡をとってやることにして居ります。参与会員になられるかもしれません。蒙古の伊地知さんに手紙を書くのを忘れてしまってゐました　早速出します。

私の故郷飯塚で最初の研究会を開催しました。医者五名と外に二人でした。筑豊支部に発展してゆくことと思ひます。

十二月二十八日

長門の江口君、長崎の中山さんも元気です。長崎は参与正式に決定しました。県庁の中村氏は県の秘書課長になりました。中山さんとも話し合ひ、中山さんの決心が菅沼さんの希望とも偶然一致してゐたので心からうれしく感じました。明日は三上さんと会ひます。

三十日　佐賀にて

## 121▲北陸・東北での中心的活動家紹介、富山は森丘氏が中心

年末石原莞爾宛高木清寿（東京市麻布区桜田町八東亜聯盟協会）封書〔憲政・増川喜久男関係文書・31―10〕

合掌

一、能登は樋口君の同志原久氏がやってゐますが、立派に理念の出来上がった同志が四、五名居ります。

二、富山は森丘氏が中心に決定しました。十月迄五〇部だった誌友が十一月に八〇部、十二月に一二〇部に激増し、同志も明年三月迄に六〇〇名獲得目標でやって居ります。

三、岩手の北上支部では六原道場の青年学教員養成所にゐる畠山淳吉君が最もよく活動してゐます　閣下が、畠山君は羽田村より帰途、北上川の橋のほとりまで出迎へて会ひ来た青年です。同君は昭和維新論六〇部　道場に入れ毎週三回の研究会を本年四月以来続行してゐます。雑誌は回覧で二〇部入ってゐます。

四、水稲注油栽培の結果は良好です。

実践者

石巻支部　堀内義三君

北上支部　佐藤素一君　畠山淳吉君

富山支部　樋口義重君　金森幸三君

畠山君は反当六斗三升の増収、樋口君は反当八斗の増収ですが、樋口君は更に根切り法をやってゐます。

後便でくわしく申上ます

高木清寿

石原閣下侍史

［別紙］「会費分担表」

| | |
|---|---|
| 青森 | 20 |
| 津軽 | 20 |
| 大館 | 30 |
| 秋田 | 30 |
| 湯沢 | 30 |
| 岩手 | 30 |
| 北上 | 50 |
| 本吉 | 30 |
| 仙台 | 30 |
| 仙南 | 40 |
| 石巻 | 30 |
| 庄内 | 100 |
| 村山 | 30 |
| 置賜 | 50 |
| 新津 | 30 |
| 高田 | 5 |
| 富山 | 50 |
| 能登 | 10 |
| 石川 | 5 |
| 福井 | 10 |
| 飛騨 | 60 |
| 西濃 | 5 |
| 北信 | 5 |
| 愛知 | 15 |
| 静岡 | 50 |
| 津 | 30 |
| 岐阜 | 5 |
| 丹後 | 40 |
| 鳥取 | 20 |
| 津山 | 10 |
| 龍野神戸 | 50 |
| 四国 | 150 |
| 長門 | 60 |
| 福岡 | 10 |
| 伊万里 | 10 |
| 大牟田 | 10 |
| 鹿児島 | 30 |
| 鹿屋 | 5 |
| 日南 | 15 |
| 長崎 | 50 |
| 満州 | 500 |
| 東京 | 60 |
| 東京東聯研 | 2.5 |

十七年十二月二十一日迄決定総額　782,5

# 日記

## 一月　三笠宮殿下（若杉参謀）御進講と静岡支部講習会

一日（金）　帝立寺(1)講習会
三日（日）　(2)
五日（火）　夜行ニテ出発
七日（木）　三笠宮殿下御進講(3)
九日（土）　内原(4)
十日（日）　内原
十一日（月）　帰宅　伊地知氏泊リ(5)
十四日（木）　伊地知帰ル
十五日（金）　石本氏？
十六日（土）　高橋清一郎
十七日（日）　幽岳小百合、小笠原、近岡、
十九日（火）　岩手両佐藤、高橋久夫(6)、和田来ル
二十日（水）　分隊長会議　夕刻出発
二一日（木）　東京
二二日（金）　午前七時半出発清水ニ於ケル講習会ニ(7)

**注**

（1）テイリュウジは禅宗寺院だが住職の小松義道が東亜聯盟の活動家でここで遊佐分会講習会が開かれた。平田安治「庄内便

り」〔『東亜連盟』誌昭和十八年五月号『東亜連盟復刻版』第十五巻所収、以後TR15と略記〕。

(2) 日記には記載がないが、同前「庄内便り」によると、この日、鶴岡分会で石原の講義とある。

(3) 前年末、日本政府は、南京政府に対し、租界返還、治外法権撤廃等を含む「対支新政策」を打ち出したが、三笠宮崇仁親王は天皇の名代としてその監視役に派遣されることになった。若杉参謀は現地に於ける三笠宮の別名。これについては柴田紳一「対支新政策の決定と若杉参謀の中国派遣」『昭和期の皇室と政治外交』(原書房、一九九五年)に詳しいが、阿部博行『石原莞爾』五一三頁にはこれについても要領の良いまとめがある。本書(118)は関連資料。また『東亜連盟』誌昭和十九年七月〔TR16一九七頁〕・十一・十二月号に若杉参謀と石原の関係が記載されている〔TR17一六三頁参照〕。

(4) 大瀧重直「内原紀行」『東亜連盟』誌昭和十八年二月号TR14一五〇〜七頁参照。

(5) 伊地知則彦。入江辰雄『石原莞爾と伊地知則彦』(暁書房、一九八二年)一五〇〜一五二頁参照。

(6) 高橋久夫は庄内支部袖浦分会参与会員。平田安治「庄内支部実践運動の話」〔『東亜連盟』誌昭和十七年二月号TR10〕。

(7) 静岡支部講習会については増川喜久男「郷土建設への前進」『東亜連盟』昭和十八年三月号TR14二一三〜二一八頁に「三日間の講習会に石原顧問、武田邦太郎、片平七太郎、橘樸、中田騄郎の講義があった」とある。

**二月　庄内支部講習会**

八日〜十一日

十四日(日)　(1)岩ヶ崎(葦名悳盛

十六日(火)　日蓮主義研究準備会第一回　阿部、平田　早坂　大井、尾形、小林

十七日(水)　早田傳之助　義勇軍　斎藤六也

十八日(木)　早田　主殿之介

十九日(金)　きくち　木船ノ事

二一日(日)　菊地特高

汽車故障　富山へ　金沢　岡氏一泊

二二日（月）　小竹一泊　重士叔父　死去ノ報アリ
二三日（火）　早朝出発　三日市ニ立寄　午後六時同地発
二四日（水）　〇、五五　帰宅
二五日（木）　お可ね　おこう　泊ル　告別式
二六日（金）　桐谷　叔父（七日法要　弥生泊ル
二七日（土）　小泉女史　龍覚寺ニテ　研究会
二八日（日）　桐武、木村氏来ラス　平田、近藤、飯□ノ事
　　　　　　中村特高課長　朝、小泉女史カヘル

**注**

（1）この間、石原は庄内支部講習会に出席している。同前増川「郷土建設への前進」によるとこの時は、静岡支部の講習会が盛りだくさんで不消化の気味があったことを反省し武田邦太郎の「池本農業政策」一本に講義を絞ったという。

**三月　分会長会議　婦人部会**

一日（月）　石川正俊　仙葉善之助　新屋町
二日（火）　晴天　暖し　三井清（崔ノ伝言）
三日（水）　午後七時半　町内会
四日（木）　田川[1]　木村氏来ル
五日（金）　山崎氏　蒔田　姜
六日（土）　与内[2]
七日（日）　吹浦　夜七時　阿部

八日（月）　きくち　工校長　常会
九日（火）　仙葉　金　秋田来訪
十日（水）　十時二十三分　高瀬へ
十一日（木）　分会長会議　婦人部会　本間直己（浜畑町　五十嵐主計事状
十二日（金）　警察部長　平田　石川
十三日（土）　福島へ
十四日（日）　白河
十五日（月）　二本松
十六日（火）　桑折
十七日（水）　岩沼
十九日（金）　古河！

注
（1）前掲平田「庄内便り」には「田川準備分会、閣下の御講義」とある［TR15二九頁参照］。
（2）同前平田「庄内便り」には、この日、「吹浦、高瀬分会連合の閣下の御講義」とある。

**四月　国民組織案の完成を急ぐ**

六日（火）　宮永一□□
七日（水）　和田カヘル　田村来ル
八日（木）　杉浦来ル(1)
九日（金）　鷲崎　牛島

十日（土）　蒙古人二人　榊原政治郎
十一日（日）　小笠原　杉浦カヘル
十二日（月）　念珠ヶ関
十三日（火）　小泉女史ノ御伝記　ヲヨム
十四日（水）　李、張、木村、松村　菅沼団次郎
十五日（木）　岩沼へ(2)
十六日（金）　岩沼
十七日（土）　岩沼
十八日（日）　米谷(3)
十九日（月）　蛇田(4)
二十日（火）　古川(5)
二一日（水）　帰宅
二四日（土）　岩沼へ
二五日（日）　神崎君　岩沼ヨリカヘル
二七日（火）　池正　寅(6)
二八日（水）　山添　土田
二九日（木）　□□□□□
三十日（金）　斎

**注**

（1）杉浦は「国民組織」未完成部分の口述を受ける為に来たのである。（128）参照。

（2）宮城県岩沼市。岩沼には鈴木文平（肥料問屋）がいて東亜連盟運動の一拠点であった。
（3）宮城県登米郡東和町米谷。
（4）宮城県石巻市蛇田。
（5）宮城県古川市。
（6）池正は池田正之輔代議士、寅は庄内日報の佐藤寅之助。

**五月　外山卯三郎の紙ノ家（防空家屋）**

二日（日）　日蓮主義
三日（月）　酵素肥料製造(1)
四日（火）　南遊佐　西山農場(2)
五日（水）　朝カヘル　十河、岩波、阿部、佐藤
六日（木）　外山　紙ノ家(3)　寺村　増川(4)
七日（金）　千原　福田
八日（土）　平貞蔵紹介　渡辺佐平（法政）小野康人（改造）　江花
九日（日）　出発
十六日（日）　名古屋(5)
十九日（水）　○、五四カヘル　神崎カヘリ直チニ西山へ　金川
二十日（木）　木村氏来ル

2.5　1.3

二一日（金）小泉　　小泉氏来ル
二二日（土）　日蓮主義講習会第一回
二三日（日）　田中久氏　新民会(6)二名
二四日（月）　和田君来ル
二五日（火）　午前中　哈豊阿《ハフンァ》
二七日（木）　○時半　東村　南部分会　　阿部君ニ一泊
二八日（金）　午前帰宅　杉田英一郎　桐谷君泊ル
二九日（土）　藤本栄次郎　午後一時　婦人部(7)　　百□日
三十日（日）　阿部久兵衛 百□日　下肴町八間町会員
三一日（月）

**注**

（1）柴田欣志の創案に基づく酵素の働きを肥料として活用するもので、東亜連盟の農業政策に活用された。
（2）桐谷誠が東亜連盟の実践道場として山形県遊佐町の地に提供した開拓農場。戦後、石原はここに住んだ。
（3）外山卯三郎が「防空家屋」［『東亜連盟』昭和十八年八月号TR15一三九～一四二頁参照］として発明。
（4）増川喜久男「鶴岡・弘前訪問記」［『東亜連盟』誌昭和十八年六月号TR15六八～七二頁］。
（5）井上義郎（尹奉玉）「名古屋に於ける石原将軍座談会感想」［『王道文化』第6巻8号］。
（6）中華民国新民会。昭和12年に華北の日本軍占領地域に設立された官製の組織。
（7）東亜聯盟婦人部については（34）を参照されたい。

**六月　庄内支部参与会員会**

二日（水）　和田カヘル　鎌形

三日（木）　片桐榮　増森捷長
四日（金）　雨
五日（土）　遊佐一郎一家　六郎来ル
六日（日）　宮古　駒井謙一郎　惟孝
七日（月）　山本、高木、茄子等植付
八日（火）　明日ノ鶴岡分会ノ会合ニ出席ヲ断ル　夜、平田　大井来リ釈明スルモ受付ケズ
　　　　　　山本　五十嵐喜一郎　阿部久兵衛
九日（水）　雨　過燐酸ヲ馬鈴薯ニ与　玉菜(1)　トーモロコシ　森田常平
十日（木）　和田勁氏　夕　阿部久兵衛、金丸、山口、菅原友蔵
　　　　　　茄子ノ間ニねぎ　開墾地ノ木ヲ移す
十一日（金）　長瀬地方事務所長
　　　　　　梅ノ下ノ豆（三十本位ト納屋ノハタケノ豆植付ケ（西南隅ニ
十二日（土）　五十嵐喜廣　熊井信氏　宮沢次郎　平田貢氏
十三日（日）　上郷座談会
十四日（月）　諸畑整地　桐谷　後藤　和田君　布施バーサン
十六日（水）　観音寺　木村氏来リ　諸ヲ植ヘル
十七日（木）　カイロプラクテツク(2)ノ先生
十八日（金）　雨　油戸　午後六時帰来　濱中ノ太白ヲ植ヘル
十九日（土）　神崎氏来ル　養真道場　朝　濱中ノ「をいらん」?ヲ植ヘル
二十日（日）　参与会員会(3)

郵便はがき

料金受取人払

麹町局承認

6527

差出有効期間
平成20年9月
25日まで

102-8790

104

東京都千代田区飯田橋4-4-8
東京中央ビル406

株式会社 同成社

読者カード係 行

ご購読ありがとうございます。このハガキをお送りくださった方には今後小社の出版案内を差し上げます。また、出版案内の送付を希望されない場合は右記□欄にチェックを入れてご返送ください。 □

お名前《ふりがな》　　歳　　男・女

〒　　TEL

ご住所

ご職業

お読みになっている新聞・雑誌名

〔新聞名〕　　〔雑誌名〕

お買上げ書店名

〔市町村〕　　〔書店名〕

# 愛読者カード

お買上の
タイトル

本書の出版を何でお知りになりましたか？

イ．書店で　ロ．新聞・雑誌の広告で（誌名　　）
ハ．人に勧められて　ニ．書評・紹介記事をみて（誌名　　）
ホ．その他（　　）

この本についてのご感想・ご意見をお書き下さい。

## 注文書

年　月　日

| 書　名 | 税込価格 | 冊　数 |
|---|---|---|
| | | |
| | | |
| | | |

★お支払いは代金引き替えの着払いでお願いいたします。また、注文書籍の合計金額（税込価格）が10,000円未満のときは荷造送料として380円をご負担いただき、10,000円を越える場合は無料です。

二一日（月）　消石灰　　　　　白柳秀湖氏来ル　湯ノ濱、善宝寺　歌川
二二日（火）　布施バーサン　和田君カヘル　白柳氏中学校講演　酒田
二三日（水）　白柳先生京都へ　木村武雄(4)　加藤清之
二四日（木）　西川速水　池田亀二郎　　午後三時半出発
二五日（金）　岩沼(5)
二六日（土）　〃
二七日（日）　〃
二八日（月）　山形航空工業会社ニテ講演後午後三時四十分帰鶴
　　　　　　米谷分会鈴木、伊東両君及神崎同行　彼等ハ西山へ
二九日（火）　大分　山口代議士　畔柳、
三十日（水）　金東根　あんま　神崎帰ル　木村氏　阿部氏　押切

**注**

（1）キャベツ。

（2）十九世紀末にアメリカのパルマーが創始した民間療法で、手技によって脊椎のゆがみを矯正し神経生理機能を回復するという。

（3）庄内支部参与会員会。この日は、参与会員総数七五名中、出席可能者七〇名。届出欠席一五名。無届欠席十名。結局出席者四五名という状態であった事に対して石原の講評は「年四回の会合に自分の仕事の都合位で欠席するとは、我等の運動の国家的意義を理解せぬ証拠である」として極めて厳しいものであった。南田米三「庄内支部の新しき出発」『東亜連盟』昭和十八年八月号［TR15－一二六頁］参照。

（4）木村武雄の来訪については六月十五日付の石原宛書簡（137）がある。

（5）この時の宮城・福島講習会は仙台市郊外広瀬村県立農学寮で開かれた。小野克枝「宮城・福島合同講習会の記」『東亜連盟』昭和十八年八月号［TR15－一三〇頁］。この時の記念写真もある（武田邦太郎・菅原一彪『永久平和の使徒石原莞爾』一七一頁）。

**七月　君が代の安けなりせば**

一日（木）　押切座談会
二日（金）　支部引越し　神崎夕刻カヘル
三日（土）　菊地、粕屋、森田久
四日（日）　本間正平外ニ一名　佐藤一男外一名（□□）特高課長　星　南部分会青年部
五日（月）　高瀬、丹後　糸井！　丸三　木村氏一泊
六日（火）　興亜錬成一行
七日（水）　小島大兒　伊東某　木村氏　押切ヲヘテ高瀬へ
八日（木）　佳木斯　登坂淡雪　□□　由利郡院内村　池田忠義
九日（金）　昨年ノ薯ヲフセル（69）新イモ（6）内五片　土中緑化
十日（土）　袖浦
十一日（日）　袖浦
十二日（月）　朝　馬鈴薯　大体片付ケル　紀南支部　有田収氏
十三日（火）　午後二時頃□□□
十四日（水）　新署長
十五日（木）　分会長会議　ゴマ少々補植
十六日（金）　桑田虎雄　渕上　炎暑甚シ　馬レイ薯十数ケ移植
十七日（土）　早坂徴用令　人蔘ヲマク　蕨岡（一泊
十八日（日）　ジヤカイモ十五　（前日ト合計二十六）移植
十九日（月）　有田氏帰国　機関学校　橋本万平

二十日（火）　東田川　大泉
二一日（水）　池田忠義　酒田あんま　特高二人（菊　小）
　　石川、菊地　東京ヨリ帰国ノアイサツ
　　君が代の安けなりせは　かねてより　身は花守となりけむものを(1)
　　歯かける
[裏面]
二三日（木）　蕨岡（一泊）(2)
二四日（土）　左山貞雄　森丘　薯ヲ床下へ
二五日（日）　石本恵吉　暑サハゲシクごま弱ル　水ヲカケル
二六日（月）　鳴海外三名
二七日（火）　榮
二八日（水）
二九日（木）　外山卯三郎
三十日（金）　小林鉄太郎

**注**
（1）日記裏面の記載　平野国臣「君が代の安けなりせばかねてより身は花守となりにけるかも」のもじり。
（2）この日、石原が福島県嶽温泉で会津若松第65聯隊第４中隊在隊当時の部下と共に撮影した写真が残っている（武田邦太郎・菅原一彪編著『永久平和の使徒石原莞爾』一七一頁）。二十三日夜を嶽温泉で過ごし二十四日朝写真撮影後に出発、帰途、蕨岡へ寄ったのであろう。

**八月　大川周明と会談（東久邇宮内閣擁立工作）**
一日（日）　伊野外一名　歌川夫人　夜北京佐々木二郎　北京市内三区安内大頭條五三
二日（月）　士官候補生二名　歌川　旭川　本年薯ヲ床ニ

三日（火）　姜永錫　板橋区伝馬南町二ノ三八八五　秋保親久
四日（水）常[1]　和田　牛島　原　杉浦　六郎
五日（木）　桐谷外二名　宮田梅淩父子
六日（金）　午前　克巳　西川
七日（土）　伊東六十次郎　朝倉
八日（日）　俊三叔父埋骨式　藤島訪問
九日（月）　蘇福　石川
十日（火）　歯終り　奥歯一本抜ク　8—9　警察部長
［裏面］　□□□！　□□□　「神ながらの道」ノ巻頭
十一日（水）　弥生一泊　廣川　鈴木　午前ノ中
［裏面］　薯二期作研究会　西遊佐　伊藤勘太郎　稲川　斎藤末治
株間六寸　十一月中旬収穫
十二日（木）雨　冨山房　伊東秀夫　蔬菜の科学　四・五〇
佐藤慶次郎　廣瀬　石川　大川博士母堂御祝[2]
十三日（金）　大川博士
十四日（土）　豫士生二百人町　鷲田
十五日（日）　盛岡　星山文佑　近藤、真田　平田、阿部
十六日（月）　大毎　山形支局長　松本
十七日（火）　弘前へ[3]
二十日（金）　カヘル　夜、木村　神崎

二一日（土）　甘藷ノつる切リ　過リン酸　消石灰
平貞蔵　福島清三郎　阿部（福島）　佐藤サトシ

二二日（日）　津軽支部ノ連中
講習会(4)

二四日（火）　講習会了

二五日（水）　蘇福　満州生徒二名　胡瓜　クホイト　金丸□□□

二六日（木）　大山

二七日（金）　早朝　木村　神崎カヘル　山本？

二八日（土）　桐谷　宮田　午後三時　大川(5)　山本？　宮城？

二九日（日）　和田信親　杉並高円寺　七ノ九三〇　金東根　金沢清麿　宮城義一
夜　南部青年部

三十日（月）　和田　神田孝一　福川満　大森区久ヶ原町九五九　夜　山岡昌園

三一日（火）　斎藤親平　きくち　桐谷兄弟　古野嵩義　昨日入会トノ事

**注**

（1）中央常任委員会。
（2）広瀬健一・石川正俊は大川周明の使いで石原の時局談を聞きに来たのである。この時、石原は大川の母が喜寿と聞きお祝いの手紙を出した。二八日の石原・大川会談につながる。
（3）福田健之助「津軽支部講習会報告」『東亜連盟』昭和十八年十月号［TR15二一〇頁］によると、この時の津軽支部講習会は八月十七日から二十日早朝まで。二十二日付鳴海理三郎からの礼状もある。
（4）本部主催「農事講習会」（同前二一二～六頁）。
（5）『大川周明日記』には「きくちに至り石原将軍と会談。夕食を共にし八時半までいろいろ談り九時の汽車にて帰宅」とある。

その後、大川は帰京、東條内閣打倒と東久邇宮内閣擁立に動いた。

**九月　北上支部講習会**

一日（水）　院内(1)
二日（木）　山本一泊　酒田
三日（金）　皆川　三日　岩手　榊原外二名
四日（土）　青年班
五日（日）　松崎芳　惟孝　参与会員会
六日（月）　崔定律　三井清　西郷
七日（火）　島貫　富樫勝兵衛（大宝寺）
八日（水）　伊東六十次郎　北大輝
九日（木）　北京　古川源治　東北大　岩倉豊太郎　二高　平島力　東北学院　堤栄治
十日（金）　岸宗太郎一党　高木紹介　鍵田忠三郎　余目　八時発
十一日（土）　工藤浅治郎
十二日（日）　田川ニ加藤完治氏　訪問
十三日（月）　□□
十四日（火）　片岡駿　田中大佐　和田次衛　午前十時
十五日（水）　岩手(2)
十六日（木）　黒沢尻
十七日（金）盛　岩手翼壮

十八日（土）　秋田ニ立寄り　帰宅
十九日（日）　南部
二十日（月）　南部カヘル
二一日（火）　デブ公[3]　出発　佐久間
二二日（水）　木村先生
二三日（木）　佐藤武夫　ウラ作講習
二四日（金）　和田、原、牛島、六郎　田村　鷲崎　常任
二五日（土）　鷲崎　田村　小泉夫人
二六日（日）　第二回日蓮主義研究会　木村氏一泊
二七日（月）　河野氏夫妻
二八日（火）　池田ノアンマ　智津　惟孝　和田
二九日（水）　福井
三十日（木）　峯山

**注**

（1）秋田県由利郡院内村（今日の仁賀保村院内）。
（2）佐藤俐「北上支部講習会、協議会記」『東亜連盟』昭和十八年十一月号［ＴＲ15―二三三頁］。
（3）デブ公とは和田次衛。

## 十月　満州旅行団来訪

一日（金）　高松[1]

十一日（月）　智海見舞　片岡来ル
十二日（火）　姜君　尚
十三日（水）　菊地杜夫　鎌形　松田久喜　久兵ヱ　福島ヨリカヘル
十四日（木）　満州旅行団　江藤利夫外数名
十五日（金）　分会長会議　苫米地少将　田中勝治　石富源
十六日（土）　桐谷　茜谷　蘇　三神正蔵　夜
十七日（日）　三神氏外一名　江花静　中村特高課長　大友健哉
十八日（月）　杉浦　佐藤正三(2)　桂　惟孝　桐谷　佐藤二郎　阿部久兵衛　平田
十九日（火）　午後　国民組織要綱　池正
二十日（水）　杉浦カヘル
二一日（金）　小川粂次郎外
［裏面］
　　　　　　神田、猿楽町二ノ四　朝鮮文化社　金工漢ヨリ　朝鮮詩集□□
二三日（土）　菅原道顕　学生平田
二四日（日）　池田（酒田）　婦人部　満州学生慰安会
二五日（月）　大友
二六日（火）　大友為三郎　早坂久（小松義道）　大井上氏行方不明ニテ大騒キ
二七日（水）　大井上氏講演会　寺村銓太郎
二八日（木）　寺村カヘル　佐藤顕治カラクリ　尾形誠作　クン製鮭　河原操氏外一名
二九日（金）　久兵衛　阿部庸太郎　柴田先生ヨリ書簡　直チニ返信
三十日（土）　高瀬→西山へ

三一日（日）　南平田行バス故障ノタメ帰ル　麻生重一

**注**

（1）渕上辰雄「石原閣下四国・関西地方巡回記」［TR15二四二頁～二四七頁］によると、この時は一日から四日までが高松、五日が播州支部、六日が阪神支部、九日が京都支部、という風に各地で講演が行われている。その間に木村嘉久郎の秋山荘をも訪れた『石原莞爾研究』八〇頁。

（2）杉浦晴男と佐藤正三の訪問については杉浦からの書簡（157）がある。

## 十一月　国柱会ヨリ詰問状

一日（月）　南平田　斎藤　石田司令官　諸掘り　五十七貫

二日（火）　智海死ス弔問　志田義信、伊藤緑良　重高長男　小泉女史　小野文子(1)

国柱会ヨリ詰問状(2)

三日（水）小泉　小泉女史第三回講義　加藤芙蓉

四日（木）常任　久兵衛　小笠原　常任　工作員(3)

五日（金）　佐藤長右衛門（鼠ヶ関出身材木屋）　大迫　小林鉄太郎　平井義一

六日（土）　平井義一　智海葬儀　雨

七日（日）　参与会員会

八日（月）　久兵衛報告　智津来リ「教育革新要綱」打合セ

池田忠義　石川、平田　最上町　海老名喜三郎（断ル）

九日（火）　前田慎

二四日（水）　白水貫陽《ハクスイカンヨウ》　北海道山越郡長万部町字花岡六二

二五日（木）　砂越　菊地喬

二六日（金）　常任委員会
二七日（土）　海老名喜三郎　今村夫人
二八日（日）　桐谷　蘇福外生徒四名　九州へ出発
二九日（月）　城崎(4)？
三十日（火）　今市(5)

**注**

（1）小野（真山）文子はこの時、小泉と共に石原の家に泊まったが、石原の母鉦井は病臥中で、時折、銻夫人が病室に呼ばれていたという。
（2）石原莞爾の「五五百歳二重説」に対する国柱会からの詰問状。石原と国柱会の関係は、石原が日中戦争に反対の立場を取った頃から距離が出始め、特に田中智学没後、後継者となった田中芳谷にとっては国柱会の組織活動の上からも、石原の影響が余りに強く出ることは好ましくなかった。そこで明らかに智学の説に基づかない「五五百歳二重説」を異端として糾弾したのであろう。
（3）この日の常任委員会には全国工作員も同行、出席した。関連書簡が160、162、163。
（4）田中直吉「石原顧問の山陰巡歴にお供して」『東亜連盟』昭和十九年一月号［TR16三一〜三二頁］参照。この日、石原の一行は夕刻、五時前に鳥取に着き、市役所で助役から九月十日の大地震後の復興計画を聞き、それが旧態依然たる都市復興計画であることを痛憤している。
（5）出雲大社参拝［同前］。

## 十二月　山陰・九州巡歴

一日（水）　今市(1)
二日（木）　下関
三日（金）　大村

四日（土）　大村(2)
五日（日）　大村
六日（月）　長崎
七日（火）　小浜(3)
八日（水）　小浜
九日（木）　小浜
十日（金）　車中
十一日（土）　車中（先(4)）
十二日（日）帰宅(5)
十三日（月）　帰宅(6)　鎌形　長
十四日（火）　□
十五日（水）　鎌形カヘル
十六日（木）　デブ帰ル　朝日　所武雄(7)
十八日（土）　照井　藤崎芳助
十九日（日）　鶴岡　女子青年班
女子部午後四時半
二十日（月）　内原　斎藤六也
二一日（火）　牛島氏　松木進中尉　木村　桐谷　照井　姜
二二日（水）長谷川信平　長谷川信平　松木進　外山外一名来りシモ追返ス
二三日（木）　外山外一名　阿部　講習会案　大体起案了ル

二四日（金）　常盤館　木村先生
二五日（土）　江花氏
二七日（月）　親重
二九日（水）　千原楠蔵氏　夜　本間昌平　きくち　大瀧
三十日（木）　千原　平田……　小松義道　佐藤悧　阿部清治郎　外青年　伊藤源治
三一日（金）　鈴木歯医者　佐藤長右衛門　きくち
［奥付欄外］　正月四、五、六日　関東地方講習会

**注**

（1）講習会　同前田中「石原顧問の山陰巡歴にお供して」参照。
（2）この日、大村市常磐会館で六日まで三日間の九州地区講習会が開かれた。参加者は長崎十七名、大牟田十名、鹿児島四、日南一名、筑豊三名、福岡三名、延岡二名、大分一名という各支部からの出席者は計四十一名。石原は「東亜聯盟運動要領」の講義の中で、政治運動になれば一番大切なのは第一人格、第二力、第三理論であるが、肉体的な勇気を持たないものは政治をやることは困難である。牢獄に入る勇気のないものは云いたいことも云えなくなると喝破した。渕上辰雄「九州地区運動の前進」『東亜連盟』昭和十九年一月号［ＴＲ16三三〜三六頁］参照。
（3）鹿児島県始良郡隼人町小浜。
（4）ここは帰宅が抹消され車中となり、更に赤鉛筆で（先）が書かれている。予定が延びたのである。
（5）『東亜連盟』昭和十九年一月臨時号の「関西地区報告」に「十二月十二日八時二十二分顧問閣下を三ノ宮駅に迎ふ。十七時二十二分京都駅にて閣下を見送る」の記事あり［ＴＲ16四一頁］。
（6）同前。
（7）所武雄『狂った時代』北辰堂、昭和三十年。ただ、彼はこの会見を昭和十八年二月のこととして書いている。

## 書簡・文書

### 122●「国民組織要綱」—官治ノ制限ト自治ノ再建—（昭和十八、一、十五）［鶴岡・K6—⑯］

一、国家機構内ニ於ケル国民組織ノ地位
　1、国民組織ノ目的
○近代社会統制原理ノ発展
　戦闘指導精神ノ変化　専制　自由　統制
○統制ニ就テ
　統制ハ最終戦争ヲ前ニスル能率主義
　欧州大戦ノ結果ニ見ル統制国家カ国防国家タル所以　福祉国家　法治国家　国防国家
　統制ノ現状批判
　　雷同ノ悪風潮　×自由主義ヲ罪悪視スルハ能率低下ノ一大原因
　　×統制ハ専制・自由ノ綜合開顕、然ルニ専制ニ後退
　　而モ専制ハ忠僕政治、専制ニ後退シテ官僚独善ハ最悪ノ状態
○国家ノ全能率ヲ発揮スルタメ全国民ヲ一組織ニ
　2、人体トノ比較
　　天皇・脳　天皇ノ御補佐トシテ国防国家時代ニ適スル大本営

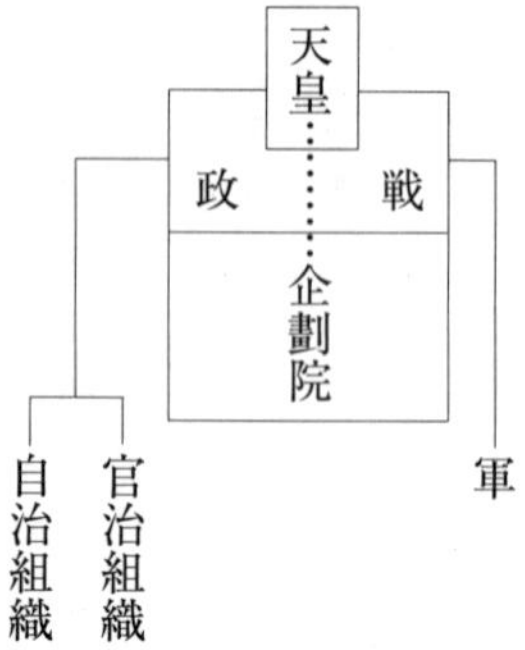


今日ハ政戦両略ハ都度御前会議ニ於テ

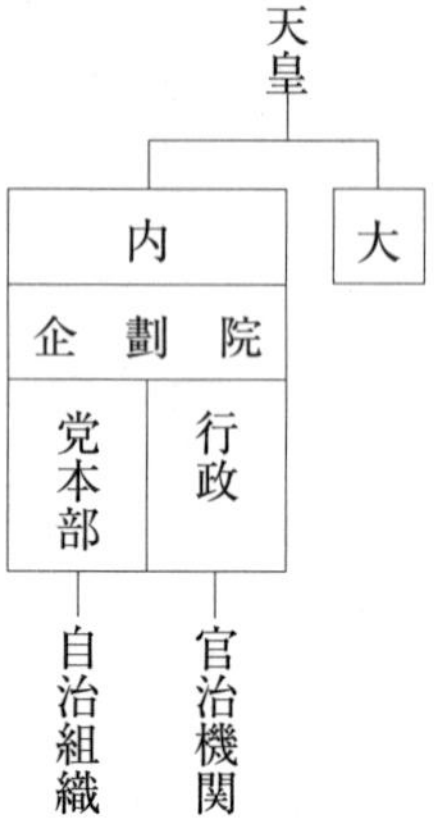


党　神経
官治　骨
自治　血肉
生活

3、官治ト自治

○利害

主トシテ権力ニヨル官治（他動的）

敏速ニ外形上ノ統一アル実行ヲ行ヒ得、且、峻厳ナル規則ニヨリ不正ヲ抑制スル力大ナルモ、ヤ、モスレハ国民ノ感激ヲ伴ハス、真ノ統一行ハレスシテ能率上ラヌ恐大

国民ノ理解ニヨル自治ハ、感激ノ下ニ能率ヲ発揮シ得ルモ徹底ニ長時間ヲ要スルノミナラス国民道徳高カラサル場合ハ情実ニナカレ易シ

○如何ニ官治ト自治ノ特徴ヲ時宜ニ適スル如ク協調セシムルヤカ問題ナリ

○自由主義時代、自治ノ機能ヲ低下セル日本ハ時勢ニ迫ラレテ、而モ観念的ニ統制ニ移ラントシ、官治ノ範囲ヲ急速ニ拡大セリ

補助金、助成金ニヨル官権ノ指導ハ国民ノ政治道徳ヲ益々低下ス

専制時代ハ官僚ハ政治力タリシモ、自由主義以後ハ国民ノ積極的協力カ政治力ノ根拠

統制下ニ於ケル独逸ノ政治

自治ノ再建ヲ急キ　ソレニ伴ヒ官治ヲ制限シ厳正公正ナル官治組織ヲ確立スヘシ

日本民族ハ盲従ヲ好マス。国民ニ感激ヲ与ヘ責任感ヲ強化スルコトニヨリ始メテ真ノ能力ヲ発揮スヘシ　要スルニ指導ハナルヘク自治ニ、監督ヲ官憲ニ

刻下、尤重要ナル経済ノ指導ニハ国民ノ自覚ノ下ニナルヘク党部ニ任セシムルヲ可トス。特ニ多数ノ良心ニヨルヘキ農業、中小商工業ニ於テ然リ

馬　牛豚　鶏ノ例

大規模工業、特ニ国家管理ヲ要スルモノハ官憲ニヨリ敏速ニ行フヲ有利トス

二、国民組織ノ構造

1、原則

イ、国体国民性ニ合スルコト
普遍性ト特異性
普遍性ヲ尊重スル謙譲心
特異性ヲ強調スルヲ要スルハ自己信念ノ喪失ヲ救フ特別ノ時、維新期ハ即チソレ。然レトモ常ニ謙譲ノ心ヲ失フヲ許サス

ロ、簡明ニシテ固定セヌ事
独逸ノ如キハ歴史的関係上甚タ複雑、後進ノ位置ニ立ラル日本ハ簡明ニシテ固定セス、模倣ヲ事トセス、ヨリ真相ヲ把握

ハ、国民組織ハ政治組織（党）及、生活組織ニ大別スヘク（共ニ自治）、党ノ指導下ニ全体ヲ有機的ニ活動セシムヘシ
即チ、自治組織全体ハ広義ノ党ニシテ政治組織ハ狭義ノ党

2、党部
○党ノ必要
「党ノ文字ヲ用フル所以　政治組織ハ国民ノ一部、即チ「党」広義ノ党ハ「会」等ト呼フハ尤モ可ナルモ、自由主義政党ニコリ「党」ヲ排撃シテ翼賛会ノ性格ヲ曖昧トナラシムルニ大ナル原因ヲナセリ
官僚
軍
一国一党
党員
官吏

軍人

○指導者決定ノ見地ヨリスル選挙法ノ改正

指導者原理ハ専制ニアラス、選ハレタル指導者ノ決定ニマツコト多キモ、常ニ民意、即チ指導者カ真ニ指導者タルヘキヤニツキ常ニ真剣ナル反省的検討ヲ要ス。指導者ノ固定ハ尤モ危険ナリ

日本流ノ指導者

改正ノ要点

立候補ノ廃止

直接選挙カ間接選挙カ

所謂推薦制度批判

附　衆議統裁批判

3、生活組織

4、具体案

党本部　県

市町村

内企劃

党本部

企画局

政　政治　思想

三、国民組織結成ノ要領

特ニ中核体タル政治組織ノ結成

1、原則トシテ下ヨリ盛リ上ル力

闘争回避ノ問題　闘争ハ統一ノ前提　…………時局柄……

2、大政翼賛会批判

イ、性格ヲ明ニスヘシ　　政治結社　公事結社　補助金問題

ロ、可能カ

上ヨリノモ可能　国体ノ力　今日、国民カ政治組織ヲ失ヒシ理由

ハ、可能ナラシムル為

上ヨリ　指導原理　高級指導者網

下ヨリ　村々ノ壮年団ノ正シキ成立　団員ノ心得　①謙虚ナレ　権力ニヨルナ　②実績ヲ挙ケル

ニ、壮年団カ中核議員トナル事

県支部長カ真ニ知事トナル事　上ヨリ　□□　誘ヒ水　水ノ上ルハ盛リ上ル力

3、翼賛会ト民間団体

翼賛会不成功ノ場合

## 123▲秋田の同志鈴木清の適正農家建設努力と高木の多角的活動報告

二月四日付石原莞爾（鶴岡市高畑町）宛高木清寿（東京市目黒区上目黒八ノ二八四）封緘葉書［鶴岡・石原・手紙1056—13］

合掌　御老母様の御快復を祈申上ます。本日、聖人伝十講御送申上ました。尚、秋田の同志鈴木清君の工作報告と云ふべきもの（中央公論十七年九月号掲載）御送り申上ました。御高覧お願申上ます。鈴木君は秋田に於ける最もよき同志の一人で、農民文学方面に於ては日本に於ても一流に属すへきものと存じます。この種の人物で、真剣な実践と努力に於ては日本で随一かと存じます。昭和十四年九月西田近太郎氏等と東北農業研究所を創立し、十五年九月迄専

任職員として適正農家建設に努力しましたが、研究費が無くなりましたので郷里に帰り益々着実な工作に努力し今日に至りました。村民の衆望を担って実によく奮闘してゐましたが、十年前学生時代に左翼運動に関係したと云ふだけで昨年十月何故か検挙されました。近々無事帰宅のうわさを聞えてゐます。

先般御上京の折は我儘な事を申上げ恐縮至極に存じます。小生昨年六月会務職員になりましてから、何一つ実績挙らず、全くざんきにたへません。最近は工作もにぶり何ら他人にすぐれた取柄も無く反省に反省を重ねますが自己の無力を痛切に感じます。たゞ一つ生命おしさに修得した健康治病法を各地の希望同志におつたいして御奉公申上げたく存じ居りましたところ先般おゆるしを得て有難く御礼申上ます。これも小生一通りの手ほどきをおつたいするだけしか出来ませんが、半年後には各地の同志も修得出来る事と存じます故、私のこの御奉公も今後半年程度の時間と存じます。其後は一隅にて御奉公申上たく存じます。

「東亜聯盟運動」は検閲の係官が出張より帰って来て読んだ様子で、無難に通る模様で御座ゐます。

国民戦術読本は七日に、成田、伊那、天野、広田の諸氏と協議いたし、目次、及内容、最終戦との結つけに関し、朝から夜迄かゝっても一日で解決いたす手筈になりました。

四出井閣下の戦史は岩波書店で出版する事にきまりました。

昨年来より霊動を必死に修業してゐますが、重病患者の治療は非常に身体の疲労を感じます。過般、牛島さんの母堂のはげしいゼンソクの治療には最も疲労を感じましたが、今はセキも一日に一つ二つしか出ぬ様になり戸外を歩ける様になりましたので、先日より石川先生に御案内してお願してゐます。

一月二十九日レンネル島沖の海戦で兄弟を一人失ひました。海軍大臣の議会に於ける発表中の自爆した指揮官機がそれらしく、未だ公表がありません故、案じてゐますが、日常、両親につかいる態度でも兄弟の交りに於ても実に立派な人間で、平常の心がけがよかったから、よき死所をおさづかりしたものと存じます。東亜聯盟のよき同志でした。遺品はおそらく世界最終戦論と国防政治論の二つと思ひます。これは特に戦地にもって出たものでした。先は取あへ

ず右迄　　　　　　　　四日　　　　　　　　　　敬具

## 124▲東亜聯盟建設要綱の企劃届、国民戦術読本の出版、協会本部批判等

二月六日付石原莞爾（鶴岡市高畑町）宛山本勝之助（東京市麹町区三年町二最終戦研究室）速達封書〔憲政・増川喜久男関係文書・62―1〕

拝啓
時局益々多端と相成り　寸翳だに怠惰の姿態を相許さゞる時代と相成候
結局　男子としては前線に立ち華々しく戦死いたすか　額に汗を流し黙々と与へられたる生産職域に従事するか牢獄と断頭台を運命の約束として　陛下と国家の為に先駆者の道を選ぶか　この三つに限定致され候　生来鈍才小胆にして　未だ実践としては五里霧中に彷徨致し居る自分を客観致し自ら憐み居候
建設要綱の企劃届完了仕候　閣下より杉浦君へ原稿を　本屋へ一刻も早く渡される様　御催促下されば幸甚と存じ候（杉浦君は目下鋭意誠意を以て纏め居候も　特配の関係有之　一刻も早く出版いたし度くかく御願申上ぐる次第に御座候）
小泉氏の原稿のことについては　協会の人々に依存致し候も　交渉の主体に相成り纏めて下さる御仁なく　依而本日直接小泉氏に手紙いたし　企劃届同封して届け申候　企劃届　小生の手許に届くと同時に原稿は小生全部整理致し候へば　直ちに出版の運びに相成ること、存じ候
高木氏の希望にて　国民戦術読本　聖紀書房より小生の手によりて出版いたすこと、相成候　表題を「戦術論教程」と変更致し候も　何かこれに関して御意見御座無候や御伺ひ申上候

最終戦研究室は　鋭意構築を致し居候　構成員も再度に渉り篩をかけ志士によって結束いたし度く存じ候　本月の中旬過　本格的なる発足を相見ること丶存じ候　過日閣下のお話の如き講師に御願申上ぐる予定に候　本部の諸氏　善良に候へ共　あまり閣下の眼光をおそれ　男子の意気を喪失し独自の考へを持たず理論的指導者の養成機関としての講習会を　度々話すに関らず自働的に相成らず絶望に候

このこともいよいよ自分一人に課せられた任務と覚悟いたし候　この際　一言弁明致したく存じ候ことは自己の負担の重大を恐るゝが故に　独自にて仕事を致すを避くるには無之　一つの仕事を周囲者と協同して行ふといふ建前をとることは組織論の第一歩と存じ居候

国防政治論の印税独断にて本部にも納入せず　小生個人に於て費消いたし甚だ恐縮と存じ居候　今蝶々弁解は致さず候へ共　現実必要に要請されてのこと丶　呉々御諒察願上候　目的が個人的消費に無之ことだけは今更御説明申上ぐる迄も御座無候　今後よりは全部本部に納入仕候　又　三年町の小生の裏の研究室だけは別に残し洋館全部売渡交渉中に候へば　其折御返し出来ること丶存じ居候　あの家は亀井氏八分　小生二分の権利有之候

不取敢　目下の状況御報告と印税の件について事後に候へ共、御報告申上げ御容認いたゞき度、筆をとりたる次第に御座候

仄聞いたすところによれば御老母様御健康よろしからずとの御事　嘸かし御心配の御事と存じ上候

乍末筆奥様に宜敷御伝声の程御願申上候

再拝

二月六日　山本勝之助

## 125▲「東亜聯盟建設要綱」「国民組織要綱案」「協会宣言」『王道文化』等について

二月十七日付石原莞爾（鶴岡市高畑町）宛杉浦晴男（麻布区桜田町八東亜聯盟協会）封緘葉書［憲政・増

川喜久男関係文書・29―38〕

一、「東亜聯盟建設要綱」は十五日に漸く山本氏にお渡し出来ました　直に「国民組織要綱案」研究中です

一、増川氏帰来　辻中佐殿奥様にお届けいたし　且つ　製法は増川氏の手記によりお伝へいたしました　閣下に宜しく申上げて下さいとのことでございます

一、又、昭和維新論、池本案、国民組織要綱の内容上　統一に就ての御注意も確かに増川氏より承はりました

一、又　王道文化　内容に就き　小泉　伊地知両氏を専ら煩はすべき旨のお考へもかねて承はりし所であり　増川淵上両氏と共に真剣に考へ、近く保坂氏始め精華会幹事会合の折　この件を相談いたします

一、宣言より「年月日」抹消の件に就き　福島昌夫氏より　宣言中「数十年後」とある所より　矢張従来のまゝある方よからんとの意見提出　閣下の御示教仰いでほしいと申してまゐりました

一、尚　宮崎先生の経済案続稿の事は今回の起草で先生も大分御気分を良くされてゐますから　この好機を活用お願ひいたします

私事乍ら　二十八日結婚　鷺宮に借家し　両親の許には弟夫婦及び　幼児来り、暫く両親の許を離れて心耳を澄まし　合掌以て新生活を展開いたします　事の成否は大にかゝって我が一念に在るを想ひ　断崖の上に起って仏天を仰ぐの感　禁じ得ません

**126▲編集上の記事内容や人物照会等**

三月三日付石原莞爾（鶴岡市高畑町）宛高木清寿（東京市麻布区桜田町八東亜聯盟同志会）葉書〔憲政・増川喜久男関係文書・31―11〕

御書面拝誦、杉浦兄は二月中に原稿の一部お送りする様申してゐましたが、二十八日の結婚以後会って居りませんので直ぐに問合せます。岡野氏の記事もまだの模様、一日夜　松浦嘉三郎氏帰満の前　二時間程話をきく会を開きましたが、その節承はりし所によれば、あれは山口重次氏が大将からおききしたことで、大将が侍従長を奉仕して居られた時のことだそうです。この件は杉浦兄に話し、一応　山口氏に確めてもらふ予定。光田氏は新宿の簡易宿泊所に居る自由労働者（三十五才）近頃よく来てくれます。以前に労働運動で相当やり、その後　北海道　南洋迄　労働者として歩いてゐます。学歴としては法政に一寸居た位です。相当有能な人ではないかと思ひますが、同氏を本当に感激させて働いて貰ふ人は同志会内には一寸見当りません。鎌形氏に会はせたらと思ってゐますが、今迄　原稿三度持って来まして、あれは第二回目の分で、こちらでは拝見してゐません

**127●来鶴中の活躍感謝、蒙古語を話さねばなりませんの一語、総督府には雷撃の如し**

三月九日付小泉菊枝（大阪市東区大手前之町偕行社住宅）宛石原莞爾（鶴岡市高畑町）封緘葉書［鶴岡・石原・K41—3］

合掌　遥に御主人様の御武運長久御祈り申上候。

御多忙中雪の鶴岡に御出頂き御丹精の紙芝居を直接御説明下されしのみならず、改良服をも拝見、会員一同大感激に御座候。紙芝居は目下裏打ち中にて明十日出来の約束、各分会より借用申出あり、早坂君は中々うまく配給しかぬるらしく候。

御礼申上ぐべきところ却て御丁重なる御手紙を拝し、汗顔の至りに御座候。

二月号削除、総督府にては「……蒙古語を話さねばなりません」の一語が雷撃の如き感を受け狼狽せし結果と存じ

候。目下朝鮮語撲滅に全力を傾注中との事に御座候。然し老兵としても誠に失礼の事に候も、この削除に対しては小磯氏に感謝する次第に御座候。伊地知君のあの純情を表はさるるために没情漢の老兵まで如何にもきれいな人間のやうにかかれて居るのに唯々赤面の外なき次第に候。

飯素入の玄米飯は尾形夫人等の手によりて大体うまく食べれるやうに相成、そろそろ宣伝に着手可致候。　敬具

## 128▲「国民組織案」口述の件、その他

四月一日付石原莞爾（鶴岡市高畑町）宛杉浦晴男（東京市中野区鷺ノ宮一ノ一二八）封書〔鶴岡・石原・手紙997―28〕

合掌

御無音にうちすぎ申訳ありません　先日　佐久間氏より閣下よりのお伝言として「国民組織案中　未完成の部分につき　若し自分に書けといふなら　その暇がないから口述するから来る様に」とあり、あの部分はおくれて提出する積りでしたので　爾今　二回に分けてともかく一応完成いたしました所、更に和田先生より二十五日「案全体についての意見を云ふから」との閣下の御意思を拝承　前回のは誤解なりし事　判明、直ちに参上すべしと思ひつ、　一方昭和維新論の改定も完成して持参いたしたく思ひ　全般に亙って調べてゐました所　二十七日朝より妻風邪のため発熱、四十度近いため　私手を離せず、ついつい今日まで延引いたし申訳ありません

今日より熱も下ってまゐりましたのでもう大丈夫らしく　閣下の御都合よき日承はって拝趨御指示仰ぎたく存じます　飛級制の批判に就いては　その中　池本先生の御考へ　武田氏を通じてお報せ頂ける筈です

又　経済建設の点は重ねて宮崎先生の御指導を仰がねばなりません

せめて微力を傾けて会指導理念の建設に一生を捧げたいと念じつゞけてゐます
○昨日　三品中佐殿より電報あり　近日　軍嘱託キムラ　ヨシアキ氏　及び中国青年運動代表　リ　チョウシャ氏上京につき　閣下に御照会依頼してまいりました　予め宜しくお含みおき下さいます様
○ビルマ片倉大佐殿より来信あり（小生　酒井健次君紹介状書きましたのに対し）中にくれぐれも閣下に宜しく申上げて下さる様とありました
以上　おくればせながら閣下の御都合お伺ひ申上げたく認めました

四月一日朝　晴男

## 129▲筑豊支部結成、長野、三重工作等極秘裏集会の準備、名古屋は届出集会の予定

五月二日付石原莞爾（鶴岡市高畑町）宛淵上辰雄（東京麻布区桜田町八）封書［憲政・増川喜久男関係文書・52―13］

合掌　長らく御無沙汰申上げ　又　其の後の報告も致しませんで、申訳御座いません。

三月初旬より九州に於て工作。福岡支部　及、私の郷土飯塚を中心とする筑豊支部を結成致すことが出来ました。今日迄　結成致しました自分の工作した支部の現状、同志に対し申訳なく感じて居ります。

郷土の支部は先輩知己が賛成し、形だけは出来ましたが、これから庄内支部の万分の一の大地に根を下してやれればと念願して居ります。私も郷土の運動が出来ましてからは、私の今日迄の失敗をよき体験として、東亜聯盟運動の一つの実験場たらしめたいと合掌して居ります。私自身も信仰をえてかすかなる確信にたるものを心に抱いて、懸命に日夜励めて居ります。

四月中旬より長野、三重の工作に着手致しました。長野の方は大体準備が出来ました。上諏訪の井上君は運動の体験もあり真面目に努力して、附近の農村にも同志を有して居ります。長野は二十名内で会員外は誰も会場に入れません（二十名内の会員だけならば、戦刑法にも関係なきように郷土の特高に聞きましたので、会員外は入れない様に致します。）これも訓練になると思います。

三重も同様に致します。閣下は今回は山田か松坂でと言はれたとの事聞きましたので、山田を候補地として、北岡氏自身もそれを希望されたので　準備致して居りましたが、同封手紙の如き状態になりましたので、極秘裏にやるには、研究致しましたが、やはり同志の多少訓練されてゐる津市の方が可能との結論に達しましたので、十四日は山田に宿泊していただき、十五日、津市内か、又は適当な場所で開催し、津市に宿泊していただくように御願ひ申上げたいのですが、勝手に決定した事を変更しまして何卒御許し御願します。

津市も十名の会員だけを確実とみて参加させ、これから再出発の気持で皆反省して居ります。これに片田、山田から参加二十名内で会合を致します。津市の同志の訓練はこの会合を厳格に目的通りやることから始まると思って居ります。

一生懸命やりますから場所の変更御承諾御願します。

本日、片田村に行きます。片田で開ければよいと思ひますが　不便なので時間の都合もあり駄目と思ひます。

名古屋は五十名ぐらいの会合になり　これはとどけるそうです。青年部は着実に発展している様で、心から喜んで居ります。

末筆乍、閣下の御健康を御祈り申上げます。　　　　敬具

二日　　　於津市　　　　　　　　淵上辰雄

**130▲御入洛遊説感謝、京都の青年部も其後、大変活気付き**

五月二十四日付石原莞爾（鶴岡市高畑町）宛福島清三郎（京都市左京区田中大久保町六三）封書［憲政・増川喜久男関係文書・50―2］

拝啓　閣下には長途の御旅行に御障も御座無事　御帰省遊れ候段慶賀申上候　私事　閣下に御別れ仕りて十九日まで東京に滞在致して帰途　清水高等商船学校に立寄　一泊仕りて廿日無事帰宅仕り候　旅行中は却って閣下に厄介や御迷惑のみ相掛け恐縮仕り居候　御入洛の節は家内や子供不快の時にて万事に不都合のみにて失礼の段　何卒不悪御容赦下され度候　幸ひ二人とも全快致し候間　他事ながら御放念下され度候　此の事にて奥様より御丁重な御見舞いを戴き恐縮致し居候

京都の青年部も其後　大変活気付き有望の様にて候　又　緒方君病気全快致して帰り申候故へ　心強く候　昨夜も緒方君指導にて青年部二十名程十一時過まで座談会為し候　有信氏は峯山の方に参る様決定致し候様　中参り候間　御伝へ申上候

二伸

畑の方　お心にかけて戴き恐縮仕り候　木村先生　帰途御立寄り下され候由　何とも恐れ入り候　折角　御指導願ひ申上げ候　先は御礼旁々一報申上候　早々敬具

五月廿四日　福島清三郎

**131▲「昭和維新論」とすべきか　或は「昭和維新指導綱領案」とすべきか、等諸案伺い**

五月二七日付石原莞爾（鶴岡市高畑町）宛杉浦晴男（麻布区桜田町八東亜連盟同志会）速達封緘葉書［鶴

岡・石原・手紙997―37」

合掌

○原稿及び御手紙二通　確かに頂きました

（一）「昭和維新論」とすべきか　或は「昭和維新指導綱領案」とすべきか、協議を重ねてゐますが、結局　題名は「昭和維新論」とし、序文に「指導綱領案」たる旨明かにしては如何といふことになりました

（二）「東亜大同」と「建設」（原案「内政」）といたします

（三）二「官治の制限と自治の再建」は「国民組織の結成」とし、第四「革新実行のための新政治組織体の結成」はこれも「国体政治」中の一部分と共に（二）の中に集結します（三十日迄に起案）

（四）「章」「節」を廃し（その一）（その二）と致します

（五）「経済建設」は従来のまゝとなるかも知れません（宮崎先生と相談の上　三十日迄に決定）

以上　原案として至急決定いたします

○合本に就いては、山本氏より聖紀書房に交渉するを有利と考へ氏より目下交渉してゐますが、山本氏の力によって或は出来さうであります　書房の方にては「建設要綱」を目立たぬ様　終りに並べてゴマかすと申しますが　我等は宣言、昭和維新論、建設要綱、国民組織、農村改新、経済指導、運動要領の順を貫きたいと考へてゐます

建設要綱は三十日に刊行、国民組織亦近い中（五日頃？）出来上ります

○東京の運動も漸く緒に就いてまゐった事を感じます　今度こそ失敗なき様、頑張ります

○田村氏より来信、木村氏とは全く対立状態らしく困ったことゝ考へてゐます

○昭和維新論　原案確定次第御都合伺って参上いたしたく存じます

## 132▲三上卓への紹介先等

五月二十八日付石原莞爾（鶴岡市高畑町）宛淵上辰雄（東京市麻布区桜田町八東亜聯盟協会）封書［憲政・増川喜久男関係文書・52―14］

合掌　先般御願ひ申上げました三上卓氏の御紹介先、和田先生の御意見により次の様に決めました。
韓雲階、谷次享、阮振鐸、于静遠、臧式毅、憲原、山口重次、丸川順助、伊東六十次郎氏
六月七、八日頃、牛島辰熊さんと一緒に出掛けます。何卒宜しく御願ひ申上げます。
敬具

五月二十八日
淵上辰雄

## 133▲「昭和維新論」中の「経済建設」の部分は従来のままと宮崎、又、合本の条件等

六月二日付石原莞爾（鶴岡市高畑町）宛杉浦晴男（麻布区桜田町八東亜聯盟同志会）速達封緘葉書［憲政・増川喜久男関係文書・29―40］

合掌
一、今日　宮崎先生よりの御返事承はりましたが「昭和維新論」中の「経済建設」の部分は　従来のままにて宜しからんとのことでございました
一、同じく「国民組織の結成」に就ては知津兄及び　小生各一案起案　目下　小生の手許で整理中でございます　或は　近く　出発予定の六郎兄に持参して頂けるかと存じます
一、合本交渉の件は　山本氏により進行中でございます　予定では今夜出発の同氏より委細御報告申上げる筈でした

が、体の調子で延引するらしく、取敢へず小生より　聞きましたま、報告申上げます

（イ）　単行本発行直後　同名のものを重ねて刊行は許されざる由　この場合は「要綱」を「綱領」等として　ゴマかす外なしと、（当方としては不可能）

（ロ）　数ヶ月経てば　合本可能の由、

右二点　山本氏よりの報告に有之、小生より委細　更に聖紀書房より確めんとせるも、明夜まで同書房旅行中のため　不十分乍ら　一応御報告いたします

一、「王道文化」「まこと」併合案は両紙とも紙配給の正式ルート化（従来は印刷所手持紙使用）が先決の由にて若干遅延いたします

近く相協議して先ず実質的に「併合力」を発揮するのも一案かと考へてゐます

一、国民組織要綱案は七日発行となりました

## 134▲国民組織要綱の印刷の遅れ

六月七日付石原莞爾（鶴岡市高畑町）宛杉浦晴男（麻布区桜田町八東亜連盟同志会）葉書［鶴岡・石原・手紙997―50］

合掌　只今原稿拝受、直ちに知津氏と共に拝見いたしました　御指示の如く冒頭の一部削り且つ行、字句等練ります。知津氏も私も我々の案に比して遥かに透徹してゐる点、省みて慚愧に堪へぬ次第です

国民組織要綱　又々印刷おくれ　十一日まで待ってほしいと申してまゐりました　申訳ありません

## 135▲世上石原将軍を目して政治的野心家の如く誤伝、誠に以て口惜しき極

六月十二日付町村金五警保局長宛森丘正唯（高木清寿氏に託す）封書［憲政・高木清寿関係文書51］(1)

謹啓　其後失礼致し居候　小生の友人にして、又、石原将軍の秘書とも申べき高木清寿氏御紹介申上候間、公務御多端の折とは存候へ共、是非御面唔の機を御与へ被下度奉懇願候。世上或は石原将軍を目して排他的思想の持主とし、或は政治的野心家の如く誤伝するものも有之候が誠に以て口惜しき極と存居候。将軍の抱懐せらるゝ信念は実に尊き尊皇憂国の熱情に溢れ身を謹み行を守り垂範実行の志士に有之候。高木氏を介して将軍の事に就て御聞き被下候はゞ望外とする処に御座候。先は要用迄　匆々敬具

六月十二日　森丘正唯

町村金五閣下

注

（1）この紹介状が高木清寿の手許に残っていたことは実際には使用されなかった可能性もある。136参照。

## 136▲『国民組織要綱案』の発禁予防策

六月付石原莞爾（鶴岡市高畑町）宛高木清寿（東京市麻布区桜田町八東亜聯盟協会）封緘葉書［鶴岡・石原・手紙1056―2］

合掌　過般参上の折は種々御懇切なる御教訓をいたゞき有難く御礼申し上ます。必ず反省自戒いたします。『国民組織要綱案』は政治的に削除、又は発禁処分等無之様にと、早速、杉浦君と淵上の両君が警保局の検閲課長に

会見（館林警務課長の御配慮にて）いたし、更に高山の森丘正唯氏より町村警保局長に工作いたしました。今日で発行以来四日になりますが、未だに何の変りもない様子を見ますと、或は無事かと思はれます。

『池本農業政策大観』は、岩佐君に会って話をいたし、きれいに貰ました。出版は新正堂で引受けてくれると云ふ事になりました（岩佐君から紙型もいただいて来ました）。

石巻の遠藤大吉郎君は六月末日頃から本部事務所へ勤めてくれる事になりました。先は取りあへず右、御礼かたがた御報告迄

敬具

## 137▲漢民族の間に伍する日本人の態度が一番大切、十月下旬日華両国協議会開催準備

六月十五日付石原莞爾（鶴岡市高畑町）宛木村武雄（東京市王子区志茂町一丁目一〇八番）封書［鶴岡・石原・手紙319］

謹呈　閣下御壮健賀し申し上げ候。小生、十日帰京仕り候。中北支は目下、誌友会々員　一〇〇〇名を目標に各地の運動を進め居り申し候。これが出来次第、現地同志の連絡上、機関誌を是非発行し度き所存に御座候。なんと申し候ても漢民族の間に伍する日本人の態度が一番大切にして、これが応対宜しきを得れば、東亜諸民族の全能力を綜合運用し得る真の東亜聯盟運動も出来候ものと愚考、準備を進めおる次第に御座候。これが結成をまって十月下旬頃日華両国の運動者が一堂に会して協議会開催の段取りに候

これは中国側同志の熱烈なる要求に基づくものに有之、小生の一存により決定候事は不謹慎とは思ひ候も、速断申し候。これに関しては拝眉の上、お話し申し上げ度く候。上海の状勢は経済機関としては予定通り全国商業統制総会の設立をみ申し候。この経済団体は完全なる吾等の諒解団体に有之、幹部全部との連絡はつき居り申し候。文化団体は

商務部書館その他の四大書局が一丸となりて中国聯合出版公司を六月一日に設立発会式を挙行仕り候。この機関は事変前迄中国出版界の90％を支配し、学者、評論家、又、これを中心として動き候、最も有力にして信用あるものに御座候。これもこちらが産婆役を務め候ものに御座候
この二つの機関が強力に動き候へば事変処理は近しと思はれ候。その為めにはどうしても日本側有力者との相談が必要、その人物は日本に於て池田成彬老以外にはなしと思はれ工作を進め居り候。但し政府、軍は池田老に白紙委任状を渡す必要有之候。此頃、議員間に真剣に見へる動きが御座候。昨日迄か丶り八日会の発会式を行ひ申し候。少しは当てになるらしく候も、まだまだに候。議会終了次第、御伺ひ申し度き所存、帰京速刻御伺ひ申さざる失礼平に御海容下され度く候

十五日　　　　　　　　　　　　　木村武雄

**138▲合本漸く校了、近々剞劂に付すること確実、又、平沢事務官紹介等**

六月十六日付石原莞爾（鶴岡市高畑町）宛山本勝之助（東京市麹町区三年町二最終戦研究室）速達封書［憲政・増川喜久男関係文書・62―2］

前略
時下梅雨の候　閣下には如何御起居遊ばされ候や御伺ひ申上候　小生色々御報告申上度こと　並　御指示仰ぎ度き事有之候も　健康勝れず長途の旅行難しく遅延致し居候　然しこれ以上延引許されず　過日来　健康に注意致し故障なき限り近日参上致し度存じ候
合本の件　漸く校了仕　予定の如き形態で出版致す事　一寸困難な事情有之　手紙では申上げにく丶参上御拝眉の上

申上候　然し近々日　剞劂に付すること確実に候へば何卒御放心願上候　この事については　勿論　和田勁氏　杉浦君と篤と談合致し置候　困難な事情　多数の間で問題に致す場合　不利に候へばこの点御含み置願上候
例の平沢事務官　近々日　鶴岡に参上致し度と申居候
縷々申上ぐること如何と存じ候も　氏は官僚中に於て出色の人物に候も　官僚の範疇出でず　諸々の人物に紹介致し働かせ候も　上層と接触するに従ひ下部の基盤を離脱致す傾向を生むに至り候　この点御含み置願上げ候
小生の健康　この推移せんか二年の命脈と三四の医師の揆を一にする診断に候　依而　諸縁を整理いたし一途目的に邁進致すことに決意致し居候
甚恐縮に候へ共　過日御願申上候　山本勝之助墓と二尺位の細長き紙に墓碑銘を御揮毫被下様　篤と御願申上候何れ御拝眉　万々　匆々
六月十六日　山本勝之助

## 139▲聯盟思想の浸透、誌友会運動の微力、建国大学改革等

六月十七日付石原莞爾（鶴岡市高畠）宛岡野鑑記（新京市東安街官舎第一一三号）封書〔憲政・増川喜久男関係文書・14―10〕

拝啓　其後は御無音に打過ぎ失礼いたし居り候　閣下の御動静に就ては桐谷君より逐次報告に接し益々御壮健にて御奮闘の趣を承知致し居り　邦家の為め　更に大東亜建設の為め　進んでは最終戦必勝の為　衷心より慶賀に耐えざる次第に御座候
内地の情勢については各方面よりの情報により　最近には古知氏の報告により大体承知いたし居り候へ共　問題は日

一日と深刻化し来るべきものが来りつゝあるの感を深ふし　将来に於ける閣下の負はるべき使命が益々重且つ大となりつゝあることを痛感いたされ申候

満州は御承知の如く　問題山積してこれまた行きつく所へ行きつゝあるの感有之　特に私共日本人が率先して重大決意をなすべき秋到来しつゝ有之　聯盟主義者へ負荷される任務も亦重大を加へつゝ有之候　聯盟思想も次第に各層に浸透し　役人及協和会員等の責任者にして公然と之を是認し主張する人々を生じ居り候　併し之は決して微力なる私共の運動が効果を表はしたるものではなく　聯盟思想の真理性が　時局の進展と共に必然的に共感者を増加しつゝあるものと存ぜられ申候

庄内に於ける運動の本格的なるに比較して　誌友会運動は余に微力にして啓蒙運動の域を一歩も出でず　誠にお恥かしき次第に御座候　併し私共同志一同　誠心誠意を以て邁進いたし居り候間　今後共御指導御鞭撻の程願上申候

次に先般「王道と皇道」との問題に関し　拙稿を中心として種々御配慮を煩はし　誠に申訳無之候　先般御令弟より

　この件に関し御手紙を頂き山口　古知両氏と懇談の結果　詳細なる御返事を差出し置候　右書面は既に御覧ありしことと拝察いたし候間　茲に之を繰返すことを避け申候　その後　御令弟より何等の御書面に接し申さず候間　この件は閣下に於かれても御了承の上　落着いたしたるものと拝察いたし居り候

次に先般「東亜聯盟」へ寄稿いたせし拙稿については　満州に於ては　発表差支へなしとのことにて満州唯一の総合雑誌「芸文」五月号に改めて「民族協和の具現」と題して愚見を取纏めて発表いたし申候　右雑誌を別送いたし候間閣下の御高評を得ば幸甚に存申候

建国大学も尾高副総長を迎へて丁度一ヶ年と相成り　今春より学内改革に着手し　小生も動員されて種々進言いたし申候　容易に根本的改革は困難に候へ共　少し宛は改善され行くものと存ぜられ申候　併し中山優氏を始め四人の国策教授の退職は　誠に遺憾千万に御座候　種々複雑な理由に基くものらしく　残念の至りに御座候　去る六月十二日に卒業式を挙行し　第一期卒業生を送り出し申候　愈々社会に出て如何なる評価を受くるや未知数に御座候

今秋十月頃には又　学会出席を理由として帰国の予定に御座候間　その折には又　拝眉の上御高説を拝聴し得ること
と楽しみにいたし居候　愈々炎暑に向ふ折柄　益々御健勝之段祈上申候　　敬具

六月十七日　　岡野鑑記

## 140▲「国民組織要綱案」・「昭和維新指導綱領案」等について

六月三十日付石原莞爾（鶴岡市高畑町）宛杉浦晴男（麻布区桜田町8東亜聯盟同志会）封書〔憲政・増川喜久男関係文書・29―41〕

合掌

(一)、先日、六郎兄帰京の折　「国民組織要綱案」に就き　改訂の御指示承はりました（お書入本及び橘氏への御意見）

(二)、丁度　その前日、宮崎先生を訪ね　同案に就き概ね左の如き御意見を伺ひました。

(イ)　機会ある毎に閣下の御勉強が窺はれ感激に堪へない

(ロ)　国民組織の如きは理論的完璧を求め得べきものでなく、政治力によってこれを遂行すべきものと信ずる。従って、同志会としても　一応の理論的構成を得たならば、特に反対論の克服を理論的に考へる要なしと信ずる。その意味で同志会の実践腹案としてこれを見るならば、大体に於て自分は異存なし。

(ハ)　それでも尚ほ次の諸点を考慮してほしい。

A　p12「内閣は党部の中央機関なり」との断定は如何。自分は党と内閣との関係は　この書に依っても「事実関係」であって「法制関係」ではないと思ふ。

B　従て又　同ページ図表も党と内閣との関係は点線で示すべきではあるまいか。

Ｃ　一国一党論は巧妙なる説明と考へるが、「全体の代表としての部分」といふ説き方では国民組織を要せず「帝国議会」で十分ではないかといふ反対論を克服出来ぬ。

Ｄ　「帝国議会」の価値を肯定してゐるが、本案の選挙方式その他より考へれば　依然　反対党結成の可能性を存する。結局　これはあくまで表面上の議論で　やはり議会は有名無実の猿芝居的存在になるのではないか。

Ｅ　党首と総理大臣の関係は　これでは充分納得出来ない。

Ｆ　p39「土木工事」の内容不明瞭である。最終戦争準備としての「土木工事」たることを明らかにしては如何

（ハ）右に就いては一度一応小生より説明申上げましたが、充分考へて又伺ふべき旨答へ、且つ　経済の「生産者組織」に就き御意見なきやを伺ひました所

「多少、統制会等、余りに現状に捉はれすぎてゐる嫌ひがあるが　已むを得まい。結構」と云はれました。

その他、官治・自治の按配に就いては御意見ありませんでした（ここが私としては教を受けたい所なので屈せず又まゐります）

（二）一昨二十八日武田氏来訪され、小生より大体の構想説明申上げ、池本先生にお教へ受けたき由を願ひ、同氏より先生の御都合を報せて頂くことにいたしました

（三）小生、目下　御指示を中心として着々改訂作業継続中でございます。概成次第拝趨して御教示仰ぎます　私案では相当分量増加の筈です

（四）別封にて昭和維新論ゲラ刷お送りいたします。一応御覧仰ぎたく存じます。

（イ）a.　このまゝとするか

b.「昭和維新指導綱領案」たるを序文に書くか
原案はb.でしたが、前版に比して a.でよくないかとの意見もあるのです。
(ロ)「運動要領」中、p74本部の任務中 一項削除したる件(協議いたしましたけれど)
(ハ) p69の訂正案
右三点に就きお教へ下さいます様
(二) 昨二十九日 木村氏より「支那古戦史」受領
白柳先生西下中に就き 帰京次第、高木氏の健康を判断して或は同行いたします。同書入手次第お送り申し上げます
梅雨の候、御健康を祈ります。私も死にもの狂ひで がんばるだけだと確信してゐます
三十日夕　　晴男

## 141▲今日は七月七日一文字山事件より六周年

七月七日付石原莞爾(鶴岡)宛河辺虎四郎(満州新京第八〇〇部隊)封書[鶴岡・石原・手紙286]

拝啓 其の後絶て御無音に打過居候段 誠に相すみ不申候 如何御消光被遊候や 謹で御伺申上候 かねて折に触れ閣下の御事を偲び居候へ共 全く御無沙汰致居候 御許し被下度候 今日は七月七日 一文字山事件より正に六周年その当時大雷雨ありし事(東京) 閣下御退庁後 勝手に病臥中なりし今井次長の捺印を得て天津に電報致し翌日大にお叱りを蒙りたる事……閣下が参本御転出後の事ながら 何れ三年や五年で臭の付かぬ此の事件「対支十年策」を一応樹てんとせしも誰も取合て呉れなかった事などなど……思ひ起し居候

満州は今年は天気が頗る順調の由にて昨今は中々しっかりした暑さに御座候　切に切に閣下の御自重御自愛を祈上奉り候　小生顧れば右の六年間に於ても相当転々致し　目下新京に於て御奉公罷在候　敬具

昭和十八年七月七日朝　河辺虎四郎

## 142▲撫順縣に水利組合（官製）が出来て、前旬子も強制的に加入させられ

七月十八日付高木清寿宛丸川順助封書（托白君）［憲政・高木清寿関係文書43―56］

御健康其後如何ですか。何時も気に懸りながら、これといふ用事もないのに、何か追ひまわされてゐる風で、失礼して居ります。戦局、時勢、最早や緊迫などといふ形容詞的の状態でないやうに感ぜられます。この国の諸民族にも、ヒシヒシ感じとれ出したやうです。九日から昨十七日迄　奉天、新京、哈爾濱など歩いて、とりどりの人達に、会って来ました。白系露人の時局観は矢張り最も勝れた、鋭いものでした。小澤開策さんが東京から北京へ赴く途中　新京へ立寄った折、私も行き合はせまして、山口さんと三人で種々最近の情勢を（小澤氏一流のもの）拝聴しました。真も含まれてゐることを強く感じました。かねてお話してゐた本渓湖の石炭問題が其後一向進捗しないので、少々困ってゐるところです。あれ程最初順調に進んでゐたものが（愚兄から高崎興業総裁へ依頼紹介の手段を取ったのです）急に低調になったところを見ると、又しても、その辺りの邪魔が入ったとしか考へられません。愚妻の病気も気になって、早く見舞って今度こそ田舎へ移転させ度いと思ってゐるのですが、中々急には発てそうもありません。商人で私に接近してゐる人は、ジリジリと従来の特殊な商品の扱を、奪れるし、小畠君の様に割にしっかりした青年でも協和会の職員試験に応じた処、まんまと落第させられ（人のゐない時で、馬鹿でごろつきの様な奴がドンドン高給で採用されましたが）、私の一挙手一投足、余程気になると見えて、何か動機を得て、捕え度い気でゐるらしいのです。や

せ犬の遠吠風にガヤガヤ吠えたてゝゐるのを尻目に、ケロンとして浪人してゐるのが癪で堪らないのでしょう。何度か追放沙汰さへあります。笑止といふ外ありません。小さな町にはあり勝ちな風情です。唯、私の処へ集る人達にとばっちりが行くので、これには私も少々まゐってゐるところです。それに悪いことには、県下のお百姓が四年前に協議決した私の為めの堂々たる記念碑を馬部丹の丘に建てゝ、今月四日、盛大な除幕式をやって呉れたことです。四年がゝりで、コソコソと一握りづつ、セメントを何処からか、運び、山々を探して自然石の上等なのを村中の若い人の勤労で掘出し、一切勤労式で、とうとう高さ三十尺に近かい誠に見事な頌徳碑をとうとう建てゝ了ひました。こんな事がお役人の気に入る筈はありません。役人から見ればこんなたわけた話は聞き度くも見度くもないのです。可哀そうに又お百姓のおもだった者達が何かにつけて、いぢめられる事でしょう。私に対する感情も一層悪化すると覚悟しなければなりません。馬部丹といへば、先達行って見ますと、この記念碑のある丘の下の小学校の校庭に昨年の末、百姓を引っぱたいて、出荷させた糧穀が四百トンも野積み、無保管のまゝで、スッカリ腐敗してゐるのです。何といふ無慈悲な役人共でしょう。思はず涙がこぼれました。村に入ると臭気が、蠅が、除幕の式がすんだ後で、一日中お百姓と倶楽部の一室で何やかと愚痴を聞いてやりました。親も子供も共に、あの腐れた大豆や高梁を朝晩眺めさせられては、何事かを決しようとする情に動かされてゐるでしょう。四百トンの糧穀、イヤ実に勿体ないものです。撫順縣に水利組合（官製）が出来て、前甸子も強制的に加入させられ、昨、今、明、三年間　四百万円の水田造成に取りかゝりました。水利土木請負人は在官中にこれ等の計画を自分でたてた興農部のかなりの高官です。昨年度は四十万円の工事をして、全然失敗し、文字通り金は泥に投げ捨てゝ了ひました。請負の御大も元より、組合員は豪勢な生活を営んで居ります。前甸子の百姓が「飛んだことになりました。私達の村の組合も、統合を強いられ、これから負担も増しませう。目下進行中の工事も全然実際を無視した工事で恐らくあの人達の期待する水田造成は三分の一も成り立ちますまい。金はすてられるのです」と悲しんで居りました。こんな例を挙げれば数限りもありません。満人は実に堪忍強い大民族です。而かも仁義に堅い、何故こんな立派な民族を信じ、信じられないのでしょうか。

都市在住の日系は不相変夜に日をついで、料理屋荒しです。どの料亭も毎夜軒並満員、演歌のかしましさ、街頭酔漢の痴態、これで戦争に勝てれば、世の中位御目出度いものはありますまい。

白君が今日発ちます。出発時刻が迫って来て、もうこれ以上は書けなくなりました。次々の来客に妨げられてとうとう思ふだけ書けないのが残念です。

閣下の御健康は非常に御良好と聞いて居ります。斯かる際、特に何よりも閣下の御健康を、常に御祈願申上げて居ります。

八月中には是非、上京の予定、それ迄にこちらの行懸りを整理、いゝ御報告の出来るやう努めます。御自愛切に祈り上げます。

七月十八日　　　　丸川順助

高木様　乱筆多謝

## 143▲毎月一回、閣下のお宅にて常任委員の会合をさせて頂き

七月二十一日付石原莞爾（鶴岡市高畑町）宛東亜聯盟同志会常任委員（東京市麻布区桜田町八番地）封書〔憲政・増川喜久男関係文書・43―3〕

石原閣下　　　　東亜聯盟同志会常任委員

前略

過日参上の淵上氏を通じ数々の御注意に接し　今更乍ら委員一同深き反省を重ねて居ります。去る二十一日の定例常任委員会に於ては、専ら今回の御注意を中心として根本的に自己批判を行ひました。その結果、一面に於て別紙の如

く会務職員の事務分担と責任を明確ならしめて　事務の連絡と進捗を図ると共に、他面、閣下のお許しを得て、毎月一回　閣下のお宅にて常任委員の会合をさせて頂き、会運営全般に関し協議したいといふことに出席者全員賛成致しました（木村、牛島欠席）　つきましては何卒右計画　御許可賜はります様　御願ひ申上げます。一応の予定は八月四日と決めました。

右　御諒承下さいまして　閣下の御都合御示し下さいます様　願ひ上げます　尚、福島清三郎氏　鈴木文平氏（田中久氏は不在）にも参集方御願ひしてやる予定で御座ゐます。右御願ひまで　　匆々

［同封別紙］

事務分担次第

一、指導原理　杉浦　淵上　増川

一、組織
　工作　高木　淵上
　会報、連絡版編輯　石原　杉浦
　全国中参会議、地域別協議会　高木
　在京中参会議　杉浦
　本部主催講習会　高木　淵上
　本部主催研究会　杉浦
　「同志の話を聴く」会　杉浦

一、事務
　会員受付　石原　遠藤
　会費受付　石原　遠藤
　受信整理　石原　松下
　会計　石原　遠藤

書籍販売　戸辺
通信発送　戸辺
統計作成　石原
出版交渉　高木　石原　杉浦
事務会議　杉浦
会務処理簿保管　石原

一、機関誌
全般　増川
受付　松下
発送準備　松下　戸辺
企劃届、発行届、納本　増川
（その他、臨時諸届は協議の上、適任者作成のこと）
用紙手配　石原
印刷所との交渉　増川
用紙確保のための政治的交渉は増川の判断に基き全員担当す

一、総括　常任委員会
一、大陸資料　杉浦、増川

144 **▲大和民族の偉大性は国体、歴史の上にのみ存し**

七月二十二日付石原莞爾宛（鶴岡市高畑町）南部襄吉（東京板橋区練馬南町三ノ六〇七八）封書〔鶴岡・石原・

手紙505—1」

御葉書拝見久し振りにて御筆跡に接し懐かしく存じ「肇国以来の懈怠心」の件近くば詳しく拝聴に出度存じ候へども其意を得ず残念に御座候　帰還後　大して世の中を観察する機も少く候へども　未だ言論文筆に示す如き決戦態勢には程遠き事実は随所に認められ候　上すべり空題目　精神無き引きづられ行為等　所謂割りきれぬ事相は　確かに之を認め　今から準備否実行しても遅い位なのにの感　頻りに有之候　之れは帰来後防空演習を見てつくづく其感を深う致し　また学徒の飛行機への挺身等も敵国側の方が徹底しあるにあらずや等観ぜられ候　一五〇機の内　五〇撃墜せられ乍ら　翌日また一五〇を揃へて敢闘し来る米人の意気は　敵乍ら天晴れなり　米国決して侮るべからずの感深く候

在支二年有半　最初一年目の聯隊長時代は純然たる作戦に経過罷在り候為め左程にも思はざりしも旅団長の二年半は半治安確定地なりし故　軍事行動と中国政治との関係頗る深く　及ばず乍ら貴兄の心を以て支那人に対し来り　其間所謂老朋友の二、三も得候へども　どうも当今の南京政府要人等の思想は　道義よりも先づ自己の利得といふ具合にて　之れに日本人側の悪質なる利得行為と　若い参謀辺りの半可通の敏腕振り発揮　当局者の頻々たる転任交代等に因して　日本人が支那人の信用を得るに至らず　行きつ戻りつの形にて　国策の進展を見ざるは遺憾に観ぜられ候ひき、小生の結論としては「代が変ねば駄目、それまでは日本人は少くも利害問題を口にせぬこと、先づ二十年　不断の誠意を示すこと」と存じ候　ただ之れが実行されそうにもなく　自嘲的な考乍ら　大和民族の偉大性は国体、歴史の上にのみ存し　現実は眠って居り　米英の感化反って深刻なるが如く思はれ候

将来　米国に依りて一層の窮地に追ひ込まれ東京空襲等もやられて　之れでは大変となった時　始めて精神的に飛躍するにあらずや　但し之れは相当危険性もあり　少くも大犠牲を伴ふ嘆ずべき状況となるは必定と存じ　かかる時　大兄の御考も下らぬ圧迫妨害等を受くることなく実行の期に入るにあらずやと存じ何卒　邦家の為め元気にてお暮らし

被下候様願上候
去る十八日故友阿部中将の葬儀に同期代表として慰霊辞を朗読、感慨無量、目下　嘉悦兄の仲介にて長男　浩太郎（在上海会社員）と阿部家遺児との間に縁談進捗中に有之候

七月二十二日　　　　　　　　　　　　南部拝

## 145▲池本喜三夫との対談、橘樸や山本事務所での研究会、研究会の持ち方等について

七月二十六日付石原莞爾（鶴岡市高畑町）宛杉浦晴男（麻布区桜田町8東亜聯盟協会）封書［憲政・増川喜久男関係文書・29―42］

合掌　酷暑の折　御変りなき御事と拝察いたします
○　去る十七日（池本先生　御病気のため延期のところ）神戸にまゐりましたが、生憎　先生には御病気（眼が悪くて頭が痛まれる由）のため　充分準備出来なかったとて　主として小生より国民組織に就いて申上げ　断片的に先生の御意見を伺ふに止まりました　然し　小生の疑問点は先生の御意見によって氷解した所もあり、互にこれとは別に農村対策に就いて豊富なる御意見を承はり辞去いたしました。
○　橘先生を中心とする研究会は二回に亘って行ひ、これは流石　専門家の方だけに　幾多大小の御意見を伺ふことが出来ました。
○　宮本誠三氏等の研究会よりも五、六、　意見の申越ありました
○　私としては　二十五日迄には大体起案の積りでゐましたが　遂に出来ず申わけなく思ひます　橘、宮本、山本氏等の希望もあり　且つ閣下よりの御注意もあり　一章毎に謄写して改案に就いて合議いたします故、申わけありませ

んが　今暫くお待ち下さいます様　然しもうそんなに長くはありません
○　合本の件は　三日ほど前　山本氏を尋ね　具体的に種々協議いたしました。本屋の方は何時でもよいから原稿を待ってゐるとのことです。山本氏の考へでは　原稿は一まとめにしてほしいと申してゐます（武田氏も目下盛に改訂されてゐる由）
○　山本氏事務所に於ける研究会は　来る廿九日　亀井氏を中心として第一回を開きます。同氏を心より感激して働しめる様　云々との意味の御注意を体し、小生としては一切を白紙にして　先入観を捨ててがんばってやります

七月二十六日　杉浦晴男

## 146▲農事講習会の件

七月三十一日付石原莞爾（鶴岡市高畑町）宛高木清寿（東京市麻布区桜田町八東亜聯盟同志会）葉書〔憲政・増川喜久男関係文書・31―12〕

拝啓　今度の農事講習会につきまして御高配いただきまして有難く御礼申上ます　本日　各支部へ通知いたしました。尚　この講習会事務は小生の担任でありますが、小生　八月一日より七日迄、郷里で点呼前の訓練を受けるため不在にいたしますので、訓練終了後参上いたします。その折　御教示をたまわり度く存じます。先は取あへず右お知らせ迄

敬具

## 147▲ハンブルク空爆は空前の規模

八月九日付石原莞爾（鶴岡市高畑町）宛杉浦晴男（麻布区桜田町八東亜連盟同志会）葉書［鶴岡・石原・手紙997―47］

（本日連絡版中愛媛は香川の誤り）
皇太后陛下御歌拝承感激いたしました　田村兄帰京、今宵は中山先生の会合　北京佐々木氏も出席の筈　ハンブルク空爆は空前の規模なりし由、伝へられてゐます

## 148▲「石原中将談」、今更乍ら感銘深く承はりました

八月二十日付石原莞爾（鶴岡市高畑町）宛杉浦晴男（麻布区桜田町八東亜連盟同志会）封緘葉書［鶴岡・石原・手紙997―51］

合掌　今朝「毎日」紙第三面に大きく閣下の談話掲載され、我々今更乍ら感銘深く承はりました
農事講習会　本部よりの出席者　当初　高木、増川　渕上三氏の予定の所　先日　小生に対し　閣下の御注意あり和田、原、牛島三氏の中より一名参加すべき由、これに依り　かねての希望に基きて原氏参加と決定いたしましたが
十日程前　例の新潟の山の問題が紛糾してどうも行けさうになしと連絡あり、これで直ちに和田　牛島両氏へ連絡とりましたが　牛島先生は柔道のため再び渡満すべく不可能、結局　和田先生出席と決定いたしました
所が今日　伊豆より帰京された和田先生の健康思はしからず　御本人は一度約束した事だからとて切符まで買はれたのですが　三日間の農事講習は少し無理ならずやと牛島先生案じられ　六郎兄　小生等協議の結果、閣下のお許を仰いで　和田先生不参加の御諒解をお願ひすること丶なりました

右事情御諒察の上　御許し下さいます様　取急ぎ御願ひまで
（尚、鎌形氏に連絡とりました所　十八日までに草稿完成同日発送すべき旨御通知ありました）

## 149▲「国民組織」改定作業停滞、その他

八月二十四日付石原莞爾（鶴岡市高畑町）宛杉浦晴男（麻布区桜田町八東亜連盟同志会）封緘葉書［鶴岡・石原・手紙997―48］

拝啓　十三日付　及び十八日お葉書拝受（十三日のは何故か遅着）
小生妹重病のため同志会欠勤のため何かと連絡行届かず申訳ありません
特に「国民組織」改定の作業は日々少しづゝでも進めるやうにしてゐますものゝ　未だ提出に至らず汗顔の極みです　伊東兄の二著は既に到着　又　鎌形氏よりは二日前　原稿到着、主として経済史的見地より統制主義の価値を強調してあります　広瀬氏の件　過日増川氏より聞きました　これ亦　早急行ひます
蔬菜の科学　は　六郎兄より求めて御送付下さる筈
武田邦太郎氏より来信有之　目下　執筆進行中の模様　用語表現等心付づきたる点は近く小生より連絡申上ぐべく同志会の同僚にも依頼しております
なさゞるべからざる事のいよいよ多く　而も身の不敏のため停滞　又停滞の状態にてお詫びの申上げ様ありませぬが　今しばらく時間をお貸し下さいます様お願ひ致します。今夜は丸川先生の座談会でございます

## 150▲農学寮講習会に出席した蘇武氏重謹慎三日、最終戦論の再刊、及び鍵田忠三郎紹介

九月二日付石原莞爾（鶴岡市高畑町）宛高木清寿（目黒区上目黒八―一一八四）封緘葉書〔憲政・増川喜久男関係文書・31―13〕

拝啓　過般は種々御教導をいただき有難く御礼申上ます。福島先生に開会閉会等のあいさつ御依頼申上可きところ小生いたし全く慚愧にたえません。帰途　岩出山町を廻って帰りました。蘇武氏は重謹慎三日に処せられた由です（農学寮の講習会に出席した為）。

世界最終戦論は、今日まで再販を禁じられてゐましたが、今回八月下旬再版を許可されたので、再版に着手いたしたとの事にて新正堂より小生あて通信がありました。九月七、八日頃、鍵田忠三郎と申す青年参上いたしますが、若し御在宅にて御都合宜しき折は御教導いただき度くお願申上ます。この青年は実践力の強い青年で小生期待して引きつけて来た者です。今日まで、下宿屋の便所は自分掃除して来た事。これが一ヶ年有半でやっと下宿の学生が動かされ、今日でははき物を揃へる様になった事、ここまで来たので　この一月からは下宿屋の学生共を（二十数名）毎早朝整列、明治神宮まで二〇〇〇米、駈走参拝せしめてゐる事、毎日曜近所の児童を集めて寺子屋を開き、明治神宮参拝を行はしめてゐる事、郷里奈良にても同様の行動をやってゐる事等、学生らしい実践ですが自ら率先して、たゆまずやってゐました。今度九月拓大を卒業して養家先の農業に従事することになり、住家が無いので石川翁の家を拝見して造りたいと申して参り、庄内支部の人達の動きを拝見して、郷里で実践すると申して出立いたしました。木村先生の家にても奉行すればよいとすすめ様と考へて居ります。先は取あへず右御礼かたがたお願迄　敬具

九月二日

## 151▲今回を以て一応改訂草案を終了いたしました。その反省点

九月十日付石原莞爾宛杉浦晴男（麻布区桜田町八東亜聯盟協会）封書［憲政・増川喜久男関係文書・29—44］

前略　今回を以て一応改訂草案を終了いたしました　大変遅延したこと重ねてお詫び申上げます　能ふる限り　群書を渉猟いたし　大いなる意気込みで改訂に着手したのでありますが　いざとりかゝると思ふに任せず　出来上がったものは意図に反して恥づかしく存じます　殊に各方面から色々の批判あり　気をつけて書いたため一面説明的となり冗長になりはしなかったかと恐れてゐます　事実、分量は約五割位増したと考へます

擱筆して心の残ります点は主として二つ　一は自治と官治の項で　党と自治組織の関係づけに混乱のあったこと他は田中久氏御意見を党の性格　組織等の部分に含ましむべきであったこと（これは第五章で扱ふ積りでしたが　矢張　適当でないと気づきました）です

その他　全般に亘り重複　又は脱落の点がありはしないかと危んでゐます

鎌形氏御意見は前後の関係上　一応　その趣旨のみ繰入れました　もっと詳しく入れるべきかも知れませんが巧く連絡づけられませんでした

伊東氏及びその関係者の御意見は甚だ多岐に亘り　極めて有益でありましたが　党の地位　及び作用に関する点、合憲法性を重んずるや否やの点に就き　根本的に意見の相違あるやうに思はれ改訂表面に表はれた点は、表現上その他　比較的小さな事が多い結果となりました

一般同志からは大して意見はなかった様です　これは余事ですが　これからは一冊の指導書出る度に少なくも全中参の所見を求めたいと思ってゐます

閣下より示された諸点は全部そのやうに致しました。或は手ぬかりあるやも知れません。更に御示教を仰ぎたく存じます

閣下は十五日早朝より北上へ御出向の由、御都合よくばそれ以前に拝趨　御注意を承はりたく存じますが　御都合如何でございませうか

又　若し二十日過ぎよくば　その頃伺ひますし（二十二日夜は興亜練成所に行く予定です）、又　大至急ガリ版にするやうでしたら　原稿を頂いてそのやうにいたします

草案終了に当りお詫びかたがた御都合お伺ひまで　草々

九月十日午後　杉浦晴男

追伸　只今　武田邦太郎氏より来信あり。脱稿は十月初めの予定とされてあります

## 152▲山本勝之助の中参承諾

九月十三日付石原莞爾（鶴岡市高畑町）宛杉浦晴男（麻布区桜田町八東亜連盟同志会）速達封緘葉書［鶴岡・石原・手紙997―39］

謹啓　重ねて御綿密なるお手紙頂きありがとう存じます　繰返して拝見いたし自己の至らざる点痛感いたしました

丁度　山本氏を訪ねる前でしたので　尚ほ充分話合ひ出来ました　同氏も中参承諾いたしました　早速　会当面の事項に就き相談をいたしました

合本に就いては　原稿は私、出版会との交渉は山本氏、紙は聖紀書房が夫々分担、必ず刊行いたします　又近く直接　私は藤岡氏と会ひ（山本氏も同座）充分依頼いたします

昨日電報頂きました　今夜たち明朝伺はうと思ひましたが、田中久先生明朝訪問の由　且つ今月号の東亜聯盟原稿予定狂ひたるとか　増川君申し　至急　国民組織論をかみくだいたもの書けと申しますので　二十日すぎに変更　こ

の由　過日御追送のものに就き更に考へをまとめておいて伺ひたく存じます故　御諒承下さいます様

或は第二案として「要綱案」に必要最小限の補訂を行ひたるものを以て原案とすることが却てよくはないかとも考へてゐます　とかく私が書くと必要でない事に重点がおかれて冗長になるやうであります　やはりインテリを脱しきれぬやうであります

教育革新の件、いろいろ適任な人を考へてゐますが　小島氏関係は色々尋ねましたが　どうもありませず　六郎兄などは閣下のお話を聞く以外に道なしと申してゐます　同志中　見渡した所　求めれば　小泉菊枝氏が最適任と思ひます（私見）　渕上君の伝言にても「教育の革新」立案の必要痛感せられますし　一応考へました点　御耳に入れておきます

## 153▲伊東氏及びその関係者、今次改訂には是非、自分等の意見を考慮してほしいとの意向

九月十七日付石原莞爾（鶴岡市高畑町）宛杉浦晴男（麻布区桜田町八東亜聯盟同志会）封書〔憲政・増川喜久男関係文書・29―45〕

前略　別封文書は　昨日佐藤正三氏より持参されたものを　今日　六郎兄が手写して呉れたものです

過日　伊東氏及びその関係者の方々と議論いたしましたが　一致せぬ所少からず　先方は今次改訂には是非　自分等の意見を考慮してほしいとの意向にて　明後　日曜　本部にて徹底的に　又　論議を重ねることになりました　就いては一応　閣下の御覧も願ひたく　別封御送付申上げます

過日は　政治部　及び企画部に就いてお考へ拝承　又　増川氏の後記は明白な誤解であります　右御連絡まで

九月十七日

杉浦晴男

## 154▲鳥取市の震害状況と、石島寧柱（曺寧柱）担当香取予審判事の所見

九月十九日付石原莞爾（鶴岡市高畑町）宛東亜聯盟同志会関西事務所（京都市左京区田中大久保町六三）封書［憲政・増川喜久男関係文書・44—4］

東亜聯盟同志会関西事務所

合掌　御報告申上候

九月十九日

（一）　鳥取市の震害状況

本日　小田垣氏より来電「重傷、全焼」と在りました。他同志　御家族の事どもは電文単簡のため不明であります。現地は全く予想外の惨状で　倒壊家屋目下続出中、亦　倒壊せざるも居住不可能のため止むなく倒しつゝ、ありとの事目撃者の言に依れば「東京震災以上」と称して居ります。死体なんかは　とろ箱（魚の輸送函）に入れて運搬し荼毘に付して居る有様は悲壮なものらしくあります。特に今　地震について強感せられる事は最も善処のため活躍したのは力強き統帥下に在る鳥取部隊と町民の信望ありし町内会長だと云ふ事であります。県庁はテント張り巡らして居ったが　何等適確な指揮も出来ずに居たとの事です。僅少の火災で防げた事は一に町内会長の力と申して居りました。力強き国民組織の結成を痛感致します。御多事の折柄では御座いますが　是非訪鳥　御見舞の程御願ひ致します。汽車は山陰本線は鳥取の手前で約十八粁復旧出来ず　其の間トラック連絡をして居ります関係上　極度の制限を加へて居りますので　因美線廻りをして日程を作成仕りました。本線開通すれば善処致します。

（二）　石島寧柱氏に関して

本日　香取判事と会見の結果　十月八日午前九時御出頭と決定仕りました。先方で聴取したい事は

イ、閣下の石島観（どの程度御信頼になって居るか）

ロ、閣下の朝鮮並朝鮮民族に対する御考へ
主として右二点についてだそうであります。判事は石島氏を「人物ですね」と賛めて居りました。そして「今回の事件は単なる刑事事件ではなく日本裁判所と朝鮮人、今後の朝鮮統治にも大きく関係するから、自分は誰が何と言っても裁判所としての執る可き道を正しく行く」と申して居られ　非常に好意を持って居られます。又　最後に「此の際閣下のお力添へを朝鮮民族のために御願ひしたい」と結んで居られました。

関西御巡講日程は　同封の通り決定仕りました。新らしい時間表無きため旧表で致しましたが大差無きものと思って居ります。尚　舞鶴での御宿舎も当方で決めて置きます。

以上

## 155▲国民組織要綱改定原案の検討

九月二十日消印石原莞爾（鶴岡市高畑町）宛杉浦晴男（麻布区桜田町八東亜連盟同志会）速達封緘葉書［鶴岡・石原・手紙997—60］

前略　昨日　午前十時より集合致し　佐藤（正）氏外四名の東亜思想戦研究所関係　宮本氏　増川氏、知津氏　六郎氏等と共に　約七時間　詳細に改定原案を中心としてこれを検討いたしました
予め草稿を謄写して配布するの可なるを思ひましたが　実行困難のため小生より逐一説明しつゝ、検討した次第であります
大綱の議論は先般終了してありましたので　今回は表現　議論の進め方　細部の考え方に立入り　ミッチリ討論いたしました
小生にも理解不充分の点少なからざること　種々の質問に接して反省され　この改定原案は再び大部分書き直すべ

き必要を痛感いたしました
昨夜帰宅後　早速着手してゐますが　第一章、第三章は殊に重要な議論多く　一心に研究を重ねます
既刊のものを訂正して合本にする事も考へてみましたが　やはりそれにては不充分としか思はれず　先日来の御注意　及び　同志の検討を中心として再び筆硯を新たにしてゐる次第であります
不敏不才、御期待に背く事甚大にして申訳ありませんが　右事情御諒承下さいますやう　何れ近く拝眉　疑問点に就き御指示仰ぐべく　その原案を大急ぎで必要箇所のみにても作成いたします
右　取りあへず御報告まで　伊東氏案も目下改定中の由

## 156▲辻大佐、第三課長として赴任、経済建設の大役を小生にも分与

九月二十三日付石原莞爾（鶴岡市高畑町）宛木村武雄（東京王子志茂町１ノ一〇八五）洋封筒［憲政・増川喜久男関係文書・22］

閣下　愈々御壮健の由　朝倉君より拝承、御喜び申上げ候。中国に於ける政治・経済が軍の手より大東亜省に移り候て以来は　責任の所在益々複雑と相成り候て　混沌　事変以来の悪状態と化し申し候　軍がかくれて官僚が表面に出で　苦労なき帝大出の御坊ちゃんが　机上プランでこれを他民族に強制し　きかざれば強権発動　全く手がつけられず候　本年二、三月の政策転換　斯に於て精神的には事変前に変らざるものに相成り　燭光みへて喜び候ものも瞬間に消へうせ　より以上の混迷と相成り候　青木、石渡等の大蔵省組の経済イデオロギーは全く困ったものに候。辻大佐、第三課長として赴任　経済建設の大役を小生にも分与　目下　米の問題に全力を傾倒致しおり候　これが解決日華吾等同志の主張通り解決され候へば　次ぎ次ぎと諸般の経済問題も解決し得ると確信　進め居り候も難事に御座

候　小生の一身に関し種々の世評　閣下のお耳をけがし候との事　申し訳無之候　全く小生　不徳の致す処　呉れ呉れも御詫び申し上げ候　弁解がましき事申し上ぐるには無之候も　小生の事に関して論議候ものは　一、二人に有之　第三者間には疑惑すらも無之候間　これだけは御諒承下され度く　それも辻課長赴任と共に解消致す事と確信致し居り候間　御休心下され度く候　小生　閣下に師事して約十年　弟子として体面を犯すが如き所業　毛頭も不仕候間　大陸に於ける小生の行動に関しては御放念御願ひ申し上げ候　東亜聯盟運動の大業を前にして　さなきだに人手少なき陣営に於て　結束の肝要なることは弁へ居り候間　それにも邁進可仕候　愈々非常時の時　閣下も非常の御決心を煩はし度く候　敬具

九月　木村武雄

## 157▲国民組織要綱案について佐藤正三と一緒に伺うこと

十月十五日付石原莞爾（鶴岡市高畑町）宛杉浦晴男（麻布区桜田町八東亜聯盟協会）速達封書［憲政・増川喜久男関係文書・29―46］

謹啓

国民組織要綱案に就き　東亜思想戦研究会諸氏　石原知津氏　原氏　小島氏及び所内同僚等を中心として研究を重ねましたが　一応終了いたしましたので　来る十八日朝　佐藤正三氏と共にお伺ひいたします。小生の不行届のため遅延を重ね　誠に申訳なき次第でございます

ただ今尚ほ原案に就き根本的賛成を得られず　伊東氏関係者は「一国万民の国民組織」案の魅力あるを思ふやうでありります

小生はなし得る限りの努力を以て原案の根本構想につき説明いたしましたが　肝心の伊東氏不在のため所望の効果を挙げ得ません

プリント作成以来　一応　この案を以て検討の基礎とすることにいたし、協議　討論を行ひましたる結果、概ね左の諸点の批判を受けました

（一）第一章は余り表現が難しすぎる。（再考を約す　旧版にしやうかとも考へます）

（二）党本部　党下部組織（目次）は　党中央組織、党地方組織と改めよ。○

（三）「政治指導力」の定義はこれでい丶だろうか。×

（四）「専制」といふ表現は日本の何時の時代を云ふのか。（憲法発布を中心として考へられるが　わざとふれなかった）

（五）自由主義の一般的意義及びその批判がほしい。（これにふれたら議論がこみ入って大変だと思ふ）

（六）図表　党機構―生活組織（自治）／行政機構（官治）　は

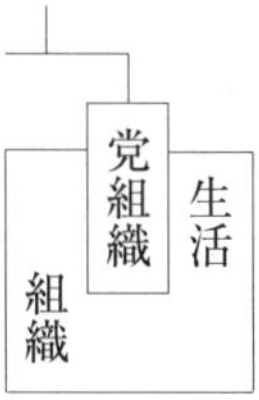


とすべきではないか。○

（七）我等の大本営の国政上の地位をもう少し明確にしてほしい。×

（八）一国一党下に於て　官治と自治の分域は　しかく明瞭なのであらうか。×

（九）「府県」といふ表現が所々あるが、これは現行の府県か　或は又　理想案の府県を指すのか　どちらかに統一してほしい。（御尤も）

（十）「党の機能」の説明の所に「党独自の政治行為」と特別に書いてあるが　こ丶に列記してある他の六項も皆「党独自の政治行為」でないか。○

（十一）「党員の合議機関としての党大会」といふことがあるが　これは党の組織図に明示すべきではないか。○

（十二）党の対外的機能、東亜聯盟内各国の一国一党との連絡機能を明示する要なきか。 ×
（十三）「企画部」は　中央事務局長直属とあるが、他の三部も直属でないか。 ○
（十四）「生活組織」中　統制会を「国民組織」と考へるは不可である。 ○
（十五）「文化人組織」の説明が弱い。（再考を約す）
（十六）この中に宗教家組織を扱はなくてい丶か。 ×
（十七）「保健衛生」は「厚生」、「芸術」は「芸能」と改めては如何。 ○

この他　細かい点は色々ありました　拝眉の折　申上げて御教示仰ぎたく存じます。右　摘記中　下端に○印　を附したのは　質問の趣旨に賛成して訂正した所であり、特に×印は判断に苦んだ所であります。

伊東氏及び関係同志は暫く時日を与へてもらひたいと申しますが、私としては　両案の歩み寄りは時日によっては解決し難き事情、及び最近の出版事情等説明した次第で、過日　六郎兄を通じて合本記載の場合も　依然「案」として余裕を持たせて可なりとの閣下の御意見は、先方同志の感激した所の如く見られました。

小生と同行すべき人に就いては　最も適任の佐藤正三氏が病気のため色々困ったのでありますが、同氏が意を決してくれたので助かりました

十八日十時四十分着、十九日夜行にて帰京の予定であります。

田中直吉氏訂正中の由　淵上君より伝承　出来たら出発前まで届くやう電話にて依頼いたしました。同氏は過日の閣下の御講義により　立命館の熱が高まった旨　お伝へしてほしいと云はれてゐました。

同封図表は　右の（十一）に該当する小生の原案であります。これに就いては、本文中に総裁、中央委員会、大会等の相互関係を説明してほしいとの意見が出ましたが、小生も全く能力なく困却してゐます。

以上、従来の経過の概要報告申上げた次第であります

十月十五日　　杉浦晴男

［同封別紙］

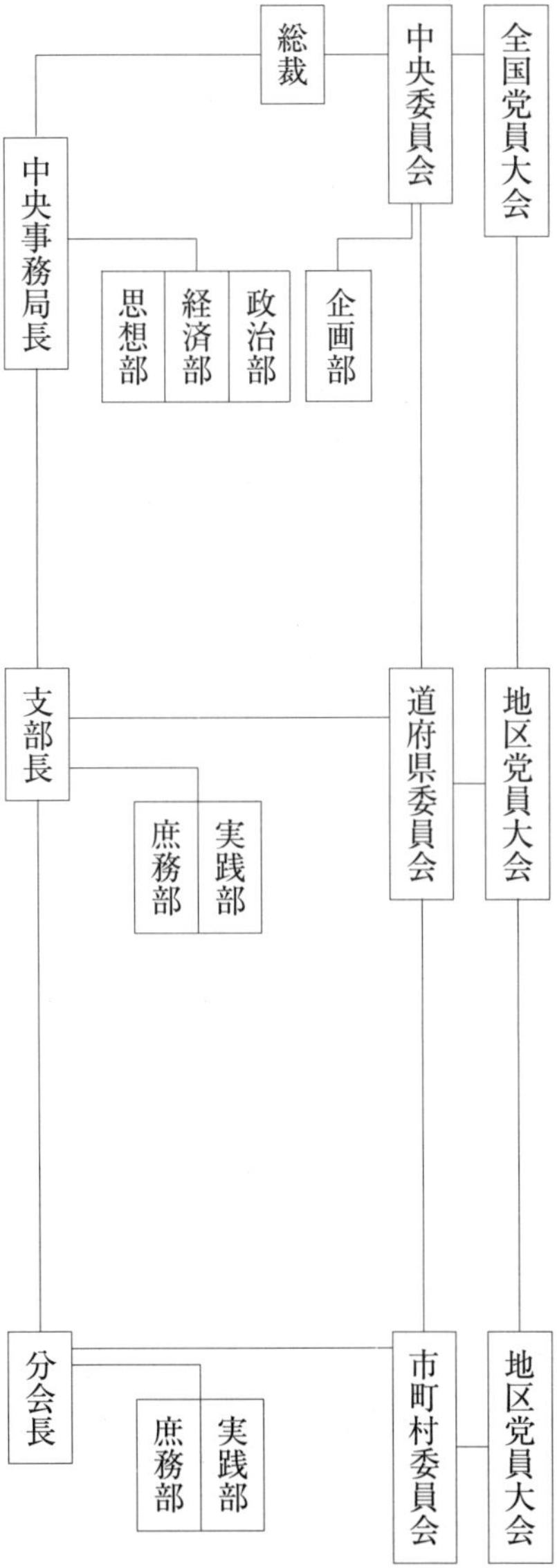


## 158▲農村工家を「自給農家」と改称

十月十八日付石原莞爾（鶴岡市高畑町）宛武田邦太郎（満州国吉林省京白線哈馮鐘淵王府牧場）葉書［鶴岡・石原・手紙1060―1］

謹啓　御懇篤なる御言葉を拝し感激に堪へ不申候　桐谷兄より両度に亘り頼もしき来信有之喜び入候できる限り早く現地にて苦楽を共にする様相成度存候

維新論の「改新」の項　並に要綱の訂正に就き杉浦　増川両兄よりもお便りいたゞき候　約二ヶ月の予定にて精進可

仕候　先日　御高示賜り候　農村工家の改称は　十分満足はゆかず候も　一応「自給農家」としてはと存候増川兄を通じみな様に御相談申上げ置き候に付　余りおかしいとの御意見なき様なら今回の訂正にはこの名称を用ひ度存候

御高含の程願上候　向寒の砌　御健康の上専一にお祈り申上候

敬具

## 159▲拝趨時の礼、東方会検挙、中野先生始め幹部全部ひっぱられた様子

十月二十一日付石原莞爾（鶴岡市高畑町）宛杉浦晴男（麻布区桜田町八東亜聯盟同志会）速達封緘葉書〔憲政・増川喜久男関係文書・29―47〕

謹啓　今般拝趨　連日に亘り御指導頂き厚くお礼申上げます

早速　浄書にとりかゝってゐます　思想戦研究所及び小生の頭を痛めること甚かりし本要綱案起草も漸く決定の運びと相成　重荷を下した様な気となりました　更に新しきテーマに進みます

○ 山本氏には今日連絡　明朝お訪ねいたしますことになりました　蘇福氏原稿は八〇ページ位になるらしく　一千部では相当単価高くつくと六郎氏の意見　うっかりしてまゐりましたが　定価等は如何いたしますか。急ぎませぬがお序での折　お示し下さい

○ 和田先生　明日御帰京の由、大滝氏一寸出発おくれたとか　お帰り次第　照会状送って頂きます

○ 小泉夫人には明朝六郎氏お訪ね　原稿の件　連絡とって下さる筈

○ 今朝　東方会検挙。中野先生始め　幹部全部ひっぱられた様子　只今　とりあへず中野先生宅には　小生前からの関係あり　電話でお見舞いたしておきました　先日の皇道翼賛聯盟一部の検挙との関聯と云はれてますが或は単独事件か知れません　小生　特高二課長とは26日面会いたします。

**160▲常任委員、お伺ひすべき日**

十月二十二日消印石原莞爾（鶴岡市高畑町）宛杉浦晴男（麻布区桜田町八東亜連盟同志会）葉書［鶴岡・石原・手紙997―52］

前略

一、昨夜「保熱箱」講習会にて小泉夫人来所され原稿の事　御諒解得ましたからお手数乍ら当方にお送り下さいます様

一、南方要図（ニューギニア等）　高木氏御保存　次の機会に持参いたします

一、その後判明せる所によれば　東方会関係以外　穂積伍一氏、天野辰夫氏、橘孝三郎？氏等

一、常任委員　お伺ひすべき日　一応来月四日と決めました（小泉夫人は三日鶴岡に行かれる由）　今日和田先生帰京され　万一先生の御都合にて変更余儀なくされましたら又お報せいたします

**161▲山本勝之助との情報交換、武田邦太郎の農村改新要綱等**

十月二十三日付石原莞爾（鶴岡市高畑町）宛杉浦晴男（麻布区桜田町8東亜聯盟同志会）封緘葉書（消印無し）［憲政・増川喜久男関係文書・29―48］

前略

○　昨日　山本勝之助氏をお訪ねし種々お話しいたしました

（イ）　蘇福氏原稿の件　依頼

（ロ）　企劃届は原稿添へて提出する由にて　従てまだ出さぬとの事　小生からは枚数その他　記しただけで　よくはないかと同氏の研究を依頼いたしました

（ハ）　国防研究会　著書　目下校正中　四円五十銭三千部初版の由

○　武田邦太郎氏　昨夕来所　小生よりは国民組織論の概要　殊に生産者組織の所　説明申上げました　農村改新要綱は一寸遅れて、もう一寸の間待ってくれ、出来上がり次第　渡満赴任すると云はれてゐました

同氏もいろいろ苦心されておゐでにて　まあ　ともかく初版は一応書き上げると云はれ、池本案、木村案　閣下案、夫々特色を有するこれら偉大なる人々の考を調節するのは極めて至難ながら自分の如き若造の　この　上なき仕事であると語られてゐました。（御赴任は十一月初旬の様子）

○　牛島先生既に帰京されており（中旬）今日来所される由。

○　木村氏未だ帰京せず

○　二十一日朝の検挙は東方会全部（小島精一氏も含まれてゐる様子）及び天野辰夫氏のまことむすび運動の諸氏片岡氏等　児玉氏は在外にて家宅捜索のみ　警視庁の言ひ分はこれらの人々を中心として不穏事件が計画されたためであると云ひ　目下の所、他の団体に波及せずと申し　且つ自分たちは全く知らぬ、上からの命令だと云ってゐます

当方は皆　平チャラにて元気一杯です　事件は恐らく永引くでせう

○　十一月四日　お訪ねする件、和田　原　両氏共差支へなき由　何とぞ宜しくお願ひ申上げます

## 162▲十一月四日の工作員、常任委員の鶴岡訪問、及び九州旅行計画について

十月二十五日付石原莞爾（鶴岡市高畑町）宛淵上辰雄（麻布区桜田町八東亜聯盟同志会）封緘葉書〔憲政・増川喜久男関係文書・52―15〕

謹啓　工作員大槻、樋口、小田垣氏増加せるため、本部で十一月二日夜より工作員会議を開催し、工作員の今後の運動について充分検討と計画を致したいと思って居ります。その後　工作員全員、常任委員共に四日の常任委員会に出席し、地方運動に重点を置いて会を進めたいと希望して居ります。右、常任委員会に工作員出席し、閣下宅に御訪ねすること何卒御許し御願ひ申上げます。

本日　三上卓さんと会ひました。元気でした。その内御訪ねしたいと言って居りました。穂積伍一さんは七郎さんともにひっぱられて居ります。

九州の件は早速計画します。二十五日より中部地方及豊橋へ旅行致します。

閣下　九州旅行の途次　二日夜、三上さんの宅（佐賀）へ御泊り御願ひ出来ないだろうかと三上さんが言ってゐました

敬具

十月二十五日

## 163▲常任委員お伺ひの折、全国工作員も同行

十月二十五日消印石原莞爾（鶴岡市高畑町）宛杉浦晴男（麻布区桜田町八東亜連盟同志会）葉書［鶴岡・石原・手紙997―58］

一、山本氏の談によれば目下出版所の整理問題のため、企画届の受付を中止してゐる由、この間に原稿を整備しておいてくれとの事

一、来月四日お伺ひの折　全国工作員も同行いたします　二日本部にて会合協議、詳しい事は渕上氏より御報告申上げる筈

一、先便　橘氏は誤報

一、今朝　武田氏来訪　農工一致の角度より大工業と農との関係　進んで防空都市案までゆっくりお話を伺ひました

一、田中直吉氏上京されました（近く渡鮮の由　京城帝大へ）

## 164▲長崎支部講習会について

十一月十四日付石原莞爾（鶴岡市高畑町）宛淵上辰雄（長崎市馬町二〇中山民也方）封緘葉書［憲政・増川喜久男関係文書・52―16］

謹啓　一昨日より長崎支部に参りまして講習会の準備を致して居ります。昨日は参与会をやりまして、長崎の其の後の運動の進展に心から敬意を払って居ります。来年度の計画（三月まで）として長崎支部に三町歩ぐらいの農場を開き、九州の農業道場を設置すること先づ決定しました。

閣下の十二月の御予定は講習会終了後　六日夕刻長崎着、長崎にて中山民也さん宅に一泊、七、八、九日と小浜温泉に休養と決定しました。宜しく御願ひ申上げます。

それから誠に勝手な御願ひですが、長崎支部の参与の人々より閣下に御願ひしていただきたいと頼まれまして、私も長崎支部が十二月末目標の三百名を確実に突破出来るので　その事実に対しても、各参与の熱望を御伝へ致して御願ひしたいと思ひました。長崎支部の新会員（百五十名程度）に閣下の御話しを聞かせたいとの要望です。計画案は六日夜七時より、一、集合、二、宣言斉唱　三、閣下講話、四、聖寿万歳　五、解散、八時終了と、厳粛に会員大会の気持で実行するとの意見です。

閣下に予定外の事　御願ひするのは心苦るしいのですが、何卒右各参与の熱望御くみの上、御許し御願ひ致したい

と切望して居ります。中山民也氏宛御返事下さいます様御頼み申上げます。　　　　　　　　　　　　　　　　　　敬具

165▲昭和維新の本質は目下智津氏立案中

十一月二十五日付石原莞爾（鶴岡市高畑町）宛杉浦晴男（麻布区桜田町八東亜連盟同志会）速達葉書〔鶴岡・石原・手紙997―33〕

前略　御叱責のお手紙拝受　弁明の言葉ありません　お詫びいたします　本日　全原稿　山本氏を往訪してお渡しいたし　組み方等色々打合せました　9ポB6判が宜しからんとの事　別に閣下の御意見あればお示し願ひたき由です

全部で四五七枚（四〇〇字）尤もこれは提出すべき原稿です　昭和維新の本質は目下智津氏立案中、「教育の革新」の部分は昨日頂きました　至急謄写いたします

166▲先般横浜高商へ転任を命ぜられ候

十一月二十七日付石原莞爾（鶴岡市高畑）宛岡野鑑記（横浜市磯子区磯子町一一二五）封書〔鶴岡石原手紙182―1〕

謹啓　決戦下益々御健勝邦家の為御健闘之段奉大賀候　陳者　先般横浜高商へ転任を命ぜられ候につき早速御賛同の御芳書に接し奉大謝候

満州生活も既に六ヶ年に近く各方面に種々の関係を生じ今後尚ほ尽すべきこと多々有之候も大東亜建設の大事業は

如何なる場所に居るともその目標は同一にて今回の内地帰還を転機として今後は日本を中心として昭和維新の遂行に挺身仕り度く一層の御指導と御鞭撻とを祈上申候

実は一日も早く拝眉の上　御示教を賜り度く念願いたし居り候処　着任当日より学校の大転換に伴ふ要件山積いたし居り文字通りに寧日無き有様にて心ならずも失礼いたし居り候段　不悪御了承の程願上申候

先般　桐谷君と面談の際　閣下には月末より来月初めにかけて九州方面に御旅行とのことにて出来るならばその好機に何れか途中にて拝眉の機会無之ものかと考へ居り候も或はその機会も容易に得難きよう想像され　誠に残念千万に奉存候　今後に於ける小生の当面の任務は単に一専門学校の立直しに御座候もこの職場を通して自己を修養しつゝ滅私奉国の誠を尽し度く決心いたし居り候間　旧に倍して御指導と御鞭撻とを願上申候

右以乱筆御挨拶申上度如斯御座候　敬具

十一月二十七日　岡野鑑記

## 167▲御出掛けの折は当地へ枉駕又は小生出京して御話出来る様の行事日程を予定せられ度

十二月七日付石原莞爾（鶴岡市高畑町）宛多田駿（館山市船形町）封書［鶴岡・石原・手紙1066―3］

宮古よりの御便り六日午後拝見致候　御丈夫にて御活躍　又老母に御見舞被下候由　慶賀且拝謝する次第に御座候

宮古に行かるることなど思ひも寄らざりし処　凡ては縁と存候が　若し事前に承知せば老母や弟の見舞も兼ね小生の不便も押して行くべかりしにと残念に存候

先月十六、七日頃大迫中将来房一泊致候折　貴兄の二十日頃御上京するを知り　小生も治療にて上京する故或いは拝芝を期待せしも其機を得ず残念に存候　鮑の片思の衷心にも比すべき思ひを寄するは大兄に候まま　東国に御出掛け

の折は当地へ枉駕　又は小生出京して御話出来る様の行事日程を予定せられ度願上候　逢ふと迷惑をかくるとの常時の仰せは甚だ水臭く感ぜられ申候　そんなに逢ひたがってるのなら逢ふてやるのも第五期生の第一期生への　おつとめと存候呵々　十月外山氏へ伝言せしは　同月下旬結婚せしむべき　娘同伴　墓参　祖母へ挨拶の予定ありし為なりしも躰の工合にて中止致候

一週一回上京摂護腺へX光線　高橋博士の治療も致居候へとも　はかばかしき効果見えず苦しみ居候　貴兄は如何に候哉　此頃は投網を減し野山の仕事を致居候が　労働が悪しき様にも感ぜられ候

東京宅も今年中には引払ふ積りに候　納豆も此頃は製造不致候　当地は水仙　菜の花咲き　只今（十時）温度は十度に候　此秋の米作　夏の旱天にて小生は五分作に候　冬暖かきが大助かりに候

小生　注意者なる為か　検閲到着かたきもように候　此文亦然りや　軍の長老が被注意にては世も常に無之候はむ

冬季御大切に　母上の長寿を祈上候　夫人に宜しく

十二月七日　　多田生

## 168▲中央参与会員の講習会を変更し、関東北陸地区の同志の講習会にしました

十二月十六日付石原莞爾（鶴岡市高畑町）宛高木清寿（東京都麻布区桜田町八東亜聯盟同志会）封書［憲政・増川喜久男関係文書・31―14］

拝啓　御無沙汰いたし失礼いたして居ります。寒気加はって参りましたので御老母様の御健康案じ申上て居ります御見舞申上ます。

陳者　明春正月房州に於きましての講習会は受講希望者が関東地方より多数有之、一方　既に十二月初旬　九州地

区講習会も終り、明春二月中旬　関西地区に於て講習会開催の予定もあり、淵上君よりのお話にて伺ひますれば閣下のお話は　内容が右と同一の様に承りましたので、今回は中央参与会員の講習会を変更しまして、関東北陸地区の同志の講習会にいたしました故　お知らせ申上ます。いろいろ御心配をいただきましたが　小生健康も　やうやく良くなって来ましたので　去る十二月二日より八日迄　栃木支部の講習会（テキスト昭和維新論）を行ひました。今度は栃木支部の再建が出来上りました。十二月八日現在で会員五十五名（宇都宮分会三〇名、馬頭町分会一〇名、武茂村分会一五名）ですが、馬頭町と武茂村は隣接町村であり、宇都宮までバスで三時間もかかる遠距離の事故　明年三月頃までには会員の増加と共に　支部にいたすべきものと思ひます。会が整備し　会員の意識が高まって参りますと支部長江原三郎氏は温厚すぎるとて会員より再認識されつつありますが　この人は金銭欲にたんぱくで今日まで名誉あり非難の少ない人で、地方人の気受けも良いところから従来通り支部長になって貰ってゐます。中心になって活動してゐる人物は、宇都宮は小野春吉氏（歯科医師、市会副議長）後藤始彦氏（桜沢如一氏のもとにゐた青年で、現在下野中学校教諭）の両人ですが　どちらも良き同志です。馬頭及武茂は荒井豊水氏（武茂村会議員）ですが　前者に比べますと荒井氏は少々指導理論の勉強が足りません。小野氏の手で法華の信者で若い良き同志を発見いたしました。山川先生の御弟子で現在　宇都宮市内に三十八名の同志をもってゐます　片岡正と申す青年ですが、その青年の手で

更に栃木町にも手がつきましたので十二月二十一日、二日の両日参上いたし　この人達と会合して参る予定です。片岡君と後藤君が明春三月頃には栃木支部を若返らせるのではないかと期待してゐます

明春正月六日の宿を多田閣下にお伺ひ申上げました故　近日御返事をいただける事と思ひます

多田閣下には去る十二月十一日にも房州大原の同志達の会合にお出掛けいただきました。東亜聯盟についてはお話いただきませんが、平易に「道」とか「心かまい」についてお話を聞かせていただいてゐます。それが聞く人達を非常に喜ばせてゐます。先般も茨城県五霞村国民学校にお出かけいただいた折、丁度昼食の休憩時間に、単身校外に出かけられたので散歩かと私は思ってゐましたところ、今日、村人に伺ひますと、アッツの勇士の宅へ慰問に参られた

との事でした。その時、その家の庭には籾がほしてあったので踏まぬ様に閣下は靴を脱いで通られ、足の裏についた数粒の籾をわざわざむしろの上にもどって置かれたとの事です。多田閣下の戦々兢々とした御謙譲な態度が今日非常に村人を感激を与へて居りますので、東亜聯盟の同志も益々工作しよくなって有難がって居ります。先は取あへず右お知らせ迄
敬具
十二月十六日
高木清寿

## 169▲石島・安藤に対する公判の模様

十二月十七日付石原莞爾（鶴岡市高畑町）宛福島清三郎（京都市左京区田中大久保町六三）速達封書［憲政・増川喜久男関係文書・50—7］

拝啓　寒さ日に増し候処　閣下始め御一同様には御障も御座無く候哉御伺ひ申上候　先般来長途の御旅行にて御労れの御事と推察申上候
　本日　十七日午前十時より石島　安藤両氏に対する公判有之　幸ひ小生特別にて許され申候　始め安藤氏に対して朝鮮独立に対する尋問有之　同氏は東亜聯盟に対しては深き関心なく　唯　石島氏より運動を進められ　結局　御交り的であった　然し　石島より凡ての場合　朝鮮独立と云ふ様な事を進められた事もなく　又　石島氏は語りた事もないと警察及び予審等にての陳述を否定致し候　其の点にては石島氏に対して有利にて有之候　石島氏は午後一時より始まり　終始　予審にて申述べたる通りにて候　検事は警察及び予審にて安藤の申立てたる事等の理由にて石島に四年　安藤に対して三年の求刑をなし候　其の後　金光氏弁護にて東亜聯盟論を堂々と述べ　石島の人格等の賞賛して無罪論ありて終り　後は廿日午後一時より安藤の弁護にて候　金光氏の弁護は実に明確にて私も安心致し候　先は

取り急ぎ一報申し上候
　　十二月十七日　　　　　　　　　　　　　　　敬具
　　　　　　　　　　　　　　　　　　　　福島清三郎

### 170▲講習会不参加の止むなき同志のために本部事務所にてお話しいただき度く

十二月十七日付石原莞爾（鶴岡市高畑町）宛高木清寿（東京都麻布区桜田町八東亜聯盟同志会）封緘葉書〔憲政・増川喜久男関係文書・31―15〕

拝啓　昨日御手紙差上げましたが、明春正月の講習会を関東北陸地区の同志の講習会に俄に変更いたしました事は、各地支部会員にも御迷惑をかけ、まことに申訳無之事と恐縮いたして居ります。
　一月八日には、学校・工場等其他勤務先の都合悪く、正月四日よりの講習会に不参加の止むなき同志のために本部事務所にてお話しいただき度く、甚だ恐縮で御座ゐますがお願申上ます。目下のところ八日の同志の集会は午後二時頃と予定いたして居りますが、更に正月講習会に参加出来ぬ同志の都合を伺ひ更に正確に決定いたしお知らせ申上ます。先は取あへず右お願ひ迄

### 171▲小生事、恐喝、詐欺、横領事件にて十一月五日より鶴岡警察署に

十二月十七日付石原莞爾宛（鶴岡市番田）阿部久兵衛（鶴岡市馬場町五）封書〔鶴岡・石原・手紙8〕

謹啓、時下初冬の候　閣下には愈々御健勝にて御奮闘遊ばされ候事慶賀此事に御座候。降而　小生事　恐喝、詐欺、

横領事件にて十一月五日より鶴岡警察署に　同二十日より鶴岡刑務所に拘留せられ居り候空前の非常時局に於て　如斯罪名の下に拘留相成り候事、閣下に対しては勿論　同志諸君に対して全く面目も申訳も無之次第に御座候。本月六日公判にて取調べ　十日　弁護士の弁論　昨十六日　懲役壱年（求刑壱年六月）の判決有之候。本日山形地方裁判所に控訴仕り候。山形には同志にて弁護士たる佐藤治三郎、大内有恒　鈴木茂雄の三先生居らるゝ事とて好都合かとも存じ候。保釈は二回相願ひ候へども　却下相成り候為め　小生二、三日中　山形刑務所に護送との由に御座候。

事件の内容等につきては申上かね候に付き平田安治君より御聴き下され度く御願ひ申上候。平田君は本事件の真相を察知し居る事と存じ候。勿論　不徳の小生には有之候へども　此際　飽くまでも事実の真相により公正なる処断を仰ぎ度く努力致し居り候。唯　警察署に於ては猶興会以外に何か有之様何となく感じられ候。

東亜聯盟協会に対する小生の進退につきては平田君に申上置き候に付き閣下よりも何分の御指示成し下され度く御願ひ申上候。

実は閣下御帰鶴遊ばされ候らはゞ早速御詫びに御伺ひ可申上存じ居り候処　山形行にて其儀に至りかね候に付き失礼ながら右書中を以て御詫びまで申上度く如斯御座候　敬具

十二月十七日　阿部久兵衛

## 172▲蔵書保管は外山さんにお願いいたします

十二月二十日付石原莞爾（鶴岡市高畑町）宛高木清寿（東京都目黒区上目黒八―二八四）葉書［憲政・増川喜久男関係文書・31―16］

拝復　御手紙有難く拝読いたしました。蔵書保管は外山さんにお願いたす様に致します。目下のところ外山さんに活用していただく事が最も有意義と小生も存じて居ります。いろいろ御心配をいただき恐縮に存じますが　明年一月下旬　又は二月初旬頃には小生も房州大原へ転居し様と考へて居ります。愚妻の健康も未だ重いものを持つ事や、小走りをゆるされませんので、健康を石川先生のもとで造りなおしてから転居したく存じます。先は取りあへず右御返信まで

敬具

### 173▲八日の東京の会合は取り止めました

十二月二十四日付石原莞爾（鶴岡市高畑町）宛高木清寿（東京都目黒区上目黒八―一八四）葉書［憲政・増川喜久男関係文書・31―17］

拝啓　近頃御健康あまりよろしからざる様承はり御案じ申上てゐます　何かと我侭申上げ恐縮に存じます　八日の東京の会合は取り止めました故　御通知申上ます。御自愛被下度願上ます　御快復祷居ります　先は取あへず右迄

敬具

### 174▲曺先輩は服罪せず「あくまで闘ふ」と申して居ります

十二月二十八日付石原莞爾（鶴岡市高畑町）宛佐々木政一（京都市左京区大久保町六三東亜聯盟関西事務所）封書［鶴岡・石原・手紙912］

謹啓　御無沙汰申し上げて居ります。昨今寒さ厳しく鶴岡では雪と存じます。御一同様の御機嫌御伺ひ申します。当方無事に致して居ります。福島先生は目下「武道史」御執筆中にて相当進んで居ります。奥様は其の傍にて針仕事をして居られます。鋭二君亡之後は全く老夫妻と云ふ感を深くし先生も時には「おばあさんおばあさん」と申される事もあります。武道と念仏の一体化の生活をして居られます。小生等も其の下で非常に幸福です。

本日電報にて御報告申し上げました通り、曺先輩は保釈出所され、一応福島先生宅に落着かれました。健康は現在では大丈夫でありますが、苦闘の後であります故充分注意は致します。詳しい事は明春上京申し上げます。判決は懲役二年。未決通算三百日。二年間執行猶予。と下されましたが、曺先輩は服罪せず、「金光弁護人と相談の上で万事決す」と意思表示して退廷しましたが、当日（本日）金光氏欠席で現在は未だ何とも決定を見て居りません。

福島先生の御意見では、「現状は当方に不利な政治情勢だし先方が政治的に判決を下して居る以上は上告しても結局無駄だから上告せずに服罪したら」と申して居られますが、曺先輩は「あくまで闘ふ」と申して居ります。如何なるもので御座いますか、閣下の御指示を仰ぎたいと思ひます。

曺先輩の奥さんも未だ滞在して居られますので当分事務所か義方塾に居られる事になります。裁判所も非常に好意を示してくれたのだそうで御座います。治安維持法に執行猶予とか保釈出所は前例のない事だと云って居られます。香取予審判事は非常に好意を持って居た事は実際でありました。

尚、御心労を煩はしました小生の徴用も本日に到るも何も沙汰有りませんので今回もどうやら難を避れたらしう御座います。他事ながら御休心下されます様御願ひ申します。

去る二十三日和歌山連絡に参り下里町にて例の旅館の息子浜寅三君中心に十三名の青年研究会を持つ事になりました。新宮と連絡を持てば熊野支部の素地完了となります。故清水芳太郎先生の御墓も立派な石碑が建立されました。

右、御報告申上げます

# 昭和十九年（一九四四）

## 日記

一月　中根村・関東・東北講習会

一日（土）　木村武雄　阿部久兵衛　太田義勇軍　中隊長
二日（日）　五、四五出発
三日（月）　精華会有志会合（本化同志会トノ事）
四日（火）　中根村(1)　到着　第一日
五日（水）　第二日
六日（木）　講習会ヲ終了　多田大将宅　一泊
七日（金）　山本分会　六郎ト古河泊リ
八日（土）　船江ノ墓ニ詣テ、中畑へ　岡崎氏ニ一泊(2)
九日（日）　午前講義「昭和維新ノ性格」　郡山泊り　鳥海訪問
十日（月）　半田(3)　早田氏宅一泊　夜大嵐
十一日（火）　午後四時帰宅
十二日（水）　成田（朝日）岡崎（磐陽）
十三日（木）　麻生重一　山名義鶴　田中久

十四日（金）　田中久
十五日（土）　田中君カヘル　神田孝一　桐谷　丸三　知事外三名
十六日（日）　午後　鶴岡分会総会　終テ参与会員ノ会食
十七日（月）山本　山本　後藤外一人
十八日（火）　桐谷
十九日（水）　田口、平田　久兵衛　佐久間、小松武　一男
二十日（木）内田　鐘紡　今川清次外三名　曺　渕上一泊
←　久兵衛　小分隊長会議報告
二一日（金）　渕上　曺カヘル　蘇福⑷　董、きくち　鋭子　今日ヨリ
二二日（土）　青年班講習　第一日　いさごや
二三日（日）　第二日
二四日（月）　講習会了ル　西村栄一氏　湯の浜迄来ル
二五日（火）　特高課長　正□
二六日（水）　昨夜雪　正月講話第一回分返送　本間昌平外一名　内田捨次郎
二七日（木）　南平田　斎藤庄左衛門　桐谷 大場（上田）応召挨拶
二八日（金）　津川義男　伊東六十次郎⑸　石川　桐谷⑹
二九日（土）　平田　伊東　大野　廣瀬会合申込ム
三十日（日）　平田、清瀬　芳賀新太郎　佐藤賢太郎
三一日（月）　榊原勝彦　仙台　菊地
［一月備考欄］　ヒットラーノ交通政策

平時　□　戦時―B―W
　　　　　戦後―B―□
日本　幹線□車　大陸交通　　元肥ヲ可トスルモ追肥ナラ二番　ストロンチーム火薬素
田中随憲

**注**

（1）千葉県夷隅郡中根村。現夷隅郡岬町の一部。講習会については「潮流を越えるもの」関東・東北講習会（中根村）『東亜聯盟』昭和十九年二月号［TR16七三～四頁］。

（2）福島県西白河郡中畑村（今の福島県西白河郡矢吹町の一部）。「磐陽支部に就て」［『東亜聯盟』昭和十九年二月号］中畑村の岡崎賢樹（磐陽支部長）や滑津村（今の中島村滑津）の水野谷三郎の呼びかけで岩手・宮城・福島から百三十名の参加があった。八日は大井上康の高弟岡部源次の「栄養周期説」を聞き、九日は石原の「昭和維新論」であったが、聴講の最前列には棚倉から馳せつけた小野姉妹に率いられた女子青年団数名の姿があった。彼女等を最前列にしたのは、多くの男性群の奇異の眼から護る石原の配慮だったという（真山文子の証言）。

（3）福島県伊達郡半田村。現伊達郡桑折町（こおりまち）。この村は早田伝之助、阿部忠治らがいて東亜聯盟の活動拠点の一つであった。昭和十八年十月ここで種苗交換会が開かれている「種苗交換会記」『東亜聯盟』昭和十八年十二月号［TR15二八三―二八八頁］。

（4）庄内支部青年隊講習会記、湯之浜朝日館『東亜聯盟』昭和十九年三月号［TR16一〇七～一一一頁］。

（5）伊東「新京・南京・東京」『東亜聯盟』昭和十九年六月号［TR16一八六～七頁］にこの前後の伊東の状況を伝えるかなり詳しい記事がある。

（6）石川正俊と桐谷誠は庄内国土計画構想の立案を引き受けており、その中間報告に来たと思われる。特に桐谷がこのところ再三（一月十五、十八、二十七、二十八日）訪れているのはそのためであると考えられる。

**二月　十八年八月ニ大事・十九年六月迄1／3改心セハ十一月迄**

一日（火）平田　　真木前校長挨拶ニ来ル　平田　石川　堀特高　中村秀男

二日（水）象潟　象潟　額田市太郎宅
三日（木）　成瀬　精華ヲト丶ケル　小松蕨岡ノ勝利ヲ伝フ　阿部久兵衛報告
四日（金）　和田勁　増川　渕上
五日（土）　伊東六十次郎　共ニ湯ノ浜へ　講習第一日(1)　簡素剛健
六日（日）　第二日　菊地杜夫
七日（月）　第三日　終了　雨
八日（火）　佐藤長右衛門　渡辺一外二名
九日（水）　久兵衛
十日（木）　テイ子病臥　とよせ　本間昌平
十一日（金）　阿部徳三郎　午後　直松
十二日（土）出発　惟孝来り診察　午後二時三十五分出発
十三日（日）　福井ヨリ福島氏　米原ヨリ山本氏
合田氏宅へ(2)　セメント副産石灰ノ分解（ダスト）(3)　京都　速江
十四日（月）　夜　池本氏
十五日（火）　午後ヨリ神戸青年道場ニテ講習会(4)
十六日（水）　第二日
十七日（木）大阪　会終了後　有沢正院ニテ小憩　国府
十八日（金）　電車ウマク行カス　鳥羽泊リ　雪フル
十九日（土）　午前六時出発　西　中森　井田　池田（浜□）羽櫛田（息）隠地（ヒゲ）志摩(5)
二十日（日）　加藤　樋口　津（□辻　高田　伊達—□□会）

二一日（月） 豊橋(6)　浜松(7)へ「千代」ニコーソノ約　中村歯医者　□□　佐藤三郎
二二日（火） 浜松　岡田ヲ見舞ヒ　上京
二三日（水） 東京(8)　夜高□着　干静純　石岡　大西
二四日（木）　夜　後藤ニテ夕食
二五日（金） 東京　中野　まこと会会合　夜行ニテ出発(9)
二六日（土）　新津ニ立寄リ　廣川　鈴木両氏ニ送ラレ帰宅
二七日（日） 帰宅　伊東六十次郎　古の
二九日（火）　十八年八月ニ大事　十九年六月迄1／3改心セハ十一月迄
［二月備考欄］　二〇年八月迄1／3　〃　二一年八月（其以後ハ最終戦争ニ引キツグ(10)）

**注**

（1）渕上辰雄「庄内講習会より」『東亜聯盟』昭和十九年三月号［TR16一〇四～六頁］。
（2）合田秋義は兵庫県川辺郡園田村園和八ノ四に居た。
（3）セメントダストについては合田秋義「肥料問題に就て」『東亜聯盟』昭和十九年一月号［TR16十五～九頁］参照。要するに使用法を誤らなければ代用肥料として有効ということである。
（4）関西地方講習会『東亜聯盟』昭和十九年三月臨時号［TR16一一六～八頁］。
（5）同前［TR16一一六頁］。
（6）同前［TR16一一六頁］。
（7）同前［TR16一一六頁］。
（8）同前［TR16一一六頁］。
（9）この夜、帰郷する石原を、小泉菊枝や歌川平次郎、庸子夫妻と共に上野駅に見送った小野（真山）文子は「将軍は少し笑みを浮かべて黒いソフトのへりに手をかけて奥のプラットホームに消えて行かれた」という。

（10）この頃、石原は同志に対しては「日本人が三分の一誠心を回復したならば必ず天佑が降る」と云っていた。〔『東亜聯盟』昭和十九年十一・十二合併号26頁ＴＲ17一六二頁〕。

**三月　速水鉄工所見学　感深シ**

一日（水）　晴天　阿部、佐久間□　渡前　五十嵐弥七（張家口）
二日（木）　後宮へ　重俊死去ニツキ見舞　夕刻　原稿来ル
三日（金）　菅原友蔵　河相達夫
四日（土）　河相　夜バーサンノ寝返り手伝十回
五日（日）　今川清次　津軽長谷川　銻子遂ニ　病臥
六日（月）　桐谷、石田　結納交換(1)　高田夫人手伝ニ来ル　夜　杉浦　ゆき泊ル
七日（火）　小松　杉浦　中沢直通（八戸市小中野町佐□代東光塾）高橋直一郎　稗貫郡亀ヶ森村(2)
　　　　　今川清次　渡辺一　看護婦来り　閉口
八日（水）　田中元　曽田玄陽　杉並区天沼三ノ六九四
九日（木）　きくち　佐々木政一　岡の大灌　鎌形
十日（金）　斎藤庄衛門　伊藤実　告別　将特高課長　鎌形カヘル　蘇福ヲ停車場ニ見送ル
十一日（土）　津軽支部四名　久兵衛帰宅
十二日（日）　榊原政治郎　久兵衛帰リ「ウントリー」銻子バーサンノ脚ヲ伸ス
十三日（月）　外山卯三郎　早坂　徴傭令来ル　平田ニ伴ハレ金吾、鈴繁別レニ来ル
　　　　　夜　村上屋　早崎氏　外山氏
十四日（火）　ユキ再ヒ病臥　中島龍三　森国年男　金東根　富沢有為男　六郎カヘル

十五日（水） 和田君ニ電報スル　ヒルマヨリ来リシ大山ノ青年　真田
十六日（木） 久兵衛分会長会議ノ報告　看護婦カヘル　鋭子トマル
十七日（金） 和田君一泊　中島龍三氏
十八日（土） 早坂出発　芳賀　今井　平田
十九日（日） 風間訪問　桐谷　丸三、尾形、□□、大瀬母子、神崎、亀山
二十日（月） 岡崎水戸　照井　渡会彰彦
二一日（火） 文理科大学学生等三名　布施バーサン　鎌形
二二日（水） 鎌形滞在　首藤雄平
二三日（木） 十時二十分　参 参与会員会(3)　神崎達　農場ヨリカヘル
二四日（金） 武治療ニ来ル　松崎弟（面会セス）
富山 一番ニテ出発　新津ニテ五時間マツ　広川鈴木ニ連絡ノ目的ヲ達セス
午後九時半三日市着　汽車コムコト甚シ　午前一時就寝
二五日（土） 講習第一日(4)　夜　深見氏宅
二六日（日） 深見氏宅
二七日（月） 工作 宇奈月ニ於ケル工作員会議　ヒダカヘル
二八日（火） 原特高課長来訪、
雨ノ中ニ伏木速水鉄工所(5)　見学　感深シ　速水氏一泊　岡氏モ来ル
鳥海　高林（左）大西女史
二九日（水） 高山泊リ　夜中井旅館ニ二十名計集マル
三十日（木） 直江津泊リ　いかやな屋　市川　石田両氏

三一日（金）カヘル　市川信次（高田市西城町三丁目六二ノ一）
午後五時帰宅車中　仙北郡花館村　戸島孫惣　木村氏不快ニテ来ル

**注**

（1）桐谷誠に石田敏子を紹介したのは池本喜三夫と武田邦太郎で、池本と武田は石田敏子の従兄弟に当る。
（2）現岩手県稗貫郡大迫町亀ヶ森。
（3）庄内支部第八回参与会員会議。南田米三「庄内支部通信」〔『東亜聯盟』昭和十九年六月号TR16一七九～一八一頁〕に詳しい。
（4）田中直吉「北陸講習会より」『東亜聯盟』昭和十九年六月号〔TR16一八二頁〕参照。
（5）『東亜聯盟』昭和十九年六月臨時号北陸地区富山支部「運動報告」〔TR16一九二頁〕及び樋口義重「速水鉄工所の東聯運動を顧みて」〔『東亜聯盟』昭和十九年十一・十二月号TR17一五七～一六二頁〕。

## 四月　中国同志の質問に答える

一日（土）三上　桐谷、池田　新潟農業会ノ一課員　小花、精三氏推薦ノ□□
二日（日）　風間淳信進学ノコト承諾ニ来ル　阿部久兵衛　西川速水
三日（月）　桐谷結婚式
四日（火）　池本夫人　風間　三浦打合セニ来ル　三上卓　伊東六十次郎
五日（水）左山　布施バーサン新居ニ移ル　野沢未亡人及長男　伊東六十次郎　松山氏
六日（木）　寛弥　六十次郎氏　武　六郎兵衛　アンコ　菅原氏畑ヲ見ル　久シ振リノ晴天
七日（金）　松山　主殿之介　金吾君下山シ来ル　夜　佐藤氏　念仏
八日（土）　桐谷夫妻　本間昌平　□場ノ件頼ム　又三郎隊　米内山次郎中尉
九日（日）高セ　高瀬通
十日（月）　晴レ　雪ワリヲ蒔ク　ニラ、ミヨウガ手入

十一日（火）　朝　六郎カヘル　石沢　稲葉　中国同志ノ質問ニ対シ回答ス(1)

十二日（水）多田　デフ公来リ　木村氏カヘル　デフハ布施サンニ泊ル　夕方　菅原氏　畑ノ打合セ

十三日（木）都丸　多田先生来ル　午後一時ヨリ常念寺　中島天舟　山田昇
大井ノ手伝　馬レイ薯蒔付
播州
支部

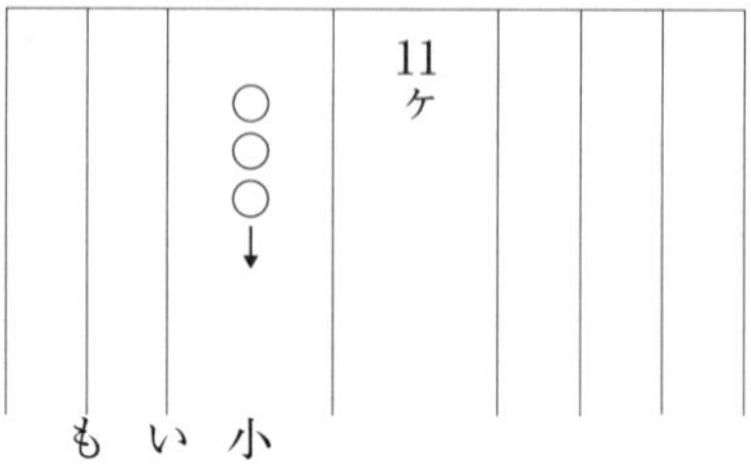


多田先生十時四十分出発

十四日（金）森国　風間、三浦　尾形三氏来リ　淳信進学ノ件決定　森国年男　□□□手ニ入ル

十六日（日）　池本氏来リ湯ノ浜一泊(2)

十七日（月）　池本氏夕刻酒田へ

十八日（火）　座骨神経痛　大瀧一雄（夜）

十九日（水）　鎌形君来ル　雨　薯フセル能ハス

二十日（木）　大掃除　廣川　鈴木　長右衛門断ル

二一日（金）　池本講話欠席
　馬レイ薯フセ終ル

| | | | |
|---|---|---|---|
| ヘヤヘット | 西洋□菜 | （ヘニルキレン） | ホーレン草 |

二二日（土）　朝　菅原手伝ニ来ル　小林鉄太郎

二三日（日）　石黒四郎　〃辰雄（工生）　朝デフ出発　鎌形　久兵衛　越□捨次郎

二四日（月）　佐藤一男　斎藤　工場ノ件　堀部　梅の　鎌形カヘル
久方振リ快晴　サ、ギヲ持来ル

二六日（水）　雨、文平、井上、岡崎　酒部　麻生重一　夜佐藤俐

二七日（木）　人参大根ホーレン草ヲマク

二八日（金）　悌次郎手伝　分会長会議　防空演習　午後雨

二九日（土）　南瓜　畑ニ蒔付ク

| | |
|---|---|
| 雨 | |
| 白皮 | |
| 中生 | |
| 中村（五） | |

三十日（日）　鎌形氏来リ　久兵衛へ
雨　□□、茶　開コン　鎌形氏注射　ゆき帰ル　玉井来ル

**注**

（1）月刊社石澤四郎・稲葉正三を通じて北支中国同志から、蒋介石に対する態度と東亜聯盟が文化運動に止まる理由につき質問を受けたことに対する石原の答弁［角田順『石原莞爾資料―国防論策』四六七頁］。

（2）池本喜三夫「石原莞爾将軍の友情」（『農公園列島』啓文堂、昭和四八年）。

**五月　日蓮主義研究会**

一日（月）　鎌形カヘル
晴天　南瓜ヲ大体マク　牛蒡マキ　手巻さゝけノ種来リ直チニ第一回蒔付

二日（火）　表ノ木ヲ裏山ニ移スタメ大井悌次郎、吉住手伝　大井大ニ協力畑大体片付ク
長いも植付　きび夏カンラン等フセル　小松ノ弟いも、十鳴ヲモッテ来ル
竹屋、桐谷妻　久兵衛割合元気

三日（水）　三本一升九十本　仙葉　藤本憲兵中佐　玄米老人　伊藤繁太　勝田秀堂
四日（木）　川島篤　庄司　木村民蔵　堀井徳松　日蓮主義講話　第二回
昨日帰宅セル猿公カヘラス
五日（金）　神崎ヨリ里芋ノ種67
六日（土）　酒田本間君ノ工場ニテ講話
西山行ノ予定ヲヤメル　膀胱少シイタムタメ　雨具屋ノ梅　酒田移転
七日（日）　久兵衛、小隊長会議　金丸　ねぎヲモツテ来ル　天王子小蕪ヲマク
午後雨　風間　本間昌平
八日（月）　晴天　表ヲ開墾　信のや南瓜二本　李幼漢　杭州市銭王祠十六号　李嘉楓
じゃがいも少シ芽ヲ出ス
九日（火）堀内　金吾君下山シ来ル　堀内夫妻　夕棚部ニ至　古かやヲ少々貰ツテカヘル
十日（水）　雨、旅河氏国民健康保険ノ勧誘ニ来ル　さゝげ　相等ニ芽出ス
十一日（木）　雨雨　山本繁　阿部庸太郎　永井柳太郎　関勲　劉　日蓮主義第三回
午後三時　永井
十二日（金）　晴　伊藤秀夫　小林てい　桐谷武　伊東六十次郎　佐藤正三
平泉　山口　酵素肥料ヲ豌豆ニ施シ手ヲ与フ
十三日（土）　伊東六十次郎氏一行再ヒ来ル　吹浦　尾形、矢島専介
芽ノ出タしゃがいもニ施肥　ゆきねぎ15把ヲ持来リ無理ニ全部植ヘル
欣平太　迎ニ来ル
十四日（日）　朝はとむぎヲ表ニマキ　午前八時出発、切符ノ間違カラ新庄ニテ一サワキ

十五日（月）
一ノ関一泊　同宿十一名
血尿痛ム　欣さんノガリガリ(1)
午前五時二十分発　微傭船ノ壮行会ニ参加
午後二時ヨリ講習会　菅原直氏宅ニ一泊　井上氏ノ治療

十六日（火）
第二日

十七日（水）
午前中終了　午後一時四十分発一ノ関泊リ

十八日（木）
午前八時発　鳴子ヨリ乗車セル藤村氏一行四名ト新庄ニテ会合
午後六時帰宅　雨

十九日（金）
酵素肥料ヲ積ム　雨　森国年男余目分会ト共ニ来ル

二十日（土）
雨　雨　佐藤正　鐘森　種　南瓜整理ノ意見
久兵衛分隊長会議ノ報告　神崎弁ゴ士　関勲告別ニ来ル

二一日（日）晴
日蓮主義研究会第三回ノ予定ノトコロ警戒警報ニテ取止ム
高村、桐谷誠、主殿之介　キウリ、トマトノ苗ヲモッテ来テクレル

二二日（月）晴
泉山三六　花野吉平　石井日出吉

二三日（火）晴
藤本　暖カナリ　六郎　タカヘル

二四日（水）晴
酵素堆肥キリ返シ　田沢ノ人？　仲鉢隆一

二五日（木）晴
桐谷　小松ト共ニ　北海道ノ大豆ヲ持ツテ来ル　早速　表ニマク
井上正来リ　夕　久兵衛君　小林市長　尾形六郎兵衛　与惣衛門

二六日（金）晴

二七日（土）
午後ヨリ雨　井上正カヘル

二八日（日）　雨ヲ犯シテ谷宅ニ行キ　久兵衛君ノ田畑見学同君ノ苗ヲ見ル　木村武雄
二九日（月）　晴レル　林良太郎　置賜支部ノ簗川氏
三十日（火）　晴　佐藤一男工場誘致ニ付テ　夕方　三井　キウリ、トマト、南瓜各一本持来ル
三一日（水）　菊地清太郎　島崎捨吉
午後二時十二分木村先生高知ノ女二名ヲ伴ヒ来リ女ハ村上屋ニ

**注**

（1）　薮式治療器をガリと呼んだ。ガリガリは経絡に沿ってその治療器を移動させるやり方を治療器名をかけてユーモラスに表現したものであろう。

## 六月　日蓮主義講義と闘病

一日（木）　雨　民田　木村先生田植実習　薯ニ酵素肥料　大井手伝
夜　日蓮主義講義
二日（金）　晴　与惣衛門来リシニヨリ色紙等ヲカヘス
三日（土）晴　智津　広良見送ノタメ水沢ニ行ク
四日（日）雨　木村先生カヘル
五日（月）　曇　信太郎「シヨウガ」少シ貰フ　久兵衛　鈴木清一　佐藤誠信
六日（火）　晴曇　尾形六郎兵衛　吉住民田ヨリからとり、なす、きうり苗ヲ持来リウヘル
七日（水）　晴　名和力三　岸　言霊書房応召告別ニ来ル　夜　日蓮主義講義
八日（木）　桐谷告別ニ来ル　北京佐々木
九日（金）　秋田ノ鈴木外二名　和田、段塚、渕上、井上、佐藤俐　金吾、鈴繁

十日（土）　芋ヲトツテ呉レル　腰痛ム
十一日（日）　湯ノ浜ニテ　工作員ノ相談
十二日（月）　午前支部ニテ久兵衛君ノ工作員ニ対スル説明　午後高木ノ　夜金吾ノ治療ヲ受ク
十三日（火）　神経痛悪化　森国年男　工場誘致問題
　病臥　森国　夜惟孝　硫酸加里ヲ持来ル　夕山本良辰巳会ハズニカヘス
　久兵衛少々血ヲ吐ク（昨日）
十四日（水）　少々ヨシ　仙台　大友鉄治郎　戸田武雄
　阿部清治郎　告別ニ来ル「但惜無上道」
十五日（木）　産報ノ青年来ル　武君いも苗ヲ持来リ惟孝ニ半分ワケル
　大場ノなすモ来ル　夕　警戒警報
十六日（金）　富樫ニ依頼シアリシ八足出来御本尊ヲ奉安モ達セリ
十七日（土）　布施一家手伝ニテ畑大ニ片付ク　佐藤長右衛門
　主殿之介　太郎ヲ連レテ来リ五里ニ招待ス
十八日（日）　雨　谷菊夫外一名　清治郎　夜、平沢
十九日（月）　警視庁ノ河部（黒川会員ノ兄）　夜　谷瀬氏
二十日（火）　午前八時　藪先生来ル　午後一時ヨリ講習会
二一日（水）雨！　朝　ホテルニテ治療ヲ受ケ　午後一時ヨリ講習　水谷氏藷苗ヲ持来ル
二二日（木）　天気　再ヒヨクナル　早朝　藷植付　夜　日蓮主義講義
二三日（金）　午前　藪先生来訪　二本松ヨリ連絡者来ル　克枝さん来ル
二四日（土）　水谷明日カヘルトテ告別ニ来ル

二五日（日）参　参与会員会
二六日（月）夜大雨　大迫中将　中原特高課長　青島　梅田浩正
二七日（火）晴　午前　藪先生治療ニ来ラル　小田原雄道師
克枝サン藪先生出発　昨夜下痢
二八日（水）　上の君　大井君ノ後釜トシテ手伝スルトテ来ル
夜？片桐堅司　大井君出発当日モ来ル　午後三時半出発
小林市長ヨリ事情ヲキク　夜　片桐堅司
二九日（木）　高橋清一郎　日蓮主義講習会　御入滅後明治迄　一国民兵ヨリ薬ヲ送ラル
三十日（金）　麻生重一　金東根

**七月　上・中旬　茅原楠蔵と牛島・津野田の来訪**

一日（土）　高松敏雄　日野吉夫　中村姉　来ル
二日（日）西山　西山ニテ飽海ノ参与、準参与青年班ニ講話(1)　一泊
女子青年部　西山ニ勤労奉仕
三日（月）　午前九時四十分帰宅、藤井虎雄　増川
四日（火）　雨
五日（水）　雨　第二国民学校教師四名　佐藤一男　石川出発告別ニ来ル　見送リ
六日（木）新庄　雨　真田ト共ニ新庄ニ至り講習会(2)　一泊　夜　蚊ニ苦シム
七日（金）　晴　余目ニ立寄リ（石井氏）カヘル　夜　大東亜練成院学生　庄内ホテル
八日（土）　明石元長　廣川　小笠原日堂　姉カヘル　千原楠蔵

午後三時頃?小笠原日堂

九日(日) 中西与七 松尾名平 雨森 木村先生来リ西山へ 牛島、津野田(3)

十日(月) 牛島、津野田 田中久、久保、溝口 藤島、高橋

十一日(火) 雨、大雨 田中久外二名、佐藤一男帰リ報告 石川正俊帰ル 木村氏泊ル

十二日(水) 雨 田中君一行 北行 菊地健次郎(産業新聞 小林夫人 木村氏泊ル

十三日(木) 御墓参り 夕刻ヨリハレル

外山氏ヨリ金石社分工場希望ノ由申来ル

十四日(金) 晴後雨 石黒外一名 九州 斎村 金吾 山ニ登ルトテ来ル

十五日(土) 晴時々雨 近岡 森国年男 木村先生西山へ 太田幸一

十六日(日) 時々雨 西川速水

十七日(月) 晴 浦本政三郎 斎藤前助役 特高二人

午後二時吉田 吉田貴重埋骨式ニ西川氏ト共ニ行キシモ時間相違ノタメカヘル

注

(1) 維新論の講義〔『東亜聯盟』臨時昭和十九年八月号TR17九四頁〕。

(2) この日、石原は最上支部発会並に村山、置賜、庄内、秋田県南連絡協議会に出席。

(3) 牛島辰熊「東條暗殺計画」(『探偵実話』昭和二八年七月)、津野田忠重『わが東条英機暗殺計画』(昭和六十年)参照。

## 書簡

175 ▲上告断念は無念なれど、無駄事で東聯の為にも却って好ろしからぬ所為とまで云はれ

一月八日付石原莞爾（鶴岡市高畑町）宛曺寧柱（京都市左京区田中大久保町六三東亜聯盟関西同志会）速達封書［憲政・増川喜久男関係文書・30―1］

謹啓　寒中閣下には如何御起居遊ばされ候やお伺ひ申上候　御一家一同様にも嘸かし御均勝の御事と拝察奉り候降りて小生出所この方　無事罷り在り候間　憚り乍ら御懸念下さるまじく　誠にその後は打ち絶へて御無沙汰致し居り恐縮次第悪らず御宥免の程願上候

出所直ちに閣下の御下へ馳せ参り二年越しの御尊顔を拝み度き心　澎湃として起り候へども保釈中の数日は何かにつけて不便が伴ふこと多きものと存じ遂ひ御疎音仕り御報告も不如意に相至り候　閣下の温顔を一日も早く拝見仕り色々と申上げ度く　専ら其の日の速かに近からん事をお待ち致し居り候

二年目に見る世情は獄中の予想を遥かに超へ時局の緊迫さから申し　とりわけ小生共若き者は寸刻だも揺がせにすることあっては叶ふまじき儀と益々痛感致し候　斯る異常時なれば須らく水火を辞せざるの意気有ってのみ始めて事が成るものと固く信じ居り候も　世上には概ね古今を問はず事の初め有らざるなきも　事の終り有ること尠きが恒例にて御座候へば　万事至らざる多き小生共　東聯健児は緊褌一番　事に臨み竜頭蛇尾に堕する弊なき様　常に自己を鞭ちて有終の美を完せざれば已まぬものと存じ候

今回上告の件は駄目と相成り終末の実を結び得ず甚だ残念に御座候

小生の保護に御責任を担当下されし福島先生並びに金光先生の上告の件に関する御意向を大約左に開陳致し候

金光先生

今回事件の取調は当初より当局者にとって政治性が多分にあり　又　今事件関係者が　朝鮮或は福岡などに現在数ヶ年の実刑を課せられて服役中であるに拘らず　其の中心人物とも云ふ可き曺は出獄され保釈まで裁判長自身が認めて被告を人格的に取扱ひし事は　畢竟　内心は無罪なることを万々承知乍らも　警察官の面目と政治的意味合ひと

関係者諸君の服役中であること等とから　遂ひ形式的には有罪とせざるを得ぬ苦しき裁判官である事を表明してゐる。もうこれ以上軽き刑を以て言渡すことは　彼等の今日に於ける立場として絶対無理である。今回の判決は曾て聞かざりし異例的なギリギリ決着の温情的判決である。故に形式的には有罪なるも実質上は勝ってゐる。私が（金光先生）以前朞の在獄中面接せし際　上告を賛成したのは、今度の如き寛大な判決有るだろうことは予想せず従来一般朝鮮青年の有罪的課刑の如きとのみ考へてゐた為めである。
上告しても　今回判決以上の有利な判決を期待する事は一つの夢である
今　判決に服罪したからとて東聯運動に障碍有ることは毛頭無く　縦令迫害有っても我々は別の方面から彼等と闘ふ位ひの余地と方法とは幾らでも有るから些かも懸念に及ばぬ。上告したからとて東聯運動に細小なりとも利点が有るとは思へぬ。
今事件の関係者は多数服役中だから、其の首魁的立場の朞は、執行猶予位ひの罪の一片を担ひ罪のお裾分けをするのも志士的態度だと思ふ
閣下以下東京方面からの上告の御意向は東聯運動其のものとは何等関係なく単なる二年間の朞の苦闘に対する同情的意味から一応上告して見やうといふ意向に外ならぬものと解する。
警察を訴へる件は益々困難である。
福島先生
裁判官は無罪なることを充分知悉乍らも有罪判決をなしたことは、警察も裁判廷も同類的存在だからであり、斯るものを相対に上告しても結局最初から取り合はぬことは火を見るより明かである。
斯かる上告の挙は無駄であるばかりでなく、当路者等の感情を刺激して、今後　東聯運動に却て詰らぬ点にまで支障を招く場合が多い。拠って東聯の実力充実の要が切なる今時に際して不利極まる挙措である。徒に闘争に走らず寧ろ我々は政治的手段を講じて東聯運動の十全を計るのが得策である故、執行猶予といふ濡衣的汚名をさへ辛抱した

ら宜いから一審判決に満足するのが、東聯の為にも当を得た策である。

二年前の東聯運動と近来に於ける東聯運動の性格とは相異するから、曺は以前の見解を以て上告を云為するのは愚である。佐々木なども若さから東聯運動の全般に思念が想到されてゐない恨みがある。

服罪したからとて東聯が腰弱になることは絶対に有り得ず　却って上告せぬ方が有利である。尚ほ当局者の検束当初の企てが虚しく相成り、彼等の不正が暴露されたからには二年間の頑張り必ずしも無駄ではなく、又　東聯の意思は充分通ぜられてゐる。

無実の罪を摘発せし警察吏を訴へるは大賛成なり。以上

小生の二年間の小闘は採るに足らざる仔細事には候へども併しこれを機会に上告を以て最後まで其の主張を押し通すことは、東聯運動展開の性質から申し些か面目を施すに与って力有るものと信じ候　勿論警察当局と気脈と流れを同じうする法廷などを相対に致すからには、上告を以て一審より以上の温情有る判決の下らんことを願う如きは小生当初より秋毫も之れ無く　唯、最後まで小生の意思を貫徹せしむと云ふ頑張りで以て東聯の腰の強さを躍如たらしめんとなす気持に過ぎざるものに候

刑量の加減　利不利の打算から上告を云為するものに非ず、小生はただ其の主張を最終審まで貫いたといふこと丈けで満足すべきものと存じ候

上告に依って　却って一審より以上の不利な判決が言渡され　再入獄の羽目に陥るとも小生は寧ろこれを光栄に甘受致す念願に之れ有り候　獄中の節　既に小生は上告の意志を金光先生に伝へ置き　出獄直ちにも上告の件を福島先生に御相談申上げて獄に後戻りすることなど些かも躊躇せざる旨申上げ　爾来　今日までに及び候

併し上告は無駄事で　尚ほ東聯の為にも却って好ろしからぬ所為とまで云はれ候はゞ　小生今日の東聯の動向皆目知り申さぬ故、たゞ両先生のお勧めに御随ひ致し候

丁度　四日に東京で講習会開催との趣き承り　小生尚ほ不足感消へぬ故　閣下以下諸先輩方々の御意向を再び御患

はせ申し度く　佐々木君宛に呉々も口伝え依頼致し候処　鶴首の電文「上告せよ」との内容を得て早速悦び勇んで二度目の神戸へ参上致し金光先生に拝見　色々と承り候が　以上の如き先生の御意見にて候

小生は万一の事を考へ、一応上告を申請して佐々木君と直接面談の上　東京の御意向を判然り知ってから、若し小生への単なる同情のみの意味から上告を勧告するならば、上告申請を取り下げることに致した方が失敗なくして宜しきものに非ずやと申述べた所、金光先生は福島先生と電話で打合せを済まされて後「後日　閣下に拝接して福島先生と共に上告せざりし理由をよく鮮明し事情をよく申上げて御諒解を得るから」との御言葉に之れ有り候

東聯の同志でもあられ　裁判沙汰にも通暁せし専門家たる金光先生に御座候。今回小生の事件に終始御配慮下され候ひし両先生にて候へば　事件の内情も東聯との関連性も恐らく誰よりも知悉遊ばさる筈に候。近来に於ける東聯の状況と対局的立場の程度如何なるやの点、皆目知り申さぬ癖に、両先生の御意向に反する如き自己の主観を押し通すことは無礼と存じ　又　東聯運動に迷惑を御掛け申す儀に外ならずと拝考、余儀なく爾来の考へ方を放擲致し上告取り罷めの両先生の御意向に賛同致し候

併し　小生今までの頑張りは準備的序幕にて却って上告以後が寧ろ本筋の闘ひとのみ考へ満を持して力み居り候処斯く相成り候上は今までの緊張は弛み身も心も果てし無く沈み行く気持が致し居り候

小生は決して若年の血気に任せて徒に闘争を好むものに非ず　唯　汚穢の今生に於て神明に恥ぢざる主義信仰を貫かんが為めには、往々世人から見れば狂暴ですらあるかの如き猛進敢闘有って始めて事を遂ぐるものと固く信じ居り候

東聯運動自身の為めにも上告の要無きものに御座候はゞ小生とて喜んで諦め申し候

警察を訴へるの一件のみは福島先生と金光先生と多少意見が相違するかの如き観之れ有り候

上告の要も無く　警察を訴へるの要も無いまでに東聯の性格が闘争性から離れるに立ち至ったのか　全く小生は狐に憑された感じが致し、さなきだに二年間の蟄居生活から馬鹿に相成りし頭が益々混乱致し居る次第に御座候

小生の今事件が如何に細爾たる些細事にせよ　東聯運動の為めに是れを機会に有能に利用するの点　全く之無き候や　お尋ね申上候
入獄が返復されることは東聯に身を捧げし者の本領とすべき点にて　又、汚土に生を享けし者等の当然となす可き点と信じ居り候。獄中生活も世人の未だ識らざる好さが一面には之れ有り候　前世に犯せし罪を辨ふ為めの苦悩と思へば　却って獄中の辛苦は一転して一つの快適な心持すら感ずるものにて候
委曲は孰れ閣下拝顔の節に譲り先づは右御報告までに候
寒中　御老体何卒御自愛に遊ばさるゝ様　切に御祈り申し、尚ほ　奥様にも御鳳声の程願ひ奉り候
小生如き微細物が閣下の御心慮下に常に日を送り得ることは万々忝なき儀と拝考致し居り、東聯運動に挺身倍奮して御恩の万分の一なりとも報じ度く所念に之れ有り候
頓首合掌　　　　冑寧柱白

## 176▲桐谷君の心境変化致し、来春より不肖の下に参り度しと申し居り候

一月十一日付石原莞爾（鶴岡市高畑）宛岡野鑑記（横浜市磯子区磯子町一一二五）封書［鶴岡石原手紙182―4］

拝啓　先般　中根村に於ては久々にて拝眉の栄を賜り益々御健勝の御風貌に接し邦家の為　誠に大慶の至りに奉存候
前後三日間に亘り貴重なる御高説を拝聴するの光栄に浴し　且つ親しく御懇切なる御指導を得て唯々衷心より感謝いたし居り候　茲乍失礼　以書中厚く御礼申上候
次に　去る一月六日　桐谷君来訪いたし候間　例の件につき親しく種々懇談いたし申し候　その結果　同君の心境変化いたし　若し閣下の御許しを得ることが出来るならば　本年中に庄内に於ける自己の任務を果し　適当なる後継者を探し出して　来春より不肖の下に参り度しと申し居り候　申すまでもなく小生がこの地に参りしは　単に一専門学

校を経営すると云ふよりも　この革新的経営を媒介として教育制度全体の革新にまで拡大し以て　昭和維新の真の担当者を養成せんとの念願に御座候　勿論　農村の改革、農村青年指導の重要性は充分承知いたし居り候へ共　桐谷君の性格及過去の経歴に鑑み　やはり知識青年層の指導に当ることがより適当ならんと存居候　且つ小生との長き因縁と母校に帰ることの特別の意義に徴し　是非この際御許しを得て二人の得難きコンビにて理想に邁進し御期待に添ふに足る効果を挙げ度き念願に御座候　何れ近々同君が直接拝眉の上　御願ひいたす筈に御座候間　事情を十分御了察賜り　私共二人の熱望を容れて御許し下さるやう懇願申上候

愈々厳寒に向ふ折柄御自愛の上　人類同胞のために益々御健闘の程祈上申候　敬具

昭和十九年一月十一日　岡野鑑記

## 177●名古屋青年の件、誠に遺憾に堪へません

一月十六日付小泉菊枝（杉並区阿佐ヶ谷三ノ四九一白土志郎方）宛石原莞爾（鶴岡市高畑町）葉書［鶴岡・石原・K41―3］

合掌　名古屋青年の件、誠に遺憾に堪へません。一億一心を強く要求せらるる今日、当局が半島の人々を敵側に追いやる結果を生むこと正に維新の前夜様相の一つに御座候。あの青年達は決して退転することないと確信します。むしろ尊い御修行ですが、彼らのみを苦しめる事は日本人として誠に心苦しき極に御座候。

## 178▲山本又の懺悔

一月二十六日付石原莞爾（鶴岡市高畑町）宛淵上辰雄（於静岡）封書（四月十六日付別便も同封）［鶴岡・石原・手紙695］

合掌、信仰の薄い私に先日の御教へをいただきまして、誠に有難く、その御教恩に対しまして、この上は一心欲見仏不自惜身命と仏天に御祈り申上げるのみであります。又　一月三日の会合の時、つまらない不肖の私のことにつき、皆様に御話し下さいましたとの事を知りました時は、胸に迫り心から泣きました。今迄の悪業をかさねて参りました私は、これからは一心に信仰を励み、皆様のあとをしたっておくれない様に致します。何卒今日迄のこと御許し御願ひ申上げます。

本日静岡に参りまして支部の会合に出ました。今後の支部運動について工作員的にやってくれる人が、原田正希とい ふ人になりました。この人は国柱会の会員で若い人です。これからは一心にやると再建方法を話しました。原田さんの長男は大先生が御名前をつけられたそうです。こんな人が準備されてゐた事を、合掌致します。これからの静岡支部は立派になってゆくと思ひます。明日一緒に浜松へ行き、浜松支部について協議致します。

本日の会合は二十人程度でありましたが、二・二六事件の山本又氏（法華経信者）で元国柱会に居られた中尉であります。出獄以来伊豆の山奥で炭焼をやられて居ります。閣下とは陸軍省で御会して、山本さんは同志の盟約としては閣下を殺さねばならないと思ひピストルを向けたが、法華経の行者である閣下をどうしても殺すことが出来なかった。閣下を殺さなくて本当によかったと心から喜んで居られました。そしてあの時の態度は法華経の行者であるだけに全陸軍中で一番立派であられた。閣下の御健康を御話ししますと日本のために有難いと言はれ、その態度の純一さに思はずうたれました。

末法二重説について私のつたない話を聞かれまして心をうたれて居られました。世界最終戦論をあげました処静かに合掌されて眺めて居られました。この日が二十六日で感慨無量でありました。浜松で閣下に御会い致したいと言はれて居りました。現在は日本山妙法寺に入られて居られるとのことでした。その日の会合は山本さんの話によって大聖人の御予言の神秘さを皆にも多少知っていただき、私も全力を尽して皆に御話し出来たので合掌致して居ります。

敬具

一月二十六日

渕上辰雄

## 179▲第二回講習会と当地方農場設置の件

一月二十六日付石原莞爾（鶴岡市番田）宛田中久（高松市四番町一四東亜聯盟同志会四国事務所）封書〔憲政・増川喜久男関係文書・36―30〕

謹啓　厳冬の候に候へ共　閣下御壮健の段　為邦家大慶至極に奉存候

本二十六日第二回講習会終了いたし　四国　九州　鳥取　神戸　東京より来集の同志　琴平参拝に出かけられ候　東京より外山氏外一名の参加ありたるは誠に嬉しく被存候　毎回　一週間に亘る長講に木村氏の努力　感佩の至にて御家族及　神崎・久保等の斡旋も感謝至極に有之候

土佐島崎氏の件は土佐同志にも相尋ね大体分明致候　凡そは過日拝眉の節報告申上候通りにて取り立てゝ申す程の事は無之、只　本人の主観にて重苦しく感ぜられたる様に有之候　就ては島崎氏には気軽く考へられ出来るだけのことせられる様御願申置候

次に当地方農場設置の件　其後　具体的計画も立ち　木村氏より小菅に説明したるに　小菅も賛成せられ　遂に小生に会食を求められ　席上、本計画に協力の旨　確言せられ候

然るに其の翌朝　小菅拙宅に来られ「聯盟関係者に此種事業を許すことは有利ならず」との部下の一致せる反対に

遭ひたる故、甚だ卑屈にて　又　正しからざることと存ずるも前約を取消したき旨　極めて率直に申入れ有之候　小生も条理は別とし小菅の率直にして礼儀ある応対にいたく感動せしめられ候間、即座快諾し　且本件は小生限りの考へにて農場地を変更せることとして打切る旨確約仕候　右の次第にて農場設置は一大頓挫を来し候へ共　直ちに代へ地を他に求むべく研究を始め申候　官有地となれば　自然　小菅あたりに迷惑をかくること斯の如くなるのみならず各種妨害を受け実行困難に候間、今後は民有地一本にて進む考に御座候

右は今日の世相を端的に現はせるものとは申しながら　個人の栄達を第一とし国家を第二とする官界の情弊慨嘆に不堪候

勿論　小菅は当初より東聯を標榜することを避けられ度旨　条件あり　小生も之を承認し東聯の表面に出でざることには努力工夫いたしありしものに候　かくの如く細心の工夫を尽しあるものすら其関係者に東聯関係者ありとの故を以て極力阻止せんとする下僕の心情は小生等到底生れ変らざれば理解出来ざるものに御座候　敵前　尚　私怨を差し挟む今日の日本人は祖宗の神罰を受くべきものと被存候

以上の事情一切は木村氏初め何人にも漏しあらず　単に小生の方寸に収めあるものにて、以て　小菅の礼に報いんとするものには有之候へ共、今日の世相を代表せる好事例に有之候間　敢て閣下に報告仕る次第に御座候

末筆ながら御尊堂皆々様の御健康を奉祈候

敬具

二十六日

田中久

**180▲郵便物遅延事情、「国民組織要綱案」「昭和維新論」合本の事、山本氏との関係等**

一月二十七日付石原莞爾（鶴岡市高畑町）宛杉浦晴男（麻布区桜田町八東亜聯盟同志会）速達封書［憲政・増川喜久男関係文書・29―49］

前略

○ 二十三日湯野浜消印の速達　二十六日夕刻来到　近時　速達普通共に郵便物の遅延せる事　頻々にて霞町郵便局自らこの事実を認め居る有様です

○ 速達内容に就き

a. 「国民組織要綱案」に就きては　原稿巡覧にて　僅かに増川　段塚両氏のみの研究を得、小生としては単行本として広く批判を求むるの必要を感じたのです（合本に入れることは変りありません）

単行本発行以外　謄写版やにも当りましたが　高価且つ時日のため無理にて、又、こちらにて作成することは、実際上、困難なのであります。（情ないけれど自信ないのです）

然し、先日申上げた如く　合本一本槍にて進みます

b. 「昭和維新論」もはや改訂の内容も充実したものと確信

記念すべき新版印刷に着手すべく、前後の協議を進めてゐます　過日御指示の如く　厚表紙、白紙添付のものと一般のものとの二種作ります（厚紙表紙のものは聖紀書房主人の言より少し高くつくやうです）

c. ゲラ刷の事　山本氏より促進方　早速　依頼しておきました

書店も中々の非常時らしく　山本氏の努力を不断に求めるやういたします

○ 山本氏「決戦戦争研究室」設立依頼あり　その発起人の一人となりました事　お含みおき下さい

○ 速記訂正、おくれて申訳ありませんが　今暫くお待ち下さい

一月二十七日

杉浦晴男

181 ▲昨日、□の親分に面接仕、支那事変処理について親分の態度の在り方の決定を求め候

一月二十九日付石原莞爾（鶴岡市高畑町）宛山本勝之助（東京、京橋区木挽町一ノ十五）封書［憲政・増川喜久男関係文書・62―3］

前略　過日は参上失礼仕候。其後御病気如何に候や御伺ひ申上候。小生漸く仕事に対する情熱上昇致し、従って病気に対する関心薄らぎ、それが快方に拍車致すやう感ぜられ候。昨日□の親分に面接仕候
僭越とは存じ候へ共、情熱を傾注し支那事変処理について聯盟の方針を述べ、親分の態度の在り方の決定を求め候。何れ詳細は御報告申上候。諸々の運動相関聯いたし愉快に存じ候
来月早々御報告旁々御相談致したき事有之、参上仕度存じ居候。講習会に女性参加の件も有之、それが可能に候へば、その前後に参上致し度く存じ候。閣下のところへの手紙、途中にて開封云々の事、噂に上り居り候も如何に堕落その極に達する官僚輩とはいへ、閣下に対して左様なる卑劣なる態度をとるとは考へられず候も用意を致すこそ肝要と存じ、何れ御拝眉の節、万々申上候。乍末筆、閣下を初め皆様の御健康御祈申上候

匆々

一月廿九日

山本勝之助

## 182●山本氏のこと誠に感慨深き思出に御座候

一月二十九日付淵上辰雄（東京麻布区桜田町八東亜聯盟同志会）宛石原莞爾（鶴岡市高畑町）葉書［憲政・淵上辰雄関係文書34］

静岡よりの御手紙並日本全図難有受領御礼申上候　山本氏のこと誠に感慨深き思出に御座候　今日迄生き延びてゐる事　同氏との因縁に候　合掌

## 183▲鈴木君には南方行思とゞまる様申上ました

二月六日付石原莞爾（鶴岡市高畑町）宛高木清寿（富山県下新川郡桜井町森丘正唯方）葉書［鶴岡・石原・手紙1056―19］

拝復　御手紙拝見いたしました。御返信申遅れまことに失礼いたしました　おわび申上ます。鈴木、広川の両氏には連絡をとりました　又、鈴木君には南方行思とゞまる様申上ました。川島氏にはお目にかゝりたく通信申上ました。栃木支部は一月末に二〇名増加　大原は土屋亮三郎君が大した奮闘で最早三月目標の五十名は、すでに獲得してしまひました。富山は一九六名になりました。明六日は森丘さんと小生で維新論で講習会を高岡で開催いたします。森丘さんが先陣を切ってやってゐますが森丘さんの処の農会の技術員で、今月十六名獲得して来たのがゐます。先は取あへず右御返信まで　　　　　　　　　　　　　　　敬具

## 184▲東聯理論が朝鮮青年の歓心の的となった理由

三月四日付石原莞爾（鶴岡市高畑町）宛曺寧柱（東京都麻布区桜田町八東亜聯盟同志会）封書［憲政・増川喜久男関係文書・30―2］

謹啓　御手紙有難く拝見仕り候　御無事にて御帰宅遊ばされ候こと心からお喜び申上げ候　大老母様の御欠安は近日如何に御座候や　謹んでお伺ひ申上げ候　小生至極健康に事務所の各部屋・物置・厠など清掃中に有之候　家の混雑は往々にして私共若い同志をして識らず識らず緊張を弛緩せしめるものなれば　是れより小生　事務所整頓に専心致し度く候　一切書籍の発送（月刊雑誌以外）及び在庫品の取扱ひ並びに買物や其の他　自転車の乗り廻しも引受け

今までの朝尾老人の御労苦に対する恩に酬ひ度く念じ居り候　3月以後からの書籍発送帳面扱ひなどは一切小生の担当と相成り今後共会員同志に迷惑の無き様　尽心竭力以て努力致す所念に有之候　指導原理書の発送のテキパキさとルーズさとの差に依て会員に与ふる影響尠からざる所有之候へば極めて大事を取ってお勤め申すべく候

二月二十八日昼　警視庁の特高第二課長石岡氏を訪問致し、東聯と朝鮮問題・朝鮮青年の思想動向・内鮮協和問題・今回　小生の事件内容など一時間余に亘る面談に候ところ　氏は全的に首肯され居り候

唯、最後に氏は「私等は東亜聯盟が朝鮮独立を慫慂するの如き思想とは毛頭考へないが　併し一部朝鮮人から独立的に逆用され易い性格を内包してゐる危険性全く無しとはし難い」と申し居り候へば　小生現在　名古屋の件も有之又　後日　場合に依ては如何なる風当り有るやも測り難き故　直ちに之れを否定致し候

東亜聯盟の民族観・東聯理論が朝鮮青年の歓心の的となった理由・朝鮮青年の思想的性格・東亜聯盟を逆用する事の不可能なる所以などを語って　東亜聯盟は朝鮮青年に反省を促す最も偉大なる力あるものであるこそすれ絶対に逆用される如き欠陥など毫末もない理由を申し述べ候処　石岡課長も始終肯き居り候　猶ほ氏は「内鮮問題は今日重大事であり　特高関係中にも特に一つの専門的研究分野に属すものなれば、内務省の内鮮事務官斎藤氏に連絡をとって紹介するから　後日一度是非面接して見ては如何」と勧め居り候間　小生快く承諾致し候

今後　小生「東亜聯盟は朝鮮独立者に逆用され易しとの意見の誤謬を駁す」意味の小論筆を執り度く候へば　若し要領其の他御注意の点御座候はゞ甚だ恐縮には候へども御教示下されたく願上候

全南崔玉山氏よりの海苔の事、姜永錫君に宜敷く御礼御伝へ置き候間　何卒御休神遊ばされたく猶ほ姜君の現住所は「東京都板橋区練馬南町二―三八八五」に御座候。一両日後　杉浦兄が鶴岡参上との由に候へば　朝鮮の朴熙道氏から閣下宅へ届けよとの人参粉末を同兄便にて御送り申し候

春とは名のみて余寒猶ほ去り難く候折柄、閣下には何分風邪など召しませぬ様、折角御自愛の程祈上候

末筆乍ら奥様にも御安居宜敷く御伝へ下されたく　先づは右御伺ひまで如斯に御座候　頓首合掌

三月四日

曺寧柱

## 185▲戦術学要綱改訂等の事

三月六日付石原莞爾（鶴岡市高畑町）宛高木清寿（千葉県印旛郡千代田町亀崎清宮兵之助方）封書［憲政・増川喜久男関係文書・31―18］

合掌　御無沙汰いたしまことに申訳ありません。おわび申上ます。本年は余寒はげしい折柄御健勝を祈り申上ます。小生の病気も一月小康を得たので　栃木、大原等に工作に出かけましたが　風邪をひき再び床につきましたので　必死で霊動と籔式治療を行ひ、断食決行しました結果　大部よくなりました。この様な状態のため　昨年末より全く不活発にて、全国の同志の皆様に申訳之れなく　おわび申上ます。

戦術学要綱も改訂に手をつけ、去る一月　石井閣下にも御快諾いただき　第一章だけの原稿差上げました。鶴岡まで参上いたし　閣下の御教示たまわりたく心せき居りましたところ、本日小生「公用」に接しましたので、又急ぎ別に書きしたゝめた原稿を、家内よりお手もとにお送り申上げます。御多忙のところ、拙稿御覧いただく事は全く恐縮に存じますが、目次だけでも改訂の御教示たまわり、小生に代って改訂する御熱心な御方にお渡しいただきたく伏してお願申上ます。元気で征きます。健康の続く限り生命あらん限りを戦ひます。

御法のために閣下並びに東亜の同志の皆様の御健勝を祈ります

敬具

六日

高木清寿

## 186▲宇奈月での反省、結婚について

三月二十八日付石原莞爾（鶴岡市高畑町）宛淵上辰雄（於高山）封書［憲政・増川喜久男関係文書・52―17］

合掌　再三同じ事を閣下より御教示を受けなければならない自分が恥しく、身を切られる様な苦るしみを痛感致して居ります。昭和維新を言ひ　又　自己革新を言ひながら、自分が第一に実行してゐないことを苦るしんで居ります。人に伝へることが、自分の正しくないためにかへって反対の結果をよび、同志会のために悪影響を及ぼしてゐるのではないかと、各地でその事実を自分で起したので、その責任を感じて居ります。感情的である行動による失敗、自分の人間として零であることを最近つくづく思ひ、駄目だと悲観する時もあります。

自分の仕事に少しでもうぬぼれをもつと　其の時は自分が革新者でなく、革新さるべき者になってゐることを知りました。常々閣下に自分の行動が正しくないために御心配をおかけしてゐることを悲しく思ひ、仏様の罪を免れえない身であると、一日も早く立派な正しい人間にならなくてはならないと祈りながら、現実　なれないことを苦しんで居ります。昭和維新運動をやるべき、適した人間でなく、直に同志会を去るべきだとも思ひなやむ時が近々しばしばあります。

今度も宇奈月で懸命に考へさせられました。自分はどうしてこんなに駄目な人間だろうか、一生　このような人間として送るのかとも感じ、空恐ろしくなりました。

　然し、一心に仏を念じ運動をやるべきだ。一心に信じ、心を正しく振るい起さなくてはならないと、新しく第一歩から同志会に入った時の様な気持で最初から出発しなおします。一生懸命に何でもやってゆきたいと思ひます。大聖人の御言葉を用ひられての御教示は　今後二度と受けないやうに努力致します。衣食住の生活を正しく致します。佛意による正しこんな現状で結婚出来るとは、宇野君が承諾するとは　あまり自信をもって考へられましんでした。佛意による正しい結婚が　今の自分の姿では出来ないのではないかとあきらめても居りましたが、結婚できるやうになったのも、運動に対して正しく進め、反省し努力せよとの御示しと信じ、全力を尽して新しい生活を建設致します。結婚しますれば、宇野君は同志会で事務をやり、曺君夫婦の御手伝をすることが許されるならば、それが一番よいのではないかと考へ、曺君にはそのことを相談したことがあります。同志会で宇野君が働かしていただけるならば一番よいのではないかと考へて居りますので　時が参りましたら、同志に御願ひしやうと思って居りました。然し結婚出来ると言ふことは駄目だろうと考へて居りました時、突然　閣下よりお話しがあったので、直に自分の考へ申上げることが出来なくて申訳ありませんでした。結婚に対しましての御教へは守って参ります。それと同時に　私も勉強して恥しくないやうな生活を致します。

常々の御教へを受け、迷ひ　又　悲しみして参りましたが、新しい気持でやります。徴用の問題も　必要であれば仏様が今の状態で働くことを許して下さるものと不安は感じて居りません。

本部員としての仕事を東京でやり、同志の意見に従って行動致します。何卒　今日迄のこと申訳ありません。御許し御願ひ申上げます。

敬具

三月二十八日夜

淵上辰雄

## 187▲九州の活動家、佐藤守の死

四月一日付石原莞爾（鶴岡市高畑町）宛淵上辰雄（東京都麻布区桜田町八東亜聯盟同志会）葉書［憲政・増川喜久男関係文書・52―18］

合掌　帰京致しまして　昨日　九州の佐藤守兄が死去の悲報拝受致しました。九州の工作員として期待して居りました佐藤兄の死は痛嘆に耐へません。正しい純一な佐藤兄の信仰を私の体に生して、今後二人一緒に働きます。九州で高千穂まで自分が病臥してゐたので弟さんをよこしてくれました。その弟さんを伝じで聖語録を御贈り致しましたが、それが最後の贈物になってしまいました。佐藤兄の死が胸に迫って参ります。

## 188▲郵便発送至難の状況、高木氏は体力衰弱意気消沈の状

四月六日付石原莞爾（鶴岡市高畑町）宛曺寧柱（東京都麻布区桜田町八東亜聯盟同志会）封書〔憲政・増川喜久男関係文書・30―3〕

謹啓　春暖の候御清穆の御事と拝察慶賀奉り候　御老母様の御容態はかばかしからざる御様子　誠に憂慮に堪へず候

数日前は一個の小包発送の為め毎日郵便局前で事開始数刻前から数十人列を造り　これも局の受付量四五十個制限の所以で最後列の者は発送不能といふ有様に候

二十九日に甘藷栽培書注文分の荷造りは完了致し候処　郵便発送至難にて已む無く四月に入って漸く鉄道便にて発送に及び候　それも国内食糧増産の緊要書なる旨強調し　鉄道局旅客課に特別交渉をなしてやっと発送を得し次第に候　逓信　鉄道両方面に相談を持ち掛けし結果　局員等の談　次の如くに候

郵便局―「郵便貨物の約五割減少の目標の下に　特に官公署郵便物に重点を置き食糧小包などは引受を禁止（当分間）す。都内・横浜・仙台・新潟・川崎は目下以上の規定下に有る。現在　局では山積せる滞貨の捌きに余念無き次第で　その整理の為め今月十日頃までは小包の引受を見合せる。併し十日以後も小包の引受は個数に於て制限あり。拠って第四種郵便物は120キロ迄は宜敷しき故　小包で発送するよりも四種として発送するのが如何。」

鉄道局―「東亜聯盟雑誌は第三種としての定期刊行物なる故に　これから発送都度に鉄道局旅客課宛に電話を呉れゝば発送の便宜を取り計ふ。併し他の書籍は小包としては受取らぬ。」（以上）

郵便局の小包氾濫の原因は　鉄道運輸部の小包受付停止から来りし様子らしく候　約三キロ半程度の小包運賃が関

西方面までの距離で　郵便では一円未満にも拘らず　鉄道便では一個一円五十銭といふ　従前とは逆な現象に御座候
如何に輸送難の時代とは申せ、各地方からの注文に適宜に応じ得ぬ事は　何だか同志に対して罪を犯すやうな気が致し候　第三種としての月刊雑誌は　先づ一安心に候へども　其の他の書籍は多少困難免れ難きものと存じ候　本部員諸君　目下　鳩首練策中に御座候
小生の家内姫子は事務所に留守番旁々　炊事　洗濯などの手伝ひも有って只今入所致し居り候　東亜聯盟の雰囲気に生活をなせば　啓発万端に利する点多きことと存じ候　何分妙法に帰依せられん日の一日も早からんことを念じ居り候
高木清寿氏は体力衰弱の所以か専ら意気沈滞の向き之れ有り　従前の気魄之れ無き候へば　工作員並みの彼氏の努力期し難く　尚ほ彼氏の現状から申し適任ともいふべき戦術学講義を担当せしめ　分担の領域を明確にして高木氏の体力を考慮し　東亜聯盟運動一翼を担ひ続ける様元気づけ度く候　高木氏も一月に閣下から戦術学講義の点仰せづけられし旨語り居り候　現在の如き高木氏の状態では　淵上君めいた工作の担任は重荷に失し　それかと云って　高木氏に対し判然りせる行動の律し方を示し上げざる以上は　彼氏はこれも付かずあれも付かずで極めて曖昧なる生活に堕す虞　之れ有り候ものと愚察申し候　小生共　高木氏の本領無為に帰せざる様　案じ居り候
念の為め地方支部の活動推察に一材ともなりはせぬかと存じ　改訂昭和維新論・甘藷栽培法の予約申込の状況記し奉り候（別紙）
時節柄　閣下の御安泰を祈り上げ候　奥様にも六郎様にも宜敷く御鳳声の程願ひ上げ候
頓首合掌
曺寧柱
追伸　増川君は十二日新潟発の北鮮航路で満州行に御座候

### 189▲小泉先生の話、東亜聯盟主義者としての結婚観

四月十一日付石原莞爾（鶴岡市高畑町）宛淵上辰雄（東京麻布区桜田町八）封書［憲政・増川喜久男関係文書・52―19］

（一）
△　籔先生は六日夜上京、七日後藤氏奥様治療、八日近氏治療、十一日帰洛されます。治療は成功らしい様子でした。特に後藤氏の奥様には結果がよい様です。
△　山本又氏も上京されてゐるのですが、まだ連絡が取れません。至急、石川先生のところへ御案内したいと思って居ります。
△　大分支部の原尻氏と一緒になって　後藤映範氏（五・一五）が農場をやるので、農事の指導を受けるため　西山農場見学、及　閣下の御指導を受けに一度　鶴岡へお訪ね致したいと言って居ります。其の時は宜しく御示教御願ひ申上げます。大分で後藤氏の計画を聞きましたが、後藤氏自身農事に体験がないため夢の様な話でありました。然し一心に田舎で何かやろうとされてゐます。

（二）
合掌　七日に小泉様と会ひ日蓮主義者としての進路について種々御示教を受け、明るい心を抱いております。東亜聯盟運動の工作員としての生き方についても意見を聞きました。久し振りにゆっくり御話しして小泉様の正しき時代建設への勇猛心には全く敬服の外はありません。自分の心に油断のないことに、日夜の精進の全くなっていないことを恥しく感じました。
　閣下より結婚につきまして御指導と御配慮いただきまして、正しい結婚の出来ますのも、みな師恩の深き御導きによるものと感泣しております。

宇野君の話によりますと、宇野君の家では日蓮主義、東亜聯盟運動に対して反対であり　又当然　この結婚に対しても反対で、父母の御許しを得ることはきわめて困難で、家を出る以外に方法がないとの意見でした。その様な事情がありますので、当分は結婚は困難と思はれます。私は宇野君には結婚急ぐ必要はないので時が来るまで待つのみ、宇野君の一心で家の人との問題を祈りによって解決することを望む旨申しておきました。

小泉様の意見も家の人との問題を解決しなければいけないとの同意見でした。それに同志が力をかして解決してゆくやうにすると言はれました。「まこと会」「婦人運動」の仕事をするために宇野君を東京に呼んで働くやうにすることを小泉様は希望されて、家の人がそれを許される様　名古屋の古村さんを宇野君の家に行かせることにするそうです。これは私のこととは離れても非常に善いことだと思って賛成致しました。

和田先生にも御話しして、宇野君を結婚後　同志会に働かせていただくやふ御許しを得ました。婦人運動の連絡、及事務等仕事はありますので　他の同志も異存はないと思ひます。然し結論としては　宇野君は名古屋の家を離れることは出来まいと思ひます。これも佛意で其の時を私に与へて下さって　充分勉強と必死で精進することを御示しになったものと信じます。お互のためこの間こそ試練のよい時機と喜んで居ります。正しい明るい結婚をすることも運動の一端と、二年三年かかっても東亜聯盟運動者らしい態度で終始致します。

敬具

## 190▲内務省町村警保局長及び、保安課長の情報、名古屋井上青年の事件抗議等

四月十二日付石原莞爾（鶴岡市高畑町）宛淵上辰雄（東京麻布区桜田町八）封書〔憲政・増川喜久男関係文書・52―20〕

謹啓　本日午後　内務省に行き、（近藤さんの紹介で）町村警保局長に会ひ、長野、志摩、名古屋の井上君等のこと

に自分に話してもらいたいと言っておりました。それから保安課長に会っておいた方がよいと思ふと、保安課長に紹介され、保安課長に、支部解消の慫慂について中央の意見を聞きました。長野では主催者が力なく、組織の実態のないような支部及組織に対しては解消をすすめる方針で、東亜聯盟外にも二・三さうしたと報告があるが、然し、志摩の方は全然自分の方では解らない。県特高課か現地警察署の意見で何かやったかもしれないが　報告がないため事情が解らないので何とも云へませんが、本日直に三重県特高課に電話してよく調査するとの返事でした。名古屋の井上君のことについても抗議致しました。これも自分は東亜聯盟の問題としては聞いてゐない。朝鮮問題の事件として聞いたかもしれないが記憶がないと言いましたので、拷問のこと其の他をよく話し、曺君のこともくわしく話して、井原が独立問題と言ひながら、東亜聯盟全体をおさえやうとした彼の意図をのべ、愛知の現地当局のこの問題に対する正しき処置を取る様にと、曺君の例をあげて話しました。保安課長は三重と愛知の特高課長に私が今度の出張で現地に行くから、その事情をよく話すやう早速電話をしておくとのことでした。

保安課長に会った後で、館林さんに会ひまして、館林さんが保安課の斎藤事務官が東亜聯盟の係であるから　会ったほうがよいと言はれるので、会ひましたところ、保安課長からすでに話しがあって、三重、名古屋に電話するやう言はれたと言って、今後連絡を充分取ってもらいたいと言っておりました。曺君と是非会って充分曺君の話を聞いてもらいたいと言って別れました。

くわしくは名古屋、津で特高課長に会った結果御手紙致します。

敬具

四月十二日夜

淵上辰雄

191▲先般は桐谷君の為に御媒酌の栄を辱ふし御好意の段厚く御礼申上候

四月十二日付石原莞爾（鶴岡市高畑）宛岡野鑑記（横浜市南区清水ヶ丘横浜工業経営専門学校）封書［鶴岡石原手紙182—2］

拝啓　先般は桐谷君の為に御媒酌の栄を辱ふし御好意の段厚く御礼申上候　同君も以御蔭家庭人と相成り今後は落着いて運動に専念し得ることと存候　責任を果すまでは脇目もふらずに農村の為に尽すやう手紙を以て注意いたし置候間　左様御含置下され度候

次に都丸氏は非常なる意気込を以て御訪ねいたす予定にいたし居り候処　打電申上候通り今回の乗車制限にて貴地へ参ることは不可能に近き状態と相成り断念の止むなきに至りたる旨申越居り候　併し東京へ参ることは　比較的容易のよしに候間　次回東京方面へ御出での節に是非拝眉の栄を賜り度き希望を申出で居り候間　御出京御予定の折には御手数ながら御一報賜り度く願上申候

申し遅れて誠に失礼に御座候へ共　その後御母堂様には御容態如何に御座候や　御高齢にて御看護などさぞかしと御推察申上候　春暖に向ふ折柄とて御快方を祈上申候　学校の転換も比較的順調に進行いたし居り非常な熱意を以て刷新に努力いたし居り候間　近き将来には何等かの成果を収め得るものと確信いたし居り候　今後とも御指導御鞭撻を賜り度く願上申候　右御礼旁々御一報迄如斯御座候　敬具

四月十二日　岡野鑑記

## 192▲東海事務所設置等について報告

四月十六日付石原莞爾宛淵上辰雄封書［一月二十六日付淵上書簡（178）に同封］

合掌

一、東海事務所設置。静岡支部にて事務をとり、地域は静岡、山梨、長野の一部。支部は静岡、浜松、富士、山梨、南信です。工作員は原田正希氏で、工作費は静岡支部で支出致します。中田騄郎先生は増々御元気で各地を巡回してもよいと言はれておりました。

一、富士支部成立。鈴木清一氏を中心として会員四十一名で支部として出発することになりました。座談会も参加者は真面目で鈴木氏の人格がしのばれます。長年の懸案であった富士も十四日より支部として大いに発展することと喜んでおります。

一、山梨支部も十五日に新しく出発、支部を西山梨郡玉諸村に移して、落合政隆氏を中心として運動してゆきます。過去の行き方を一新して、農村の運動として展開してゆきます。現在会員十名ですが　これからよくなってゆくと考へております。

一、静岡の中田騄郎先生は現在、蜜柑の皮を完全に製粉し、甘蔗の蔓の製粉と小麦粉、茶の粉を混じてパンを作られ、非常に美味な食物とされております。蜜柑粉と甘蔗蔓粉を鶴岡に御送りすると言はれておりました。其の他に籾のまま製粉し粉食する方法も考へ研究中です。

一、富士鈴木氏の案内により、富士山麓の将来の聖地の候補地に参りました。富士町より自転車で三十分の地点、富嶽を真正面に仰ぎ雄大にして高雅なる風景でありました。

敬具

追伸　中田先生宛　千葉県安房郡東條村大字西永明寺前野沢宗玄氏（中田先生の法友にして陸軍少将）より、昭和維新宣言十五頁に「日蓮聖人がその予言してゐる世界最終戦争は最初は主として利害の戦いであるが、震駭すべき大戦争の衝動によって頼るべきものは結局　正法以外にないことを頓悟して世界が統一せらるるに至ると述べてゐる云々」右は御遺文御聖訓の何を指して言ふものなるや御教示賜りたし、との手紙が参りましたので中田先生よりこのことの御教示を賜りたいと言はれました。何卒御教へ御願ひ申上げます。

中田先生も原田正希氏を法華の同志と信頼されており、原田氏も熱意をもって懸命に努力され、東海地方はよき工作員を得、今後運動が発展してゆくと信じております。

四月十六日　　渕上辰雄

## 193▲体調不良と東亜聯盟工作

四月十八日付石原莞爾（鶴岡市高畑町）宛高木清寿（千葉県夷隅郡大原町八五八二）封書［憲政・増川喜久男関係文書・31―19］

拝啓　御無沙汰いたし失礼いたしました。去月は富山県下の工作員会議に出席いたさず、公私混同、全く慚愧に堪えません。有難き御訓戒にそむかず　今後は必ず誤り無き様にいたします。小生去月以来、貧血、めまい　卒倒いたす事多く、石巻まで参りましたが遂に岩手にも、新津にも参上いたしかね、新津には三月二十八日打電致し御通知申上たのでしたが、広川様よりの御手紙にて驚き、全く恐縮至極に存じます。三月三十日やっと大原に帰宅いたし　其後連日大原付近の同志を訪ねて工作いたしましたが　その折もめまい卒倒いたし、今月十五日より栃木支部講習会にて当地にありますが、十六日夜も講習中に貧血、めまいいたしあはや卒倒する処を、やうやく静座する事が出来て助かりましたが、このため三十分間も休憩する様な有様で、集会の同志に全く申訳なく、残念至極に存じます。健康であったら充分に同志の工作に手伝が出来る処を、最近はこの状態のため、同志に申訳の無いことばかりで、全く残念に存じます。

栃木支部は十五日から十八日迄、講習会、更に栃木県下の各部落まで入って行くつもりで二十五日頃まで工作の予

高木清寿

石原莞爾閣下侍史

定ですが、次第に真剣な同志が集まって来ました。栃木支部は江原三郎氏の一党の旧体制の老人連が五十人もあり、この人達は市会議員とか或は地主等の社会的地位は比較的高い人達ですか、一向に不勉強で、工作に努力する事も無く、取り扱いにくい人達です。そのため若い後藤□彦君、片岡正君達によって、真剣な同志を多数獲得させて、今後六ヶ月後には旧体制の人達から無理なく脱皮出来る様にさせたく、努力して居ります。下野中学校の四、五年級の生徒の中には、後藤君が養成した　よく勉強する生徒が十数名居ります。この者達が校内で相当に東亜聯盟主義で生徒間に動きかけて活動してゐますが、栃木支部はこれ等の若い青年と、旧体制の不勉強な老人連とは当分協同出来かねますので、数個の班に分ける事にいたしました。八十名程の若い之等の生徒は、「指導原理書」の勉強もよくやります。又、片岡君の同志の法華の人達も真剣に勉強いたしてくれます。之等の同志は閣下からの御講習を受けたいとしきりに希望してゐますが、小生は栃木支部全体として指導理念を強く正しく把握する人達がもっともっと増加し、熱心になって実践に努力する迄は、閣下の御講習はもったいないから受けまい。会員の多数獲得だけで閣下からの講習を受けたいと云ふ事は宜しくないと引止めて居ります。数ヶ月後には相当な域まで引上たく努力いたします。

おあずかりいたして居ります法華の蔵書は栃木より帰宅後直ちにお送り申し上げますが、はなはだ恐入りますが、御遺文を「口語体と原文」との対照になって居ります御遺文集と、本多日昭の法華経講義を尚しばらくの間拝借いたしたく御願ひ申上ます。

御心配をいただきました鮮系の青年、朴在圭君が元気で大森の工場に帰って参りました。真剣に法華の勉強にいそしみはじめました。昨年八月から本年二月十九日迄、新義州の警察及拘置所にゐる間、頑強に東亜聯盟を主張して苦しみましたので一段とよい青年になって来ました。朴君は「日本の姿は二つある。現在の日本の姿には自分も不満な所が多くあるが、これは朝鮮人としての立場から抱く不満ではない。天皇陛下の赤子の一人として抱く不満である。そして　真の日本の姿は東亜聯盟の昭和維新論、と建設要綱に現れてゐる姿であり、自分はこの真の日本を顕現し、建設することに生命を捧げるものである」と云って頑強に主張したとの事です。朝鮮の検事は非常に朴君に親切で同情ある態度で釈放してくれたとの事で御座ゐます。そして「今後、再びかかる事があったら　自分が釈明の立場に立つから自分に打電せよ」と云って釈放してくれたとの事で御座ゐます。

先は取りあへず右おわびかたがた御報告まで

敬具

## 194▲お蔭様にて今回多大の進展を見る事に相成り候

四月二十一日付石原莞爾（鶴岡市高畑町）宛柴田欣志（神奈川県鎌倉郡大船町山ノ内八四三）速達封書［憲政・増川喜久男関係文書・27］

拝復　御尊状忝なく拝受仕候　神奈川県中村の佐野先生始め合田殿、又は渡会中尉殿御紹介に接し　其のお蔭様にて今回多大の進展を見る事に相成り候事は　一重に閣下の御厚意の賜物と只々感激のみに候　此の進展結果は近々中具体化すると共に御礼を兼ね御伺ひ申上候而御報告申上度くと存居候

来る廿三日は池本先生の御来光は　私と致しまして此の上もなき光栄と存じ　先日御電報頂き候以来　日夜喜び居り候　只今も御状を賜り　一段と其の嬉しさを増し候　御来光の節は何かと御指導を賜り　尚　御力を賜り度きと存居り候

先は阿部先生の御来光の節　御都合に依りましては　四月中に御伺申上る様相成るかとも申上候も　渡会中尉殿御来宅以来　大久保の研究所の御用承り　其の後種々に忙殺仕り居　遂に御無音に過ぎ候段　誠に失礼申上申訳も之無く候　阿部先生御宅へ御越の節　よろしく御伝へ賜度く　便箋も此の如き物を御目に掛け失礼の段　何卒御許し賜り度　先は粗筆乍ら　一筆御送り申上げ候　御一同様によろしく御願上奉候

敬具

柴田欣志

## 195▲外山卯三郎によるヤミの撲滅運動

五月二十一日付石原莞爾（鶴岡市高畑町）宛高木清寿（千葉縣夷隅郡大原町八五八二）封書〔鶴岡・石原・手紙1056―20〕

拝啓　東京高木支部の杉並区神戸町に於ける外山卯三郎氏を中心とする運動概況を今日迄御報告申上なかった事をおわび申上げます。本日あらためて御報告申上ます。

一、昨年四月外山氏が神戸町会副会長に推薦就任され（現在は町会長です）までには僅か同町会の有力者、農会の幹部、警防団幹部等約三十名が東亜聯盟の高木班の会員になってゐました。そしてこの人達の推すところとなり、外山氏が副会長に就任いたしましたが、事実上、会長としての仕事を果たしてゐました。

二、僅かではありましたが同志を中核とする事が出来ましたゝめ、神戸町会に就任早々外山氏も思切った仕事が出来ましたが、仕事が進むにつれて同志も増加し、今日では文字通り東亜聯盟の同志を中核体とした町会になりました

三、最初に手をつけた運動は、生魚の配給回数の増加、ヤミの撲滅を目指して行ひました。神戸町の世帯数は五〇〇、人口は約二五〇〇人です。これまで生魚の配給回数は、十日乃至十五日に一回の程度で、他はヤミでなければ入手出来ませんでした。そして配給の規約によりますと、一人平均三十匁までゞすが、これが五人分位で三円～五円の高値でした。これを、せめて五日以内に一回の配給番が各隣組に通る様にし様として町内の生魚商へ行き魚河岸よりの入荷量を調査し、一人当たり三十匁にて計算して見ると一週間に一回程度の配給で五日以内に一回までには廻らぬので、止む無く一人当たり平均十五匁の量に減らし、配給回数を多くする事にいたし、同志と協議の上、町内の各配給所（商人）を町会に招き、警察も同席して貰ひ「配給相談会」を開き、その席上で、

イ、生魚商の申告による入荷量で生魚配給回数を多くするには、一人当り平均十五匁に減らす外なし、これで生魚商も我慢して貰ひたし、

ロ、配給の公平を期するため、町会に於ては、必ず警察立会によって、毎日、魚河岸よりの出荷伝票により生魚商への荷総量を調査し、公定価格を調査し、一人当り一五匁で割って、最後の量まで配給番を廻す事にすると云ふ事を言明し、これを五月一日を期して実施する事にしました。これは杉並区内の生魚小売組合にとってはヤミが出来ぬので非常な問題となりましたが、いよいよ五月一日の実施になって見ますと、当日、一人当平均一五匁で、九〇人分の生魚配給の札を廻す準備をしてゐましたところ、一人当り三〇匁で一八〇人分の配給量が生魚商へは入荷されてゐる事が解りました。これだけ生魚商はヤミの横流をやってゐたのでした。

それ故、五月一日より再び一人当三〇匁量で、町内は三日に一回の回数で配給する事になり、現在それを実行継続いたしてゐます。価格も駐在署立会で毎日調査しますので違反が出来なくなりました。

これによって町内の大衆が二年間も見なかったと云ふ、マグロ、タイ等の高級品が公定価格で配給される事になりましたので、六月一日からこれ等高級品は隣組を一単位として各種類を按分して廻す事にしてゐます。

△杉並区内では神戸町のこの配給方法を最良の方法として実施したくも出来ないでゐますが、いよいよ本年七月廿日頃から東京都がこれを法制化して都下一斉に実施する事になりました。

四、食糧増産運動

(イ) 鯉の放流、尾数一万三千三百尾。

神戸町を貫流する妙正寺川に、農林省水産試験場技師に依頼し河川の情況、水温等調査して貰った上で昨年七月、約二寸五分に成長した鯉を放流しました。本年七月には約七寸に成長の見込ですから、本年七月以後逐次、町内に配給します。飼育番には各隣組の児童が当り、餌は町内の厨芥です。国民学校に連絡をとり、児童に飼育並び乱獲見張りの役目を分担させてゐます。(ツクダニ屋が鯉泥棒に来ます)

(ロ) 戦時農園と云ふ名称で、各隣組の共同耕作を昨年五月より開始(同志江口仁之助氏より一五〇坪無償にて借り受け)。

（A）　甘藷の失敗

一五〇坪の土地に隣組の共同奉仕で昨年五月甘藷栽培を実施せんとし、種苗を茨城県内原に求めたるも、都を通さなければ分譲出来ぬとの内原回答により区役所を通して種苗の配給を待ったところ、時季を過ぎ、土用中頃にすでに親葉の枯死したヨレヨレの苗二〇〇本配給され、栽培して見たが遂に失敗

本年は去る五月十五日、外山氏自ら内原に参りて交渉、種苗の分譲を願ったところ、昨年同様、農商省を通じなければ絶対に種苗は分譲出来ぬとの事だったが、昨年既に官僚的配給機構の故に失敗せる事情を訴へて、やうやく分譲を契約して来ました。本年は木村農法による甘藷栽培を実施します（金石舎の農園と競争する事になりました）

（B）　麦。昨年甘藷の失敗の後に麦をまきつけました。そして木村農法による実施のため、本年一月二回に別けて香川県の木村先生宅へ受講生派遣しました。

受講生　第一回（外山卯三郎氏　江口仁之助氏農会々長）

　　　　第二回（大沢一衛氏　江口鎌太郎氏）

この第二回の受講生派遣によって、神戸町農会員四〇戸が全員挙って東亜聯盟の同志に加入し、本年からは木村農法を実施する事になりました。

（C）　本年五月、更に四反歩の畑地を戦時農園として借受け、それを右土地に隣接する八つの隣組に、一五〇坪つゞ分割し、耕作せしめる事になりましたが、隣組への条件は、（一）木村農法の実施、（二）陸稲又は甘藷栽培の実施、これ以外のもの栽培は許さず。収穫の一割は、右土地に隣接しなかったゝめに耕作出来ぬ隣組のために供出、残りの一割は政府へ供出する事。

（D）　養豚。昨年十月より、町内に養豚希望者を以て養豚会を組織し、会員は月額一円の拠金を以て飼育及豚の購入等に当る事。昨年よりすでに二回の豚肉の配給をいたしました。現在、三〇頭飼育してゐますが、現在養豚会へ加入世帯は一七二世帯です。配給の方法は都庁の許可を得て屠殺のみ屠殺所に依頼し、肉は全部会員に無料配給です

△横浜市内の隣組の養豚は日本一と云はれてゐますが、これは極めて消極的な配給方法で、市の有所の豚を、隣組で飼育し、これを供出して町会より一人当百匁の豚肉券を貰って、肉屋に行って肉を買ふと云ふ方法ですが、神戸町では思切って会員は月額一円の拠金をする代り、肉は豚肉会員が共同で分配する事にしてゐます。飼育には養豚会員が当ってゐますが、餌には町内の厨芥を以てしこの運搬は青年親和会員（東亜聯盟の同志）が当ってゐます。

養豚会は毎月一円の拠金ですから貯金がたくさん出来ました。

五、町会の総合配給実施

神戸町には従来、①生魚、②野菜、③酒、④雑貨、⑤煙草の五軒の商店があるのみで、配給を受ける場合、又は買物の場合には、電車で五粁、徒歩で四粁の距離を出かけねばなりませんでした。この不便とヤミを一掃するため、昨年五月より一切の配給物品は町会にて代理販売を実施してゐます。このために配給商店の横領と横流しがありませんので正確で公平な配給が行はれてゐます。

△東京都では本年五月一日より総合配給所を設置し、これを実施しましたが、これは商人の集団で従来のものを一ヶ所に集合せしめたと云ふだけです。理想としては町会の監督下で、町内の業者の共同営業でゆくべきではないでしょうか。

六、青年親和会の誕生

昨年十月十五日、町内の中等学校生徒、専門学校学生四十五名を以て、青年親和会を創立しました。この四十五名は全部、東亜聯盟の会員です。この親和会員が町内の厨芥運搬等に従事してゐますが、もっともっと東亜聯盟の本質的な運動に引込みたく努力してゐます。

七、家庭防火群を組織しました。

これは都下に現在行はれてゐる様な官僚的ものでなく同志を中核として編成しました。現在四〇群あります。

（イ）先ず訓練に応じられる人を以て、隊員名簿を作成、日昼出動出来る者。夜間には出動出来る者。何時でも出動出来るものの三部に分け、小隊を編成。三、四部合同して中隊を編成。各小隊毎に自宅の群内を守る者。他群の応援の出来る者を整理し、全隊より救護班、ポンプ押、伝令等を組織し、各中隊より本部へ詰める本部員を置き、全隊を本部で統轄し、本部には救護班、ポンプを置きます。

七、戦争史の研究、これは特に外山さんの努力されて訳されたものを中心に、随時研究会を続ける為です

以上が神戸町に於ける運動の概況で御座ゐます。

敬具

五月二十一日

高木清寿

# 五　政変と石原陣営（高畑町時代　2）

## 昭和十九年（一九四四）七月下旬～

日記

**七月下旬　政変**

十八日（火）晴　高橋恒郎　池本氏ヨリ「柿ヲツクレ」トノ伝言　夕刻　尾形六郎兵衛

十九日（水）雨　石井勝視　テイ子不快

二十日（木）大雨　古口桝形間(1)　不通ノタメ会津経由ニ決ス　高瀬通ヨリ電話

二一日（金）雨　会津廻リニテ出発新津ニテストップ鈴木君ノ御世話ニテ中村氏ニ休憩

米沢ニ出テ一泊(2)

二二日（土）午前五・四八米沢発　雨ノ中ヲ嶽ニ午後二時ヨリ講義(3)　運動要領

二三日（日）午前講義二回　嶽下村分会　菊地、高橋（重与）、荒井、根本、遠藤　伊藤（清）

安達、吉沢、菊地、　午後三時半二本松発郡山　鳥海ノ御馳走ニナル(4)

二四日（月）坂内（藤井少将□□）　福地ノ長男　わく屋一泊

二五日（火）　若松へ　藤井サンノ墓ヲ訪フ　途中安部君ニ遇フ嗚呼
和田夫人ノおもてなし　清水屋一泊　和田君ト共ニ
二六日（水）　菅名村、松尾氏宅
二七日（木）　午後五時帰宅　畑ヲ見テ驚ク
二八日（金）　膀胱痛ミ　出血
二九日（土）　夕立　桂　山中重太郎　山本又　木村武雄
布施バーサン治療シテクレル
三十日（日）　晴　木村先生帰宅　尾形六郎兵衛　五十嵐喜一郎　庸太郎告別ニ来ル
三一日（月）　晴　曺、和田民治　畑ノ手伝ヲナサシム

**注**

（1）陸羽西線古口・升形間。
（2）七月廿一日－廿七日の間、石原は福島講習会及び会津、下越支部を巡講。前掲『東亜聯盟』臨時昭和十九年八月号。
（3）岳温泉での講習は二本松の安藤信（二本松神社社司で阿武隈支部長）を中心とする阿武隈支部の為であった。
（4）鳥海克巳「石原莞爾君と藤軒」『石原莞爾選集』9、三一七頁。

## 八月　福島・山口等の鶴岡訪問

一日（火）　藤島同窓会[1]　ニ出席
二日（水）　保坂先生一泊　派出婦来ル
三日（木）　金吾　克巳来ル
四日（金）　酒田木造船会社　克巳ト共ニ
五日（土）　田中仁　佐藤三郎

六日（日）　成瀬応召見送　鈴繁　金吾　岸宗太郎
七日（月）　鈴木芳郎外一名
八日（火）雨　中山優　堅山利忠（山崎）赤祖父大助（宮崎）　梨本ノ土産　主殿之介
九日（水）　晴一時小雨　朝　中山先生　主殿之介
十日（木）　夜雨後晴　時々雨　西山道場上棟式
十一日（金）晴　岡田益吉　島田桂五郎　稲村隆一
十二日（土）　福島(2)　鷲崎　渕上君
十三日（日）　鶴岡ホテルニテ
十四日（月）　鶴岡ホテルニテ山口君ヨリキク　和田君
十五日（火）　黒森
十六日（水）　黒森ヨリカヘル
十七日（木）　常盤館ニテ　鶴岡、南部分会等　菊地清太郎
十八日（金）　小倉俊徳　本間昌平
十九日（土）　余目　佐藤一男　千原ノ文ヲ持来ル
夜ヵ二十日　中島信三郎
二十日（日）　昨夜大雨　中島信三郎
二一日（月）晴　高瀬　中島氏濱中へ　高瀬通
二二日（火）　長岡二人　石川栄治ノ息　磐陽青年二人
石川　片桐弟子
二三日（水）　晴　田沢村

二四日（木）　晴　田沢ヨリカヘル　本間昌平方ニ御馳走ニナル
二五日（金）　佐藤正三　宮崎正義
　神田　佐藤　宮崎
二六日（土）　雨　宮崎正義
二七日（日）高　宮崎正義
二八日（月）　山下、石川　高橋喜蔵
二九日（火）谷定　谷定ニ於ケル小隊長会議
三十日（水）午後高橋　斎藤、田沢二名　阿部久兵衛　有吉　高橋喜蔵
三一日（木）加茂　武田邦太郎　久兵衛　有吉

**注**

（1）石原の藤島小学校同窓会。鳥海「石原莞爾君と藤軒」、西川速水「思ひ出の写真」（『石原莞爾研究』五五頁）。
（2）七月の政変を受けて特に東聯関西事務所の動きが慌ただしい。『東亜聯盟』昭和十九年十月臨時号「運動報告」〔TR17一三三頁〕に、七月三十日臨時中参会議。八月八日―十四日福島清三郎関西事務所々長上京、本部と協議、鶴岡に石原顧問訪問の記事がある。

## 九月　東久邇宮内閣による日中和平を切望

一日（金）平沢　平沢　四時間半一泊　武田邦太郎
二日（土）酒田　酒田講演　桐谷ニテ武田氏、二人ノ娘(1)　宇の　木村先生　夕　歌川夫妻
三日（日）雨　小泉　参与会員会　不参加　神崎一行四名　木村先生西山へ　小泉、保坂、山口、真山、
寺井、平沢、宇の　細川忠雄
四日（月）　村上屋ニテ　懇談

五日（火） 山口重次[2] 大阪青年班三名 明日ノ講習会 参加者多数

六日（水）曾木 → 神崎 晴 特高課長 桐谷来ル

他支部農事視察了リ 木村先生等一行カヘル

返事

七日（木）←午後大倉 鳴海学生二名ヲ連レ来ル 大倉喜七郎 大雨

八日（金） 晴 金丸 梨ノ土産 神田孝一

九日（土） 晴 時々雨 鈴木芳 窪田 金光邦三 秋葉

十日（日） 晴 来客ナシ 今朝 阿曽氏死去

十一日（月） 晴 和田勁 松尾名平

十二日（火） 雨 須賀川 金井ヲ見舞 中村ノ墓ヲ訪テ 中畑ニ自動車ヲカリタ刻到着

十三日（水） 時々雨 百餘名 主トシテ青年部ニ講演 郡山ニ一泊

十四日（木） 木村屋主人 （池田 鳥海 柿沼正治

雨 宮電故障[3] ヤウヤク赤井ニタドリツク

十五日（金） 運動要領講義 柴田先生等ト佐藤寛治方

水沢 迎賓館 信一君ノ説明[4] 素一等徹宵ノム 雨

十六日（土） 雨 汽車オクレ 新庄一泊

十七日（日） 晴 朝帰宅 外山、廣川一行 岩佐 夜 曽木一泊

十八日（月） 雨 田中久 鷲崎

十九日（火） 田中氏一行 一男 久兵衛 三井百姓ニナルト相談ニ来ル

二十日（水） 晴 長岡一泊 大野屋 文句ヲイヒ番頭アヤマル

二一日（木）　午後二時東京着　木村出迎へ
二二日（金）　夜　小磯氏(5)　訪問　張合ヒナシ
二三日（土）　太田、田村
二六日（火）雨　午前九時、東久邇宮邸へ(6)　夕大幸旅館ニ移ル
二七日（水）晴　午前五時三十五分出発　伊東六十次郎　木村武雄　同車
二八日（木）　佐藤俐
二九日（金）　岩田敏満　西勝蔵　午後　常盤館ニ於テ講習会　集マルモノ約二十名！
三十日（土）午前山本　田中　岸宗太郎　永田竹次郎　山本峰雄助教授

注
（1）二人の娘とは鈴木（旧姓近藤）和子と黒沢（旧姓駒瀬）秀子。この二人は武田に連れられて満州吉林省の王府牧場に赴くところであった。彼女等はここで石原から藪式治療法を修得しておく重要性をおしえられた。
（2）山口重次はこの時の石原の話を「皇族内閣ノ意義」（角田前掲書四六九頁）としてまとめている。
（3）宮電は今日の仙石線。海岸線を走るので風雨の時は故障が多かった（真山文子の話し）。
（4）北上支部講習会。佐藤儘一「農商工問題に関する意見を聴く」『東亜聯盟』昭和十九年十月臨時号二頁。
（5）小磯国昭首相。この時、石原は皇族内閣を説いたが、小磯はこれにはかばかしい返事をしなかった。十月末に石原に宛てた手紙で小磯は石原の提案を「高踏的施策」と呼び、今のところ「勇断致しかね」と云った。
（6）『東久邇日記』昭和十九年九月二十六日には石原との会談記事がある。

**十月　陸奥地区協議会・講習会**

一日（日）　小泉夫人　桐谷夫人　警察署長　菊地
二日（月）　小泉夫人　秋田ノ村長等七名　姜永錫外二名　阿部久兵衛

三日（火）晴　曽田　神尾茂　木村武雄　小泉サン帰京
四日（水）雨　朝三井　三井　農業ノ決心ヲ報告ス、きくち、平田
五日（木）　森国氏ト共ニ野代桂氏アリ　佐々木卯吉氏方一泊　集マルモノ約二十名
六日（金）弘　午後二時前　弘前着　陸奥地区協議会(1)　夕食　大迫氏下宿ニテ
七日（土）弘　長瀧先生遺骨拝礼　午後ヨリ講習会　長安倶楽部　宿ハ　秀芳園
八日（日）弘　吉田峯太郎師団長来訪
九日（月）青　午前講習終リ　青森ニ　江花氏ニ一泊、大島知事来訪
十日（火）北　午前六時十分出発水沢一泊
十一日（水）　仙北線大故障　一時頃着　渡辺硬方一泊
仙北線米谷浅水(2)
十二日（木）　汽車オクレ小牛田ニテ三時間ヲ空費　午後三時　新庄着
十三日（金）　午前九時半出発　太田(3)　同車
十四日（土）雨　石澤　入交両氏　青年　斎藤入営告別
十五日（日）夜　酒田　安藤徳次郎共ニ酒田ニ至リ公会堂テ講演(4)　本間昌平宅一泊　樋口来ル
十六日（月）壮・青年団　朝カヘリ　常磐館ニテ　翼壮（山形宮城秋田）　斎藤信治　佐藤正告別ニ来ル
十七日（火）藤村　大友　藤村来ラス　樋口ト関西方面ノ打合セ　康昌カヘル
十八日（水）午後池田　風邪ナホラス　池田正之輔　翼壮ノコトニツキ来ル　入会シタシトノ事
十九日（木）　岩波、稲村　高橋均　三井　赤湯報告
二十日（金）前後稲村　近岡　平田　赤湯会合ノ報告　早坂家ニ泊ル
二一日（土）　常任委員会ニ出席　久兵衛病気中ニ関スル意見ヲ述フ

高梨三郎佐藤一男ラ代理モ来リ木村農法ヲ攻撃　山口玄□　早坂今日モカヘラス

二二日（日）　諸薯沢山クサラス　首、相、木村君ニ通信

二三日（月）→　阿部　国松外一名　山本　下村正助中将

二四日（火）山本　森国年男　味沢某　大沼直輔

←午後大沼

二五日（水）　難波英夫　石井　鎌田繁治　杉浦晴男

二六日（木）　本間六郎　和田勁　後藤彊一帰還　金吾　荒砥、奥山　佐藤東蔵　杉浦カヘル

二七日（金）十時小隊長　小隊長会議　大体決定　田中久　神崎　青山喜一　武

二八日（土）　朝日少国民和田豊彦　安藤信　和田勁　田中久一行　菅原キャベツ朝植ヘテカヘル

佐藤一男　林アキラメ

二九日（日）→　藤村信雄　村井博介外一名

三十日（月）山本　昨日ノ一行ト共ニ平沢　早坂　山本助教授　森国　佐藤俐一行遅着

←　午後七時岩手三名

三一日（火）　主殿之助ニテ　中食　飯盛山高橋久夫弟ニ一泊

**注**

（1）陸奥地区講習会。『東亜聯盟』昭和十九年十月臨時号二頁［TR17―一三二頁］。

（2）登米支部主催石原顧問講習会は受講生四百数十名という盛況であったという（井上正の報告［鶴岡・石原・手紙57―9］）。日記に記載がないのは石原がこうした数を誇る集会では本音は語れなかったからであろう。

（3）太田照彦。この時、太田は東久邇宮の使者として、日中全面和平に関し満州国の処理についての石原の考え方を聞きに来たのである。太田はその結果を二十日に東久邇宮に伝えた（『東久邇日記』）。

（4）拙稿「毅然たる孤独（Ⅰ）」。安藤はこの時、突然、講演を依頼され戸惑ったという『政治経済史学』三七六号。

## 十一月　天の橋立文殊堂講習会と軍法会議

一日（水）　午前九時カヘル　森国　大川忠吉　桐谷貸家人親子
二日（木）　静カナル一日
三日（金）　西山へ　夕帰宅　小磯首相ヨリ返事(1)
四日（土）　竹屋　万木　森国　新潟ヲ断ハリ来ル　首相ニ再度ノ手紙
菅原玉ねぎヲ植へニ来ル
五日（日）九時ノバス　雨中　久兵衛見舞　案外元気ヨシ
久兵衛
六日（月）　石川正俊　小林鉄太郎　須田豊太郎　平田来リ　養眞道場ノ相談
七日（火）須田　柴田弥一郎海軍中将　早坂濱中へ
八日（水）　佐藤幸一　弟ノ診察　篠原恒夫　上海　今井雪雄（秋木）
久兵衛ニ一年位休メト書キ送ル
九日（木）　雨、竹屋召集告別ニ来ル
十日（金）午後二時半　農事部委員会合
伊東　伊東六十次郎　桂二郎
十一日（土）　小泉女史　伊東六十次郎　神坂、池田　新庄三名
十二日（日）新潟　新津泊り　森国　広州松尾　山口重次　会津佐藤　鈴木等々
十三日（月）三　三日市　森丘氏宅一泊
十四日（火）福　福井　星海会館一泊
十五日（水）天　天の橋立文殊堂　第一日(2)

十六日（木）天　第二日　午後木村重一氏見舞
十七日（金）京　本朝　木村君死去(3)　第三日　福島氏宅一泊　坪倉眞次郎
十八日（土）名　名古屋駅前旭館　青年　柴田先生　比企氏
十九日（日）松　松本　平林　棚橋外　松本及南信同志　渕上同行　原田　樋口
二十日（月）　朝六時発　一時半新宿着　会ニ立寄り荘司ニ泊ル
二一日（火）　軍法会議
二二日（水）　軍法会議　夜ハ上の駅前御園ホテル
二三日（木）　午後六時半帰宅　主殿之介死去
二四日（金）献米式　主殿之介弔問
二五日（土）関　朝日浜名ニ正太郎逃ケ来ル　本日御本尊開顕
二六日（日）　主殿之介葬式　三ヶ沢ニテ　夜　文平　桂二郎
二七日（月）文平　森国　余目ノ事ヲ報告　惟孝ト共ニ久兵衛訪問　食道癌？
　夜青年六時　午後六時ヨリ青年隊ニ講話
二八日（火）関根（朝）　伊東六十次郎　関根　桂　平田、　佐藤善一
二九日（水）名木橋　特高、　久兵衛　食通リシ由　桐谷　名木橋外一名　日立　山本？　曺泊ル
三十日（木）（新）　新庄分会　曺同宿

**注**

（1）十月三十一日付石原宛小磯首相封書（武田・菅原『永久平和の使徒・石原莞爾』冬青社、一九九六年、二七七頁）。
（2）「東亜聯盟の政治進出について」『東亜聯盟』昭和二十年一・二月号［ＴＲ17二〇七頁］。
（3）田中直吉「盟友故木村重一氏を追想して」同前［ＴＲ17二〇八頁］。

十二月　鼠ヶ関　声カレテ苦シ
一日（金）金　金崎分会　大雨
二日（土）盛　盛岡座談会　教育会館　本町小田島別館ニ一泊
三日（日）宮　雪ヲ犯シテ五時三十六分発　宮古ニ向ヒ　午後第一講　多田将軍母堂訪問
四日（月）宮　第二日
五日（火）宮　第三日
六日（水）山　山田町座談会　高橋手助ス　妹嫁入先ニ一泊
七日（木）盛[1]　盛町ニテ　青年隊第一日　阿部辰雄氏一泊　少々不快
八日（金）気　気仙沼国民学校ニテ　広野氏一泊　不快食欲ナシ
九日（土）一ノ関　→　一ノ関療養所ニテ一時間　勢登屋一泊
十日（日）（午後六時五十分新庄）新庄駅頭ニテ山口荘司ニ面会　鎌形雪ノタメ下山セス　帰宅不快
木村先生ヨリ軍法会議呼出アリ
十一日（月）西荒瀬（8h発）西荒瀬ハコトハル　根本竜太郎
十二日（火）鎌形　駒井へ　特高課長
十三日（水）五時四十二分発ノトコロ四十分遅発
午後十一時上の着渕上ニ迎ヘラレミソノホテル一泊
十四日（木）遊佐　午前軍法会議　太田　保阪夫妻
十五日（金）道場開キ　午前　陸軍省　柴山、那須、上田
十六日（土）金石舎

十七日（日）黒　柴田先生宅一泊
十八日（月）　二郎宅訪問　歌川氏宅泊リ
十九日（火）　山本氏訪問　共ニ焼跡見物　十三時四十分発　福島一泊　本宮、本田、菊地氏同宿
二十日（水）　高木ニ石井紹介

二一日（日）　線路故障ノタメ夕刻帰宅　雪
二二日（月）→　金東根　手代木　留学生送別会出席セス　池田忠義本庄会合ノ為
二三日（火）関　久兵衛見舞　木村先生一泊
二四日（水）← 11.56発　木村先生　西山へ
二五日（木）　鼠ヶ関　声カレテ苦シ　一泊　午前八時半頃久兵衛君死去ノ通知ヲ受ク
二六日（金）　八時カヘル　木村先生夕来ル　大滝重直
二七日（土）　木村先生　余目座談会ヨリ　帰国　尾形六郎兵衛
二八日（日）　于静純一泊
二九日（月）　久兵衛君葬式　参列
三十日（火）　鈴木歯医者
三一日（水）　立命館　松岡
　　　　　　　堀三悌

**注**

（1）大船渡市盛町。

# 書簡・文書

## 196▲東亜聯盟主義勝利の数々

七月二日付石原莞爾（鶴岡市高畑町）宛高木清寿（千葉県夷隅郡大原町八五八二）封書［憲政・増川喜久男関係文書・31―21］

拝啓　其後御健康如何かとお案じ申上てゐます　御快復を祈ってゐます。小生六月二十八日に栃木県を去って帰宅いたしました。

過般　御報告申上ました栃木県芳賀郡逆川村の河原忠蔵氏のところへ行って参りました。同氏は過般は胃癌と誤診され切開手術後でほとんど歩行困難でしたが、霊動を伝へて来ましたので、今度参りました時は、すっかり元気になり牛を引いて畑を歩いてゐました。同氏夫人も農耕で一寸疲労すると泪が出て困り、臭気、味、も七、八歳の頃より感じないと云ふ人でしたが　霊動を励行した結果、泪が止まり、臭気も味もわかって来たと申して、親子三人して毎日霊動勤行してゐました。そして、一家揃って東亜聯盟になり切ってゐました。河原氏は「必ず徹底的に運動と実践に乗り出す、自分は六十三才の老人だから、自分の代りに充分に奔走出来る若者を見出して最後の御奉公をします」と、喜んで引受けてくれました。これで栃木県の農村にはじめて足が出来ました。同氏は剛気で、且つ謹直で指導書を確実に読んでゐますので　一つ一つの言葉にも誤りがなく、独善がないので有難い同志を発見しました。同家はこの地方の有力な地主ですが、先般も自作農創設の問題で「当地方の地主はおそらくこの問題は無理解　且つ反対でないかと思ふ。自分は、同志には自分の土地を開放したい。つまり自作農創設は、小作農を同志にまで引上げて土地を渡す事が大事と思ふ。同志の誰かがこの山村に入って農業をしたいのでしたら、いつでも来て貰ひたい。土地は開放する」

と申してゐました。この地方に、同志によって支部を設けていただくつもりです。

宇都宮の日蓮聖人讃仰会の人達は　生活革新の運動にまで入って来ました。先般は二日間だけ、この問題で会合しました。そして、この人達は、「東亜聯盟運動を知ってから、はじめて観念的にのみ法華経を信じてゐてはいけないと云ふ事がわかりました」と申してゐました。

東京高木支部も、今月から本部に納入会費を二十五円差上げる事が出来ました。金石舎の事はいづれ外山様からもくわしく御報告がある筈で御座ゐますが　昨日も小生上京しまして、大事と思ふ事を決定して来ました。今月十日頃から海軍の監督工場になります。それ前にすっかり心の準備も態勢も整いました。そして工場の正門（街路に面した）に、工員も通行人も誰れも目のつく様に別紙の様な掲示板を堂々と出す事になりました。工場は世田谷第一の能率を上げてゐますので、遂に昨日午後二時表彰されました。能率を上げるため世田谷区の産報も「東亜聯盟主義」で行かねばなるまいとまで警察当局では申してゐるとの事です。金石舎は工場に於ける東亜聯盟主義の勝利の第一歩と思ひます。

下野中学校の講義は　六月二十四日（第二回目）を行ひました。生徒も教師も一斉に聴講する事になり、先般は、特に教師のために　放課後二時間だけ別に行ひました。四、五年の生徒は　七月から明年三月迄、中島飛行機製作所に学徒通年動員で講義が不可能になりますが　後藤君が二ヶ年間の昭和維新論の講義が必ず無駄にならぬものと信じてゐます。

群馬には一村を牛耳れる村が出来そうです。今月足を踏入れて参ります。

私の健康は霊動勤行のため快復して参りました。体重も増して参り目まいはしなくなりました。御安心下されます様お願申上ます。

敬具

## 197▲時局の匡救を願度く

七月十四日付石原莞爾宛（鶴岡市高畑町）千原楠蔵（東京中野区）葉書［鶴岡・石原・手紙479―2］

謹啓　八・九両日に亘り御識見に接しこの上なく有難深謝申上げます。打ちふるえる感激を以て岩手県に赴き小用事を済せ一昨　帰京　御意見を慎重取りまとめ　愈々　先生により時局の匡救を願度く　動き得る段取りと相成りました　経過その他は後便にて御報告申上げます　右取敢へず御礼の御挨拶まで。何卒奥様によろしく

## 198▲社命による閣下の時局談取材は結局、徒労に帰し

七月十四日付石原莞爾宛（鶴岡市高畑町）菊池健次郎（山形市塗師町十日本産業経済新聞支局）封書［鶴岡・石原・手紙331］

謹啓　先日は突然参上仕り不躾にも御面談を強要　甚だ失礼仕り候。是れも社命によるもの　何卒御海容被下　御諒恕賜度く存候。

閣下の語られる一言一句　全く胸を締め付けられる思ひにて　今更我身辺をふりかへり申し候。若輩　且つ菲才なる吾々　到底　閣下の胸中を忖度する事は出来申さず候も　ただ情けなく憤懣を何かに叩きつけ度き衝動に駆られ候然し、社命による閣下の時局談取材は結局　徒労に帰し　空しく帰形致すより外無く、本社へもこの旨　残念乍ら報告致し候。山形までの車中、自から無能記者の嘆きを味ひ申候。

末筆ながら閣下はじめ御一族様の御健勝を祈上げ候　敬具

七月十四日　山形市塗師町十日本産業経済新聞支局　菊池健次郎

## 199▲朝鮮人志願兵制度の功罪、獄死した呂圭渙の遺言

七月十五日付石原莞爾（鶴岡市高畑町）宛曺寧柱（東京都麻布区桜田町八東亜聯盟同志会）封書［憲政・増川喜久男関係文書・30―5］

謹啓　盛夏の候　如何御過し遊ばされ候や謹んでお伺ひ申上候　小生の帰鮮期間　頓に長過ぎ誠に申訳無之候　段塚君は鳥取震災一周年と　自家土地問題処理等の為め　五日夜帰省致し候間　小生不馴れのままに　庶務及会計を当分引受け居る次第に御座候　事務万端に就き普段心得置く要を痛感致し候処　小生何でも誠意勉強致し度く候小生帰京の節　渡航券入手難一入にて　京城で約二〇日間も無駄な日を送り候

板垣閣下に御訪問　東亜聯盟の過去現在に亘り状況を逐一申上げ　今後に対処する将来の見透しまで御報告致し置き候　閣下は東亜聯盟の会員獲得に於て　量的目標に今まで疑念を抱かせ居られし様子　小生　色々と現段階に於ける情況を申上候処　心よりお喜び下され候　偶々　木村武雄氏の話しに及び「彼に対する見解如何」のお問ひに　非難多かりし木村氏に　小生共は東亜聯盟運動歴史の一時代を劃せる人物として敬意を表す旨申上候処　我事のやうにお喜び下され候

自由意志尊重とやらの志願兵制度の迂遠な策は　却って朝鮮青年に応兵回避の抜け道を与へたに過ぎず　結局志願に応ぜぬ学徒に強制策を講ぜし為め　尠らぬ紛糾を惹起せしものと承り居り候

回避の余地なからしめた義務徴兵が　却って如何に順調たりしことか痛感致し候　世の中には頭から諦めさす方策も極めて至宝と存じ候

併し入営後の学徒兵は案外真面目との由に御座候　内鮮人綜合訓練に色々民族間の事態有之候趣き　板垣閣下のお話に御座候

1、幹部候補試験に落伍せし朝鮮人は　十人が十人共　差別待遇だと誤解する向有り。

2、内地人上等兵の善意な制裁を　朝鮮人初年兵は之を誤解し　身近な朝鮮人の伍長・軍曹級に訴へる為め、その伍長は民族感情を起して後輩内地上等兵に報復的手段で復讐をなす。

民族間的軋轢　毎々に有り　閣下は私的制裁厳禁の訓辞与へ居る様子に候

朝鮮人の適齢兵四〇萬は可能らしく　今後も年次的に増加する筈に候へば　若し彼等の心底のわだかまりを消散させ　その士気を十二分活用に及び候はゞ　皇国軍史上未聞の大成功と存じ奉り候

朝鮮人の大半は必ずアメリカ勝つの盲信をなし、中に思索を深く巡らす者でさへ金持ヤンキーに従属するのが割のよい儲けものだと思ひ居る模様　万一これが朝鮮人自身の生産力に停滞を招くことに有之候はゞ看過すべからざる一憂慮と存じ候　闇に齷齪する同胞の労働力は　全く冬眠状態に有之り　歯痒き次第に御座候

朝鮮内の小生の関係者は　大邱・忠清道・京城などで数十名摘発され　各地裁判所に拘置の処　取調の便宜から目下　太田裁判所に集め置き九名残存中、呂圭湙はあの元気たりし体にも似合はず可憐にも獄死し　他の一人も気分勝れず今日明日を待つの有様と承り候　彼等の検束日は寧ろ小生よりも早く　既に二年半以上を数へ乍ら　未だ検事調べとやら　如何に当局の事件収拾に自信なきかをよく表明致し居り候

「内鮮問題に関し　従来内地人の好しとなすものは朝鮮人が嫌がり、朝鮮人の希求するものは独立的性格を包蔵せる為め内地人に嫌がられたが、今回の運動のみは内地人に対しても朝鮮人に対しても気兼ねの要らぬ恥じざる運動であった。この運動の必ず達成せられるの日を確信する」と最後の言葉を残し「不肖の子を生まざりしものと思ひ先立つ子を許せよ」と親に詫びて目を閉じた呂の臨終の有様を洩れ聞き　彼等に居残りされし小生　痛心に堪へず候　呂の死も自由主義に曇れし佛国土へ下されし仏様の鉄槌に候へば　この有難き仏の幽玄な御慈念に対し奉り　嘸かし呂君も満足たりしことゝ拝察候　三類の敵人を顕はさねば法華行者に非ざるとの御教義に御座候へば不惜身命、彼等の分まで担ひ不断精進致すべく候

京都の香取予審判事も同情　以て全事件に携はらん旨申し居り候　後日必ず香取氏宛　及　小生などに証拠調べが

太田の裁判所から有之候筈と存じ候　その節　関係者等の為めに有利の点有らば　小生是非共直接　法廷に立ち度く心窃かに念じ居り候

梁麟鉉は四月下旬頃福岡刑務所より出獄し　小生に色々詫言を申し居り候も　東亜聯盟信念は不退転らしく　誠に嬉しき儀に候　京都のことは色々纏め参りし候

名古屋の井上君に関し　京都の検事から小生と連絡有りし旨、名古屋宛に報告有之候由　小生全く見当付かず或は井上君が小生宛に一回位ひ書信などせしものを中途で差押へられたことを云ふのか、或は小生の関係者が　当局者の云ひなりになった嘘答をだしに井上君と事件的に結付けやうと云ふのか　その真相計り難く候　孰れにせよ　今まで井上君と小生とは連絡無之く候へば　当局が無理に関聯づけやうとしても　井上君に不利な迷惑有る如き事態決して起るまじく存じ候　当局は朝鮮問題として井上君と小生の事件とを一括的に聯関させんとしても左様な嘘に乗ぜる如きこと無之きやう努むべく候　井上君は鍛へる意味に於て又と期し難き格好な修養場に籠り居り候間　信念一徹を旨となす同志運動にとり祝福すべき事とは存じ候へども　何分若年柄　辛苦の感受程度も甚だしかるべしと推察同情に堪へず候

尚ほ他事乍ら　以前平沼狙撃事件の被告片岡が証人訊問に石原閣下の御出馬を希望され居る様子　又　政界人調べは殆んど済み　軍関係に審理が入り居る貌様を　憲兵隊の藤ヶ崎氏来訪し　小生共に伝へ候

木下（朴）貞基は　四国木村先生の農場から離れ　一人で農業に従事せんとし　一人でも勉強次第で農事は心得るものと自惚れ居り候　如何なる辛酸あるとも師に仕へるもの　薪水の労を採るは当然にも拘らず　有終の美を収めず中途で挫折申しこと　甚だ遺憾の極みに候　其の責任の大半　小生に有り　日頃彼に対する忠告の至らざりし罪実に大なるものにて候　伏して心より木下君に代りお詫び申上候

閣下は神経痛に御難儀遊ばされ居らるる由　何卒時候不順の節　御養生専一になし下されたく　先づは右お報らせ旁々お伺ひまで如斯に御座候　折を見計ひ一度訪づれ申し度く存じ候

頓首合掌

## 200▲「酵素堆肥」さいあれば同志の獲得

七月十七日付石原莞爾（鶴岡市高畑町）宛高木清寿（千葉県夷隅郡大原町八五八二）封書［憲政・増川喜久男関係文書・31―22］

合掌　御返信申遅れおわび申上ます。

「籔式治療器」の件につき去る十三日　金石舎へ参り御相談申上ました。先般より小生依頼申上げて置きましたため造る事に決定してゐましたが　数量の問題については、当日　舎長安藤君不在のため確答を得ず、更に十五日に参上いたし再度　御相談申上ました。その結果、資材の関係から、今度は若干数だけ至急に造る事に決定しました。この事　籔先生にもお知らせ申上ました。

大原支部も休みなく個別的訪問を続けてきました結果、やうやく軌道に乗り歩み出しました。今日ところでは大原町の隣村の浪花村と云ふところが最も有望です。同志市原市重と云ふ誠実な人物がたゆまずに工作してゐるものですから浪花村岩船と云ふ部落は十五、六名の同志が出来、部落を左右するのは間もない事と思ひます。小泉先生の居られる天津町も七、八名は出来る見込みです。こゝには石田と云ふブリキヤの親方で誠実な同志がゐます。この人が小泉先生のもとに日常参ってゐますので堅実な人を一人一人当たってゐます。其外、東村、長者町等々も農家の同志がゐますので、今月二十日まではこの人達に努力を集中してゐます。三月以来、八方、説得いたしましても去って行く人、或は一度は入会しましても退陣して行く人達を見るたびに今更の様に自己の無力を淋しく思ひます。又、木村農法の実践の努力もせず、「酵素堆肥」さいあれば同志の獲得が出来るか、等と云ふ人達、指導理念の研究と自己の理念の整理もせずに「酵素堆肥」をほしがる人達を見る度に淋しくなります。自己の生活の革新すら行はずに物資窮乏を徒らに他人の罪にしたり、或は都会の同志が都市の運動は困難であると云って、吾等の実践すべき生活の維新には突進せずにゐる事、或又　吾等の同志が理論だけの把握を持って　昭和維新の先駆を自認してゐる事では、明治維新の功臣達が、功成り名遂げて廟堂に立ち　子孫のために美田を買求めたも同様ではないでせうか。私共はもっともっと深い自己の内省と、革新の実践を行って行かねば、昭和維新の時が来ましたときは、やがて間もなくそれについて行かれぬ者となる事と思ひます。この物資の窮乏と、戦局は仏の大慈悲と信じます。物資窮乏の中に、ひたって今日までの吾等の自覚無き生活を反省し、生活の革新を実行して行ってこそ　仏の大慈悲におこたい申上げる事であり、空爆の大試練の中に強力なる同志を発見し、造り上げ結びついて行くことが　この大試練におこたいする事であると思ひます。

この様な意味もあり、お互ひに切磋琢磨して行きたく思ひましたので　十六日、群馬、栃木の人達と、外山氏等数名と、当地で会合いたし、協議いたしました。東京及び　当地方には「米英軍が九十九里浜に上陸し、東京に向って進攻制圧する」と云ふ様な流言が飛んでゐます。そして、同志の中にも、これが可能か否かについて判定がつかず心配してゐる人もありましたので、私は左の様に答ひました。

一、日本本土空爆は可能、

二、上陸は不可能、その理由、

(イ)　攻勢には期待すべき極限がある事

(ロ)　日本本土上陸、且つ本土制圧を為すには大軍を要すべく、これが後方補給の困難なる事

(ハ)　上陸作戦は敵前に於ては小川と雖も困難なる事

(ニ)　完全なる制海権・制空権を獲得せざれば不可能なる事

等を申し、更に

三、若し、これが可能なりとせば、吾等の主張である数十年後の最終戦争は今日なるべき事等を答ひました。

外山卯三郎氏を法華の信者にいたすべく足かけ三ヶ年間努力して来ましたが、最近、信者になりますと云ふ確答を得ました。最初は　世界最終戦争の映画化と云ふ様な事から日蓮聖人、法華経物語等を読んで貰ふ様に努力しました

ところ、これが更に波及して外山氏の弟子の林田君が（金石舎員）最近　信者になりつゝあります。同時に映画化の方も実現しそうであります。

日蓮主義叢書―は、井上君に貸した場合の様に失念してゐる様な事があってはならぬと思ひ　各方面問合せました。そして「日蓮聖人と耶蘇」が見つかりましたので近日御送り申上ます。これは昭和十五、六年に青君にお貸しして読ませ、その後　山口と云ふ青年に読ませてゐた事を知りました。この外、私が神田の古本屋で求めたものでも　現在不用なものがありますから、それも御送り申上ます。杉浦君にもたずねて見ます。先は取あへず右御返信まで

敬具

## 201▲無責任極まる政変にはたゞあきれかへりました

七月二十二日付 石原莞爾（鶴岡市番田）宛伊藤秀夫（大阪毎日新聞西部本社）封書［鶴岡・石原・手紙124］

伊藤秀夫

閣下の御健康を祝福致します　早晩こんなことゝならうとは予想してをりましたが　無責任極まる政変にはたゞあきれかへりました。さて、小生閣下の御指導を仰ぎ　庄内楠公館をおあづかりして　郷党の子弟の指導錬成にいささか微力をいたそうかと考へましたが　楠公会　及び楠公館の基礎　及び設備いまだととのはず、率直に申せば　あれでは力のはけ口がありませんので、一思ひ　現職に復帰、門司の西部本社に帰って参りました

実は先日　小倉市長末松茂治中将閣下に久しぶりにお目にかゝり　談たまたま石原閣下の御近況に及ぶや　自分が宇都宮師団長時代に石原君が秩父宮様に御随行、中島飛行機工場を指導視察されたことがある。当時石原君のお話を聞いて絶対の信頼を寄せたものゝ一人だが

といふやうな話から
石原閣下から一つ、北九州に講演に来ていたゞけないだらうか　伊藤君、君から一つ石原閣下に御願ひしてみてくれぬかといふことでありました。一切は末松中将の責任に於て北九州五市に閣下の大講演会を催したい御希望のやうでありました。時期　その他方法の一切は　閣下若しくは東亜聯盟の御希望通りで結構とのことです　何卒　北九州百万市民を指導啓発の思召を以て御願ひをかなへさせて頂き度　末松中将に代り御願ひに及びます　敬具

## 202▲千原楠蔵事件　或は死所を得るや

八月十八日・二四日石原莞爾宛杉浦晴男（東京都麻布区桜田町八東亜連盟同志会）封書〔鶴岡・石原・手紙997—31〕

前略　同封書の如きもの　千原氏作成　大東亜省内外各方面に配布　昨朝　東京憲兵隊に検挙されしこと聞知いたしました
同氏は事前　中山氏に相談した由、本文書は中山氏より入手したものであります　和田先生は　明夕、牛島先生は明午頃　御帰京の筈です　事態の赴く所　或は死所を得るやを光栄と存じますが　閣下は切に御自愛下さいますやう血涙を以てお願ひいたします
これより上野駅頭に佐藤氏を捜しにまゐりますため早急の乱筆御許し下さい
合本は月曜　検閲当局より会見申込あり　遅延に遅延を重ねたるこの事もいよいよ正面よりぶつかることになりました　今迄解決し得ざりし事　弁解の辞ありません　十八日　杉浦晴男

［同封別便］

千原氏の件は別紙和田先生報告の如く憲兵は千原氏の陳述を悪用（或はネツ造）し　緒方氏打倒を目標とし　併せてあらゆる手段を以て閣下の意図を悪宣伝し　以てその意とされる所を予め封殺するにある如くです　お手紙　昨夕拝受　和田先生は昨朝　赴伊されたので　牛島先生に連絡　協議の結果　小生　緒方氏訪れ　御来示の諸点ハッキリと伝言いたしました　氏は直にこの旨　首相に伝へると申され　浅原事件の体験上　黒白を明かにする機を失し　以て禍根を永く残さざるべしとの小生の意見をよく首肯されてゐました

国家は真に空前の危局に直面し　平凡且つ一時的手段を以てしては　もはや絶対好転の望みなき事　凡愚小生にすら今や歴然たるものありますが　千原氏の軽挙は一面　我等の政治目標を羅列的に暴露し　佐々　太田氏等を中心とし　既に鋭意新体制創立のため工作中の諸氏は　実に千原氏に激憤致居り　聯盟首脳の一員たる中山先生が　事前にこれを承知しつゝ　尚ほ敢て阻止せざりし政治的無感覚を痛撃しております

かゝる観察は同志会首脳部の同意する所に非ず、多くはこれによって生ずべき悪影響を過小視してゐますが　独り小生は聊か見解を異にし　一個アル中の軽挙　大事を誤ると述べた次第です　閣下は天意と云はれました。私は我等碌々として無為無能　以てかくの如き事を暴発せしめた責任を反省　今後は歯車のガッチリとかみあふ如く　凡て計画的規模の下に各種の手段を混用し以て所望の体制を速に確立すべきを痛感せしむべき天意と解したいと存じます　私の考へは誤っておりませうか

昨夜もお手紙繰返しつゝ自問自答悶々として眠らず座して天明に至りました　浅原先生を想ふこと切なるものありました　これを機として一戦交ふべしとするも　小磯　書記官長等　当方を敬遠（閣下に対しては然らず）してその面会すら容易ならざる現状に於ては　一戦のキッカケ作ることすら容易でありません　顧みれば　会運動創立以来比較的中枢の地位に立ち乍ら今日まで殆んど云ふべき実績なき小生の責任大にして今後は寧ろ強烈に自己の信ずる所を主張し　自己の信ずる工作を実践すべきものとよくよく感じました

最高戦争指導会議（構成員不明）はドイツの敗北を予断し　短期決戦の方針を決定せる由　今年一杯を期し全兵力を以て敵を迎へんとするもの丶如くです。既に独ソの和解望みなく　ソ、英米　互にベルリンを目指して競争的に破竹の進軍をつゞくる今日、皇国の前途を想ひ　静かに今日の御言葉を拝誦し奉れば　たゞたゞ名状し難い気持ちです

石原陣営の総力を結集し　これを最要点に注入すること今日より必要なるはなしと信じます　めいめい勝手に独善的判断の下に散発的に戦ふのでは百害あって一利なしと信じます

去る月曜　検閲官に対し小生（渕上、曺氏同行）その十数個の質問点を明かに答へました　小磯への迫力　当方に充分になく、緒方氏の事務当局への圧力望み難き今日、再三のお示し諒知しつ丶も一応事務当局と折衝を重ねてゐる次第にて　もう一度会見の上　先方の決定的返事ある由　合本に就いては一切　山本氏と協議しつ丶進行してゐます

何か中傷めきたることを申してゐても　小生意に介せず虚心に協力　一日も速かなる出版を期してゐます　山本氏は秘密を保たれぬが致命傷です

再読、或は閣下の御不快を招くを恐れますが慷慨自らを責むるの言としてお許し下さいますやう

八月二十四日夕　　杉浦晴男

［同封別紙］

謹啓　小子不注意の為　千原君の創作を事前に遏止し得ず　累を今後　閣下と聯盟に及ぼし候はゞ　罪万死に値し候　恐懼の至りに堪不申　此に謹んで伏謝し謹慎し　猶、皇国の為　東亜全類の為　閣下忍びざるを忍んで万全の御自重被遊下度　呉々も奉祷上候

怱々頓首

十八日午後　　中山優拝

## 203▲関西事務所活動状況報告

八月三十日付石原莞爾（鶴岡市高畑町）宛田中直吉（姫路市東延末町一九二第一鋳物株式会社）封書〔憲政・増川喜久男関係文書・35―2〕

謹啓　残暑の候に成りましたが、閣下にはその後御変わりも御座ゐませんか、お伺ひ申上げます。先般　福島先生御帰洛後、閣下がおやせになったと伺ひ、心配致して居ります。小生も会ふ人毎にやせたやせたと申されますが、国家存亡の危機に立って自分のみ安閑と肥えて居られるかと答へて居ります。二十八、九日　播州支部よりの依頼により、龍野、赤穂へ昭和維新論の講義に参り、橘氏の経営されてゐるこの第一鋳物工場で御世話になって居ります。地方へ出て多少時間の余裕を見出して、閣下を始め、本部　関西中参会員諸兄に便りを出すことが、唯一の楽みです。最近関西事務所管内の運動は、益々活発になって参りました。何としても　閣下の御期待に副ふ様に一層協力一致して努力致します。

一、関西事務所も福島先生の下に組織訓練部長（小生）、農事指導部長（金尾先生）、厚生医療部長（籔先生）を置き、漸く陣容を整へました。秋には関西各地の青年部大会を開き、それを期して青年部の意向に基いて青年部長が設けられることになると存じます。

二、中参会議も連続かゝさず開催して居ります。七月は紀南支部当番にて南部、七月末京都にて臨時中参会議、八月二十七日、京都支部当番にて木村先生、山陰方面中参も列席の上、未工作地域の工作を主題に開催。

三、木村先生の講習会、二十五日～二十七日、関西事務所主催、立命館農林部後援の下に開催、参加者四十余名。京都、神戸、阪神、播州、紀南、熊野、丹後、滋賀、但馬、名古屋、鳥取の十一支部より参加、講習会は大変有意義に終りました。木村先生の烈々たる憂国の情に講習生一同は非常に感激致しました。当初の予定は四泊五日でしたが、先生の御意見もあり、また野菜不足等のために二泊三日で致し、その後先生は但馬、丹後へ向はれました。

四、籔先生も非常に熱心に挺身していただいて居ります。八月中に本の執筆が終ります。出版の件を小生が引受けて居りますので百方出版屋、印刷屋と交渉し、結局、大阪の印刷屋で刷ることに致しました。普通の出版に致しますと許可を取るのに数ヶ月を要し、それを得ても果して現物の紙が配給されるかどうか分らない現状です。非売品として印刷することにしましたが、図が多いので相当の時日を要するかと存じます。それが出来次第、多分十一月に厚生医療の大講習会を開催する予定です。各支部に厚生医療部と婦人部を結成すべく努力して貰って居りますので、それによって一段と進展すると存じて居ります。

五、関西地区は八支部になりました。熊野支部準備会が八月五日に成立、京都、丹後、播州、神戸、阪神、紀南の従前の六支部に滋賀を加えて七支部となり　八月に熊野が出来て八支部となりました。山陰事務所管内とはいへ　事実上　関西事務所の指導下にある但馬支部を加へれば九支部です。更に小生　志摩支部からの依頼もありますので、今後は時間の都合のつく限り、志摩へも参り、その途中の津支部へも行く心算です。

未工作地の支部結成の予定を既に中参会議で決定致しましたが、九月には淡路、大阪、十月には福知山　和歌山、十一月には吉野、伊賀、十二月　若丹、奈良。これで大体　関西全地区に及ぶ支部結成の点だけが終ります。本年中にこれだけを是非達成致したいと考へて居ります。更にその点から線へ　面へと同時に拡大しなければなりません。小生　八月中に家に居た日は一週間もなく、但馬、丹後より帰って阪神、神戸支部へ行き、二十日より二十四日まで淡路へ参り、二十五〜七日の講習会後、播州へ参って居ります。

六、関西各支部を七、八の二ヶ月間に一巡致しましたが、各支部とも運動が真剣になって参りました。矢張り最も活発なのは播州、丹後の二支部です。講習会、研究会も毎月各地で開催して居ります。最近　阪神支部の和田甚九郎先生は非常に張り切って居られ、毎週一回研究会を開かれて居ります。池本先生が指導に行かれ、小生も月二回参ります。紀南、熊野方面も会員整理を断行して以来、活発になって来ました。和歌山の坪倉先生にも先般お会ひ致しましたが、先生も大いに加勢して下さって居ります。

七、京都支部は相変らずの状態にて、これには小生の責任重大と考へて居ります。立命館農場を模範農場とする考へにて六、七、八月殆んどそれに努力致しましたが、農林部の人々に世界観なく、栄養周期、無肥料出発、本植をなす勇気なく、まったく人にお見せ出来ない様な稲をつくってしまひました。これがうまく行けば京都付近の農村を巡回して大いに活動する心算でしたが、すっかり駄目です。矢張り他人にたよってはいけない。自分自身で水田をつくることだとつくづく思ひました。目下　土地を物色して貰って居りますので、小生も百姓になり、栄養周期、酵素肥料を自分自身の田で実験して見たいと考へて居ります。

八、九月初旬に柴田先生をお訪ね致したいと考へ、御都合を伺って居ります。先生の御指導を受けて更に酵素肥料に精進致したいと考へて居りますが、小生は工作に各地に飛び廻りますので、元種の保管には家内を十分教育しておきたいと考へて居ります。七、八月に柴田先生をお訪ね致したいと思ひつつも関西の工作と酵素肥料の指導とでその機会を失って居り、大変遅延致しましたことを閣下におわび申上げます。柴田先生の御承諾を得れば立命館に来ていただいて酵素に関する御指導を学校として御願ひする心算です。鎌倉まで行けば東京へ足を延ばし、本部へも行きたいと考へて居ります。

九、今般　立命館の東亜研究所、国防学研究所、（大学部関係諸教授）にて東亜聯盟、昭和維新論等の具体的方策を研究することになりました。総長先生より小生が中心となって共同研究をする様に全員を集めて九月一日に申されることになって居ります。何を研究の題目として選ぶかについて色々考へて居ります。東亜聯盟の機構、大本営の組織、国民組織の研究、等が考へられますが、差し当たっては全国の国土計画、（各府県の人口状態、食糧事情等を調査して、全国的な人口分散計画の大綱）を数名手分けして調査致したいと考へて居ります。その他　適当な問題が御座ゐますれば、御教示を賜りたいと存じます。また　この国土計画は都市解体、農工一体政策の具体案をつくる基礎をなすべきものと愚考致して居ります故、研究者に十分昭和維新論をたゝき込み、我々と同じ世界観を持つに至って始めてやり得ると存じて居ります。閣下の御健在をお祈り申上げております。

## 204▲鈴木文平の酵素堆肥講習会等

九月一日付石原莞爾（鶴岡市高畑町）宛高木清寿（千葉県大原町）封緘葉書［鶴岡・石原・手紙1056―16］

合掌　御無さたいたし失礼いたしました。御健勝御祈いたして居ります。

東京高木支部は八月に鈴木文平先生に御来駕いたゞき酵素堆肥講習会を開き、群馬、栃木、大原支部からも参加して御指導いたゞきました。其後　荻窪警察の不当な弾圧がありましたので、人権蹂躙で警察官を告訴する段取まで進んだのでしたが、当事者が臆病のため、そのまゝになってゐます。外山さんも益々強硬になり奮闘してゐます。この講習の間、外山さん一家が朝夕の食事の折、必ず宣言を斉唱してから食事をされるのを、朝早く起きて煙草を買求めに行った同志が発見して、受講者一同に非常な感激を与へて居ります。金石舎は外玄関街路に「宣言」を掲示してゐますので人目をひいてゐますが、最近　青年隊を結成して（男女共に）、非常な能率をあげてゐます。舎長安藤君の話ではおそらく日本一の能率をあげるのではないかと言ってゐます。

栃木支部は八月二十七日の講習会を期して運動の新発足に入りました。老齢の河原忠蔵さんが病躯を押して出て来て下さいました。更に二十八日には河原さんは、磐陽の岡崎君の村まで見学に出かけました。「自分は病身で老人だから自分に使ふ事の出来る人を見つけてやらせる」と言ってゐた河原さんが遂に自身先頭に立って活動しはじめました。九月中旬までには、河原さんのところで講習会を開きます。栃木県もこれで、やうやく、閣下にお出いたゞいてお話を拝聴し、御指示いたゞけるところまで引上りました。馬頭も支部になれます。九月よりは群馬と下越支部に力を入れます。

弟正三の五霞村に小泉先生に御来駕いたゞき会合いたし御指導いたゞきました。十五六才の少年が立派に木村農法を実行してゐます。最早　この少年達で村の農業指導が出来ます。稲の穂を一寸調べましたところ、二七〇粒だけ結実してゐました。麦の成績もよく、馬鈴薯、甘藷等皆見事なものでした。いづれ弟から御報告申上げると申して居りま

す。先は取あへず御一報まで

敬具

**205●先日多数同志御揃ひ御出で下され候ひし節、自制を失ひ失礼**

九月十八日付小泉菊枝（千葉県安房郡天津町浜荻立川音松方）宛石原莞爾（鶴岡市高畑町）葉書［鶴岡・石原・K41―3］

合掌　先日多数同志御揃ひ御出で下され候ひし節は老母病状思はしからず自制を失ひ失礼の事のみ申上げ誠に御恥しき極に御座候。殊に大阪の青年等に対して相済まぬ気持一杯に御座候。深く御わび申上候。

福島、宮城、岩手に旅行、同志の活気にみてる運動を見て帰来、御手紙拝見致し候。青年部礼法設定、移動指導斑に関する御計画、誠にうれしく拝承致し候。殊に後者は熱意をもちながら適切なる計画を立て得ぬ我等同志陣営のため真に画期的のものと可申、感激の極に御座候。成るべく速に東京中参会等に御発表被下度切望に不堪候。福島の集りには棚倉の三名の外数名の婦人参会、石巻の会合にも遠方より数名の婦人来集、時代の変化を感じ申候。御計画の実現を待望しつつある自然のあらはれかと存ぜられ候。

克枝様へよろしく御伝言御願申上候。


**206▲関西事務所活動報告、特に天ノ橋立・石原顧問講習会のお願いについて**

十月二日付石原莞爾（鶴岡市高畑町）宛田中直吉（京都市左京区下鴨蓼倉町六八）封書［憲政・増川喜久男関係文書・35―3］

謹啓　九月二十九日付お葉書有難く拝見致しました。丁度十月一日（日）に九月の中参会議を阪神支部で開催することになって居りましたので、閣下のお葉書を中参会員諸兄にもお見せ致しました。閣下の御期待の万一にも副はなければならぬと一同感激を非常に深く致しました。

小生　九月二十五〜七日志摩支部に参り、昭和維新論の講義と酵素肥料の講習会を二日に亘って開きました。志摩の同志は非常に喜んで下され、或る老人の同志は態々船を出して送って下さいました。それより丹後支部の講習会の約束があるため直ちに二十九日〜三十日に丹後木津に向ひました。木津の農村にも東亜聯盟農法が飛躍的に進展しつゝあることを見て、非常に愉快でした。

十月一日の中参会議には金光、和田、桑田、木村、金尾の中参会員と田中（随）、橘、前川（熊野支部の責任者）の中参候補が出席、福島先生は差支のため欠席、議題は（一）最近の政局と東聯運動、（二）関西地区運動の検討、（三）昭和維新論要約等の印刷、（四）講習会の開催、（五）十月中の組織運動の件、これ等を協議決定致しました。

十月中に柴田先生をお迎えして酵素講習会を阪神又は京都に開催（各支部の酵素指導者のみ二、三名づゝ）し、山陰、北陸、中部地区よりも参加を求めることになり、小生　早速　柴田先生の御都合を伺ひ、上京致すことになりました。なほ　その酵素講習会につづいて香住、彦根の酵素食糧工場を御指導願ひ、先生に研究費の一部として千円取りあへずお渡しすることに致したいと考へて居ります。

次に閣下の講習会は全会員の熱望せる処でありますので、何としても実現を期したいとのことにて、関西事務所に一任されました。いづれ福島先生よりお願ひしていただくことになると存じます。会場は結局、天ノ橋立、会場　講習会の世話は丹後支部の責任、主催は関西事務所なるも山陰、中部、北陸各地区よりも参加を求め、厳選主義をとること。各支部より聴講生を三名〜五名　責任を以て選出し、同志会運動の中堅として活動せしめること、時期は十一月下旬、十二月　孰れにても結構ですから何卒我々の希望を御容れ下さいます様、伏してお願ひ申上げます。開催地会場は、和歌山、播州等の希望もありましたが、互譲の精神で丹後となりました。山陰、北陸　中部が参加すれば

大体　天橋立が中央になり、汽車の切符等も丹後支部が責任を以て買ひ得る様にするとのことにて、約二百名は聴講すると考へて居ります。

十二月中には籔先生の御著書が出版されます予定につき、京都にて全関西の厚生医療の講習会を五日間の予定で開催することになりました。

中参会議後、午後七時より阪神支部主催の講習会を公会堂で開催、金光邦三氏と小生とが国民組織の結成、支那事変処理について話し、その後　座談会にて金尾氏より東亜聯盟農法についての話しがあり、十一時に散会致しました。十月中には淡路、丹波の工作を中心に進めて行きたいと考へ、阪神、丹後両支部と協議し、その具体化を図って居ります。

旅行は弥々困難ですが、動き得る間に十分活動しておきたいと考へ、十月中の全プランを樹て淡路、和歌山、丹波各地を巡回致します。京都に居るのは一週間の間　講義のある二日のみに限定致しました。

## 207▲伊地知氏と和田先生との関係が円満に行く様、微力乍ら尽心竭力致すべく候

十月六日付石原莞爾（鶴岡市高畑）宛曺寧柱（東京市麻布区桜田町八東亜聯盟同志会）葉書二葉［憲政・増川喜久男関係文書・30—6］

拝啓　朝夕　頓みに秋冷一入に候処　閣下には御清穆の御事と拝察□舞の至りに御座候　大老母様の御欠安如何相渡らせ候や謹んでお伺ひ申上候

有難く御香墨に接し候　小生　伊地知氏と和田先生との関係が円満に行く様　微力乍ら尽心竭力致すべく候　今に至って過去を相互弁解を以て云為するは却って事を繁くする所以に外ならず　当を得ざるものに候間　小生極力双方の和合を期し　和田先生には伊地知氏の満蒙に於けるその信仰的努力を讃へ　伊地知氏には和田先生の御人格を伝へ

る等　双方のよき持ち味を一朝鮮民族の見解として事につけ折に触れて吹聴致し候はゞ恐らく両方のお気持も何時しか緩和し参り候こと、信じ候　東亜聯盟運動の推進過程に於て斯る事態の起り有るは、却って双方共　同志的結合の密なるを念願する底心が偶々変形的に現はれしものにて候へば余り憂慮すべき儀とは存じ参らず候　小生一日は会津若松に於て　二日の夜は高岡の伏木に於て民族問題を講じ同志一同は士気極めて軒昂「今までの末端運動神経の麻痺振りに愕然とし今後は一層の奮起を実践す」との意気を示し居り候　速水工場はその実績群を抜き　今後同志工場として期すべきもの多かるべしと存じ心強き限りにて候

本部のガスは一時用ひ過ぎの廉で五日間停止を喰らされ候へ共　宿泊者用　事務者用　居住者用の三つの事情有る旨知って　昨日早速ガス会社から再開下され候　入部中の岡田君（女）は家事上の都合突発し　退部致し候新しく陣営を整へ、日頃事務の十全を欠く所を速急に補ふべく候　此頃運動の為（婦人部）真山女史の二十日間田舎廻りの件につき全く本部との連絡を絶ち候故　職員として無断過ぎるとの事で［以下欠］

## 208▲淡路での活動報告

十月九日付石原莞爾（鶴岡市高畑町）宛田中直吉（淡路洲本市三熊館）葉書［憲政・増川喜久男関係文書・35―4］

前略　十月六日から和田甚九郎氏と同道致し、淡路に来て居ります。七日〜八日、二日間に亘って生穂町で講習会を開き、和田氏から東亜聯盟運動についての話があり、小生が昭和維新論講義と酵素肥料の実地指導を致しました。昨八日夕　洲本市へ参り、今日午後　洲本市で座談会を開きます。明九日には由良町で座談会を開く予定です。これで淡路の東浦（東海岸）は一応巡回致しました。これから西浦方面の工作を行います。最近　和田氏は非常に熱心で毎月一回数日間工作に従事していたゞけると存じます。この次には福知山方面へ行くことに致しました

## 209▲牛島辰熊、千原楠蔵等の軍法会議送り、木村氏と連絡、御意見拝承

十月十一日付石原莞爾（鶴岡市高畑町）宛杉浦晴男（麻布区桜田町八東亜聯盟同志会）葉書〔憲政・増川喜久男関係文書・29―50〕

前略　九日午後　牛先生は他のT、A両氏と共に軍法会議に廻はされました　又　千原氏も多分同時に移された様子でございます　昨日　木村氏と漸く連絡つき御意見拝承いたしました　右　御連絡まで　草々

## 210▲牛島・浅原及び津野田は軍法会議に決定、千原も矢張り同日軍法会議に廻され候

十月十二日付石原莞爾（鶴岡市高畑）宛曺寧柱（於会津西若松）封緘葉書〔憲政・増川喜久男関係文書30―7〕

謹啓　閣下には御老体の処　此度はまた津軽の講習会に御出ましになられ　嘸かし御無理も多かりしこと丶拝察候
誠に恐縮に御座候　其後お体如何に相渡らせ候や案じ奉り候
八日　牛島、浅原両先生及び津野田少佐は軍法会議に決定　九日身柄移転　今後の差入れは禁止などなどの達が有之候　津野田氏の位階は停止中に候
井上日昭事件を処理せし澁谷の藤井裁判長には和田先生の御伝言も有って小生毎々連絡致し置き候へ共　軍法会議とあっては致し方無しと申され居り候
三先生共至極元気に候間　何卒御休神下され度く　事件は別個なるも　千原楠蔵氏も矢張り同日軍法会議に廻され候
　東京では木村武雄氏が憲兵に引致されしデマ盛んに飛び居り候へ共　本人健在にて候
今月十一日より　姫路以西、四国、九州　山陰の西倚りなどの地方には鉄道便の輸送利かず（日時の多く掛かる申告

手続をその都度せざる以上は）依って書籍雑誌は四種郵便に細包して送るの現状に候
万一の事を考へ　東亜聯盟叢書を速急に出刊し　各地区毎に適当部数を事前に配布し置く要を痛感致し候
小生　今月十一日庶務を増川兄に引渡し民族問題に関して　内鮮人両方に働きかけたく専ら工作に重きを置くやう相成り候　本部の任務として地方同志の運動推進に便宜を与へるやう薄氷を踏むの気持で事務に傾心致すべくにも不拘天成の愚鈍　以て生まれし駑駘之才は如何ともし難く　事務をして弛緩甚大ならしめし罪　全くお詫の要無之候　平に御宥免の程願上候　事務局と対同志間の融和の為には小生も微力乍ら周到用心致し度く候
　時候柄　何卒御体にお気付け遊ばされ度く先ずは右　お一報まで如斯に御座候　小生　只今一泊にて会津に逗留致し居り候
合掌

## 211●検閲の実態、国に政治なし

十月十七日付小泉菊枝（千葉県安房郡天津町浜荻立川音松方）宛石原莞爾（鶴岡市高畑町）葉書［鶴岡・石原・K41—3］

弘前講習会終了後、岩手、宮城を廻り帰宅、「削除」の御たより拝見致し候。此の如き大事を属僚の専断にまかせある有様、国に政治なしと申す外無之、これが今日のいつはらぬ姿と相見え申候。此問題の解決は正しき政治の復活に候。只今訓練講習会後の尊き寄せ書き拝受、御礼の言葉も無之候。諸嬢の御奮闘御期待申上居り候。合掌

## 212▲座談会的のもの熱望の際は承諾被下度

十月二十六日付石原莞爾（鶴岡市）宛平林盛人（松本市役所）葉書［鶴岡・石原・手紙732—7］

講演して頂き度きは山々なれど貴意尊重、見合はすべく候。但一部有志の座談会的のもの熱望の際は御承諾被下度候。何れにもせよ近く拝眉快談、今より待望罷有候。松本着の日時御決定の際は御一報御願申上候。祈御自愛

## 213▲三木武吉氏道場を譲り受け空手を通じて東聯の挺身隊を組織致し度く

十月二十八日付石原莞爾（鶴岡市高畑）宛曺寧柱（東京市麻布区桜田町八東亜聯盟同志会）葉書［憲政・増川喜久男関係文書・30—8］

謹啓　御一報申上候

伊藤春一兄より名古屋青年　水洪、岩本両名釈放の旨　伝達有之候へども　他の二名は未解決とやらに御座候　維新の先駆をなす者の得て斯く有るは古今等しく常例の儀とは存じ候へ共　年少の輩　辛苦に暇なかるべしと推量候へば身を削くの思ひ致し候　国亡びて何の一身をか保ち得べき　半島青年の労苦が　佛国土保全の基底の一劃ともなればこの苦この労　珠玉にも替え難く　所詮一日の辛酸　極楽の百年に勝り居り候

小生三木武吉氏道場を譲り受け空手を通じて東聯の挺身隊を組織致し度く　該道場を塾になす様　和田先生と御相談の上　決定　日ならずして道場及塾開きを致すべく候　右　お知らせまで如斯に候　頓首合掌

## 214▲只今、名古屋より井上義郎君出られし旨、便有り

十一月十一日付石原莞爾（鶴岡市高畑）宛曺寧柱（東京市麻布区桜田町八東亜聯盟同志会）葉書［憲政・増川喜久男関係文書・30―9］

只今　名古屋より井上義郎君出られし旨　便有り候　腫物にて悩み居る様子　可憐にて候　金山東渕君は近い中出られる模様　彼等の労苦　唯々深謝致し居り候

今般　小生の為め有難き御手紙を給はり合掌謝し奉り候　心の魔が小生を不始末に致し候こと丶信じ　心の魔の放遂に御本尊の前で毎日朝暮　勤行を欠かさず続け居り候　命の絶へる時まで決して御本尊を身から離さず可く候　閣下の御老母様長らくの御臥床を案じ奉り候　先づは右お伺ひ迄如斯御座候

頓首合掌

## 215▲御見送り違約、唯々恥入候

十一月二十一日付石原莞爾（鶴岡市高畑町）宛平林盛人（松本市地蔵清水四）封書［鶴岡・石原・手紙732―5］

拝啓　先以て昨二十日朝御見送り違約の失態罪万死深くお詫申上候。一分間の遅刻「汽車は出て行く煙は残る残る煙が」何とやら全く大失敗に噬臍も不及、唯々恥入候。前夜帰宅してみると婆さん分家より贈られし新米一升を炊き握飯を造り居る処、二人分を四人分にせよと命じ、小生と四女と手伝ひつ丶胡麻をいる、海苔をあぶる、運良く世話した少尉の父が十里先より又々鶫十数羽持参来訪せしとの事にその数羽を小生自ら料理して焼き、林檎や梨と共に籠に納めこれでよしとお茶飲んで寝たのが十二時、小生毎夜便所に起きること二回の処、珍らしく午前三時に起きしのみ、愚妻も同様、あと二時間に安心したるかいつも眼を醒すのは習慣的正確に正五時なるに此朝は皮肉千万にも六時五分前、スハ一大事とワイシャツ等着ずに飛び出し疾駆、一粁半駅前広場の入口に達したとき棚橋君が駅舎から帰って来るところ、二人して残念残念を繰り返しつゝ帰宅、婆さん涙出して申し訳なしを連発という始末、全く魔がさしたとでもいふべきか確信あり過ぎて一八旅館の女中さんに電話をかけて貰ふこともせず（眼醒の時計破損只今使用せず）千慮の一失、為に信を心友に失し、同士に空腹を感ぜしめ何共何共申訳なく重ねてお詫申上候。唯一の儲けものせしは「心臓の試験」にて実の処「熟睡より一躍疾駆へ」近頃になき激動、もしや心臓麻痺でもと案じたるに些の故障もなく衰弱もなく至極元気、此点図らざる自信、これからうんと活動御奉公可致決心も新になり候次第御慇察願上候。先づ御詫迄、来年三月頃是非改めて御光来お待申上候

御令室によろしく願上候　荊妻よりも特にお詫申上候

## 216▲フリとナポの本は大部分無事

十二月五日付石原莞爾（鶴岡市高畑町）宛石原六郎（淀橋区戸塚四―八四二金龍荘）葉書〔憲政・増川喜久男関係文書・8―10〕

外山卯三郎氏宅裏に落弾。家屋全壊、家族一同は壕に埋まりたるも救出され、打撲のみにて別状なし。幸　失火せざりし為　蔵書は殆ど無事。杉浦氏宅は七〇米位の畑に落弾、南及西側の硝子破壊、但し家族は目下名古屋に在りて無事。昨日、「日本語の法華経」一部御送り申上げました。

只今　外山氏に手伝ひに来ました。今後数日毎日来るつもり。フリとナポの本は大部分無事。本職のキリシタン関係書は土中に埋没、これより掘り出します。隣家の内、一軒は四人（全員）即死、一軒は三人の中二人即死、外山氏は全員無事、実に不幸中の大幸とはこの事です。

## 217▲外山家空襲被災

十二月八日付石原莞爾（鶴岡市高畑町）宛高木清寿（千葉県千代田町亀崎清宮兵之助方）葉書［鶴岡・石原・手紙1056―18］

合掌　三日外山さんの庭前に落下、家屋倒壊いたし、家族は危ふく防空壕内に生埋めになるところ掘出されて救はれ目下、同志の農業会長、井口仁之助氏宅（神戸町一五一番地）に居る由で御座ゐます。書籍は大部分無事の模様とお話で御座ゐます

## 218▲石井閣下への御紹介有難く御礼申上ます

十二月二十四日付石原莞爾（鶴岡市高畑町）宛高木清寿（千葉県印旛郡千代田町亀崎清宮兵之助方）葉書［憲政・増川喜久男関係文書・31―23］

合掌　石井閣下への御紹介の御名刺たまわり有難く御礼申上ます。御上京の御事　少しも存ぜず参上もいたさず御無礼申上ました。おわび申上ます。金石舎に御出いただき有難く御礼申上ます。金石舎の同志の勇気百倍いたし益々精進される事と信じて居ります。昨二十三日　石井閣下にお目にかからうと思ひ富士部隊に参上いたしましたところ折悪しく演習（二十六日迄）にて御不在でしたので二十七日あらためて参上　御拝眉の上　御教示いただく所存で御座ゐます。丸川先生からおあづかりいたして居りました青年（朴在圭君と一緒に）最後まで残ってゐた東君が　三日前より参り、本日いよいよ帰撫することにいたしました。法華の信仰をしっかりと把握させたく、この三日間は小生も真剣なよい勉強が出来ました。御健勝を祈り居ります　敬具

## 219●「東亜聯盟ノ政治進出」

昭和十九年月日不詳［鶴岡・石原・K7―⑥］

一、同志会ニ対スル政治団体ヘ転身ノ要望
殆ト唯一ノ指導原理所持団体（67）トシテ会内外ヨリノ要望盛デアリ海外同志ニ亦此声アリ

二、「東亜聯盟同志会は政治団体でない」
1、政治運動ハ現実ニ強ク作用セラレ稍モスレハ理想ヲ離ル、恐大
ヒットラーガ三十才迄政治運動ヲ戒メタル着想ハ革新、特ニ指導原理ヲ重ズベキ統制主義革新ニ於ケル運動団体モ深ク留意スベキ点ナリ
2、然モ同志会ガ政治運動ニ入ル条件（68）ハ慎重ニ過ギル主張デアル。新体制運動問題ハ別ニ論ズルトシテ大戦中ナルガ故ニ論議ヲ避クベシトノ主張、亦、普通ノ場合正シイトハイヘヌ。運動要領所論ノ裏ニハ更ニ「東亜聯盟ノ歴史」ト「政治的情勢」ノ二ツガ伏在スル

①東亜聯盟ノ歴史

| | |
|---|---|
| 昭一三、　六 | 協和会東京事務所ノ業績 |
| | 板垣大臣就任、東聯ノ線ニテ事変ヲ解決セントス |
| 一三、一一 | ソノ方針ノ下ニ近衛声明 |
| 一三、一二 | 浅原事件 |
| 一四、　六 | 釈放 |
| 一四、　九 | 板垣総参謀長 |
| | 木村武雄　東亜聯盟協会創立 |

一四、一一　『東亜聯盟』創刊
一五、七　第二次近衛内閣
一五、九　新体制運動発足
一五、一一　一三、一二、一八重慶ヲ脱出セル汪兆銘「東亜聯盟中国同志会」
一五、一二　代議士渡支事件
一六、一、一四　閣議声明
一六、二　東亜聯盟中国総会

同志会ハ発生ノ歴史ニヨリ自然東方会張リノ半政治的運動トナリ旧政治家ヲ中心トスル支部各地ニ成立、汪兆銘ノ行動ニ大ナル支持ヲ与フ

此ノ如キ事情ノ下ニ昭一五、八月号ノ『東亜聯盟』主張トシテ「東亜聯盟協会運動方針要領」発表セラレ、同年十月「運動要領」起案セラル。「方針」ノ冒頭ニ「東亜聯盟協会は政治団体ではない」トノ判定下サル。然モ「運動要領」ハ容易ニ会員ノ注意ヲ引クコトナク（昭　手帳ニ収録）昭一六、一〇、中央参与会員会議ニ石原ノ講演トナル「宣言」ハ昭一五、一二、一一ノ発表ナリシモコレ亦ヤウヤク昭一五、十月京都ニ於ケル代表会議ニ於テハジメテ在来ノ綱領ニ代リテ採用セラレ『東亜聯盟』十一月号ヨリ巻頭ニ掲載セラル。会合等ニソノ斉唱行ハル、ニ至リシハ昭一六初夏ノ頃ニシテ「運動要領」ニ基キ運動ガ新体制へ転換ヲ見タルハ昭一七年ヨリナリ

昭一七、七　興亜同盟成立
　　　　　東亜聯盟同志会ト改称
一八、五　興亜同盟解消

②政治的情勢
×自由主義政党没落後、歴代政府ノ基礎薄弱ニテ民論ノ沸騰ハ政府ヲ動揺セシムル恐アリ。聡明ナルモネバリ

ニ欠クル感アル近衛公ガ新体制運動ヲ提案セル場合、国民ガ多クノ希望ヲ懐キ少クモ彼ノ行動ヲ妨ゲザラントシタノハ国民ノ心境デアッタ
一面、革新時代ハ支配者ガ自信力ヲ失フ時代デアリ、ソノ結果、動モスレバ言論ヲ圧迫シテ自己ノ不安ヲ覆ハントスル亦自然デアル。ヒットラー蹶起ノ時ハ社会民主党ノ天下デ、マルクス主義者ノ暴力的妨害アリシモ官憲ノ言論集会ニ対スル取締ハ相当寛容デアリ、突撃隊ノ編成スラ可能デアッタ。東條時代ニ於テハ言論結社ノ自由ハ立憲政治下、東亜ニ恐ラク比ヲ見ザリシ強度ノ抑圧下ニアリ一歩ヲ誤ル時ハ解散ノ運命ニアフヘシトハ人皆信ズル所ナリキ
然シ革新時代ハ正シキ思想、信仰運動ハ必ス迫害弾圧ニ遇フノデアル。迫害弾圧ハ無上ノ訓練デアルト共ニ、力足ラサレハ遂ニ圧死セシメラル「玉砕カ忍従カ」ハ常ニ問題トナル
日蓮宗迫害史
日本ニ於テ尤モ迫害セラレタ仏教、皇室ノ御信仰厚キタメ嫉妬セラレ、叡山ヲ中心トスル連合軍ノタメ攻撃セラレテ大敗セル天文法乱ニヨリ宗風一変、国家諌暁ヨリ学問的研究ニ、其後　安土法難　信長ノ威武ニ屈セヌタメ信長ハ浄土宗トノ宗論ヲ利用シ甚シキ謀略ヲ以テ法華宗ノ敗北ト判定セシメ　二名ヲ惨殺、他ノ僧ヲ脅迫シテ負ケ証文ヲカ、シム
大仏供養　秀吉ノ大仏供養ニ出仕ヲ命ゼラレ、又モヤ宗門禁止ヲ恐レ不受不施ノ制法ヲ破リ一回ダケ出仕セント　議決セシガ遂ニ引キツヾキ謗施ヲ受ク
慶長法難　覇者家康、亦法華宗ヲキラヒ日経ト浄土宗トノ宗論ヲ命ジ日経ヲ襲ヒ仮死状態トシテ浄土宗ノ勝利ト判定、日経ノ屈セザルヲ見テ京都ニ惨刑ヲ行ヒ宗門ハ「念仏無間ノ法文ハ経文ニ無之、祖師ノ義立ニ候」トノ誓状ヲ出ス
カクテ累次ノ迫害ニ屈シ忍従ニヨリテ存在ヲツヾケ明治ヲ迎ヘシトイヒ得ル反面、忍従ニヨリテ全ク軟化シ一般仏教ト大差ナキ堕落ノ状態トナル
同志会ガ昭和十六年以後モ存在ヲツヾケ得タルハ恐ラクソノ　忍従ノタメニアラスシテ汪兆銘ノ熱情ニヨリシナラン

カ、無気力ナルインテリ同様、我等亦勇気ヲ欠キシ点ニツキ深キ反省ヲ要ス
×近時青年ハ活気ヲ呈シ来ル
名古屋青年部
円谷校長　革新時代ハ教師亦指導力ヲ失ヒ学校内ニ思想、政治　動ノ起ルハ当然ナリ。「赤」ニオビエテ学内運動ヲ禁止シ学生ヲ去勢シ去ル
仙台二中
青年ノ使命
軍隊ノ価値　入営前ニ思想的洗礼ヲ与フヘシ。弾丸雨飛ノ中ニ訓練セラレ猛者トナリテ帰還、我等運動ノ中心トナラン
×非常識ノ東條時代ハ過ギ去レリ。昭和十九年七月ヲ日本政治ノ一転機タラシメザルベカラズ。而モ戦局マスマス急迫ス。言フベキハ正シクイヘ。首相亦国民ニコレヲ要望ス。但シ私ノタメナルベカラズ。又、安全感ニ頼ルヲ許サズ。迫害ハ革新運動者ノタメニハソノ名誉ナリ。……………………中略……………………
三、東亜聯盟運動ハ政治運動ヲ目標トス（略）
四、新体制運動ノ挫折
……………………中略……………………
今日　政治団体ノ名乗ヲ挙ゲナバ恐ラク既成有名人ノ加入モ少ナカラザルベク動モスレバ同志ノ団結ヲ弱メ、又ハ自信ナキタメ公正ナル態度ヲ失ヒ、協和会ノ轍ヲ踏ム恐ナシトセズ。……………………後略

# 六　戦後を憂えること勿れ（高畑町時代　3）

## 昭和二十年（一九四五）前半

### 日記

一月　前句子ノ件ヲ頼ム
一日（月）　今野金治郎
二日（火）　歯医者停電ノタメ帰ル　久兵衛妻君正子　田中元
木村武雄　高橋金吾　菅原友蔵
三日（水）十時常磐　新茶屋ニテ酵素保存委員会合　山羊ノち、
四日（木）出発
五日（金）　六郎ヨリ増川君 此日誌ヲ届ケル　講習第一日(1)
六日（土）　第二日
七日（日）　第三日　午後三光館ニテ六五名ノ人々ト座談会　清水屋ニテ
市長　前田中佐助役ト会食

八日（月）　昨日来ノ荒天ノタメ汽車大混乱、遂ニ新津一泊、
　松尾氏ニ米ヲ無心シテ夕食ニアリツク
九日（火）　十一時頃帰宅
十日（水）　森国、平田三井、農事部会計ヲ整理シ来ル
十一日（木）　東警　阿部
十二日（金）常任　岩佐、堀田　常任委員会、
十三日（土）　歯出来ル
　10.44遅レテ12.h発　本荘　小園旅館
十四日（日）　国民組織ニ関スル講演　9h30―16.00　声甚夕苦シ
十五日（月）金　午前帰宅　九州取止ノ電アリ
十六日（火）農事部　酵素研究会、最上山口、三井、前旬子(2)村問題ニツキ笠原(3)ニ手紙ヲ出ス
十七日（水）　小野寺、
十八日（木）　昨夜大雪、平田君ニ前旬子ノ件、依頼
十九日（金）　署長、菊地、前旬子ノ件ヲ頼ム
二十日（土）　本間昌平、小泉女史
二一日（日）　金乙漢　小泉女史　庄内ホテル
二二日（月）蛸→　農事部委員会　湯ノ浜ノ予定　電車不通ノタメ不参加　荒天　約束ノ鎌形(4)来ラス
　農委　木村君ヨリ子供命名催促電
二三日（火）←　石川、きくち(5)ノ転居祝ヒニ出席ヲス、メニ来ル　荒天
二四日（水）　荒天　佐藤伊和治、佐藤幸一　寒シ

二五日（木） 阿南サンへ手紙(6)　早坂　濱中へ
二六日（金）→北← 入江五郎、高久修一郎　銻子遂ニ弱ル
二七日（土） 座骨神経痛ハシマル
二八日（日）4hきくち 金藤章、きくちノ転居祝御馳走ニ出席大泉村人隣席　夜　平田、
二九日（月） 石田勇、きくち親子
三十日（火）余目 余目　中堅会員ト運動方針検討　四時間ノドヲイタム　午後七時湯沢着
三一日（水）湯 天気ヨシ　国民組織要綱五時間　声苦シ

**注**

（1）東山温泉での会津支部講習会。主要テーマは「東亜連盟の政治進出」［TR17二〇七頁］。
（2）撫順県前旬子村。ここには丸川順助が造った前旬子水利合作社［(142) 参照］があった。
（3）笠原幸雄中将（22期、陸大30期）。当時、関東軍総参謀長。彼からの返事が (226) である。
（4）鎌形が来なかったのは荒天のためと思われる　然し、渕上千津氏によれば、石原は指導者には万難を排しての約束の達成を求めたというから、このような日記の記載もそのことを示しているように思われる。
（5）鶴岡の佐藤幸一の経営する料亭。
（6）航空総監阿南惟幾大将、四月鈴木内閣成立時に陸相となる。

**二月　濡衣　軍法会議**

一日（木）山 新庄ヨリ小泉、本間、桐谷同車、杉山館ニテ座談会
二日（金） 午前十時、知事訪問前旬子ノ件　承諾ヲ得　中食ヲ饗セラル
午後三時発帰宅セントセシモ列車遅レテ余目一泊ミツバ君ニ非常ニ厄介ニナル

三日（土）　八時過帰宅、
四日（日）鶴岡　正午ヨリ新茶屋ニテ　運動方針ノ検討
五日（月）　麻生重一、菊地弘泰
六日（火）　岡部源次[1]ノ来信ニ返事　看護婦（斎藤）来ル
七日（水）　阿南サンヨリ返信　ニコロム線依頼
八日（木）　笹原ノタメ菅中将ニ紹介ヲカク　東栄　添川　上林忠雄
十日（土）　余目ニテ粒状酵素製造　大荒レ一泊
十一日（日）飽南　酒田ニテ飽海南部中堅会員ト運動方針検討　午後八時帰宅
十二日（月）　森国、松尾名平、
軍法会議呼出状来ル　佐藤俐　素一両氏到着　前旬子ノタメニ
十三日（火）大山13h　上京ノ予定ヲ立ツ　夜、平田、俐、素一、大山町集会ノ報告[2]
十四日（水）大戸　大戸松兵衛外大泉二名　柴田　属　平田　両佐藤、友蔵ノ子ニ写真ヲ与フ
十五日（木）中隊長11h　佐藤正三　桂二郎、中隊長会議　佐藤素一酵素研究　一時間オクレテゴ7h頃発車
十六日（金）濡衣[3]　寒キ一夜ヲ明シ一時間半遅レ大宮ニテ空襲警報　軍法会議、次官
十七日（土）飽北、9　阿南大将、　大迫　四月頃ヨリ出馬ノ半約束[4]
十八日（日）　浅原、立花、山本〇〇ノ諸氏ト午後会見　中村ニ泊ル
[備考]　木村講話案　姜永錫（崔平山　雑誌（□□後記、憘一、日付　昭和維新論新版
十九日（月）　外山氏　訪問　権藤嘉郎　廣川泰弘
二十日（火）　合田氏　福田忠光、角田栄太郎　安藤徳次郎
13.40上の発　宇都宮へ　数名会食（丸井旅館）

二一日（水）　本宮　本田昌氏宅　福島県協議会　会津ノ菅野ヨリ土産　夜　鎌田サンノ指圧
二二日（木）赤湯市川光宏　赤湯着　金湯旅館
二三日（金）　十時半ヨリ正午迄　一般会員　午後参与会員ニ
二四日（土）　吹雪ノタメ列車遅延　夜七時　瀬見着（5）
二五日（日）　午後講話
二六日（月）　夜　酒田会員ニ講話　本間昌平氏ニ泊ル
二七日（火）赤湯　朝、汽車ノ出発ゴタゴタシテ正午頃出発　遊佐ニテ北部聯合分会中堅ニ「運動方針検討」
后六時半帰宅
二八日（水）　金東根

注
（1）岡部源次は栄養周期説の大井上康の高弟。『東亜聯盟』昭和十九年三月臨時号三頁［TR16—一七頁］。
（2）前旬子村に関係した集会。
（3）濡衣とは軍法会議での嫌疑。
（4）石原には四月の政変は或程度予測されたのか。
（5）瀬見温泉（山形県最上郡最上町）。

**三月　会長問題悲シキ極也**
一日（木）　杉浦来ル
二日（金）　杉浦、平田、三井、伊藤六十次郎
三日（土）　杉浦、伊藤、木村武雄　佐藤幸一、芳賀、古木、　夜　布施兄弟
四日（日）　本間昌平、平田、三井、渡前ノ小野寺、満州開拓民指導者トシテ出発ニ就来訪

五日（月）　九時半発　列車遅レル　宮内本福寺ニテ　夜座談会
六日（火）　13h半　三日市着、森丘氏一泊
七日（水）　午後一時半福井着　土岐氏一泊
八日（木）　朝　木村氏、久世氏[1]来ル　座談会約三時間　天谷ニ一泊
九日（金）　金沢座談会　武谷氏宅一泊　高野代議士　金光氏
十日（土）　出町座談会
十一日（日）　富山
[備考]　樋口君ニ　江口氏ノ件
十二日（月）　新発田高橋旅館一泊　座談会
十三日（火）　十一時帰宅
十四日（水）　鐘紡水本技師外一名
十五日（木）　白山哲氏　伊東六十次郎　桂
十六日（金）　白山、伊藤、桂、須藤雄平、岸宗太郎（入レス）　阿南サン、笠原ニ手紙ヲ出ス
十七日（土）　福田、柴田、木下　寺村（泊ル）
十八日（日）　福田氏一行。18.15カヘル　終日治療
[備考]　谷田氏ノ件　斎藤氏ニ
十九日（月）　静岡　本堂氏、中山氏ノ使　風邪気味　森国来ル萱場ノ伝言
二十日（火）→　夕刻寺村出発
二一日（水）羽　一番ニテ平田氏　本間氏ト共ニ新庄[2]ニ立寄リ水沢高橋氏宅一泊
二二日（木）羽　雨ノ中ヲ羽田村ニ　憘一氏宅一泊

二三日（金）→ 花巻ニツク　夜一時間足ラス座談会
二四日（土）花 午前、北上青年隊結成式　後一、五時間計リ講話
午後協議会始マル　夜　会長問題悲シキ極也(3)
二五日（日）← 午前協議会終了照井氏宅　一泊
二六日（月） 大混雑ノ列車、青森座談会後　江花氏一泊
二七日（火） 又モ混雑セル列車ニテ大館ニ　花岡旅館座談会
二八日（水） 能代　昼　若干人　夜　秋木工員ノタメ　森国氏ト左木氏宅一泊
二九日（木） 秋田ニ立寄リ能登氏宅ニテ　仙葉氏等ト会見帰宅
　安藤徳次郎氏疎開ノタメ来ル　平田君ニ一泊
三十日（金） 桐谷、斎藤、（酒田）、山本助教授、安藤、森国　夜
　満州ヨリ片山、石亀　小山、撫順ノ件ニテ来ル
三一日（土） 大橋□（酒井中将ノ紹介）獅郎君　30日神崎君死去ノ報

**注**

（1）四国高松護国神社宮司。
（2）岩手県江刺郡羽田村の佐藤憘一。
（3）北上支部集会、本書「解題」冒頭の「毅然たる孤独」の項を参照されたい。

**四月　繆斌　来訪朝迄**

一日（日） 獅郎君切符ヲ求メカネテ更ニ一泊　夕刻　木村先生来ル　夜　太田氏到着
二日（月） 9・30出発

三日（火）　三時上野着、午後　繆斌(1)　来訪朝迄　夜Ｂ29？空襲電波探知相当ナリ
四日（水）　午前殿下(2)　午後阿南大将　雨ニ苦シム
五日（木）新津のりかえ　5時35　上の発　長岡　新津乗リカヘ　后9.17カヘル
六日（金）　吉川某、　三井　西山ニヤム
七日（土）　鈴木文平、夜　井上　平沢　坪地正義、池田作之助　「愛国団体」統合ノタメ来訪
きくち「味噌」ヲ持参　西川
八日（日）　吉住　吉井、夕　木村先生カヘリ来ル　三井君元気ニテカヘル
九日（月）　山形支部青年、名古屋青年カヘル
十日（火）　桐谷ヨリ薯三貫　岡部源次氏　薯三貫　大豆、南瓜　直チニ黒川ニ
阿部徳三郎夫婦　平田、田口、
十一日（水）九時半　九時半出発約一時間後レテ中蒲原沢海(3)　麦栄寺ニ到着
十二日（木）　第二日、岡部氏来ル
十三日（金）帰宅　金光、稲村、佐藤、藤塚等　13.03新津発　帰宅
十五日（日）外山？　新参与会員会　福田、尾形、　桐谷、河合、石橋泊ル
十六日（月）　石橋氏9.30カヘリ　外山氏　午後来ル
十七日（火）　鎌田、小蝶、ひろ子　森国手伝ヒ薯ヲフセル　夜　中村博士　後藤(4)
十八日（水）4.30 →　駒井某　佐藤俐　4.30発　象潟　神坂氏一泊
十九日（木）象 ←　公会堂会合　夕刻帰宅
二十日（金）　多田先生来ル　鎌形氏一泊　山形木工ノ　入会ヲ希望シ来ル
二一日（土）　5.43発　須賀川虎屋　多数押シカケテ来ル

二二日（日）　講話後　夕食　岡崎氏一泊
二三日（月）　那須第一日　一時間「世界観」　八幡館　五十嵐弘
二四日（火）　午前　本質　三時間半　午後「東亜ノ維新」「東亜大同」
　　　　　　　西勝蔵氏講話　農方研石津氏
二五日（水）　六時ヨリ　東亜維新ヨリ
　　　←──協──→　列車遅レ夜9時過　正法寺ニ泊ル
二六日（木）　八幡村沼賀氏宅ニテ座談会、佐野大佐来訪(5)
二七日（金）　外山、福田氏ト共ニ　終列車ニテ帰宅、
二八日（土）　小泉女史来ル
二九日（日）　湯之浜会議・第一日　亀屋
三十日（月）　正午会議終リ　午後四時帰宅　福島　田中　夕食シテカヘル　広瀬健一

**注**

（1）横山錬三『繆斌工作成ラズ』（文昇堂、一九九二年）一二八頁参照。
（2）『東久邇宮日記』に関連記事あり。
（3）新潟県中蒲原郡横越町沢海。
（4）加藤完治の使者として、中村浩理学博士が後藤沢治の案内で訪問。
（5）黒沢義人「高崎の座談会」（保坂富士夫編『石原莞爾研究』一九五〇所収）。

**五月　新庄ニテ酵素食**

一日（火）　小泉女史カヘル　上海杉本、（高田茂）（矢島専介）和田、曺、木村、金光
二日（水）　矢島専介、木村、金光、加藤　唐橋（長谷川虎太）（佐藤善一、安藤）

渕上　増川、鷲崎、森国
三日（木）十八時半常　高木勇一中尉　北楯良源　村上幸次　長谷川理衛
十八時半ヨリ常磐館ニテ鶴岡分会ノタメ一時間半
四日（金）　能代ノ三名
五日（土）　鷲崎氏同行　喜多方　佐藤弥右衛門
六日（日）　猪苗代　寿田直吉
七日（月）　昨夜下痢、膀胱痛ミノタメ若松休養　佐藤秀雄
八日（火）　田島　星直次
九日（水）　楢原　渡部一郎(1)
十日（木）　夜　少年隊ヲ見テ　米山高実氏宅
十一日（金）　午後二時帰宅
十二日（土）　銻子元気トナリ熱心ニ治療シテクレル
十三日（日）新明午前　夕刻　柴田先生　来り治療　溝辺　渡部一郎一泊　最上　山口（兄）庄司
十四日（月）　松尾名平一泊
十五日（火）　小野少将、　北村、富安、鐘紡伊藤　石田、鼠ケ関斉藤氏ガリ
桐谷、小松、特攻機ノ相談
十六日（水）カネボー　武田治郎外一名　森国　鍬一丁
小松、堀ヲ連レテ来ル　本間昌平
十七日（木）　大河原、風間、西盛吉
伊東六十次郎、相沢、桂　北鹿支部ノ一名、能代講習会ノ打合セ

十九日（土）　湯沢、歌手堀セツ来リ歌フ　佐伯晴明
二十日（日）　沢田勝治（秋田県庁）　康敬
二一日（月）　奥本新太郎、桐谷、佐藤伊代治　神坂来リ歯治療ヲ約ス　康敬カヘル　佐の
二二日（火）仙　仙台着、境屋　　夜　石井、東海林
　　　河北ノ印刷　新岩手日報　佐々木猛夫
二三日（水）　雨　朝　高木中尉外、南郷農学校ニテ座談会　本間塚　渡部和内方一泊
二四日（木）　石巻、宮城県参与会員会、福島屋泊リ
二五日（金）　午前　約一時間　質疑応答　中村博士
二六日（土）　鳴子　菅原満亀雄方
二七日（日）　新庄ニテ酵素食ヲ御馳走ニナリ帰宅
二八日（月）　岩田宅
二九日（火）　大塚、町田万二郎
三十日（水）　駒井、斎藤君治療ニ来リ泊ル　書夫人、房太郎ト共ニ来リ　湯ノ浜へ
三一（木）　高木中尉、伊藤武雄

**注**

（1）九日及び十三日の渡部一郎、七月七日、十四日の渡部一雄、十七日の渡辺一雄は皆、西村山郡溝延村の渡辺一雄のこと。

**六月　堀田政孝「木乃伊取りが木乃伊に」**

一日（金）　駒井　薬ヲ届ケ来ル
二日（土）　山口、松沢、宇野カヘル

三日（日）　増川、渕上　斎藤氏カヘル　昨夜ヨリ急ニヨクナル
四日（月）　言、報、古賀　朝日若宮、江花　又モヤ少々イタム　出血
五日（火）　平泉、　手塚金助　断ル　平沢
六日（水）　平沢、安藤　金吾　穂積七郎外一名
七日（木）　小島及娘　鎌形、石川、平田　小田利夫
八日（金）　斎藤信治、桂、石川、渕上、三井、
九日（土）　斎藤氏治療ニ来ル　尾形、山本博士、森国
十日（日）　小林《ママ》サンみどりサン朝到着　古田常司　斎藤正男　蛸井久重　神坂、斎藤氏カヘル
十一日（月）　小泉、みどり、庸子　平田
十二日（火）８ｈ象潟　雨ヲ冒シテ森片ニテ大川氏（廣瀬、小此木、石川）会見　太田孝一
十三日（水）本庄　堀田特高課長(1)　桜井大佐　山口重次来ル　夕刻　三井君　酵素肥料
十四日（木）大湯　山口、鎌形カヘル　石川　森国　早坂帰宅
十五日（金）座談会　８ｈ出発　象潟　石川同行　歯ヲ二本抜キ二本ヲ修理　ヒットラー敗因講話
十六日（土）→　能代　夜　第一講　同志会存在ノ意義
十七日（日）能代　午前　午後　世界観ヨリ東亜大同迄
［備考］　武田工場長、相沢、仙台出張所　谷地　能率協会　小野
十八日（月）　午前　秋田支部協議会　東聯技術者聯盟成立　講義了ル　鎌形氏午後来ル
十九日（火）←　夜　質疑応答
二十日（水）象潟８番　一番ニテ出発　秋田　村上宅ニテ小憩
神坂氏一泊　歯ノ手入　山本博士等　神坂ニ立寄ル

二一日（木）　帰宅
二二日（金）　多田先生　小林鉄太郎　和田　古賀某　若宮　新太郎夫妻　鄭
二三日（土）　平田　石沢、和田　小林元　堀かつ子　養一君　大鯛
二四日（日）　多田政一氏、石沢来リ一日丈ヲ断食トノ事　夜菅沢宅ニテ満州留学生送別会
［備考］　布施礼次郎
二五日（月）　参与会員会　久兵衛氏追悼、両斎藤氏治療　有本勉　石川帰来報告
二六日（火）　畑仕事大ニス、ム　毎日松岡？　本間昌平
二七日（水）　早坂治療ニ出掛ケル　鎌形、守屋学夫使ヒ板宮文蔵
二八日（木）　金東根　熊谷直治　□□　東京新聞　宮村文雄
三十日（土）　富沢博士来訪　講演会、六郎カヘル

**注**

（1）　堀田正孝山形県特高課長（堀田正孝「木乃伊取りが木乃伊に」『共通の広場』一三一頁）。

**七月　戦後を憂えること勿れ**

一日（日）　廣川氏
二日（月）　署長、尾形、井上、　曺夫人
三日（火）　松谷君、安藤、松木、水野静、歌川、工場廻館へ　彼ノ進退
四日（水）　森国　能代ヨリ帰リ報告　寺村来リ泊ル　丸ノ内
五日（木）　和田、山崎、森国、太田千鶴夫、天童支部、太田金次郎　同宿者
寺村カヘル、　太田徳己

六日（金）　西川、池田　宝田清吉、宇野、青年隊三名
七日（土）　安藤、渡部一雄、吉住、井上帰京、　内原斎藤
八日（日）　森国　木村武雄
九日（月）　木村、岡の夫妻　鈴木文平　鎌形
十日（火）　酵素責任者会議　湯ノ浜　亀屋[1]
十一日（水）　第二日　大瀧一雄
十二日（木）　午前帰宅　牛島　福島
十三日（金）　牛島　歌川、文平、堀、丸ノ内　安藤　毎日通信員
十四日（土）　曺、新井、森国、玉置　渡部一雄　尾形　塩
十五日（日）　中村博士講習会
十六日（月）　一番ニテ山形　石井良助氏一泊
十七日（火）　空襲ノタメ谷地□□溝辺　渡辺一雄氏ニ泊ル
十八日（水）　天童新庄館　阿部金蔵氏一泊　松田、海老名
十九日（木）　本合海　松沢庄蔵氏一泊
二十日（金）　朝一番ニテ桝形発帰宅
二一日（土）　日本医大講演　権藤嘉郎、佐藤寛次外一名
二二日（日）　大来佐武郎　後藤誉之助[2]（北、大）根岸正（□□）
二三日（月）　大屋源幸（世田谷北沢五丁目六八八）尾形、森国　宜田中佐
二四日（火）　監理局長　祐太郎父　夜　松文ニテ青年隊ノタメ
二五日（水）　10.44発　秋田当リヤ一泊　神坂君ノ錯覚ニヨリ又モヤ村上氏宅会合

二六日（木）　大湯　千葉盛方一泊　ヨイトコロナリ
二七日（金）　里見先生訪問　大舘花岡氏一泊　「ヒットラーヲ弔フ(3)」
二八日（土）　湯沢、座談会後　大山宅訪問
二九日（日）　新庄協議会参会
［備考］　×富塚氏(4)　20才前後ノ女5～10名　一週間訓練　×畑中氏八月上旬
三十日（月）　戸辺、一泊　帰宅　多田政一
三一日（火）　高橋謙次郎、山形ノ鍛冶屋—食材加工、新島

**注**

（1）東亜聯盟酵素法普及会全国責任者大会、湯の濱の亀の湯ホテルで開催された［『東亜聯盟』昭和二十年七月号ＴＲ17二一八頁］。
（2）小野善邦著『大来佐武郎評伝』（日本経済新聞社、二〇〇四年）。
（3）角田『石原莞爾資料—国防論策』四七一頁。
（4）富塚清。淵上千津によると、この訓練は実施前に終戦となり、富塚が不参。宇野（淵上）千津等若い女性だけで実施したという。

**八月前半　聖旨涙ヲ以テ拝聴**

一日（水）　西、斎藤氏(1)　治療
二日（木）　原田春実　あんま某、新島、庸太郎
四日（土）　飽海南部ノ会合ヲ終ッテ西山へ
五日（日）　婦人部講習及高瀬会員ノタメ一席　2・34帰ル　木村先生アリ
七日（火）　藤井、濱田成徳　田尾□□　井上

八日（水）　東栄分会
九日（木）　木村君黒川へ　ソ連攻撃シ来ルノ報ヲ夕方支部ニテ
十日（金）　木村君　黒川ヨリカヘリ夕食シテ三井ニトマル　高橋喜蔵　学生二名
十一日（土）　高木中尉
十二日（日）　松文　高木、北楯　毛呂　栗原潤吉　鎌形、
十三日（月）　吉住少佐、(2)　岡部源次、野田豊
十四日（火）　特高課長、(3)　安藤　樋口、酒井、岡本　北楯
十五日（水）　本郷
正午聖旨涙ヲ以テ拝聴、(4)
袖浦　主殿之介ニ一泊

注
（1）籔式健康法治療師の斎藤三治郎。
（2）吉住菊治戦車連隊長（吉住菊治「石原莞爾の遺言」『共通の広場』第二巻第四号、八六頁）。
（3）堀田正孝山形県特高課長（前掲堀田「木乃伊取りが木乃伊に」『共通の広場』一三一頁）。
（4）石原莞爾「敗戦の日に東亜聯盟会員に訴う」『人類後史への出発』（展転社、一九九六年）七〜九頁。

## 書簡

### 220▲東亜聯盟講演会と酵素講習会

一月十日付石原莞爾（鶴岡市高畑町）宛田中直吉（京都市左京区下鴨蓼倉町六八）封書〔憲政・増川喜久男関係文書・35―5〕

謹啓　厳寒の候になりましたが、閣下にはその後お変りも御座ゐませんか、お伺ひ申上げます。小生　十一月末より十二月上旬まで静養致して居りましたが、十二月中旬より津山・鳥取・但馬支部へ参り、東亜聯盟講演会と酵素講習会を致しました。最近　岡山、倉敷にも組織が延びましたので、広島を工作して津山と共に山陽地区をつくりたいと考へて居ります。

次に教育革新要綱案を但馬支部の久保先生、京都支部の松本米治、黒川修三両氏（立命館大学助教授）の三氏と共に起草することになり、久保先生の私案を小生十二月二十六日に香住に参り検討し、一月三日～五日の三日間　小生松本黒川両氏を伴って香住に参り、これを更に検討して四人で執筆する割当を決定、一月中に第三回の会合を持ちたいと考へて居ります。一昨日、淵上氏が来訪され、閣下が一月二十六日頃より九州に行かれるかもしれない旨お聞き致しました。九州への徒路、京都又は大阪へお立寄り下されば、その際　教育革新論執筆者にのみでもお会ひ下され、御教示を賜りたいと念願致しております。それまでに是非ともまとまったものをプリント致しまして閣下のお目にかけたいと考へます。先日　久保先生の案の前半を送付致しましたが、要綱案としては字句　その他、徹底的な検討を必要とすると考へて居ります。

酵素法の関西地区における発展を期し、一月中旬、別紙の如く講習会を開催することに致しました。

田中直吉

石原閣下　侍史

〔同封別紙〕

酵素講習会案内

一、日時　昭和二十年一月十四日（日）より十六日（火）三日間　午前九時より午後四時まで

一、会場　京都市左京区田中大久保町六三（市電叡電交叉下車東入ル）東亜聯盟関西事務所

一、講師　　　立命館大学教授　田中直吉先生
一、講習題目　綜合活精酵素の製法・拡大方法
　　　　　　　酵素堆肥・粒状肥料の製法
　　　　　　　酵素味噌・醤油・酢の製法
　　　　　　　酵素パン・餅の製法
　　　　　　　酵素豆乳の製法
一、会費　　　会員　三円・未会員　七円（入会金会費ヲ含ム）
一、講習参加者の持参すべき材料　米（なるべく餅米）二合、小麦粉三合、大豆三合、砂糖十匁、塩二合、
　　　　　　　果実　　　若干
一、受講希望者　は一月十二日までに関西事務所まで申し込まれたし
　　　備考　作製したる堆肥・粒状肥料・味噌・醤油・パン・餅・豆乳等は材料提供に応じて分配す
　　　　　　遠方よりの受講者には宿所をお世話いたしますが、米持参のこと、京都付近よりの受講者は弁当持
　　　　　参のこと

謹啓　大東亜戦争第四年目の新春を迎え、益々御清栄奉賀候。さて、現下の最大急務は食料問題の根本的解決に帰着し、それ一に酵素法によるの他なしと確信する次第に御座候。即ち、柴田欣志先生が十数年間苦心研究されたる酵素を、肥料・飼料・食料・飲料等に応用して、素晴しき成果を挙げつゝあるは、我等東亜聯盟同志会会員の各地において実証せる処に候。我等同志は、この肥料不足を酵素肥料によって完全に克服して大増収を挙げ、木葉・藁・雑草の粉末を酵素処理によって立派なるパン又は餅と化し、味噌・醤油等を簡単に拡大再生産し、その他農産物を酵素によって加工し、以て食料増産に邁進致居候。若しこれ酵素法を全国的に採用せば、今日の食糧不足が完全に解消するに至

るは、火を見るより明なる事に候。仍て茲に酵素法の普及徹底を期するため、酵素研究機関を創設し、講習会の開催、講師派遣等をなし、以て関西一円の酵素指導に当ることに相成候。何卒御加盟御支援を賜り度、此段願上候。

敬具

昭和二十年一月一日

東亜聯盟同志会関西事務所

◇関西事務所管内酵素規定

第一条　東亜聯盟の指導精神に基き酵素の普及徹底を期す

第二条　酵素の研究機関として京都の粿学研究室を設置す

第三条　各支部は酵素元種保管者並に酵素指導者を養成して、酵素興業の実現を図るべし

◇関西事務所管内酵素内規

一、関西事務所の付属機関として粿学研究室を設け、室長一名、所員若干名を置く。研究室は支部、分会等の要請に基き講習会を開催し、酵素研究に所員を派遣す。但し旅費実費、材料等は主催者の負担とす。

二、各支部地方参与員会議に於て酵素指導者を選任し、柴田欣志先生の同意に基き研究室長が適当と認めたる酵素指導者に対して、酵素元種並に綜合活精酵素の分身を保管せしむ。元種保管者は地方参与員会議の議を経、研究室長の許可なくして他人にこれを分与するを得ず。

三、東亜聯盟会員にして酵素興業を企業として営まんとするものは、支部責任者の紹介により研究室長と技術指導、利益分配等に関して協議すべし。室長は柴田先生の同意の下にこれを許可し、起業者の利益の一部を先生の研究費として拠金する義務を負うものとする。

備考　研究室より元種等の分身を受けんとする者は白米二合、小麦粉二合、大豆一合、塩一合、白砂糖十匁（又は麦芽三十匁）果実若干持参のこと

◇酵素指導要項
一、酵素指導者養成のため適時講習会を開催す。講習会参加資格は会員及び新入会希望者に限る。
二、支部・分会・会員の要請に基き酵素指導のため講師・技術指導員を派遣す。但、旅費実費・材料は主催者の負担とす。
三、酵素法による企業希望者には酵素内規に基いて技術指導をなす。
◇酵素指導細目
一、酵素堆肥積込には左記材料及び器具を準備すること。
材料　藁・麦藁・干草・落葉等何れでもよし。一寸程度に切りたるもの五〇〇貫に対して糠七升、糀一升、小麦粉五合、馬鈴薯二貫目、野菜二百匁、大豆二合、塩五勺を用意すること。
器具　四斗樽二箇、一斗桶二箇、餅臼・杵等。
二、粒状肥料製造には左記材料及び器具を準備すること。
材料　藁・雑草・木葉等の粉末二貫乾土粉末三貫に対して、糠一升、小麦粉三合、馬鈴薯五百匁、野菜五十匁、塩五勺を用意すること。
器具　一斗桶一箇、篩一箇
三、味噌・醤油の拡大には左記の材料及び器具を準備すること。
材料　味噌百匁を四百匁に拡大するには、大豆・馬鈴薯（何れでもよし）三百匁、小麦粉一合、塩一合。醤油五合を一升余に拡大するには、大豆・馬鈴薯等の煮汁七合、糠二合、小麦粉一合、野菜三十匁、塩一合。
器具　味噌桶、醤油樽、釜。
四、酵素パン・餅の製造には左記の材料及び器具を準備すること。
材料　芋づる等の粉末五合に対して小麦粉五合（餅ならば米五合）馬鈴薯、塩若干。
器具　鉢その他の容器、蒸器。

五、酵素豆乳の製造には左記の材料及び器具を準備すること。
材料　玄米二合、大豆二合、麦芽紛若干。
器具　桶、石臼、鍋。
右の孰れの指導実習にも綜合活精酵素若干を必要とする故、一回の指導実習に対して米二合、小麦粉二合、大　豆一合、砂糖十匁（又は麦芽三十匁）塩一合を提供されたし。

## 221▲朝鮮労務者指導要領と東亜聯盟空手道場について

二月三日付石原莞爾（鶴岡市高畑）宛曺寧柱（静岡市西門町四中田駿郎方）封書［憲政・増川喜久男関係文書・30―10］

謹啓　曇と雪の東北で閣下には御安泰遊ばされ候やお伺ひ申上候　奥様にも人手不足の折柄　嘸かし御苦労も一入の事と拝察候　寒気厳しき冬中　御老母様の御病床　何卒御異態御座無き様　切に祈上候
誠に其後は御報告申し遅れ　甚だ申訳無之次第　平に御宥免の程願上候
中山忠直先生論文の書写に関し　本部の原稿用紙は協会時代に宣言、規約を載せし入会申込書の不用紙裏面を再生せしもの故　この用紙を以ての書写は憚り　或処より漸く原稿用紙を入手、小生早速写しを持って切符入手と共に尚ほ先生に進呈申す適当な日蓮教義も持参の上　直接宅を訪問申し度く候
先生の御希望に副ひ　尚ほもう一通書写致し置き度く候　原稿第一冊目に添付しある閣下宛に差出したる先生の書面からして　先生の聖人観はたゞ人様より伝へ聞きし範囲に過ぎず全くお気の毒に御座候
先生の二三著書を拝読せし小生は　日頃先生は慥かに我国に於ける一癖保てる奇人と存じ　猶ほ或面に於ては極端

に失し勝ちな先生の見解も全く味の有るもので　天才ならでは及ぶまじき儀と私かに存じ居り候
　孰れ拝面の節は必ず宗教問題も先生より出るものと推察候間　その折は　小生　聖人のどこに拠り不抜な天皇信仰に立ち至りしかを率直に申述べたく満を持して待機致し居り候　日本の天才が救はれるその万一の資助にもと　小生如き蕞爾たる身にも佛力の程乗りうつりませと合掌以て念じ居り候
　小泉先生の御病臥を承り驚き入り候　一時混沌たりし御容態が目に見へる如く候　佛国土に現はれし本化の門下その使命を果せずして　そうみすみす隠れ去るとは信じ申さず　此度の御恢復も実に神仏の御加護と存じ候
　小生昨年暮より古河に行き　近日は小生の意見　よく会社側に通れるやう相成り候　古河は鋳造が専門にて　近時希有な程地味な会社を以て任じ　反面進就性に乏しく頑固な処も有之候　さすが朝鮮人の指導には手を焼き打つ手を封じられしまゝに　近日は　小生一人を頼りにして重役達は大船に乗ったやうだなどと御上手を云ひ居り候　会社までの往復時間は四時間も喰ひ込み　毎日混雑せる交通難に　一般工員の精力はその大半が満員の揉み合に依って消耗される有様に候
　同胞徴用工の二百五〇名中　無学者二百名にて解語者五〇名を一班にし　二百名は三班に分けて　全四班と定め毎日これが指導に努め居り候　尚ほ　この春　数百名入所の由に候　目下　小生は同胞の進む可き道と労務の意義を徹底させて　仕事に感激を持たすべく努力致し居り候
　第一班は小学校　乃至中学校程度で　純な処も多々有り　最終戦の信仰する度合も知識人に比べて早く　国民的自覚を促す点にもそう難儀あるとは考へず候
　無学者三ヶ班には　師弟の情より彼等の心を掴まんとし　先づ国語を体得せしめつゝ導き居り候　解語者は殆んど作業場　及び宿舎に於ける組長等にて　これを宜敷導けば　全員のよき指導役を買ふべく　若し悪くなれば全員を煽動する前衛にも走るべき存在故　彼等に世界観を持たせるの要　極めて甚大に候
　感受性を異にする彼等に　内地人工員に対する指導要領（これもいかゞはしきもの）を以て一律的に臨む従来の通

有性から　方々に於ては脱走の如何程頻発せしか、某所などは五〇日目で百人中三〇名残留の有様、全く同胞の脱走は近時産業界の合言葉にて候　会社には必ず資材運搬に出入りする朝鮮の自由労働者が多く　気楽に一日数十円の儲けを稼ぎ　尚ほその闇の私生活は何時しか渡航応徴工の羨望する所となり　この自由労働者が禍ひして工員脱走の手引と相成り候間　小生は会社に進言して　朝鮮労務者が会社の空気に馴れ、落付くまでは　出入労働同胞との接触薄き労務部署に配置するやう強調致し置き候　既に空腹を訴へて入所早々脱走せしもの二名有りと会社談が有之候　併し今後は絶対脱走はさせまじく　小生お誓ひ申し　風紀の粛正も必ず成果を挙ぐべく候　為政者は労務給源を半島と思ふらしく　頓みに近来は渡航労働者が加速的にその数を増し、四方の会社は又この同胞労務管理に全く案なきを以て狼狽の程が見へ参り候

限度有る時間に方々の会社を巡るよりは、古河工場一方に止って実を挙げるのが寧ろ至当と存じ　小生　目ぼしのつくまでは差し当り古河に重点を置き度く候　方々の会社からの要請には到底応じ兼ね居る次第に候

朝鮮人を中心に　渡航応徴者の為め指導員養成所の如きを設立して全国の同胞労務指導に追ひ追ひと配置すればこれ時局下　生産増強に資する大事な点と拝考致し候　小生　興生会に進言して　若し思しからざれば　何とか現在の道場を中心に　一案　考慮致し度く存じ候

同胞には　見るに足る労働力を有し乍ら　その能率を発揮し得ぬのは　一面　指導要領の欠けた処に原因が有るべく、微力乍ら　小生同胞の生産率を存分に挙げて　この古河工場が　他に比類無き範を垂れし折は　自然　朝鮮労務者指導要領も確立せらるべしと存じ候

鼻をかみ　便所をさしおいて部屋の窓際で生理を催すを何等介意せぬ同胞工員にて候　夜間人家の沓を荒し娘子を追う如き乱暴な本能を現はす者もよく出る有様にて　会社側やその筋に於ては手古摺り居り候へ共　併し斯程の者なればこそ指導せずしては已まざる儀にて　その指導するの意義深さ　尚ほこの上に有之候や　小生つくづく感激の湧くを覚へ候　歳頃は二〇より五までの血気に豊む若者等で　後日は銃もとるべく、また生産労務陣の中枢ともなり得

べき者等にて候　国語教習も大事と存じ候指導の上に於て　種々の事態難儀が生起すればする程、仏の小生に試みる鞭ちと思ひ、益々汗馬の労をとって当初よりの一念　毛頭、撓まざるべく候　斯くすれば成果　必定挙るべしの案有っても　気の弱い会社側は事毎に慣例を以て足れりとなし　全く見るだに忍びず、もどかしく候　若し、企業陣営に絶対責任を負荷さすの制度有之候はゞ不用の工員を徒らに擁する弊なかるべく　現工員の半ばを以て生産率は逆に倍加するものと考へ候一機械に多人数が付き纏ふのは　却って生産低下の基にて　甚しきは資材なく機械なしに　唯工員のみを集め置くのも無駄にて候　全国民の勤労価値を最大限に伸す体制の世来ずしては　到底斯る無駄も除き様無之候

旧套を脱し切らぬ会社もさる事乍ら　小生決してぬからぬ様、可能な範囲で最善を尽し度く候　普段　閣下の御教示を銘記、何事につけ自信と案あってこそ始めて敢闘せん心算にて候

小生一月一四日　道場に移転し　朝夕若い者等と稽古にも専念致し居り候　東亜聯盟空手道場（適切な名前は未定）と先づ名付けて　宣言を信仰する者の武を練り　有時に備へん心組みに候　道場を中心に　突撃隊の結成を確立致したく　また和田先生も特にお気に召して　色々御垂示給はり候　道場の利用方如何で　我が東聯運動上　案外面白き一面を現はさざるやと愚考致し候

近日青年等は殆んど徴用されて昔日程の道場運営は至難に候へども　目下　塾生数名入り　三月頃は塾の形態も整ふべく候　道場半分の一棟には　未だ天野氏令妹が従来通り住居中にて候　中間的に道場家賃を稼いだる彼等は　小生等の入り込みに依り儲けが絶れし為　折に触れて事毎に邪魔扱ひにし居り　多少不愉快にて候　三月移転するとの約束有ったに拘らず　三木武吉氏の子分として　原代議士は天野氏との対立を恐れ居るその隙を狙ひ、此頃は　左様な移転約束などせずと頑張り居り候　果ては欄干の障子まで御自分の物として取り外して持ち帰り　冬中少しく部屋は寒さを覚へ候も　外に寝る乞食も有らうにと辛抱致し居り候

原氏は中間の労を近日は多少回避するも、尚ほ　もう一度御心労を煩はせ度く　また山陰地区御巡講に行かれし和

田先生御上東の折は　色々御相談の上　約束の徹底化を計り度く候
　小生　道場にどかんと腰を据えて　事を繁くする如何なる事態起らうとも厚顔しい程図々しく構へて御令妹様の御退去を待つ可く候

早暁稽古　―　塾生　―　宣言朗読
后三時～五時　―　一般稽古
六時～七時半　―　有志稽古
十時消灯
中間時間　―　研究・読書

---

稽古方式
　補助運動
　基本形
　開手形
　組手
　　実戦組手
　　防具付け実戦稽古

後日　閣下御上東の節は是非　道場を御逗留所にお定め下され候はゞ　地理的にも、来訪者限定の策にも色々と好都合と存じ奉り候　何卒呉れ呉れも御承諾下されたく候　三月頃暖くなりかけたら　和田先生の宿所も道場にと定め候　道場の部員をして本部掃除其他の手伝ひにも罷り出させるべく候
閣下御来京　御泊り下さる節は　小生恥を忍んで、日頃の空手武技もお見せ奉り度く、護身術、暴力などには持って来いのものにて　また小生の空手は実戦本位で各大学のそれとは専ら趣きを異にし居り、稽古者も喜び居り候
御奔忙の閣下につまらぬものを長々申上げ申訳無之く　粗笨の文面　誠に恐縮の外なく御座候
末筆乍ら御老母様は呉れ呉れも御安泰下されたく　奥様にも宜敷く御安居下され度く願上候
先づは右お知らせまで如斯に御座候　　頓首合掌
　二月三日　　曺寧柱
工作の為、静岡地区に参り只今帰東中に有之候

## 222▲張宗援は夙に閣下と生長の家谷口雅春の提携を切望

二月二十六日付石原莞爾（鶴岡市番田）宛田中久（高松市四番町一四東亜聯盟同志会四国事務所）封書［憲政・増川喜久男関係文書・36―40］

謹啓　時局切迫の折柄　閣下益々御清祥之段奉賀候
陳者　敝地方一同至極元気にて時局に鑑み大奮発致し居り　県下未開拓地区に概ね有力なる同志を得、悦ばしく存居候　尚　木村　鶴野　杉田諸氏の努力により西讃三豊郡に新に支部（と申しても実力は分会程度）を作り去る十五日発会式を挙行仕候
扨て張宗援は夙に生長の家谷口雅春を推称致し居り　閣下と谷口との提携を切望致し居り候処　昨年秋　谷口が青島に出張したる折、其の希望を谷口に告げ　小生に斡旋方依頼し来り候　就いては先づ閣下の御意志を御伺ひ申すべき順序に候ひしも、小生としては谷口の為人に関し直接には一向不案内にて　閣下に申上ぐべき資格無之候まゝ　一昨二十日　谷口が岡山県下笠岡町に講習に来られたる機会に谷口を訪問仕候
其の節　谷口へ張宗援の希望の如く　石原閣下の方にても都合よき場合には会見せらるゝやを尋ね候処　谷口も希望の由答へられ候
右様の次第にて甚だ差し出がましく候へ共　閣下に御会見の御意志あり　又　都合も好き節は谷口も御目にかゝることに諒解致居候こと　御諒承下され度く　勿論　これ等は張宗援と小生との私的意見として申しありて　閣下の御意図は不明といたし置候間、決して閣下の御意志を拘束仕らざる様存居候
谷口の人格は小生の観察によれば決して提携を不利とするものに無之、殊に其団体は気力に於て乏しきも結合の堅きことと組織の大なることとにより或時機意外の力を発揮するものと観察せられ候　谷口は笠岡より山口県に至り　三月十三日鳥取の講演を終り十四日発　東海道線より帰京の予定に候　就ては閣下が三月五日より十二日まで富山県下

御巡回の様承り候へば、一両日　富山方面にて御滞留下されば谷口に北陸廻りにて帰京の様　小生より御願ひして何地かにて御会見下さる様相成らば好都合と存候
何れにせよ　閣下の御意志御伺ひ申上げたく　会見の時所は小生に於て両々都合よき様　計らひ得るものと存候御意図伺ひ度如此御座候
尚　閣下富山県御巡回と　谷口　鳥取の帰途との時機を選ばるゝ場合は　手配の都合も有之候間　至急の御指示願上度存候

敬具

田中久

## 223▲福田忠光一行四名の鶴岡訪問と聯盟横浜支部結成の見透し

三月十一日付石原莞爾（鶴岡市高畑町）宛淵上辰雄（於柴田先生宅）速達封書［憲政・増川喜久男関係文書・52―21］

合掌　福田忠光氏より本日電報致しましたと思ひますが　十六日鶴岡に参上致します。福田氏外角田、柴田（治療法）氏、木下茂氏の四名の予定であります。滞在は十六日、十七日、十八日夕帰京の計画でした。参上の節は何卒宜しく御指導御願申上げます。酵素指導所に関しては福田氏の力で出来たのであります。今又　横浜に於ける聯盟支部の組織も福田氏の努力と熱意により二回の準備の会合致しました。

農村改新要綱、国民組織要綱の印刷も福田氏の世話で横浜で印刷出来ることになりました。四月の二十日頃過ぎには印刷出来る予定の計画であります。

木下茂氏は福田氏により聯盟と酵素を知り、横浜に酵素味噌、醤油の会社を起すことになりました。食堂の経営者

ですが熱があり真面目で酵素料理方面をやってゆく人として柴田先生も気に入っております。聯盟に入会しましたが同時に維持費として五千円出しました。食堂経営者としてそう裕福でない木下氏が感激して出された金を尊く思っております。然しこれも福田氏を中心とする前からの同志的組織があり　福田氏を人として尊敬してゐるからです。この人を酵素普及会の常任理事として将来適任であろうと考へております。

神奈川県にも近く支部が出来る見透しが出来ました。集る人は相当な人物です。

角田氏も酵素面を通じて聯盟に入る人で、十二日よりの講習会のため　薪、炭等を出してくれました。

柴田先生に対し翼賛会よりさかんに手を伸ばしておりますが、くわしくは福田氏参上致しました時　申上げます。

酵素及　聯盟の横浜組織等　皆福田氏の熱意によるもの、重ねて宜しく御指導御願ひ申上げます。　敬具

十一日　淵上辰雄

## 224▲中野労務部長は只今同志化され本会社に東聯運動展開を力み居り候

三月二十六日付石原莞爾（鶴岡市高畑）宛青寧柱（東京都赤坂区福吉町二東亜聯盟空手塾）葉書［憲政・増川喜久男関係文書・30―11］

中野労務部長は只今同志化され本会社に東聯運動展開を力み居り候　朝鮮労務者は指導方法如何に依って生産力のあがる点を見て　部長さんは指導原理の必要を痛感せる模様にて候　中野氏は法華経の信者にて若い時福島先生と代表試合（関東・関西）をやった事のある七段の人格者にて候　工場内の運動もこれで思ふ存分　発展する模様に御座候

福吉町は道場は残るも前の待合ひ軒並びは全部疎開を命ぜられ候　末筆乍ら家事多忙の奥様に何卒御安居被下度先づは右お伺ひまで如斯に御座候　頓首再拝

225▲神崎正義死去の事、谷口の件は、旅行制限等より考へ、将来に回す事と致し度
三月三十日付石原莞爾（鶴岡市番田）宛田中久（高松市四番町一四東亜聯盟同志会四国事務所）封書［憲政・増川喜久男関係文書・36—41］

謹啓　花巻よりの御葉書難有拝承仕候　本日　木村嘉久郎氏出発致し候間　詳細は報告あることと存候
神崎正義　本年一月以来心臓の異常により病床に有之候処　昨二十九日より急変、鶴野氏の手厚き看護の下に
小生等同志見守りの内に　本三十日午前六時逝去仕候　神崎君の最後は悲壮にて　最後まで意識明瞭　国事を憂ふる
事のみにて　同君がかくまで人物が出来ありしとは同志も驚き嘆じある次第に御座候
谷口の件は　四月以降の旅行制限等より考へ　確実を期し難き有様に有之候為め　将来に回す事と致し度　これ又、
木村氏より報告あることと存じ候　奉祈御健康　敬具
三十日　田中久

226▲前旬子の件は他県移住を禁止し極力内地よりの移住を抑制する方針にて処置
四月一日付石原莞爾（鶴岡市高畑町）宛笠原幸雄（新京軍司令部）封書［鶴岡・石原・手紙306］

拝復　御芳書有り難く拝誦仕り候　前旬子の件は前便申旨通り他県移住を禁止し極力内地よりの移住を抑制する方針
にて処置仕り候も之を契機として他にも此種なきやと懸念し調査仕候所、日本開拓団を入植せしむる為、父祖伝来の
満人の土地を取上ぐる所二を発見、夫れ夫れ処置仕り候次第に御座候
他方時局の進展に伴ひ内地にて召集又は生産増加の必要上、生産力を切要とする時期に際し満州に開拓団を迎へる時

期には無之と存じ、内地と連絡中に有之、満州国内開拓団も壮丁の入営等に依り歯抜けになりあるもの相当有之、内地開拓団の中止と相俟って既開拓地の統合整理を既入植者の不幸にならざる様致し度くと存じ居候
愈、敵の侵攻皇土の近きに参り真に憂慮すべき所に有之候も、従来の離島の作戦と異り本土に関する限り精神的方向以外、物質的方面に於ても我れに絶対優勢のもの有之、若し我れにして総国民を軍隊に編成し一敵を殪する十人の血、鮮血を覚悟せば必勝我れに在りと確信仕候　正に閣下の御蹶起御指導を要する秋と存候　切に御健勝の程、祈り上候
先は御返事まで此の如くに御座候　敬白
四月一日　笠原幸雄

## 227●あの美しき八幡に御住居決定

五月十九日付小泉菊枝（千葉県安房郡天津町浜荻立川音松方）宛石原莞爾（鶴岡市高畑町）葉書［鶴岡・石原・K41―3］

合掌
外山君の御尽力によりあの美しき八幡に御住居決定致し候由、速かに御引越の程念じ居り候。誠に僭越の申分に候も、外山君等の御厚情御感謝被下度御願申上候。
鶴岡に居住せらるるまこと会の方々の活き方につき申上げ度ことも有之、克枝様御帰り前御目にかかり度申置き候いしも遂に御立寄無之候。御都合つき次第成るべく早く一度御出被下度御願申候。
老兵は五月二十七日迄不在、六月十三日より二十日迄能代地方旅行に候。其間大体在宅の予定に御座候。

## 228●湯之浜大会盛大

七月十三日付淵上辰雄（久留米市国分町西部一五三部隊西郷隊）宛石原莞爾（鶴岡市高畑町）葉書［憲政・淵上辰雄関係文書37］

おハガキ拝見しました。湯之浜大会盛大でした。東北地方は殆ど各支部より参会、関東は神奈川、群馬、栃木支部、北陸は石川、福井、関西は田中君夫人病気のため欠席しましたが、福島先生出席、香住、出雲からも参会ありましたが、金尾君は遂に来らず残念でした。内容は物足らぬ点もありましたが、将来のため必ず大なる影響を生み得るものと信じます。御奮闘御期待申上げます　七月十三日

## 229●一国の元首が公々然在来の国際公法の全面的否定を公言してゐるのです

八月九日伊東六十次郎（満州第一〇五軍事郵便所気付満州第一五二三六部隊小林隊）宛石原莞爾（鶴岡市高畑町）葉書　但し、「本郵便物は当分送達困難に付返戻致します」という熊本逓信局の判子がついてある［鶴岡・石原・K39―18］

第一信只今拝見しました。大陸との連絡もいよいよ困難の様子が察せられます。

空襲激化、今日も太平洋沿岸の東北各地は艦載機に見舞はれてゐるらしいです。而も戦争の形態がいよいよはっきり変化の方向をとりトルーマンは就任直後、日本国民に対し「………人的資源をも壊滅する………」とか申してゐます。一国の元首が公々然在来の国際公法の全面的否定を公言してゐるのです。最終戦争ますます緊迫して来ました。ドイツがあの通りになったので国民の多くはドイツ民族の将来を著しく悲観的に考へてゐますが大したことはありません。

もう暴力による支配の力は著しく低下してゐます。勝った英国が自治領を失ひ、インドさえ独立の気運が却って増大してきたらしいのです。

戦争の犠牲ますます大にして戦争の効果いよいよ減少しつヽあることは戦争の終末近きを示してゐるものと信ぜられます。しかも人類は最終戦争を節約して世界の統一を実現するだけの聡明さをさづけられてはゐません。御健勝お祈り申上げてゐます。八月九日

# 戦後編

## 七　新日本建設遊説の旅（高畑町時代　4）

### 昭和二十年（一九四五）後半

日記

**八月後半　「敗戦は神意なり」**

十五日（水）　本郷

正午聖旨涙ヲ以テ拝聴、

袖浦　主殿之介ニ一泊(1)

十六日（木）　十一時帰宅

十七日（金）　五時ヨリ夜九時迄　連続来客閉口ス
十八日（土）　金井、岡の　夜龍覚寺ニテ町内会ノタメ講演
二十日（月）　夜半　船江夫人一泊
二一日（火）　木村　田村　曺
二二日（水）　湯ノ浜　東北大会　午後三時出発　新庄経由上京、山田芳太郎方(2)
二三日（木）松平　殿下拝謁　拝辞(3)
二六日（日）　早川左吉氏宅へ転居
二八日（火）　拝謁御別レ言上(4)
三十日（木）　午前　維新論改定案成リ朝日新聞ニ印刷ヲ托ス　14h30出発宇都宮
三一日（金）　関東地区大会(5)　雨

**注**

（1）石原莞爾「敗戦の日に東亜聯盟会員に訴う」『人類後史への出発』（展転社、一九九六年）七〜九頁参照。
（2）山口重次「東久邇宮内閣の招請」（『石原莞爾全集』第二巻所収）にこの時の事情が詳しい。
（3）『東久邇宮日記』によると、東久邇宮は石原に内閣顧問になることを求め、石原は断る。
（4）この日『毎日新聞』に石原の「世界文化の達観と心よりの懺悔」が掲載（前掲『人類後史への出発』）された。
（5）午前八時より宇都宮三楽園で開催。石原は「敗戦は神意なり」と獅子吼した［『東亜聯盟』昭和20年10月号］。

**九月　新庄大会　好天気**

一日（土）　5h40発、中畑村
二日（日）　石川分会千数百名　郡山一泊
三日（月）　郡山大会　福島大島英二氏一泊

四日（火）　帰宅、少々風邪気味
五日（水）　蓮見
六日（木）大屋源幸　大屋
七日（金）　和田……来客多数　終日　少々ツカレル
十二日（水）新庄　新庄大会　好天気
十四日（金）盛岡　雨中　盛岡大会
十六日（日）一関　一ノ関大会
十八日（火）秋田　雨中　秋田大会　象潟一泊
十九日（水）　帰宅
二十日（木）　平沢外三名、千葉、石川、奥津
二一日（金）　黒川、富沢有為男、
二二日（土）　鷲崎　渕上　町田？
二三日（日）　鎌形、南部、布袋謙作　古田常司
二七日（木）　片岡駿　太田ヨリ電報　三十日出発ニ決ス
二八日（金）　安藤氏　金東根告別ニ来ル
二九日（土）　山本教授　太田千鶴夫
三十日（日）　21以来ノ出血ヲオカシ　11.50発　新津泊リ

**十月　「新日本ノ建設」**

一日（月）　午後六時着、練馬早川氏宅へ(1)

五日（金） 京都へ
六日（土） 朝日会館ニテ「新日本ノ建設(2)」
七日（日） 峯山
八日（月） 豊岡 第一日 城崎三木屋
九日（火） 豊岡第二日 竜野へ
十日（水） 竜野
十一日（木） 和田山一泊
十二日（金） 京都福島先生宅
十三日（土） 11.10京都発 大混雑
十四日（日） 八時帰宅 松下芳男 夜 母気分悪ク□□ヲ招ク。39.3 六郎ニ打電
十五日（月） 惟孝 丹毒ト診断
十六日（火） 天気ヨクナル
十七日（水） 諸盗マレ大急キニテ掘ル 鎌形
十八日（木） 興梠貢 米谷健一郎
二十日（土） 参与会員会
二一日（日） 小島大児
二四日（水） 鹿児島松山 田村使塩畑良雄 吉住少佐来リ西富士ヲアキラメル
二五日（木） 山梨医大生 中山氏使 市川京一、岩崎万里↑九州へ返事 山口等、佐藤青年隊長
二七日（土） 赤湯ト米沢ノ女二人 法門ヲキキニ来ル 支部ニ泊ル
二八日（日） 鎌形、樋口外二名 角田中佐娘、新堀加藤某

二九日（月）　小泉、みどり、水の、読売山形支局長佐藤浅蔵　血大体トマル
三十日（火）　小泉外二名、佐藤俐、高橋信、平田、森国、相沢、中村姉カヘル
三一日（水）　再出血

**注**

（1）この日、朝、新津で出発前に、「新日本ノ建設」原稿を脱稿した。
（2）この「新日本ノ建設」は占領軍を意識した新聞社の意向で大阪朝日のみに多少要旨を修正して掲載された。

**十一月　京都・九州遊説・内牧講習会　浅原来ル**

一日（木）　毎日女記者　米沢時匠―復員兵
二日（金）　六郎カヘル
三日（土）　桐谷「農村の刷新」訂正案来ル
四日（日）　知津、木村　岡崎政治
五日（月）　佐藤喜四郎、横山正雄
六日（火）　長岡　遠藤女、桐谷、保健婦某　和歌子来ル　片桐栄来り一泊ス
七日（水）　鎌形　早坂帰宅　鷲崎ニ　十三日朝京都着ノ旨打電、血大体止マル
八日（木）　本郷三人、福田直光
九日（金）　森国、神谷（蓮見代人）金工出身三名　鈴木文平、野添信行
十日（土）　午後ヨリ大河内子爵講習　来訪多数　夜少々出血
十一日（日）　大河内氏第二日
十二日（月）　9.30出発　桐谷、森国同行

十三日（火）　甚シキ混雑　二時オクレ京都着　香坂教授訪問
十四日（水）　湯川教授訪問　16. 出発　大混雑
十五日（木）　15.03 博多着　上の屋旅館　夜　西日本社ヨリ招待セラル
十六日（金）　10.30 ヨリ西日本社(1)　座談会　15.07 発　佐賀へ
十七日（土）　北地区会員大会
十八日（日）　佐賀智識人会合　夜　山へ　昨夜下痢
十九日（月）　大村へ　夜　下痢、ハク　排尿困難苦シミ三時過ギヨリヤツトネル
二十日（火）　長崎見学、小濱へ
二一日（水）　雲仙ヲ越ヘ島原ヨリ三角　川尻　福島先生弟宅一泊
二二日（木）　内牧到着
二三日（金）　第一日　浅原来ル
二四日（土）　第二日
二五日（金）　7h―出発　夕刻　富高駅前旅館一泊
二六日（月）　定竜寺ニ一泊　正午後会合
二七日（火）　午前ノ会合終リ別府ニ
二八日（水）　滞在(2)
二九日（木）　牛島ト別レ　午後二時四十分発　貨物車ニ便乗　門司駅前辻氏宅一泊
三十日（金）　鷲崎ト別レ急行ニテ大阪着　出迎ニ会ハズ　駅ニ一泊

**注**

（1）　西日本新聞十一月十七日二面に関連記事あり。

（2）　別府では浅原健三宅（別府市上田之湯）に滞在した。（230）参照。

**十二月　曺君　建設綱領を起案ニ来ル**

一日（土）　鶴ノ家会合ヲ終リ　23発
二日（日）　列車遅延　18時頃柏崎着一泊
三日（月）　渕上ト別レ森国氏ト共ニ帰宅
五日（水）　知津来リ一泊
六日（木）　熊谷、森国、鎌形、注射
八日（土）　谷地　鎌形
十日（月）　山中ノ佐藤悌二・手向ノ吉住
十二日（水）　鎌形・山口　鎌形氏明朝会津ニ
十三日（木）　桐谷　池本氏ノ山地征服論ヲ持来ル　佐藤正之氏ヨリ選挙ニツキ意見
十四日（金）　曺君　建設綱領を起案ニ来ル　明朝会津ニ　宇野旅行ニ
　銻子ヨリ藪式治療ヲ受ケハジメル
十五日（土）　吹雪、原玉重、
十六日（日）　渡会彰彦《アキヒコ》
十七日（月）　金丸君木炭　石川　山添ノ件
十八日（火）　佐藤幸一氏、木炭ヲモッテ来ル
十九日（水）　尚帰リ　カルモチン等　斎藤信治
二一日（金）　桐谷夫人　黄金ニテ久兵衛君一周忌法要　早坂行ク

二二日（土）　三井、
二三日（日）　平田、本化妙宗ヨリ見タル日本国体　　山口、松沢、
二四日（月）　鷲崎、野呂　大川外一名　宇の、井上、堀内　桐谷　泊ル　　堀田　　堀
二五日（火）㊤　第一日　世界観　本質
二六日（水）　第二日　東亜聯盟ノ結成ヨリ教育革新迄　白井勇、　昨夜大体止ル
二七日（木）　第三日、鷲崎カヘル
二八日（金）㊣　増川ニ資料ヲカス
二九日（土）　増川　高瀬へ
三十日（日）　西山　後藤　餅ヲ持来ル　尾形六郎兵衛　横山新署長
三一日（月）　母イヨイヨ危篤、昨夜大雪　森国、菅原与惣衛門

# 書簡

## 230▲七ヶ年振りに拝顔仕候処、御健勝の態を拝し何よりうれしく存申候

十二月六日付石原莞爾（山形県鶴岡市）宛浅原健三（別府市上田之湯）封書［鶴岡・石原・手紙49］

拝呈　七ヶ年振りに拝顔仕候処、御健勝の態を拝し何よりうれしく存申候。実は御滞留の期間、ゆっくりと種々御教示を賜り卑見特に在支中の事共申し上げ度存居候に、雑談にとりまぎれて遂ひに其の機会を不得、御見送り申上候事の甚だ残念至極に存居候　然し宮崎大人も御帰国に相成候なれば同道にて是非一度貴地へ参上、膝下にて親しく今後の進退に就き御指導可賜万端次の機会にゆずる可く存居候。先は其の折り迄御元気にて御活動の御事祈り居り候。雑

用雑話のみにて何んの御接待も出来不申候て申訳け無之、愚妻事も斯様申出候。御寛容願上候乍末筆　御病中の御母堂様の御安泰祈り上げ、併て奥様の御健勝祈り上げ候。先は御詫びまで

十二月六日

敬具

浅原健三

追伸　戦犯の知己見送りの為、明七日当地出発、一週間の予定にて上京仕候

## 231▲かゝる場合にも大きな御奉公の叶ふことをお示しいただき前途に光明

十二月十五日付石原莞爾（鶴岡市高畑町）宛多田睦・駿（館山市舟形町）封書［鶴岡・石原・手紙1066］

御懇書有がたく拝受申上候。主人事この度はまことに申しやうなき受難とて一同悲痛の念に包まれ居候ところ、今日閣下のお文にてかゝる場合にも大きな御奉公の叶ふことをお示しいただき前途に光明と申すべきや勇気づき候こと、まことにまことにうれしく、これもひとへに閣下の御赤心のたまものと謹み御礼申上候

かしこ　睦拝

師走十五日夜認

只今（十五日昼）家内宛の御文を頂き小生も拝見致候。案外（支那側よりのことは予想せしも）のこととて、只馬鹿らしさに随順するより外なかりしも貴兄の御垂示を受け頓悟の傾なり。勇気づけられ申候。平素、公私対立的観念に基づく滅私奉公なる語を好まず私の為と国の為めとは同一なりと信じ公私一如を云ひおる小生も今回は只々私自身のみを考へ居りし時とて冷水三斗の思ひ致候。貴兄ならではの御意見よと難有服膺可致候。但し御来示の如く本懐と思ふまでには未到、往昔の一般支那人は愚か職業的親日家より尚甚しきものあり。情けなき次第に候。往年大兄が我が宗の予言によれば、一宇は案外早く皇太子様の世に来るべしとの御考は今も同様に候哉（早く伺ひ度しと存じ居りし

こと御返事給はり度し安心致度候故）慚愧の次第に候別紙は玉章拝見以前の自己にのみ捕はれたる感想弱々しさを御笑ひ被下度候

京都よりの御通信に接し御便り可申上存じながら怠り申し候。降伏後の日本人の態度、先月中旬、和知中将来泊、種々本荘将軍のこと物語りしが帰京して御最後直後偶然訪問せりと御見事なる有様を知らせ参り候。将軍の御心中も聊か忍ばれ追慕申上居候（真崎等々の如きは…………）家内を代参せしめ申候

御病症十分御療養願上候。小生は専ら安静と保暖に力め居候為、昨今大に楽と相成候も何としても持病となりし今日別荘行きは苦難に候。近く大兄の来房の満二年目（十九年一月六日）来り候。日中は尚十五、六度霜は昨夜一回に候。老母今秋盛岡まで出掛けしも交通難にて当地の極楽境に迎へ得ざるは誠に心残りに候

令夫人御休養念上候　不尽

十五日　夕

多田生

# 八　東亜聯盟解散と入院・軍事裁判の訊問始まる（高畑町時代５―逓信病院時代）

## 昭和二十一年（一九四六）

日記

一月　**上野着　直チニ入院　対マッカーサー陣営ヤウヤク成ル**
一日（火）㊤　姉　来ル
二日（水）　午後一時十分　母上永眠
四日（金）㊟　安中君　来ル
五日（土）　十時ヨリ葬儀　正午出棺
六日（日）㊢　鎌形
七日（月）　血ニヨリ尿ノ止マルニ苦シム　鎌形、森国
八日（火）　初七日法要　鎌形、木村、丸内、樋口、桐谷、小松
九日（水）　杵渕医者来ル
十日（木）　片岡、江連、棟方外一名、水谷、岡崎　大槻、佐藤悧、

十一日（金）　血尿通ラス杵渕来リカテーテルニヨル　尚ノ血ヲ輸血
十二日（土）　マッカーサーニ手紙ヲ出ス
十三日（日）　鎌形ビタタートノ会見報告(1)　夜　久外二名、大場鯉三匹
十四日（月）　渡前幕内　進藤治三郎氏　伊藤技師ノ要求トテ鯉三匹
　　　　　　森国、神田、佐藤幸一　中村姉　朝　杵渕医師
十五日（火）　渕上来リ此日記帳ヲモラウ　石川鯉五匹　同氏明日出形　県ト交渉ニ決ス
　　　　　　中村姉カヘル
十七日（木）　斎藤弥一郎、敏子夫人、知津　木村先生、織田清、和歌子カヘル
　　　　　　昨夜ヨリ再ヒ出血多シ
十八日（金）　木村先生黒川へ　太田照彦
十九日（土）　北川教授　来診、石川、山本武、真田、木村君　西山行ノ約ヲ破リ湯ノ浜ニ、
　　　　　　夜　排尿ニ苦シミシカ夜明ケヨリ大ニ楽ニナル　夜ノ霊気効果ナリシカ如シ
二十日（日）　鈴木文平、松村氏トノ交渉報告(2)、伊藤源治鯉二尾、
二一日（月）　北川教授、膀胱鏡ニヨリ癌ト診断　大体東京行ニ決ス　文平、渕上カヘル(3)
　　　　　　夜　時ニ三十分毎ニ放尿
二二日（火）　蓮見氏ノ執刀ヲ希望セシモ北川教授ノ意見ニヨリ東大ニ入院ニ決ス　尾形六郎兵衛、
　　　　　　少々緩和ス
二三日（水）　廿五日十五時三十六分発新庄廻リニ決ス　佐藤幸一、高橋繁吉医師、中村姉、
二四日（木）　石川、曺夫人、井上、尾形好子、惟孝
二五日（金）　午後三時三十六分　同志ニヨリ列車ニ増結サレタ荷物車ニ乗り新庄経由　尚ノ外途中ヨリ

二六日（土）　桐谷同行ニ決ス
八時半、上野着　直チニ入院　午後膀胱鏡ニヨル検査、森国君ノ輸血ノ結果カ39以上
ニ上ル　尿ハネラトンヲ用ヒスバトル能ハス
対マッカーサー陣営ヤウヤク成ル　明後日必ス内ム大臣ニ談判
二七日（月）　六郎ノ血　フルヒ来リ発熱39.5　食欲全ク失フ
二八日（火）　午後一時ヨリ腰椎マスイニテ一時間半焼ク　夜半ヨリ尿止マル　山口重次、新井、
二九日（水）　午後ノ回診時ヨリ　ネラトン入レ放シトスル　桐谷帰国　知津、外山　宇野千津
三十日（木）　昼頃　ツマリ　溶血剤ヲ導入シテヤウヤク利尿　吉川龍一、朴烈　宝□ヲ持来ル
渕上、責、崔　水野孝氏　ガラス尿器ヲ持来ル
夜半　ネラトンノ周囲ヨリ排尿　ネラトンヲトル　苦痛甚シク三時半再ヒサシコム
粘液多量ノタメナリ
三一日（金）　神崎正義、田中久、久保、静子、
ツマリイヨイヨ甚シク閉口ス　午後三時頃　処置ナク　ネラトンヲ抜キシニ快通

**注**
（1）鎌形が東亜聯盟を代表して新庄でアメリカ陸軍省情報官ビタタートと交渉。
（2）鈴木文平と松村謙三農林大臣との交渉は、酵素肥料の特許権を農林省が使用することについて行われた。
（3）岩沼に自給肥料普及会本部が置かれた関係で渕上辰雄は鈴木文平と行動を共にすることが多かった。

**二月　イヨイヨ東聯　禁止命令出ツ・　寝台車ニテ逓信病院ニ**
一日（金）　昨夜　発汗ハケシク頭痛、今日　依然、但排尿モ依然可

二日（土） 山田芳太郎（ビタミン） 知津 大瀬正トシ尚 今夜カヘル

(雪)

高橋先生回診、昨日来少々傷ミ ねん液多シ 田中久君、山口君 千葉ニカヘル

武蔵野支部影山 鎌形ニペニシリンヲ届ケニ来ル

三日（日） 正午前 中野同志分会、田中、鎌形、和田、太田、

田中君ハ押セバ見込アリトノ判断、文平、曺、

夜、□□青年二名 知津ヲ手伝ハシメ床ヲ直ス

四日（月） 田中久君帰国ス 外山夫人 みかん 田村義弟

五日（火） 総回診、貧血度増加ノタメカ手術延期セラル

文平、和田御別レニ来ル 夕刻、杉浦来リ現地事情ヲキク 宇野明日東北へ出発[1]

六日（水） 村山支部 佐藤鯉ヲ持来ル 神崎氏バタ、

宇野明朝出発トテ今日モ来ル。知津主婦友社ヨリ果物ヲ持参受取ル[2]

田村夫人 田中平吉使 梅花

七日（木） 雪寒シ 蓮見博士ヨリ使ヲ以テ見舞、

田村 上京、曺、司令部トノ交渉結果報告

八日（金） 山形佐藤 宮本武蔵ヲ持来ル 山本勝夫人娘御馳走ヲ届ケル[3]

木村武雄 山本、夜 鎌形、渕上 報告ニ来ル 直チニ再出発ヲス、ム[4]

阿武隈支部青年隊三名

九日（土） 鎌形、渕上、杉浦

十日（日） ふぐ屋ノ女将食料持参 外山卯三郎、山本夫婦又モヤ御馳走

夕方ヨリ発熱。38.1　夜中ハ恐ラク　39？
イヨイヨ東聯　禁止命令出ツ(5)

十一日（月）　山口重次、山崎、阿武隈支部青年、木村、金藤章　山名義鶴
蓮見博士、山本夫人　湯タンポ

十二日（火）　福島先生、安藤徳次郎、夜　渕上　形勢緊迫ノ報告

十三日（水）　宇野君　一昨日帰宅セリトテ午前来ル
福島先生　金尾君　山川先生御使高橋氏、
加藤氏退院、栗本春吉　文平君夫人ヨリ使　佐久間、小泉、水野氏色々相談

十四日（木）　朝、水の氏来リ遂ニ明日退院ニ決ス(6)　本日手術ノ予定ナリシガ　増川、

十五日（金）　鷲崎、福島　増川、曺、吉川、林出、金藤
36.7
午後二時発　自動車ニテ水野病院ニ移転

十六日（土）　小泉女史来ル、津軽支部学生、田村、山口重次

十七日（日）　太田、五條珠実　夜　久　外一名、三木五郎、鷲崎、曺、杉浦　佐藤きよ江

十八日（月）　木村　山本武、小泉女史、マ司令部訪問　六郎　国柱会

十九日（火）　森国来ル
太田氏以下　マ司令部ニ返事ヲモラヒニ行キシモ要領ヲ得ス
夜　停電ノ下　山口以下来リ政治団体トナル時ノ中央機構ノ話

二十日（水）　夜、37.4　少々イタシ
水野サン御奔走　近ク逓信病院ニ入院ニ決ス
夜、宇野君ノ薮式ヲ一時間位　タメニカね汗ナシ

二一日（木）　福島、鷲崎両氏帰国
二二日（金）　ペニシリン注射、のみ薬、庄司峯松
二三日（土）　ペニシリン第二回注射、みどり君　注射ノタメノ約束ノ鎌形来ラス
　　　　　　　渕上　鎌倉ノ報告　福田氏ノコト不徹底　不快極マル
二四日（日）　みどり君ヨリ起草要領ノ報告
　　　　　　　女子高等国民学校等ニツキ小泉女史等ト話合ヒ
　　　　　　　山口厳、多田先生使　渡辺正
二五日（月）　真壁宗雄、大塚、津山支部二人　杉浦夫人
　　　　　　　27日午前十時　逓信病院ニ　　庄司、徳岡東洋、
二六日（火）　毛呂　、山口重次、三木五郎　　原玉重、星の、別技、
二七日（水）　11時頃　寝台車ニテ逓信病院ニ
　　　　　　　林田、西先生訪問サレシモ入院後ナリシタメ御会ヒ出来カヌ
　　　　　　　克枝、弟サン
二八日（木）　木村武雄　　11時ヨリ八度近クノ発熱、尿意　頻り

**注**

（1）宇野千津は当時、工作員として吹浦の日輪兵舎で四〇〜七〇名規模の講習会を開いていた。
（2）石原智津。主婦の友社は二月号掲載予定の石原の原稿掲載を取り止めたので、その慰藉の表明。
（3）山本勝之助夫人がしきりに御馳走を届けているが、山本夫人に限らず、石原のもとには多くの届け物があり、他の患者の羨望の的であったという。
（4）東亜聯盟は解散するが、その流れをくむ組織が精華会、自給肥料普及会等として残る。
（5）一月四日のＧＨＱの指令から二月二三〜四日のポツダム勅令の中間時点でのこの記事は当局の内示か。

（6）　東大病院は技術的には最先端かも知れないが患者はモルモット扱いだと同志間で悪評だったからという。

**三月　第一回手術　尿道口ヲ断チ割ル**

一日（金）　薬ヲ貰フ
二日（土）　和田、山口、文平、杉浦、渕上　昨日会議ノ結果報告、
　午後検査、知津、石井正美、片倉　第一復員省ヨリ病院ニ照会(1)
三日（日）　雪　学生大勢、
四日（月）　文平、渕上　柴田先生　名称変更セハヨシトノコト　米二升出ス
　蓮見、大屋　近藤栄蔵、文平、鎌形（明日帰国、）杉浦、
五日（火）　青、早川使（ぼたもち）　水野、渕上　今日ヨリ毎日　膀胱洗滌
六日（水）　六郎ノ外、終日来客ナシ　洗滌ノ時　少々湯熱カリシタメカイタム
　武、生方　小泉、みどり、知津
　午後二時ヨリ第一回手術　尿道口ヲ断チ割ル
七日（木）　宇野君、福島ヨリ帰来　小泉女史　米軍女士官訪問　結果面白カラストノ報告
八日（金）　岩手県　後藤章孝、木村来リ落胆シテカヘル　杉浦、知津　六郎　綱領、規約等
九日（土）　林田ノ父　14日午後四時西先生訪問　小泉女史　千葉　杉浦夫人
十日（日）　雪チラチラ(2)　武、杉浦　綱領及規約改正案
　山本勝之助夫人、津軽青年三名(3)　大川博士、青　渕上、
十一日（月）　廣瀬、康敬、牛島　約束セル佐野氏来ラス
　六郎私製内服用ペニシリン

十二日（火）　山田芳太郎（あめ）、牛島、渕上、杉浦　石井正美　米軍ホナデー中佐　夜ヨリ薬
十三日（水）　雪　片倉　知津、世界観　国土新建設草案
十四日（木）　横山臣平、石巻、南原ノ連中[4]
　　　　　　　白柳先生　西先生　阿武隈宮中奉仕団数十名
十五日（金）　李四月中旬帰国トノ事　堀場　今日ヨリネラトン痛少々少シ
　　　　　　　知津　国土新建設ノ始メ訂正
十六日（土）　小泉女史、牛島、
十七日（日）雪　㊟　円谷、水谷、荒川外一名[5]　水産学校生徒二名　康敬
十八日（月）　丹後支部4名　樋口、佐藤秀雄　杉浦　知津　薬
十九日（火）　佐々木政一、住谷　山田芳太郎使、船江正春、大越大佐
二十日（水）　吉住、真鍋、杉浦、渕上　知津　石井正美
二一日（木）　住谷、中村姉、菅原道大　渕上ヨリ結婚式と仲人ノ願出　佐々木、
　　　　　　　鉀ニ病状ヲ通知ス　夜　悪寒発熱　38程度
二二日（金）　太田　杉浦　知津　佐々木、渕上　高野一郎、山本夫人、娘、　夜　青、権藤
二三日（土）　原、第一回報告、神田孝一　多田先生、浦野老人、杉浦、知津
二四日（日）㊟　山口重次上京、船江夫人
二五日（月）　夜、本宮　横山外青年三名　皇居ニ薯植付奉仕ノ帰途
二六日（火）　午前　膀胱鏡検査、
　　　　　　　山崎、堀場、相沢　森国　渕上、知津、中村姉相談ニ来ル
二七日（水）　大阪　岩村青年外二名[6]　知津

二八日（木）　手術　マ薬切レテ？！
三光館主人、　蓮見、藤田？外一名魚、土屋先生ニ
朝　知津　「大綱案持参　夕　杉浦　知津来リ打合セ　渕上
モウ一回焼ク必要アリトノ宣告　鎌ニ通信
二九日（金）　山口重次、杉浦、渕上、森国　六郎　野沢、□ヨリペニシリン二本
多田顕　曺、夜　岩村外二名
三十日（土）　森国　相沢、栃木青年（水産講習所卒業）　石井正美　高橋先生慰問
知津明日帰宅　杉浦
三一日（日）　宮城県扇谷嬢　谷井外一名　大川博士、保坂、
渕上　明日岩沼へ引越ス　結婚式ハ鶴岡　仲人ノ依頼

**注**

（1）ここらあたりから極東軍事裁判関係の記事が多くなる。にわかに検事・弁護士・証人・旧軍人などの出入りが多くなってくる。
（2）逓信病院の窓枠はまだ爆撃のため歪んだままだったから部屋には雪がチラチラ舞い込んだという。
（3）津軽青年は鈴木忠雄、東谷清次、原子昭三の三名。
（4）「石巻、南原ノ連中」とあるのは、真山文子によると「石巻、南郷ノ連中」のことを指しているという。
（5）円谷、水谷、荒川は三人とも磐陽支部のメンバー。
（6）岩村博文（許利玉）と信谷宗宏（康太洙）という朝鮮の同志。

**四月　米軍ノ取調べ約一時間、通訳困難進捗セス**

一日（月）　宮城善信氏

二日（火） 安藤、谷岡、杉浦、 山口重次帰宅ノタメ挨拶
三日（水） 谷岡半日休息 夜行ニテカヘル
四日（木） 増川、本堂、曺、杉浦、李、
五日（金） 多田大将三男、神崎正義 板垣サン弁護ノタメ、杉浦
六日（土） 山木夫妻、大瀬未亡人、大川博士、中田騄郎、杉浦
七日（日） 多田三男 大越大佐、大瀬
八日（月） 田中直吉、戸部 阿部侑、□原、大瀬
第三回焼キ、器械故障 恐ラク完全ナラサラン
九日（火） 知津、杉浦
十日（水） 中村姉、宇野サン帰京、北岩手ノ青年、曺（塩鮭）渕上 増川 （鈴木某）
十一日（木） 安藤氏 藪電気器械ヲ持来ル(1)
十二日（金） 加藤完治氏使虻川文夫（北秋田郡釈迦内村沢館字神館23）山本夫人娘、
増川、杉浦、渕上
十三日（土） 福島、鷲崎、古峪、高島、鈴文、山口 ノ諸氏集マル 会合ノ準備□□不良
十四日（日） 外山夫人、会合了リ古峪ト別レニ 夕刻杉浦報告 松山
十五日（月） 大川博士、鷲崎、牛島、増川、杉浦
十六日（火） 山口、高島、松山、坂本□氏 神崎、杉浦、岡崎
土屋氏ノ談ニ 尚四、五回焼クヲ要シ二カ月位トノコト
今日モヤク予定ナリシモ器械故障延期
十七日（水）雨 高島、三井外一名、歌川（鋳ニ伝言）中村姉、杉浦

十八日（木）　高島、□□同行、片倉　虻川、浅原使　角田、高橋与七、遊佐、渕上、白井勇
十九日（金）　高橋、小野、松山外一名、外山、牛島、高島
二十日（土）　午前、米軍ノ取調べ約一時間、通訳困難進捗セス　米新聞記者　東聯ノ悪口
二一日（日）　淵上内ム省ノ態度急ヲ要ス　石井、織田、津軽学生二名　横山外二名　佐久間
二二日（月）　錦上京　多田大将一行、昔　影山　康敬
二三日（火）　原、岩村外一名、野元少将（土浦　中高津一〇〇）渕上、
二四日（水）　岩村、柳川、木村武雄、　勝鋭今日臨終　錦見舞
　　赤谷、蓮見、藪田、藤田清康、宮崎正義（夷隅郡勝浦町浜三〇）
二五日（木）雨　高島、矢島（田村）、渕上、宮本、田村、中村勝正、山本夫人とうふ　多田将軍三男
　　「星条旗」記者　村田氏ト同行ニテ
　　長島四郎、多田大将係（？）ノ検事等三名　主トシテ自治指導部ニツキ
二六日（金）　蛭田、水谷外一名、神坂妹　安藤、杉浦、山崎、大塚、渕上、田村及び弟、中山優
二七日（土）　検事第二回諮問　高木、渕上　告別　UP・奥野記者　昔　崔
　　米記者二名(2)　会津三名　大沼郡　長谷川修喜　渡部重蔵、〃　房雄□
二八日（日）　富沢、片倉、大塚　杉浦、昔、秋田　伊藤某（白河）
二九日（月）　杉浦、北京田村、山口、井上、許雲龍　計画ヲ持来ル、
　　佐藤俐、藪先生、谷岡　神崎　杉浦トノ約束トテ来リシモ　杉浦来ラス
　　宇野明朝出発
三十日（火）　中村勝正、山口重次、杉浦、神崎　和田

注

（1）金石社は以前から藪式電気治療器（ガリ）の改良を頼まれており安藤徳次郎はそれを持参したと思われる。
（2）マーク・ゲインとポップ・コクレン［マーク・ゲイン『ニッポン日記』］。

**五月　ソ連判事一行三名　愚問多数**

一日（水）　熊谷市大字戸出一〇四八ノ二　杉浦勝次郎、
二日（木）　岡田益吉、水谷　蛭田外二名　検温器破損　中村ヨリカリル
三日（金）　杉浦、杉浦、鹿児島女子青年、（長）　和田　五十嵐喜一郎、多田顕
四日（土）　和田、渕上、久シ振リニ六郎　長、午後　米検事　約三時間、
　米検事第四回
五日（日）　宮崎、高橋平助、小林てい　小泉　渕上　朴烈ヨリノ贈物　高橋先生膀胱鏡
六日（月）　小泉、藤田穣一郎、山口巌　武内文彬？
　薬師寺氏退院
七日（火）　中村母子　「大綱原稿昨日印刷ニ出セル由
　江先生明朝出発帰国ノタメ告別ニ来ラル　鈴木穆、田村
　夜真田いわし、あさりヲ房州ヨリ
八日（水）　師星治美（新治支部）　神足要、和田次衛　森重武彦　夕刻、板垣一族四名
　杉浦夫人、林田外一名、森重、関谷徳三、杉浦、田中元、井上
九日（木）　米軍情報部員　八王子付近隠匿物資ニツキ質問ニ来ル
　小泉、和田、良雄、杉浦　生方、
十日（金）　予定ノ器械修理出来セス　手術ハ13日以後ニ日延

十一日（土）　六郎、小泉女史　本日千葉ニ　夜、柴田純宏、

十二日（日）　水の夫人
余目本間、東谷及工学□退学生一名　藤岡、山本、酒井健次　知津　大井直之助

十三日（月）　石川、一男、神崎[1]、小の、大谷、庄司（津軽組）
杉浦　佐々木健児、中村　宮本忠孝　第四回焼キ　高橋先生

十四日（火）　河野少将、岡の、片倉　和田、青、柳川、三井、

十五日（水）　織田使廣瀬、生方、小泉　青、本堂、和田

十六日（木）　中村、巳松、奥山（黄海学舎）小泉、生方、六郎君津ヨリ帰来

十七日（金）　本日ヨリ小便　大ニ透明度ヲマス
大槻、増川、中山、杉浦夫人、小泉、宇の、
検事チヨコレートヲ持来ル　真田ペニシリン　夜、本宮四名

十八日（土）　田村耐一郎（茶）　今日第五回「焼キ」ノ予定ナリシモ器械修繕ノタメ取止メ

十九日（日）　伊達　斎藤安治外二名　武元衆　大井直之助、蓮見、藤田（カレイ等）

二十日（月）　新井（二十六、七日頃演奏ノ約）津野田、　河野先生未亡人　きよ子夫人

二一日（火）　松本藪ノ児青年隊ヨリノ山菜ヲ持来ル　鈴木穆、後藤澤治、竹下かなめ、青、

二二日（水）　中村親子告別ニ来ル　銻子、荷物ヲ出ス　田村真作、早川嬢（ボタ餅）膀胱鏡検査

二三日（木）　銻子一番ニテ帰国　小野定男（弘前市富田字吉田町3）飯沼守

二四日（金）　デフ検事、主トシテ満州事変ニツキ、
杉浦、六郎、富沢有為男　文平夫人、水野氏第二回注射

二五日（土）　李告別、油絵ヲモラウ、東谷

二六日（日）　新井　獅郎ノ見舞品ヲ持参　27日午後六時ヨリ演奏ノ約束
二七日（月）　霞、武元　富沢有為男　大井直之助、
本堂、中村静夫　早川妹（みそ、ソラ豆　□□）
ソ連予審判事一行三名午前午後、
膀胱鏡検査、水の氏　先生ニ召致セラレ手術ノ相談、錦ニ打電
石井正美　夜、新井　看護婦ノタメ演奏、
二八日（火）　午前　ソ連判事一行三名　愚問多数、鈴木文平ソ連判事ノタメ空シクカヘル
杉浦夫人　富沢、神崎、河野少将、六郎　□□へ
二九日（水）　米軍二世二名酵素ニツキ　尾形六郎兵衛
錦ヨリ七、八日頃上京トノ返電　明後日手術ニ決ス　杉浦、夜　岡崎　□山
三十日（木）　山口等、長嬢、河野少将、安藤　伊藤忠次父子、河野きよ、
十河信二、斎藤求　正午ヨリペニシリン注射、
片岡（池上町）、高木正三、文平　杉浦
三一日（金）　午後二時ヨリ手術　水の先生立会ヒ　夜中、術部尿道イタミ一睡モ不可能

**注**

（1）この時、神崎正義を代表とする国民党が結成された。

**六月　多田大将父子、片倉**

一日（土）　佐久間、虻川　外山　津野田、尾崎博士（面会セス）　安藤、知津
夕方　38.3　土屋先生診断

二日（日）　小泉宏平、杉浦及妹　外山夫人　市川（□野）　杉浦勝次郎　山口
三日（月）　奈良斎藤弟、水産講習所生3人、安藤、杉浦夫人　石井正美
　　　　　　宮本、野口先生ネラトンヲ取ルベシト主張、土屋先生モ遂ニ賛成ス
四日（火）　有末ペニシリン持来ル　夜　鎌子到着
　　　　　　大井夫妻、水の夫人、中山優　中村静夫、秋葉、
五日（水）　ペニシリン注射　午後四ヨリ　二時間毎十回
　　　　　　夕方　知津、ペニシリン注射、腹ノ切開口ヨリ尿出ル
六日（木）　宮崎正義、菅原道大、大川博士　大井夫妻、太田金次郎、朝便□　36.7
七日（金）　桑名、満州事情説明、生方　大井、杉浦、六郎、津野田　高橋先生回診、半分抜糸
八日（土）　朝　克枝嬢カヘル　道山氏、十河信二
　　　　　　残リノ糸ヲ抜ク、従業員演芸大会ニテニギハフ
九日（日）　欅本平右衛門（武元衆）　朝ヨリ肝臓イタム治療ニヨリ夜十時頃ヤウヤク鎮静
十日（月）　青君、福岡ヨリ帰京、大井直之助　津野田、今田ノ件連絡ニ
　　　　　　土屋先生明日ヨリ一週間不在（十三日ヨリニ変更）
十一日（火）　安藤、きよ子、中山優、松山、庄内富樫青年、
　　　　　　田中元　木村ノ命令ニテペニシリンヲ持来ル　カヘス、康敬
　　　　　　鎌子　今日ヨリ日本歯科医大
十二日（水）　生山、高田、文平夫人鎌倉ヨリノ帰途、石井正美、杉浦
　　　　　　水の夫人松平氏ヨリヨキ返事ヲ持来ル
十三日（木）　門馬邦太郎、杉浦末娘ヲ連来ル　山本夫人、片倉　ユメガーセヲトル

十四日（金） 岩村、三井、杉浦夫人意見ヲキキニ　森国、大川、夜　鷲崎務外一名
十五日（土） 安藤、松木、松山　渕上弟、水野、六郎、岩村
　水野サンノ意見ニテレントゲンヲ試ミントスル由、中村静夫
十六日（日） 花田弥寿良、大井直之助夫人　六郎　　夜　宇野　岩沼ヨリ到着報告　徹底
十七日（月） 山崎、杉浦、関口、稲葉、佐々木　濱崎、加藤精三、古河松本、森国
　宇の、中村スエ、三男、夜　康敬
十八日（火） 武内、桐谷、柴田、佐久間、許、奈良斎藤兄弟、胄、宇の
　樋口、□出、杉浦、持地信行、山村　宇野、きよ子、大塚
十九日（水） 武内　許ノ訪問ヲ受ケ相談ニ来ル　新井庄内ニ行ク、
二十日（木） 高島、宇の、岩村　中山　蓮見博士使　サバ　康敬
二一日（金） 宇の、高島、岩村、佐藤秀雄息、船江夫人（杉浦夫人）
二二日（土） 東谷上木　津軽ノ報告、山口、安藤　町田巳之助、桐谷、宇の　依田、中込、
　武内、許、　膀胱鏡　膀胱内ハヨキモ後部尿道？　モウ一度焼クナラン
　今日ヨリレントゲンヲカケル
二三日（日） 町田、よし江　杉浦、津野田　多田顕、大井、桐谷、
　市村誠（米沢市門東町下ノ町）　昨日頃ヨリ錦不快
二四日（月） □□、宇の明日カヘル、六郎、多田大将父子、片倉　和田、佐藤息　長嬢　康敬、
　レントゲン尻ノ方ヨリ一日オキニ　腹ノ方ヨリ後十日ノ予定
二五日（火） 小野？上木　岡崎老以下磐陽組多数　舟江夫人　杉浦勝　町田、六郎　鈴木清一
二六日（水） 正春、飯沼、安藤、尿道ヲヤク　約二時間相等ノモノ出来テ居タラシイ

二七日（木）　津村、杉浦明日ヨリ名古屋へ　線香切レ夜蚊ニ苦シム
昨日ノマ薬ノタメ発熱頭痛体イタム　レントゲン本日行ハス
二八日（金）　六郎、我等ノ世界観ノ目次ヲカキ行ク　康敬、線香沢山入手
船江夫人銻ノ上衣ヲ持来ル　諸星、横山臣平、持地、伊地知　六郎
二九日（土）　安藤明日庄内、　今日モレントゲンヲ休ム
中村静夫、六郎、山田米蔵、板垣大将弟
三十日（日）　素一、俐、最終論紙型板行　蛭田老、山田外数名宮家ヨリノ帰リ
柴田先生トハ甘ク行カヌラシ　武田了祐、松山晃、水の、康敬

**七月　ソ連判事以下来リ供述書に署名**

一日（月）　曺久シ振リニ、岡の夫妻
二日（火）　原玉重、鶴岡山内青年、和田、六郎　よしえ、岩手両佐藤　石井正美、
早川姉娘「36時間戦争」ヲ届ケニ来ル　知津　最終戦論紙型一枚不足
三日（水）　宇都宮後藤、曺原稿ヲ持来ル　山崎、神崎、六郎、新井、　真田、片倉
四日（木）　小倉善造、伊地知、高島、小泉、
五日（金）　武元、神崎、三本杉外学生一名、中井淳、鈴木仁、武田　牛島、克枝弟、松山
康敬、電熱線切レル
六日（土）　佐々木政一、加藤仁平　神崎、曺、李、岩村卜春川、
七日（日）　きよ子、水の、外一名　牛島義姉、原尻
八日（月）　松山、大井直之助　安藤　多田大将父子、牛島

雨中本日秩父宮家ニ小泉以下参殿ノ筈　我等ノ世界観要領ヲ書キアグ(1)

九日（火）　大川、田中武夫、青、高島、岩村、小の、小泉、春川　田村　稲葉、堀場、中山、
都築健一（京橋銀座1ノ3）朝日社会部員、津野田

十日（水）　佐藤裕雄、大越、六郎　夜　本宮ノ横山、大沢外一名
二日間レントゲン休ミシカ今日又ハジメル

十一日（木）　栃木片岡、加藤、富山池上少年、蓮見（五〇〇）藤田、佐藤敏男、　康敬
夜発熱　39尿道化膿ノタメ？　鎌子入歯出来上ル

十二日（金）　◎膀胱鏡、輸尿管ノ付近ニ新シク数個、
大槻、江花　佐藤秀雄、内原留岡　牛島　横山外一名　夜　康敬、康昌

十三日（土）　片岡、川越田中、円谷、知津、

十四日（日）　南部、石井正美

十五日（月）　六郎、山崎、増川、原、真田使ヒ杉浦勝次郎ペニシリン、武内文彬
今日膀胱焼ノ予定ナリシモ器械故障ノタメ延ヒル
高橋先生膀胱鏡検査ハルス□□延ニモ？

十六日（火）　小泉、磯辺民弥、井上、杉浦　土屋先生休ム

十七日（水）　六郎、文平、山田芳太郎、真田、有末（二本）豊沢、蓮見、藤田

十八日（木）　中村静夫、山田使見舞品、杉浦、片倉、六郎、青、文平、　小泉告別

十九日（金）　磯部、山本、宮崎、山口　早川歌子ぼたもち、

二十日（土）　武元　六郎、大井直之助　真田　外山

二一日（日）　大井夫人、安藤、長二人、織田、

二二日（月）　和田次ヱ、大井直之助、渋谷（樋口紹介）西川
二三日（火）　ソ連判事一行四名、森国、長沢→同文書院　茨城　小野→克枝弟
二四日（水）　ソ連判事以下来リ供述書に署名、六郎、織田
二五日（木）　水の夫人、手塚金助　横須賀市逗子町　山野根四一二
二六日（金）　森国、板橋、六郎　中村大尉（会津）田村、大井直之助、長、
二七日（土）　文平父子、山口一太郎、船江夫人、智子、森国
二八日（日）　歌川、大井直之助、高木　高橋弥太郎、
二九日（月）　六郎、織田、田中（志マ）菅野（左沢）高橋（新潟）斎藤基樹、　安藤
三十日（火）　本庄一雄、田村
三一日（水）　松谷父子、渋谷、歌川、薬司、正春、大井夫人（うどん）

**注**

（1）「我等ノ世界観」はこの年十二月六日に完成した（235）参照。

**八月上旬　退院シテヨシトノ事　岩沼ニ向ハントス**

一日（木）　近藤、長、津田、神田紹介小山・酒井、津山青年二名、午後膀胱やき
五日以後退院シテヨシトノ事　大体八日ニ予定　九日　岩沼ニ向ハントス(1)
二日（金）　六郎、知津、外一名、山形、杉沼（漢方薬）
三日（土）　渕上弟、高橋先生夫人、尾方サン　長嬢、中山忠直使　志保原氏
栃木岡谷賢三、大草候男、
四日（日）　錦子本庄訪問、大塚　大槻　山崎、由江、

五日（月） 土屋先生トマト、大井、六郎 由江姉、宮本 山崎、

六日（火） 膀胱鏡検査ノ結果、午後やき 更ニ明日モやくコトニ決定 晝

高橋、田村、長、安藤、水野 最後ノやき 今日ハ大体ウマク行ク

知津、明日帰国 朴烈 晝 新井君、告別演奏行違ノタメ遅延

七日（水） 山木、大井、石井、許、六郎、渕上、□出兄弟 康昌、ペニシリン注射、

**注**

（1） 宮城県岩沼市。ここには鈴木文平宅があり、自給肥料（酵素肥料）普及会本部が置かれていた。

# 書簡

## 232▲解散後却って活気を呈しつつ有之候

二月五日付石原莞爾宛（鶴岡市高畑町）福島清三郎（京都市左京区大久保町六三）封書［鶴岡・石原・手紙687］

拝啓 寒気厳しき折から閣下其の後御健康如何に候哉、御案じ申上候。過日、木村先生鶴岡の帰り御立寄り下され色々御話を承り関西事務所としても対策とり居り候間御安心下され度候

十二月より私としても暇が出来、一月五日より府下巡り実に有望にて候。近く二千名と相成り候間、解散後却って活気を呈しつつ有之候。一月廿四日より岐阜に参り西濃支部も復活仕り会員も二百名以上となり、又、岐阜市近くの佐波村にも参りて三日間、講習を致し候処、五十名直に入会近く三百名の会員出来る模様に候。此所の責任者は閣下も御承知の林と言ふ人物にて、農工一体論のパンフレットを閣下のお手許に届けし者にて候。愛知に参り候処、愛知戦

災後、活気なく愛知支部としては伊藤氏中心の運動にては望み得られざる有様にて候
愛知横須賀にて国柱会員中心として三日間講習会を致し候処、青年中心として六、七十名の入会あり、近く二百名以上を作りて支部を設立すると言ふ意気込みにて有之候。其れより三重の志摩支部に参り二日間、此の地は半島の事であり、あまり活気も見られず、旧態然たる有様にて候。三重支部講習会を木造村にて三日間催し候処、再発展の意見受けられ申候。以上の様にて此の後、出来うるだけ連絡に参りて会員の啓発致し度候
明日より京都府下船井郡の方へ一週間の予定にて参り、帰りて十九日より二十一日まで奈良にて講習会を催し、二十三日夜より広島に参りて支部を設立し、続て三次町にて三日間講習会を開き、其のまま九州に参りて三週間位の予定にて酵素普及に各地を巡る事と致し候
京都府下も二千名以上の会員を得、目下支部も三ヶ所あり。七月までには一万を作るべく精進致し居り候。津山支部も千七百名を得、出雲支部も二千名を越へ、解散後却って活気ある次第にて御座候。藪先生も御気の毒とは存じ候へ共、殆ど寧日なきまでに各地に出張願ひ居り候。先生には常に事務員を同伴致させ居候
又、木村先生には此の九日より京都府下一週間の予定にて講習を御願ひする事と相成り、老生不在なれ共、谷岡氏御伴して参る事と致し居候。右一報申上候
閣下には何卒御体大切に御養生御願ひ申上候
草々
二月五日
福島清三郎

## 233●御結婚遥かに御祝ひ申上げます

七月二十三日付淵上辰雄（宮城県岩沼町鈴木文平方）宛石原莞爾（東京逓信病院）葉書［憲政・淵上辰雄関係文書38］

十七日付速達便拝見しました。御結婚遥かに御祝ひ申上げます。山崎氏の電報は何かの誤伝でせう。退院の日は未だ決定してゐません。愚妻よりもよろしくと申出ました

# 九　退院・酵素風呂ニ入リ果実酵素ヲノミ元気ツキ（大泉村森片時代）

## 昭和二十一年（一九四六）八月中旬〜

### 日記

**八月中・下旬　退院・酵素風呂ニ入リ果実酵素ヲノミ元気ツキ**

八日（木）　多田大将　昨日証人台ニ立チ今朝来訪
　　　　　　昚、新井君ニ手伝ハシテ退院、水野氏、淑子外三人　康昌康敬手伝ヒテ荷物ヲ送ル
　　　　　　二等切符入手出来ス　渕上上野駅ニ交渉成功セス
九日（金）　自動車来ラス遂ニ出発ヲ明日ニ延ス　新井、六郎　昚
　　　　　　夜　食料（コノ中毒ニテ　鎊吐キ下シ苦シムコト甚シク水野サンノ世話ニナリ
　　　　　　余モ数回下痢
十日（土）　鎊ノ容体ニヨリ更ニ一泊セントセシモ遂ニ出発、昚、渕上ト共ニ一時間以上
　　　　　　遅レテ岩沼着　酵素風呂ニ入リ果実酵素ヲノミ元気ツキテ十一時半就寝
十一日（日）　終日休養　高木君治療

十二日（月） 朝 精華会員ニ 午後普及会連絡者ニ国民党(1) ニツキ
十三日（火） トラックニテ仙台へ、小牛田ニテ曺、山口先行 十時半新庄着
夕方「我等ノ世界観(2)」
十四日（水） 一番ニテ八時前鶴岡着 直チニ森片へ
十五日（木） 森国、長谷川虎太、敏子、惟孝 赤谷、曺
十六日（金） 誠、武、曺、石川
十七日（土） 桐谷兄弟 一泊シテ今朝カヘル ラジオヲ備付ク
十八日（日） 尾形、六、諏訪、金丸、高田、布施貞次郎妻、高橋
十九日（月） ゆき、尾形、大瀬、永原、
二十日（火） 朝、血塊二ツ出ル
二一日（水） 血塊大一ケ、佐藤善一、しげ子、中村親子
二二日（木） 血塊大 昼頃及夕刻、夜、三回
佐久間今朝治、庄司泰久、菅原与惣衛門 阿部太郎治、蛸井、井上、朴
二三日（金） 森国、丸川、
二四日（土） 康昌、柴田
二五日（日） 飯田□□ 本間徳長、神原 森国 夕食、尾形六郎兵衛
二六日（月） 真田、きよゑ、
二七日（火） 佐藤顕治、平澤、木村 赤谷、渋谷 西川 鳥海
二九日（水） 斎藤豊太、尾形、永原
三十日（木） 金丸、森国、多田先生使（渡辺正）二人、杉山、渕上夫人泊ル

三一日（金）　佐々木政一、渕上夫人　夜カヘル

**注**

（1）国民党は解散された東亜聯盟同志会に代わる組織として五月に結党された。代表は神崎正義。事務所は神田小川町日の出ビル。この組織が、「新日本建設大綱」後に「我等ノ世界観」（235）を綱領とし、党構成員を準党員と、支部党員会議で任命された党員という二重構成にした点、及び、党構成員は党費納入の義務を負うとしたこと、党の経費は全て党費に依るとしたことなどは全て石原イズムによるものである。しかし占領下で直接、石原の関与が封じられ、石原自身もまた重症であったこと等により数百人程度以上の大きな勢力となることは出来なかった。昭和二十六年八月十四日、石原莞爾三回忌の前日、解党声明を出し墓前に報告した。翌八月十五日、武田邦太郎を代表とする協和党が結党された（小野元士「国民党運動概要」［鶴岡・石原7―28］）。

（2）「我等ノ世界観」（235）は七月八日に要領を書きあげ、十二月六日に森片で仕上げられた。

**九月　大井、加藤　吹浦行引止**

一日（日）　黒川　長谷川以下七名　友蔵父子、上林　皆川豊治、健蔵、桐谷誠

二日（月）　昌井母子、昌平、進藤、井岡連中大勢

三日（火）　野呂釼一

四日（水）　伊藤源治、歌川、朝尾、一泊

五日（木）　山添　青年数名、有本　森国、庸太郎

六日（金）　石巻佐藤、近藤夫妻、デブ公来ル　佐々弘雄　森国

七日（土）　尚、大井、加藤

八日（日）　南京支部十名、五味ノ紹介ニテ養正会員二名　酵素ニツキ

九日（月）

十日（火） 小笠原、大井（秋田工専校長）
十一日（水） CIC三名、森国、尚、武、久兵衛息、東大泉三名ト山田、中川ノ人二人、
十二日（木） 加藤市長、小笠原氏其叔父　森国上京ノタメ来ル　禎次郎夫人ノ治療、
十三日（金） 総ム庁参事官□「名和氏」高橋柳太泊ル
デブ明朝一番ニテカヘルタメ夕刻十日町ニ
十五日（土） 高橋二泊シテ今日カヘル　尚、
十六日（日） 吉住、今井清明　金井一郎
十七日（月） 津軽、福田青年、丸之内久、　住谷、
十九日（木） 鎌　鶴岡、武、高橋氏ヨリ北川教授ノ件、
二十日（金） 山口三夫、三井
二一日（土） 鎌　水沢、平和人
二二日（日） 森国　中村静夫夕刻到着（北海道ヨリ）直チニ帰ル　感心ナ青年ナリ
二三日（月） 間瀬三郎、松木　森国、渋谷外一名（飽、農業会）きよゐ、三井、庄司
二四日（火） 中村母子、
二五日（水） 鎌　鶴岡　静子　ぼたもちヲ持来ル
二六日（木） 大井、加藤　吹浦行引止メノタメ(1)　安藤　服部卓四郎
二七日（金） 庄内病院ニテ北川教授ノ診察、昼夜きくちニテ、
二八日（土） 森国、石井息、和田来ル、斎藤豊太
二九日（日） 湯田川今野医者ニテ注射、信子、
三十日（月） 鎌　水沢　森国夫妻、松木　天野

注

（1）大井小次郎や加藤精三等、鶴岡の有力者としては石原が鶴岡から出て行くことには反対であった。

## 十月　十二日　移転に決す

一日（火）　司屋、夜久、高田、佐藤俐　惟孝注射ニ来ル　デフ今日黒川　明日帰宅

二日（水）　高田、山口、森国、松木

三日（木）　布施貞次郎、加藤もとめ、次男外二名、真田外田川組三名　惟孝注射　泉町火事

四日（金）昨夜大雨　木村武雄、高田

五日（土）　桐谷、上野、佐久間初　惟孝注射　十二日　移転ニ決ス

六日（日）　斎藤豊太　本吉　庸太郎、吉住熊太郎外四名　静子　栗めし持参

七日（月）雨　惟孝注射

八日（火）　銻頭痛　静岡松永正義　石巻あつみ、南原渡部[1]　治療ニ来リ泊ル

九日（水）　本郷伊藤　中村姉、惟孝注射、ゆき、夕刻　復員局ヨリ上京ノ件照会

十日（木）　銻出鶴、森国、夜　真山、稲井、阿部、あつみ、渡部ノ治療夜終了

十一日（金）　誠　東京行ノタメ武迎ニ来ル　五十嵐　佐藤、高田　惟孝注射

注

（1）南原の渡辺とあるのは、薮式の達人であった南郷の渡辺通（トオル）のこと。

# 十 西山入植と「我等の世界観」（西山時代 1）

## 昭和二十一年（一九四六）十月十二日〜

日記

**十月中・下旬　西山へ引越**

十二日（土）　西山へ引越　幸一、大井、加藤見送、多数出迎ヲ受ク
十三日（日）　初茸狩リ、斎藤庄左衛門
十四日（月）　新井野、西遊佐同志五名　夕、小笠原外一名夕食後カヘル
十五日（火）　柴田行脳ミノ報告
十七日（木）　柴田、桐谷ヨリノ電報ヲ伝フ　歌川帰リ来ル北海道へ移ル考トノ事
十八日（金）　久シ振リニ快晴　夕ヨリ雨　小野敏、太田、斎藤治療師
十九日（土）　金丸、諏訪　飽海南部ノ事、稲垣夫妻、山口、岩村　ミシン工業ノ件
二十日（日）　花崎寺ノ娘二人　柴田　農工学舎生徒多数、今井医師　小松、水林、山崎　山口カヘル

二一日（月）　　　松田□
二二日（火）　　　渋谷　外農業会一行製塩ノ金及ミシン工業大体当ル　佐藤顕治、金井一郎、森国、
二四日（木）　　　柴田来リ昨日酒田ニ於ケル会合ノ結果、及東京ヨリ製塩規模縮小ノ報ヲ伝フ
二五日（金）晴天　岩村有恆氏報告ニ来ル
二六日（土）快晴　柴田　4Tニ再変更ノ報告、神坂、池田、近江登、高橋　東京ニ
二七日（日）朝大雨　武　丸子青年、高瀬数名山形ノ人ヲ伴ヒ、大瀬未亡人　娘二人
　　　　　　　　　森国、今野□□外青年　山高佐藤昭
二八日（月）　　　金丸（墓）諏訪、丸子二人　　武田邦太郎、娘、伊地知君死去報告
二九日（火）　　　武田一行午后四時上京、
三十日（水）　　　杉村博士、丸内　那波三治　松本外一名、三井外一名、佐葉娘一名　柴田、武、
　　　　　　　　　大物荷物ヲ運ヒ来ル　満州ヨリ成沢氏、森国、大川博士　柴田、
三一日（木）快晴　近江妻、「大綱」ヲ返シニ来ル
　　　　夕方ヨリ曇

**十一月　村長、参与会員等歓迎会ヲ催シテクレル**

一日（金）　　　石川、佐藤茂《シゲル》？　阿部（会ハズ）、誠　夕刻帰ル、
二日（土）　　　渕上夫人、けひ子　本吉ノ二人ト共ニ酵素ヲ届ケル
三日（日）　　　農場感謝祭、　　鈴木文平、岡崎賢樹　佐藤幸一見舞ニ来ル　安藤、大川、
　　　　　　　　桐谷ハジメテ注射
四日（月）　　　金丸（八紘一宇）
五日（火）　　　土門（こずれ）　大久保、黒川女子大勢、克枝、　　　誠上京

六日（水）　渕上夫人　克枝　明朝出発　山崎健太郎
七日（木）　今井三男三、山崎午後四時カヘル　吹浦青年団長
北川教授十日迄トノ事　九日出発ニ決ス　夜、佐藤幸一　打合セニ来ル
八日（金）　和田勁、森国　夜　山口ヨリ電報　武ニ頼ム
九日（土）　5h56吹浦発　鶴岡　三井ニテ同志ニ　北川教授ヨリ診断不成功
森片ニ阿曽、森国外一名、後　渋谷来リ11日　鶴岡分会ニ同意
十日（日）　尾形、永原、加藤夫人　和田、森国
十一日（月）　きくちニ至リ山口外農業会連中ト会合、尚注射
山口等、「酵素」ヲカ、セニ来ル
十二日（火）　山口、大川　森国、帰宅車中、仙葉？　矢島　根本竜太郎
十三日（水）　雨　昨日ノ帰宅ハ幸運ナリ　大瀬未亡人来り支那服依頼
菅原医師夕方注射
十五日（金）　会津浅野、森国、高瀬青年二名　阿部清治郎　及川　注射
十六日（土）　柴田報告ニ来ル　穴沢　田中、山本父子、大川　丸之内以下十四名
小松、斎藤正男　阿部朝帰ル
十七日（日）　神坂、蕨岡日蓮宗ノ坊主(1)　六郎ヨリ電報返信　本日ヨリ注射20cc
十八日（月）　大川、森国、谷井他農場員十数名
十九日（火）　山口ヨリ川村氏ノ件電報　武　酒田ニ行キ農業会ニ連絡セシモ果サス
［新聞切抜］「庄内に新油層」　帝石山形鉱業所が試掘に成功
二十日（水）　武　田川ニ行キ渋谷川村氏ノ件承諾　池田忠義外一名

二一日（木）　御本尊壇寸法ヲ測ル　斎藤正男、誠カヘル
二二日（金）　森国　佐藤顕治　誠　暖ろヲ設備ス
二三日（土）　武ノ方ノ子供暖ろノ下ニ集ル
二四日（日）　村長、参与会員等歓迎会ヲ催シテクレル　川村氏　岩村
二五日（月）　森国、高橋柳太　阿部金蔵外数名　大瀬、水越
二六日（火）　池田良義外一名　阿部金蔵一行　満州　中の某　医師スルファミン剤等注射、
二七日（水）　岩村　本夜帰京、山木新聞発表、高橋泊ル
二八日（木）　高橋鶴岡へ　水越治療　小野、和田
二九日（金）　象潟　須田孝　克枝注射ノ為メトテ来ル
三十日（土）　住谷、ヌチブナル20cc注射　夜大ニ苦シム

**注**

（1）　武田邦太郎「宿命」〔『王道文化』昭和二五年三月第二八〇号〕。

## 十二月　「我等の世界観」とミシン問題

一日（日）　神坂外二名　福島先生古峪使、最上某　大川
二日（月）　高橋今日帰来　山口岩手ヨリ来ル　松尾ノ娘外会津ノ娘一名
克枝サン注射　夜相当苦シム
三日（火）　顕治　渕上夫人　昨夜遅ク到着トテ登米支部ノ娘霊気
四日（水）　中山外二名　佐藤勇、
五日（木）　阿部庸太郎、静岡組三名　明日受診

六日（金） リヤカーニ乗セラレ一同ニ見送ラレ
七日（土） 誠君ト鶴岡ニ向ヒ北川教授ノ受診 森片ニ泊(1) 予期ノ通リ
鉾鶴岡へ 夜里見先生
八日（日） 明朝帰宅ノ筈ナリシトコロ「子ラトン」ヲ入レルヲ可トシ更ニ滞鶴ニ決ス
ネラトン挿入中止 皆川健蔵、大井、加藤、上の
九日（月） 七・〇一発カヘル 里見先生同車 寺村銓太郎
十日（火） 皆川健蔵 鮭、照井欣平太、水越
十一日（水） 佐藤俐、須知、平助弟、金井一郎一泊、寺村カヘル
十二日（木） 敏子叔父、青、六郎、青君ペニシリン20万単位
十三日（金） 青、六郎カヘル、田中、尾形会長、
十四日（土） 阿曽、柴田、吹浦高橋 欣平太カヘル ペニシリン20万単位注射
十六日（月） 電気内線工事、森国、昨日ヨリ交通大制限
十七日（火） 内線工事強行、阿部シノブ外一名、
十八日（水） 伊藤重雄治療ニ来ル 土屋先生ニ手紙
二十日（金） 夜 鳥居夫妻 武ノ結納了リノ報告
二一日（土） 山口、平野、貞一弁護人 加藤一平 久シ振リノ晴天
二二日（日） 森国、夜 山口来ル、高橋柳太ト杉浦九十九ヲ呼ヒシ由
二三日（月） 柳太 森国
二四日（火） 森国朝 柳太昼カヘル
二五日（水） 杉浦九十九、石巻佐藤、遠藤 伊藤

二六日（木）　渋谷、阿曽、森国、柳太、（大川）
二七日（金）　ミシン問題、時間足ラス　互ニ理解セスニ分レル　稲川分会長
　　　　　　　桐谷、森国　柳太来リ　ミシン　飽海、田川　分レテ進ム方向トノ事
二八日（土）　柳太帰ラントセシモ止メテ説明
　　　　　　　柳太カヘル
二九日（日）　大川、自ラ小工場ヲ営ミタシトテ相談ニ来ル　藤崎ノ法華娘
三十日（月）　武山、稲垣夫妻
三一日（火）　武田邦太郎、六郎

**注**

（1）この日、この地で「我等の世界観」（235）が完成された。

## 書簡・文書

### 234▲　武田の西山入植時期について

十一月二十九日付石原莞爾（山形県飽海郡高瀬村西山）宛武田邦太郎（鹿児島市坂元町一九二二伊地知清彦方）封書［鶴岡・石原・手紙1060―10］

合掌　御病臥中の御丁重なお便り本当に恐入りました。御加減がお宜しくないとのこと、一刻も早く参上申したく存じます
涌山先生(1)の御法号につきましては、御心を煩し申訳御座いません。御位牌は涌山先生之御霊位として僭越と申しまし

ても全く沙汰の限りで御座いますが私が筆とらせていたゞくことに致したう存じます。こちらの皆様方へ御弔詞に関する御言葉、直ちに御取次ぎ申します
御地入植につきましては、桐谷氏から、私自身の入植はともかく他に法華の信者を伴ふことにはかなり警戒してゐるらしい葉書が参りました。歌川氏のことが心にあるので御座いませう。村つくりは信心の確立が根本である以上、私が法華の青年を二、三人帯同することは何よりいいことと信ずるのですけれど、一まづこれは断念致しました。幸ひ池本兄が、ただ今、入信の一歩前にあり、農場は私共信者の修練の場として提供すると申してくれますので、入江辰雄氏を農場主任に推し、同行者を極力ここに入れて、信心しつゝ、農業ならびに農村生活の諸技術を研鑽させることに致しました。ついては、大変申上げかねるので御座いますが、しばらくは私が一緒にゐてあげなくてはと存じます。勿論、桐谷農場の計画には参画させていたゞきますし、姫路へ入る人達が、一応、おちつきましたら私単身御地へ入植させていたゞきます。事情御諒察の上、御許し賜ります様に願上げます
書物の処分につきましてもお心づかひ、本当に有難う御座います。書物の大部分は神戸へ発送しましたが、お役に立ちさうなのがありましたら桐谷農場へ寄贈致したいと存じます。御加減が少しでも宜しくなられます様、衷心お祈り申上げます

十一月廿九日　　武田邦太郎

西山玉案下

**注**

（1） 涌山は伊地知則彦の法名。

## 235●肝要なるは目標の確立であり、世界観の確立なくしては不可能である

「我等の世界観」　二二、七、八、東京　逓信病院ニテ

◎昭和二一・一二・六　於　森片〔鶴岡・石原・K7—21〕

一、敗戦によって強制せらるゝもの

1　生存の道断たれんとす

米英ソ等が着々戦後経営の歩をすゝめ前大戦に比し速かに戦渦より回復せんと予測せらるゝに反し、戦敗国の状態は甚だ悲惨である。日本に於ては

朝鮮、台湾、樺太を失ひ、千島亦危し

在外邦人は私有財産を没収せられて強制帰国

重要産業は大打撃を受く

2　八千万同胞が五千四百万人以上の食糧生産不可能と目せらるゝ本土内に圧縮せられ、而も資源豊富ならざるに産業は多くの掣肘を受く。資本主義は勿論、社会主義によるも建て直し至難である

3　建設目標

建て直しを可能にするものは建設目標の根本的変革である

①都市解体

○先ず生きんがために国民皆農

現農法を以てしても約一億を養ふ　大多数の人は本能的に農を愛す、子女のためにも無上の人格訓練

今日食料の足らぬ理由

消費者の濫費　輸送による損耗

農民の保守性は改良に熱心ならず、生産過剰に対する潜在的恐怖

国民皆農成功のために

共同耕作、小規模農業のための機械化実現、集約農法の精神を発揮し食糧の急速増産とならん
食観念の是正、適地適作を実行、主として現地の生産による食生活
国民皆農の合理的運用により、一家の主労働力は他の産業に

○国民皆農は都市解体を要求す
都市文明の弊害。
文明の進歩は都市の必要性を減少しつゝあり　空襲は都市解体の至上命令
日本の都市解体は不可避　戦災都市復興の至難

○最良の地に御遷都
首都は単純、清純なる政治都市

②農工一体
○都市解体は工業の地方分散、大規模工場の大制限を条件とし農工一体に向ひ急速なる進展を見む
○生産能力の低下、恐るゝに足らず、却って能力を飛躍的に増加せん
農村人の鋭き直感力は単純なる生産に都市熟練工の到底及ばぬ生産能力を発揮す、理研ピストンリングの例
分散統一経営の能力　日本自転車の例
米国式大規模工場は米国に於てすら有利とするもの少し
リーダースダイジェスト八月号「小さな町に大きな仕事―大工場を地方町村へ分散の問題」
○工業の分散経営を有利とし、乃至、可能とするもの、益々増加すべきも農工一体を主眼とする生産方式のためには社会的経営を主とし高度の計画を必要とす

③簡素生活
○所謂「生活水準の向上」は妄りに我等のとるべきものにあらず。殊に数千万人の戦争被害者は住むに家なく働

くべき仕事をもたぬ今日、八千万同胞に極度の簡素生活を要求する

○この簡素生活は、然るに、一面、人頭獅身の生活による民族の生命を永遠ならしむる道であるのみならず、我等の直感力を回復し、指導者の固定防止のためにも尤も肝要なるもので、決して現在の苦境打開のための一時的便法ではない

資本主義も社会主義も、巨大都市、大規模工場、生活水準の向上を目標としてゐる。敗戦により強制せらるゝ新日本建設の目標は正に之と対蹠的である。即ち生産様式よりも人生観の大転換が建設の骨幹をなすのである

二、新日本の使命

1、世界の統一近し

○昭和廿年十一月発行の米誌「ライフ」に「三十六時間戦争」が掲載された。その要点は、正確に方向を保持して地球の半周以上を距つる目標に到着するロケット原子爆弾を完備せる地下設備より、一時に多量発射して、一挙に敵国を壊滅するのである

○全世界の至る所を必要に応じ迅速正確に制圧し得る武力の出現は世界の政治的統一のため最も重要な条件の成立を示すものである

2、戦争を要せぬ文明

○然し資源の―市場、領土の―争奪絶えぬ間は、政治的統一は破壊せらるゝ、恐れ大であって恒久平和のためには戦争を要せぬ文明の出現を要する

○新日本建設の三目標は自然に右の要求に合致する。敗戦は天意である

○身に寸鉄を帯びず、唯正義を以て立たんとする大自覚に基く「戦争の放棄」は深甚微妙なる意義をもつ

今日迄は軍備なくして独立を全うし得なかったが、世界統一前夜は正に世界に先んじて武備を解くべき時である

3、王道文明

○原子力の粗笨《ソホン》使用による無限破壊はやがて、その精密使用による無限生産遠からざるを示す。それが即ち第二産業革命である

○第二産業革命により都市文明によるも恒久平和が可能となるであらう

同時に都市なき国土亦その不利を克服して十分文化の恩沢に浴すること丶なる。然らば右両文明の何れが真に人類究極の文明か

i科学文明は近くあらゆる急性病、バクテリヤによる病を征服するであらうが慢性病に対しては頗る無力である。自然生活のみが真の健康を保障する

ii警察を要するのが人類の実情である。道徳的相互制裁による安寧な社会生活を営むため、集団生活の範囲を相互相識り得る程度に止むることが望ましい

iii原子爆弾の教訓

即ち都市なき文明こそ今日以後、人類の建設すべきものであることが明らかである。科学の力を十二分に活用しつ丶も謙虚に大自然に順応せんとする生活態度こそ王道文明の基礎である。

○敗戦によって強制せらる丶新日本の建設は人類空前の闘争時代に於て人類に恒久平和の希望を与へるのみならず人類究極文明に合致する

三、建設方式

1、政治の現状批判

○建設の基礎は之に堪へ得る政治力の結成である。然るに議員クラブに過ぎない進歩、自由党等は論外とするも、社会党すら如何なる社会主義を奉ずるや不明確で党内の統一堅確を欠き、地方の組織、亦甚だ貧弱である。僅かに共産党が主張を明にして活発なる運動を展開しつ丶ある

○共産主義に対する魅力はその理論よりもソ連革命の成功と今次大戦に於けるソ連の戦果によるソ連革命の成功は世界に比類なかりしザー政府多年の暴政とレーニンの卓越せる政治力が最大の原因をなしてゐる。今日、ソ連の指導下に入った東欧諸国に於いて共産党の絶対優勢を伝へられつゝあるにかゝはらす、まだ、進んでソ連邦に加入せる国家なきはソ連邦の特異性を示唆するものといふべきである

○レーニン主義の生命は「暴力革命」と「無産者独裁」である。昭和二十一年二月二十四日　日本共産党最高綱領に「………これが実現にあたっては党は暴力を用ひず　独裁を排し………」といふてゐるのは、時局に対する戦術に外ならない。軍政下、日本言論界は事実上マルクス・レーニン主義一色に塗りつぶされたのに乗じ、実力猶微弱なる共産党は、プロレタリアート独裁の方法を以て先ず「デモ」によって世の耳目を驚動し、次いで巧みにストライキを牛耳って社会不安の助長に相当の力を示してゐる。

○然し我等は日本共産党の不成功を確信するものである

工業の縮小、殊に大工場の減少はプロレタリアートの比重を低下すると共に、農民を友軍とする企図は成功不可能である。日本農業の資本主義化は見込なく、共産党に農村救済の具体案なきのみならず、「天皇制打倒」の如き、国民大衆、特に農民の断じて許さぬところである

2、我党の主張

既成政党の主張する程度の政策を以てしては新日本の建設は不可能である。我等の世界観に基く雄大な建設こそ日本を救ひ、ひいて人類新文化の方向を示すものと確信するが、我等の運動は尚幼く具体案は未熟である

①経済

○資本主義か社会主義か

×マルクスの科学的検討により、資本主義経済の本質解明せられ、人類経済力の発展に空前の功績を挙げたマルクス主義はその理論にも予見にも幾多の問題あるにせよ、何者も打ち勝ち難い魅力である。世界は、米ソを中

心とする資本主義、共産主義の二大陣営に分れたが、結局、共産主義により真の統一ある平和に入るものと予想は少なくも我国知識人の常識であるまいか

×然し米ソの対立は今や実質的にはイデオロギーを主とするものでなく寧ろ政治であり生産力であり、両陣営の生産力拡大競争は自然に第二次産業革命に拍車をかけつゝある。米国の生産力は遙にソ連の上に立ち、労使対立の中にも相互の間に協調点を発見し大衆の生活水準向上し、共産党に発展の余地を与へず、プロレタリアの世界革命をまたで第二産業革命の到来を思はしむるものがある

×第二産業革命が成功せば「あらゆる人間がその能力に応じて、あらゆる人間にその欲望に応じて」の理想は実現せられ、唯物史観はその輝かしき使命を終ることとなる。「基礎構造」の確立により、社会は初めて「上部構造」に全力を払ひ得ることとなり、漢民族、印度民族も西欧の諸民族に劣らぬ、或はそれ以上の尊敬を受けることとならう

×我党の経済に関する見解

「利他心と利己心とは我等の心に併存し、社会道徳の主眼はその適切なる調整である。経済の目標は個人経営と社会的経営とを時代に即応して巧に按配し、その最高能率を発揮するにある。今日は社会的経営部面の飛躍的増加が必要である」

○自由経済の時代去る

×敗戦後時局の安定と共に自由経済に還ることを待望するものもあるらしいが、専制—自由—統制へと指導原理の変化は経済に於ても例外ではない

殊に超重大なる難局を突破、人類未到の新建設に乗り出す日本は、最も適切なる統制、即ち徹底せる計画経済により最高能率を発揮せねばならぬ。自由主義の本山、マ司令官も重要部面に於ては東條以上の統制を加へてゐるではないか

○計画経済に於ける重要着眼点

×実行に適する周密なる計画は、幾多の体験の上に逐次大成せらるべきであるが、特に肝要なるは目標の確立であり、世界観の確立なくしては不可能である。我党はこの点につき重大な責務を担ってゐるものと自認する。我世界観に基き、第一の急務は都市解体に伴ふ人口の分配と工業立地の方針を立てることである。人口の分配は主として各地方の食料生産高によって決定する。新しき人口配置と地理的条件に基き工業立地の大綱を定める

×決定せられた各生産目標の達成には全生産力の統制が必要であり、個人の経営によるべきものと、社会的経営によるべきものの区別を明かにし、その相互関聯を適切ならしむることが統制の第一歩である。戦争中、官僚の行った経済政策は成るべく多くを国家権力の下に置かんとするものであったが、それは自由から統制への進めでなく専制への後退で敗戦の有力な原因をなした。統制の能力なきものを強いて統制するは最も統制の精神に反する

統制の目的である能率の飛躍的増加のためには、一見社会性大なる事業と雖も、自由競争による弊害なきものは統制を避ける。例へば発電は大河川等については速かに計画を立て完全なる統制を行ふも、それ以外は自由に委ね、水力以外、地熱、地下水発電により電力の大増加を計らねばならぬ。資本家の利益保護を目的とする法規の如き、一日も速かに廃止するを要する

×社会的経営については、社会主義の研究経験に多くを学ぶべきであるが、我党の最も重要なる主張としてその中心労働力を公役軍と称する少壮国民の義務勤労によらんとするものである。

×有能者には分に応じて指導的地位を与へるが、生活は万民平等の理想を実現せんがため、衣食住には極めて強力な統制を加へる

i衣、各地方毎に女子公役軍。要すれば女子高等国民学校生徒により紡績、染色、裁縫し、必要最小限を全国

民に配給する
衣服の色は紺黒一色とする。友禅その他、日本独特の美術品の生産は極力奨励するも、国家が完全に管理する貿易機関を通じて輸出に当て国内使用を許さない
ii食、食料は商品とせず、国民皆農により、自給することを方針とし、所謂、高級料理店の類を一掃する
iii住、住宅は極力簡素なものとする。各地方毎に標準住宅を設計し、それ以上の住宅を使用するものには高度の累進税を課す。建築材料の標準化、国民学校、国民高等学校時代の教育により住宅は村民の協力の下に建築し得るやうにする。部落又は隣組毎に生活、生産のための共同建物をもつ共同生活への慣熟と富の増加に伴ひ逐次その内容を充実する。
×科学文明の活用は先づ交通通信に重きを置き、工業の主力をその資材の生産に用ふる。交通通信を速かに戦前の状態に回復するは刻下第一の急務であり、更に我等は世界第一流の域に達するため全力を傾注する
これら国民文化の中心をなすべき工業の中央工場の多くは公役軍による国営とし、その指導の下に周囲に適宜分散せる組合工場及び個人工場によって部分品を計画的に生産する
中央工場の指導者、即ち公役軍の幹事選定は極力官僚的方法を避け国民の最高能力者を簡抜する
×重要鉱山、交通通信の如き社会性強きものの労働力亦逐次公役軍によって代換せられるゝであらう
②政治
○中心勢力
日本の政治力の中心力がプロレタリアであり得ないことは前に述べたが、殊に我党の主張する都市解体・農工一体・公役軍活動の建設実現したならば、政治の中心勢力は農民となり、全階級を等しく之に参加せしむることとなる。数年後には世界的食料過剰が予測せられる。日本は関税障壁により食料ダンピングを妨害する政治力に欠くるならば世界最高の生産コストを有する我農産物のため農村の前途は深憂すべきものがある。しかし

この危険に直面することは農工一体の新文明建設を目標とする農民の政治力結成に大なる迫力となるべく、農耕地狭く密集生活はその組織を便にする。中国に於て大なる政治力を示しつゝある中国共産党の内容は農民であり、農民が政治力の中心たり得ることを示すものである

○革新の方法

×マルクス主義者はフランスを他の何れの国よりも徹底的に階級闘争が戦ひ抜かれた国と賞賛し、イギリスの名誉革命を貧弱な事件として冷笑してゐるが、階級闘争に徹底したフランスは大革命後衰運に向ったのに反しイギリスは第一次欧州大戦後、新鋭米国の台頭迄、世界の覇者たる貫禄を確保した。スターリンはイギリス支配階級が他に比を見ざる柔軟性を発揮して階級の擁護と権力の維持を計ってゐる聡明さを認めてゐる。「革命は社会進歩のため不可避であったが、その犠牲は悲しむべきである」最小の犠牲を以て革命の目的を達成する民族は聡明である。色々の議論があるにせよ、明治維新に示した日本民族の能力は決して低く評価さるべきではない。

×財閥解体せられ地主亦解消せる日本では暴力革命乃至一階級による独裁の要はない。即ち市町村会、府県会、及国会構成分子の変化により、デモクラシーによって政治革新を実現すべく、人民委員会等を併置すべきでない、但し、選挙法の根本的改正なくして右の目的は達し難い。我等は速に比例選挙の実行を主張する。

○官治の大縮小

官僚政治の弊害､その極に達してゐることは万人の認むるところであるにかゝはらず､民主主義の協調せらるゝ今日、行政機構はますます拡大し官庁の執務振り亦大なる変化を見ないのは改革の基礎を欠く当然の結果である。国民の信頼する強力なる政党の成立と堅確なる各種生活組織の発達により初めて急速に官治分野をその本然の姿、即ち国家権力の行使を必要とする最小限度の範囲に縮小することが出来る。行政官吏は十分の一で足るであらう

敗戦後、再建せられつゝある各種労働組合等を見るに依然として一部幹部の独裁によって運営せられてゐる。組合員の自覚による真のデモクラシーを実現するため、国民に明確なる世界観を与へ、之に基き政治訓練を加へることが肝要であると共に、労働法中に所要の規定を加ふべきである

生活組織が構成員の福利増進に努力するのは当然であるが、更に進んで新日本建設のため最大の貢献をなすことを組織の最高目標として活動せねばならぬ。新に組織せられた教員組合は先づ第一に今日の教育を形式化し無気力ならしめてゐる原動力である文部省や県学務課の無益なる干渉に向って勇敢な闘争を開始し得なかったことは遺憾である。教育者が国民の信頼を得たならば、その生活安定は自然に実現すること疑ひない

③運動方針

○謙虚なる態度を以てあらゆる学説、政策等に傾聴し感謝の念を以て我等の具体案を発展修正する。殊に、経済についてはマルクス主義百年の研究実践に学ぶべきもの最も多い

○我等の運動は尚幼い。然し他の財政的援助を求めてはならない。従って我等は未だ中央政局に活動する力をもたぬ。運動は先づ村の指導力獲得に努力し逐次県政に及ぼし、時来って国政の指導に向はねばならぬ

○運動は具体的で作文より数字、議論より実践を重んずる

○地方の運動

勿論、総合的国土計画の立案なくして地方建設の案を立てることは無理であるが、我等の世界観によりよく大勢を達観し、各地方毎に計画を立案し、なし得る限り之に基き実践する

×分会運動、即ち村造り運動が目下党運動の重点である

i方針

村の人的物的総力を最も合理的に活用して生産力の飛躍的増加を計り新日本建設の基礎とする

ii計画立案

イ、土地計画
新しき村の範囲決定
土地調査、適地適作の検討、これに基き食生活の改革と実践
収容し得る人口の決定　住宅、及　共同建物の位置選定

ロ、事業計画
村に興し得べき事業の探求
事業は徒に画一的とすることなく、各戸の特長に応じて分配する
村は高度の多角的経営であるが、各戸は能力によっては比較的単純な経営をする。要は村一体となり全村民全力を挙げて生産に従ふ
事業の拡大に伴ひ逐次都市人口の収容
農法の改革により増産の実をあげ、必ずしも新事業の開始を待つことなく都市よりの疎開者に土地を分譲することが望ましい。疎開者は新しい事業の導入に力となるであらう
右の如き全村民の協同勤労の下に新しき農工一体的訓練をつみ、国土計画の成立に伴ひ村に入り来るべき事業を迅速確実に受け入れる準備をとゝのへる

iii共同生活の体験
明日の隣組を今日の家族の如くなすべく目標を確認してデモクラシーの徹底により相次で起り来るべき矛盾を、一同の反省と寛容によって逐次解決し、根気よく理想に向って進む
意思疎通のための会合は極めて必要であるが、その方法は実情に合するよう成るべく簡素にし、喜びの裡に実施せねばならぬ
耕作

自給農家は蔬菜は各家族毎に栽培し、主食物は共同耕作により収穫物を人口に比例して分配するが適当であらう。これにより畜力機械力の導入も容易となる

天分に応じて研究事項を分担し、他の隣組と競争して耕作方法の先端を行くことを一同の楽しみとする生活

食事は相互の理解進み親睦の度を深めるに従ひ、主食の共同炊さん、次で主なる副食物をも共同に調理し、遂には共同建物の食堂で会食する機会が多くなるであらう

入浴、洗濯、修繕の共同作業、研究、娯楽、交際のためにも共同施設を逐次充実する

×運動の発展と共に聯合分会（郡単位）、支部（縣単位）、地区（州単位）は各その政策を明らかにする

○本部の立案

本部は指導原理の修正発展と共に総合的建設計画―国土計画―の立案を重要任務とする。後者のためには次の要領による

都市解体に基く人口分配と工業立地の方針決定

世界観に基き最も肝要とする産業を定め、その生産目標を決定し、之に要する労働力資源を算出し

右重要産業以外に充当し得る労力資源を計算する

次で、右両者の関係比率を検討し力を要点にそそぎつゝも労力、資源を最も合理的に運用すべき全経済運営の基礎数字を定む

立案せるものは党員は勿論、要すれば広く之を国民の与論に問ひ、逐次計画を具体化する

実行案概成の時、党が国政の指導に進み得る時で、同時に同志の数及びその訓練は之を可能にする段階に達して居るであらう

# 十一　再手術・農工一体の実践と酒田軍事法廷（西山時代　2）

## 昭和二十二年（一九四七）

### 日記

**一月　再手術ニ決ス**

一日（水）　稲川、土門、高橋、高瀬娘　　鳥居

二日（木）　六郎カヘル　稲垣、平田君　昨夜七時　死去ノ電

三日（金）　服部卓四郎　書君ヨリ電報（一月中頃蓮見博士ト）

四日（土）　秋田十名、富永良男

五日（日）　秋田　午前終了、北飽、研究会連中

午後、佐藤幸一、森国、□□、柳太　ノ手紙ヲ持来ル

六日（月）　平田君葬式　誠君出鶴

七日（火）　鎌形、巌、武　よめ、父母、鳥居夫人

八日（水）　金丸、すわ、大井、加藤、富塚

九日（木）　戸部、和田、松本?野田支部、
十一日（土）　東谷、伊藤氏今日カヘル　安藤氏　高橋ノ手紙ヲモッテ来ル　蓮見博士等16日着
十二日（日）　木村、平田息、高田、住谷　小松、顕治、石黒、正男、安藤カヘル
尾形、たら等ヲ届ケ来ル
十三日（月）　山口、古茶、　午後　誠君同行　渋谷ニ□□ヲ告ケ大体決定
十四日（火）　七時ヨリ　ペニシリン　佐藤善一、武田君鼠ケ関へ　佐藤善一氏ト会ハスニ帰ル
十五日（水）　今井三男三、木村、（尚一泊
十六日（木）　山田弁護士、松田氏、
蓮見博士来訪、直チニ癌ワクチン注射、遂ニ反応ナシ(1)　博士一泊
興亜同志会　麻布区北□門前町三　松田喜八郎
十七日（金）　大川博士、
注射ノ反応ナク博士癌ニアラスト断定　パピロムヲ取ルタメ手術ニ決ス
明日出鶴入院ニ決シ、蓮見博士　午後一時　曺君ト鶴岡へ
十八日（土）　朝雨ノ中ヲ吹浦迄徒歩(2)、出鶴きくち一泊　高橋柳太　夜　告白、
庄内病院ヲ断リ木根淵医院ニ入院ニ決ス
十九日（日）　出鶴　カネテノ約束ヨリ庄内病院ニ対シ博士不満(3)　木根淵医院ニ入院
△渋谷、山口、桐谷、高橋、森国会合　△三人熟談ヤルカ否カヲ定ムルコトトス、
午後、木根淵ニ移ル
二十日（月）　手術　輸血ニ苦シム
二一日（火）　博士帰京

二七日（月）　抜糸
二九日（水）　連日ノ発熱、手術ノ口割レル
三十日（木）　亩君パヒロムワクチンヲ持来リ第一回注射
三一日（金）　蓮見博士来ル　ペニシリン二〇万単位　静脈注射

**注**

（1）蓮見喜一郎は癌ウイルス説で独自に開発したワクチン注射により癌を判定した。
（2）当時、石原は吹浦駅まで二十分ばかりの距離を歩くことも相当の負担だった。
（3）蓮見の治療法は一般の医者には認められていなかったから不満を感じることも多かった。

**二月　稲葉ノタメ書簡三枚**

二日（日）　ペニシリン第二回注射
四日（火）　ペニシリン第三回注射　ワクチン第二回注射　今日渕上夫妻来訪、此日記ヲ貰フ
五日（水）　蓮見博士カヘル　7h 37.9
六日（木）　荒川、真山、桜井　中村姉　すみや　昌平　左沢ノ佐藤
昨夜ヨリ小便モレズ　7h 37.4
七日（金）　六郎等上京　誠君　11h 37.8
八日（土）　いわへ、加藤もとめ、及息子、起キテ中食
九日（日）　山口使　肝臓ホルモン持来ル　ワクチン第三回
亩、布施夫妻　金吾、まつ、みち子　尾形、もとめ　甘酒、吉住ノ使
亩　山添　□□ノ実付キヲ送リ来ル

十日（月） 金吾散髪、治療 静子、大菩薩峠ヲモッテ来ル
曺余日ノ宣伝ヨリカヘル効果大 37.9
十一日（火） 静子 太閤記了リ大菩薩峠へ 37.5
十二日（水） 島庄、曺 西川 前崎ノ某ヲ連レテミシン工業ニ意見ヲ述ヘニ来ル 菅原一郎治
十三日（木） 曺 きくち昨夕山形ヨリカヘル
十四日（金）④（1）
十五日（土） 佐藤俐 きよゑ 悦ちゃん 大井 曺 蛸井 宮城県ヨリノ帰リ
十六日（日） 誠、ミシン工業ニツキ文句ヲイフ
古の叔母、久兵衛婿 鎌田 大瀬 本間昌平 高田、曺 夜 38.0
十七日（月） 樋口、池上 六郎兵衛、興津 夜 傷口ヨリ小便モレル 3h 38.2
十八日（火） 曺、加藤石屋
十九日（水）⑤ 尾形好子、加藤もとめ 蓮見博士来ル 大川 六郎カヘル 曺 山本武
二十日（木） 蓮見博士ペニシリン注射 歌川、長谷川虎太 曺
尾形□□加藤□□ □□聯盟講習会報告 夜 38.3
二一日（金） 午後、蓮見博士 アジフロン葡萄糖注射 37.4
二二日（土） 昨日同様 森国、稲葉
二三日（日） 稲葉、石黒、聰、庄司、蓮見博士前日同様 森国夫妻及錦 先生ノ診断、脚気、気管支炎
委縮 蛸。大槻忠夫
二四日（月）⑥ 市長、多米某 正之 曺君本日関西へ 三井ノ母 先生ニ御礼 ペニシリン注射
佐藤調理士 久兵衛未亡人 正子 夜 錦 発熱

二五日（火）　稲葉ノタメ書簡三枚[2]　市役所ヨリ饂飩製品ヲ見セニ来ル　尾形六郎兵衛

二六日（水）　大井　鯉、先生ニ贈ル　成沢夫人

蓮見先生出発　午後三時迄三六、六ナリシモ午後五時ヨリ七、〇ニ上ル

二七日（木）　庄左衛門　銻子司屋へ入湯　阿部徳三郎

服部叔母　ひろ子　危篤トノ事

二八日（金）　金吾君　髭ソリ治療　加藤次男パン　東栄村有志

**注**

（1）ワクチン注射の第四回目、以後、こうした記録が五月十五日の第二十二回まで続く。

（2）稲葉正三のため、蒋介石、何柱国、胡宗南の三名に宛てた石原莞爾書簡については『石原莞爾選集』第九巻九五～九六頁、及び仲條立一「敗戦後数奇な運命をたどった書簡」［『新アジア聯盟』第二巻］。

**三月　ひろ子廿六死去、最後　誠ニ美事ナリシト**

一日（土）⑦　中条、小松　武、八重子、母、森国、金丸　赤谷

尚、ひろ子廿六死去、最後　誠ニ美事ナリシト

二日（日）　甚太郎、本間昌平　桐谷夫妻　顕治　服部バゞ　古野息

磐陽青年三名（藤田、五十嵐）中村勝正　川村順亮　傷口塞がり電気ヲヤメル

三日（月）　伊達、斎藤、尚、森国、大川　阿部庸太郎　早坂、友蔵

四日（火）　川村先生[1]　和田　尚　田川□ヲ楯川原へ　きよ江　バリカンヲ持来ル

五日（水）　ゆき、みえ、服部ばゞ、

柳太、岩村[2]、森国　大川　柳太ヨリ杉浦宅会談報告　誠ニ招致ノ電報

六日（木）⑧　真山　千慧、敏子　驚イテ来ル　錦子カヘル　静子、
柳太、岩村　誠遂ニ来ラス
七日（金）　桐谷来リ高橋、岩村ヲ前ニシテキ、タ、ス　九日西山ニ行クコトニ決ス、
尾形、大セ、永原　加藤、森国、大川　六郎　平田未亡人　誠ニ胸迫ル
八日（土）　きよ、弥十郎娘、渕上夫人、本吉、本間昌平、大井忠　小蝶、重麿、
きよ江　ナマコ　小野寺
九日（日）　午前退院　きくちニ落付入浴　昼食　多数見送ノ中ニ十六時半鶴岡発吹浦ニツク
吹雪気象ノトコロ西山一同ノ出迎リヤカーニテ帰宅
本尊壇大体完成シアリ
十日（月）　島庄、東芝田中　きよ　弥十郎娘外一名
誠　高橋等ト会見ノタメ酒田ニ行キカヘラス　少々のどヲ痛ム
十一日（火）⑨　歌川　誠夕刻カヘリ　高橋等本日帰京トノ事
御本尊奉安
十二日（水）　錦子少々不快
傷口崩レ又モヤ少々尿モル　昨夜ヨリ傷ミシカ尿ハ非常ニキレイニナル
昨日注射ノ反応ナシ
十三日（木）　佐藤顕治外　北平田数名　阿曽　増川
十四日（金）　増川午后カヘル　小便相当ニモレル　小松、斎藤正男
十五日（土）　朝　本間昌平　石田勇氏　安藤徳次郎
十六日（日）⑩　歌川　稲垣夫妻、八重子ト母、岩村

十八日（火）　ハジメテ桐谷訪問　吹浦郵便局　農業会ノ若人数名
十九日（水）　阿曽、市原、村田ミシン工業ニツキ山口ニ依頼ノ件ヲ持来リシモ市原頑迷要ヲ得ス
傷口ニカサヒタ張ル
二十日（木）　北平田、上田、蕨岡　等　青年数十名　秋田県南茂木（林ゴ）
二一日（金）⑪　石田氏帰北　土門（口細）山口、片倉証人、午後五時前ヨリ停電キク能ス
二二日（土）　加藤、茶羽織ヲ托ス　電話取付ク　弥十郎（卵）皮膜又ハパピロム？　昨日ノ反応
二三日（日）　本館　伊藤兄弟外一名　中山正導外一名　夜　阿曽（桐谷ニ一泊）
二四日（月）　中山正導、島庄　大湯ノ開墾ヲセウトスル青年
ジヤワヨリ帰レル　丸子ノ金子　鈴木鈴男一泊　講話
岩村化膿菌ワクチン携行　直チニ注射
二五日（火）　小林てい、土門明子
二六日（水）⑫　夜、丸ノ内　会津　磐陽　石巻ノ報告　北平田ノ青年来リシモ断ル
二七日（木）　高橋平助、俐　影山外　北支ヨリ帰レル青年
二八日（金）　豌豆ヲ蒔ク　傭子来リ　歌川　酒田困難　道場ニ止ルコトノ経緯ヲ間接ニ耳ニス
入江辰雄　来ル
二九日（土）　小松、鳥海、水越　錦　反応ノタメカ　38.7
富士支部　静谷　化ワ2　38.1
三十日（日）　上木隆太郎　本間昌平、忠　富永良男
三一日（月）⑬　入江君　岩沼ヲヘテ池本農場へ　克枝サン歌川泊リ

**注**

（1） 酒田で食用菌研究所を主催した河村柳太郎。四月二七日以降は河村先生として出てくる。
（2） 高橋柳太と岩村有恒は山口一太郎の使い。

**四月　ミシン人事根本変化ノタメ動揺、山口ヨリ電話**

一日（火）　⊗久シフリ酒田ノ母、娘
二日（水）　門山夫妻　渕上夫人
三日（木）化ワ3　鎌倉、山口等肥料ノ件、志田義信　山口一太郎　大瀬□家□　三八、石黒外一名、会ワズ
四日（金）　赤根息
五日（土）⑭出血　藤田玄太郎
六日（日）　本吉支部女三名　藤田玄太郎カエル　佐藤素一　渕上夫妻　真山　金子
七日（月）　井上正来ル　ニュース撮影隊来ル
　今日　裁判官来ルト思フテ　朝、精華会会合ノ連中、
　ニュース撮影　佐藤信一
八日（火）　森国　□□夫人ノ手紙ヲ届ケニ来ル
九日（水）　高橋柳太　中国林氏要請ノ総力戦ニツキ
十日（木）⑮　柳太カヘル　阿曽、西遊佐専務理事　酒田警察官二名
十一日（金）　左沢佐藤兄弟　キリスト教ヲ利用シテ運動云々　折伏ヲ加フ
十三日（日）　大泉　渡辺、此男道場一泊　廣川老、能代ノカヘリ
十四日（月）　黒森、松蔵
十五日（火）⑯　宮古　駒井　伊藤重雄君来ル　朝尾友三氏

十六日（水）　井上、朝尾カヘル　岡崎、茂木、佐藤（大曲）　工藤（本庄）斎藤善四郎
十七日（木）　日野清一郎氏来ル　小松、岩村ノ策動ニヨリ
　　ミシン人事根本変化ノタメ動揺、山口ヨリ電話
十九日（土）　土門明子　明日午後　女子若干名ニ日蓮主義ノ話ヲ要請
二十日（日）⑰　明子外　吹浦女子青年約十名　佐々木政一
二一日（月）　伊藤重雄氏帰り芳賀敬一氏来ル
二三日（水）　片、使ヒ　京大学生、
二四日（木）　大川博士、誠　東京へ
二五日（金）⑱　大川博士、本館、伊藤ミシンニ関シ　弘前鈴木忠雄　稲垣夫妻　大瀬未亡人、明子
二六日（土）　日野　芳賀両氏カヘル　大川博士
　　桐谷ノ松林百二十丁ヲ買収セントテ地方事務所其他ヨリ五名来ル（1）
二七日（日）　佐藤勇　河村先生　高田
二八日（月）　高橋貞雄君来ル　東京裁判ヨリ連絡者来リ酒田ニ決定
　　桐谷カヘル　夜　立正会法要
二九日（火）　康昌一泊
三十日（水）⑲　午後四時発　酒田ホテルニ克枝サン　高橋君同宿　弁護人来訪　夜　鈴木文平

**注**

（1）桐谷の所有地は山林で本来、農地解放の対象ではなかったが、桐谷には開拓希望者には積極的に解放する意思があったという。地方事務所から来たのはそのためである。

**五月　終日裁判　仲々ススマズ　夜　東亜連盟ノ説明**

一日（木）　終日裁判　仲々ススマズ　夜　東亜連盟ノ説明
二日（金）　午前中ニテ終了　坂野氏其他ニ送ラレテ帰宅
　　石巻支部熱海太郎、櫻井両氏到着シアリ　両氏共　矢本町
三日（土）　高橋氏カヘル　武田君帰宅、吉住、東谷
四日（日）　青君来ル　小松外二名
五日（月）⑳　大川　弥十郎娘
六日（火）　武結婚式　講習会ニ参列ノ埼玉入間南部婦人　本吉支部萩原、小野寺（二人）三名
　　夜精華会打合会出席セズ
七日（水）　熱海、櫻井両氏カヘル　武　結婚祝賀会、武ハ温海ニ新婚旅行
八日（木）　藤森清一郎（世田谷区下馬町一ノ一五〇）佐々木敬一郎
　　阿部嘉市、諏訪、大井、加藤　久兵衛碑ノ件
九日（金）　森国、田中、壺河卓爾（三興電気株式会社）
十日（土）㉑　熱海氏弟治療ニ到着　水越、誠　本日ヨリ突貫作業ニ出場（1）
　　山口ヨリ「不徳ノタメ好転出来ヌ　市原カヘリ報告ス」トノ電
十一日（日）　尾形六郎兵衛　黒川、長谷川虎太一行十一名　小松義道外　蕨岡四名（2）
十二日（月）　午後二時ヨリ兵舎ニテ　伊豆法難会　終ッテ参列者集マリ来ル
十三日（火）　明子サン　題目ヲ頼ミニ来ル　武田先生ニ依頼ノ件ニツキ注意ヲ与ヘル
十四日（水）　熱海虎一氏カヘル　武新婚旅行ヨリカヘル
　　今井清明一泊　阿部　平田氏ノ碑、墓、及　明子　木村氏ノタメ書ク　丸三君

十五日（木）㉒　佐藤勇、青年約二十名　金丸、友蔵、小野寺、尾形　石屋、高田
河村先生　雨宮菌ノ件ニツキ来訪
十六日（金）　武田君　森片へ　　東芝山川氏
十八日（日）　武田君カヘル　阿曽　山口ヲ呼ンテ呉レト申込来ル　当地ノ準備出来ネバダメト返答
東谷
二十日（火）　吹浦尾形、夜　鎌形ヨリ普及会　解散ノコト電話シ来ル
きくちヨリ蓮見博士明日鶴岡着ノ電話
二一日（水）　早坂鉄太郎　鎌形　農地ノコト切迫、武田、武、安重　成ベク早ク出形ヲ決ス
二二日（木）　香川　山下季廣　蓮見博士　夕刻到着　パピロームワクチンヲ中止スルコトトナル
二四日（土）　午後二時　蓮見博士鶴岡へ
二五日（日）　渕上勲　来訪（昨夜　農場着）
二六日（月）　克枝サン　朝一番ニテ鶴岡へ　大友恒夫　群馬、勢多郡富士見村大字横室、七〇八
勲カヘル　岩沼ヲヘテ
二七日（火）　武田　曺両君　院内へ　丸内久　阿部徳三郎、阿部中将息　織田正信
夕刻　克枝サンカヘル
二八日（水）　織田　午後二時カヘル
二九日（木）　菊地喬　　朝　三七、〇
三十日（金）　克枝サン出発　佐藤善一、CIC二名　岡村大将　東亜大同運動ノ件
37.2　37.3　38.4
駒瀬サン到着
36.5　37.2　38.2
三一日（土）

注
(1) 桐谷誠、製塩工場を作るための突貫作業。
(2) 蕨岡との関係については前掲武田邦太郎「宿命」(『王道文化』二八〇号)参照。

**六月　牛毒ヲ喰フテ死ス肥料ニスルニ決定、水越、牛ノ始末ニ来テ大憤慨**

一日(日)　午前十時法華会合　集会者約五十名　盛会ナリシ由　石川商会兄、高橋柳太
　菅原医師来診　37.2　37.0　38.1
二日(月)　37.4　37.5　37.8
三日(火)　安藤　松木　水越、山本武　36.6　37.5　38.0
四日(水)　36.8　37.8　38.1
五日(木)　水越、山草　蓮見博士ヨリワクチン中止ノ電報
　37.2　37.8　38.6
六日(金)　菅原医者　膀胱炎ト診断
　37.8　37.8　38.9
七日(土)　鎌形　渕上　普及会ノ件報告(1)　鈴木庄一(江東区深川平川町二ノ五)
　37.2　37.8　38.8
八日(日)　樋口義重　中村姉　雪　吹浦畑中　蓮見博士ヨリ来信
　37.3　37.0　38.2
九日(月)　森国、夜　武ノ問題ニツキ常会
　36.9　36.7　38.4

十日（火）　河村先生　殖菌、青　誠　泉山来リ鶴岡へ　金井一郎

十一日（水）　八重子婆サント御別レニ来ル　宮浦一郎　水越、金子秀雄　木原技師

37.7

十二日（木）　永堀、きよこ　挨拶ニクル　克枝サンカヘル

十三日（金）　請川寛

十四日（土）　克枝サン鶴岡へ　桐谷兄弟温泉へ　農場田植へ

十五日（日）　登米支部四名　トマト苗　芋苗ヲ貰フ　神坂　六郎一泊　武田君院内へ

十六日（月）　本庄、工藤雄次郎　鳥海克己、西川速水、

十七日（火）　朝　鳥海　西川カヘル　水越、武田君水越ト家ニ

水越ヨリ武ノ件ニツキ話アリ　驚ク

十八日（水）　誠兄弟帰宅　水越　武田君製酵素砂糖等ヲ持来ル

十九日（木）　阿部庸太郎　大川　田中　両氏到着　蓮見博士ヨリ薬届ケラル

二十日（金）　黒川　本吉、大川、田中　水越　酵素甘油多量

二一日（土）　河村先生、古茶ヨリノ手紙ヲ持参　克枝サン鶴岡へ　山口等、

壺河　但面会セス帰ル

二二日（日）　水越氏指導野草料理ノ会　阿曽ミシンノ結果ニツキ泣言

加藤もとめ外娘二名　本吉　大瀬

二三日（月）　桐谷友人　桜井某

東栄　上林　桐谷一族　酒田へ　諏訪根自子

二四日（火）　第一回輸血一〇〇　歌川ノ予定不合格　近藤、武田不合格　駒瀬君ノ血

二五日（水） 吉住 山本ノ手紙ヲ持来ル 返信ス
二六日（木） 高橋吉之助 金田良輔ノ手紙ヲ届ケル 小松原 菅原 フルクレー問題
牛 毒ヲ喰フテ死ス 肥料ニスルニ決定
二七日（金） 山口一太郎 小沢廣正、水越牛ノ始末ニ来テ大憤慨 猪苗代（三五）小檜山市喜
二八日（土）田沢連中 朝 山口、田沢ニ□、久松、菅原外二名 克枝サン午後鶴岡へ
武田君 武 山形
二九日（日） 平田茂、木村ヨリ薬ヲ届ル きよ親戚 佐藤謙？
三十日（月） 七窪、五十嵐保母 小笠原日堂(2) 水越 絵ヲモラウ

**注**

（1）自給肥料普及会は東亜聯盟解散以来、国民党、精華会と共に石原の支持基盤であった。
（2）小笠原日堂は本門法華宗教学部長。参議院に立候補。池本農場の後援者として支持を求められた（244）参照。

**七月 蓮見博士 低周波治療器ヲ持チテ到着 きくちニ癌病院開設ノ件**

一日（火） 日堂氏 カヘルニ際シ最終戦争ニツイテノ質問アリ
蓮見先生ヨリ三日到着ノ電アリ 病状ヨキヲ返電 田中、三好
二日（水） 真田、高田、きくち きよ子午後四時池本農場ニ出発 蓮見博士一日延ストノ電
三日（木） 磐陽支部 安藤 森重、二三日滞在トノ事 水越、大瀬婆サン 稲垣夫妻
四日（金） 午前午後森重、 蓮見先生鶴岡着 田川一泊
五日（土） 森重、太田 蓮見博士 低周波治療器ヲ持チテ到着 きくちニ癌病院開設ノ件
六日（日） 正之ノ血一〇〇輸血、 午後 博士、誠 きくちト打合ノタメ鶴岡へ

七日（月）　水越　市川老夫妻
先生正午スギカヘリ　午後四時出発、きくち　九月初メ開業予定
きくち末子治療ニ来ル　木村先生到着

八日（火）　蓮見先生御供後藤氏カヘル　精華会会合逐次盛大
黒川　鶴岡ヨリモ数名　水越、馬ヲ殺シタ青年

九日（水）　庄司泰久　斎藤、水越弟子ト共ニ　石川兄弟外二名
木村サンヨリ色々話アリ　駒瀬サン病気ノタメ克枝サン今夜ヨリ先方ニ泊ル

十日（木）　伊藤氏　石川ト農業会ノ契約ヲ説明ニ来ル
鎌形、磐陽麦稲大成功ノ報告　稲垣夫妻

十一日（金）　木村先生黒川へ　河村先生報告ニ来ル
第三回輸血　水越君ノ血　一時間後　少々悪寒

十二日（土）　きくち末子治療ニ来テ逃ケ去ル　きよ子弟　朝農場ヨリ退出

十三日（日）　本間昌平、椎茸ニツ相談ニ来ル　武田、武　農地問題ニテ酒田へ　克枝　鶴岡

十四日（月）　木村武雄、平田茂

十五日（火）　吉田富雄　柳行李　古茶一泊

十六日（水）　宣正会会合　会衆約二十名トノ事　金石舎松木　昨夜桐谷ニ泊リ今朝
第四回輸血　鶴岡明治生命ノ青年来リシモ検査間ニ合ハス　水越氏　鈴木鈴男

十七日（木）　きよ子　酒田ニ帰リ来レル由　克枝サン弟　黒崎農場ヨリ鯨皮ヲ土産ニ（勝誠[1]）

十八日（金）　誠君酒田　瓶送ルトノ電アリシ由

二十日（日）　勝誠君カヘル　克枝サン鶴岡へ　古峪、水本　六郎来リ泊ル

二一日（月）　小松　菅原（□□）佐藤幸一、森国、ダットサンニテ　幸一一泊　癌研究所相談
克枝嬢カヘル　夜　尾形六郎兵衛、第五回輸血　仲條君ノ血
二二日（火）　水沢高橋氏外三名　野呂欽一
午前岩手青年約十名
二三日（水）　昨日ノ注射タメ　銻終日臥床　遠藤（黒川）真田禰訪
昨日来ノ大雨汽車不通　克枝サン連絡ノタメ棚倉ニ行カントセシモカヘル
月光川ノ新橋流レントス
二四日（木）　雨大体止ム　大正十五年来ノ大出水トノ事　薯掘リ終ル　三七貫
廿日ノ予定ナリシ塩遂ニ出ズ　計算ノ間違トカ　誠君内心心配ナラン
二五日（金）　工場ヨリ塩ヲ届ケ来ル　御宝前ニ供フ
二六日（土）　敏子午前二時頃ヨリ産気ヅキ、午後一時半　女子安産
山口等、河村先生　本間君最上ニ行キ鋸屑ノ件解決トノ事
大川、田中、木原三氏　第六回輸血ノ筈ナリシトコロ　菅原医者ノ都合ニヨリ延期
朝　六郎カヘル　畑桃作息正
二七日（日）　畑正　朝来訪　昼食シテ秋田へ　克枝サン　鶴岡行
輸血ヲ更ニ延ハス　本間昌平　山形ノ女三名
［予備欄］　七月中　丸川　素一、俐
二八日（月）　第六回輸血　正三君ノ血　中々トレズ半分位　近藤サン赤痢の疑ニテ大騒ギ
二九日（火）　田原豊道（石沢紹介）
三十日（水）　素一、俐、欣平太　きよゑ（辻）男一人　わ可子　将来ノコトニツキ相談ニ来ル

三一日（木）　鈴木他人五郎警部補　国民党ノコト
阿曽（農業会ノ連中工場見学）
小倉善造　野呂欽一

**注**

（1）黒崎農場は昭和二一年十一月宮城県牡鹿郡牡鹿町鮎川に後藤澤治と太洋漁業鮎川事業所との協定によって設立された理想開拓部落「わとう村」である。鮎川は捕鯨基地。

**八月　午前十一時二十分　陛下御通御奉迎出来ズ**

一日（金）　井上君　来ル　藤村益蔵　水越君　酒及砂糖　佐藤栄之助　中山
第七回輸血　高瀬北目　菅原　小野君
二日（土）　東京裁判事務中尉外二名　鳥海　西川　渋谷　午前大雨
三日（日）　稲川其他ノ地方八名ノ老幼男女御本尊ヲ拝シタシトテ早朝来ル　大雨
大瀬、菅原（医者ノ方）村演芸会ノタメ昭和維新賛歌ノ振付訂正ニツキ相談ニ来ル
反対！　　克枝サン鶴岡へ
四日（月）　弥十郎娘きよ子　十里塚ニカヘリ恐ラク本秋　婿ヲ貰フダラウトノ事
五日（火）　第八回輸血（菅原良）
鶴岡ヨリ佐藤ノ外二名　本吉、蛸井　御前ニ於ケル座談会出席ノ報告
六日（水）　朝、井上君カヘル　舟山太郎　中津川開発計画　津軽　手塚芳美
七日（木）　岡崎賢樹、坂上真一郎（茅ヶ崎町小和田四一五）
日本農法新聞ノ件ニツキ、農業会伊藤

八日（金） 萩野文雄、佐藤幸一 東京ヨリ帰リ報告ニ来ル
九日（土） 森国、 井戸二三日前ヨリ濁ル 今日井戸ガヒ 夕刻 小野サン兄(1) 来ル
十日（日） 佐藤幸一ヲ招致シ小野氏ト相談 大体マトマリ両氏鶴岡へ 克枝同行
大槻忠夫 第九回輸血（後藤明）
十一日（月） 吹浦局長 田倉八郎（杉並区清水町二二〇）
十二日（火） 斎藤氏治療 木村辰雄 中村富太郎息 伊藤実、外一名（血ノ志願者）
佐藤秀郎、新井克輔
十三日（水） 佐藤秀郎氏、新井午前中快談 午後湯ノ濱ニ 斎藤豊太 武田君蕨岡へ(2)
十四日（木） ふさ子 北海道ニカヘル 大山ノ石黒、（寒河江ニテ酒稽古）
十五日（金） 午前十一時二十分 陛下御通御奉迎出来ズ
工場ノ若イ人々（岡田、高橋、中村） 第十回輸血（克枝、仲條）
夕方 内田一族三人
十七日（日） 法華月例会合 蛸井、本吉等 石沢、阿部清治郎 及川アサヨ
［予備欄］楊宣誠↓練昭凱
十八日（月） 井上正ヨリ来信 小野寺発狂！ 三浦英治 夜 阿部、及川 信仰ニツキ
八月初メ以来、出血マスマス甚シ
十九日（火） 阿部、及川朝カヘル
本間昌平 椎茸会社(3) 組織ノ意見 渋谷、三島、河村 古野 水越
二十日（水） 稲垣夫妻、木村先生ノ額掾ノ件 六郎来ル
第十一回注射（高瀬 今野光蔵）

二一日（木）　椎茸ノ件ニツキ酒田ニテ桐谷立会　本間　渋谷会合
二二日（金）　昨日会合ノ結果ニツキ本間　桐谷　朝　相談
午後四時武田君関西ニ　誠君東京ニ向ヒ共ニ出発　金丸、高田、高坂某、
二三日（土）　出血大体止マリシモ痛ミ減ゼズ
阿曽、伊藤　外三名　農村問題ニツキ　六郎カヘル
二四日（日）　河野信夫妻
六郎汽車ニオクレ　本朝カヘル　渕上、
日蓮信者老人二人　蕨岡　那須熊吉　本館　佐藤平太郎　河野夫妻帰ヘル
二五日（月）　克枝サン鶴岡へ　武専教師佐藤　夜健作、勝、近駒　西瓜ヲ以テ遊ヒニ来ル
康昌　第十二回注射　諏訪源治息来リシモ血液型合ハス中止
二六日（火）　夜、大雨、座敷モル
二七日（水）　成沢　帰還ノアイサツ　康昌カヘル
朝、河村先生、加藤完治ト会見報告　夜　正之ノ血ヲ輸血ス40cc位
二八日（木）　多田政一弟子　渡辺　尚　猶原恭爾
二九日（金）　森国、吹浦青年団長
三十日（土）　会議ノ結果組合結成　二〇万拠出ニ決ス
渕上夫人熊公　熊太郎ト共ニ来ル　田中随憲　外一名　誠帰宅
［予備欄］　椎茸組合結成協議　松尾、南忠清　安藤　鈴木（南原）高橋平助　庄内四名　渕上　渋谷
松尾　安藤両氏一泊　本朝カヘル
三一日（日）　明子、近藤　駒瀬　渕上夫妻　午後話ニ来ル

克枝サン鶴岡へ　稲垣

**注**

（1）小野淳信医師は妹克枝に口説かれて鶴岡に診療所を開くことを承諾した。
（2）蕨岡と武田邦太郎の関係は五月十一日から始まる。武田「宿命」［『王道文化』二八〇号］。
（3）椎茸栽培の有望性については石原は早くから注目し周囲の人々に奨めていたから既に色々のところで事業化が図られていた。（250）参照。

**九月　◎塩出ル**

一日（月）　斎藤正男、遊佐　池田外二名　蓮見博士、幸一[1]、ワクチン①　星山文佑
二日（火）　吉成尊胤　蓮見先生鶴岡へ　克枝サン同行　菅原与惣衛門
三日（水）　大川、犬ノ土産
四日（木）　蓮見博士　小野、幸一来リ報告午後カヘル　善一息同行　舟山及其オヒ　小松義道
五日（金）　福栄村農地委員二名　矢島専介　水越氏輸血㈺　パヒロームワクチン②
六日（土）　千津　講習会ニ集マリシ埼玉三名栃木一名ニ対シテ「西山憲法」[2]　講義
斎藤治療師　高島弥
七日（日）　朝、渕上夫人　けい子　帰ル　磐陽　山辺　佐藤、石井、石井氏　灸治療ノタメ泊ル
田川農業会森国外四名　誠本夕出発、山形、仙台へノ予定ナリシモ、コンプレッサーノ試
運転アリ明日ニノバス
八日（月）　高島カヘル　西川庸一　克枝サン鶴岡往復
九日（火）　コンプレッサー第二回試運転　好調　十四日ヨリ総合試運転
十日（水）　誠カヘル　六郎

十一日（木）　河村先生　本間昌平　横浜ノ報告　小野夫妻、武田君カヘル
十二日（金）　法華月例会　鶴岡　富樫外女三名　本吉母子　水越　樋口　輸血　仲條⑭
十四日（日）　谷井、大友、後藤、重兵弟外一名　本日夕ヨリ綜合試運転　福地宗吾
十五日（月）　雨　昨日ノ連中カヘル　尾形六郎兵衛
十六日（火）　十日間ノ灸奉仕ヲ終ヘテ石井勝美氏本日カヘル
　昨日ノ颱風ニテ関東、表東北大被害
十七日（水）　克枝君　蓮見先生ニイタミ甚シト打電セル由　抗議ス
　岩沼遠藤某挨拶シテカヘル　上沼付近ニテ北上川堤防決壊ノニュース
十八日（木）　本間昌平　金集マラス　近岡へ紹介　大瀬婆サンニ忠告
十九日（金）　本朝ヨリ塩出始メル　佐藤一男、外　西平田二名　朝　大瀬入植ノ報告
二十日（土）　輸血⑮（仲條）水越　酒田営林署長　佐藤正助　外一名
　ボーメー25以上ニ上ラス　総合試運転失敗！
二一日（日）　池田忠義外一名　田中貞雄　東谷上京途中
　小野氏報告ニ来ル　明日出形ノ由　きくち同行　小野氏経営ノ担任ヲ委任セラル
二二日（月）　稲刈り　富永良男外二名　小松義道　癌ワクチン検査少々反応アリ
二三日（火）　渕上勲　昨日到着　今日　近ク入植ノアイサツ　皆川豊治　佐々木慶治
　克枝サン鶴岡ニ引越ス
二四日（水）　岡崎賢樹　塩取引ニ
二五日（木）　河村先生息　山口ノ手紙ヲ届ケル　尾形、吹浦水産会長
　安藤悌蔵　渕上ノ住所ニツキ相談ニ来ル

二六日（金） パピロームワクチン⑥ 初メテ発赤中径三サンチ(3)
二七日（土） 丸ノ内 久兵衛未亡人 直子
大川、田中 泉水信雄
二八日（日） ◎塩出ル 渡辺正 殿下ニ紹介状 癌ワクチン② 克枝来ル
［予備欄］ 水越輸血⑯ 惟孝、静子 酒田海軍 小野正男外士候一名
二十五日頃カラ蚊帳ヲ用ヒズ
二九日（月） カリホルニヤ田口某氏ヨリ慰問小包 仲秋名月、曇天 月出サレトモ夜月見演芸会、
三十日（火） 朝、克枝カヘル パピロームワクチン⑦
三浦英治外女一名（松木ノめい） 田ニ麦蒔キ

注

（1） 蓮見喜一郎と佐藤幸一は診療所の件で最終的な打合せをおこなっていたのである。
（2） 武田邦太郎が中心で作った西山の村作り目標。入江辰雄『石原莞爾』（たまいらぼ、昭和六〇年）二八五頁。
（3） 癌ウイルス説をとる蓮見喜一郎はワクチン注射で癌の診断をした。発赤で蓮見にも癌と診断された。

**十月 平林ヨリ今日夕着ノ電アリ 迎ニ行キシモ来ラス 明日ト思ヒシニ、夜雨ノ中ニヌレテ到着**

一日（水） きよゑ 今日 癌療養所開所式 誠君参列
二日（木） 熊母子到着 津軽 原子昭三 大瀬昨日移転セリトテ挨拶
蓮見先生 新シイ電気療法 克枝両親 吹浦迄来リ 父不快ノタメ旅館ニ泊ル
三日（金） 蓮見先生 克枝カヘル 森国及セガレ
神保信彦 伊達ノ手紙ヲ持来ル 目黒茂臣同行

五日（日）　太田俊賢　石ヲ見セニ来ル　　小松　工場ニ働ク運動ニ
　昨夜以来ノ治療ニヨリ排出物多クイタミ甚シ　夕刻　森国来リ療養所紛糾ノ報告
六日（月）　小野老夫妻アイサツニ来ル　　松木弟　電気療養ノタメ
　本日ヨリ板垣サン個人政治ニ
　今朝菊地来ル約ナリシモ夕刻到着、種々釈明ス、即チ九月二十一日ノ行動を否定シ自ラ経
　営セズンバ感激ナシトイヒ「然シコノ事業ハ決シテ利益ノ為メニアラズ経営ニ不適任ナル
　コト明トナラバ直チニ身ヲ引ク」
七日（火）　昨夕克枝幸一ト共ニ来リシカ今日千津ノ説明ニヨリ初メテ事ヲ知ル　農場内ノコトトイヒ
　克枝ハ嫌ハルルヲ知ラズ　誠ニ気ノ毒ナリ
八日（水）　千津帰宅　克枝　兄ト相談ノタメ　出鶴
九日（木）　霞、大城？（酵素係）今村猶次　　克枝カヘル　報告ナシ
十日（金）　尾形好子、六郎、桐谷夫妻　北海道ニ出発ノ予定ナリシモ明朝ニ延ス
十一日（土）　岡崎外磐陽約十名　武田君ヲ煩ハシ克枝、駒瀬、近藤諸君ノ間ニ懇談ヲ行ヒシモウマク行
　カズ　　今日ヨリ法華会合　農場ニテ
十二日（日）　六郎カヘル
十三日（月）　鶴岡、黒川等ヨリ参会ノ人々　岩崎正美　　輸血　⑰　正幸
　佐藤茂雄　曺、牛島ノ手紙ヲ持来ル
十四日（火）　終日岩崎　　河村先生来リ土地調査生活ニツキ訴ヘラル
　平田茂　　本楯村上会ハズ　　夜救聯、稲井正、上春穣二
十五日（水）　岩崎、稲井、上春　午後三時カヘル（東京ヲヘテ）

十六日（木） 渕上、連絡所ヲ酒田ニ設ケタシトテ相談ニ来ル
十七日（金） 今日 蓮見先生 鶴岡ニ来タ筈、電話不通ニテ事情不明
十八日（土） 今井清明 工学所ノ乱脈ヲ物語ル 庄司泰久及弟一泊
十九日（日） 中村静 同僚二名ト共ニ昨夜一泊今日帰宅 六郎、森片ヲ去リ来訪 渕上勲到着
六郎午後カヘル
二十日（月） 蓮見先生、助手、森国父子 午後一時到着、午後三時半カヘル 小野氏ノ件ニツキ話アリ
森国誤ッテ他人ノ鞄ヲ先生ノモノト思ヒ携行 取調ベヲ受ク
二一日（火） 斎藤三次郎、輪血⑱ 仲條 小松義道 桐谷不在ノ中ニ味田衝突辞職
二二日（水） 伊達ヨリ航空便来ル返信 排出物多ク痛甚シ
二三日（木） 河村先生三男 明日清水等来訪ノコトヲ告ゲニ来リ松茸ノ土産
本間昌平、食堂 工場ニ移転
二四日（金） 山形精華会三名 庄司峯松
昨日平林ヨリ今日夕着ノ電アリ 三、二七ニ克枝サン迎ニ行キシモ来ラス明日ト思ヒシニ、
夜 誠夫妻カヘル ソレト同時ニ吹浦着 雨ノ中ニヌレテ到着
二五日（土） 江 清水、浦田、河村、渋谷 本間、近藤 丸川息
二六日（日） 午後三時 平林帰ル 西遊佐同志二名来、小野氏一泊
二七日（月） 輪血 ⑲ 渋谷 食堂 金石舎ニ移転祝ヒ 大瀬ヨリ裕ノコトヲキ、暗然
二八日（火） 樋口、佐々木政一 朝尾老一泊 錦不快終日就床
二九日（水） 錦臥床
三十日（木） 錦依然床ニツク 静岡 静谷氏

三十一日（金）　松尾名平、伊藤恭持（新関村大字羽下）外一名　牡丹ヲ貰フ

**十一月　法華講習会**

一日（土）　富永良男　志保　百日ノ御祝ヒ　　鎌床ヲハナレル
二日（日）　鐘紡ノ宮崎氏（増川義弟）千津
三日（月）　感謝祭　蓮見博士　鎌ノ低周波大痛ミ
六郎、布施　高橋　上の　鈴繁、吉住、二名ハカヘル
金井一郎十月十六日新潟ニテ急死ノ報（墨田区吾嬬町東五ノ百　金井玉吉）
四日（火）　布施、稲垣両画伯写生　塚原主計外小役人一人　水越氏ニ布施、高橋一泊
柳太ヨリ　銀座小松アパートニ開業ノ知ラセ　六郎カヘル　輸血⑳　正幸
五日（水）　布施氏　水越氏訪問（昨夜来）ノタメ写生ナシ　暖炉据付　夜、我家ニテ村常会
六日（木）　写生第二日
本日ヨリ法華講習会　参加ノ人々　山形女二、安藤庄司　石巻小野（外三名）、
岩手高橋、原子　藤岡留吉外一名　滋賀高田某大日坊修行中ノ人　平田茂
七日（金）　写生終リ　布施、金吾カヘル　森国　小野氏不信任　誠ニ閉口　六郎来ル
二三日前ヨリ来テイタ渕上カヘル
八日（土）　午後約二時間講習生ニ講話　小野夫人一泊
九日（日）　稲垣氏　又写生、講習会連中カヘル　斎藤三次郎外三名　太田俊賢
小野氏来リ昨日きくちヨリ辞職ノ勧告ヲ受ケシトノ事
十日（月）　午後痛ム

十一日（火） 小松原法難会　尾形　永原、泉山三六、富樫、阿曽　六郎台所ヲ修理シカヘル
十二日（水） 傭子　昨夜男児ヲ生ム　地上初雪　但シ積ラズ
十三日（木） 銻下痢臥床　首藤雄平　米　田口氏ニ礼状ヲ出ス
十四日（金） 銻支那ズボン　皆々興味ヲモツ
伊地知　以下四名工場ニスム　夜来訪　伊君ノ浪花節
十五日（土） 鈴木忠雄「建設」四号迄
桐谷　鶴岡きくちノ評判　癌ワクチン五本　第十一回注射
十六日（日） 本間昌平　山口一太郎ヨリ明日来訪ノ電
昨夜頃ヨリ夜明ヶ迄小便ヨク出ル出血減少主トシテ尿道ニ長時間電気ヲカケル為メカ
○—ニヨリ約五時間
十七日（月） 江坂（内原）
十八日（火） 山口一太郎早朝来り九時岩手ニ向フ　多田政一外三名
十九日（水） 輸血　㉑　正幸　昨夜　雉　猫ニトラレル
三井ヨリ蓮見先生へ病院事情報告ニツキ意見ヲ求メニ来ル
工場電気止メラレル、恐
二十日（木） 尾形六郎兵衛　外一名
二一日（金） 庄内支部婦人部二十三名
二二日（土） 鷲坂茂　六郎来ル　癌ワクチン新シイ三十本来ル
二三日（日） 金丸、真田　高田　普及会　善後処置報告　佐藤善一　能代今井外一名
田中、植草欣二　夜　本間誠来ル　六郎カヘル　近ク上京トノ事

二四日（月）　午後四時本間カヘル　象潟　泊海軍中将　六郎　実物幻灯持チ来ル　夜　実験
二五日（火）　森国来ル　六郎ト明日出発上京　誠、武田　両君本日上京
二六日（水）　渕上夫人　一昨日吹浦到着　本日来訪
二七日（木）　小野（了鍼）本庄ヨリ来リ本庄へ許婚破談トノ事
山本武　夕刻　木村ノ手紙ヲ持来リ要点ヲ書イテカヘル由
癌注　夜　地方事務所員二名家屋ノ問題ニテ
二八日（金）　山本　口述ス　筆記モチ午後三時カヘル　輸血　㉒　渋谷
二九日（土）　昨夜尿閉ニ苦シミカ本日午前大ニ騒キ菅原医師ヲ呼ヒシニ斎藤三次郎氏来リガリニテ解消
加藤市長来リきくちノ件相談
三十日（日）　辛シテ利尿シツツアリ　夜三九、七

**十二月　武田先生、小泉先生到着大ニギワイ**

一日（月）　蓮見先生御来診　夜三九、五
二日（火）　阿武隈支部ヨリ二名（大沢、杉山）見舞　樋口、天童阿部外数名　夜三九、二
三日（水）　阿部□□□　誠カヘル
講習生一名、来客多シトテ千津ケシカラヌ態度(1)　朝　三七、〇　夜三七、八
四日（木）　遠藤なみ　荒井みどり（向能代生活工学所　今井清明、鈴木　金治　山田義雄
谷地、横山　相沢三氏ニ退陣要求報告
五日（金）　蓮見先生きくちト共ニ来訪予定ナリシモ明日ニ延ス
武田先生、小泉先生到着大ニギワイ　輸血　水越　㉓　昨夜、農場裏ニテ難船

六日（土） 桂夫人　蓮見先生　きくち、森国　市長　斎藤三次郎
織田　宇都宮　片岡、田中　鮎川町女二人黒崎農場六名
七日（日） 平沢夫妻　修　帰還アイサツ　池田恒雄、中村只一　講習会第一日
八日（月） 講習第二日　午後三時ヨリ約二時間　質問　野村安年、五十嵐恒□氏
木村ノ使ニテ　興津元気ニナリテ会ニ出席
九日（火） 講習会終了　一同退散　大戦果ノ様子
十日（水） 栗本医師　森国氏ト共ニ来訪　小泉先生熊方ニ移ル
十一日（木） 朝　小泉サン出発　千津　水沢迄御伴　風雪ツヨク寒気甚シ　小谷忍夕刻到着
十二日（金） 小谷更ニ一泊　風雪不相変　昨日ヨリ電気来ラズ不便甚シ
列車モ一時藤島付近ニテ立往生　輸血　㉔　水越弟子
十三日（土） 吹雪稍和ラグ　小谷　本朝出発　相馬中村ニ向フ
少々静カトナル　戸部　外一名　飯坂会合ノ帰途
十四日（日） 森国来リ追テ近ク栗本氏ト上京トノ事
十五日（月） 克枝サン　鶴岡へ往復　歌川一家　物語ニ来ル　福島先生一泊
武田君酒田へ　課長不在　明日ヨリ廿三日迄池本農場へ
十六日（火）㋻ 北蒲原中条町下町成田剛一外一名
福島先生　武田君　稲垣夫妻急行ニテ京都ニ向カハントセシモ列車不通引キ返ス
十七日（水） 鼠ケ関付近ノ軌道故障復旧セズ　本日ヨリ急行運休　福島先生更ニ一泊
森国　惟孝ヨリ写真器受領ノ件ニツキ来訪　富樫　伊藤実ヨリ木炭　高橋吉之助　鮭
十八日（木） 福島武田両君　稲垣夫妻八時出発　出発前武田君駅前ニテ演説　大ナル感激ヲ呼フ

十九日（金）　庄司泰久、中山、外一名　千津　旅行ヨリカヘル
二十日（土）　森国　ライカヲ持来ル廿一日上京
二一日（日）　田中随憲紹介　雨森要三　勲駅前演説ヲ行ヒ午後上京
二二日（月）　歌川、惟孝演説
　　大川博士及次男　渕上　農業国民ノ件ヲ話ス　大キナモノ多数排出
　　菅原医者ノ検査ノ結果排出物パピロームナルヲ知リ癌ワクチン注射
二三日（火）　福尾某、千津　輸血 ㉕ 仲條
　　久シ振リニ朝ヨリ出血大体止ル　本楯村上氏
二四日（水）　月例会　富樫酒田ヨリ徒歩　夕刻漸ク到着
　　昨夜、再ヒ出血　本日粘液様ノモノ及破片ラシキモノ若干出ル
二五日（木）　鋳子風邪ノ気味臥床
　　飽海同志二十余名、忘年会　農村工業ニツキ座談　大川博士最後ニ出席
二六日（金）　夜、森国来リ上京中ノ報告　きくち頑迷　市長ヨリ背面攻撃ヲ相談
　　大川先生明朝出発帰京　鋳子起キル
二七日（土）　小倉善造
二八日（日）　廿五日頃ノ予定ナリシ勲　岩沼ヲ廻り今朝カヘル　歌川「アヤマリ」ニ来ル
　　大瀬長女ノ看護アリ　帰来　アイサツニ来ル
二九日（月）　夜　若イ連中集マル
三十日（火）　朝、河村先生　六郎来ル　夜、幻灯試写　カビ甚シ　六郎、熊宅ニ泊ル
三一日（水）　渕上夫妻

**注**

（1） 淵上千津によれば、これは彼女の責任でやっていた二泊三日の月例講習会で、多い時は七十名にもなる講習会が、年末で大雪のために宿泊講習生は僅か一名で、手抜きと取られるような態度が見えたのであろうという。例え相手が一名でも、というより、むしろ一名であればこそ全力で対応しなければならないというのが石原の姿勢であった。

# 書簡

**236●今日、いよいよ最後の手術を受けます**

一月二十日付淵上辰雄（宮城県亘理郡山下村高瀬館下成毛方）宛石原莞爾（鶴岡市三日町木根淵医院）葉書［憲政・淵上辰雄関係文書40］

合掌　山口等君へ御託しの御手紙拝見しました。令夫人の御手紙の中には小泉さんからのものが同封されてゐるやう記されてありますがありません。

今日、いよいよ最後の手術を受けます。たゞでさへ手紙をかけぬ身、御返事は御許し下さい。

**237▲言行一致でありたいといつもいつも願って（求道の軌跡）**

一月二十七日付石原莞爾（山形県飽海郡高瀬村西山）宛小泉菊枝（香川県善通寺町）封書［憲政・武田邦太郎関係文書27―1］

合掌　御入院御手術の御事　御経過御良好の御事など歌川様や克枝様から承りお悦び申上げて居ります　御身辺にだんだん正真のお題目が唱へられます事多くなり病魔退散の時も近いこと、お信じ申し上げて居ります　どうぞ今しばらく御苦悩を御耐え下さいまし

暮に武田先生と御目もじのことにつきましては先生から御聞き遊ばして下さいました御事と存じます　それから以来毎日　朝となく夜となく大聖人の御慈念がわたくしの生命の中で発酵しつゞけますやうで、色々と内省しましたり深く考へたりしますごとにもの、真相がはっきりしてまゐり、又、考へもしませんのに、ふっとあれはかう、これはあゝとひらめく事なども多く、息がつまりさうな気がいたしまして毎日々々思ひつゝ、どうお書き申さうか、圧倒されるやうな有様なのでございます　…………（中略）…………土地問題で共産党の人々などがからみなど致しまして、畑はほとんど取り上げられる事になり、六月、麦刈りがすめば百姓も出来なくりまして　主人は、これから先は君に任せると申しましてございます。外からも、内からも、ざんげを具体化して、私が私自身を充実させねばならない時となりました。何をどうしてよろしいか、一生懸命考へ、一生懸命生活して居ります。

そして、良雄も、大きくなってはじめて父と一緒に生活して矛盾だらけだと苦悩の末、それが自分の生命にもあると知り、そして正しく自分の生命を統率してゆくべき事など考へてまゐりました。去る二十二日の満十八年の誕生日に救国青年聯盟のバッジをつけました。入会したさうでございます。色々　質問したり、苦しんだりして居りますが、血統の問題も十界互具の信仰によって必らず解消するのではなからうかとひそかに思って居ります。

只今の私の生活は茶つみ水くみは勿論のこと、兎三羽、鶏三羽を飼ひ、芋飴をつくり、大根の切干をつくり、小さい家庭用精米麦機で、数軒のお得意様の製粉もやり　精麦精米もいたします。1／4馬力のモーターで電灯線を使用する機械でございますが、かつて温室育ちの私とて、何もかも楽しくありがたく、又、少しでも機械に接触して紡績機械等の予備知識にもしたいと考へてゐるのでございます。良雄は松本日宗先生の助手として酵素をやって居りますが近く、紡績工場の社長さん宅に酵素指導にまゐります由、その時は私も行くつもりでございます。…………（中略）

…………

明日は高松の方から三四人の娘たちがまゐるさうでございます。

若いよいお友だちがふえてまゐりました。では御苦痛が早くとり去られますやうに。南無法蓮華経

一月二十七日夜

小泉菊枝

## 238▲東北精華会運動につき

二月九日付石原莞爾（鶴岡市五日町木根淵病院気付）宛武田邦太郎（兵庫県揖保郡神岡村池本農場）封書［鶴岡・石原・手紙1060―8］

合掌　七日の誠さんのお話では御順調の由承りましたが、其后如何でいらっしゃいませうか。立春と共にお熱も下り食欲もおつきになりましたこと限りない喜びで御座います。出発の折、今一度拝眉申上げたく存じましたがいろいろ差支へ本当に残念致しました。要用左の通り御報告申上げます

一、六日夜、淵上、歌川御夫妻、それに遠来の友二人に加はり東北精華会運動につき次のやうに打合せました

イ、毎月、西山で一泊二日の月例会を開くこと―千津さん講習の后、差当り小泉先生御著三部作の研究。各一ヶ月の自由な反省

ロ、謄写版ずり連絡版を毎月発行すること―当分五〇〇部

ハ、通信連絡費として年額十二円納めること

ニ、事務取扱ひは、暫く淵上さんに御願ひすること

ホ、バッチを研究すること

二、連絡版に、私、信仰を求める全く新しい人々を対象として、予言、大義名分、法師品の御教訓、異体同心等の問題につき、閣下と涌山先生の御訓へを極く平易に書いて見たく、二月版には予言の一部をのせることに致しました。これは御著書の御文章を拝借しましたが、極力文章を短くしたかったのと、つまらぬ方面の神経をつゝかぬことに心がけましたので、御文章を拝借しつゝも少し変ったところが出来ました。このような非礼が許さるべきものかと幾度か躊躇致しましたが、私自身入信の経路を省みて、こんな文章があったらさぞ有難かったらうと痛感されるまゝ、この非礼も或は許され得るかとの判断に落着きました。許されざることでしたら、直ちにとりやめます故、御示し賜りたう存じます

三、閣下宛、涌山先生の御手紙も、差支へなしと思はれるもの、次々に発表したく、右の原稿と一緒に手配しました

四、新国土の、国民皆農論は何度か書き直しましたが、結局、少し長くなりましたので、四回くらいに分載していたゞくやうにして参りました

五、金石社では鼠ヶ関の分散はやらないで、新しくミシン針の工業を入れ度しとのことでした。具体的な計画案と製品見本（新しい技術ださうですから）を厳密に検討してみたいと存じます

益々御順調な御恢復、心から御祈り申上げます。奥様、克枝さんに宜しくお伝へ下さいます様

合掌

二伸

涌山先生の弟さん、季尚夫人の赤ちゃん、私が病院につきます一時間前、先生の末の弟さん、河野さん、母さんの季尚夫人等の心からの御唱題に守られ安らかに逝かれました由、母さんは赤ちゃんの重病によって必死の御唱題を体験せられ、深い大聖霊の御慈悲を身に感ずるやうになられました由

河野さんへ宜しくとの御伝言確かに申し伝へました。河野さんの村入りは先方の事情でまだ少しおくれる模様で御座います。季尚夫人は今后しばらく今のお宅でミシンの教授をされつゝ家の整理をせられ、他日の村入りに準備せられることとなりました。私、十日午后七時の臨時列車で西下致します

## 239▲池本農場も今年から面目一新

二月十九日付石原莞爾（鶴岡市五日町木根淵病院気付）宛武田邦太郎（兵庫県揖保郡神岡村池本農場）

封書［鶴岡・石原・手紙1060―7］

合掌　其后御加減如何でせう。引続き御食欲も御睡眠も順調でいらっしゃいませうか。奥様や克枝さんはお疲れが出ませんやうお祈り申上げて居ります。私出発迄の経過、池本兄に逐一報告申しました処、大変な喜びで、一日も速かな御全快を共々お祈り申上げて居ります。こちら池本一家、元気して居ります。御放念下さいます様

池本農場も今年から面目一新し、新設の瓦工場を併せ必ず経営を軌道にのせ、池本兄が後顧の憂なく活動できるやうに一同懸命になってゐます。瓦工場は三月中頃、操業開始の予定で御座いますが、従業員八名、入江先生以下全部信仰者のみでこれに当り、傍ら二反歩の耕地で主要食料の自給に進みます。農場の面も入江先生以下の御努力で遠からず全員御唱題するやうになるものと信じます。池本兄の入信も農場全体のそれと平行して期待できるやうに存じます。

小松、仲條両君も入江、水野先生たちの御導きで朝夕御唱題するやうになり、溌剌たる談論を以てこちらの同輩を啓蒙し、またこちらの事情を学んでは西山の反省に得るところ深いものがあった模様で御座います。両君この度の西下は西山・池本両農場にとり双方に有形無形の収穫をもたらすものと喜びに耐へません。池本農場についての忌憚なき感想をいずれ両君からお聞きとりの程願上げます。両君は本日、甘藷の伊藤先生の許へ出発しました。四、五日で帰って来ましたら、天王山農場を見て月末帰りつく予定で御座います

小泉、曺両先生からは未だお便り御座いません。私は人員の配備と経理面の整理がつきましたら、三月六・七日の法華の集ひに間に合ふ様帰りたいと存じて居ります

合掌

## 240▲適正農家の実験よりもむしろ自給農家、農村工家の集合体として

二月二十七日付石原莞爾宛武田邦太郎封書［鶴岡・石原・手紙1060—3］

合掌　其后御順調に御恢復でいらっしゃいませうか。一日も速かな御全快を朝夕同信の友と共にお祈り申上げて居ります。小松・仲條両君はいよいよ予定を了へて明日出発帰られます。北陸の雪は恐しくひどい模様で御座います が、二人共非常な元気で一路北上されます。私も出来れば両君と行を共にすると何んなに楽しいかと存じます。池本兄一家も農場の人々も心から二人の四十日にわたる御手伝ひを感謝し且、お別れを名残り惜んで居ります。前便申上げました様に二人の西下は西山にとりましても池本にとりましても、極めて意味深いことであったと存じます。池本農場では非常に多難な条件を押し切って瓦工場の建設を進め、当初の適正農家の実験よりもむしろ自給農家、農村工家の集合体として完成する形に進んで居ります。農業面は只今のところでは未だ付近の農家に比して立遅れて居りますが、比較的素直な青年の集いが、やがて入江先生以下の御努力に導かれて今年の稲作甘藷作あたりから真面目を発揮できるやうになるのではないかと存じます。私最初は三月五日までに農場に帰着したく仕事を進めて居りましたが、工場を担当する人々四名、それから炊事を担当すべき満州帰りの女人たちを迎へて、十分もとからゐる人々との間がうまく和合して行ける様になるのを見届けてからでないとどうも安心できませんので来月中頃でないと帰れさうに御座いません。何分お許しをいたゞきたう存じます

池本兄は先日来少し風邪気味で臥てゐましたが、昨日から床を離れ工場の所用で出張したりして居ります。姉が子供の教育のため農場を離れて神戸に行ってゐることが農場にとり大きな不幸と痛感して居りました処、これからは一ヶ月のうち十日は農場に帰って農場の面倒を見ることゝなりました。御影師範の付属小学校の教育が姉にとって非常な愛着の因であるらしく孝君は姫路の中学に入るまで神戸で育てられるで御座いませう。このやうなところが完全に拭ひ去られると農場も急速に完成点に近づけるのですが、これが現在の農場の性格であり、また、入江先生以下の人々

御努力の核心に触れるものであるかもしれません。小松、仲條両君の忌憚ない農場観はきっと興味深い御報告となることと存じます。両君は宮島の伊藤先生のところへ二日ほど行って来ました。反当五千貫を獲る甘藷つくりを必ず西山で実行して皆を驚嘆せしめようとえらい意気込みで、一昨夜は池本兄初め一同に面白い報告をして喝采を博し、池本兄も非常な喜び様で御座いました。速かな御全快衷心よりお祈り申上げます。奥様お疲れが出ませんやう、克枝さんにも宜しくお伝への程を願上げます。

合掌

## 241▲今年中には必ずここを完全な法華農場にしようと誓ひ合って居ります

三月十四日付石原莞爾（山形県飽海郡高瀬村）宛武田邦太郎（兵庫県揖保郡神岡村池本農場）封書［鶴岡・石原・手紙469―1］

合掌　仲條君からのお便りで、閣下には近く御退院の予定が相談に上るほど御快方にお向ひになったが、今度は奥様がお疲れでお休みとのこと承りました。お側近くに居れませんことがたゞ痛恨されます。お二方共一日も早くおすこやかになられますやう朝夕お祈り申上げて居ります

曺先生には先月廿七日御来場、昼夜にわたる御努力により御遺文抄の草案成り十日には小泉先生をお迎へして曺先生の草案に拠り入江先生も加はって、殆ど不眠不休の御精進をいたゞきました。十二日午后、大阪の大原氏宅で精華会の会合がありましたが、同夜で御遺文抄についての御打合せを一応了りました。今后も小泉先生は病気上りのお体に鞭うち数日大阪で御勉強の由、曺先生も更に東京で万全期しての御検討の予定で御座います。お二人の必死の御励み、大聖霊にもさぞ御満足の御事と拝察されます。

小泉先生には、①閣下の御言葉で、淵上夫人宛先生の御手紙を拝見したこと、②私の感じでは、先生の若い人々に対

する強い御愛情の余り却って、閣下の御言葉に従はずとも自分の言葉に聴けと強制されるかのごとき誤解を若い人々に印象させる惧れがあるやうに思はれること、③若い人々を甘やかすやうなことを閣下がなされるはづの絶対なかるべきこと、④渕上夫人は今后もお体の許す限り酵素料理の御活動をなさることが適当と思はれること等率直に申上げましたが、若輩者の言葉を謙虚、真率に心からのお喜びを以てお受け下すった先生の御道念と若い人々への御愛情に今更乍ら尊敬の深まるのを禁じ得ませんでした。

大阪の精華会では立派な青年達に会へて歓喜に心もおどるばかりに存じました。今日の信仰者にとって最も大切なことは何かときかれましたので一刻も速かな異体同心の結成がそれであり、村つくりの具体的実践のうちに必ずその完成すべきことが期待される。また村つくりは異体同心なくして絶対に真の村つくりとはなり得ないと答へました。何れ拝眉の折お教へをいたゞきたう存じます

こちらの農場も次第に見違へるばかりになって参ります。家族を入れて二十名、多かれ少かれ信仰に新しい関心を示し始めたことは農場が本来の使命に目覚めつゝあるのを立証してゐます。今度の滞在中に兄に御唱題させる目標は達成されさうもありませんが、塾生を二つに割った新旧の対立は完全な解消に近づきつゝあります。今日素人ばかりの法華の信者が必死の農業勉強によって兄に兜をぬがせることこそ大宮づかへを法華経と思召せと仰せられた聖訓に副ひ奉る御修行である。今年中には必ずここを完全な法華農場にしようと誓ひ合って居ります

北上の予定がのびのびになり心苦しくてなりませんが、少くも信仰者中心に農場が動いて行くやうにすること、塾生の宿舎を衛生的に改造すること、塾生の炊事を家族の炊事と切離し、自治的に進める設備と予算を確保すること、創業以来の経理的数字を明瞭に算定して今後の経営の基礎とすること、等を目鼻つけてでないと、私がゐなくなれば到底どれもらちのあきさうもない現状で御座いますので、西山の四月の法華の集ひまでこちらにとゞまることお許しをいただきたう存じます。兄は今后も年に三回くらいはこちらに来てくれないかと申して居りますが、この次の西下は恐らく出来たとしても西山の収穫が終ってからでないと不可能で御座いませうから、今度できるだけ手伝って参りた

いので御座います
精華会東北連絡版、御覧下さいましたでせうか。原稿に聖人と書いたのを上人と誤記されたり、閣下の御言葉の下に入れるべき（西山）が私の名の上についたり、私の信仰の不足を明瞭にお示しいただきました。恐縮の至りに存じて居ります
合掌

242●第三回目の開腹手術を受けました

三月十八日付高木清寿（栃木県芳賀郡逆川村）宛石原莞爾（山形県飽海郡吹浦村）葉書［憲政・高木清寿関係文書4―81］

其後ますます御健康御奮闘の御事と存じます。老兵一月二十日鶴岡市にて第三回目の開腹手術を受けました。手術は極めて順当に行はれたのですが、傷口化膿、余病続発、甚しく衰弱して三月九日辛じて帰宅静養してゐます。伊那（歩四中隊長）茨城県鉾田町にて農業をやり元気で居る由、又、登米郡中隊長たりし大久保大佐は商をはじめ大張り切りでしたが、先達て突然自刃しました。誠に残念です

243▲酵素肥料も段々評判になり

三月二十一日付石原莞爾（山形県飽海郡高瀬村西山）宛伊奈重誠（茨城県鹿島郡鉾田町西台）封書［鶴岡・石原・手紙78―6］

謹啓　十二日付の御はがき昨十九日有難く拝見致しました。御病気が悪化されたのではないかと想像して居りましたが、矢張そうだったのでした。然し再手術も終られ御退院遊されました趣、何よりと存じます。大切な御身体、特に私にとりましては精神的な支柱、どうか御静養御快癒の程を祈念申上げて居ります。人心悪化の混沌たる世局、日本を本当に救い得るものは閣下をおいて他に人はないと確信して居ります。病魔の退散を祈らずには居られません。大久保君の最後が余り突然だったので、さっぱり事情が呑み込めず自分勝手な判断でした。大久保の霊に申し訳ない次第で御座ゐます。本県の某炭鉱に働いてゐた先輩から便りがあり、返事を出しました所、不意にゐなくなり、自宅の息子さんからハガキが参りました。大久保君最後の報のあった直後でありました。次で大久保未亡人から御便りがあり、何れも明示はされてありませんでしたが殆んどはっきりと事情が呑み込めました。大久保君は大久保らしい最後を遂げられたものと敬服に堪えぬ気持で居ります。人間と云ふものは自分のやること以外には判断出来ませんことを、こんどのことで痛感し恥しく思って居ります。

畑もそろそろ忙しくなって参りました。甘藷の苗代を作ったり馬鈴薯を蒔いたりして居ります。それに私のやって居ります酵素肥料も段々評判になり村の青年や隣村の青年が訪ねて話を聞きにくる様になり、此の二十六日には師星先生に来て頂いて講習会をする迄の運びとなりました。此の方の普及も相当忙しい仕事となって参ります。次に前便で御報告申上げました生産組合も軌道に乗り、組合員の増加も著しく、将来発展の見込みが確実となりました。小売部を引き受け野菜売をやって居りますが、僅かな手間では誰れも引受け手がなく、畑が忙しくなるにつけ閉口して居ります。仕方なく此の頃は午前店へ出て、午後畑と云ふことにし暗くなるまで働きつづけてゐますが、身体がいくつあっても足らぬ思ひをして居ります。小売の方に品の新鮮と値段の低廉、それに目方の確実とが評判となり遠い所からもわざわざ買ひに来てくれ、店の信用は絶対的となりました。農民の支持も大したもので待望の組合が出来たと喜んでゐてくれます。

然し世の中はこんなものかと思ふ程、同業者の悪口、中傷が激しくなり、馬耳東風と聞き流して居りましたが、此の程、東京市場への人参出荷で一寸痛い敵をとられました。農業会とも手続に関し打合せをして人参を集荷し貨車で築地市場へ出すこととなり貨車に積み込む間際に警察から出荷禁止を喰ってしまひました。土地の顔役である同業者が警察に密告した結果なので、当方は合法的集荷法と思ってゐました処、若干不備な点があり、之を押へられた訳けであります。農業会へも談判しましたが従来の慣行法ではそれでよかったのだがと逃げられ当方に手落もあったことですから、あっさり警察を引き下り荷を駅から引取ってしまひました。純粋な気持でやってゐることが彼等には到底理解出来ないのです。勤労奉仕的に大した手当も取らず小売をやる、それを理解出来ないのです。儲けがなくては何んでもしないと云ふ彼等の立場からすれば私のすることは不可思議極るものらしいのです。人参の出荷も人参の余ってゐる此の土地から野菜不足の東京へ少しでも送ってやらふ、将来夏場に於ける出荷の道もこれでつけておこふ、利益はなくとも将来のためだとの気持が莫大な利益のある闇取引と中傷されたり、部下のものが昔をなつかしがって店へチョイチョイ姿を現はすと復員軍人が陰謀を企んでゐる等云はれ人心の汚さには驚いても居ります

同業者の妨害は予期して何時かは来るものと考へてゐましたが出荷問題で足をすくわれ様とは思ってゐませんでした。農民の出資でやった仕事なので資金の回収には考へを廻らして居ります。此の事件では心あるものの同情を却って買ふ結果となり、農民の団結が益々強固になった利益も見逃し得ません。純真な農民は出した人参はくさらせてもいいから受け取った金は御返ししませうとも云ってくれます。又、わざわざ激励にくる人もあります。有難いことと思ひ困難に堪え農民のため奮闘したいと考へて居ります

つまらぬことを例に依り長く書きつらねました。御静養を切に祈り上げます。正しいことでも中々通用しないのが此の世の中だと云ふこと、警察も正しさを護るためのものだのに頼りにならぬものだ、こんなことを今更ながら体験致しました。貧乏人にはつらい冬も漸く過ぎ去らふとして居ります。益々働くことに致しませう。

敬具

三月二十日

伊奈重誠

### 244▲法華宗教学部長小笠原日堂師が此度全国区から参議院に立候補され

三月二十六日付石原莞爾宛（入江辰夫持参）武田邦太郎封書［鶴岡・石原・手紙469―2］

合掌　十日頃御退院の御希望とか承って居りましたが、其后の御経過如何でいらっしゃいませうか。まだ、奥様の御疲れはもう御恢復なさいましたでせうか

入江辰雄先生は御帰国后、是非一度拝眉、御見舞申上げたいと念願して居られましたが、此度、私のこちらに居ます間に御念願を果されることとなりました。先生に託して左の通り御報告やら御詫びやら申上げます

一、小泉・書両先生は其后主に大阪にあって御研鑽をつゞけられ、在阪中に一応の草稿を完成したいと二、三日前も小泉先生からお便りありました。廿九日には大阪の精華会事務所で再びお会ひする予定で御座います

二、両先生は御研鑽の間にも各地同志の要望に応へ御教導にお忙しい模様で青年の動きは非常に活発になって居る由、奈良で平沢、高島君等が中心になり篤志家から五十万円位の出資を受けて村つくりの計画が具体化しかけてゐるから、一度出向くやうにとのお便りにも接しました。西山では小松、仲條君が西山の法華農場化を誓って帰られましたから、その方の運動は急速に進むことゝ存じますが、尚、両先生にも御相談してたびたび精華会の講習を西山で行ひ、西山の諸君の使命自覚を促進させたいと念じて居ります

三、池本農場が正法流布の一拠点として急速に変貌しつゝある模様は入江先生から詳しく御報告申上ることと存じますが、所期の如く私の滞在中に池本兄に御唱題させることは困難のやうに思はれますけれども、兎に角、君等に負けぬやう大いに法華の道を勉強しようと申して居りますし、塾生は悉く打揃って御修業をする段階に入りました。入江先生は池本兄の完全な信頼を獲得され、全塾生の教育を委任されたのみならず、恐らく今后農場の発展の推進力となるべき瓦工場の支配人になられる模様で御座います。先生の不撓不屈の御努力が遠からず立派な実を結ぶことを確信して疑いません

四、法華宗教学部長小笠原日堂師が此度全国区から参議院に立候補され、池本兄を通じて協力を依頼して来られました。私共が今、政治運動にタッチすることは可成慎しむべきで御座いますけれども、一つには気骨に富む同師が立派な同志となり得る方でこれが宗門の青年層を啓蒙する機縁ともなればと希望されますし、二つには従来なみなみならぬ池本農場への御協力に御報ひできればとも存ぜられますので、口頭推薦の方法くらいなら連絡のつく範囲でお手伝ひしてもと思ひますが如何で御座いませうか。勿論御思召によりましては直ちに翻意致します。入江先生まで何分の御言葉を賜ります様、尚、同師は宗門の革新に絶対死力をつくす旨を閣下にお誓ひ申上げるといって居られます

五、私、一日も早く帰北して西山の建設に参加させていたゞきたく、日夜焦慮して居りますが、主要人員を揃へ歩調合せて進めるやう膳立てを頼むと兄から依頼されて居りますのに各人都合がまちまちで速かに集結できず、また、開場以来の経理事務の整頓を命ぜられてゐるのに漸く三日前に資料の提供をうけた様な次第で、帰北の日程が延び延びとなり、心から恐縮に堪へません。また、此度は桐谷さんから苦渋工場の資金につき金策の相談を受けましたので、これについても資本家へ交渉の資料を早く届けて貰ってできる限り努力してみたいと存じます。日程が一層遅延を予想されることとなりましたが、何卒あしからず思召し下さいます様、お二方の御健康の順調な御恢復をお祈りして居ります。小野さんまだおいでゞしたら宜しく御鳳声の程を願上げます

合掌

## 245●農法の効果着々揚りつゝある由、欣快の至り

三月二十九日付高木清寿（栃木県芳賀郡逆川村）宛石原莞爾（西山）葉書［憲政・高木清寿関係文書4—82］

御便り三通拝見しました。わざわざ御出下さるとの事恐縮千万です。決して無理して下さらぬやう御願申上げます。

農法の効果着々揚りつゝある由、欣快の至りです。当地、例年より雪消え十日位遅れ、昨今やうやく畑仕事がはじまりました。たゞ見てゐるのは退屈で、早く畑に出たくてたまりません

**246▲石原閣下に対する虚偽と捏造のデマが余り多く、而も余りにまことしやかな巧妙を尽してゐるので**

四月二日付石原莞爾（山形県飽海郡高瀬村西山農場）宛曺寧柱（東京都江戸川区小岩町三ノ一三二〇東原寅錫方）封書［憲政・武田邦太郎関係文書39―11］

合掌　閣下の御容態は如何遊ばされ候や案じ奉り候。奥様には御衰弱の御容子拝承、当方一同気遣はしく存じ上げ候。

小泉先生は病中の処、やっと御離床、三月十一日農場に来られ、御遺文類別は小生の作成案に基いて三人意見を交換の上、漸く完了致し候。閣下に御覧願ひ色々御指示を給はり度く、尚ほ、類別は早急に製本予定に候へども、表題は未定にて候。

武田先生は四月中旬頃、上東の様子、其節一日位ひ千葉方面に農場さがしをし、直ちに西山へ同伴申し度く候。

小泉先生担当の初心者の為の三部作も基案が成り青少年の宗教開拓を思へば心強く候。農場の所生全員は近日御唱題、勤行を欠かざる由、武田、入江両先生の日頃に於ける御努力の程、感じ入り候。

三月十二日は大阪の大原氏宅の勤行例会に小泉先生、武田先生、小生が列し、十四日は、小生、ナガハマ寺さんに参り御快諾を得て、十六日は奈良精華の例会に小泉先生と一緒に列し、二十三日は大原氏宅で波松女史の深江精華員と会ひ、二十六日は但馬精華の発足あり、三日間小泉先生と小生がお講申して盛況裡に散会致し候。青年の宗教心は純正に芽え居り候。

大阪の精華員十三名は就れも同胞青年のみで一週一回の勤行日にはまじめに十数人御唱題を続け居り愉快にて候。

蓮見博士は学界発表会の為め四月三日下阪の御予定、大阪青年が宿泊万端の周旋を担ひ居り候。小泉先生は三十日（三月）帰郷され、小生も同日上東致し候。ナガハマ寺さんの用向は拝眉の上申上度候。昨夜、牛島先生にお遭ひし、今田様（シンタロウ）は目下、東京御住居の由承り候。

目的の為には手段を選ばぬ共産党と日本人一般から嫌がられる節操のない者共の、石原閣下に対する虚偽と捏造のデマが余り多く、而も余りにまことしやかな巧妙を尽してゐるので、正義と人道を愛するマ司令部の正確な判断を時には誤まらせる因子と思ひ、新日本の平和国家樹立に日夜苦心惨憺する連合軍の為、同情の念を禁じ得ず候。須らく人事に関して科学的な検討を試みるマ司令部は、必ずデマとは正反対の閣下であることを公平に何時かは信ずるに至るであらうことを疑はず候。如何にも進駐軍に全的誠意を示すが如く振舞ふ日本人が御座候へども、其の実は利己的打算から司令部に嘘を報告する様では正しい新生日本は生まれず候。

小生の見る処ではアメリカ人は純真正直で、ややもすると一部日本人の非良心的な者共のデマと偽りの投書に目下は是非の判別に苦労されるが、これも馴れぬ異国に進駐した無理からぬ点、追々国情民情に馴れ参るに従ひ閣下の正しい人格も認むに至るべしと信じ奉り候。若しさなくば正義のため人道のため闘ひ抜いて始終軍閥の迫害を受けし閣下の御業績は水泡も同様、しかれば神も仏もクリストの恩寵も疑はしく候。共産党又は一部野心家共に惑はされるの如き非科学的な連合軍では決してない筈、神又閣下を見捨て給はず、拠って閣下は一日早く御病弱を恢復せられる様願上候

小生、旅行の車中でよくよく終戦当時の閣下の御言葉を思ひ浮べ候。終戦時の閣下は、正直に従来のお考へを反省せられ、平和人道の新日本樹立のみに専心すべきである旨御断定御力説されしことは実に宗教家らしい面目を剰す処なく呈示せられしと拝察候。小生斯く申すことは若輩の分に過ぎた言辞には候へども、朝鮮人の忌憚なき心情として申上げるまでに候へば何卒御宥免の程願上候

よし一部であるにせよ、閣下を非難する声が国内に存する限りは、まだまだ共産党の発展の時で彼等をして侵蝕の

余地を与へる絶大な隙にしか過ぎぬものにて候
　道義日本の建設を祈って已まぬ小生共は宗教家としての閣下の評価が日本国民間に正しく行はれる日の到来の早からんことを併せて祈り居り候
　季節の代り目、病中の御身、何よりも御大切に遊ばされたく、奥様にも弱きお体にお気付け遊ばさる様御安慮下されⅾ度く願上候。先づは右お伺ひまで如斯御座候。頓首

**247▲同志各位と相談をして先生をお迎えして御養生して頂けるやう宿舎の手筈をして来ました**

四月三日付石原莞爾（山形県飽海郡吹浦村）宛田中随憲（和歌山県日高郡南部町）封書［鶴岡・石原・手紙472］

合掌　絶えて御無沙汰致しまして申訳ありません　御手術後の御容態や経過は先月木村先生宅で貴地から見えられた太田様達に承りました。
三十一日白浜に行って今津老や同志各位と相談をして先生をお迎えして御養生して頂けるやう宿舎の手筈をして来ました。少し不便な為、誠に恐縮ですが邦家の為、関西育成の為、是非御決行下さる様御願ひ致します。佐々木様来られたら、よく御相談をしてお迎えして御伴下さる様頼むつもりしてゐましたが、本月中に出向される由便り頂きましたので、一日も早く奥様佐々木様をつれて御越し下さる様御願ひ致します。試作して頂く畑も用意して置きます。要用御願ひ申上げます

四月三日　随憲

248▲関西各地に求道の集ひの出来ます事は、丁度この頃の野原に草々の芽が出るやうなすがた

四月三日付石原莞爾（山形県飽海郡高瀬村西山）宛小泉菊枝（四国善通寺町大麻）封書［憲政・武田邦太郎関係文書27―2］

合掌

神経痛がおひどくいらつしやいます由　折角御退院を御よろこび申上げましたのに本当に本当に辛い事でございます　まだまだ私共の精進の足りません為でございませう　一日も早く何ひとつ御病苦のあらせられません時を招き出しますやう努力いたします　どうぞもう少しの間お待ち遊ばして下さいませ

曺先生の尊い尊い御精進の御草案を基としまして　池本農場で　武田先生　入江様と御一緒に　まる二日　真剣な検討をいたし　その後は大阪を中心に　或は奈良に或は城崎、和田山にと精華会の講習会に招かれつゝ　曺先生と二人で詳細な検討を加へまして　やうやうおよその見通しもつき、又　私の御役目であります初心者の三部作への御助言等も頂きまして　三週間の旅を終り　去る三十日夜　無事帰宅いたしました

出立は私の病気の為　次々におくれ　それもまことに魔障らしく様々の病状でありましたが　閣下十日に御退院と承って居りましたのに百万人の味方を得ましたおもひで何としても十日には立つと決意し実行いたしました　このほど承り　閣下は一日早く御退院でいらっしゃいました由　それではもう一日早く出かけられたかも知れないなど、思ふ程でございます　御加護におすがり申して人間の弱い力が強くなることが身にしみてわかるのでございます　旅行はひとしほ困難になりましたが　比較的楽な旅をさせて頂きました　それに同志の方々が　それぞれ治療師になられ御手当下さいますので元気で御仕事が出来ました　大切な御仕事の合間に御集まりを持ちます事は　如何かと存じましたが　一日座ったきりで御遺文にお向ひ申してゐますより、時々会合を持ちながらのお仕事の方が　実際には気分も変り能率も上るやうでございました　関西各地に求道の集ひの出来ます事は　丁度この頃の野原に草々の芽が出

るやうなすがたでございました　それが全部真に結実いたしますかどうかはわかりませんが　とにかく次々と芽生えはじめました　大阪には深江精華会が出来　その中の一人は身延の学徒で身延学園から革新の火の手をあげると申しました　奈良では女高師内部にひろがりはじめました　但馬精華会発会式には五十名近い青年男女がつどひ　三日間の講習も中々真剣なよい質問を出して下さいました　かつて念仏者でした中村先生は　御本尊にお仕へ申す態度について頭の下がるやうな質問をして下さいました　勤行終ってのち懐中御本尊をお扱ひ申す時　お粗末になりやすい心のゆるみをどうすればよいのか　などといふ事は　事実心の底からお仕へ申していらっしゃる方でなければ出せない悩みの問ひでございますし、昨秋来　但馬の方々がどんなにまじめに精進していらっしゃるか　よくわからせて頂きました　自行化他についての熱心な質問もありました　それもまごころこめてクリスト教者や真言信者や念仏者たちを改宗させたいと思ひつゝ　至らない自分の生活をふりかへってはためらっていらっしゃるつゝましい御すがたのうかゞえる質問でありました　鳥取・丹後等から参加した方々もそれぞれ御自分たちのところで炬をかゝげることをお誓ひでした。偶然　樋口義重氏と御一緒になりましたが　どうやら樋口氏も　三日間御一緒にゐて下さって法華の内容にふれられましたやうでうれしうございました　佐々木政一氏も一日見えて周山精華会を約して帰られました　加うるに曹先生の空手のおけいこを講習科目に入れました為　ひとしほ活気づいて楽しいよいお集まりとなりました　上夜久野で御精進の瀧本氏は最近奥様を亡くなされて　信仰の本筋に飛び込んだと告白され　農場の少年たちと共に参加なさいました　いづれ曹先生が参上の折に種々御報告なさいます事でせう　聖典編纂の尊い副産物でございました

大阪では又久しぶりに井上義郎君に会ひまして色々お話が出来　うれしうございました　井上君ももう一歩深く考へる時に際会してゐるやうでございました

池本農場は武田先生方の御精進により殆ど御題目の人々になりました由　帰宅前日　又武田先生御上阪になりまして承り歓声をあげました　武田先生方もいよいよ精華会の一翼として御活動なさいますやうでございます。お伺ひ申上

げました十日夜おそく　武田先生と入江様からそんな問題についてお話がありましたが　それは何でも美登里さんから　わとう会の方々へ御質問状が行きましたさうで　それを中心のお話でした　わとう会の方々はどうやら私に御不満があるらしく感ぜられましたが　具体的なお話としましては、大聖人中心と言っても私共の凡下は一人々々が直接大聖人に異体同心し奉ることはむつかしいから　現に生きていらっしゃる如説修行の人中心に結成すべきで　その御方は勿論閣下でいらっしゃる。〝閣下は単なる先輩ではなく特殊な御方であらせられるのに　どうも小泉一統はそこまで徹してゐないらしい〟〝特に美登里さんの御手紙などによると御老兵様と小泉を並べて大切にしたりしてゐる〟といふやうなことでございました　私が手引きとなった娘たちが法華信者となった喜びを　小泉の恩におもふあまり、さういふきらひを多くの方々におかけ申すやうな気配はまことにまことに私の不徳の為で　その点は一も二もなく唯々頭を下げるばかりでございましたが、第一の大聖人中心　御遺文中心は凡下には不可能といふ事はどう考へましても大聖人の思召しとちがひますので、その点は、はっきりちがふと思ふ旨申上げました。それから、次に　閣下を私は決して単なる先輩と申してはゐません旨を申上げました　あの精華会新発足の宣言に用ひました先輩の語は　大先生のお言葉そっくりであって　精華会運動の実際体験上、閣下を偶像視し奉ることのどんなに邪道に走りやすいかを百千万苦い味をなめてあの宣言を書きました旨御説明申上げました　それでもお二人とも最初は中々真意をおわかり下さらず　その点がちがふから精華会と合流しないとおっしゃいました。どうもさういう事は私には解しかねました。伊地知先生は勿論入江様もすでに会員で、まだ脱退なさったとは伺ってゐないのですし、どういふ事かと存じましたが、私にひしひしと感ぜられますのは　満州のあの最困難の中で　超人間的な伊地知先生の純潔な御信仰の指導下に、苦楽を共にしつゝ精進しつづけられたこの方々が、帰国第一歩でそのなつかしい師を失はれ異常な興奮と感激の中にいらっしゃるのだといふ事でございました。それゆゑ皆様が別にわとう会で御活動なさった方がよいと思召すならそれもよい事と思ひますが、然し私としては　あなた方が精華会と一緒に活動出来ないといふ御理由をどうしても発見できませんのですがと申上げました。それから色々お話し合ってゆきますうちにいつとなしにわとう会の方々も精華会の中で御活動になることになってゐました。凡下の一人々々には大聖人に同心し奉る力はないという問題はそのまゝになって居りますが、わとう会の方々が観念を排しあくまでも活事業でゆかうとなさる御真意の表現と見ますといかにもうなづけます事でございますし、そのやうに解させて頂きまして、わとう会の皆々様の縦横無尽の御活動を賛美したいと存じました。そして私はもっともっと精進して真に〝黙然信受〟頂けるやうな身にならねばならぬとしみじみ思ひました

大聖人の女人成仏を手本とすの御言葉は骨身にしみ通るやうでございます　誠に誠に女人の生命の複雑さは御題目に徹し切らずにはどうしても至妙の境を現はせないものと思ひますにつけ　受命の重大さを思ひます　武田先生と種々お話申し上げつゝ満州での血のにじむ御精進の光を時々はらわたの底まで頂戴して歓喜にふるへましたわとう会の方々も最高潮に達してプツンと弦の切れたおもひを定めしもてあますほどでいらっしゃいませう　そしてきっときっとこれからが難関でいらっしゃいませう　在りし日の伊地知先生の御友情をおもひますにつけても　この方々の為にもし私で何かお役に立つ事があるならば何でも致しませうと思ひ、この方々のご苦労を御見つめ遊ばした御本尊様にもさやうひそかに申し上げました

帰宅いたしましたら東北　九州等の未知既知の青年男女から真剣な求道のお手紙が来て居りました。最近、岩手、宮城の若い方から熱心なおたよりがまゐります　東北に揚がる火の手を楽しく思ひつゝ淵上様を御紹介いたして居ります　千津夫人からは六月にはお母様になられるといふ吉報がまゐって居りましてうれしうございました　御両親の御唱題の中でどんなに美しい魂が育つことでございませう。野呂さんからも銚子町からよいおたよりが来て居りました　身体が丈夫になったら誰にも迷惑をかけぬやうにしながら行脚して歩きたいと思ふほどでございます

帰宅して驚きましたことは　良雄が救国青年聯盟の善通寺支部長として党推薦の県知事候補者森常太郎氏の応援に朝から晩まで或は泊りがけで走り回ってゐることでございます　あの消極的な子がこんなに情熱を示さうとは一寸想

像出来ませんでしたので　眼を丸くして居ります　昨日は社会党とせり合いの演説をやったとか申してしはがれ声で帰ってまゐりました　深い心からやりはじめた事ではないらしく態度にはたくさん物足りないものがございますが責任者となって更に年弱な中学生女学生などの党員を指導したり演説会の時　共産党員の野次を受けたりしてゐますうちに実際社会の実情について考へはじめたらしく救聯もこのまゝではいけない　もっともっと党員を訓練しなければいけないなど、云って居ります　一昨日からは建設大綱を持って出かけたりして居ります　厚い雪がとけて若緑がチラと見えた時のやうな何ともいえないうれしさで一杯でございます　良雄は心臓が少しわるうございます　通年動員当時の地下工場の冷えもまだ影響してゐるやうでございますが　鍼をしてやりませうと存じて居ります　私の健康は今一番感じますのは頭のつかれでございます　まるで昏睡のやうによく眠りますが　それでも朝　後頭部が長座した時の足のしびれがなおる時のやうなあんばいでいくらでも引込れるやうに眠たくて恥かしいやうでございます。頸から背部へかけても同じやうな感じが致します　二月末には百会を鍼で治療しますと　そこに分泌液がかたまったり致しました　然し是らはみんな古い毒素が出てそこに新しい生命が伸びてゐるのだと私は確信しまして心身の構成まで革命されることの実証を我が身の上に見ようと元気一杯でございます　どうぞ御放念遊ばして下さいませ　一日も早く御全快下さいますやうに

合掌

四月三日　小泉菊枝

**249▲わとう会の方に対し、一抹の不安を持ってゐましたことはすべて私の薄信の為でございました**

四月十七日付石原莞爾（山形県飽海郡高瀬村西山）宛　小泉菊枝（香川県善通寺町大麻）　封書〔憲政・武田邦太郎関係文書27―3〕

合掌

御気分は如何様でいらっしゃいませうか　いつもいつも御心配を御かけ申上げてばかりゐます私が今日は本当に本当に心の底からのお詫びを申上げます　わとう会の方に対し、一抹の不安を持ってゐましたことは　すべて私の薄信の為でございました。……………………（中略）……………………武田先生が御案じになって、私の帰宅後一生懸命な御手紙を下さいました。それに対しまして私も率直に私の不安を申上げ疑問を全部御尋ね申上げました。武田先生は今日その御返事を下さいまして詳しく御教へ下さいました。私の疑惑はすべてなくなりました。

……………………（中略）……………………

どうぞ、御病気が御快くおなりになりますほど　徹底しました信行を確立させて頂きたいと存じます

御加護あつくいらっしゃいますやうに

四月十七日　　小泉菊枝拝

## 250▲ミシンは必ずやり遂げる決意

四月二十三日石原莞爾宛山口一太郎封書［鶴岡・石原・手紙804―1］

前略　先日は病床の御方に失礼な御電話を差し上げ申しわけありません。雑音を通じ高訓仄かに了得仕りました。其の後の電報、正にペシャンコ！　叱り飛ばされ骨身にしかと応えました。あれはよく考えた上やらせたので、彼の独断ではありません。小節の信義を立てんとしお縄を頂戴した私が苦しまぎれの剣先の妙味（？）悪結果を招いたとすればどうぞ御助け下さい。

澁谷宛及び土田・市原宛の手紙の写しを封入致します。よろしく御願申上ます。自身拝眉の上と存じましたが、しき

いが高くて卑劣ながら使者を立てます。私も高橋も鬼が出ようが出まいが、ミシンは必ずやり遂げる決意であります。末筆で失礼ではありますがあと最小限二十年だけは生き続けて下さるようおいやかも知れませんが御自愛下さい

二二、四、二三、　山口一太郎

二伸　本夜、岩手向け出発、五月二日帰京致します

［同封書簡］昭和二十二年四月二十三日付土田組合長・市原工務部長宛山口一太郎意見書

一、無事創立総会を済ませられ結構でした。さぞ御心労の御事と御察し申上げます。其の後の経過を農林省から二度も尋ねられました。折角皆さんが列席された事でもあり、又今後も色々御力添えを願わなくてはならぬ事でもありますから、農林省、県庁、県農等に月報とでもいうような形で詳しい報告を出すようにしたら如何ですか。今後の交渉にも好都合と思います。その際は序ながら東京事務所にも一部御送り下さい

二、土田組合長の御当選を祈ります。その暁には八面六臂の大活躍を期待します

三、市原氏上京見合せの御手紙、岩村から見せてもらいました。表から読むと最後には山口一人が腹を切ってお百姓さんに詫びなければならぬようでありながら、実の処腹を切らせずにうまく纏めようと御腐心の体がありありと読み取られ「流石は市原氏よな」と感じ入りました。岩村が表から読んだかどうか、まだ詳しく聞いて居ません。しかし市原さんは必ず来て下さると楽しみにして居ます

四、生命を捧げた尊い仕事、鬼が出ようと蛇が出ようと日本再建の為戦い抜くだけの事です。選挙の片付き次第大いにやりましょう。時利あらずんば利ある時の来るまで待ちます。山口も岩村もお百姓さんに負けないだけの辛抱つよさを持合せて居ますから御安心下さい

五、山本工場だけは生き身の事ですからうんと真剣に御考え下さい。此の事は澁谷さんにもくどくどと願って置きました。なお従来の経緯の大要を別紙に書きとめて高覧に供します。失った金はかせげば又手に入ります。失った人の

心は覆水盆に還りません。最小限度二十万の手当だけは此の意味で他の一切と切り離して断行して下さい。くれぐれも念には念を押して御願い致します
六、坂本技官と石田博士の一行の山形市工作は非常に好成績でありました。結果は石田博士から御通知申上げる事でしょう
七、私は今夜上野発岩手県へ向い、五月二日帰京の予定です

〔同封書簡〕四月二十三日付澁谷勇夫氏宛山口一太郎封書
前略御快方に向はせられた趣を承り安心しました。直りぎわの養生が大切の事故呉々も御無理のない様に祈ります。病床の御方に用向の手紙を差上げ誠に恐縮ですが、御気分の良い折御読み下さい。

ミシンの件

一、坂本技官も貴下が重病の床の中でうわごとにもミシンの将来を御心配の趣に感激して御見舞に上られ共に白崎先生と打合せ例の注射を断行する事に定めたものです。其の後山形でも非常に奮闘せられ各方面好転して居ます。又、坂本氏帰京後も貴下の容態の問合せあり、快方に向はれた由御知らせしたところ大変喜んで居られました。御全快の上は是非御礼状など御出し願ひます
二、何かの御縁で貴下を責任者とするミシン工業に専心する事になりました処、いざ実施といふ暁、責任者が変更になった上、町村長も町村農業会長も顔振れが変わるやも知れず残念至極、然し世はどう変ろうとも「飽海の澁谷」と言う地盤は微動だもせぬ事はよく分かって居ます。将来、陰に陽に此の仕事の完成に御力添へあるものと信じます。従来の経過をよく申伝えて下さい
三、読売新聞の一件は非常な痛手でした。小生の助手を務める者が貴地で別な勢力に対して打った手の微妙な意味は貴下ならばよくおわかりと存じます。阿曽君等に誤解なき様御話し下さい。小生も助手も決して信義にそむく人間で

はありません
四、五月十日までは選挙騒ぎ、それから五月末までは人事異動、ミシンの話は其の以後とならざるを得ないでしよう。
三月中に工場を開こうと死物狂いで努力しましたが微力及ばず失望落胆の毎日を送って居ます
五、小生の見解では敗戦日本の再建は保守勢力の人々の力を以て新しいイデオロギーによる活動をする以外にありません。貴下を始め従来から小生とおつき合ひのあった方々の奮起を切望します。農村工業を開いて三年経てば、必ず夫れに尽力した人の功績は認められます。重ね重ね奮起を切望します
六、山本工場の事を御忘れなきよう願ひます。これは別紙「山本工場について」に書いた通りです。少くとも今十万円位を送られるか、夫れを東京で調達する為、機械の一部を処分してよいと云う委任状をいただきたいのです。此の事は土田さんにも書きます。此のことは病中の貴下のなされる事ではありませんが、貴下の助言により組合長にやって戴きたいのです

椎茸の件

一、やっとの事で二十一日十五万円を杉浦氏から受取り東京理化え払いました。あと僅かの金を払えば東京理化の支払いは済みます。之れについては古茶君も涙ぐましい努力をし、古茶君自身も一万五千円を杉浦氏に貸した位です
二、今春は五千本の壜で打切る事も考えられないではありませんが、夫れでは農林省、商工省に合す顔がなくなります。是非少くも一万本は今春作るべきであります。その方針で進まなければなりません
三、ミシン関係では、此の四月限りで一切の事務員を整理し、山口、岩村、高橋だけになりました。然し東京に於ける椎茸関係の事務は多端を極めて居ます。製壜用の石炭や曹達灰の取得、封蝋用パラフィン、ロジンの取得に、官庁及統制会の窓口が二十三あります。従来は古茶君の他随時ミシン関係の者が従事していました。今後夫れを誰がやるかを御きめ願わなければなりません。小生は殆ど東京に居ないので時たま局長級課長級と政治折衝するだけで、他は古茶君がやって来ました。将来とも東京事務所を存置し、古茶君他一名に事務を担当させたい考えです

四、椎茸勘定からミシン勘定に返却すべき一万円はまだ返してありません。東京理化に十五万円全部をやらなければならぬ事情があったのです
小生今二十三日夜上野発土沢行、五月二日帰京の予定、御全快の一日も早からん事を祈ります

昭和二十二年四月二十三日　　　　　　　　　　　　　　山口一太郎

澁谷勇夫様

［同封文書］山口一太郎「山本工場について」（二二、四、二三）

一、山本仁之助氏の経営する山本工場は其の規模こそ小さいが古くから帝国ミシン株式会社の専属協力工場としてミシン部分品の生産に従事し、氏独特の治具を使用し、従業員の全員が未熟練工であるにも拘らず、部分品中最も製造困難なものを最高の精度で生産する点で業界に令名が高かった。

私は庄内でミシン部分品工業を起す事になりそうな気配を感じた十月十六日何年振りかで同工場を訪れた。工場は戦災で焼けたままであったが、山本氏は翌十七日から其の復興に乗り出す決意を語ってくれた。私は「近く農村工業としてミシン部分品を生産するようになりそうだが、力を貸してくれ」と頼んだ。山本氏は私との旧来のつき合い上、夫れを快く聞き入れてくれた

二、昭和二十一年十一月十一日、鶴岡で庄内農村ミシン工業発足の話がきまり、技術の中心人物として山本氏を起用する事になったので、直ぐ電報で山本氏及令息修君を呼び寄せ、両氏は十一月十四日酒田に着き、酒田ホテルで山木・澁谷両氏の招宴に臨んだ。私も友人田中博士も同席した。山木・澁谷両氏は改めて山本氏に技術の中心人物たる事を依頼し、且つ「事庄内に関する限り此の山木と澁谷とが御約束した事は絶対に果す。決して御迷惑はかけぬから、技術者などもよく人選して、一日も早く此の工業が成り立つよう尽力してくれ」と頼んだ

三、其の時、山本氏に対して条件を尋ねたが、山本氏は「此の事業は大変な大仕事です。山本が技術指導をすると

云うような生やさしい事で出来るものではありません。山本工場を潰して粉にして完全に庄内の土地に溶け込む事によって始めて山口さんの大仕事が成り立つのです。海のものとも山のものともわからぬ仕事に一家は勿論幾多の優秀な技術者を投入するのですから、大ていの決意でない事は御判りでしょう。今、何百万円呉れと云うような事は申しませんが、私達の此の意気込みを腹に入れてあなた方の気の済むような待遇をして下さればよいのです」と答えた。一同頭を垂れて傾聴し、山木、澁谷両氏は「我々百姓は何もわかりませんが義理だけは重んじます。今の御申出は必ず果しますから安心して準備を進めて下さい」と約束した

四、取り敢えず着手しようとする十四種の部分品を作るのにも百種以上の治具が必要で、夫れ等治具の部分品は二千点以上に達し、其の設計製図は容易な事ではなかった。元来、治具は生産を黒字にする生命線であって、其の設計料に値段はつけられないものであるが、特に山本氏の治具の如き高性能のものに対しては今日の物価から見れば一種一万円は尚安きに失する程度のものである。従って百種の治具設計に百万円と評価しても高くはない。又、設計には此の方面に秀でた熟練技術者を用いても一種につき延べ十五日の作業を必要とするものである。従って山本氏が三人の熟練技術者を助手として、一ヶ月に八種、従って百種の設計には一年を要する計算になる

山本氏は山木、澁谷両氏の依頼により大急ぎで帰京し

榎本君　終戦まで小倉工廠に勤めた治具の老技術者

桑島君　帝国ミシン創設以来同社の工作図治具図を扱った技術者

若栗君　日立兵器株式会社の治具技術者

の三名を集めて設計に着手すると共に、小倉工廠の若い治具技術官であった森田君に招請の手配をし、更に若栗君の舎弟小島君に山本工場の整理を命じ、他に二名の技術者にも参加を求めた

五、榎本、桑島、若栗、小島の四君は十二月から仕事に取りかかり、森田君は大分を撤去して家族と共に四月二十一日上京し、他の二名は新潟と千葉で従来の勤め先を辞して待機して居る

六、昭和二十二年一月下旬、梶原、伊藤、桐谷、阿曽、遠田の五氏上京の節、及、二月下旬、澁谷、市原、村田、桐谷、友野の五氏上京の節、主な者三名が山本氏宅を訪問して呉々も山本氏に助力を懇請し決して御迷惑はかけぬと約束した

七、四月上旬創立準備会に山本文子が酒田へ赴いた節も関係者から交々山本氏に依頼があった

八、此の間、山本氏へは昭和二十一年十二月山木氏から金十万円が当座の費用として渡された以外全く費用は支払はれて居ない。此の十万円は全く収入の途のない山本一家及治具設計及工場整理に従事して居る榎本君以下四家族の生活費及設計用品購入費として既に消費され、今後全く一文無しの情況である

九、ミシン工業関係者は最初の陣容と一変した方々となった。以上書いた経緯は或は引継がれて居ないかとも考えられるので茲に覚書を認めて置く。飽海農村工業組合としては差当たり二十万円即ち

| | |
|---|---|
| 山本工場移転準備金 | 一〇〇、〇〇〇円 |
| 山本家及熟練技術者生活費 | 一〇〇、〇〇〇円 |
| 計 | 二〇〇、〇〇〇円 |

を送金しなければならぬ義理がある。之れは東京事務所を経由して交付し、東京事務所で会計監査をしてはどうかと考える

尚、過去の十万円については、既に三月末日付精算書を四月五日岩村より佐藤経理部長に提出した。其の残約一万二千円（？）は既に消費され現在は赤字となって居る

## 251▲異体同心の問題に関し

五月六日付石原莞爾（山形県飽海郡高瀬村西山）宛小泉菊枝（香川県善通寺町大麻）封書［憲政・武田邦

太郎関係文書27―4」

遠いポストまで行きかねて居りましたところ　本六日　木村先生の許に居られる香川青年がまゐり

つひに木村先生が御唱題なされたとの吉報をもたらして下さいました

合掌

石原莞爾閣下　御前に

小泉菊枝

五月五日

合掌

酒田まで御出ましの由、ラジオニュースにて承りました　定めし御疲れの御事と拝察申上げます　神経痛の御ひどい事も承って居ります　大先生もさやうでいらせられました　不肖の弟子たちが御苦しめ申上げる時の　先達の御姿はいつもかうでいらっつしゃるのでせうかと　誠に誠に腸も千切れる思ひでございます

………………………（中略）………………………

今度の御はがきに、〝武田君が直接大聖人へ異体同心し奉ることに条件をつけらる、ことが明確に謗法であることは申すに及びませんが〟との御ことばがございます。これは私の四月三日の手紙に池本農場での武田先生方との御話をお書き申上げた事に対しましての御ことばと存じます。その後私は武田先生方の仰せが正しく、私がまちがってゐました事を深く謝し、わとう会の方々の御活動に一如したいと思ってゐます旨を閣下におたより申上げましたが、この異体同心の問題に関し、小泉はどう受取ったか或は御不審かと存じます。又、私も、これで本当に正しいかどうか心配でございますので、私の信解を申上げまして御高教を仰ぎたうございます。かういふ大切な事に関しましては、実は御目もじの上　承るのが本当だと存じますが　現下の旅行事情食糧事情の上　自分の健康状態を省みますと、どうも人さまに御迷惑をかけさうに思はれまして　もう少し何とかなりますまであまり遠くまでは伺へないやうに思ふのでございます。おゆるし下さいませ。この問題に関し私の臆面もない考へ―疑問を書面にて申上げましたのに対する四月十三日付の武田先生の御返答は左の通りでございます。そしてこれを拝見しまして、私は武田先生のお考への正

しさをはっきりわからせて頂いたのでございます。

「異体同心の根本要件たる正憶念につき、師長孝順といふことが特に御遺文に強調されてあります。生身を持つ方なるが故に、或は余り身近くゐられるが故に、凡俗には真の孝順のなりがたいことの御誡めが深いと存じます私共は〝凡下には大聖人に直接に異体同心し奉ることがむつかしいから生きてゐる如説修行のお方に同心し奉るのだ」とは考へて居りません。〝直接異体同心し奉ることは不可能だから生身の如説修行のお方を通じて異体同心し奉るのだ〟或は〝生身の如説修行のお方を中心として大聖霊に異体同心し奉るのだ〟と涌山先生の御教示に照して信じてゐるのです。これまた勿論わとう会の人であらうとなからうと　万人にとってしかるべきものと存じます　今日私共は〝涌山先生を通じて〟とは申して居りません〝西山を通じて〟と申して居ります。それが涌山先生の御教示に最も忠なる所以と信じて居ります　今日西山の御指南なくして妙法の広宣流布は信行成らぬ私などには不可能にて西山を通じてのみ大聖霊の時に応じたる御思召をうかがひうるものと存じます　涌山先生が仰せの通り御使命を果されたから霊界へお帰りになったものとすれば　あれほどの難病を克服して尚生身をお保ちになる西山こそ御使者としての最も重大なる御使命をお担ひになってゐる道理であります

大先生の時代の正信の方々は、意識すると否とにかゝはらず大先生を通じて大聖霊に異体同心し奉らうと努力されてゐたわけであります。あの当時、大先生を抜きにして何人がこの努力を正しくなし得たでせうか。その最も御気の毒な例として私共は宮澤賢治先生を存じ上げております」

以上がさうでございます

この御返事で私がはっきり悟りました事は武田先生方にはもはや、理と事などゝいふ観念は御必要ないのだといふことでございました　私は、薄信の為　信じ奉ると申しつゝも時に我及衆僧倶に霊鷲山に出づの尊容に直接し奉りえぬはかなさで　従って大聖人にふれ奉る感じが紙一重へだてた感じでございます。そこであくまで御遺文の御言葉を理解することにすがって、この理から事を感じようとする必死さを持ちつゞけるのでございます。然し　武田先生方は

すでに直接の御教示に接せられ、御遺文にすがる者のおもひを御考へに入れぬほど、はるかに「本時」の感覚で事物をお考へになっていらっしゃいます。迹門と本門の差でございます。私は、本門の第三文明の者として心身共に生れ代りたさで一杯になりました。

このやうな私の信解に間ちがひがございませうか。定めし武田先生ももう西山農場にお帰りの御事と存じます。文意の不足は何卒御聞き下さいまして私の信解につき御教示下さいますやうに御願ひ申上げます　合掌

## 252▲酵素の方もあちこち説明を依頼され

六月六日付石原莞爾（山形県飽海郡高瀬村西山）宛伊奈重誠（茨城県鹿島郡鉾田町西台）封書［鶴岡・石原・手紙78―5］

謹啓　其後、御容態如何で御座ゐませうか。師星さんからは大分い丶方だからと御聞きして将来を安心しては居りますが。先般の臨床尋問は如何でした。証人としては大分おっしゃりたいことがおありになった様に新聞には見えてゐました。御写真も新聞で拝見致しましたが、戦闘帽を被って居られる御写真は余程御顔が痩せて見えました。次に当方誠に元気一杯に働いて居ります。最近は荷車一台を手に入れ、これを引張り廻して居りますし、酵素の方もあちこち説明を依頼され、又、最近は家まで訪れてくる御客も多く、午前組合の野菜小売りを、午後畑の日課が愈々忙しくなり、そう人に来られては畑も出来ないと思ふことも御座ゐます。四月以降自給肥料の会員は此の近郊丈けで百五十名にも達する有様で熱心な人も数々ありますので、此の秋の収穫時を楽みにして居ります。最初の御ハガキに在りました「行く行くは附近の農民の指導に云々」が此の頃漸く実現の運びとなり部落の青年層に接することも多く愉快な気持で暮して居ります。仕事が色々なので私の呼び方も様々で時には依然として部隊長さん、野菜の小父さん、八百

屋の小父さん、その外先生。
此の頃は農家の仕事が忙しいので野菜も取って行かねばならず、四時半位から荷車を引張って三日位の所へも出かけます。約束の日にはドシャ降りでも出かけるので百姓もびっくりしてゐます。町の人々もよく働きますなと云ってくれますが働く御陰で冬も風邪一つ引かず過ごしましたし、組合も火鉢一つなしで頑張り通しました。だが組合の方も零細な手数料では金儲けは出来ません。近況御報知旁々御見舞申し上げます　敬具

六月六日　伊奈重誠

## 253▲丸亀精華会　続々新入会員があり

六月二十四日付石原莞爾（山形県飽海郡高瀬村西山）宛小泉菊枝（香川県善通寺町）封書［憲政・武田邦太郎関係文書27―5］

合掌　御やせ遊ばしたといふ克枝さんの御たより拝見いたし　又もや強い御激励を感じて居ります　昨夜は閣下を夢にお見上げ申しつゝ、農繁が終ると共に先づ善通寺境内からはじめて金毘羅その他と太鼓を叩いて歩く計画を立ててまんじりともいたしませんでした
一昨日　昨日と丸亀の本照寺に行き京都本能寺株橋先生の御講義中心に開かれました県下法華宗僧侶の研究会に給仕として出席して帰宅したところでございます　謗法の集り謗法の講義でありました

……………………（中略）……………………

丸亀精華会は　農繁の為今月は休みましたが　続々新入会員があり若い人々でございます。三豊精華会は私共の精進が強ければ雨となるだらうとて決行しましたが　晴天で麦刈の為欠席者三名ありましたが　その代り新会員も三名あ

りました。木村農場内の青年たちは農場内に精華会をつくりたいと機会を促して居ります。食生活革新の研究の為二三日泊りがけで私宅にくるといふ娘も居ります。この農繁が過ぎますと　私の家はほんの二畝余りの菜園と、山腹を開いた荒地一反だけになり農事に手をとられる事が少くなりますので是幸ひと私は街頭に立ち、又　白峯山に崇神天皇のみ霊を鎮めまゐらせ　屋島の沖に安徳天皇のみ霊を弔ひ　四国の謗法を浄める決心でございます　七月から良雄も家を出て欲するところに出立点を求めねばなりません　私は余念なく法華道場の内容を建設してまゐります

……………………（中略）……………………

おかげ様で私の健康は本筋に入ってまゐって居ると信じて居ります　去る十八日から昨夜まで大阪から岩村君信谷君二人が麦こなしの手伝にまゐり私がやせてつかれてゐると驚いたさうでございますが、月初め　良雄は奈良に国体学の受講に三人の青年を連れて出かけて留守の間も　主人と二人月明りの下でまで麦を刈りまして以来、三反歩近くの麦刈り　そのこなしを親子三人だけで殆どしをほせたのでございますから　やせてつかれなければ不思議でございませう　岩村君は十日頃来て下さるとの事でしたが　名古屋で共産系の百余人に襲はれ頭部その他に負傷の為おくれましたとの事で包帯を除したばかりの身で来て下さったのでございます　天人常充満の感激でございます。おかげで1／3こなしたばかりで　少々まゐってゐました小麦も仕上げて頂き　山に芋つるもさしました。尚、木村農法を忠実に守り　酵素だけでやりました三畝の畑から小麦が三俵近くとれました。これは金毘羅の宮司様から聞いたといふお百姓さんたちが自転車をつらねて　先月　見学に来られた時、恐らく反当三石五斗はあらうと申されたのですが　それ以上でした　付近はせいぜい反当五俵でございます。又、労働力不充分の為　なほざりの畑（酵素はやりましたが手入れ不充分）が多い私共ですが、平均して、御近所では麦わら八十貫に対し三俵の裸麦でしたのに、うちでは七十貫の麦わらで五俵の裸麦でありました　これは麦わらを売ります時わかりお互に驚いたのでございます　良雄はお得意でございました　少しづゝ百姓仕事が身について解りはじめ　これからといふところで畑地を失ひましたのは心残りでございますが罪障の地でございますからそれを思ひますとすがすがしく色々の実験をさせて頂きました事を思へ

ば心から合掌されます　それに麦かりと同時に所有者のお百姓さんたちが直ちにやって来られてアッと思ふ間にぐんぐん水田に直し　又、芋をさしなどする手早さ、その驚くほどの労働力に全くもって感嘆し切って居ります　増産の為にもどんなによい事であったかとつくづく思っては労をねぎらはずに居られません　大したものでございます　私共では私共の労働力にふさはしいせまさになり、今後酵素の効果をはっきり見られます事をよろこんでゐます

昨日、千津さんから熊太郎チャンの御誕生を御知らせ下さいまして楽しくなりました。大きな赤チャンのやうで定めしくりくりとまんまるい熊の子のやうに可愛い元気な坊やでせうと眼に見えるやうでございます

閣下の思召で名木橋様の御霊も淵上さん方でおまつり下さいます由　本当に本当にありがたい事でございます

保坂喜美さんも滋賀県の田舎で孤軍奮闘しながらどうやら同志をつくって居りますやうでございます

又々御知らせ申上げます　南無妙法蓮華経

小泉菊枝

石原莞爾閣下　御前に

追而　今朝（二十四日）人がまゐりまして今度は軍政部の勧告にて此地を出るやうにといふ意向がもたらされました。命令ではないさうでございますから出るにも当るまいとは存じますが　今は主人も御本尊様にお仕へ申しつゝ畑づくりでもさせて頂けるならばありがたいといふ気持になって居りますので　私御法の為全力をさゝげつくす生活をあたへられます事を祈って居ります　閣下の思召によってどこでも適当なところに住めますならば本当にこの上もない幸福だと存じます　薄信未熟の罪障消滅の祈りの中で常精進させて頂くつもりでございます　側近の方にでも思召御もらし下さいますならば有りがたい極みでございます　合掌　二十四日朝

軍政部ではかういふところに復員将校達がまとまって生活してゐるのは面白くないといふのださうでございます。こゝでは先月末から今月六日まで実弾演習がつゞき毎日早朝から立ち退かされて芋さし麦かり畑の手入れ等大分番狂はせをいたしました

## 254▲小泉先生一家の居住処周旋と御遺文出版のこと等

七月二十一日付石原莞爾（山形県飽海郡高瀬村西山農場）書寧柱（東京都文京区江戸川町十番地）封書〔憲政・武田邦太郎関係文書39―2〕

合掌　最近、平熱の御容子にて尚ほ奥様の御容態も好転の趣き誠に有難き儀にて候。帰東後御無音に打過ぎ面目無之候

小泉先生一家の立退き命令は悲痛には候へども、一方は旧軍用地を復員軍人が所有せりとて始終村人の反目を受け朝夕の付合ひにも計り難き気遣ひの程思ひやられ候へば却って気楽に相成り候こと拝察候。先生は、精華会育成に居住本拠を関西に置き度き旨御表示あり、尚ほ八月一杯は丸亀の本照寺に仮寓の模様に候へば、其間小生及ばず乍ら先生の居住処周旋に微力を尽し度く候

此度びの御遺文出版は一日を争ひ度き気持萬々乍ら東京に於ける不慮の突発事件が度び重なり、今日明日、今日明日が遂ひ今日に至り候

永田氏の人造石工場も今月二十五日には落成の見込み試作も下旬頃は可能と存じ上げ候。小生一日早く神戸に参り度く、尚ほ小笠原日堂師が御来山の際、快く神戸に御紹介下さるとの由、心強き限りに候　山川智應先生の妙行正軌解説書は未だ製本せられず、已む無く以前誌上に連載せるものの取り纏め方、妙宗聯盟に依頼致し置き候。山川先生は療養の為、目下伊豆に行かれし由に候

小生着東直ちに今田先生には閣下の近況を申し伝へ候。牛島先生は痔の手術で（一回は失敗で二回目）日大の付属病院に入院加療中、奥様も阿蘇より上東、御看護に専心され居り候

暑中御衰弱の御体、何卒御養生専一に遊ばされ度く奥様にも宜敷く御安慮の程願上候。再拝

東京精華会も従来の形式を捨て勤行第一に致し発展の見込みも多分に有之候

**255▲貴地方面豪雨の被害にて農家の苦労大ならん**

七月二十六日付石原莞爾（吹浦村西山道場）宛南部襄吉（伊勢崎市本町七ノ九八〇）葉書［鶴岡・石原・手紙1297―8］

御健康如何。貴地方面豪雨の被害にて農家の苦労大ならんと遙察。同期生も通信しあるは菅原、依田、飯沼、長崎兄位な所、反って近衛や羅南時代の兵隊が数多く慰めに来てくれることが多く、千葉時代の知己もよくしてくれて感激の至りです

板垣さん市谷でも大元気の様子、淋しい中にも心強い限りです。甘粕将軍とよく連絡します。菅原兄は山羊と鶏を飼って居ます（之で生計補助らし）

［裏面］

工員宿舎の二階だけを借りた私の今の家は赤城山をバックにして居ます。風呂を沸かせないので毎日此の如き涼爽味を味って居ます。年来の背、ますます円く、肋骨いよいよ□□です。60才の百姓は荒地一反の農作は過重、麦をやっと二俵とりましたが、労役空腹後の大飯を計算すれば赤字です

**256▲私共の住んで居ります敷地も土地の人々が落札したからと二三日前に申入れがございました**

八月二十一日付石原莞爾（山形県飽海郡高瀬村西山）宛小泉菊枝（香川県善通寺町大麻）封書［憲政・武田邦太郎関係文書27―6］

合掌　御病苦はどんなでいらっしゃいませうか。……………………中略……………………

大方の入植者はもう移転してしまひ　私共の住んで居ります敷地も土地の人々が落札したからと二三日前に申入れがございました　やはり私共も移転した方がよくはないかと相談いたして居ります　それには第一もう県内では主人の勤める所がございません　それ故主人一人松江に帰る事に一度決めまして　私共こゝに良雄と残りませうと存じたのでございますが　敷地がそんな具合の上に井戸のあります所は　また他人が買ひとり田畑にするさうでございます

その上　周囲の田畑の所有者は前科数犯　親子揃ってさうだといふ家族が三組ほどもあり　その中の一人は最近殺人罪で死刑の宣告をうけましたとかで　山麓の一軒家となります私共の家が案ぜられると申すのでございます　さういふところでさういふ人々の魂をお救ひ申してこそと存じますが　どうしても軍と民式の観念より脱せられません主人の性行が　ほんのつまらぬ事で意外に大きく反感を持たれて居りまして　私の微力はその間隙をまだ埋めきれないで居ります　それ故どうも一度きれいにこゝの因縁から離れて出直さうと申す良雄の言ひ分に耳を傾けさせられるのでございます

良雄は幸ひにも今月初から丸亀の時計部分品製作を目的として今度工場開きを致します四国精機といふ小工場の一職工となりまして毎日開場準備の仕事や計量器　水道メーター等の部分品を製作致して居ります　奉天から引揚げ者の住友工業技師が創始者でその方も職工上りの由　色々教られ鍛へられまして良雄は農村工家の為　よい学校に入ったやうなものでございます。スイス製の機械二台東京よりまゐり　これを良雄にあてがはれました由書物は住友から拝借出来　大喜びで早朝から出て居ります

高島君からは色々御親切な御連絡がございます　何分何事も困難な時でございますから　私共の為同志の御迷惑にならぬやう心がけつゝ、都合よく京阪神方面に居住できますやうなら私直ぐまゐる事にいたしまして一応こゝを引払ひ丸亀に良雄と二人その時まで住み四国の精華会を育てつゝ、原稿を書きませうかと存じますが如何でございませうか　主人は松江にまゐり　幸ひ兄の家がひろくまた手入のとゞかぬ畑もありますし手伝もしたいと申して居ります　良雄は今の仕事をしっかり身につけるまで一人残っても働く決心で居ります　随分悪どいやり方で入植者達の追出しをやっ

て居りました土地の人が先日　誘蛾灯にふれて感電し池に墜ちて即死いたしました　毎日私の太鼓をたゝく時間だったなどといふとんでもない噂なども出まして迷惑いたしましたが死者の御家族にはお気の毒ながら天道様は見ていらっしゃるといふ言葉など聞えてまゐって居ります

この頃三部作の為に筆をとって居ります　近く関西九州関東東北と同志の御回覧を経　御意見伺ひました上でそれらをまとめ　閣下の御高覧に供し印刷に付したいと存じて居ります　良雄が先づ時告衆で批判してくれますが共産党員然として辛辣な事を申してくれます　真日本社から御依頼のものをその為三度稿を改めましたが　そのおかげで三部作のうち御伝記を宇宙と釈尊から今日まで簡単なものにまとめる事が出来ました　書いて居りますと何もかも忘れてしまふ性質でございまして主婦としては本当に本当に出来損ひでございます　食事の事も鶏の世話もすっかり忘れて一種の三昧に入ります　暑さも忘れますが　やはり後はつかれまして朝夕霊動で取りかへします　然し書く事に専念させて頂く為に身辺を雑念のない状態におきたいとひたすら思ふのでございます　この頃の霊動はどうも脳味噌の中に主力が注がれますやうでございます

昨朝　野呂様が見えまして夜立たれました　西山及各地の方々の御様子承り本当にうれしうございましたどうぞ一日も早くお痛みが薄くなられますやう心からお祈り申上て居ります

御奥様にも何卒御よろしく御鳳声遊ばして下さいませ

合掌

八月二十一日

小泉菊枝

## 257▲関東地区第二回協議会を小湊の誕生寺にて致し至誠以て勤行申し候

八月二十三日付石原莞爾（山形県飽海郡高瀬村西山農場）宛曺寧柱（東京都文京区江戸川町一〇）封書〔憲政・武田邦太郎関係文書39―3〕

合掌　閣下の御容態は日増しに御良好に向はれる趣き誠に□舞の儀にて御座候。八月十五・六両日は大聖人御遺蹟探渉兼ねて関東地区第二回協議会を小湊の誕生寺にて致し至誠以て勤行申し候。死身以て戒壇建立を果さんとする大使命を担った小生共、その昔、末法大導師の御誕生遊ばされし聖地に立ちて太平洋を眺望候へば万感胸に迫り候

寺の住職以下僧侶等は本堂の勤行後（勤行の続きとして）宿舎入口に祭られる大黒さんゑびすさんに長い間特別のお勤めをなし居る様子は如何に繁昌祈願とは申せ顔負けの至り尚ほ寄付不能な小生共には本堂に於ける勤行は許されず宿舎一隅に安置申した持参の御本尊の御前にてお勤めを致し候。屹度大精霊は本堂よりもその至上命令を奉戴して至誠以て勤行申す精華会のお勤めのみにましますことと固く信じ奉り候。寺刹に於ける斯る現象も不精進勝ちな小生共を励ます仏様の御慈悲と拝察候

小生小湊・清澄、後は館山に逗留、青年に講習と武道をなし二十一日に帰東致し候

先日お送り申し候処の朝鮮人参は煎茶用にて補血強壮、衰弱後の活力によき由承り候

武田先生は二十二日朝着東、小生宅で一泊、二十三日早朝岐阜に向って出達され候

和田先生目下御上東中にて至極御元気に渡らせ候。

小泉先生住居の件に就き奈良の高島君よりは手配進捗の幸便有之候。尚ほ武田先生と高島君は池本農場で落合ひ面談の上然るべく取り計ふべく、その上小泉先生へも御相談に及ぶ筈にて候。末筆乍ら奥様に御安慮下されたく、御健康の一日早く御恢復遊ばさるやう願上候

頓首合掌

## 258▲原稿推敲などについて

九月十三日付武田邦太郎（山形県飽海郡高瀬村西山農場）宛小泉菊枝（香川県善通寺町）葉書［憲政・武田邦太郎関係文書70―1］

合掌　この度は御多忙中種々お世話様になりまして誠にありがたう存じました。予定通り十日帰宅いたしました。大原様ではおばあ様亡くなられ御葬式のすんだところでございました。御来客等にてお手伝申上げてまゐりました。印刷所の方はいかやうになりましたでせうか。私、又、今月二十日上阪、平沢様津村様の結婚式にも列し二十五日御上洛の﨟先生と御目にかゝるつもりで原稿持ち帰りました。就きましてハ尚、充分推敲いたしたいと存じます。どうぞ先生、御一読後の御感想等、閣下に申し上げられまして御高見承って下さいますやう御願い申し上げます。特に大先生、閣下、伊地知先生方の敬称の有無等に関しては御教示頂いて下さいませ。それから、大先生以後、今日の実状についても、あの位の事でよろしうございませうかどうかを承らせて下さいませ。朝鮮青年たちに読んでもらひました処、非常にはっきりしてよいと先ず好評の方ではありました。久遠実成の簡単な説明をほしいといふ意見等ありました。題名はみんなで考へる事にしましたが、私考へまして、日蓮聖人の宗教三部作の副題下に〝聖伝〟としてはいかゞかと思ひました。次が聖教義、3が予言書法華経としたく存じますがいかゞでせうか

## 259▲住居の事は、﨟先生の道場、村作りが三島に決定しそこに御一緒に働かせて頂く事になりました

十月十日付石原莞爾（山形県飽海郡高瀬村西山）宛小泉菊枝（香川県善通寺町大麻）封書［憲政・武田邦太郎関係文書27―7］

合掌　秋の気配も濃くなりましたが鳥海山の麓は今どんなに美しい事でございませうか　先年仰ぎみました思ひ出を心に画いて御偲び申上げて居ります　それにつけましても一日も御病苦の絶え間がおありでないやうに承ります事は何といふ辛い事でございませう　澄み渡った空の色さへうらめしい程でございます　然し先日高島君に御写真拝見させて頂きまして御病悩のおやつれの中にも少しも暗いかげのいらっしゃいませんお姿に接し有りがたくうれしく涙が

こぼれました　かえりみますといかにも衰への見えますこの頃の自分に精進の足りなさがはっきりしるされて居ります事を感じ心から申訳なくお恥しく存じました　細胞のすみずみにまで精進をみなぎらせまして六根清浄に成り切りたいと存じました　あらゆる時にあらゆるかたちで深いものをお教へ下さる御恩の忝じけなさに合掌申上げます

御心にかけて頂きました住居の事は　曺先生の道場　村つくりが三島に決定し私共そこに御一緒に働かせて頂く事になりました　京阪神の間でと閣下仰せ下さいました事とてその点曺先生も御心配下さいましたが高島君も一生懸命御探し下さり奈良に来るやうにともおっしゃって下さいましたが、まだこの方は充分機が熟しませんやうで御無理を御願ひしたりしなければならない点なども見られ、ほんの数ヶ月の仮住居にはよろしうございませうが　それ以上は適当でありませんし決断いたしかねました

三島の地も開墾　畑づくり工場づくりとしばらくは私がまゐりましても足手まとひのやうでございますからその間大阪に出まして　私　中央連絡事務のお手伝、王道文化発行、原稿執筆から関西各地の御依頼に応じて歩きまはり　京阪神間でのお仕事をさせて頂きたいと存じて工夫致して居ります。

三島の葡萄糖工場は主人お手伝させて頂く事となりましたので近く上京し、曺先生とお打合せ　又土地検分などいたします　主人も御法の活動の中で働かせて頂けるやうになりましたので　私は背中に負ひかぶさってゐました重荷が下りましたやうでございます　何とも申せませせん位　感激で一杯でございます　御高恩に報ひるやう民族協和の美しい村　美しい農場　清浄な道場をつくりたいと心の底から祈って居ります　幸ひ御一緒に働く朝鮮青年たちは度々こゝの麦づくりのお手伝にも来て下さり主人ともお親しくなってゐます、青年たちもよく色々　知ってゐて下さいますので　今から農場の道場としての生活態度など細かく語り合って準備をすゝめる事が出来て居ります　主人上京の時も岩村君と御一緒いたします　かつて一番望んでゐました富士山の麓で道場を持たせて頂けるなど　閣下　本当に是でよろしのでございませうか　私のやうなものに少し果報がよすぎますやうで恐しいやうでございますが　どうぞ御教示下さいませ　主人も純潔な青年たちの間で真に新生を期して持ってゐる限りの力をさゝげようとしてゐますや

うで　謗家の科も償はせて頂けるかとすがすがしく　私はもう何の心がかりもなくひたむきに御本尊さまにおつかへ申す身に成り切るやう深い精進をすゝめるばかりと存じて居ります　良雄はこの頃は残業で九時過ぎまで働いてゐますが　まだ時計製作には至りませんが　計量器とか水道メーターとかをつくりつゝ技術もすゝみ設計経営も研究し興味深さうでもう二三年は今の工場で習う事がなくなっても同じ研究に没頭すると申して居ります　私は家の責任を解かれたやうにさへ存じます　ひとすぢに精華会運動につくさせて頂ける時と　喜んで居ります

聖伝の原稿は少々手をいれまして東京で出版の事となりました　曺先生に何もかもお願ひしまして誠に心苦しい事でございますが　小笠原先生の方の印刷所が思ふやうでもございませんでしたので　曺先生の分も御一緒に東京で出版いたす事となりました　校正等に私も上京したいと考へて居ります

但馬の精華会は九ヶ所に出来、中々活発となりました。播州も強信の老婦人に招かれて行きましたが越部・神岡にも精華会誕生の気運が動き、林田村の人々も元気一杯でございます。各地とも村の具体的革新へすゝむ意気が明らかで、但馬の夜久野農場のミシン工場も製品が出来はじめました　この春夫人を亡くされました瀧本さんの血のにじむ精進の結晶と思はれました。

その他、佐々木さんも積極的に動き出されましたし、朝鮮青年はその母を連れて来られて迷信を正信へと努力されてゐますし、播州には水平社の人の中に強い求道が動いて来ました。たのもしくうれしい事が芽を出して来ました。精進々々と存じます。四国にも確かな同志が数名出来ましたし、私　関西に移りましても大丈夫と存じて居ります

三島の農場の事は本当にうれしくありがたく存じつゝまた時にそこに住まはせて頂けるなぞ勿体なすぎる事ではなからうかと思ひます　閣下の思召も承りたうございますし　ぜひ一度　西山までまゐらせて頂きたうございます　本当におよろこび頂けるやうな精華会のよい御報告をもってと念願して居りました事から思ひますと　まだとてもそんな時にはなって居りませんが　武田先生から　東北にも来るやうとの思召を承りましたら急に沢山御教示頂きたいことだらけになりました　十一月末までには大阪に出たいと思って居りますが　東北に伺いますのは十二月でも一月でも

およろしい時にと存じて居ります　どうぞ　仰せ遊ばして下さいませ
すがすがしい秋の気が何卒御健康御回復の為に充分役立ちますやう心から御祈り申し上げて居ります
恐れ入りますが御奥様にもおよろしく御鳳声の程御願ひ申上げます　御きげんよろしく　合掌

十月十日　小泉菊枝拝

## 260▲精華会の関東地区協議会やわれ等の世界観の出版等について

十月十二日付石原莞爾（托佐藤茂）宛寧柱（東京都文京区江戸川町一〇）封書［憲政・武田邦太郎関係文書39―12］

謹啓　久しく御無音に打過ぎ面目ありません。閣下は相変らずお痛みが止まらず夜中御不眠続きの由、心痛の極みであります。明日（十三日）午前十一時より目黒の水野先生宅で精華会の関東地区協議会があります。信者等の真面目さには誠に心が打たれます。九月二十七日は、日本体育奨励会主催、京都府・市後援で柔道、極の形、重量挙げ、体操（鉄棒、平行棒）護身術形、警棒の術、空手などの試合があり、日本随一のメンバーが集り、近来始めての内容豊富たる盛大な大会でありました。牛島先生は痔の手術後で出場されず、小生は出場しましたが、選手等が忌避して試合相手が居らず已むなく審判となりました

先日武田先生の御伝言もあり、小生福島先生にお会ひ致し、関西酵素普及の軋轢から別派的行動を講じて普及会の行き方が不本意にもあってはと申上げました処、絶対左様な事はなく、今後も左様なことのないやう意を用ふからとの仰せでありました。先生は肝臓を悪くされて病床に呻吟されたが近日漸く元気になられました。御子息の清君は腸結核で臥床中ですが、小生、蓮見先生に治療方を依頼致しました

日堂先生にお会ひ致し一晩語りましたが坊さん乍ら実に愉快なお方であります。御遺文出版の件、お問ひ合せしました処、神戸の一檀家が経営する印刷所は小規模で単行本出版は殆んどしたことがなく活字も亦不揃ひ勝ちで都合悪いから伏見印刷所に紹介するとのお話であります。併し印刷費は多少後払ひでも紙だけは都合して持って来いとの先方の要求であります。

小生は以前、朝鮮居留民団文教部の配給紙を利用して出版せんとしたが、朴烈一派と折合ひがうまく行かず、朝鮮団体の世界観なき無節操に断念して引退の形をとった為、最初の予定が狂って了ひました。

併し東京に国際仏教徒聯盟（日本、印度、英国、米国、中国、朝鮮等の各仏教徒で組織）がありますから、小生の知人（朝鮮人で真言宗三多摩住職）に依頼し当聯盟の名で政府より特配を受けることにしました（役人は政治団体新聞社などのつまらぬ団体にまで紙を配給する意思あるも仏教関係には皆目頭がありませんから（キリスト教関係は不然）西洋人教徒のある右聯盟を動かすことが何よりも近道であります）。被依頼者は真言宗で日蓮聖人系統の文であるとのことで嫌がる一面あるも、小生は以前より彼に多少高圧的に振舞って来た有利な立場から、一言二言もありませんでした

小泉先生の初心者のための文も脱稿済みで目下加筆中ですが、これも右の要領で出版致し度いと思ひます。その都度に紙も多少乍ら確保して置き度いと思ひます

国民党のわれ等の世界観も何とかして早急出版出来るやう側面的に尽力致します。小泉先生は但馬方面の精華会に出講しましたが（但馬精華会はますます盛況を呈して力強き限りです）、小生とは大阪の大原さん宅で三十日にお会ひしました。小生の農場が発足すればそこに入り度いとのお話です。人造石瓦の運転可能となり今日明日中試作にとりかかりますが、これが成功すれば農場も成立されます。尚ほ精華会の基金も整備されるでしょう。

大原さんの御母堂は御他界遊ばされました

ハーモニカの佐藤秀郎先生は御多忙で仲々掴まりませんが、極力連絡をとってキリスト教会の賛美歌に劣らぬ歌の案

出に努力致します
愈々寒く相成る節、お見舞ひにも上れず誠に申訳け御座いません。何卒御体に御留意遊ばされて一日早く御快癒されんことを指折りお待ちしてゐます。東京の仕事が一応落着けば参上致し度く思ひます。末筆乍ら奥様にも御安慮下されたくお願申します。
合掌

## 261▲それまでに各自は必ず一人の新同志を

十月十七日付石原莞爾（西山農場）宛河野信（千葉県東葛飾郡七福村七福農場）葉書［憲政・武田邦太郎関係文書29—3］

合掌　相当お寒くなりました。御機嫌如何でございませうか。西山の皆様からのお便によれば、お痛みは随分おひどいとの御事、同志一同の念力により、一日も早く御全快になるやう、お祈りいたしております。去る十三日は精華会関東地区の責任者会が水野先生宅で開かれ、曺先生始め十二名の同志が集まられました。曺先生の農場が三島付近に開かれ、宇都宮、埼玉では工業導入の一歩前との事でした。次回は十二月廿五、六日、鎌倉にて開かれます。それまでに各自は必ず一人の新同志を獲得するやう精進することを申し合はせました
合掌

## 262●今度の講習会は精華会運動の全く新しき転機

十一月十一日付高木清寿（栃木県芳賀郡逆川村）宛石原莞爾（西山）葉書［憲政・高木清寿関係文書4—83］

合掌　六日より八日に至る今度の講習会は精華会運動の全く新しき転機となるべきものと考へてゐます。詳しくは藤岡君から御聴取の御事と存じます。真山、伊藤両君石巻から参加しましたが、その話によれば遠藤君、今夏、相当重態であった由、今尚、やうやく床の上に起き得る程度の由です。万一、あなたの御治療を受け得るやうなら、或は再び元気になり得る事かと考へます。若い人々の倒るゝのは誠に忍び得ません

**263●本間誠君北支から帰還訪問してくれました**

十一月二十四日付高木清寿（栃木県芳賀郡逆川村）宛石原莞爾（西山）葉書［憲政・高木清寿関係文書４―84］

合掌　只今、本間誠君北支から帰還訪問してくれました。塩谷郡片岡村字梶ヶ沢に居住する由です。

十一月二十四日

**264●老兵への来訪は勿論、遠藤君の御治療も御中止御願ひ申上げます**

十一月二十五日付高木清寿（栃木県芳賀郡逆川村）宛石原莞爾（西山）葉書［憲政・高木清寿関係文書４―85］

沢山御手紙感銘深く拝見しました。まだ御旅行はよろしくないと考へます。

老兵への御来訪は勿論、遠藤君の御治療も御中止御願ひ申上げます。

合掌

十一月二十五日　　　　石原莞爾

**265▲三島は残念ながら曺先生の御予想に反し駄目でございましたさうでございます**

十二月二日付石原莞爾（山形県飽海郡高瀬村西山）宛小泉菊枝（香川県善通寺町）封書［憲政・武田邦太郎関係文書27―8］

合掌　先頃は御ねんごろな御葉書たまはりまして本当にありがたう存じました　御身体も次第に御快癒にお向ひ遊ばされます御様子　たとへやうもないよろこびで一杯でございます　武田先生の御精進により西山も御立派になりまして御よろこびに価するやうな明るさがみなぎってまゐった事でございませう　関東も関西も九州も一日も早くさうなって頂くやうみんなで努力したうございます

十二月お久しぶりで御目に懸からせて頂けます事　胸せまるやうなうれしさと共に　遅々たる自分の精進のあとをまだこんなでは申訳ないと思ふはづかしさでためらふ心にさへなります　しかし無始以来の罪障を消滅し一天四海皆帰妙法の聖業の中にお入れ頂きたさが西山で初発心の心身となり新たな生命を頂いてくるのだといふ決意になってまゐります　どうぞ御教示下さいませ

さて主人事　先月十五日上京二十七日帰宅いたしました。二十二日から曺先生の江戸川アパートで朝鮮の方々と生活させて頂いてまゐりました。三島は残念ながら曺先生の御予想に反し　駄目でございましたさうでございます　私共まだ富士山麓に村つくりさせて頂くには精進が足りなかった事と存ぜられます　先生も信じ切っていらっしゃって主人や岩村君達と同道して土地検分に行かれ、事実、土地の交渉はまだついてゐなかった事を知られましてお驚きになり、それから荒川の地も見に行かれ、種々御尽力なさいましたさうですが、急には適当な所もなく主人は一先づ帰

宅いたしました　然し実に有りがたい事に五六日御一緒の生活の中で𠮷先生　及　先生御周囲の色々の方と農場つくりの実際的な問題中心に朝鮮の方々と主人とすっかり御親しくなり主人も感激をもってどうしてもこの方々と御一緒に開墾から工場経営などさせて頂く、この方々は技術方面に暗くて志ばかりでお気毒だといふ気持になり、十一月中に東京近郊に一人行きそこで生活しながら𠮷先生の御計画に御協力すると申して帰りました　折角の計画が挫折し先生も定めし御心苦しい事でありませう　岩村君たちも本当に必死ですから必ず近く新しい村づくりが始められませう　私もそれをお待ちしてそれまで心身を鍛へつゝ、御招きを受けた方面などにも行かせて頂くつもりでございます　唯今、兵庫の越部村と大牟田に呼ばれて居ります　来春まゐりますそれまで大阪に出たく存じましたが　良雄の為　やはり丸亀にゐてやります事が必要なやうでございまして色々家中相談いたしましたが　結局　今月末　丸亀本照寺に行かせて頂く事にいたしました　大阪にまゐりますと申上げながら変更いたしまして誠に心苦しい事でございます　御許し下さいませ　万々御目もじの上申上げさせて下さいませ　御きげんよろしう　合掌

十二月二日　小泉菊枝

## 266▲御病中不断の御精進

十二月二十四日付石原莞爾（山形県飽海郡高瀬村西山）宛小泉菊枝（杉並区阿佐ヶ谷三ノ四九一白土方）

葉書［憲政・武田邦太郎関係文書27—9］

合掌　此度は御久々にて御目もじ申上げまして誠に誠に嬉しうございました。御病中不断の御精進を親しく拝し上げ

尚　百千万倍の精進を致さねばと深く深く感銘致しました　不注意の為少々障りがありまして御心配をおかけ申しましまして御奥さまの御手まで御煩ひ申上げ　御詫びの申上やうもございません　御かげ様で各地の講習を無事終り本日

鎌倉にて山川先生に御めもじ申上げました　百男様との御連絡が不充分で御会ひできませんでしたが　百男様の御奥様に御伝言申上げました　講座御送付先の名簿　おしらべの上　御知らせ申上げますさうでございます　妙行正軌略解は早速　信人社より御送付申上げます　御妙判要文は印刷中の由にて出来次第御送付申上げます約束を致しました
山口先生への御伝言　美登里さんに御伝へ申しました　明朝　帰宅の途に上ります。ほんの用事のみ取りあへず申上ました
　曺先生　少々ろくまくの気味ながら　大した事無く御活動でございました

## 267▲池本農業の危機

十二月二十六日付石原莞爾（山形県飽海郡高瀬村）宛武田邦太郎（兵庫県揖保郡神岡村池本農場）封書［鶴岡・石原・手紙1060―9］

合掌　其后御加減いかがでいらっしゃいませうか。お側にゐても何もお役に立てない身でありましても、農場を離れてゐますと御病の上が案じられてなりません。奥様にも御所労いかばかりかと矢の如き帰心押へがたく存じます
池本農業の危機は精神的に経済的に予想以上に深刻に迫って居りました。最后の一策として、入江先生以下、同信者の大部分は明石に近い好条件の瓦工場へ進出し、付近の特殊部落並に鮮人部落に教化の御奉仕をささげつつ農場の経済再建に努め、実質上、塾といふ立前を放棄せねばと存じます。受入側は電力事情に於ても土質に於ても生産物の処理に於ても極めて恵れ、特殊部落のもつ技術者の参加がものをいって経済的にもまづ誤りない見透しが持てると信じますが、今日迄の農場全体の精神的な動きを見て、塾といふ内容からは凡そ縁遠い状況と考へられますので、入江先生達の信仰的御精進を自由に進める意味から、塾といふ体制の解消も寧ろ尊い転換となり得る様に存じます

この転換に先立って約十万円の負債整理が要求されて居り、池本兄は尚病床にありますので、私が年内に之を担当せざるを得ないこととなり、今夜々行で北九州の親戚に協力を求めに参ることとなりました。西山の建設に於て何等御期待に副い得ぬ私が、この重要時期の旬日をこのやうに過させていただくこと、心苦しい限りで御座いますが、池本兄から今日まで私のいたゞいて来た教導の恩義に対し、また、私をつながりとして集った同信者各位の為に、西山の空に向って千々に砕くる心を押へての勝手な行動、このたび限りお許し下さいます様、伏して御願ひ申上げます
西山の村つくりも、今年一年の農業事情の習得に加へ、来年は若干自由になる予算と、二、三の心分ち得る人材の参加を得て必ず大飛躍の時を迎へ得るものと信じます。年末こちらを離れ、二月十六日の聖日迄の間に、御指導と青年たちの協力とで十分の成案を得たく予定して居ります
御健康の上専一に御加護厚からんこと願上げます。奥様に宜しく御鳳声の程、願上げます
合掌

# 十二　農工一体・簡素生活と「言行録」（西山時代　3）

## 昭和二十三年（一九四八）

### 日記

**一月　桐組松組公然ノ論争**

一日（木）　今年ノ日誌帳モ渕上ノ贈物
午前　農場ノ人々　午後　石黒、渕上夫妻　六郎　予報ニ反シ珍ラシクヨイ天気
夜　松組ノタメ春日町幻灯(1)

二日（金）　母ノ三週忌　午後一同集マリニギアウ

三日（土）　森国、栗本　夕刻来リ一泊　幻灯機ヲ森国ニ渡ス

四日（日）　六郎　鶴岡ニカヘル　千津風邪　松沢喜作氏一泊　小野医師一泊
痛ミツヨク少々多ク脱落

五日（月）　阿曽　桐谷ノ不平ヲ訴フ

六日（火）　土門親娘三人

七日（水）　渕上国雄　武田先生昨夜遅ク到着　午前中報告　本日　三名入院ノタメ鶴岡
八日（木）　秋田ノ四名　沼津集会(2)ノ途中立寄ル　酒田迄徒歩
今日手術　伊地知ハ尤モヒドク化膿　先生早ク切ッテヨカッタトイハレシ由
九日（金）　今日ヨリ材木切リ出シ初マル武田君ノ話ニヨレハ一万円ハカセグトノ意気込ノ由(3)
国雄今朝出発ノ予定ナリシトコロ切符入手出来ス明日出発トテ挨拶ニ来ル
きよ見舞　一昨日鈴木ノ母死去
十日（土）　古野、百瀬、朝到着　夕刻カヘル　今夜ハ酒田泊リ　本楯池田八郎？
十一日（日）　水越　高瀬青年七名　蓮見先生　今日鶴岡発ノ予定ナリシトコロ夜電話アリ
「きくち」ノ事解決トノ報告
十二日（月）　小倉、野呂　終日　夜ハ鳥海ホテル　武田君土門宅ニテ「文化ニツイテ」
十三日（火）　稲垣夫妻カヘル　渡辺正来リ弟子入リノ申込アリ武田君ニタノム　但馬浜本啓介
十四日（水）　渡辺正　精華会ニ入ル　多田氏ヨリ別レシ由　高橋平助弟、□題旗ヲカ、サル
此日阿部三郎、入院患者十七日退院　克枝鶴岡へ　森国来リ憤慨談
十五日（木）　水越　夕　克枝甥ヲツレテカヘル　一同明日退院トノ事
十六日（金）　森国　蓮見先生及市長へ手紙ヲ呈シタト報告　入院三名　夕刻元気ニテ退院シ来ル
十七日（土）　武田君　明日　鶴岡各宗対抗演説ノタメ鶴岡へ(4)　克枝　午後一時五十分発　棚倉へ
庸子　千津泊リノタメ六郎家ニネル
十八日（日）　誕生祝ヒトテ本間昌平　河村先生　渕上　南平田　佐藤勇　渡会　金吾
小野医師報告ニ来ル　夜　土牢御書其他ノ演芸テナグサメテクレル　弥十郎氏モ出席
今朝　少々脱落

十九日（月） 昨夜 十ヶ内外脱落 森国、荒木嬢速記ノタメ 但シ今日ハ行ハス
二十日（火） 桐谷、勲 上京
二一日（水） 渕上来ル 明日ヨリ置賜へ出張トノ事
二二日（木） 本日 終日大脱落 石原俊輔 八重子母アイサツニ来ル 夕 敏子夫人うどん
二三日（金） 午後千津来ル 粘液様ノモノ及小サイ脱落ツ、ク
二四日（土） 富樫 要文ノ校正 入殖者試験 午後武田君高瀬校ニテ講習
二五日（日） 栗木氏来ル きくちハ昨夜上京セリト 脱落ツ、ク
阿曽 伊藤 ㊇ 誠君 勲カヘル 蓮見先生ニ誠ハ会ハズ 六郎来ル 賛成
渕上 米沢ヨリカヘリ報告 木村ヨリノ土産
二六日（月） 搾油講習（日延）ニ参リシ同志 禎次郎及義弟（山田）水越、志賀繁
みそ造ノ準備悪シトテ水越君大立腹
みそ造リ夜遅ク迄 コノ混雑ノ中ニ餅つき、納豆造リ
二七日（火） 桐組松組公然ノ論争(5) 千津 六郎泊ル
三神、西田、木内（象潟村議長）
二八日（水）夕市長 大井直之助、仙葉、森国、航研ノ器械ニツキ来ルモ 誠 酒田、空シクカヘル
午後三時三神 夜 加藤市長 きくち来ラス 思ヒ切ツテ話ス 彼大ニ驚ク
始メ賛、後考慮 六郎泊ル 克枝帰ル 終日イタミ夜小サナモノ数ヶ
二九日（木） 三神サン朝カヘル 米田恒太郎 渕上 荒木嬢速記ハ行ハスカヘル
輸血（水越80）九回穴ヲアケラル 六郎泊ル
三十日（金） 今日モ六郎泊ル 明日黒川行トノ事 千津別レニ来リ バンドヲ忘レテカヘル

三一日（土）　小松義道　蓮見先生　午後一時半到着　龍三御伴　血圧九〇　二月中ハワクチン中止トノ事　診療所ノコトニツキ時間ヲ費シヤウヤク午後四時ノ列車ニテ鶴岡へ、鈴木、克行、仲條受診　仲條　三月盲腸手術

**注**

（1）西山農場に入殖した人々は居住地域によって自ずから桐組と松組に分かれた。桐谷誠の入殖の時期に彼の住まいの近くに住んだのが桐組、そこから徒歩で二十分ばかり東寄りの松林に入殖した人々が松組と呼ばれた。
（2）静岡県裾野町でひらかれた国民党第二回全国党員会議。
（3）入植した人々のうち、松組の人々は農業には素人で、それだけに松林の開墾は困難を極めた。苦労に比例するように人々は収益に過大な希望を抱いたようである。
（4）各宗対抗とあるが武田邦太郎には共産党との対抗演説しか記憶がないとのことである。
（5）桐組には地元の農家出身が多く農業には玄人であったが理論に弱く、松組には都会育ちのインテリが多かったから農業はさっぱり駄目だったが口は達者で、ソリの会わないことが多かった。

**二月　酒田日蓮教講演百五十名位入場トノ事**

一日（日）　阿曽伝造、高橋久夫息玄之　武田君　乾作ヲ連レテ受診　三月入院ニ定マル
　駒瀬、近藤、雌熊　郷里ニ
二日（月）　森国、誠夫妻　酒田へ　西田氏　夕来リ泊ル
三日（火）　西田氏カヘル　瀬戸　村尾　白柳等ニヤウヤク手紙ヲカク
四日（水）　富樫　きくちニ病気悪シトイヒシ由　電話ニテ先生ヨリ問合セアリ　富永、興津繁、
五日（木）　平泉、大矢　武田君　食糧委員会へ　誠君日返リノ予定ニテきくちノ披露宴ノタメ出鶴セシカ本日一泊、明朝きくちト同行トノ電話

六日（金）　昨夜一回相当大ナル脱落　之ヲ先生ニ届ケル　金蔵ノ使　阿部　見舞ニ野菜
水越君ヨリ輸血　十時誠君きくちト共ニ帰ル　懇談　午後三時半カヘル
七日（土）　先生ノ座席ヲト□□□丸川ノ息来ル　中条誕生日
八日（日）　松浦先生息　入殖希望ニテ来ル　富樫、先日ノ釈明ニ来ル　出血、脱落少々粘液
酒田進藤　渕上帰来今日直ク出発
脱落　高瀬学校ニ劇ト講演ノ会最初高瀬文化会トカ主催トキ、居リシガ何時ノ間ニヤラ
出血　西山精華会主催トナリシ由　入場小供等青年二十名位ノ由
粘液　明子サン寒行ノ報告ニ来ル　六郎　渕上ノ家ニ
九日（月）　富樫　要文、武田君ノ第二輯(1)ヲ持来ル　小野医師一泊　粘液　血ハ大体止マル
十日（火）　阿曽、欣平太夕来ル　夜　手打うどん、誠夫妻ヲヨブ
水越　欣チャン来ル　粘液
十一日（水）　酒田日蓮教講演百五十名位入場トノ事
昨夜伊地知ラ代表シ食糧不足ニツキ克枝ヲ脅嚇　今夜会議
今野光蔵　輸血一〇〇gトリテ五〇g注射　アワノタメ
十二日（木）　森国　照井　昨夜酒田ニ泊リ本朝カヘリ明朝出発、夕刻同行者二名来ル
「照井家之墓」ヲ揮毫
十三日（金）　武田君　昨日出発予定ノトコロ一昨日ノ騒動ニヨリ本朝出発
兄上京ノタメ座席ヲタノマレ克枝　鶴岡へ　六郎ハ今朝□黒川へ
夕刻、伊地知、渕上　謝罪ニ来ル　合田氏薬到着　血、小サキカケ三ヶ粘液
十四日（土）　武夫妻カヘル
9.15

十五日（日）　粘液　大場及其上官タリシ田村主計（新潟人）亀田　克枝一時過キカヘル
但馬　□□、瀧本見舞　金見舞品ヲ沢山携ヘテ来訪　辛シテ見舞金ダケヲ返ス
十六日（月）　粘液　千恵結婚甘ク行カス　克枝ノ候補瀧本氏亦和田甚九郎ノ娘ノ件アリ
輸血、水越弟子馬車青年一時間後振ヒ来ル
十七日（火）　粘液　歌川、精華会、薪割等ノ報告来ル
布団器物等全ク整理セラレアラサル由　注意ヲウナガス
昨夜　稲垣氏月例会席上　共同生活ニ対スル不安ヲ述ベタル由
脱落三、四、粘液　金子秀雄外丸子ノ二名　大槻忠夫一泊
十八日（水）　金丸、山口外　民田二名
脱落（赤白）三、四　粘液
十九日（木）血、粘液　佐藤善一　大川博士到着　田中氏胃クワイ瘍胃癌ノ由
二十日（金）粘液　能代相沢、森国ヲ交ヘ今井ト懇談シテハト提案セシメ明答ナクカヘル
二一日（土）　午後輸血ちねみさん一〇〇ｇ一時間フルイ来ル更ニ一時間後発汗　小野医師来ル
脱落三四、粘液
二二日（日）　稲垣、大瀬ニ共同生活利益ノ説明「共同生活ナク両性ノ協力ナシ」
夜　子供ノ大多数ニ毒舌
粘液脱落少々
二三日（月）粘液　鳥取峯本　楯岡高橋
二四日（火）　午前　大川博士来訪　午後帰京　六郎来リ渕上ニ滞在

粘液脱落少々

二五日（水）　早朝、歌川来リ仲條ノ取止メヲ頼ム少々呆レル
薮式少シヤル始マルト来客　黒川遠藤以下六名東ノ栄八名
水越黒川ヨリカヘル　碇屋　ねぎ
破片、蓮見先生ヨリ来信　廿九日御到着ノ予定ト、朝　大瀬来リ　仲條　武田君帰ル迄止マルコ
粘液、トヲ納得セシ由

二六日（木）　脱落、丸子　輸血ノタメ来ル申訳ナシ
粘液

二七日（金）　粘液、尾形六郎兵衛、「十年後ノ政治目標」「中正党」へ　富樫　カ□□　八重子　甘酒
脱落

二八日（土）　粘液　阿曽健治彼療法ノス、メニ　六郎明朝黒川ニ

二九日（日）　茂木、工藤外秋田組数名　仲條母、小林貞　蓮見先生　栗本氏　きくち

**注**

（1）　武田邦太郎「御妙判要文信感（二）」（『王道文化』復刊第二号昭和二三年七月）。

**三月**　**「真ニ国民ニ訴フル価値アル点少数ヲ短時間ニ！」**

一日（月）　誠、健作、仲條入院　朝　葡萄糖80注射　三十分後フルヒ来リ吐ク

二日（火）　㊌ヲ始ム　朝　丸子ノ三人輸血ノタメ来ル申訳ナシ申訳ナシ　敏子ニ依頼シテ昨日一日分ノ尿ヲ診療所ニ届ケル　誠君ノ手術ハ三十分簡単ナリシモ健作仲條ハ一時間以上相等ニ苦シミシ由

三日（水）　水ノタメカ尿比較的キレイナリ　夜　敏子ヲうどんニ招ク

四日（木）　明後五日支部ヨリ布団ヲトリニ来ルト
武上京、田中氏入植希望ノ件ニツキ大川教授へ
水越黒川ヨリカヘリ本間昌平ヨリタノマレタ物ヲト、ケル
近藤　駒瀬サンニ千円瓶ヲカハセル頗ルアヤシイ品　夜清孝、勲

五日（金）　大高青年、堀三郎　池田忠義　　聯盟分隊布団受領三名ノミ　　高田、平田未亡人
敏子妹よし子到着

六日（土）　小野医師　蓮見先生御帰京ト共ニ棚倉へ引揚ケトノ事
克枝サン皆ニキラハレテ居ルラシイ[1]　気ノ毒ナリ　速ニ交代ヲ出スベキダ

七日（日）　大川幹夫、小野医師十五日出発、仲條、健作ハ八日、九日退院トノ事
武田君今日新潟一泊明日到着

八日（月）　稲葉正三、一泊　武田夫妻[2]、もち田　無事到着　　仲條退院

九日（火）　小松外一名（西遊佐）よし子誠君ノ看病ニ
健作退院　克枝サンモ一所ニカヘリ明日ヨリ兄ノ手伝ノタメ再ヒ出鶴、
仲條西山ヲ出ル決心堅イ由　夜、小松健作割当ニツイテ

十日（水）　千津カヘル　水越　　渋谷付添ニ大瀬未亡人ヲ頼ミニ来ル
夜　常会　五時間　武田君主張ノ如ク共同耕作ト定マリシ由

十一日（木）　平田茂　木村君ヨリノ見舞ヲ持来ル　カヘス　武田君　酒田行
夕刻　金吾君　黒川同志ノ依頼ニヨリ治療ニ来テクレル　感謝ノ外ナシ

十二日（金）　持田君ニ種々御願ヒス
歌川　松男ノコトニツキアイサツニ来リシモ昨日　武田君ニザンゲセシ件ハ一言モフレス

夜　武田君ニモウ一度仲條ノ件ヲタノム

十三日（土）　仲條　持田　大瀬　後ニ武田　仲條遂ニ農場ニ止マルコト、ナル　此話合ヤ高橋君ノ治療
ノ間ニ相当ノ腫物脱落（赤）
夕　渕上カヘリ報告　旅行、両人ノ生活ニツキ忠告ス

十四日（日）　金吾及長男来ル　銻　桐谷ノタメビスケット焼

十五日（月）　岡崎ト酒田ノ佐藤、尾形　石屋　金吾君息　本夕カヘル　千津
昼食　金吾サンニそばヲ打ッテ貰フ

十六日（火）　山口、稲生会社　藤田　河村　椎茸輸出ノ件
中山正導、楢崎ノ話シ　水谷三郎、（鶴岡渡辺四郎[3]
夜　渕上山形ヨリカヘリ報告　直チニ鈴木法務庁長ニ照会スルコト、ス

十七日（水）　神坂　池田ヨリ病状悪トノ通知アリシトテ見舞ニ来ル
数回ニ亙り相当ノ脱落（黒）

十八日（木）　昨日アミノ天プラヲ食ヒシタメカ食欲ヲ失ヒ腸イタミ気分悪シ　誠君退院帰宅
腹部ノ痛ミハ或ハ本払暁迄クリカヘセシ脱落ノタメ膀胱絞レル結果！（十九・

十九日（金）　神保信彦外一名
渋谷　山口、渕上　山口ノ報告　渋谷ノザンゲ河村椎茸モ当分安定?阿曽外一名
石沢四郎紹介長谷川惇　本朝少々快方　食事ヲトル　千津、川越治療　川越君ハ左側
交換神経ハレ其タメノ神経痛ト診断

二十日（土）　金吾君昨日風邪気味ナリトテ午前休ム　ブルートゼ少々異様ノ味アリ　ソノタメカノド
痛ミ少々発熱ノ気味ニテ夜数回着カエル

二一日（日）　月例会　農場外ヨリハ黒川三名ノミ？（蛸井、本□外一名）
二二日（月）　二ツ屋　石原一族、衣袋　登米支部二名　西荒瀬二名
大川博士　田中君ノ病状悲観的「鉄水」ヲイタダク
小泉良雄　織田ノ使トシテ演説ニ関スル意見ヲキキニ来ル
「真ニ国民ニ訴フル価値アル点少数ヲ短時間ニ！」　千津指圧
二三日（火）　良雄　昨夜　渕上ニ泊リ今日帰京　家庭ノコトニツイテモ物語リ(4)
一両日前　朝日投書ニツキ誠君ニきくちヨリ電話相談アリ　栗本ト来訪スヘク返事セシニ
きくちニ先生ヨリ招電アリシト
二四日（水）　千津、水越　腹加減少シヨシ
四月中旬頃　精華会会合ノ件　武田君ト相談　食欲ヤ、ヨクナル
二五日（木）　明子御別レニ来ル
鶴岡地区布団取リニ来ル（高田、余目三人諏訪）、菅原友蔵外二人
蕨岡青年四人　鯉ヲモッテ　大瀬、渋谷退院
二六日（金）　朝黒イモノ後　寒天様ノモノ多数脱落　出血数日来殊ニ甚シ　食欲相当恢復
松尾名平一泊　信子来リ泊ラスニカヘル□□□泊ル
二七日（土）　茂、蘇武演　中村静ノ紹介ニテ青年三人　一泊ノ希望ナリシモ泊メスニカヘス
原子外二名？弘前青年一泊　明子、ちねみ、□娘皆今日嫁入リ
昨夜来脱落？出血甚シ
二八日（日）　原子ノ組　朝カヘル
昨日排出ノモノ菅原医師ノ勘定ニヨレハ血塊ラシキモノモ寒天状ノモノモパピロムノ破片

トノ事

二九日（月） 大川博士来訪、塩ノ出方大体ヨロシキ旨 今シバラク滞在トノ事
夜半尿閉的状態トナリ苦シム

三十日（火） 及川アサヨ 大瀬未亡人病院ヨリカヘリ院内ノ空気ヨシトノ報告 夜三回苦シム
旭川渋谷（樋口季一郎配下）見舞ニ来ル
午後及川アサヨ明早朝出発、夜 持田君
夜 一〇～一二 大ニ苦シム ちねみ夫妻アイサツニ来ル

三一日（水） 蓮見先生午後一時着ノ予定ナリシトコロ鶴岡下車 電話ノタメ自動車ニテ来診セラル申訳
ナク感謝ニ不堪 森国ノコト大ニ憤慨セラル
夜八時過キヨリ始マリ約一時間半大ニ苦シム

**注**

（1） 小野克枝は何時も石原の側に居て看護をしていたし、世話好きのため却って皆に焼き餅を焼かれていた。
（2） 武田夫人は引揚げ後、衰弱が激しかったので子供と共に実家に帰っていた。西山に来たのはこの時が初め。
（3） 鈴木義男。弁護士で社会党所属代議士。片山内閣で法務大臣、芦田内閣で初代法務総裁（『鈴木義男』鈴木義男伝記刊行会、昭和三九年）。
（4） 投書は山形・財部史郎「慢性盲腸炎」（三月二十日『朝日新聞』「声」欄）という形でなされた。

**四月 貧血ノタメカ疲労漸ク甚シ 諸君ニマルクス主義ニツイテ約一時間半**

一日（木） 日中数回 夜七時、十一時 苦シミモ其後ハ稍静
森国、自分ハ出サスト主張(1)

二日（金） 田中随憲見舞 佐久間祖父危篤 本間昌平息及勇三 千津

三日（土）　森国一家、佐藤寅之助

四日（日）　神田泰之助ノ紹介ニテ五名　国民党村岡話モ出来ズニカヘス

　　　　　渕上　昨夜カヘレリトテ来ル　誠君出鶴　座薬等モッテ来ル

五日（月）　田中随憲今日カヘル　菅原与惣衛門鳥ト鯉ヲモッテ

　　　　　銻ノ診察ニ菅原医師来ル　昨夜睡眠約一時間本日疲レル

　　　　　二三日来小便通シテモ直チニ止マルコト多ク安泰十時間中間ノ一時間位トナル

六日（火）　貧血ノタメカ疲労漸ク甚シ　六郎、夕刻

七日（水）　昨夜山羊女ヲ生ム　西川速水　南部貫一ヨリノ山菜ヲ持来ル

　　　　　斎藤三次郎治療ニ来リ泊ル　金吾君イヨイヨ午後出発　小泉女史到着延期ノ電

八日（木）　曺夫人　阿部未□人　庸太郎　会ハサレスニカヘル気ノ毒ノ至リ

　　　　　栗本先生来診　ネラトンヲ通サル

九日（金）　木村武雄　高橋吉之助

　　　　　誠君　余ノ治療方針ニツキ鶴岡ニ出テ栗本氏ト相談セラル

十日（土）　昨夜ヨリ血大体トマリ尿閉ヤム

　　　　　小泉女史、曺君、和田正治、今田　牛島　木村武雄氏モ更ニ鳥海ホテル一泊

十一日（日）　中村姉、み枝、再ヒ出血、少々尿閉ノ傾向

　　　　　今田、牛島　木村午後カヘル　朝　尾形好子　永原見舞ニ来ル

　　　　　夜、小泉　武田　曺三君

十二日（月）　朝　狭心症サワグ　惟孝ノ件ヲ耳ニシ六郎ヲ遣ハセシニ既ニ入院明日手術トノ事

　　　　　中山優先生　鎌形浅吉　高橋柳太

十三日（火） 六郎カヘリ 惟孝手術報告

十四日（水） 今井清明 尚

十五日（木） 尾形六郎兵衛 杉浦晴男 惟孝経過可（本日手術）トけい子ヨリ電話アリ

十六日（金） 佐藤善一

斎藤三次郎サン今朝カヘル 十日ニ亙ル治療誠ニ感嘆ノ外ナク御蔭デ危機ヲ突破ス

十七日（土） 昨夜久シ振リニ眠ル 午前気分ヨカリシガ午後少シ苦シム

鎌形治療ノタメ来リシモ遠慮シテカヘリシ由 高木、黒崎三人

十八日（日） 昨夜一睡モセズ 今日気分アシク乱不正 高木君ノ治療ハシマル

十九日（月） 昨夜眠薬ヲ用ヒ大ニ眠ル 今日日中モウトウト

二十日（火） 昨夜モ薬ニテ少シ眠ル 高木君ノ判断ニヨレハ肋膜ヨリ起ル微熱胃下垂 泉山三六

二一日（水） 昨夜一睡モセス

二三日（金） 誠君 鶴岡へ 六郎モ 森国、勝義君(2) 鯨ノ生肉ヲ土産ニ 佐藤秀雄使、

二四日（土） 精華会講習会第一日 水越 後藤 高橋 小野寺 水野 安藤 高木 西村 徳永 保坂

脱落多シ 木戸 岩崎 小泉 曺 武田 計十四名

二五日（日） 講習生一同ニ一言ス 鈴木鈴雄 西瓜ノツキ木説明ノタメ

二六日（月） 講習会 朝 解散 岩村、

二七日（火） 増川

二八日（水） 立正会月例会、高橋君再ヒ肝臓 感謝ノ至リ

夜、曺、増川、小泉 武田ノ諸君ニマルクス主義ニツイテ約一時間半

午前中血止ミシモ夕方ヨリ再ヒ出血

二九日（木）　福島先生ノ弟子ト称スル変ナ男、
三十日（金）　中村静夫一泊　　千代子　実母及次女ト共ニ
佐藤茂　鶴岡青年隊代表トシテ見舞

**注**

（1）森国の弁明は朝日投書についてである。
（2）勝義は（小野）勝誠の間違い。克枝の弟。

**五月　昨夜鎌形君トマルクス論アリ　寺村更ニ一泊シテ勉強スルコト、ナル**

一日（土）　小泉　曺、岩村、今日午後出発帰京「わとう」(1)道場ノ件ニツキ相互ニ理解セル旨御話アリ
修来リ右一行ト共ニカヘル　鎌形君注射シテカヘル
二日（日）　高瀬運動会　小林てい、仲條母、武田勇吉、
四王天氏紹介ノ人会ハス　会津若松女警官
三日（月）　小野寺茂雄　中村姉　千枝　子供、
四日（火）㊟　井上正君来ル　　鳥海　西川見舞ニ来テ大ニ喜ンデクレル　　昨夜殆ト眠ラス
五日（水）　昨夜脱落二三回　今朝及夕大キナモノ　昨夜少シクヨク眠ル
六日（木）　大川君来リ蓮見先生御憤慨ノコトヲ説明セラル　武田君鶴岡へ
大川博士鉄水ヲ御持チ下サル
七日（金）　寺村銓太郎　佐野秀一、　脱落数回（大一）
井上正君カヘル　渕上今朝帰宅、　鎌形注射
八日（土）　武田君ヲ煩シ蓮見先生ヘ御詫状ヲ出ス

佐野カヘル　昨夜鎌形君トマルクス論アリ　寺村更ニ一泊シテ勉強スルコト、ナル(2)
ちねみ、　脱大一回　中数回
誠君帰宅（朝）発熱　寺村上京

九日（日）㊟　中数回出血多シ

十日（月）　誠君　三九、〇以上　病根明カナラス

十一日（火）　中十数回　出血多シ
誠君ハ中毒　心配ナシ　丸内久

十二日（水）　大中十回
月例会　余目　甚助外一名

十三日（木）　治療直後大キナモノ出ル
十一日歌川カヘリ　裕ヲ連レカヘリ　庸子発作　再ビ裕ヲ先方ニツレ行クコトニ決ス
昨夜　数回　今日数回　稍　小サクナル

十四日（金）㊟　数回比較的小　但　尿道痛ム

十五日（土）　小松、佐藤正　シベリアヨリ帰還！　世人ハ死ンダモノトアキラメテ居ル由
驚クヘキ多数ノ脱落

十六日（日）　おさい、中村姉、静　惟孝　子供二人　斎藤三次郎、佐藤顕治
杉沢、大井　昨夜一泊　今朝カヘル

十七日（月）　高木君　弱ッテ治療休ミ　土門、佐藤（田沢）　歌川裕ヲ置イテカヘル
渕上　磐陽ヨリカヘル　脱落少キモ痛ミ甚シク血ノ色甚ダシク汚レタリ

十八日（火）　大川博士　同夫人　痛ミ更ニ甚シ

十九日（水）注
朝　高木君カヘル　石巻経由　　神坂君歯ノ治療
午後大川博士　武田　誠　両君　蓮見先生ノ指導ヲ仰クコトニ決ス

二十日（木）
夜痛甚シ　小サキモノ数ヶ脱落

二一日（金）
佐藤勇　六郎　二三日前ヨリ滞在本朝カヘル
仲條二三日前無断退去ニツキ大瀬サン報告ニ来ル
神坂君歯ノ修繕モウ少シ経テバ大変ニナル所ナリシト

二二日（土）
行勝師　弟子二人ヲ伴ヒテ来訪　山形付近ニ居ル林某就職アッセンニ来ル
小野寺茂雄　約一週間滞在ノ予定ニテ
杉沢、大場、大場ハ北海道ヨリ見舞ニ来リシモノ　　大川博士本日帰京
阿部弥佐久、会ハス　　不相変イタム

二三日（日）
大塚彰　尿道痛ミ減退セズ　スルファミン剤服用（菅原医師）

二四日（月）㊟
大塚午後カヘル

二五日（火）
小野寺茂雄午後新庄へ

二六日（水）
佐々木慶次外一名米沢出身宣教師　　小熊病気大体ヨシトテ千津来ル

二七日（木）
山口等外一名　　鎌形治療シテ帰ル

二八日（金）
畠山嬢　神奈川ニ赴ク途中立寄ル　岸野武司　渕上東京、磐陽ヨリカヘリ報告
一昨日ヨリ痛少シ減退セシカ　　今日久シブリニ黒小数ヶ

二九日（土）㊟
渋谷　三島　渕上来り椎茸会社設立ノ話
東京事務所ノコトニツキ山口ニアッセン依頼アリ　　松谷盤

三十日（日）
山崎　東京ヨリ　　和田君　明日蓮見先生ヲ案内スヘク今日到着　　茂木水越一泊

三一日（月）　出血少シク減少
和田君ノ案内ニテ蓮見先生来診　昔来　鎨風邪ノ気味
武田君組合長会議ノタメ山形へ

**注**

（1）「わとう」とは、伊地知則彦が自らの道場名に、日蓮の『種々御振舞御書』の「日蓮先かけしたり。わとう共二陣三陣つづいて……」からとって命名したことに由来（入江辰雄『石原莞爾と伊地知則彦』暁書房、昭和五七年、二二〇頁）。

（2）鎌形浅吉は共産党員であったが石原から「分配の公平を論ずるより、第二次産業革命を進展させて万人を豊にする物資の充実を計る方が大切」という話を聞いて転向した人物である。寺村銓太郎はハルピン国際ホテルの社長としてソ連の実情に通じていた。

**六月　軍政部ヨリ精華会ノ取調ニ来リシモ面会セス**

一日（火）　夜　和田君　渕上ト共ニ来リ営倉ノ歌
二日（水）　久シ振りニ雨降ル　中條告別ニ来ル　尿道痛ム
三日（木）　和田、渕上上京　武田君帰ル　鎌形君注射シテカヘル　勲ハ結核（初期）ト診断
四日（金）　武田君鶴岡へ蓮見先生ニアイサツニ　稲垣サン神坂ノタメ肖像ヲカイテ下サル
水越君ノコトニツキ談合　昨夜甚シク痛ミシモ今日稍緩和　但粘液多シ
五日（土）　天の一雄妻子　丸川順助先生　軍政部ヨリ精華会ノ取調ニ来リシモ面会セス（1）
六日（日）　丸川君更ニ一泊　子息鶴岡ヨリ来ル　本間昌平、河村先生
二三日来パピローム（赤）脱落痛ミ今日少シ緩和
七日（月）　樋口義重　酒田警官二名
八日（火）㊟　佐藤栄養士　肝臓処理ノコトニツキ

九日（水）　森国父子　高田、武田君ニ講習会（山添）出講ノ依頼　武田君承諾セル由
鶴岡佐藤剣士尺八ヲ吹イテ慰メテクレル　誠君酒田ニ行キ三島氏ヨリ肝臓ヲ托サレテカヘ
ル　相当大キナパピローム二、少数ヶ

十日（木）雨　智船及大工父子　溝辺奥津一郎父子一泊
午前四時及朝二回黒キ大キナモノ脱落

十一日（金）　康敬　　終日、気分悪ク尿道痛ミ尿ツカヘル心地

十二日（土）　武田君ト工業ニ関スル準備ニツキ論談

十三日（日）　田川長谷川不快ノタメ話サス　鍗又モヤ八度計リノ発熱
康敬鶴岡へ　気分悪ク今日月例会ノタメ午後四時歌ヲキク約ナリシモ中止ス
小野寺茂雄ヨリ妙ナモノ贈ラレ分配ス

十四日（月）　井上章三会ハズ（新潟）

十五日（火）　本間昌平　河村先生ノタメ浅原ヘノ紹介状[2]　阿部欣蔵外数名
康敬夕刻湯ノ浜ヨリカヘル　鍗午後離床

十六日（水）　康敬帰京　柴田ノ息ト其義兄　土産物ヲモッテ来ル

十七日（木）　六郎来ル　渕上ニ泊ル

十八日（金）　橘老　池本農場ノコトニツキ相談ニ来ル　渕上昨夜帰宅午後来ル

十九日（土）　渕上廿一日上京　耆君トノ相談ヲ同氏ニ托ス　橘老本夕大阪ニ直行

二一日（月）　鎌形君注射　六郎来ル　渕上上京　由利郡天理教松田某

二二日（火）　森国父子

二三日（水）㊟

二四日（木）　大川博士吹浦着　武同行
二五日（金）　佐藤正助、堤時夫　大沼成之　　久シ振リニ湯殿ニテ体ヲ洗フ
二六日（土）　六郎　タンス修繕
二七日（日）　大川博士来訪、誠君写真ヲトル　　武田、誠両君　池本氏弟ニ遇フタメ酒田へ
　　　　　　　阿部幸一、阿部？見舞ニ来リ泊ル
二八日（月）　池本末弟来訪　　小泉女史到着ノ筈ナリシモ来ラス
　　　　　　　午後五時二十分　福井大地震
二九日（火）　大川博士　金田氏カヘル　　小泉女史　峕君到着
　　　　　　　水越君久シ振リニ来リ水田悲観ノ要ナシト　　8.——

注
（1）　精華会はこの六月に機関誌『王道文化』を再刊した。軍政部はこの情報をもとに調べに来たのであろう。
（2）　本間昌平は前年来、椎茸栽培の会社作りに奔走、資金作りに苦労していた。浅原への紹介もその為であろう。

**七月　照井欣平太来ル、菌ノ代金集マラヌ由**

一日（木）　新井克輔　明大生財津礼二郎　きよ子　いかヲ持ッテ来ル　昨日来痛ミ甚シ
二日（金）　昨夜来久シ振リニ雨
　　　　　　新井　今日吹浦学校ニテ演奏ノ筈ナリシモ手チガヒニヨリ果サス　　岡野鑑記
三日（土）　水上某伊達君ノ件ニツキ　　蓮見先生午後五時半頃自動車ニテ来診　直チニ帰鶴
四日（日）　大湯　開拓生一同
　　　　　　岡の、峕、誠　上京　　金内、中村　　阿曽

五日（月）　克枝サン鶴岡ニ小便ヲ届ケル
七日（水）　斎藤三次郎氏治療　、　六郎　東京ヨリカヘリ報告
八日（木）　月例会　織田　外一名（木下　中国人）　夕　一同　歌ツテクレル
水越　□農研究会案ヲ持来モ反対ス
九日（金）　水越君　保村者講習会　織田カヘル
渕上昨日上京ノ予定ナリシトコロ今日ニ延ヒル
十日（土）　秋田高橋弥太郎　小泉サン上京　六郎カヘル
講習会参会ノ阿部嘉一　諏訪外数名　諏訪西山入リニ賛成セス
斎藤治療師外最上人一名
十一日（日）　早坂、袖浦協同組合幹部ノ件ニツキ一泊
十二日（月）　只野直三郎使　工藤忠雄
十三日（火）　本間誠　佟育仁　河村先生　九州ヨリ帰リ来訪
十四日（水）㊟　誠君帰リ蓮見先生ヨリ御薬、　鈴木鈴男一泊　小松義道（肺病？）
アミノ酸ノコトニツキ
十五日（木）　渡前村ノ某女十六日ト間違ツテ来ル
武田君鈴木君ト共ニ砂丘地研究所ニ　但シ原田氏不在
十六日（金）　武田君叔母「深田嬢」昨日到着今朝来訪
昨日来パピローム尿中ニテ可成速カニ崩ル、
十七日（土）　深田　駒セ　近藤ト共ニ来リ午後出発　六郎、布施　金吾
十八日（日）　照井欣平太来ル、菌ノ代金集マラヌ由　本吉郡佐藤某

十九日（月）㊟　本間昌平　布施　金吾、六郎カヘル　克枝不快
二十日（火）　森国父子　水越君、外山氏ノ「東亜連盟農法ヲ批判シアル宇都宮某氏ノ本ヲモッテ来リ
『　』氏ノ男爵アリアズ交配」ノ砂丘地向ノ薯ヲモッテ来ル
二一日（水）　照井カヘル　谷岡、　克枝鶴岡、ネオゲリリン果糖ヲモッテ来ル
二二日（木）　谷岡カヘル
二三日（金）　小泉サンノ治療打合ノタメ千津鼠ケ関へ、善一君好意ヲモッテ引キ受ケテクレル
二四日（土）㊟　女一同酒田港まつりニ　誠君ヨリ招待サル
二五日（日）　植田博士、樋口、　尾形六郎兵衛、山形精華会遠藤嬢外二名
ゲリゾン五回ノ注射終ル　痛ミ少シ緩和
二六日（月）　植田博士　今明日酒田ニテ講習会　久シ振リニ村越式治療　六郎来ル
二七日（火）　高瀬　巡査、　小泉サン到着、　明日　渕上酒田到着トノ事
渋谷一党手ヲ引ク由
二八日（水）　上田寿　午後二時迄粘ル　朝　六郎カヘル
夜　渕上来リ桐谷ト共ニ渋谷引退ノ善後処理ニツキ
二九日（木）㊟　小泉女史鼠ケ関へ
三十日（金）　小野元士[1]、二三日来　脱落多ク痛甚シ
三一日（土）　田川長谷川　小野元士　午後帰京　河村先生　社長問題ニツキ

**注**

（1）この時、小野は第三回国民党全国党員会議（八月十～十一日、京都）を前に教えを受ける。

**八月　「言行録」ノ件**

一日（日）　富樫、佐藤顕治、阿曽　蕨丘一行農村工業相談ノタメ　田沢佐藤
二日（月）　克枝　蓮見先生ニ連絡ノタメ出鶴
　　　　　鳥海、西川、渋谷、栗本　新庄在、山科某　山西ノ報告
三日（火）㊟　酒田斎藤氏治療　午後一時ヨリ家ニテ常会　秋作、個人家屋其他　吹浦尾形
四日（水）　武田、誠出鶴　先生御機嫌ノ由　但シ来月ヨリハ来ナイ考ラシイ　銻病臥
五日（木）　木村英一　加藤市長　代議士立候補ノ件ニツキ
　　　　　松本（高橋（菅の））
六日（金）　銻受診ノタメ出鶴　来月更ニ診察手術トノ事　石川正俊ヨリ鯛二疋
七日（土）　斎藤三次郎及弟子　池田忠義　婦人会員ヲ率ヰテ
八日（日）㊟　菅原与惣衛門　秋田党員三名　森国
九日（月）　清孝　明日帰郷スルトテ夕刻挨拶、大川先生息　桐谷ニ白猪ヲ届ケ数日滞在
　　　　　今田ヨリ九月来ルトノ報①、一寸待テト返信
十日（火）　清孝出発　松尾名平氏、胆嚢癌ノ由　真山「言行録②」ノ件ニツキ
十一日（水）　朝　渕上　真山ト共ニ来ル　和田君中心ニ今田、岡のト協議スル様頼ムコトトス
　　　　　武田君近来不快ニツキ連絡旁　受診ノタメ鼠ケ関へ遂ニ一泊
　　　　　河村先生　山口ヲ重役?
十二日（木）　夜　渕上来リ椎茸ノ話
十三日（金）㊟　斎藤豊太一泊　三井君ヨリクリマグ
　　　　　千津ノ話ニヨレハ本間君ト渕上ノ間必スシモヨカラス

十四日（土）　石川正俊、　武田君鶴岡へ
十五日（日）　朝　渕上来リ本間君椎茸組合幹部ニ東聯関係者ヲ避ケントスル話、
午後　尚、夕刻カヘル　夜相等多数ノパピローム（赤）二回　寒天様ノモノ出血
十六日（月）　武田君二泊ノ予定デ菅名村へ　斎藤正男　富永良男
十七日（火）（注）　きくちヲ通シ曺君　仙台辺ニテ遭難？トノ電話（田？氏カラ）[3]
金丸、高坂　五十嵐、高田　夜　渕上来リ岩沼ト連絡　朝ヨリ出血夜迄ツヽク
十八日（水）　武田君小泉サン到着、小野寺茂雄来リ曺君昨日午前五時気仙沼発ヲ知リ安心
十九日（木）　続々集合　曺君モ午後来ル極メテ元気
二十日（金）　講習会第一日　津軽鳴海氏　外二名　森国ノ引率ニテ田川ノ人々十数名
昨夜ヨリノ出血終日止マラズ
二一日（土）　近岡父子　庄司泰久　水の亮弥帰国アイサツ　黒川葛太郎
出血止マス終夜脱落多シ
二二日（日）（注）　講習会第三日　久シ振リニ雨
二三日（月）雨　講習終リ一同カヘル　下越　柄沢外数名　東芝野呂某
大出血　寒天
二四日（火）　夕刻　水野氏ヨリ「内定対策乞フ」トノ電アリ[4]　昨夜　出血止マル
二五日（水）　河野君昼着解散決定ノ報告　午後三時曺君山形行ヲヤメ河野君ト上京
小泉サン鼠ケ関へ　三日後上京予定
二六日（木）　佐藤正、大井直之助　竹中　大阪ヨリ連絡ニ来リ直チニ東京経由帰ル
終日少シ出血

二七日（金）㊟　曺君ヨリ「ハナキトクナルモ四・五ヒマテ」
芦田ニ手紙ヲ書キ明日小泉サンニ托スルコト、ス　又明日渕上出形
安部佐藤氏ト共ニ高山ニ会見スルコト、ス　終日血トマラス
二八日（土）　小泉女史午前到着午後三時発上京　□夕方六郎来ル
出血減少　御尻ハレボッタイ
二九日（日）　神坂、船越帰一　大川博士ト通夜
太田照彦、山口一太郎　鈴木文平　高橋平助、欣平太　出血少シ
三十日（月）　本日午後一時ヨリ酒田ニテ椎茸組合会合　阿曽、　出血多カラサルモ脱落相当
六郎カヘル山口ヲ黒川ニ案内ノ筈　松浦地方課長外二名
三一日（火）　高橋平助、欣平太　丸内　会合終ッテ別レニ来ル
出血少ナカリシモ夜遅ク二回寒天ニツ、マレタル黒イモノ脱落其時出血

**注**

（1）この日の今田新太郎の書簡は石原将軍の「言行録」を残す計画を述べている（281）。

（2）真山元輔もやはり石原将軍の「言行録」を残すことを計画していたことを示す。［『石原莞爾全集』第七巻、六二六～八頁参照。武田邦太郎文書の九月十三日付真山元輔書簡に具体的計画書が残っている］。

（3）曺寧柱は戦後も石原莞爾への支持を止めなかったことで、民族的裏切者として命を狙われていた。

（4）内定とは精華会解散の法務庁の方針内定を意味する。翌二十五日、河野信がその情報を持って来たのに対し、曺寧柱が河野と一緒に上京、法務庁との交渉にあたることになった（284）参照。

**九月　伊達処刑ノ新聞記事　噫！**

一日（水）㊟　朝尾老　宇都宮鈴木、香川能祖時夫

二日（木）　早朝来、七回寒天ニツツマレタルパヒローム　脱落其節多クノ出血
大川博士帰京　武田君　蓮見先生ニ見舞ノタメ出鶴、銻ハ入院ノ要ナシト

三日（金）　二回少シ大キナ脱落
農林省開拓局和田計画部長以下大勢砂丘地視察

四日（土）　四手井弟、高瀬村長、佐藤完司等モ其内ニアリ　出血減少
小松義道　阿曽　蕨岡中心搾油問題及ミシン工業ノ検討

五日（日）　尾形好子ニ診療所ノコトニツキ電話　連続少シヅツ出血痛ミタヘズ

六日（月）㊟　池田忠義、渋谷（平沢写真屋）

七日（火）　天の一雄仏印ヨリ帰リテ初来訪　元気　小泉女史ヨリハガキ報告

八日（水）　渕上今日上京連絡ヲ頼ム
高橋弥太郎　武田、誠　蕨岡へ
大瀬　正之ノコトヲ報告ニ来ル　答ヘサリシトコロ泣イテカヘル

九日（木）　佐藤勇　阿曽外一名　土門サンのと屋ノ息子ノコトニツキ依頼ニ来ル

十日（金）　数日来シボリ頻パン其都度パピローム（新シイモノ）
土門サン能登屋ノ息子ヲツレテ来ル　加藤サンニ紹介状ヲ与フ　シボリ頻繁痛ム

十一日（土）㊟　池田忠義一泊　誠君出鶴　診療所ノ状況ヲキイテ来ル
九日　伊達処刑ノ新聞記事　噫！(1)　昨夜寒天二回出血止マス

十二日（日）雨　田中久君ヨリ伊達手紙ヲ届ケ来ル　龍口法難会奉祝演芸会ヲ我家ニテ
南京支部二名、吉住　黒川ノ状況報告　昼頃大キナ脱落

十三日（月）　武田　水越　駒瀬　余目及袖浦視察　大川博士到着　脱落少キモ出血痛ム

十四日（火）　大川博士来訪　誠上京、渕上昨夜酒田着泊ル
武田、誠　水越、乾作来リ作付相談

十五日（水）　朝　渕上来リ報告　ミウラ化学機械　門脇博士　河村先生、高橋、田川長谷川
大瀬出鶴ニツキ尾形ニ相談　絞りヒンパン

十六日（木）㊟　敏子酒田へ治療ニ行キ一泊　須知善一桐谷ノ空屋ニ一泊　小松義道
千津　藤島精華会ノ会合へ　絞りヒンピン脱落共相等　寒天一回

十七日（金）　松浦教授ノ息　渕上　本日出発　兜湯ヲヘテ上京　千津君昨夜ノ会合報告
脱落多カラサルモ血止マラス

十八日（土）　午後六時五十分ヨリ我家ニテ　月見（？）ノ余興
渕上昨日汽車不通ノタメ今朝出発セル由　血止マラス

十九日（日）　惟孝、中村姉　昨夜大脱落昼間小康就床前出血多量

二十日（月）　昼相等大キナ脱落　シキリニシボル

二一日（火）㊟　銻正午頃ヨリ不快夕方　40菅原医師来診　脱落ツ、ク　寒天二回

二二日（水）　茂木久栄氏関西ノ帰途　戸苅夫妻　斎藤弥太郎　銻病気ノタメ桐谷ノ二階ニテ
朝出血多量　引キツ、キ巨大ナモノ脱落

二三日（木）　朝　山形地方　誠　佐藤　朝出血多量　引キツ、キ脱落　寒天数回

二四日（金）　誠君帰宅　根本龍太郎夫人ヨリ見舞金千円　山川先生ノ遺文抄ヲ発注　出血少シ

二五日（土）　中村姉　静子　茸取り　大川博士帰京　夜　加藤市長　若木氏　出血少シ

二六日（日）㊟　森国父子　時計ヲト、ケル　小川□□□（老人、救国青年聯盟理事長）
阿曽ミシン工業ノ打合セ

二八日（火） 稲垣氏黒崎農場ヨリカヘル　美事ナル写真十餘枚　夜、勲、乾作、渋谷三人

二九日（水） 朝カラ出血（量ハ余リ大カラス）一回稍大キナ脱落
金子智一氏　稲垣氏ト共ニ来リ　山形博物館ニ二十年後ノ農村ノパノラマ設置ノ件
出血多カラネド二三時間ニ一回シホリ小サナモノ数多ク

三十日（木） 高橋西山産業ヲ退キ今ヨリ帰郷　神坂息子ヲ伴ヒ絵ヲトリニ来ル
先日武田君外套等ヲ盗マレシニ対シ軍外套ヲ贈ル　稲垣君　山形へ
昨日ト大差ナシ

**注**

（1）中国から戦犯指名された伊達順之助の救助には石原も一役買っていたが、終に救助出来なかったことに無念が残ったのであろう。都築七郎『秘録伊達順之助』（番町書房、一九七二年）参照。

**十月　月例会相等盛会　十二時四十分ノ列車ニテ南部君到着**

一日（金） 武田君斎藤三次郎氏西山入リノタメ善一君及三次郎氏ト会談（鶴岡ニテ）
主義ニ賛成ナルモ即刻ハ不可能　誠君　温海ニ一泊　午後出血少シ多ク痛ム

二日（土） 午後蓮見先生きくちト共ニ来訪　終日出血、

三日（日） 大井小次郎、子供二人ヲ連レテ　小松、志田知人、伊藤氏ト共ニ斎藤進次郎
終日出血脱落比較的少シ

四日（月）㊗ 克枝サン鶴岡ニ小便ヲト、ケル　雨中　泉山外一名
小泉女史ヨリ今月来ラストノ通信
出血少シ減少。然ルニ午後七時絞リノ後多量出血

五日（火）　克枝、傭子棚倉へ　阿曽、伊藤　東平田ノ男　出血少シ　朝大キナ脱落

六日（水）㊟　松尾名平ノ外一名　松尾氏ノ健在ニ狂喜ス　根本龍太郎　出血少シ

七日（木）　久シ振リニ晴天　誠夫妻　肘折入湯

八日（金）　午前三時頃ヨリ出血ツ、キシカ午後黒イモノ相等脱落　七時頃出血寒天

九日（土）㊗　快晴　仙葉、三名

十日（日）㊗　発赤中圣十サンチ以上

十一日（月）㊟　出血少シ

十二日（火）　中村太一見舞ニ来訪一泊　克枝庸子帰ル

十三日（水）　月例会相等盛会　渕上　昨日帰リ今日報告
昨夜ヨリ出血古イモノ、脱落モアリ　今日ハ相当濃キ出血ツ、ク

十四日（木）㊗　十日迄ニハ帰ル予定ナリシ村田　夕刻ヤウヤク帰来　出血終日ツ、ク

十五日（金）　木村君ノトコロニテ修業セル東京青年
蓮見先生ヨリワクチン出来、来月ヨリハ鶴岡ニ来ナイトノ通知　小山羊一頭死ス
出血多カラサルモツ、ク

十六日（土）㊟　早淵ノ紹介トテ鹿児島人二人　夜　渕上来リ　誓約書ノコトニツキ

十七日（日）　及川アサヨ、追放ノ件ニツキ
昨夜眠ラス　夜半ヨリ出血減少セルモ今日午後脱落多シ

十八日（月）　十二時四十分ノ列車ニテ南部君　到着　出血比較的少シ夜少シ出ル

十九日（火）　南部君　菅原医師訪問　武田、水越君ト懇談
少量ナカラ出血「ヒモ」ノ脱落少シ　然ルニ夜ニ入リ多数

二十日（水）㊓　南部君午前八時出発帰ル　斎藤進次郎　武田　水越両君　杉沢へ一泊
二一日（木）　出血寒天大数回、パヒロム脱落頻リ
二二日（金）　稲垣サン帰リ状況報告　二三日ニ再ヒ山形ニ　昨夜　山羊又モヤ一頭死ス
「ヒモ」頻リ
水越君青森へ
ヘウソウノタメ休ンデ居タ千津君久シ振リニ治療　渕上ハスデニ岩手ニ向ヒシ由
出血少量ナルモ止マラス「ヒモ」頻パン
二三日（土）　午前大キナ脱落
二四日（日）　佐藤善一　天井板張り半分　出血ツ、ク
二十五日（月）　萱原幸基夕刻来リ雨中三十分後ニカヘル　果シテ時間ニ間ニ合ヒシヤ
出血ツ、キ痛ム　古イモノモ脱落
二六日（火）㊓　出血ツ、キ頻リニ絞ルモ脱落ハ多カラス　然ルニ二十七日午前二時頃大出血大脱落
二十七日朝ニ及ヒ今春ノ如ク黒キ大ナルモノ数ヶ出ル
二七日（水）　高山副知事、阿部重大　地方事務所長　誠君夫妻帰宅
水越君青森ノ四人ヲ率ヰテカヘル　丸川君姪ヨリ合成乳到着　出血多シ
二八日（木）　阿曽　夜　渕上来ル　ロメヂン服用　出血止マス
二九日（金）　十一月十日戦犯証人トシテ出頭ノ要求アリ　出血稍多ク夕刻相当大キナ脱落
三十日（土）　九時過森川覚三　森国来り直チニ酒田ニカヘル　岩村、薬ヲ届ケニ来ル午後帰京、
武田君鶴岡へ　渕上ハ京都ヲヘテ東京其他へ　出血ツ、キロメヂンノ効果大ナラス
三一日（日）㋻　歌川一万円紛失サワギ　乾作帰山　電気フトン鈴木修繕今日ヨリ使用

出血多キモ脱落ハムシロ少ナシ

**十一月　トーキー撮影中々ノサワギ**

一日（月）　水越君ノ友人　遊佐ノ元教員　出血ト痛ミ少々減少
二日（火）㊈　秋田畠山？高橋弥太郎　信子来り汽車ニオクレテ一泊
夜水越君ニ酵素農法ノ説明タノム　出血少シ絞ノ回数減少
三日（水）　佐藤顕治、大川博士　仙葉外一名　佐藤寅之助　再ヒ出血
四日（木）　石沢、新井　一泊　斎藤善四郎　出血多カラス
五日（金）㋻　富沢龍彦　地方事務所ノ池田　鈴木村ヲ出ルトイフ由
六日（土）　鈴木ドウシテモ思ヒ止マラヌ様子　誠君三島君ヨリ薬ヲ届ケテクレル　出血脱落共ニ少シ
七日（日）　出血大体止マル　タイアヂン服用ハジメル
和歌子　蓮見先生ヨリハカキアリ新注射薬送ル由　誠君山形へ
午後ヨリ出血脱落モ稍多シ
八日（月）　森国　夜鈴木来り意志ヲ翻スラシイ　出血少シ
九日（火）　山形茂木　鶴岡鈴木（満州カヘリ　阿曽、伊藤　誠君帰宅　稲垣氏帰山
夜修友人　熊本ノ内村氏一泊　寒シ
十日（水）㋻　夜　水越君帰山　出血少シ　タイアジン飲ミ終ル
十一日（木）　月例祭ト感謝祭　菅原、阿部嘉一等参加　佐藤素一、俐、阿部清治郎
出血多カラサルモ痛ム
十二日（金）㊮　先生ヨリノ新薬五本中三本破損　今日第一回注射　素一一行酒田行

出血脱落共ニ少シ
十三日（土）　斎藤三次郎先生弟子見舞ニ来ル　素一一行早朝帰ル
十五日（月）㋻　尾形、畠山ニ連ラレテ到着
大キナ（円筒形ノ赤イモノ）脱落二回　出血　夕刻大寒天
十六日（火）（新）　渕上昨夜カヘリ報告　大槻忠夫　二十三日又ハ二十五日トーキー撮影ノ約
二回出血ト同時ニ大脱落
十七日（水）　畑野瀬一郎　渕上　銻子昨夜嘔吐　本日終日就床　脱落ツ、キ痛ム
十八日（木）　脱落ハ主トシテ古イモノ痛ム　タイアジンノミハシム、夜出血
十九日（金）　蕨岡土門某　ミヅ抜機械　古キモノ脱落ツ、キ少量ノ出血ツ、ク
二十日（土）㋻　珍シク暖キヨキ日　曺君ヨリ四日ノ談判報告
二一日（日）　織田正信　一泊　渕上夜東京ノコト説明ニ来ル
持田君東平田ニ行、馬ヲ求メ来ル　水越君帰山
敏子酒田へ　治療ノタメ誠君　田川　出血、痛ミ少シ
二二日（月）　袖浦　五十嵐父子　果樹ノ指導来ル　出血脱落共ニ少シ
二三日（火）（新）　増川　斎藤与吉　菅原友蔵ヨリトテ鮭ヲ持来ル
和田　木村　大槻外トーキー技術者来リ主トシテ外カラ写ス（1）
克枝鶴岡ニ新薬ヲトリニ行ッテクレル
二四日（水）　トーキー撮影中々ノサワギ
木村君帰ル　山口重次昨日来ル予定ナリシ由ナルモ遂ニ来ラス
東京裁判ノ刑確定　脱落ノ時ノ外出血セス

二五日（木）㋻　雨　五條サン一行吹浦着(2)　和田君ハ夜桐谷宅ニ泊ル誠君　酒田泊リ
新シキモノ脱落少ク古イモノツ、ク
二六日（金）　和田君朝帰ル　佐藤善一　五條サン酒田ノ予定中止トノ事
前日ニ同シ但少シ出血
二七日（土）　五條サン昼頃拙宅ニテ　午後　日輪兵舎ニテ　小野元士一泊　曺　小泉両君到着
少量ノ出血ツ、キ大キ古キモノ出ル痛シ
二八日（日）(新)　五條サン吹浦へ同地ニテ公開　時々出血痛ミ相当
二九日（月）　五條サン満足シテ帰京　痛ミツ、キ　新古脱落
三十日（火）㋻　出血脱落

**注**

（1）トーキーの内容は「戦争放棄に撤しよう」（『人類後史への出発』展転社、平成八年）。
（2）五條珠実「忘れ得ぬ感激」（『石原莞爾研究』精華会、昭和二五年）。

**十二月　多田大将（昨日）死去トノ通知**

一日（水）　曺、小泉、武田、水越両君ハ玄米食　高橋平助、山口、朝尾　椎茸会合ノ帰途
講習会参加ノ青森組夜来訪　前日二回モ
二日（木）　克枝朝出発　曺君鶴岡　小泉サン大阪へ
水越君講習一週間酒田庄内倉庫二階ニテ　高知中島青年　新古脱落
三日（金）(新)　曺君　中島　上京　尾形帰宅ノ決心ヲ訴ヘニ来テ
水越講習会混乱？武田君出酒要領ヲ得ス帰ル　昨夜相当大キナ古モノ痛ミツ、ク

四日（土）　尾形帰宅　水越講習会取止メトノ事　阿曽

五日（日）㋻　秋田ノ講習会参加者三名　小熊二三日来病臥トノ事　心配ス

六日（月）　酒田ノゆき　息子ヲツレテ見舞ニ来ル　少量ナカラ出血ツヽク

七日（火）（新）　誠君　山形ヲヘテ上京　寒シ　土門サン　大脱落、（朝）大出血、

八日（水）　安中昌信　草刈青年泊ル　敏子　菅原医師ノ受診明日
ペニシリン注射　出血減セルモ大脱落

九日（木）　大槻同僚佐藤吉之　二十三日夜慰問映写ノ約　出血大ニ減少、

十日（金）㋻　大瀬未亡人いさごや女主人　夜智慧夫妻到着　朝二回古イモノ大脱落

十一日（土）　能登屋主人　三島外椎茸役員一同　出血大体トマル

十二日（日）　高橋久夫、早坂、仙葉　鶴岡精華会一同来リ年越ソバ、栗橋静□□
歌川取次キシ桶屋ノ贈物　鯉ヲ返ス　朝出血　相当ノ脱落ツヽク

十三日（月）　青夫人母子昨日一泊今日午後カヘル　昨夜半ヨリ出血トマリシカ昼頃ヨリ出血

十四日（火）　誠君カヘル　須藤虎雄、（北村山、山口村川原子）

十五日（水）㋻（新）　敏子病気ノタメよし子　しほ子ヲ連レテ帰北　武田君付添トノ事
朝大脱落寒天、古数回

十六日（木）　島貫武治　一泊　昨夜半脱落アリシカ今朝珍シキ大脱落（大寒天新古）

十七日（金）　武田君等北海道へ　五十嵐入植　多田大将（昨日）死去トノ通知
脱落出血終日ツヽク

十八日（土）　朝　出口伊佐男氏使　栄田福次郎　惟孝、加藤、金丸、すわ、高田、真田、大井、尾形、
永原　御馳走沢山携ヘテ還暦ノ祝ヒ　長岡弥一郎（山形市七日町二七四）

脱落出血減少
朝歌川来り年末迄三万余入用ト傭子弱ツテイル旨訴ヘル

十九日（日）　河村先生息　脱落昼頃古相当　出血多カラス

二十日（月）　松岡武山　脱落出血多カラス

二一日（火）　夕　武田君　北海道ヨリカヘル　脱落出血共ニ少ナシ

二二日（水）(新)(ワ)　原子　鈴木他人五郎　須藤虎雄「世界宣言」トカヲ起草シ来リ朗読シテカヘル
出血少シ

二三日（木）　鈴木春吉　昨夜橋ヨリ落チ船工場ニ泊リ今朝来リ昼カヘル
月例会　昨夜セキ甚シク菅原医師来診　佐藤氏一行活動慰問
脱落少ク出血殆トナシ

二四日（金）　三島　玉井外女一名、吹浦松田　朝、服薬後少シ嘔吐　食欲ナシ

二五日（土）　菅原道大　克枝カヘル、安藤悌蔵　真山、阿部、到着ノ由
朝ペニシリン注射　熱下ラス

二六日（日）　道大君菅原医師ニ泊ル　ペニシリン十万単位□剤

二七日（月）　平熱（三六、八）ニ下ル　午後道大君　終日出血、脱落（主トシテ新）
相当　午後ヨリ数回下ル

二八日（火）(ワ)　道大君出発帰宅　克枝父来　吐気（夕方）クリマクヲノム　出血ハ大ナラス

二九日（水）　久シ振リニ寒クナル　小野父君ヨリ来信益々奇怪

三十日（木）　鎌形君見舞治療　高橋平助　渕上　椎茸　高橋　四国ノ報告

三一日（金）　花巻　工藤氏

# 書簡・文書

## 268▲百姓も第五年目　少しは慣れて皹も苦にならず候

一月一日石原莞爾（吹浦村）宛南部襄吉（伊勢崎市本町七ノ九八〇）葉書〔鶴岡・石原・手紙1297―13〕

御機嫌如何。昨年は秋の洪水に遇ひ農耕の天意に左右せらるゝを切実に悟り候。赤城山下の百姓も第五年目少しは慣れて皹も苦にならず候

## 269▲入植候補地のこと、精華会組織の進展等

一月二日付石原莞爾（山形県飽海郡高瀬村西山）宛小泉菊枝（丸亀市南条町本照寺内）封書〔憲政・武田邦太郎関係文書27―10〕

合掌　明けましておめでたうございます　御健康御恢復に向かはせられつゝ大飛躍の初春を御迎へ遊ばされました事と拝し上げて居ります　次々と御病苦に迫られてお出で遊ばす御姿のおいたはしさは誠に誠にたとへやうもなうございましたが　それでも二本松で御目もじの折のあの御やつれやうを思ひ出しますとき　閣下は御若くおなり遊ばしたと存じ上げました程でございます

武田先生方の御精進がきっと御心明るくおさせ申上げて居りますのでございませう　私共も負けずに精進を加へまして御安心遊ばして頂けるやう体勢をとゝのへ充実させます決心でございます　思召により東北各地を歩かせて頂きま

した事は万事好都合でございました　矢吹も古河も真剣な講習会が持てました　今年の活動となって現れます事でございませう
東京では美登里さんに会ひ山口先生への御伝言申上げましたが　山口先生非常にお喜びで春早々西山へお伺ひ申上げると申されました由　おたよりがありました
山川先生に御目にかかり　御本尊に関する宗門の人の考へを申上げ御指導頂きました事もありがたい事でございました　先生は御元気でいらっしゃいました　先便に申上げましたやうに御遺文抄まだ出来上って居りませんでした
青先生は少々ろくまくの気味の由にて　しばらく右手が用はれず御原稿も書けないとの事でございましたが　おやすみになっては居られず　また小旅行もなさっていらっしゃいますやうでございます　農場の方は　では一町歩位の見当で致しませうとの事、唯今、水野先生の御仲介で　かつて宗門にいらした三木様の御経営中の富士一合目直下の土地が有力な候補地として交渉中でございました　その他　山口重次先生から千葉県周西にあります山田芳次郎氏所有の二十町歩がよい地質であるし如何かと御紹介下さいまして　青先生に御連絡申上げました　今度は農場経綸に関する青先生の御抱負も充分承りましたし　東京大阪をへて岩村君がずっと送って来て下さり共に新春を迎へまして昨夜帰られますまで、先発諸農場の長所短所を考へ合ひつゝ、理想村建設案を練り合ふ事も出来ましたし　今年こそ本当の生活へ入れませうと楽しみでございます　美しい富士を仰ぐところに　閣下を御迎へ出来ます日を思ひめぐらします事は　私共の大きな大きなよろこびでございました
クリスト教予言の発展史は野呂さんが非常な御興味を持たれて御研究中でございました　御身辺に大層熱心な立派なクリスチャンがいらっしゃいますさうでございます
克枝さんの事は大阪大原華子夫人に委細御話申上げ万事御世話願ふやうに致しました　かういふ事まで閣下の御心を御なやませ申上げて居ります私の不行届を本当に何と御わび申上げたらよろしいのでございませうか　申訳なさで一杯でございます

又、西山出発のせつは克枝さんに何とかしてよく御話しておきたいと存じましたのに　いつも皆様と御一緒の為果しえませず　その為勝手に一夜淵上さん方にお引きとめ致しまして申訳のない事でございました　あらかじめ御断り申上げます時もなく人づてに御願ひ申上げました御無礼をお許し下さいませ　おかげ様で充分　様々の御注意申上げる事が出来ました　智慧子さんの事は矢吹でお母上と御目にかゝり一応お断りする事に決めましたがやはり大原夫人と協議の上　御世話申上げる手配をいたして居ります　御安心下さいませ

今月は九日出立　兵庫県下の新同志の宅に一泊（徳永武吉氏）いはゆる都落の方でございますので　その方面へ呼びかけてまゐります

丁度　昨元旦　良雄の許に訪れました工場の友人二名がやはり水平社の人でしたので幸先よい思ひでございます。兵庫県下に一月中、二ヶ所、精華会が生れませう。鳥取からも呼ばれてまゐりますし、名古屋にもまゐります。新たに和田山にも精華会が出来るからと誘はれましたが　一月中の予定が決まってしまゐましたので是は三月にのばします。二月には九州にまゐります　福岡を手はじめにと原さんからの御要求でございますが、福岡はいつまでもインテリ達の思想的な集りで、今度も文化人たちがくるとの事、どんな風にしませうかと考慮して居ります。大牟田も、久松さんのところに時々津田剛氏が行かれ　法華経の解釈をなさって居られて　その集まりの人々が主となるとの事でございますから　是も少々心がまえが入りさうでございます　一番楽しみは小原先生の御感化の下にあります高千穂の数ヶ所でございます　しかし難しいところが正しい軌道にのって頂けるやうになれば、仕事の楽しみはそちらにございます

四国にはこの月の末　武田先生が木村農場まで御越し下さいますさうで楽しんで居ります　木村先生は　当寺　松本先生に　小泉は何でも日蓮でなければならないといって少しせますぎるから　松本先生に仏教一般を話してほしいとおっしゃいましたさうで　松本先生閉口していらっしゃいました　武田先生に御話頂きますのが一番よろしうございませう　木村先生は自分は日蓮と全く同じなのだ　そのいふ通りの事をやってゐるのだとおっしゃっていらっしゃい

ます　その御立場なり御信念なりで二宮尊徳先生の報徳も活用しなければならないとの思召しらしく　かうなります
と私など何と申上げましたらよろしいやらほとほと当惑致してしまひます
明日は高松郊外から救聯の娘たちがやってまいる筈でございます　やがて　ここにも精華会の出来ます事を期して居ります
神頭獅身を期する岩村君の感化で良雄も唐手の手ほどきを受け　鉄アレイを握って鍛練を始めました　もう二十歳の青年となりました　少しづゝ同志のお仲間入りが出来はじめましたので　私も他の方々に向って働きかけてまゐりますのに心安らかでございます　皆々様から代る代る御心厚い御治療を受けつゝ旅を致しましたので帰宅後の旅づかれもなくよい春を迎へる事が出来ました　是といふのも　皆々　閣下の厚い厚いお心づくしのたまものでございます
静にふりかへってみまして本当に鈍い私のつまづきがちなたどたどしい歩みを常にお見守り下さいまして或は御いたはり下さり　或はお導き下さり　或は御叱りくださり　又或時はすべての人の誤解するやうな中で御信じ通し下さいました閣下のありがたい思召をどんなにどんなに胸いたく思い出て無限の感激にひれふす事でございませう　この世だけではなかったのだ　ずっとずっと遠い遠い昔からかうしてお育て頂いて来てゐたのだったとしみじみ思ふ程でございます　本当に本当に御安心頂けるまでに充実致したく存じます　どうぞ更に更に限りなく御導き遊ばして下さいませ　蓮見先生の御見事な御技が　大聖霊の御加護の御許に御立派に発揮せられまして一日も早く　閣下御壮健な御身とおなり遊ばして下さいますやうに御祈り申上げます　御奥さまも何卒々々御健康御快癒遊ばされますやうに何卒およろしく御鳳声下さいませ

合掌

昭和二十三年正月二日　　小泉菊枝拝

## 270▲入植農場候補地、御遺文鈔、人造石瓦工場、朝鮮の政論民論等

一月七日付石原莞爾（山形県飽海郡高瀬村西山農場）宛曺寧柱（東京都文京区江戸川町一〇）封書［憲政・武田邦太郎関係文書39―4］

謹んで新年を賀し奉ります。奥様にも御安泰の御事と存じ上げます

昨年暮れ、閣下は尿閉で死線を彷徨せられし由、拝承誠に心痛の限りであります。年末はお伺ひも出来ず本当に面目ありません。平に御寛免の程お願ひ申します

小生、昨九月より農場の事で農林省開拓局と接渉しましたが、相変らず官僚は姑息を脱し得ず、外務省の一筆あらば農地の手配を取計ふべしとの事で、外務省に行けば朝鮮軍政庁に行けと云ふし、当庁に行けばGHQに行けとのことで、結局、時日を喰むだけの徒労だと思ひ、方向を代へて民間と直接交渉して土地を入手することに致しました。官僚は責任を分散していざと云ふ場合の負担を最小限度に止めて置かうとする御都合主義が未だに濃厚であります

農地の候補地が四つありますが、千葉木更津の次の駅、周西第一、神奈川県相模原第二としました。一緒に入所する筈の小泉先生御主人も上京中にて目下農場の事で没頭されてゐます。準備整ひ次第、伊豆の和田先生を訪問後、早速、西山へ参上致し度く思ひます

年末、鎌倉で竹田文彬先生にお遭ひしましたが、例の質問事項をまとめる点、宜敷くお引受け下され、而も後世に歴史を誤らせない点で意義深大の仕事なる故、是非遂行したき旨云はれました。感激の御容子です。適時に片倉先生とも御相談を計るとの事です

小生の御遺文鈔は国際仏教聯盟の手で紙配当委員会と交渉中ですから近く見通しがつきます。朴烈との反目で居留民団文教部の紙を利用しなかった為に大変遅れて申訳ありません

元旦の早朝、東京精華会員は宮城をお参りし、明治神宮にも参拝しました。ソ連から引上げの石原修さん御夫妻にもお会ひしました。帰正した修さんは参詣の大衆の前で高らかに御唱題してる容子はその真剣さがうかがはれます

人造石瓦工場は電気難、資材難で捗々しく行かず試作、および該事業の将来性も未知数なので周囲の者は諦めてはと申しますが、手をつけた以上、万難を排して最善を尽すべきものと思ひ、有終の美を完ふしたく鋭意努力中であります

昨年暮れには、京口に居た和田正治君が朝鮮より帰り、運動の事で八方奔走してゐます。就れ小生と同伴してお伺ひに参上仕る筈であります

今年こそは獅子奮迅致します。朝鮮の現状とその将来性に鑑み、小生の夢がせめてなりとも実現すれば、三年乃至五年以内で朝鮮の政論民論は完全に把握出来るものと確信します。インフレによる大恐慌を利用して破壊工作を以て政権を掌握せんとする共産党は行動綱領以外には何もなく朝鮮における現実的な建設具体案は考へようともしません。一方、右翼政党は国際紛糾の惰性から世界観も建設案も抜きにして「ただ独立」の一言につきてゐます

今年こそ一生懸命頑張って見ます。精進なくして仏の御加護を仰がんとする事は仏罰の根元となりましょう

末筆ながら奥様にも宜敷く御安慮下されたく今年の東北は例年にない寒気厳しとのことですから、何分、暖を充分にとられて一日早く御快癒遊ばされるやう切にお祈り申します。闇生活の都会人は案外暖く暮してゐます。先ずは右、お伺いまで

合掌

### 271▲近況報告　野菜販売の方は仕入先に知己が出来

一月十四日付石原莞爾（山形県飽海郡高瀬村西山）宛伊奈重誠（茨城県鹿島郡鉾田町西台）封書［鶴岡・石原・手紙78―10］

拝啓　其後、すっかり御無沙汰申上げてしまひましたが御病気は如何で御座ゐませうか御案じ致して居ります。

年改り、新春を迎えはしましたが生活に余裕のないせいか正月気分は御座ゐません。然し、当方一同元気で無事越年致しました。昭和二十二年は唯アクセク働いて食べて来たと云ふ丈けで何等の進境も生活上には見られませんでした。歳をとって行く丈けだと言ふことは淋しいことで御座ゐます
畑の物は昨夏の旱魃で収穫少なく昨年よりも食糧は多少窮屈に感じます。野菜販売の方は仕入先に知己が段々出来ましたのと、価が低廉なため顧客極めて多く町の人からも重宝がられ、純益も昨年よりはずっと増して来てゐます。自分で手車を牽いて仕入に歩きますのでまあ重労働の範囲には入りませう。身体だけは健康なので之れを資本に何んとかやって行って居りますが、利益を残して資本を蓄積するまでの処にはまだ参りません。

町の人の中には畑半分、商売半分なんと云ふことをせずに、思ひ切って野菜店専門にやったらと云ひますが、之れ一本では未だ自信がありませんので当分は半々に仕事をやって行くつもりで居ります。色々考へますが実行可能な仕事は一寸他には見つかりません。御近所だと云ふ金子智一氏からも時々便りが御座ゐます。

鶏は数を増やし現在、十五羽になり山羊も三頭になりました。将来は山羊、鶏を主にしたらどうだろふ等と考へることもあります。農業生産組合も作りはしましたが中々活動は出来ません。矢張り資金がなければ駄目なのでせう。農家に色々説明してもまだまだ団体的な行動は難しい様で御座ゐます。

余り御無沙汰致しましたので御詫びを兼ね近況を御報告申し上げます。厳冬の候、御静養専一に遊されます様祈り上げます

敬具

一月十四日

伊奈重誠

## 272▲精華会の研究会、朝鮮の同志たち、共産党の根強い攻勢、真言寺の坊さんとの論争等

一月二六日付石原莞爾（山形県飽海郡高瀬村西山）宛小泉菊枝（丸亀市南条町本照寺内）封書［憲政・武

田邦太郎関係文書27―11〕

合掌　御病中わざわざ御したゝめの御たより唯今ありがたく拝受いたしました　お寒さの中で余り御はかばかしくもあらせられません御様子　誠に誠に何と申しやうのない辛さでございます　うどんを召し上って下さいまして本当にうれしうございます　閣下の召し上りたいたいと思召すものは雪中の筍よりももっとすなほに御前にとりそろへられる筈と信じます　どうぞ召し上りたいものがおありの時はどなたへでも仰せつけてくださいまし　本化の子の自覚にもえて来ました各地の人々は本当にひとつ生命につらならせて頂くよろこびにふるへながら一人一人が閣下の為　健康な血を差上げられるやうになりたがってゐました　私たちの一生懸命な祈りに応じてきっときっとおこゝろよい朝夕がまゐります　私は九日家を出ましてから　閣下の御誕生日には鳥取にまゐり、更に浜村に前進致し　香住では但馬地区の各精華会代表者たちとクリスト教に走った方の事を中心の研究会を致し　大阪に戻りまして民生同盟（共産系朝鮮人）と全面衝突をして九死に一生をえたやうな義郎君　岩村君たち十名ほどの朝鮮の子たちの戦況報告を承り二十三日帰宅いたしました　今度は少々つかれが出まして消化不良を起しましたので盲腸を警戒し今朝まで横になりました。しかしもう大丈夫でございます　同志の若人たちはもう私を人頭獅身だと思ってゐますやうでございますが　実はまだそこまで精進が足りません　本当に恥かしうございます　しかしだんだん本当に健康になって来て居ります　ありがたくてありがたくてなりません　鳥取では小田垣様がとても熱心になられ　数年前の印象と全く変って驚き且つ喜びました。旧政党色ゆたかな方々、地方のやうな印象でしたが　合掌　唱題　礼拝とすなほに心をこめられるおすがたを拝見して　全く時の力に合掌いたすばかりでございました。三泊二日の講習のつもりでしたが　一日づゝ二ヶ所になさいましたので、大馬力をかけて夜十時までおしゃべりしつゞけました。お聞きになる方ではどんなにぼうとしておしまひになりましたでせう。しかし浜村では朝六時頃から、昨日聞いたゞけでは心残りだと訪ねて下さった方もありましたほどで、週例会の出来ます範囲にして、四ヶ所、鳥取の精華会も生れるやうでございます。

朝鮮の子たちは全く明治維新のやうでございます。今度も丁度、私名古屋に居ります時、乱闘のさ中でした。心配しつゞけつゝ、私どうしようもなくお祈りして居りましたら　諸天昼夜に法の為の故にの聖句を頂き心落付きました。後で聞きましたところ、本当に今一歩といふところで危害を免れたやうでございます　法華同志の手によったのではありませんが　むしろ民生側のテロ団が団長以下七名も切られ　中には十三ヶ所の大けがもあったやうでございました。義郎君ら三名　相当ひどい打撲傷はうけたやうですが　日頃身体を鍛へてゐますので大した事なく恢復しはじめてゐました。謀略暴行と色々の御報告により共産党の根づよい　又　計画性のある攻勢を身近く感じました　ＭＰや警察も大分出ましたさうですが　ＭＰの通訳など買収されてゐたらしいとの事でした。青年たちは色々の体験できたへられつゝ、非常に立派になってまゐりました。一方、士官校出身の学徒たちが精華会に呼びかけてまゐりましたが数時間にわたる話合で、ほゞ意識せずに共産党の外郭運動をしてゐる団体者とわかりました。お互に話合って納得が行ったらどちらでも心よくかぶとを抜ぐ約束で、尚具体案の話合をつゞける事にしてわかれました。大阪及関西精華会への課題でございましてたのもしうございました。

又、和田山の方では昨秋　会場に借りました真言寺の坊さんがやっきとなって討論を申込み、この頃は本山から布教師も呼んで同地区精華会員と論争中ださうでございます。討論などあまり大した事ではございませんが、元気一杯な青年たちにとりよい勉強とはなって居るやうでございます。

村つくりも新しき村（夜久野）の方へは、京都から技師さん一家も転入し、工場も製品が出来はじめましたやうでございます。来月早々、新しき村建設の為　献身して居られます滝本さんが夜久さんに伴はれ、西山にお伺ひ申上げますやうでございます　克枝さんのおむこさんの候補者でございます。どうぞ充分御指導下さいませ　奥佐津の村つくりも同志の努力で村全体が農工一体のレールに乗りつゝある気配でございました。どこもかしこも八月の大会を目ざして居りました。閣下、胴上げにされましても閉口なさいませんやうしっかり御健康になって下さいませ　今度の各地の集りでは、筧博士の教をうけてゐた方、クリスチャンだった方等がその立場から質問され　又　領解を述べられ、

又　念仏者の中学教師が直ちに辻説法に立たうといはれ、或は佛立講・最高道徳科学研究会の人の質疑があったりで誠に面白うございました。私は一日も早く六根清浄をえさせて頂きたいとひたすら祈るばかりでございます。王道文化も一生懸命奉行いたします。

申しおくれましたが武田先生をもって御教示たまはりありがたくありがたく拝承いたしました祈って祈って事に当らせて頂きます

妙行正軌代は西山で武田先生よりおあづかりの分より支払ひました　閣下に御心配をおかけ申上げまして本当に本当に申訳ございません　何卒おゆるし下さいますやうに　名古屋にも新しい力強い芽がのびて居りました

新庄の大会の御写真をお示し下さいました思召を思ひますと胸一杯でございます　長年の間　私の薄信で閣下おひとり御苦しめ申上げました事を勇猛精進して必らず近く取りかへします　それを思ひつゝ涙と共に前進致します　雪の中の芽のやうにお待ちになって下さいませ　来月　高松に武田先生を御迎へ申上げましてから九州へまゐります　どうぞ御きげんよろしういらっしゃいますやうに

合掌

一月二十六日

小泉菊枝

## 273▲村山山形県知事との面会不首尾、挨拶に参上の予定、御遺文印刷捗らず

二月十四日付石原莞爾（山形県飽海郡高瀬村）宛武田邦太郎（東京都雑司ヶ谷三の五六〇伊地知方）葉書［鶴岡・石原・手紙1060―11］

合掌　御加減如何でせうか。山形では村山知事予算検討の為、自宅にこもりお会ひできませんでしたが、高山秘書課長御名刺大変恐縮の体で御座いました。農場の行き方については必ずお口添へ致しますとのこと、尚、近い中、村山

知事御挨拶に参上の予定に付、くれぐれもよろしくお伝へ願ひ度と申して居られました。青先生、御名刺をお預けし、志賀さんのことよく御願ひ申上げました。まだ国民高等学校には御願ひできる人ゐられる由、直ちにお便りしておいて志賀さんが来たら同行して下さいます。

御遺文は活版屋が狭くもうかるものを先回ししてなかなか捗どらない模様です。それでも聖伝は受了の由、入植は資金が封鎖である為、困難が多いとのことでした。今夜、夜汽車で西下、月末神戸発帰北致します。

合掌

## 274▲木村農場の長期講習の模様

二月二十四日付石原莞爾（山形県飽海郡高瀬村）宛武田邦太郎（広島県沼隈郡鞆町原）封書［鶴岡・石原・手紙469―3］

合掌　其后御加減如何でいらっしゃいませうか。ぶりかへした寒さがお二方の御健康にひどいさわりとならねばとお祈り申上げて居ります
木村農場の長期講習は志望者卅名から廿名を選ばれた由、青森から鹿児島まで全国に亘り、非常に真剣な受講ぶり、木村先生の見事な御指導にて一月の講習期間を更に延長方希望続出するほど、当初一般の予想を裏切る成功裡に終った模様で御座います
私の講義は終りを天晴地明の聖語を以て結び、二宮先生のすばらしい経済道義の樹立等も天晴れて初めて最大の光輝を放つべく、私自身のごときは信仰に入って漸く二宮先生の偉大に理解をもてはじめた心地がすると述べました
木村先生から分にすぎた御感謝をいただきましたことは西山として幾分でも報恩のできた心地して心軽やかなるを覚えました。明石に転出した池本の瓦工場は前途明るく最多忙期に入る四月を控へ資金獲得に大童の態でした。必ずあ

の付近の人々に正信仰の種子を蒔く大きな拠点となれると存じます。農場も人数減じて却ってまとまった感じでもし残った青年たちの心を正しく昂揚させるに成功しさへすれば挽回十分に可能と思はれました。ただ池本兄の上乗でない健康と多角的な活動は深く憂へざるを得ない心地で御座います。西山を離れて西山を想ふの情、切なるに堪へません。光明は尚甚だ遠う御座いますが、この一年に農場の成否をトする覚悟にて、今ゐる青年たちと相抱き必死の努力を傾ける決心で御座います。計画性と迅速性を尊ぶ農場経営に特に必要な鞏固な精神的団結に自信なかりしため、過去一年誠に申訳ない状態で過しました。新しく入るべき人々の力を併せて精神的団結を得たく存じて居りましたが、出発直前の松組の食事に関する問題は私に深い反省を与へました。新しく入る人々に俄かに精神的力の増大を期待するのは無理にて現在ゐる人々を如何にもして正しく育てねばならないこを。

人事と余裕ある予算の獲得に恵まれたため若干の成績をあげ得た会社の農場経営と全く異る今の村つくりに、迂かつにも一年を経て始めて右の決心を得ましたこと、誠に冷汗三斗、与へられた人と物によって建設するこそ建設の正道なりとなすは、まさに二宮先生の御精神ではなかったかと、心魂に徹する想ひが致します。今ゐる青年たちこそ大聖霊から私の伴侶として与へられた余人にかえがたき弟妹であったのにと、今更の薄信に心から懺悔あるのみで御座います

家の始末に少し予定おくれ、父母の遺骨遺髪を奉じ妻子を伴って六日出発、三月八日には必ず帰着致します。暖気の上下毎に、春耕準備の農場を想ひ心も空に覚えます。岐阜の女人は盲腸の手術看護までに帰北の予定とのことで御座います。御健康の上専一に、奥様によろしく御鳳声下さいます様　合掌

二伸

山形県あて呈出予定の事業計画書は、月末の審議会に間に合せるため、とりあえず十三町六反歩による二十戸の食料確保と葡萄糖、乾燥椎茸の工業とを納得願へる程度のもの作成送付しておきました。帰場后、みな様と十分御打合せ、正式書類は図面等添付提出する旨、関係課長に諒解を求めて御座います

275▲曺先生の農場、千葉県下周西に決り

三月二十一日付石原莞爾（山形県飽海郡高瀬村西山）宛小泉菊枝（丸亀市南条町本照寺内）封書［憲政・武田邦太郎関係文書27―13］

合掌　二月十六日付御はがき本日拝見いたしました　昨夜大阪より帰宅いたしたところでございます　夜久様とは去る六日　大阪にて御目もじいたしましたが　生憎　私九州より帰着　軽い肺炎の為　臥床中でございまして西山の御話も詳しくお伺ひ致しかねましたが唯今の御はがきによりまして　閣下に大層御心苦しい御想ひをおさせ申上げました事を知りまして　唯々申訳なさで身のおきどころもございません　何と御わび申上げませうか　本当に本当に言葉がございません　ひたすら御寛容頂けますやう御願ひ申上げますばかりでございます

但馬の人々と夜をこめて色々御話し合いました時　私共が大聖人を父と仰ぐ永遠の兄弟姉妹である感激を述べ合ひ閣下を長兄とも仰がせて頂ける喜びを語り合ったのでございましたが、一同今まで何か堅苦しい他人行儀にあって人間味の中で、お親しく血の通ふ兄弟の情を味はゝせて頂く事に欠けてゐたやうに思ふ。大聖人御在世の御むつまじい師弟の情をうらやみながら、現在はさういふものが有り得ないと思ってゐたのはむしろ間ちがひであったと、そんな御話になりましてまごゝろこめて差上げるものを閣下は御受け下さるであらうからと皆々様御相談なさるのを一応とめ申しつゝ、まだ御注意の中上げやうが足りませんでした　閣下の色々な方面を御配慮遊ばし御心痛の御事よくよくわからせて頂きます　どうぞ今後を充分御注意申上げますから但馬の人々のまごゝろを御受納御許し遊ばして下さいませ　思召し通り但馬の人々には充分御伝へ致します　又　私共　御配慮にそむかぬやう必らずつゝしみある生活を致しますから御心痛を御とき遊ばして下さいませ　未熟者の事とていつまでもいつまでも色々御苦悩の種をまきますばかり申訳のない事でございます

九州では少しばかり働かせて頂きましたが　また風邪を引きこみ先年の酒田の失敗をくりかえすまいと頑ばり

とうとう大阪まで帰りましたが肺炎を起して又同志の御心配を多くしてしまひました　脱けがたい罪障の多い身と誠に面目なく辛い事でございます　幸ひ御加護により御用をさせて頂ける身となり沈思反省の時もゆたかに頂けましたので尚前進させて頂けありがたく存じます。

九州はいづれ実績をえましておよろこび頂きたく存じます。伊地知先生の御墓まゐりを心ゆくまでさせて頂き誠に感慨無量でございました　如何とお案じ申上げました御母様が思ひの外御元気で　御兄妹の方々の御信仰心がはづむやうでいらっしゃいましたので　則彦先生どんなにかどんなにか御よろこびと誠にうれしうございました

小原先生の御本堂は先生の御精進にて実にすがすがしく御立派に出来上がって居りました。御本尊さまにお仕へ申さるゝための先生の御心づくしが祭壇の隅々にまで充ちあふれこゝに大先生の思召が実現されて居られると感じました

御本尊さま大きな護国曼荼羅であらせられました

檀家寄進の　えうらく塗机　又　鬼子母神堂等々は充分了解をえて焼却されました由、近くのダム工事に落命した何人かの身寄りのない朝鮮人の骨を集めて埋られた石の塔を異体同心の霊廟につくられ　小原先生もこゝに入るおつもりとの事でございました　元の何かの堂あとには　敵味方の戦死者の為　三丈近い桧のそとばが高々と建ってゐました。先生の一人きりの御子息の御戦死の公報は　かういふ工事の最中とゞいたのださうでございます　今度の旅では大牟田で久松様の御父様の御供養をいたし、鹿児島で則彦先生を御供養申し　高千穂で小原先生の御令息を弔ひました　そして鷲崎先生が昨年御愛嬢を失はれ御嘆き深い事を承り同志たちでおなぐさめの御たよりをいたしました　親は子の　子は親の　異体同心の祈りを人間の悲しみにかへつゝ一天四海皆帰妙法を目ざしてひたぶる前進あるばかりと存じました　門司では国柱会先輩のあくなき御精進を承り感激しつゝ精華会の現状を申上げました　小倉にも、大分県下にも芽生えるものがあり　うれしうございました　鷲崎先生のお嘆きをもう少し早く承ってゐましたら一日御なぐさめにおより申せたのにと存じ、又、広島で水野様御療養の由、伊地知様よりお伺ひしました時も御立寄り御見舞申す時間があればと残念に存じました　しかしわづかの旅でわづらひますやうでは物の数に入りがたく信心の薄い

事をかなしむばかりでございます
御聞き及びの御事と存じますが　書先生の農場　千葉県下周西に決り青年たち三名はもう土盛り仕事に着手いたしました　私共主人にも早くまゐってほしいと青年たちがまゐられ　主人も四月より合宿して村つくりに着手いたすさうでございます　武田先生御承知のやうに海面より土地が低いさうで余り好条件ではないのでございますが青年たちの熱情は年内に五反歩を物にすると真剣でございまして　成人たちを引づって居ります　私も小屋でも立ちましたなら出かけまして炊事等引受けようと存じて居ります　周西にゆくまでぜひ但馬の新しき村を手伝へと同志が強て申されますので今月一杯でこゝを引上げ四月下旬より当分新しき村のお手つだひをさせて頂きます　かたがた関西を御依頼に応じて歩きます　良雄は留守中に上京して居りました　唯物論研究会に入ってゐました事から共産党との問題が切迫しましたやうで　若い気持から党本部にも談判に行く決心があるらしうございます　この地は引上げる決心をしましたらしく一度は帰って荷物もまとめる事と思って居ります　思ふ通りやってみるもよろしいかと存じつゝ相談もしたかったらうと　やはり女親は甘い気持が出ましておはづかしうございます　しかしやうやく一家共々御法の為に生活できる日がまゐりました事は　何と申しませうか　筆紙につくしがたいよろこびでございます　いつもいつも御はげまし頂き御指導いただきましたたまものでございます　唯々合掌申上げます
四月中旬には平沢御夫妻の招きによりしばらくお伺ひいたします　大阪に歯の治療に来て居られました平沢夫人がこゝまで病気を案じて御送り下さいましたがお話によると村つくりも予定以上の進行ぶりらしうございます
上旬には徳永様の部落に伺ひます
この頃少々をかしな事がございます　信教は自由でありますのに精華会に対する取りしらべが各地でございます或県では進駐軍の意向だといって居ります　そして、王道文化だの精華だのといふ言葉は　第二世たちがきらふから用はない方がよいなどゝ申します由、全くお話にならない馬鹿らしい事でございます　私共の信仰を本ものに磨き上げて下さるありがたい天意なのでございませうか御病苦の一日も早く御快癒遊ばしますやう心から祈り申上げつゝ　御わびかたがた御報告まで申上げました　尚王道文化も印刷にまはしてございます　保坂様の御心境もぐんとひらけていらっしゃります御様子ありがたく拝見しつゝますます内省を深めて居ります
何卒御きげんよろしくいらっしゃいますやうに　合掌
三月二十日　小泉菊枝

## 276▲酵素も最近はスッカリ下火になりました

四月二十七日付石原莞爾（山形県飽海郡高瀬村西山）宛伊奈重誠（茨城県鹿島郡鉾田町西台）封書［鶴岡・石原・手紙78―11］

拝啓　其後御無沙汰申上げて居りますが御病気の方は如何で御座ゐませうか。蔭ながら御案じ申上げて居ります。高木さんを通じてと思ひますが石岡近在の篠原と云ふ青年から農工一体に関するパンフレット、雑誌等を時々送って参りますので読んで居ります。此の附近では一寸実行出来そうなものはありません。

酵素も此の地方で一時使用者が増えましたが、使用法が悪いのか成果左程挙らず最近はスッカリ下火になりました。私も頑張って使用を続行して居りますが、今年は昨年不作の後を受けて大豆も馬鈴薯もなく糠も手に入り難く酵素の使用は困難で御座ゐます。農耕三年、作物は肥料さえ十分やれば収穫は上がることを身を以て体験しましたが、中々その肥料が間に合わぬので閉口してゐます。酵素も堆肥なり何なり他の肥料を十分施しその上に使えば十分な効果を発揮するものと思ひます。土地の痩せてゐる処では酵素だけでは肥料不足となり易い様に考へました。

農工一体はいいことと思ひますが指導者が第一に必要で、良き指導者があれば新しい村造りは出来ると確信しますが、之れが見付かりません。率先先頭に立って行く人が大切です。私も先頭切って行きたい気持は十分ですが、頭が空ッポで何の役にも立ちません。適当な指導者養成所と云ふものがあればと思ひます。二、三年そこらでミッチリ実地経験を積んで農村の指導に当るなら立派な村が出来ませう。何かしたい、然し何にも出来ないのが村の現況であり私の現況でもあります。野菜商売を半日やり、生活費を稼ぎながら少し許りの畑をやって家の食糧の足しにする暮しは将来の発展性はない淋しいものと思ひます。

農耕生活に入って三年、未だこんな処をうろついて居りますことは、誠に御恥しい次第で御座ゐます。何時もながら下らぬこと許で御眼を汚し申し訳ありません。奥様にも宜しく申上げて頂きます。何卒御静養あって一日もよき方に御向ひになることを御祈りして居ります。

敬具

四月二十七日

伊奈重誠

## 277▲周西農場にまゐりました

五月六日付石原莞爾（山形県飽海郡高瀬村西山）宛小泉菊枝（千葉県君津郡青堀町大堀一五八四今関シヨ方）葉書［憲政・武田邦太郎関係文書27―14］

合掌　今日は御出血御疼痛等如何でいらっしゃいませうか　御睡眠はお出来になりましたらうか　色々御案じ申上げつゝ心から御加護を御祈り申上げて居ります　御そばに居らせて頂きました間は色々と御教示をたまはりまして誠に誠にありがたう存じました　大きな大きなお力を頂き勇往邁進を期して居ります　曹先生は二三日東京に留られ　岩村君と二人昨二日ひる無事周西農場にまゐりました（三日）　書きかけて用事に追はれ御無礼いたしました　こちらの農場でも最初の収穫があり美しい紅玉のやうな赤かぶを御宝前にさゝげました　六人の青年の涙ぐましい努力のあ

とでございます　感化院にゐたという少年は研究心が強く生活力もたくましくこの方たちを一二年の後には有数の指導者にまでお育て申さうと思ふよろこびで胸一杯でございます　破れ障子に襖の切り張りから少年の理髪　採集したあさりを串にさす事等みんな建設のよろこびで、夜は聖歌を中心に御法の話をいたし、生活座談会等を開き　みんな元気でございます。十四日には大阪に立ちます。原稿もそれまでに書き上げます。曹先生は　明日東京から見えませう　どうぞ御元気におなり下さいますやうに

## 278▲王道文化発行

五月二十九日付石原莞爾（山形県飽海郡高瀬村西山）宛小泉菊枝（京都府天田郡上夜久野村）封緘葉書［憲政・武田邦太郎関係文書27―15］

合掌　またまたパプロムの大脱落の為　非常な御苦痛と承りまして居ても立っても居られぬおもひでございましたがまた少々御落付きの御様子でほっと致しつゝ、貧血の御苦しみをおさっし申上げて居ります　私共の信仰の拙なさでございます　王道文化発行もおくれ　会報も一ヶ月たって出るといふ不始末で申訳なさで一杯でございます　曹先生のお原稿をまって第二号もすぐ編輯　第一号をおひかけて出すやう致し度いと工夫して居ります　第一号ももう一週間ほど、保坂様から申してまゐりました　関西にゐながら何とも何とも申訳ない事でございます

又　歌川様たちの不始末　本日平次郎様のお手紙にて知りました　全く面目次第もない事でございます　薄信の為常軌を逸しとうとう仲條様に信仰の無力をお感じさせ申した御様子　日蓮聖人の御前にどのやうにして御詫び申上げましたらよろしうございませうか　唯々恐入って居ります　仲條が出たら歌川も出ねばならぬと仰せでございましたのにおとゞめおき下さいます事は　余りにも心の貧しさをおあはれみかと存じ上げ　何とも申し上げやうもございま

せん　しかし平次郎様の御手紙には仲條様の出られた事についても　それほどまでのざんきも見られませず　定めし定めし御心痛のたねとなって居りませう　みんな私の心づかひの不足から信者としましてはもちろん人間としての心がまへさへ円満にお持ち頂けないでゐます事でございます　私共の生活が軌道にのりますれば　何とかして御一緒に生活しつゝ御一緒に精進するやう致し度いものと考へて居ります　それまでも色々考へて御精進を計ります　何卒何卒おゆるし遊ばして下さいませ　六月末またまた参上御目もじの上万々おわび申し上げたうございます

追記　ここの農場にも各方面の各種の問題がございます　ひとつひとつ取りくんで一天四海皆帰妙法への近道を発見してまゐります事は誠に無上の楽しみでございます　各地から娘さん方が来られて居ります

## 279●予言的中が宗教の根本である

「如何にしてマルクス宗を救済するか」（『王道文化』復刊第三号二六九号昭和二三年八月）

マルクス主義は「科学面」と「宗教面」とを含んでゐる。

マルクスは真理に忠実な科学者であったが、同時に非常な熱血漢であり人道主義者であった。その恋愛は死ぬるまで美はしく、その生涯はきわめて道義的であった。今日、ロンドン郊外には、マルクス夫妻と一生これに忠実に仕へた老女中の三人の墓が仲よく並んで立ってゐる。しかし彼の主張には科学と宗教の二面があり、両者の完全なる調和が出来てゐないように思はれる。もしこの見解が当ってゐるとすれば、これは実に前人未踏の境地であり、人の耳目を驚倒せしむべき革命的見解となるであらう。われわれは、これが真実であるか否か、日蓮大聖人に祈りつつ、正確に検討し、且つ真面目なマルクス主義者をして検討せしむべきである。

そもそも宗教は非科学的な断定に対する絶対的信頼を出発とするものである。徳田球一氏あたりが神というものは存在しないなどといふが、神があるかないかは科学ではわからないことだ。わからないことを存在しないと断定するのは、みづから科学的と称しながら非科学的である。そこにマルクス宗が萌してゐるとみられよう。即ち希望に導かれる宗教的態度がはいってゐるのである。

世の中には本当の無宗教者といふものは少ない。哲学的訓練をつみ、道徳的反省力の強い人、例へば孔子の如き人は、宗教なくして信念で貫いて行った。かかる教養の高い人ならば、無宗教でも立派に立って行くが、大多数の人は何か頼りになる絶対的断定を欲するのだ。かかる見地から結論すると、われらの宗教は要するに予言に帰着する。予言的中が宗教の根本である。

唯物史観について考へることは、有史以来今日まで、即ち所謂資本主義の時代までの具体的現実を分析するまでは科学的であるが、この次にどんな時代がどうして現はれるかといふことになると、われわれはそれを予言とみるのである。将来を推測することが科学的と許されるか否か、充分検討する必要があろう。

戦争の歴史を分析して、この次に戦争の革命が来て戦争なるものの極限に達する。それが最終戦争である、といふまでは科学的である。しかし、それは、どの国とどの国とが戦ふのだとか、地球をグルグル廻るやうな素晴らしい飛行機で爆弾を持って行くのだといふことは空想である。この空想の部分が的中したとかしないとか論議するのは妥当でない。

同様にマルクス主義に於ても、所謂資本主義の社会が終末に到達するということを論断するまでは科学的といってよかろうが、この次に如何なる社会が如何にして実現するかといふことは予言であり、われらの見地からいへば、マルクス主義の宗教面である。

今日の知識階級の多くが陥ってゐるマルクス主義的錯誤を救わんがために、われわれの問題とするのは、このマルクス宗の具体的研究である。特にマルクス、レーニン、スターリン三巨頭の言論の中から予言的なものを正確に記録し、それが歴史的現実にどこまで的中し、どこから外れてゐるか、謙虚にして充分同情ある態度をもって、極力、統計的に対照し検討することである。所謂資本主義時代の初期には余程的中しているようであるが、今日ではどうも的中してゐないように思はれる節が多い。

日本にはマルクス学者は少く、殆んどすべてマルクス宗の信者ばかりであるが、われらは学問方面は他人に譲り、日蓮大聖人の御弟子として高い見地からマルクス宗を救済し、広く世人の深き誤りを正したいと思ふ。

## 280▲追放されたお蔭で好きな農耕園芸に精進出来て

八月二日付石原莞爾（吹浦村）宛南部襄吉（伊勢崎市本町七ノ九八〇）葉書［鶴岡・石原・手紙1297―1］

其後如何、菅原、長沢兄と今尚文通しあり、追放されたお蔭で好きな農耕園芸に精進出来て満足致居候

## 281▲滞在約半ヶ月のつもりにて準備中、何卒其節は一日二時間位にても御引見之事

八月五日付石原莞爾（山形県飽海郡西山農場）宛今田新太郎（東京中野区江古田一ノ二三〇一）封書［鶴岡・石原・手紙96］

拝啓　酷暑激烈之候何卒御自愛奉祈上候、承れば俾生等拝看帰来後、非常に御よろしき事一同拝承重々慶賀此事に有之候　就ては私と加藤惟孝（中江先生弟子）と速記者三名、九月中に拝趨、滞在約半ヶ月のつもりにて準備中に有之候間、何卒其節は一日二時間位にても御引見之事、今日より奉願上候

敬具

## 282▲思ひきや信濃に花を尋ね来て　蘇州を語る君あらんとは

八月十六日付石原莞爾（吹浦村）宛南部襄吉（伊勢崎市本町七ノ九八〇）葉書［鶴岡・石原・手紙1297—15］

私の花作りは衣米の道に少々役立つやうになって東京の目白にあるヤマト種苗に「顧問」といふ名義で月間五〜七日出勤、食物と宿泊向ふ持ちといふ極めて横着な職にありつき、私の生産過剰品を皆引きとってくれます。家では子供等が花売りに出て妻と娘でアンゴラ飼養といふ情況です。そんな訳で先日、信州の花圃視察に行きましたら丁度、平林君の郷里だったので、一泊させて貰ひ御近況も知りました

菅原君には早速連絡して秋に一緒に訪問したいものです

平林君は先代がこの村の村長さんだった由、立派な邸宅を有って居ますが、やはり農業を自らやって居られ田四反畑一反といふのを男は平林君一人でやるといふ。一反五畝で息を切らせて居る私は少々気恥かしくなりました。裏の田圃で稲作の苦心を聞き遠く日本アルプスの暮景を眺めて詩味を深うしたのでした。

思ひきや信濃に花を尋ね来て　蘇州を語る君あらんとは

## 283▲国民党第三回全国党員会議に関する報告

八月十七日付石原莞爾宛小野元士封書（封筒なし）［鶴岡・石原7—28］

謹啓　其の後御容態如何で御座いますか、お伺ひ申上げます。偏に御全快の一日も速かならんことを祈り上げるのみであります……………………中略……………………

扨て国民党東京支部渡辺正氏今回北海道へ赴任の途次貴地へ立寄り御挨拶を申述べることを聞き、この機を利して先

般（八月十、十一日）京都で開かれた国民党第三回全国党員会議の模様を御報告し、且つ私見を付け加えたいと存じます。尚同党員会議の模様については渡辺正氏も出席致して居りますので何かとお尋ね下されば幸甚と存じます。又党員会議の事後処理、及今後のもって行き方などにつきましては追て本部執行部委員会の意見を纏めて御報告致し御高見を賜りたいと存じております

一、国民党全国党員会議模様

1、日時　八月十日午後二時より十一日午後七時まで（正味十九時間）

2、出席者　計三十八名（青森南部六、秋田三、三陸一、東京八、中毛一、福島県南一、北総一、東総一、富士一、静岡一、福井一、丹後一、丹波三、但馬二、熊本一、京都五、大阪一）

3、議長　中山正導

4、議事　（イ）報告事項　党責任者静谷氏の挨拶、第二回党員会議で設置された中央連絡協議会報告（静谷氏）、執行部報告（山崎氏）の後、各支部の運動報告を行った。①南郡支部　分会を中心として活動………中略………②秋田支部………中略………③三陸支部………中略………④福島県南支部………中略………⑤中毛支部………中略………⑥北総支部………中略………⑦東総支部………中略………（ロ）提案事項審議①村造りに関する事項………中略………②対共対策………中略………③各種選挙対策………中略………（ハ）次期運動方針①党員意識の昂揚………中略………②地方組織の充実………中略………③生活組織運動の推進④党員倍加運動の展開

二、全国党員会議に対する私見

以上申上げました如く国民党の現状はその運動の歩みが未だ緒に就いていないのでありまして………中略………党として最も力点を注ぐべきところは現在の情勢と党の現状よりみて何処に置くべきでせうか………後略

## 284▲精華会に対する法務庁調査課長の吉橋義雄の見解

八月二十八日付武田邦太郎（山形県飽海郡高瀬村吹浦西山農場）宛吉寧柱（東京都文京区江戸川町一〇）封書［憲政・武田邦太郎関係文書74―1］

合掌　秋らしく相成りました。先生始め皆様方は御均慶の御事と拝察欣賀申上げます。

小生二十六日着東、早速水野先生を訪ね、状況のあらましを承り、太田弁護士其他を尋ね、まず勅令第一〇一号並びに宗教の法的解釈等をよく検討した上で、二十七日法務庁調査課長の吉橋義雄氏を尋ね精華会に対する見解を伺ひました（岩村君も傍聴）。

彼の言葉は次のようであります。

1、純宗教団体としての内容を堅持すれば、当局の容喙すべき筋合ひでないが、精華会は政治色が濃厚に見え、また、指導的役割を演ずる人的構成からして東聯の流れを保っているのではないかと疑っている。

2、解散の内定はしていない。

小生が池田主任検事は原君にも水野氏にも二回に亘って内定せる旨の言明があったときくが、同じ調査課で言葉が相異するではないかと問えば、「イヤ、東聯の亜流十三団体と同様な枠で考え、目下全国的に猛烈な具体的調査を展開しているから、若し違反の挙証が挙った節は、勅令第一〇一号を適用して解散さすべく内定した。今すぐ解散を内定したのではない」と言ひました。

3、東聯会員たりし高島君の奈良に本部が設けられたこともあり、王道文化の執筆陣に小泉菊枝女史がおり、これは追放者で、天皇、東亜聯盟、昭和維新賛歌を論じたり作ったりした人だ。

それで大要次の問答を致しました。私―〇　彼―×

〇　政策的な政治団体と内的心理に訴える宗教団体とはその性格上から区別すべきものである

× 同意

○ 勅令一〇一号は、追放団体の会員が新しい団体の役員、または四分の一以上を占め得ずとあるが、これは宗教団体にも適用されるかどうか、明示していない。極めてアイマイである。法務庁の見解は如何?

× 研究の余地があると思ふ。英文の直訳だから、この条文は不明瞭である。一〇一号第四条の解釈について、G・H・Qは信教関係には適用すべきものに非ずとの見解があったから、文部省にも内々この旨を報らした。目下、該条文の明確さも考慮中である。

○ しからば追放団体の会員が役員になるについても、宗教論筆に追放者が当っても、純宗教団体としての精華会であれば、法令に抵触せぬではないか。代表者になっても差しつかえないと思ふが……………。

× 坊さんならば結構だと思ふ。

○ 宗教運動は職業坊さんによってのみ可能なものではない。民間人の宗教運動はどうみるか。

× 純宗教運動ならば追放団体の会員が管長になっても構わぬと思ふ。

○ 一〇一号の明確な解釈がまづ設けられて、しかる後に調査に当るべきだと思ふ

× 精華会は純宗教団体なるか?東聯とは如何なる関係か?

○ 明治時代の田中智学先生が宗教団体として創られた国柱会において田中先生直属の青年部として昭和九年発足したもので、東亜聯盟とは何等の関係もない。東聯の発足は昭和十四年度である。精華会は日蓮聖人の御遺文をよく遵守して私生活を純化せしめんとする純宗教団体であり、東京の例だが、例会にはアノ難解な鎌倉時代用語の御遺文の解釈に専心し、マルクスの無神論も研究している。そして御本尊に礼拝行をやるのを主要な勤めとなしている。

○ 王道文化の執筆陣を直ちに精華会指導の代表者だと断定することは早合点である。他宗の人でも、マルキストでも、投稿文を許している。第一に追放者でも信仰的導きを演ずることは差しつかえなしと思ふ。

また、執筆者の文面が精華会の信仰思想を決定的に表明するすべてではない。小泉女史の文面でも当然に会員の批判

検討が許されている。そのために質疑応答欄も設けてある。

○　精華会の実際的運動内容を悉皆知らずして、役員関係、王道文化の執筆陣等の外的動向のみを見て、東亜聯盟の変形運動だと断定するのは独断であり、宗教に無知な下役人の主観に基く報告、必ずしも首肯さるべき権威あるものでもない。又、精華会に東聯会員は数えるほどしかない。若し不徹底な調査を以て精華会解散を敢行することあらば、これは行政力で信教を束縛する所為として、われわれは事信教の点である以上、総理を相対にして訴訟を提起するつもりだ。われら朝鮮人も日蓮教を信奉すればこそ民族も国境も超越して、世界人類救済事業に日蓮聖人に一身を捧げている。宇宙法界の代霊者であらせられる日蓮聖人の至上命令のためにも、堕地獄の罪業から遁れんがためにも、このたびこそは闘ふつもりだ。日蓮宗教教団に限らず、日本には他宗団にも、キリスト教会にも追放団体の会員が現在役員を担っているものが多い。役員なるが故に、旧思想アヤシとして、教団が解散さるべきものだとし、精華会を俎上に載せるならば、日本の宗教界には大旋風を捲き起すべきだ。これは世界の耳目を驚動させる由々しきことである。

×　未だ解散は決定していない。全国調査を総合して飽くまで公正なる検討を加える。一〇一号に適用さるべき性格を内包しているときにのみ解散を命ずると内定したに過ぎない。

○　精華会が神仏を信仰さすべく努め、そして青年達の溌剌たる運動展開に脅威を感じて、無神論マルキストが策謀的投書と陰口を盛んにしているのに、不用意にも乗ぜられて精華会を葬らんとするごときは、マルキストをして凱歌をあげしめる愚なやり方である。

○　宗教団体と政治団体との見解に差があるならば、縦令会員中または地方精華会のうちに違法的所為があったとしても、当局はそれの弾劾を個別的にすべきであって、全精華会を解散せんとすることは常識失格である。

○　精華会役員で国民党会員を兼ねたものもいる。政治運動はその人個人の立場であって精華会を代表してはいない。精華会は宗教運動以外は許さぬ純然たる信教団体である。下役人の警察官はこれを混同しているから誤解するらしく見受けられる。

○ 生命をかけた信仰運動の宗教団体であるだけに紛争も起こるはずだ。慎重に調査資料を検討して欲しい。若し今後解散を決定する場合には、少くとも決定前に交渉員数人と忌憚なき意見交換があるべきである。

× 大いに賛成だ。腹蔵のない意見の交換を私等も心から希求している。

大要右のような次第ですから、目下精華会問題は昂進中であるといえましょう。全国的調査の活発さからみても、会の浮沈が定る時期も近迫せりと思われます。正しい弘法には魔が起ります。われら精華会運動が純一無雑な宗教団体として、日蓮聖人のしろしめすままに動けば動くほど、三障四魔は競ひ起りて、東亜聯盟の変形運動だの、仮面を装える政治運動だのと言われるわけです。魔の然らしむる所以であります。世の中には随分と御利益主義、儲け本位の宗団が多いのに、われら精華会だけはよくも今日まで宗教団体としての面目躍如たる純正さを持して参りました。カビの匂ひする仏教界でわれら精華会ぐらい新鮮味のある溌剌たるそして厳格なほど純宗教団体として活動して来た組織体は他にないはずです。

宗教運動を純正に恪守せんとすれば、仏様の予言通り、魔が競い起ります。信教に無知な役人にも、マルキストにも、無神信者のインテリにも、魔性が乗り移りわれら精華会を迫害するものでありましょう。官庁の役人が如何に事実を歪曲して、精華会を宗教団体に非ざる政治性格の内包せる組織だと定めてイジめにかかっても、われらさへ従前通りに純宗教団体としての良心と方針を持続するならば、神仏は良心に宿りますから、必ずわれらを救って頂けるものと信ずるのであります。われらは無知な悪衆にめげずに、今まで通りに日蓮聖人の聖典に因んだ純一な宗教活動に終始すべきであります。

神を身近に感じない人間は、人目の届かない陰においてはどんな悪事でも平気で働きます。今日、日本国民が世界的に悪党呼ばわりされ、未曾有の難渋に逢着したのも、無信仰から来ています。

信教を尊重するアメリカのマッカーサー司令部は、平和国民、新生日本のために、宗教団体の心からなる活動に期待するところ大であると思います。しかるに宗教的感覚の極めて幼稚な末端的行政官吏の不徹底なる調査と、そしてマルキストの陰謀による陰口に惑わされて、いまや日本政府は宗教団体のわれら精華会を取り除かんとしています。日本国民を無信仰化せんとするごときかかる所行は、マ司令部の本意に違背する最も非人道的な振舞いであります。若しマッカーサー司令部が日本法務庁の正道に逸した冒険を正しく把持するならば、さだめし一驚を喫するでありましょう。科学的検討を明断に下すマ司令部は、行政力で信教を蹂躙せんとする日本政府の無謀に絶対同意しないはずです。無神論共産党をして微笑ませるごとき愚は慎むべきでありましょう。

人生行路を失い荒れ狂ふ大海の怒涛にヤブれカブれになった日本青年をば、精華会が漸くにして宗教心理に引導し、人生の依処を備えている気高き宗教団体としての役割を果たしているにも拘らず、東亜聯盟の亜流とかで、あられもない濡れ衣を政府は着せんとしています。精華会にとっては迷惑至極ですが、良心の指すままに純一な宗教活動を展開し続ければ、無知な役人たりとも諒解する日がくるでしょう。

しかし悪魔の悪戯で精華会解散を強要する場合は、平和日本の将来のために、信教の自由を公約せるポッダム宣言、日本新憲法に問ひ、将又、信仰上の本質からして国務総理を詰問し、以て最高裁判に訴えるべきでありましょう。成仏を願って日蓮聖人に捧げて草露の身命を敢えて辞せぬ同志皆様方も等しく同意されるものと存じあげます。

小石の投ずる波紋、一湖に及ぶで、信教の尊厳さが大であるだけに、若しかような不幸事が起らんか、世界の与論、国際の重視を喚起されるやも計り難く、世界人環視の的となっている日本政府の施政に汚点をのこさぬよう希望して已まないのであります。

如何に浅慮な日本政府たりとも、かような馬鹿げたことはしまいと思いますが、世の中は往々にして常識を乖離した事態のよく起るにつき、婆心已み難くして一筆申上げる次第です。

朝夕冷え勝ちな折柄、何分御身御自愛専一に給わり度く御法のため不惜身命、御精進のほどお願ひ致します。サヨーナラ。

合掌

285▲療養を受けさせて貰ったことへの礼状

九月三日付石原莞爾（山形県飽海郡高瀬村西山）宛小泉菊枝（東京都目黒区下目黒一ノ一一九水野様方）葉書［憲政・武田邦太郎関係文書27―16］

合掌　その後御身体の御様子御好調でいらっしゃいませうか　涼風と共にいよいよ御恢復にすゝませられますやうひたすら御祈り申上げて居ります　この度は言辞につくしがたい御高配によりまして充分な療養をさせて頂きまことにまことにありがたうございました　上京以来毎日多忙にて人ごみの中をあちらこちら歩きまはる事が多うございましたが御かげ様で元気でございますから何卒御放念下さいまし　二百十日も一先ず無事でございましたが　二十日が暴風ともなればと　ここ数日は緊張の解けがたい気持でございます　しかし本日は是から一先ず母の許に引上げてのどかに話合ひできる気持でございます　御手紙だけが思ふに任せずに居りますが　明日中に善処いたします　水野、害先生も御元気でございます。いずれ又御目もじせねばなりませんかも知れません　御きげんよろしく

286▲法務庁課長吉橋並びに池田主任検事に対する交渉

九月三日付武田邦太郎（山形県飽海郡高瀬村吹浦西山農場内）宛𠮷寧柱（東京都文京区江戸川町十）速達封書［憲政・武田邦太郎関係文書74―2］

合掌　御法のため御精進のことと存じ上げます。第二回の交渉を報告申上げます。

（この九月三日の武田邦太郎宛の手紙に同封された会議録は、それを清書したものが十月八日付石原莞爾宛報告資料（289）としてあるので、ここでは省略する）

## 287●今や人類の宗教は、日蓮大聖人の宗教に統一せらるべき準備完成せり

「宗教は新たに生るべきや」（『王道文化』復刊第四号二七〇号昭和二三年十月）

（一）　科学万能の思想極盛に達し、人類は再び宗教を求めつつある。しかも新人は古き宗教の生命を信ぜず、新宗教の発生を待望するものがきわめて多い。大正頃から、特に最近に於て数多簇生せる新宗教はこの傾向を明瞭に示すものである。しからば宗教は果して新たに生るべきものであろうか

（二）　そもそも古代の人類は、直観力鋭敏にして、よく霊界に通ずることを得た。それは仏教の「解脱堅固」、日本の「御杖代」等の示すところである。…………………………人類は宇宙生命の一部分として、その生命の真を伝うる宗教を有するのである。果して然りとすれば、およそ宗教なるものは人類文明の初期に教祖あらわれ、その教えの血脈が今日に伝っているべきものである。

（三）　かく観じ来れば、結局人類の宗教は、キリスト教か仏教かに帰着するものと判断される。しかし、キリスト教は、おそらく仏教を抱擁することは出来まいが、仏教は法華経の六惑の法門、および日蓮聖人の観心本尊鈔における「……………………十方三世諸仏の微塵の経々はみな寿量の序分なり」により、キリスト教をも抱擁し得るであろう。

（四）　宗教は当初の功利的（攘災・招福）から精神的（煩悶・回心・向上・転換）に傾向をとり今日に至った。

（五）　日本宗教史概観………………………

（六）　アメリカ人ジョージ・コーは「宗教とは個人を社会的に統御する一つの様式である」と定義したが、これは欧米人の常識らしく、欧米人は信仰なき人を危険人物視する。これに反し日本においては信仰なき人は文明人とされる。徳川時代より現今にいたる間のながき社会的訓化の結果である。…………………………

（七）　世界宗教を大観するに、在来の宗教は既に形式化してその力を失っている。この間、日本民族は真に信教の自

由を得て旧宗教の束縛から完全に解放され、一たびは全知識人が無神論者のごとき状態となった。
かくして今や人類の宗教は、究極の指導力となるべき真宗教、即ち仏教の正統たる日蓮大聖人の宗教に統一せらるべき準備完成せりということができる。

288▲中下旬頃　伺ひ度

十月三日付石原莞爾（吹浦村）宛南部襄吉（伊勢崎市本町七ノ九八〇）葉書［鶴岡・石原・手紙1297—2］

目下菅原兄と連絡中　中下旬頃　伺ひ度予定　食糧はよろしく頼ます

289▲法務庁課長吉橋並びに池田主任検事に対する交渉

十月八日付　石原莞爾閣下宛書寧柱報告資料［憲政・武田邦太郎関係文書138］

★勅令百一号（印刷物）―（割愛）―

★「第二回目交渉」八月三十一日

× 法務庁課長吉橋並びに池田主任検事

○ 私

× 構成員として役員と会員の外に、特別な指導者なる存在はないか。

○ 精華会運営は合議によるのであって、特別な指導者はない。教義上の解説に当っている小泉女史其の他、私みたいな者はいる。都合次第では、他宗の僧侶が来て講義しても差しつかえないとしている。

×（王道文化復刊第一号扉の「王道文化とは何か」の上段八行目を指しながら）

「真の平和国家を建設し、身を以て次代文明の範を示すべき使命を課せられた日本」の「次代文明の範を示すべき日本」とは日本をして世界の指導者たらしむる感じがある。

○帝国主義、侵略主義のソシリを受ける日本が、物心両面の相克対立を克服した総合的道義文化としての次代文明の範をまず実現せんとする何処が悪いのか。

×敗戦日本は精神面においても範とか指導者だとかいふ語を用いてはならない。軍政の忌避するところだ。勅令一〇一号の第一条三号には「日本国が他のアジア・インドネシア・又はマレー人種の指導者たることの僭称」を絶対禁止している。

○政策上の権力指導をいふのではない。世界に等しく親しまれる精神的第一等の道義国家を樹立せんとする意気込みをマッカーサ司令官は賞賛することこそすれ、これを封ぜんとするならば、軍政の道義性が奈辺にあるか疑わしい。何かの野心的動機があると思う。日本をして精神的に悪党になれといふならば満足する一〇一号なのか。マ長官に詰問してみる必要がある。

×イヤ、そんなことを云ふのではない。現実、日本の国柄が大したものでもないと国際間には思われているのに、精神的中核の内質を既成事実として備えているかの如く云ふからよくない。

○日本の国柄が大したものである事を世界人に思われるようにする事が日本人の務めではないか。日蓮聖人を信仰するわれわれは日本国体が正法に帰依して世界に向って光を放ち得る時代の来る事を信じている。われわれが本化上行菩薩と仰ぐ日蓮聖人が、仏国土日本の成就のため不惜身命せよと、仏の使者としての至上命令のためにも、又地獄に落ちる罪業をつくらないためにも、予言せられた日本の未来の姿のために命をかけようと云ふのである。精華会は日蓮大聖人の予言を信じ聖典の指し示すままに動いている。われらの主張を否定せんとするならば、まず百万の日蓮信者が信奉している聖典を禁断すべきである。

× そう喧嘩ごしになる必要はない。われらも別に事件を大きくするつもりはない。(小泉先生の書かれた連絡版型の綴りを示しながら)「………万国が掌を合せてひれ伏す………」といふ字句は神道と何等選ぶところがない。宇宙の根本力をアメノミナカヌシノミコトとなし、これに因んでイザナギ、イサナミ両柱が創られた日本は世界の中心であるといふ神道は、侵略的歴史イデアである。神道もよく精神精神といい、未来は未来はといっていた。

○ 古事記は歴史であるが、宗教には宇宙の霊格として一人の偉大な人格者が存在し、そして予言をされる。われらは日蓮聖人の予言に基づいて動いている。

× 日蓮聖人の予言とやらは、日本人ならいざ知らず、他国民は承知しない。

○ 信仰には国境も民族もない。絶対の信仰には父母すらない。私は朝鮮人である。他国民の朝鮮人が日蓮聖人の予言を絶対信仰しているのではないか。

× いくら宗教的心理とは云え、敗戦国日本の今日、異国人の君は実際偉いと思ふ。つくづく考えさせられるが、不思議でならない。われわれも国民的良心は持っている。しかし、宗教団体に国家観のあるのは疑わしい。オカしいではないか。

○ 疑ふのは勝手である。オカシガルのがオカシイと思ふ。日蓮教は立正安国と云って、王法と仏法とが渾然に一体になって始めて真の佛国土が現出するといふ国家政治観がある。他宗の追随を許さぬ特色で、われらが最大の権威としているのもここにある。

× 予言予言というが、実に抽象的である。科学で立証出来ないではないか。

○ 科学で実証出来るものならば、自他公認すべき歴然の事実であって、別に「コレヲ信ジナサイ」という事すら必要がなくなるではないか。科学では判らない分野を信仰するのが宗教であって、予言は超科学である。マッカーサー司令官はカソリックの敬虔なる信者ときくが、なぜ非科学的な宗教を信じているのですかとお伺ひしてみたらよい。

×　そうコネ廻して云わなくてもよい。人間には夢といふものがあるから、予言とやらを信じて満足でもした方がよいのだろう。

○　荒唐無稽だと馬鹿にする予言が、あまりにも小憎らしいほど適中したとき、われわれは予言適中の神秘を信ずるのである。マルキストだった私は宗教において安心を得ている。

×　君等は日蓮宗教のみを尊しとしている。各々特徴があるから他の宗教も同等のレベルに取扱ふべきだ。

○　それは行政官の云ふべきことで、われわれは最一に尊しとするから日蓮教を信仰している。同等なものだと思ふ位いなら、私はも少しモダンなクリスチャンにならう。マルクスの予言も宗教が顔負けするほどだが、これも同等なレベルの宗教権威を持っているとするならば、私はクリスチャンよりもマルキストとして止まらう。クリスト教もさかんに仏教を排斥しているではないか。

×　宗教はオノレが救われる事であって、人に強要することは宗教の本質上反すると思う。

○　救世軍のところにでも行って質問すべき事だと思ふ。われわれは小乗仏教ではない。化他することが宗教本質に反するならば、クリスト教の伝道師も仏教の布教師も存在する必要がない。

×　マー精華会は、東亜聯盟と関連している政治的集りだとは思ひ度くない。しかし僧侶と牧師を中心にした団体のみを純宗教団体と司令部では解釈している。

○　職業僧侶、職業牧師を中心にした教団の弊害は今日の常識である。内村鑑三さんも既に民間的宗教活動の必要を痛感してさかんに唱えていた。もしそのような条件づきで宗教団体をみるならば、それは宗教活動の発展を阻碍する大きな束縛である。政略的なヤリ方だと思う。ポッダム宣言第十条の終りに「言論、宗教、オヨビ思想の自由ナラビニ基本的人権ノ尊重ハ確立セラルベシ」とある。

× その点、当局もいろいろ交渉中である。

○ そのように宗教団体に対する明確な判断なくして調査に当る事は迷惑である。

× 勅令一〇一号の第一条は政治団体にも宗教団体にも一括して適用し、第四条のみが宗教団体には除外さるべきだと解釈している。

○ 解釈上のことは知らないが、同じ一〇一号内の一条と四条とが衝突しないようにして頂きたい。今の解釈はショウトツする虞れありと解している。

× それも文部省とよく研究の上、司令部ともよく交渉するつもりである。(小生が提出した箇条書―精華会の沿革・性格・機構・活動内容・備考―を以て)これを英訳にして頂き度い。司令部に当局の意見と共に添付したいと思ふ。当局で訳してもよいが、少しでも誤訳があってはと慎しんでいる。精華会の立場を思ふからである。

○ (承知)。ただ云っておき度いことは、日蓮信仰に命を捧げた精華会の若き同志はお寺の在来坊主とはちがふ。信仰活動を骨抜きにされたら死んだ方がましである。

× 当局の願ひは、論筆等において、誤解のないよう、も少し技術的考慮を計って然るべきだと云ふ事だけである。

○ 今までの論筆は日蓮聖人の御遺文による、われらの主張として少しも恥じていない。精華会入信者は少しも誤解していない。ただヒネクレた一般人がわざわざ歪曲して考えたがるだけである。われわれは正当の主張のためかかる人とも猛然ぶっつかって行くつもりである。勿論、誤解あらしめぬよう細心の注意を払って聖典を解釈する事が、とりもなほさず日蓮大聖人に対し奉る御奉会である。

× (私の持参した箇条書を示しながら)
これの英訳に際しても「今後大いに技術的注意を払ふ」と書き添えてもらいたい。

○ 今までも大に注意しつづけてきたし、今後も同じく注意すると書く。

× 何分、事態を面倒化させないよう、当局と虚心坦懐に協議し合い、司令部にも諒解が行くよう御協力を当局としては切に希ふところである。

以後は小生の武田先生に対する意見の言葉を書き記してあります（九月三日発信）

△　精華会問題に関し第二回目の報告も、勅令第一〇一号と箇条書（精華会沿革・性格・会活動の）の写しとを併せて九月三日送りました（武田先生宛）

△　英訳も整い、目下字句の考慮などを致しております。十三日には調査課に提出します

△　なるべく精華会青年を働かして信心を深める動機たらしめんと心を配ります

△　鈴木総裁は「調査局長を喚んで調べた処が、精華会は宗教団体と看なすに至ったが、司令部の命令によって調査中だと語っていた」と云ってゐました。「そして宜しく取計らふとも云った」と鈴木さんのお話です

△　官憲にみせるべく渕上君のお伝言は、早急実現致します。注意箇条もよく守ります

△　閣下の芦田さん宛の御手紙の件―秘書がビクビクして小生を総理に会わせないから、致し方なく御手紙は官房長官に渡して芦田さんに行くよう計らひました

△　牧師・僧侶を中心にした団体のみを純宗教団体とみなすといふ司令部の誤りを、賀川豊彦さん又は司令部宗教顧問等を衝いて与論をおこすつもりです

△　第一回目の調査課との問答報告は既に致しました。検閲に廻っているかも知れません

★各府県知事宛　昭和二十三年九月一日付　特別審査局長名の通達

宗教団体に対する勅令一〇一号第四条適用取扱昭和二十三年三月二十四日付特別審調発　第三三号同年四月四日十四日付特審調発第七四号及同年四月三十日付官宗三号通牒に関連し、宗教団体に対する勅令一〇一号第四条の取扱について左の通り決定したからこの趣旨の周知徹底を図り万遺憾ない様にせられたい

記

一、第四条第一号の規定は宗教法人教派宗派教団の全国的組織を有するものを除□□して原則としてこれをこれを適用しない

二、従って教派、宗派、教団等全国的組織を有するものの主要役員に第四条第一号イロハ該当者が就任することは認めないが

三、神社、寺院、教会等主要役員に第四条第一号イロハ該当者が就任することは原則として差支へないこととする。但し法務庁において実害性ありと認めた場合はこの限りでない

四、第四条第二号の規定は原則として宗教法人教派教団、並びに神社、寺院、教会に対してもこれを適用する。但し法務庁に於て実害性がないと認めた場合はこの限りではない

五、前二項の但書に該当する場合には該当団体の代表又は該当本人について宗教団体調査要領に従って報告書を徴すること

六、別紙（二）に云ふ「純宗教団体」は教義の宣布儀式の執行を目的とする団体であって宗教法人令により設立の登記をし主務官庁にその届出をした団体とする。尚、純宗教団体であっても勅令一〇一号第一条第一項の各項の一に該当する行為は禁止されることは云ふまでもないことを念の為申しそへる

別紙二

文部大臣官房宗教課長

特審局長

昭和二十三年四月二十日

教派主幹者

この事について従来宗教団体も昭和二十一年勅令一〇一号の適用に関し何等特別の取扱いをするようなことがなかっ

たが今般原則として純宗教団体は取扱上勅令一〇一号の団体と見做さないこととなった。これは昭和二十三年三月二十四日付特別審調発第三三号及同年四月十四日付調発第七四号法務庁特審局長通牒に示されたものでその関係要示は別記の通りである

一、純宗教団体は原則として勅令一〇一号第四条の団体と見做さないこと、従って神社寺院教会の官者その他の主要役員に勅令四条第一号イロハ該当者が就任しても差支えないこと

二、勅令第一条又は第二条の規定に該当する解散団体の構成員あった者が構成員の四分の一を超える宗教団体の場合は実害性の有無により法務庁の決定による。

三、但し教派宗派教団のような全国的組織を有する団体の主管者や本部及之に準ずる機関の主要役員には勅令一〇一号第四条第一号イロハ該当者が就任することをさける

四、宗教団体といへども勅令違反の行為は許されない事等が明らかにされた純宗教団体に対してこのような特別な取扱がなされた趣旨は、勅令一〇一号の適用上信教の自由を阻害することのないやう、特に配意せられた結果に他ならない。よって各宗教団体にあっては秘密的、軍国主義的、反民主主義的結社団体及個人の活動を阻止しようとする勅令の真の目的を認識しもって今般の特例的な取扱を正しく理解するよう特に留意せられたい。

★「精華会に関する件」（法務庁の要望に応じて英訳したもの）

法務庁調査課長殿

　　　　　　　　　　　　　　　　　　　　　　　　　東京都文京区江戸川町一〇　　青寧柱

　一九四八年九月十三日

精華会に関する件

沿革　日蓮信者田中智学先生が一八八四年以来、純正信仰団体たる国柱会（江戸川区一之江現在）を発展させてきたが、特に田中先生直接御指導による青年部として、一九三四年十一月十一日精華会が発足され今日に至った。

今日なお曼荼羅御本尊は国柱会より授与される

註、マンダラゴホンゾン－仏陀の眼よりみたる差別なき平和な宇宙の調和ある姿を文字であらわした図

性格　日蓮聖人の御心を体して会員の純なる生活活動を計る純宗教団体で青年を中心に組織し、その信仰活動はすべからく日蓮聖人の聖典－御遺文－に基づく

会活動の内容

宗教行事の全国大会を年一回、責任者協議会を随時に行う

各地精華会における定例会（週一回か隔週に一回）には勤行を主となし、従に聖典の解釈または宗教上の談義等を行うこと

註、ゴンギョウ－マンダラ・ゴホンゾンに対し奉り唱題行、礼拝行をなすお勤め

ショウダイギョウ－ナムミョウホウレンゲキョウ・ナムミョウホウレンゲキョウと合掌して心行くまで唱えること

会員は周囲の因縁により専ら青年男女の信仰誘導に努む

青年の自主性に鑑み、未だ本部もなく会長もない。よって××支部と云わずに××精華会と名づけている。

対内の同信者ならびに対外の他宗要連に問うべく王道文化なる雑誌を発刊し対内外の批判を仰ぐ

会員が信仰の異なる他宗に入ることは違則であるが、個人の立場で他の政治団体に加入する自由は許されいる。故にその政治活動は個人の立場で行い、精華会の立場を採らない。精華会は飽くまで信教団体として終始する

機構　中央連絡事務所→地区連絡事務所→各地精華会事務所　　会は役員と会員とから構成される

註、役員とは、中央連絡事務所の責任者、地区連絡事務所の責任者、各地セイカ会事務所の責任者を云う。

会員五名以上の構成を以て会設立の資格となす。

マンダラ・ゴホンゾンに唱題行、礼拝行を捧げることを確約し、日頃これを実行するものを以て会員の資格となす。

会員全国約五〇〇名（目下）

備考

精華会は東亜聯盟とは関係なし。トウアレンメイの発足は一九三九年頃である

精華会員の少数が偶々東亜聯盟に加入したことあり。

石原莞爾将軍は日蓮信者で、東亜聯盟顧問時代に「自分は顧問の地位にあるも東亜聯盟の会員諸君に自分の宗教上の信仰を強いることは絶対に避ける。宗教運動と思想・政治運動とは厳格に区別すべきだから」とよく語っていた。かような石原将軍が宗教団体の精華会にトーアレンメイの関連されることを希うはずもなく、また宗教の本質からして不成功に了るべき筋合である　精華会員の青年のうち過去の個人的因縁から田中智学先生門下の石原将軍を信教上で敬慕しているに過ぎない。

王道文化の執筆者は必ずしも会を代表する指導者ではない。他宗のものでもマルキストでも教義上関連ある投稿をなすならば会は喜んで歓迎している。

王道文化に掲載された文面はすべて会の主張を決定づける絶対的のものではない。例えば小泉キクエ女史の文でも武田クニタロー氏の文でも内外からの批判検討が当然に許されている。質疑応答欄の設けてあるのもこの趣旨による。しかし今日までわれわれの論筆が暴に過ぎることあったとは些かも思っていない。

信者たる執筆者は日蓮聖人の聖典を誤り伝えることを罪業とし、常にこれの注意を払ってきたし、今後も注意を払うのが当然のことである

道義文明国として世界人類に等しくした親しまられる佛国土の因縁を持っているのが日本であるから、この因縁成就のために不惜身命することが堕地獄の罪業より免れる積善であると訓戒されているのが日蓮聖人の教えである。精華会がこの予言を達成せんとして道義文明の日本国の出現を期待しているが、無信仰の今日の日本を世界ならびにアジア、マレーの中で最優秀だと僭称したことはない。

精華会の役員で他の政治団体に加入している者もいる。…………

★十月五日（火）午後二時―法務庁との交渉
〇池田主任検事　〇当―渕上、害
池田（所謂、彼らからは不穏とみなす字句を抜いた帳面を示しながら）
精華会は賢王賢王といって日本国を中心に世界が統一されるという超国家主義を盛んに吹聴している。そして最終戦を云々して戦争を挑発している。これは勅令一〇一号に該当する違背行為である。今後このような言葉を用いないと誓うならば解散のおそれがないと思う。
当方　賢王、最終戦の件は日蓮聖人の御遺文によるものであって、われらの主観から捏造したものではない。御遺文の至上命令を拘束されて何の宗教活動が出来るか。精華会活動の中心をなしている賢王、最終戦の使用を禁断されて寧ろ信教運動をやめた方がましである。
池田　あくまで使用する積りならば、われらとしても精華会解散を決定するより方法がない。
当方　解散さすならやってみよ。われらとしも主張ある限り最後まで闘ってみせる。
池田　日本を世界の中心と吹聴することは一〇一号第一条にある「僭称」である。常識的にみて貴方等は今日の敗戦国日本が、たとえ精神的にも世界で最も優れた国柄になると思うのか。
当方　信仰だから常識外である。
池田　賢王、最終戦の句を用いてもよいが、誤解のないよう技術的に使って欲しい。
一〇一号四条は宗教団体には除外すると解釈するが、法人届をしたもののみ宗教団体と看做す。しからざるものは単なる思想団体であるから、追放団体の会員が役員になることは第四条の適用を受ける。
一応、東亜聯盟の旧役員は役員から退陣してもらう。そして法人届をして法人令によって認められた後には、再び役員に復帰しても差支えない。
当方　届出云々するが、形式上はどうあろうとも、実質上宗教活動したら宗教団体と看做すべきだと思う。………

### 290▲御見舞に行って反って御世話になり

十月二十三日付石原莞爾・奥様（吹浦村）宛南部襄吉（伊勢崎市本町七ノ九八〇）葉書［鶴岡・石原・手紙1297―3］

御見舞に行って反って御世話になり忝く存じます。来年は夏により度候。旅費のたまり次第、チョイチョイより度い等と勝手なことを考へて居ります。武田氏初め同志の方々の御親切も忘れ得ぬものがあります

［裏面］

鳥海の雲を出でたる刈田哉

林檎分けて　吹浦を語る　夜の長き

### 291▲小生の農場契約相成り、整理済み次第、直ちに西山へ参上

十月二十七日付石原莞爾（山形県飽海郡高瀬村吹浦西山農場）宛𠮷寧柱（東京都文京区江戸川町一〇）速達葉書［憲政・武田邦太郎関係文書39―5］

合掌　閣下の御病勢、近日再び悪化の御様子、誠に病魔の悪戯には慨嘆に耐えません。小生当局と交渉後、直ちに御伺い申上げる筈の処埼玉茨城方面に連日出歩き西山からの電報も昨今拝受した有様で、遂い御返事も遅れる仕末、誠に申訳ありません。官庁も小生共が頑として譲らぬため爾後も引続き警戒の眼で、会に対しても何かにつけ迫害を寄せてくることと存じます。

中央線（省線）武蔵境の明治牧場（日本一との評判であります）の一角に小生の農場が設立さるべく契約相成り、こ

こ数日方々に奔走中であります。整理済み次第、直ちに西山へ参上致すべく心組みでおります。その節電報で御報知申します。薬（蓮見博士の）は岩村君に先ず持たせてお送り申します。末筆乍ら奥様に宜敷く御伝言のほどお願いします

## 292●人類究極の統一的理想段階に突入せんとするにあたり、知性は最高度の力を発揮

「マルクス宗の予言的中するや」（『王道文化』二七一号昭和二三年十一月）

マルクス主義は科学面と宗教面とを含んでいる。有史以来今日まで、即ちいわゆる資本主義時代までの具体的事実を分析することは科学的といってよかろうが、この次にどんな社会がどうしてあらわれるかということになると、これは予言である。予言的中をもって宗教の根本とするわれわれの立場からいえば、これがマルクス主義の宗教面である。

日本にはマルクス学者すくなく、ほとんどすべてマルクス宗の信者ばかりである。彼等はただ、無産者革命を経て搾取なき公正なる共産社会が到来するという預言を、盲目的に信じているのだ。しかしマルクス宗の預言は、いわゆる資本主義の初期の時代には余程的中しているようであるが、今日ではどうもはづれつつあるかに見える節が多い。その主なるものをひろえば次の通りである。

（一）　階級分化の動向　資本主義の発展にともない、大資本が小資本を併呑し、中産階級が没落して結局独占資本と無産者との二大陣営に分裂する、そして最後に無産者は暴力革命によって独占資本を打倒し、生産を個人経営から社会的経営に移す、共産理想の社会はここに実現する、これがマルクス宗の預言の骨子である。ところが近来、大資本は国家から種々の統制を受け、特に累進課税を課せられて無闇に大きくはなれない。また資本家の間でも闘争のみは行われず、協力、併存の方向をとる部面が少なからずある。一方科学の進歩は優秀なる設備をどしどし実現し、各種

の生産において人間労働の必要が急速に少なくなって無産者の数は減少の傾向を示し、同時に必ずしも大きくない資本で立派に生産がやって行ける機会を多くしつつある。かくしてアメリカ等では、ついに中産階級が増加し、その内容も非常に複雑化し来ったといわれているのである。

(二)　ソ連革命の特殊性　ソ連革命の実現は、マルクス宗の予言的中を信ぜしめる最大の根拠とされているが果たしてそれは、預言せられたる史的必然によるものであるか、それとも預言の外なるソ連の特種事情によるものであるか、大いに吟味の余地があろう。われわれは、この革命が(イ)ツアーの暴政、(ロ)モスコー、レニングラード周辺に発展せる近代的工業の存在—即ち集中せる革命的無産者の組織的活動、(ハ)レニンの政治力、(ニ)国土の膨大—微力なりし革命軍は膨大なる国土により、資本主義諸国の攻撃から護られた、等の特種事情によるものであり、このうち一つでも欠けていたら革命実現の可能性は甚だしく稀薄となったであろうと信ずる

(三)　ソ連革命は果して預言通り搾取なき公正なる社会を実現し得たか　革命後すでに三十年、つたえきくソ連人民の生活は、帝政時代に比して必ずしも幸福ではないらしい。のみならず、共産党幹部、赤軍将校、特種なる科学者、技術者、芸術家等の新特権階級を生じ、苛酷なる搾取が行われているとも評される。勿論、地方によって事情が大いに異る模様であるから、正確広汎なる検討なくして断定は下せないが、少くともそこにはアメリカ等において資本家の生活が贅沢化の一途をたどらず、無産者の生活が著しく向上している現実と対比すべきものの存することは否定し難く、フォードとフォード自動車工場の労働者との生活水準の差は、スターリン、モロトフとコルホーズ農民とのそれほど大きくはなかろうというのが、万人想像を一にするところである。もしそれソ連人民今日の窮乏が理想社会実現のための余儀なき犠牲であると弁解するならば、理想実現の指導者たちこそ、率先して一般人民以上の犠牲を甘受すべきではないか。

(四)　資本主義と社会主義は大差なし　マルクス主義では人類の歴史を原始共産制、奴隷制、封建制、資本主義の時代等に区分し、来るべき時代を社会主義の時代というのであるが、何故に資本主義以後にたいしてのみ「主義」と呼

ぶのか、またいわゆる資本主義時代と社会主義時代との間にはそれ以前の三時代のごとき大差ありや。

元来、資本主義とか社会主義とかの名称は、空想社会主義者の使った名称である。それを理想家マルクスがそのまま使ったのである。むしろ両者とも「資本制時代」という同一時代に含ませた方が適当ではなかろうか。ただ資本制の初期には個人の自由なる経済活動が好都合であったのに、後にいたって統制面が著しく前面に現われて来たにすぎない。革命当初徹底せる統制を建前としたソ連が、その後大幅の個人的自由を許容しているにたいし、自由のアメリカがむしろ強力な統制に移行し来った現実に見ても、或は両者の生産手段が全く同じく資本であることを考えても、両者の間に一時代を劃するほどの大なる相異ありとは考えられない。

(五)　資本主義古からず、社会主義新しからず　アメリカとソ連の間に本質的な大差なきのみならず、むしろアメリカの動きに、ソ連に先行する新時代的要素の認められることは注目に値いする。共産党宣言は都市と農村の対立を解消し、農業と工業との矛盾を克服すべきことを力説しているが、今なお大都市中心主義、大工場大規模生産主義に執着せるソ連で、この理想実現の日は何時来るべしとも思われない。これに反しアメリカでは、既にフォードの自動車部品工業の如く、半ば農村工業的に分散形態をとり、農工一体化の傾向に進めるものあり、原子戦争近しとの予想下に、大都市の解体、重要工業の地方分散が盛んに論議されている。大都市に支配される国家が原子戦争において致命的打撃を受け易く、また人間の魂と肉体の永き健全性を確保するに便ならざるは多言を要すまい。しからば、アメリカ的社会とソ連的社会のいづれが新時代を生抜くにより大なる適応性を具備せんとしつつあるのか。簡単に資本主義古く、社会主義新しと断定するは、軽率のそしりをまぬがれぬであろう。

(六)　革命は科学の進歩により実現せん　真に搾取なく公正なる社会は、単に生産を個人経営から社会的経営に切りかえるくらいのことでは実現しない。それは科学の高度なる進歩のみがよくするところである。即ち科学が高度に進歩し、特に原子力が生産に動員されて、人類の欲望にたいし、有りあまる生産資材がいくらでも生産されるにいたる頃、始めて理想社会は実現するのである。われわれのいわゆる無限生産の時代これであって、今日のごとく多数の労働者が長時間営々と労働する必要なく、人間の知能が電気や機械の力を自在に駆使する全く新しい生産方式を生み出すものと予想される。かくのごとき大飛躍こそ、まさに革命の名に値いするものというべく、その時は近き将来に迫っているのである。かくして資本制時代の次には、科学制または原子制とでもいうべき時代が現われるであろう。

（七）　本能か知性か　かくの如き革命が、階級闘争によらず、科学の進歩によって実現するということは、人類究極の理想は本能によらず、主に知性によって達成されるということを意味している。

歴史を顧ると、事実年代を古えに遡るにつれ、進化が本能によって推進される程度が大きくなっているが、年代を下がるにつれ、知性に導かれて進化する程度が大きくなっているのに気付く。大きくみれば、アミーバから哺乳類に至るまでは、殆ど本能のみでも進化してきたが、人類が発生してから知性に導かれることが大となり、進化は著しく急速となった。歴史が進むにつれ、いよいよ知性は本能に先行し、今や人類究極の統一的理想段階に突入せんとするにあたり、知性は最高度の力を発揮しようとしているのである。

以上マルクス主義の宗教面を科学面から区別し、その予言が完全に外れつつあるかに見える傾向を指摘したわれわれは更にこれらを十分同情ある態度をもって正確に検討し、また真面目なマルクス主義者をして検討せしむべきである。

## 293▲僧坊の苔古る道や　露寒き

十一月四日付石原莞爾（吹浦村西山道場）宛南部襄吉（静岡県富士郡上野村土橋氏方）葉書［鶴岡・石原・手紙1297―11］

大井上氏を訪問の帰途、身延線に入り日蓮宗総本山大石寺に参詣、境内苔むして石道広く続き枝垂桜の葉をふるひたる枝の振り面白し。農耕隊の不始末で焼けた客殿も修復成り老杉の間、槌の音響く背後の富岳、漸く雲を出て夕照疎雪に輝く正に人外境なり。明日は富士を写生の予定

僧坊の苔古る道や　露寒き　大石寺

## 294▲法華経虚空会ものがたり

十一月十四日付石原莞爾（山形県飽海郡高瀬村西山）宛小泉菊枝（東京都北多摩郡谷保村国立局西区八八四）封書［憲政・武田邦太郎関係文書27—17］

合掌　御無音にうち暮してをりましてほんとうに御申訳ございません　相変らず御痛み　貧血等で御苦痛と御たたかひの御様子　魔障の跳躍をゆるしてをりますわたくしの怠慢に断腸のおもひがいたします　閣下もう暫らくの御辛抱でございます　魔共に号令して御法戦の部署につかせるほどの本化の徒にならねばならないと堅く覚悟をいたして精進いたしてをります　必らず必らずさうなって御目にかけたうございます

虚空会ものがたりにつきまして御教示誠にありがとうございました　思召にそうやう努力いたします　つきましてはかういふ考えもあるのでございますが如何なものでございませうか。あれは女学生などはじめて仏典に接する若人が相当な感動をもちまして仏教といふものを親しみやすく感ずるといふ事実もございます。第二版の必要が出来て来ました位でそんな意味では役に立ってゐます事も感じます。たゞ虚空会といふことばがぴたりせず法華経との関係もわからないので困るから題名を何とか替えたらといふ意見が保坂様からまゐってをります。わたくしは法華経虚空会ものがたりとしてはどうかと思ったりいたします。そして序文を書いて、虚空会の意味、特命全権大使任命式の意義をあらまし説明してはどうかと存じてをります。そうして中の言葉などを少々手を入れる位にしますと、紙型がとって

ありますので手がるく再版出来ますと思ひます。そして、あれはそんな程度のことにいたしまして、別に原典からはなれまして意訳法華経ものがたり　とでも申すものを書き、現代にきましてはっきりしました予言書の内容を、神力品に中心をおいて書いてはどうだらうか、虚空会ものがたりをよまれました方は更に進んでそれを読んでほしいといふやうにしましてはどうだらうか、そうすればかへって、いろいろな方面から予言がうき上ってはっきりするのではないだらうかと思ふのでございます。二三日前　保坂さまから個人で出版社をもちたいがと日蓮教入門叢書の希望をよせられましたが、その際、私に法華経入門を書いてはとの事でございましたが　もし、皆さまの御意見にもかなひ閣下もよしと思召されますならば、これをそれにあて丶はと存じました。クリスト教の情操にうったえる活動をおもいます時、女学生などがなんといふ美しく高い世界だらうと驚いたといふやうなものも　やはりあった方がよくはないかなと存じたりいたしました。如何でございませうか。わたしはどのやうにでも努力させていたゞきますが　一応以上お耳に入れましてございます　何卒　思召のほど承らせて下さいませ。

移転以来、粗雑なバラックでございますのに　大工さんの不誠意で仕事がダラダラと完了せず　隙間風をふせぐ目張りやら　ぼつぼつとゞく荷物の片づけやらで雑用々々に追はれおしごとが予定の半分もすゝまず何とも申訳なく存じて居りますが　美登里さんが抜書して下さった教学大観など、少時を利用して読んで居ります。又　御聞き及びと存じますが　五條珠実様とも御親しく御話させていただき　そちらの方へも最善の努力をつくす決心でをります　できますれば五條様西山へお越しの頃、わたくしも伺ひたくあれこれ手順を考へてをります　二十、二十一日が東京精華会でございます。月二回ございます。その他　初心者の希望者の多い時は　私まゐります。この頃、各自が研究発表を毎回すること丶なり、今度は静代さんが〃日蓮教よりみたる日本の敗戦〃を論ぜられ、次回は熊沢氏が〃本化摂折〃を論ぜられる予定でございます　十七日には出来る限りの人たちが一ノ江におまゐりいたします　静代さんはやはり殆ど寝て居られます。気候の不順な時、鈍痛が腰部におありのやうでございます。美登里さんは第三回目のワクチンで最後段階と蓮見先生仰せでしたが、反応は非常なもので、九度四分まで熱が昇り脈も百二十位にまでなり　一週間位八度以下にをりません様子、貧血も相当でございますが、病魔と取り組んで唯物史観や教学大観を研究してをります様は壮観と申したいほどでございます　やはりおうちでは御反対でそんなことをするからと申され、私伺ってお話するのも遠りょでございますが　美登里さんはこの信仰がなかったらどうしてこの苦痛とたゝかってこられたろうか、と私とお話することに無上のよろこびをもってをられますので　おくらべ申上げるのは恐れ多い事ながら　閣下のおいたましさと申し　この純信のたゝかひに胸も千切れるやうでございます　たゞ思ひますのは私の懈怠が天を動かす信力の発露とまでならないでをりますことでございます　唯事ならぬ時のもよほしの中で　わたくしの必死はまだ足りません　今度西山に伺ひましたら　もし閣下およろしいと思召されましたら　わたう道場での涌山先生の御講義録拝見させて下さいませ　勉強させて頂き度うございます。六大部揃原稿持参いたしお目にかけたうございますこゝから富士山が仰がれます　なつかしくをそろしうございます

御身くれぐれも御いたわり遊ばして下さいませ

十一月十四日

合掌

小泉菊枝拝

## 295▲精華会ハ今後宗教外ノ思想、特ニ東亜聯盟思想トハ何等ノ関係モナシ

十一月十五日付武田邦太郎（山形県飽海郡高瀬村吹浦西山農場）宛曺寧柱（東京都文京区江戸川町一〇）速達葉書三葉［憲政・武田邦太郎関係文書74―3・4・5］

十月三十日（土）池田検事より目黒の水野先生宛に左の電話がありました。

一、精華会は解散に定ったが法務庁は宗教関係としての保留を乞うた。

二、然し、ＧＨＱ government section では盛んに解散を強要してくる。

三、だが、左の条件を容れてくれるならば、解散せずに済むものと思う。
1．東聯と関係せざる旨を誓う
2．東聯旧会員は会役員の地位より引退する
3．今までの執筆者は遠慮してもらう
4．勅令第一〇一号の各条項に触れる刺激語は用いない
右の件につき十一月四日（木）后二時に法務庁調査課に出頭せよ。

小生右の日時に池田と会見しました。そして次のことを申しました。

（1について）　精華会は東聯の組織と全く関係なかったし、異教徒の含まれある団体と提携するごときことは我等の考え得ざる処である
（2について）　…………承知しよう
（3について）　…………今までの執筆者こそ最も執筆適任者と見るべきである。遠慮なく書いていただくつもりだ。

（4について）　勅令一〇一号には過去も違反しなかったし今後もせざるべし。

池田は「一〇一号一条各号のみならず、第四条の会員1／4、役員就任の件を含んで云うのである。法人届をすまさぬまでは東聯旧会員を今後も推挙せぬと誓ってもらいたい」と云っていました。そして小生が「刺激語とは何か、御遺文の字句は用いるなというのか。しからば、御遺文の御言葉は信仰するなと云うのか」と問いました処、「遺文に出る字句のことに非ず。これの字句の解説が刺激的である」と云いました。…………

それで前日岩村君を通じての御言葉もあったので、当局の顔を立ててやる意味で一応誓約書を書くことにしました。その代り誓約書を後日になって当局が揚げ足にする如き卑怯なマネはせぬと池田氏は小生に誓っていました。

…………その後、池田氏より再度、水野先生宛に左の電話があった様子です。「萺は実際上、旧東聯の役員であったから具合が悪い。仕方がないから東京精華会責任者の名義でも宜しい」とのことです。それで小生の留守中、原君

が水野先生と相談の上で十二日（金）に出頭し左のよう提出した様子です。

誓約書

一、精華会ハ東亜聯盟会員ヲ役員ヨリ除外シ、又今後モ役員ニ推挙セズ
一、精華会ハ今後宗教外ノ思想、特ニ東亜聯盟思想トハ何等ノ関係モナシ
一、精華会ハ純宗教団体トシ、勅令一〇一号第一条、第四条ニ違反スル行動ハトリマセン
右誓約シマス

昭和二三年十一月十二日　　東京精華会連絡責任者　原祐一印

法務庁特別審査局長　瀧内礼作殿

小生の案文とは多少字句の相違があるも形式としてマアマアと云う処です。池田は旧東聯会員の役員引退者氏名を早く提示しろと付加して命令していました。
先月のことですが十月二十五日調査課に小泉先生が行かれた時には小生もお側で一緒に会見致しました（他の青年三名と）。

合掌

## 296▲田中智学十回忌

十一月十八日付武田邦太郎（山形県飽海郡高瀬村吹浦西山農場）宛曺寧柱（東京都文京区江戸川町一〇）
葉書［憲政・武田邦太郎関係文書74―6］

合掌　拝承する処、御病気の御様子、何分御身御大事に御養生せられ度くお願い致します。御疲れの為でしょう。
十七日田中大先生の十回忌は滞りなく済ませ弔問客は約七十名位でした。夜の清餐会は田中芳谷総裁が山川先生を痛

罵し山川先生系統の人は全然参席慰弔がなかったのです。大先生が可哀相でなりませんでした。小生共の参加を国柱会は喜んでいましたが国柱会もつまらぬ内紛を反省すべきものです。国柱会青年部も滞頓の様子です。五条珠実先生は今月二十四日吹浦参上とのことです。小生もそのうち参上します。サヨーナラ



### 297▲戦犯処刑者遺族住所

十二月六日付武田邦太郎（山形県飽海郡高瀬村吹浦西山農場）宛吉寧柱（東京都文京区江戸川町一〇）
速達葉書［憲政・武田邦太郎関係文書74―6］

合掌　寒中御元気でいらっしゃいますか。帰東直ちに遺家族の留守宅を調べました処、左の通りです
・板垣喜久子　東京都新宿区下落合二―八四二
・東條勝子　同　世田谷区世田谷北河二―二一五
・武藤初子　同　中野区小滝町四〇
・廣田正雄　神奈川県藤沢市鵠沼七四〇八
・松井文子　静岡県熱海市伊豆山鳴澤
・木村可縫　東京都豊島区千川町一―十二西田正四郎方
（但シ処刑後は左ノ住所ニ居ルヨウデス）
大阪府南河内郡小屋川町字三井川島六八園内
・土肥原（留守宅ノ氏名ハ不明デシタ再度調ベタ上御報知申シマス）
東京都世田谷区松沢

下落合の板垣様の処はこれよりお伺い致します。小泉先生帰東（大阪より）の節、具体的に相談しますサヨーナラ

**298▲癒ゆるなき身を秋風の冴えに耐ふ**

十二月七日付石原莞爾（吹浦村）宛南部襄吉（伊勢崎市本町七ノ九八〇）葉書［鶴岡・石原・手紙1297―4］

20日道大兄と東京に遇ひますからどうしても近く吹浦へやりますから待って居て下さい。次男今秋参り兼ねて残念、来春はまた私が連れてでも伺ひ度い考です　裏の句（癒ゆるなき）は失礼とも思ひましたが実感のまゝ

［裏面］

吹浦詠

癒ゆるなき身を秋風の冴えに耐ふ

新米の粒々　祖師に親近す　　あの米を贈られた方によろしく

鳥海を　ただ雲表に　刈田原　　鳥海を君にたとへて詠む

東京裁判に判決下る

一灯のうるみに　襲ひ来る夜寒　　当夜は献灯合掌しました

淡水

淡水は小生の俳号「淡如水」よりとる

**299▲関西地区協議会・河村椎茸一万本の威力**

十二月十日付石原莞爾（山形県飽海郡高瀬村西山）宛小泉菊枝（東京都下国立局西区八八四）封書［憲政・

〔武田邦太郎関係文書27―18〕

合掌　この度は種々御高見を承らせて頂きまして誠にありがたうございました　御目にかゝらせて頂きます度に自分の精進努力の足りなさばかりはっきり致しましてかつは心苦しくかつは勇猛邁進の心をかたくいたします事でございます　この度はまた特に滝口御法難は法門上から第二義第三義の問題を戦略上からとらへて引出されたといふ事を感銘深く承りました　今後の活動に対する信解を深くしました事を厚く御礼申上げます

大阪では大阪同志の御計画にしたがひ各方面の方々と御会ひいたし関西地区協議会にも出席いたしました。

但馬からは森田さんと岡本さん（共産党から入られた人）が来られましたが、農村の没落で農村を救ふ具体策がものをいひ　理論闘争には殆ど耳を傾けない情勢になってゐるので　共産党も税金闘争一本槍でしどろもどろである。ぐんぐん具体策を推し進めてゐますとのことでした　お二人とも髪ぼうぼうひげぼうぼうのていでしたが、今春の河村椎茸一万本が新品種が生ひ出して村民をよろこばせ　来春更に一万本の予定が立ったとうれしさうでした。山羊のソーセージ等は如何と伺ひましたところ、これは自家用食肉以外は一頭六百円の税金を払ってとさつ場でとさつせねばならないのと、加工の技術が相当高くなければならない等のため、商品として売り出す事は不可能でありましたが飼養が　わりにらくで　来年は雌山羊を多く購入する見込みがつきましたとの事でした。自家用食肉としては多くの村民は育てた愛情にひかされてとても自家用には出来ないといふ向きが多かったさうでございます。つゞいて豚を飼育しはじめられたさうでございます。新しき村の分工場も出来はじめる予定ださうでございます。来春の種々のもよほしに関しては但馬が引受けました。めづらしく夜久さんがまゐりませんでしたが　丁度今日に当る新しき村の中島正雄さんの結婚式には式長をなさる予定ださうですし御病気ではございますまい　但馬地区に今秋、春ほどの活躍が見られませんでしたのを面目なく思って出ていらっしゃれなかったのかも知れません。

農繁期のせいか秋は全体に低調でした。しかし全国的に新しい精華会が次々に出来てくるやうでございます。森田さんは来春こそ今秋の低迷を取戻し大発展しますからと申しておられました。

名古屋からは角野さんと加藤昭子さんと二人が見えましたが、閣下御承知の和進会館の中で協同生活を始めてから一ヶ月を経られたさうで、洋裁塾と授産所をやり　一月からは託児所も開始し、出来るだけ近いうちに母子ルームも経営なさる予定ださうです。和進会館の持主達が日増しに理解を深くして実際経営をお二人に任せるといはれるさうで、お二人とも真剣でした。加藤さんは近く御結婚ださうですが御結婚後も協同生活を押し進められるお約束ださうで、持田村の娘さんも託児所のお手伝に一人行くことになるやうでした。

志摩は御連絡が間に合はなかったかお人が見えませんでしたが京都から霊山会（湯川上人主唱）の藤井上人といふお方が見え（協議会の翌日）いろいろ充分お話が出来ました　ねづが関の佐藤師よりお話がよくわかり今後ご協力願へるやうなあんばいでした。周山にも一月一日を期して発会の準備が出来ましたやうでございます。別技様も中々立派な脱皮の御様子でありがたくありがたく存じました。養正会にゐた方、国柱会の方　なども中々お元気で王道文化の普及などは積極的になさるやうでした。私　大阪在住中、毎月伺ってゐました甲子園の集りの婦人たちが数名見えまして西宮精華会で御活動の御計画を語られ、うれしうございました。

良雄も一寸まゐりましたが中島君と早速仲良くなり二人揃って四国に帰りました。良雄は今月中には上京の予定でございますが、中島君との話合ひでどうなるかなと思ふやうな様子も御座います。元気でございましたので安心いたしました。青年の見栄で母に何とか指図されてゐるやうにみられたくないらしいあんばいでをかしくなりました。そのほか種々、たっぷり予定してゐてくださいましたのでとうとう大阪滞在を予定より二日延ばし昨九日朝、帰京いたしました。

保坂様とは毎晩王道文化その他の事につきいろいろ御相談いたしました。六大部揃は山川先生の義解と同じ型で少々うすいという位で、どうしても数万円かゝるとの事でございます。喜美子さんの方の田圃も御祖母さまが今夏亡くなられてから御実家も土地をはなれるおつもりらしく、御実家名義で借りていらっしゃる為不安定の由、その他色々御事情もおありのやうでした。充分お考への上、閣下はじめ同志諸氏に御相談なさる御決心でした。車一郎さんが末法二重説について保坂様宛質問状をよこされて居り（二ヶ月位前）、その御文面につき私も意見など申上げ、返事を書かうといってをられましたら　不思議にもその事を大原様と三人で論じ合ってゐましたところ　車一郎さんが保坂さんの御自宅を尋ねて来て居られましたさうで、結論として車一郎さん自ら閣下にお尋ね申したらよいといふ事を、翌日、再び尋ねられた車一郎さんに申上げたさうでございます。随分深刻に考えて居られたさうですが

大先生の孫としての重大責任をいはれて閣下にお目もじ申上げる決心をなさったらしく、丁度、私出立のまぎわにその快報を伺ひました。車一郎さんの決心ひとつで芳谷先生は如何あらうとも国柱会はどうにでもなると申上げたさうで保坂さんもおうれしさうでした。

明後日は五条様その他と御目もじの予定でございます。明日は沓先生御出で下さるかと存じて居ります

又々御書き申上げます　何卒々々　御摂養遊ばして下さいませ

十二月十日　　　　小泉菊枝

## 300▲国立戒壇建立の時の御本尊に関し

十二月十六日付石原莞爾（山形県吹浦局区内西山）宛小泉菊枝（東京都下国立局西区八八四）封書［憲政・武田邦太郎関係文書27―19］

合掌　日増しにお寒さが加ってまゐります　御尊体如何でいらっしゃいませうか。絶え間ない出血の事をおもひますと誠に誠にやるせなさで胸一杯でございます　貧血の御身に寒い寒い東北の冬がたゞたゞうらめしうございます　せめて御安心いたゞけるやうな活動をいたしたいと日夜思ひ居りますところ武田先生から王道文化二七一号の佐渡始顕

御本尊についての拙稿に関し御高教御伝へにせっし　はっと思ひせつなに私の浅解を悟り申しわけなさに身のおきどころもございません　おゆるし下さいませ
あの原稿の為には大先生の御書もの二三拝読いたしましたが　特に獅子王全集第三輯　獅子王教義篇（続々）177頁の〝本尊造立私議〟に御示教を多く頂いたつもりでございました　そして、副題が特に（木像を以て正式の本尊を造立することは全くできないといふ事を論ず）とあり、序説初頭から、
本尊を勧請し造立するに就て木像絵画文字等さまざまの形式ある中に本化妙宗の正意正式としては　局《カギ》って文字曼荼羅に在ること、随って絵画や木像　就中　木造で具体勧請を全うすることは断々乎として不可能であるといふ理由を述べるのがこの篇の主張である
と仰せられましたのにとらはれて居りました。御注意を蒙りまして　すぐはっといたしました。大先生は個人の家や教会でおまつり申上げる御本尊について仰せになったもので、国立戒壇建立の時の御本尊に関しましては、この御論篇の中でも〝その時節には任選に本化菩薩が帝王種なり智臣なりに生れ出でて不可思議なる大手腕を振はるゝこと、考へるから　その時の事は吾等の心配するに及ばざる所とおもふ、故にこれは別論としておいて………〟237頁と仰せでいらっしゃいます。今、その時に当ってのわたくし共としましてはこちらにこそ重点をおくべきでしたのをいまだその安心に隙がありまして御心を御わづらはせ申上げるやうな失態を示しました　何とも何とも御わび申上げやうもございません。幸ひな事にもう一度御本尊の事に関して執筆いたす事になって居りますから　その節、読者を過たぬやう大先生の御真意を正しく御つたへしたいと存じます。たしか日蓮主義新講座かに本門戒壇の御設計の図が出てゐましたやうに記憶して居ります。唯今手許に本はございませんが早速しらべまして、それも御紹介いたしたいと存じます　又、いひ方の吟味につきましては　今後一切の文章に充分注意いたしたく肝に銘じた事でございます　そのやうにいたしたゞけでよろしうございませうか　何卒御教へ下さいませ
昨十五日夜、曺先生お尋ね下さいまして御一泊　歓談に時の移るのを忘れました　十八日精華会の後　御一緒に板垣

夫人御尋ね申上げるつもりでございます　二三日前、曺先生は一度御訪問なさったさうでございます　曺先生は入信の動機の原稿も一回分を脱稿され　もう御送付なさいました由　今度は成績がいゝでせう　五條先生の切符の事でもかけめぐりましたと仰せでした　本朝　主人を誘はれて例の牧場に出かけられました　その方も一生懸命　御奔走中でございます
東北三ヶ所のマルクス宗研究会の為　今月末には出立のつもりでゐるが　何時が何処か　まだ御返事が来ないからわからない　とりあえず西山に行くのがいゝだろうか　など、おっしゃってをられました　今度は七夕さまとお笑ひたゞかぬやう充分御連絡を密にしてとお約束してございます　万事　又　曺先生御伺ひのせつ御話申上げます事でございませう　私　昨日は御近所にまねかれて御法要と御説法に伺ってまゐりました　一番近い御宅が日蓮宗の信者で今夏御愛児を災難で亡くなされ悲嘆の底にをられるのでございました
五條さんの舞踊にもお誘いしてみませうかと存じて居ります　わたし共の精進次第で御法線はどこにもございますたゞたゞ自分の未熟さばかりになやまされることでございますが　いつまでもこんな事ではをらないつもりでございますから何卒　御見守り下さいませ
充分御摂養下さいまして更に更に御高教下さいますやう御願ひ申上げます　何卒々御加護のいよいよ篤うございますやうに　御奥さまにもおよろしく申上げて下さいませ

合掌

十六日夕

小泉菊枝

## 301▲板垣閣下の留守宅を訪問

十二月十九日付武田邦太郎（山形県飽海郡高瀬村吹浦西山農場）宛曺寧柱（東京都文京区江戸川町一〇）

葉書［憲政・武田邦太郎関係文書74―8］

合掌　酷寒の折、閣下の御病状如何渡らせますやお伺い申します　小生相変らず四方奔走中であります。十八日（土）精華会会合の後、夜分には小泉先生を案内して板垣閣下の留守宅を訪問致し奥様と法事の件色々打合せました。

板垣閣下は霊鷲山で日蓮聖人のお導きを給わり三佛の拝観必定であると固く信じて楽しみにいていらっしゃる様子です。奥様も信仰に入り度いと申しました。土肥原氏の留守宅は不明な処、左記住所に移転された事が判りました。

土肥原香代　　東京都杉並区天沼二の三八五

## 302▲御本尊が正しくなくてはいけないといふことは大賛成

十二月二十四日付石原莞爾（山形県吹浦局区内西山）宛小泉菊枝（東京都下国立局内西区八八四）封書［憲政・武田邦太郎関係文書27―20］

合掌　お寒さがいよいよ加りましたが御容態はいかゞでいらっしゃいませうか

昨日　五條さんの公演終了後　板垣様御宅を御訪ね申上げ　曺先生　淵上さま　中村君子様と四人　それに板垣夫人の洋裁店のお手伝をしてをられます桜井治八氏と御一緒に精華会式にて心ゆくまで御祈念のまことをさゝげました　皇太子様御降誕の佳日に感慨無量でありました　五條さんの一天四海皆帰妙法への祈りをこめた如説的行讃の舞踊の成功も日を同じうし万感交々でございました

本日午後改めて礼服にて曺先生　櫻井氏　私と三人で再び板垣家御訪問御供養申上げました処　新聞紙上にて承知したから正しいお題目を上げさせていたゞきたいとて日蓮正宗の信徒の方　青年一人　若い婦人一人　中年婦人一人都合三人の上品な方々がまゐってをられました　ところがこの方々は御本尊さまが正しくなくては故人は成仏なさらぬ　智学先生はまちがってゐる　大石寺派のみ正しいとて　まごゝろをあらはして夫人に語り　又私共を折伏せられ

ようとなさいました　私は早くも故閣下が霊界に帰られて大活動を御開始遊ばされたと存じ　内心うれしさにほくほくいたしましたが　時と処を改めて心ゆくまで論戦をいたしませう　私共がまちがってゐましたら　直ちにあなた方にしたがひませう　御本尊が正しくなくてはいけないといふことは大賛成ですと申し上げ　ほゞ一月九日　水野様方にて午前中より御弁当持で話し合ふことを約束いたしました　向ふからぜひ理論的研究をしてゐる若い人々を出してほしい　こちらもさうするとの事でございましたので　私としましては誠に誠にかもがねぎをしよって来たと俗に申すのはこの事かと直ちに応じました　丁度　みどりさんが岩村君と一緒に八日から二三日勉強に来たいと申してをりましたのでお膳立て万端はできてゐますも同様でございます　私の意見としましては、お互さまに大聖人の子として、兄弟として　智者に我義破られずばの御聖文を奉じ、堂々と意見を交換し合ひ結論をあせらず　双方ともに公場時決の下げいこともなるやう、叱られ御書の御いましめのやうに謙虚な態度でしかも力量一杯戦ひ合へますやう取りはこびたいと思ってをります　願はくば信者の大同団結の一礎石といたしたく存じます

この方々の実に積極的な御態度を拝見し精華会の元気のなさに頭をかゝへてゐました事もどこかに吹きとびました

聿先生とも充分御話し合いまして、これをもってはじまる来春の東京を活発にいたし度く存じます。どうなる事かと御不安げの板垣夫人　御令息　御令嬢には御父さまは大聖人御直々の御指図のもとで早くも大活動を御開始になったらしうございますよ、どうもこの方が手取早いよと仰せかもしれません　実に実にありがたい事でかういふまじめな真剣な方々が続々出ていらっしゃる事によって真の日本が出てまゐりますと申上げましたところ　御奥さまも晴々とおうれしさう、御玄関まで来られた御令息方も非常に親しげに温く言葉を交し　おかげ様で急に近々とさせて頂けました。定めし定めし閣下の御身辺にも故閣下の電信がひんぴんと通じます事でございませう　どうも霊界の方が自在でよろしいかも知れませんが　私にも大層負けん気が出てまゐりました　よし霊感力はにぶいがその代り御遺文にしっかり御指示を頂いてこの五感を総動員して肉体の世界の者として霊界に負けない大活動をやりませうと思ひました　帰宅後新聞紙上にて故閣下の遺されたお言葉拝読、来泊中の岩村君と涙のうちに肯きあった事でございます　や

はり処刑を受けられた方の中に
大聖人の御精神の光を輝かしてみせて下さるお方が必要でありましたのでせうか　合掌されます事でございます
閣下にをかせられましては何卒々二人分の御生命をながらへさせられまして未熟者の私共の精進を御はげまし下さいますやう心から心から御祈り申上げます
佐渡始顕の正式御本尊さまを精華会より御贈呈申上げる事に決定いたしました　本日申請いたしました
筆にあまるさまざまの感懐を何卒御さっし下さいませ
何卒よい御年をお迎へ遊ばしますやう合掌し奉ります
御奥さまも御きげんよういらっしゃいますやうに
合掌
十二月二十四日　　小泉菊枝

## 303▲日蓮正宗派の人三名、合掌もせずに懐手で見守る横柄さ

十二月二十五日付石原莞爾（山形県飽海郡高瀬村西山農場）宛書寧柱（東京都文京区江戸川町一〇）封書［憲政・武田邦太郎関係文書39―7］

合掌　閣下の御病状　何卒御快癒のほど仏力におすがり　お祷り申上げます。

二十三日（十二月）の五条さんの舞踊公開も無事に済ませ、夜分には小泉先生、桜井治八氏、中村さん（女子）、渕上君、小生の五人が板垣閣下の留守宅を訪れ、至心以てお題目を申上げました処、さすがに普段気丈夫で名の有る奥様も泪ぐみ心から喜んでゐられました。

この日は閣下に縁の深い日らしく、生日も婚日も死日も共に二十三であると申します。翌日の二十四日、后一時小

泉先生、桜井さん、小生の三人が再度供経にあがりました処、既に左の先客があり仏前で一つの奇態が起りました。日蓮正宗派の人三名（男は復員、女は小学教員、もう一人は中年女）が新聞紙上で閣下の入信をお知り申し参ったとかで、心を尽しての法事を捧げていました。寿量品の誦読など羨しいほど上手で声も揃っています。御遺文の誦読はありませんでした。先着の小生も背後で合掌致しました。丁度終わった頃、小泉先生と桜井さんが見えました。

彼らは血相を変えて、仏壇に奉置せる佐渡の御本尊を指し、これは誰のものか、（桜井氏の懐中御本尊でありますが）、何で斯様な本尊を掲げるのか、君等の本尊は田中智学の勝手なもので無益の骨頂、日蓮正宗の拝ずる御本尊のみが得道唯一のもの、君らの何とかやらの会は霊友会同様のもの、聖人の法脈を正しく伝えているのは日蓮正宗一つに限るから、故人板垣閣下を苦しめ迷わしめるごとき法要の振舞は即刻やめろ、と意気まいて板垣奥様の不明不察を忠言、なお田中氏（大先生のことです）は学理的には勝れているも、横浜問答で完全敗北、死時には眼の潰れた日蓮反逆者と申しますので、余りの極言に小生憤慨して、慎めと怒鳴り、男の奴だけは懲しめてやろうと思いましたが、ひと度び思い返し、新聞報道によって飛んでくる近来宗内稀な彼等の熱意と、故人の仏前であることと、忌日に沈んでいられる遺家族の面前であること等を考え、論戦は控えて来年一月九日（日）頃、本尊問題で彼らの権威ある者と精華会とが聖人を拝む真心で大いに論争しようと約束しました。そして小生共が供経にとりかかると、兎に角君らの法要振りを一つ見てみようと何ら合掌もせずに懐手で見守る横柄さには業腹が立って仕様がありませんでした。

田中大先生の御訓導を直接給っている小泉先生と桜井さんの御心傷は如何ばかり痛かったでありましょう。斯る難題の起こることも、芥子に類する小生共に精進不足を戒め給う佛慈の有難き鞭打ちと拝し、心から大聖人のお情けに感激致しております。

来週の水曜日（十二月二十九日）后一時、七日目の法要として参るべく板垣奥様にはお伝えしておきました。四十九日まで供経を連続する様、同志には段取りをつけておきました。

新聞で拝見しますと、東条勝子さん宅は世田谷区玉川用賀町となっており、木村可縫子さん宅は大阪府北河内郡寝屋川町字香里川島大八園内となっています。記者が直接訪問したとなす住所ですから、これが本当かも知れません。

小生、年末（三十日か三十一日）か年初には東北を巡り度く思います。マルクス批判の数字的資料も目ぼしがつきました。そのうち纏めようと存じております。

東北参上の節いろいろ申上げます。年末乍ら御衰弱の奥様にも寒中お身御大事に遊ばされるようお祈り申します。

### 304▲本尊問題で論争することになりました

十二月二十五日付武田邦太郎（山形県飽海郡高瀬村吹浦西山農場）宛曺寧柱（東京都文京区江戸川町一〇）葉書［憲政・武田邦太郎関係文書74―9］

合掌　寒中御壮健でいらっしゃいますか。同志皆様方も御均慶の御事と存じます。

二十三日夜分、精華会で板垣閣下宅を訪れ御題目を捧げました。来週の水曜日その次の水ヨービも連続致します。

二十四日は仏前で日蓮正宗派の人々とちょっとした反目が交され一月九日、本尊問題で論争することになりました。

委しくは閣下にお伝えしておきました。

新聞紙上によりますと、東條勝子さん宅は世田谷区玉川用賀町となっており、木村可縫子さん宅は大阪府北河内郡寝屋川町字香里川島大八園内となっています。小生そのうち東北に参上致します。サヨーナラ

### 305▲献灯の風なくゆらぐ　夜の寒さ

十二月二十六日消印石原莞爾（山形県飽海郡高瀬村西山道場）宛南部襄吉（伊勢崎市本町七ノ九八〇）

葉書［鶴岡・石原・手紙1297—5］

東京で道大兄に会ひ吹浦行をすゝめ其内出発の筈、期待せられ度

二十三日処感

献灯の風なくゆらぐ　夜の寒さ

# 十三　最後の闘病・日蓮教入門の完成と永眠（西山時代　4）

## 昭和二十四年（一九四九）

### 日記

**一月　九日法論ノ詳報来ル苦戦ノ様子**

本年ノ此日誌モ渕上君ノ贈物

一日（土）㋻　雪ナキ元旦但シ早朝南ノ烈風　正幸　勲　岩沼行キノ一件

今夕ヨリ水越君ノ薬服用　出血、シボリ、夜下痢

二日（日）　のり子、尚、渕上来り岩手ノ事情報告前日ノ如シ

三日（月）　吹浦会員一同、及川アサヨ、勲　岩沼行断念　夕　六郎到着、

出血少キモシボリ頻リ

四日（火）　小林てい、仲條未亡人　河村先生　芳谷先生ヨリ末法ニ重説ニツキ詰問状

脱落（新旧）相当、

五日（水）㊍　土門サン　明子年賀、中里、水越君帰山　稲垣サン　夫妻、日ノ出ノ絵、

六日（木）　前日ノ如シ
七日（金）　佐藤きよゑ　水越君ノ結婚ニ拒否ノ回答ヲシテカヘル、六郎帰ル
芳谷先生ヘノ返事　武田君代筆(1)　新旧脱落
昨夜、武田、千津、傭子　克枝ト懇談稍沈静トノ事　星野利光、佐々木某ト共ニ
旧脱落減少
八日（土）　中里帰鶴、一昨日頃ヨリ降雪　今日相当ツモル根雪？　頻リニシボル
九日（日）　畠中伝、休暇帰省　脱落新モ減少　但シ夜三時半迄眠レス
十日（月）ⓦ　山沢（京都、青島、）阿部玉水、小松　武田君弘前へ
渕上一昨日岩手ヨリカヘリ報告　夜眠付カス（三時半迄）古イモノ二回絞リ出ス
十一日（火）　尾形六郎兵ヱ、海老　たけ、　痛ミ絞り頻繁　夜―一時間毎
十二日（水）　誠君ヨリ酒田種豚場ノ話
十三日（木）　伊藤完、　夜相等脱落（新旧）
十四日（金）　敏子酒田へ　明日北海道へ　武田君カヘル　終日小出血　尿汚レ夜大脱落（新
十五日（土）㊎　終日出血尿ツマリ大脱落　痛ミ甚シ
十六日（日）　雪大体消ヘル　然ルニ夜ヨリ再ヒ降リイヨイヨ根雪、　脱落ヤ、減少ス
十七日（月）　太田俊賢　夜　佐藤俐
十八日（火）　御本尊聖堂ニ　還暦祝ヒ光蔵、馬車屋斎藤正男、佐藤正　吹浦二人顕治、
小松、?、大瀬、興津、　嘉市、佐藤吏　早坂、高橋平助、俐、　大場、
十九日（水）　三島、
二十日（木）　九日法論ノ詳報来ル苦戦ノ様子(2)　誠東京へ渕上京都へ　夕刻菅原医師来診

岡田君二三日前ノ事件ニヨリ禁酒禁煙ノ誓

二一日（金）　駒瀬近藤帰郷、　脱落稍減セルモ昨夜ヨリ出血止マス

二二日（土）　青君廿五日迄ニ到着ト電　濃キ出血ツ、キ夕刻ヨリ大キナ脱落

二三日（日）　石川正俊　水越君夜久シ振リニカヘル　稍薄クナリシモ出血ツ、ク

二四日（月）　青君到着、悌次郎、次男、甚太郎　出血脱落減少

二五日（火）㊖　甚太郎カヘル悌次郎君午前写生　出血大体止マル

二六日（水）　悌次郎君一通出来シテ昼カヘル　昨今再ヒ雪消ヘル

二七日（木）　終日出血（少量）

二八日（金）　阿曽、上天気　稲垣氏ネタマ、写生　朝大脱落㊖　夕㊖旧

二九日（土）　終日出血

三十日（日）　青君鶴岡へ

庸子不快ノタメ菅原医師来診　庸子ハ筋肉リュウマチトノ判断不安ナリ

小量ナカラ終日出血

三一日（月）　武田君種豚所へ　平貞蔵、原田、柴田其他　朝大寒天出血ヤマス

**注**

（1）田中芳谷への返事としては『石原莞爾選集8』（二七〇～一頁）に安中泰軒を通じてごく簡単な内容の物が伝えられるのみであるが、これは武田邦太郎の書いたものとは違うということである。

（2）創価学会との法戦についてはこの前後に出された小泉菊枝の書簡が残っている。それによれば、法戦は一月九日に目黒の水野医院、二月九日に正学会館で行われ、三月にも予定されていたが、これは行われた形跡がない。（308）（309）参照。

**二月　吹浦精華会共産党ト会談　景気ヨカリシ由報告**

一日（火）上天気　森国、高橋久夫三男　　出血依然　夕方大キナ脱落
二日（水）　曺君カヘル、山形精華会十名　　夜。39.4ニ昇ル　午後大脱落（新旧）
三日（木）　菅原医師ペニシリン注射　　斎藤三次郎先生　治療ニ来テクレル
四日（金）　37台ニ下ル　　早坂板垣等ヲツレテ豚加工ノコトヲ説明　誠君カヘル　夜38.7
五日（土）　朝37.0斎藤先生ノ治療ニヨリ36.6ニ下リシモ　水越　山田氏、布施夫人ヲツレ来リ
　　　　午後三時37.5、先生ハ十一時カヘル、武田君杉沢へ　誠君酒田へ
　　　　少々脱落
六日（日）少々寒シ　布施夫人等カヘル　惟孝　再ヒ悪イトノコト（六郎ノハガキ）きくちニ薬ヲタノム
七日（月）　曺君、山形ヨリカヘル大成功、　　円山兵吉、斎藤康三（古川町）中洞清一
　　　　□□ニ培養所
八日（火）　阿曽　古野外一名一泊　　　国民党津軽ノ長谷川達温
　　　　出血（色悪シ）前日来ノ脱落モ逐次増加　夜新旧二回大脱落
九日（水）　渕上、夕方樋口、渕上　　　出血多ク痛甚シ
十日（木）㊎　出血脱落ツヽク
十一日（金）　昨夜吹浦精華会共産党ト会談　景気ヨカリシ由報告　　高村氏ヨリ六日法論報告
　　　　出血大寒天
十二日（土）　真山　曺君ヲ頼ミニ来リ空シクカヘル　　出血稍減少
十三日（日）　痛　昨夜頻リニ絞リ出血マス
十四日（月）　小泉サンヨリ第二回法戦報告　　武長男生レル
十五日（火）　小泉サンニ電報　　誠君上京　駒瀬、近藤カヘル

十六日（水）　◎　出血稍少クナルト思ヒシニ夕方尿閉大脱落大出血大騒キ

十七日（木）月例会　杉沢ノ人々ヨリ御祝ト米、夕方菅原医師来診 38.0　小泉女史二十一日着ノ電

昨夜歌川盗難ニカ、ル　文平君ヨリ薬「レミン」ヲ贈ラル

出血脱落共ニ多カラス

十八日（金）　昨夜　曺君吹浦ニテ竹内氏等ト対談　殆ト出血止マル　夜21hチアソール二錠

十九日（土）　神田、佐藤勇　渕上最近ノ報告。37.2

出血脱落（夜、新）少シチアソール二包痛ミ去ラス

二十日（日）　宇都宮鈴木　㊔出血ツ、ク

二一日（月）　小泉女史到着　誠君帰山　菅原医師輸血（渋谷）フルエル 38.4

二二日（火）　久シ振リニ水越君カヘル　鈴木肺炎？　藤村信雄一泊

渕上明日出発静岡講習会へ　出血ヤマス　夜ペニシリン

二三日（水）　藤村十一時カヘル　高橋久夫　伊藤養豚所長　小泉サン病臥　尚一泊

ペニシリン効果ナシ

二四日（木）　誠北海道へ　香川高橋女史　昨日見舞ニ来リ今日ヨリ治療

夜　克枝さんペニシリン

二五日（金）　小泉さん起キル　午後了解セル様子　夜尿ツマリ大脱落

二六日（土）　午後38.2ニ発熱「クリマグ」　ペニシリン逐ニ注射セス

二七日（日）　ペニシリン第三回注射

二八日（月）　鎌子二三日以来不快夕刻ヨリネツク　出血少ク痛ミ亦減退、

**三月　小泉サン明日出発ノタメ種々話アリみどりサンノ憤慨ヲ読ム**

一日（火）　菅原与惣ヱ門　本日ヨリ「ルミン」、尚ノ下剤、

二日（水）　佐藤正三、斎藤庄左衛門　ペニシリン５cc

三日（木）　便通不良ニ苦シミシカ　夜乾作　勲小豆ヲ持来り夜大ニ食ヒ明方少々便通

四日（金）　曹君帰京　俊輔外旧代開拓者一名　小野寺茂雄ヨリ「カキ」到着
ミリマク入手　ペニシリン

五日（土）　朝少量ノ便通

六日（日）　武田君北飽海同志会合へ
小泉サン明日出発ノタメ種々話アリみどりサンノ憤慨ヲ読ム　阿曽
ペニシリン　便通二回少量

七日（月）　小泉さん帰京　昨日今日　朝ヨリ 37　夜 38

八日（火）　誠夫妻カヘル　山辺椎茸組合役員、早坂、飯盛山高橋　武田君ノ引出シニ
鎌子起キル　便ピノタメ？　古イモノ相当脱落　夜 38.2　ペニシリン

九日（水）　今井善明　今夜ヨリルミン〇、五　昨日ミリマク50cc今朝30cc　少々下ル　38.2

十日（木）　金丸、高田　平田君未亡人□□□　武田君袖浦へ　相当ニ便通
ペニシリン　37.8

十一日（金）　鳥取救国青年聯盟青年、高橋吉之助　武田君袖浦ヨリカヘリ稲川へ
出血減少　便通アリ　37.6

十二日（土）　杉沢　高橋、象潟□□？　武田君カヘリ水越鶴岡ニ行キ不在トノ事
平田茂、母元気ト報告？・心配　ペニシリン　相等出血

十三日（日） 椎茸出ル
十四日（月） ペニシリン
十六日（水）ペニシリン 門馬来リ入植希望一泊 一人ニテ五〇〇頭飼ヒ得ルトノ仮定 山形県庁両佐藤
十七日（木） 椎茸組合ノ件ニツキ真田佐久間（山）佐藤 （上郷）諏訪、阿部与惣治、五十嵐
（高坂）高田 歌川 鈴木ニ村方針説明 武田君豚計画、大体説明
十八日（金） 野呂、山口一太郎（飛騨ノ件ト椎茸協会）
杉沢老人 高橋（□□ノコロモ、）久シ振リニ水越 高橋女史送別茶話会
ペニシリン三、五cc
十九日（土） 高橋女史帰国 田川長谷川 銻子昨夜来不快就床 千津 藤島講習会
二十日（日） 渕上上京 山形県庁分会九人、了誠へ
マイシン 新旧大脱落 二三日来其傾向アリシカ
二一日（月） 月例会 了誠君薮式等ヲ修繕 今日帰山ノ予定ナリシ水越君遂ニ来ラス
二二日（火） 武田君関西へ 菅原医師 桐谷ニ来リシモ銻ヲ診断セス 膀胱ハ楽ニ（昨日来）
二三日（水） 西荒瀬伊藤、 庄司峯松 藤村信雄 出血殆トナシ
二四日（木） 持田報告ニ来ル 将来ノコトヲトノ
二五日（金） 夕 尚来リ一泊 惟孝イヨイヨ危イ由
二六日（土） 田中長次老 岡崎ノ紹介ニテ 古賀精華会 木村寿朗
午後出血タマリ朝ノ間 相当ノ脱落
二七日（日）㋻ 畠中伝 出血殆トナシ
二八日（月） 夜 相当脱落 出血少々

二九日（火）　夜　村落ノ人々（稲垣夫妻、村田傭子　欠）ニ約一時間漫談　終日出血　寒天
三十日（水）　招電ニヨリ水越帰山セシモ直チニ再ヒ立去レル由　出血脱落、夕刻ヨリ大体血ヤム
三一日（木）　小松義道　出血少シ　但シボリ脱落依然

**四月　講習開始、阿部清治郎及弘前欠席ハ遺憾千万**

一日（金）　稲垣君友人北目後藤某　河村昌司氏ヨリ意見書　夕刻寒天（小）ト出血
後半夜比較的ヨクネル
二日（土）　丸ノ内久　秋田兎ノ話　出血多カラス
三日（日）㋻　志保厄払ヒ、誠夫妻結婚五年ノ祝ニ招カル（我家ニテ）
出血多カラサルモシボリ頻リ　□□へ数日新シイ脱落ナリ古イモノ一日二三回
四日（月）　佐藤勇、杉沼全協ノ帰途報告　出血少シ
五日（火）　武田君帰着、　昨夜睡眠良カラス日中出血ヤ、多シ
六日（水）　大江外二名　六郎来リ惟孝ナキ後ノコトヲ相談シテカヘル
七日（木）　大川博士二三日前到着シアリシカ今日急キョ帰京
出血終日ツ、キ新シキモノ若干脱落　喘息薬
八日（金）㋮　門馬入植　明日伊達君　告別式ニツキ弔電　蓮見先生月末カ来月来訪トノ事
終日相当ノ出血大寒天
九日（土）　尚　修　将来ノ相談　終日　出血ツ、ク　38.5
十日（日）　昨夜二時頃ヨリ尿閉状態　午前八時ヤウヤク通ス　出血ツ、クモ量ヤ、減ス
十一日（月）　水越氏久シ振リニ帰ル　出血殆ト止マル但脱落ニ赤イモノアリ

十二日（火）　出血少シ　脱落モ減少、
十三日（水）㋮
十四日（木）　錦子水沢見舞　織田正信　昨夜来出血ツヽキ昼頃寒天其後数回古イモノ
十五日（金）　警備部長大坂勇、佐藤勲　市長、石川、
蓮見先生きくちト共ニ御見舞　病根ハ、「腎臓」　小寒天、ヒモ、黒、出血ツヽク
十六日（土）　出血終日ツヽク
十七日（日）　菅原与惣ヱ門息子ヲ連レ来ル　稲垣画伯期待通ノデサイン　誠君上京
出血ツヽキ各種脱落相当
十八日（月）㋮　武妻子帰山、武田君養豚場へ、高瀬精華会発会
出血ツヽキ痛ミツヽク脱落大ナラス　夜黒イモノ相等
十九日（火）　克枝サン鶴岡へ薬調達ニ　出血ヤヽ減少、小寒天
二十日（水）　大湯米田夫人　高橋弥太郎　工藤氏夕方入植
出血ツヽキ　黒、ヒモ　殊ニ黒数回
二十一日（木）　渕上久シ振リニ帰リ樋口ト共ニ　昼　菅君到着、照井
了誠　又、手製ノ電気式薮療器　前日ノ如シ
二十二日（金）Ⓢマ　講習開始、阿部清治郎及弘前欠席ハ遺憾千万
鎌形君治療一泊、誠君帰り先生ヨリSマイシン五本、鉄水、康敬引退
市川死去ノ由　水越カヘリ今日上京　久シ振リニ血止マル　夜セキ多シ
二十三日（土）　鎌形朝治療後カヘル　午前講習生一同ニ一寸アイサツ
出血ナク一度脱落（旧）刺ゲキ多シ　セキニ苦シム

二四日（日）　本日協議会　小泉サンヨリ宗論打切リノ電　河村昌司氏
前日ノ如シ
二五日（月）㋮　渕上岩手へ　夜少々出血
二六日（火）　昨夜大体ノ業務分担ヲ定メシ由
二七日（水）Ⓢ㋮　小泉サン阿部清治郎　弘前組五人到着　鶴岡ニテ西式講習会　敏子出席
出血ハジマル　但シ脱落ハ少シ
二八日（木）　西川老、杉沢老　阿部及磐陽三人　西先生弟子、角園学士林田一泊
二九日（金）　鎌形君一泊、松尾名平、　欣平太（うさぎ一番）　出血減　一度相当ノ脱落
三十日（土）㋮　曺君帰京、午前鎌形君治療
出血少キモ昼頃大寒天　夕方ヨリ尿閉午後十一時過ヤウヤク通ス

**五月　夜殆ト眠レス　甚シク苦シム殆ト横ニナル能ス**

一日（日）　山辺、岡崎□信　出血ヤ、多ク　夜三回　黒イモノ相当脱落
二日（月）Ⓢ㋮　終日相等ノ出血
三日（火）　出血ツ、キ古イ脱落
四日（水）　保坂君到着　前日ノ如シ　夜殆ト不眠
五日（木）　大羽いはし初メテ　七ヶノ研究会ニツキ意見、
六日（金）　斎藤三次郎氏夕刻到着　出血　夕刻ヨリ相等ノ脱落
七日（土）㋮　岡崎夫妻、荒木　鎌形安心シテカヘル　曺夫人　井上、きよ江夫人告別
出血ヤマス

八日（日）吹浦祭　大井小次郎一族　朝大寒天　ツ、イテ再三旧脱落
九日（月）Ⓢマ　麦、菜種施ヒニツキ勲ヲドナル　克枝ヲ弁スル武田君ノ釈明ニツキ更ニ憤ガイ
今日ノ治療ニテ大体緩和
十日（火）銻発熱、　門馬　辻氏見舞ニ来ラル　午前三時間ノ会談少々弱ル
十一日（水）保坂　辻両氏出発　パピローム蓮見先生ニ届ケル　出血稍減少　38.2
十二日（木）39.3
十三日（金）尚　カラジ　39.8
十四日（土）尚一泊　カラジ　解熱剤　38.8
十五日（日）里見先生見舞ニ来ラレ一泊　37.5
十六日（月）（Sマイシン）里見先生帝立寺講習会（今明日）
十七日（火）中村母子、鎌形君
◎夕刻脱落　其後マモナク尿閉午前四時ヤウヤク通ス
十八日（水）小泉サン帰京　出血ナシ　夜久シ振リノ安息
十九日（木）斎藤君夕刻帰宅　六郎一泊
二十日（金）六郎更ニ一泊　楢原部長
二一日（土）蓮見博士ヨリ克枝ニ八ヶ條
□昨夜十二時惟孝遂ニ死去□　出血寒天　黒多量
二二日（日）講演　木村先生到着、真田
二三日（月）舟島到着
二四日（火）惟孝葬儀　三次郎先生帰山

二六日（木）　木村先生黒川へ　影山、泊　青森へ
二七日（金）　夜半　苦シム　午前三時頃古イモノ三回脱落
えっちゃん　まっちゃん　いわへ、見舞
睡眠剤　三十分毎位ニ起キテモスクネック　夜数回古イ脱落
二八日（土）　鎌形君、朝尾老　玉水追放ノ件ニツキ検事　荒井、中村孝太郎、
出血、寒天黒多シ
二九日（日）　出血ノトキ午後不快　夜殆ト眠レス　甚シク苦シム殆ト横ニナル能ス
三十日（月）　夜大ニ苦シム
三一日（火）　朝鈴原医師来診　六月二日蓮見博士御到着トノ事
◎大寒天　黒イモノ数回

**六月　曺君到着、早速「日蓮教入門」ノ愚見ヲ述ブ**

五日（日）　山本勝之助　首藤雄平(1)、桐谷宅一泊
六日（月）　木村　和田、宮本部下数名ヲ率ヰ　レントゲン機械ヲ携行　一同一泊
七日（火）　昨夜眠レス朝甚不快　気ノ狂ハンバカリ
八日（水）　杉沢那須老　渋谷　西川アハス
夜半ヨリ利尿不良苦シム　六郎、尚夕刻見舞
九日（木）　井上　薬ヲ持参　渋谷50輪血　尾形、大セ、永原、菰田来訪一泊、鎌形
◎昨夜半ヨリ利尿ニ苦シミシカ24間ニテ本日23.40桃色ノモノ（未タ経験ナカリシモノ大脱落
但後ヲ眠レス

十日（金）　渋谷一〇〇cc 輸血　中村信　ゆき、鎌形君大喜ビニテカヘル
十一日（土）　和田君明日帰ルトテアイサツ　尚一〇〇g ノ輸血　依然眠レス
十二日（日）　石川正俊、
　　　　　　　◎　夕刻大脱落
十三日（月）　本日食欲ヤ、ス、ム　菅原医師ト相談　夜半一回睡眠薬ヲ用ヒシモ無効
十四日（火）　夜蓮見先生おす、めノ注射無効一睡モセス
十五日（水）　曺君到着、早速「日蓮教入門」ノ愚見ヲ述ブ(2)　金丸かめノ如クナリイヨイヨ
十六日（木）　小泉一家、大槻

**注**

（1）宮本忠孝『人間石原莞爾片々録』麹町企画、一九七八年。
（2）「『日蓮教入門』起草に関する愚見」［『石原莞爾全集』第七巻、六一七頁］。

## 書簡・文書

### 306●仏はその時代に発生すべきあらゆる思想を、その教典の中に示しておかねばならない

「我等の宇宙観」（『王道文化』二七二号昭和二四年一月）

（一）　宇宙には無数の世界があり、それぞれの世界にその精神的支配者たる仏がおわすのである。
（二）　仏にはその生命、即ち支配の時期があり、その時期は正法・像法・末法の三期に区分される。例えば、地球は現在、釈尊の時代であって、末法（釈尊霊界に還りましてより一千年を正法、一千年以後二千年までを像法、二千年

以後一万年を末法とする）の時期に当る。ついで弥勒菩薩の時代となるものとされている。

（三）　仏はその時代に発生すべきあらゆる思想を、その教典の中に示しておかねばならない。さらに仏は、その教が如何なる過程を経て社会に普及し、救済の目的を達すべきやにつき、預言を発表しておかねばならない。

## 307▲御本尊問題と板垣閣下御辞世のうた

一月七日付石原莞爾（山形県吹浦局西山）宛小泉菊枝（東京都下国立局西区八八四）封書［憲政・武田邦太郎関係文書27―21］

合掌（七日にしたため御出し申上げたつもりでおくれました。御法戦は来月六日に再開いたします。詳しく後便に書きますが、この次はとどめをさしますから御安心下さいませ）

いよいよ寒中となりきびしい冷えでございますが　おからだは如何さまでいらっしゃいませうか

御法論を明後日にひかえました今日　武田先生から思召をおつたえ下さいまして誠に誠にありがたく勇気百倍のおもひがいたします　必らず思召を体して正しい異体同心の拡大強化に邁進いたします

去る三日夜　雨をついて畠山さんがわざわざたづねてこられました　暗くはあり道はわからずで巡査さんの自転車で送られて来られ一泊して野田に向はれましたが、畠山さんが日蓮正宗の出でありました為　天の御加護にて正宗の主張がすべてわかり研究科目がはっきりいたしました　そこで日夜ひまをつくっては勉強いたしまして　大先生の御本尊に関する御論説が宗門の維新から日蓮主義新講座までに御進展の事実もわかり、それに関連して、山川先生の御花押の研究と弘安及建治文永御本尊の差異と国立戒壇建立までの御修行の為の御本尊と、国立戒壇造形の時の御本尊との差異が、御花押の変化とも関連があるのではなからうかという事なども考えられるやうになりました。

それは、大先生は宗門の維新では、宗門唯一本山には佐渡始顕大曼荼羅の御正筆を奉安し国立戒壇奠定の時　此の御本尊を奉遷すとお書きでいらっしゃいます。次に、本尊造立私議では、国立戒壇建立のさいは条件が揃うであらうがそれまでは文字曼荼羅でなくてはいけない、と仰せられ、造形の不可を論ぜられますのに三世諸佛をどうあらはすかといふ一項などおあげになってをられます。次に最も新しい日蓮主義新講座になりますと、国立戒壇の時には聖祖再び示現あらせられて御指南遊ばすからかれこれ申すべきではないがと前提されつゝ、かりに私見としてとお断りの上で戒壇造形図をおあらわしになられました。これを拝見しますと、中央本尊は玄題のもとに二佛竝座であらせられまして三世十方諸佛悉く二佛に摂しられてをります。

一方、山川先生の日蓮聖人研究第二巻によりますと文永・建治と弘安の御花押の差が法華の種子から、金輪聖王の種子に変られ、同時に三世十万諸佛善徳佛等が釈迦多宝二佛に摂せられてしまわれた事がしるされ、戒壇造形のための思召かと拝さるとございます。

ところが正宗の主張をほゞ要点をまとめますのに、弘安二年を大事な年とし、弘安のお曼荼羅でなければならないとの日興上人の口伝を強調してをるのでございます。弘安二年を大事な年という本拠を〝聖人御難事〟においてをりますが、その辺に無理があるのでございますが　本門戒壇の国立事壇であることをひとすぢに護りぬいた大石寺派としての伝承の根本にあったものは、事壇のための模範としては弘安のお曼荼羅であったことを意味するのではないかと思はされるのでございます。しかし、かういふ事は私共が軽々しく結論すべきことでもなく、それだけの研究もないのでございますが、以上のやうな事実だけが数え上げられるやうになりました。そこで、私は何とかして、日蓮正宗の真剣な方々との法論を機会に、各宗派の信者たちの心を空しうしたお教義の勉強の機会をつくりたいことを望みましたが、大先生の悪口を言はれて残念千番に思いつゝも　いやいや大先生はこの機会を逃すなと仰せだといふ気が強くて、そちらにあまり心をひかれると許すまじき事も許す事になる（りはしまいか）と実に大変だがと、実は苦心して心の秩序を立てようと思ってをりましたところでございます。御高示によりましてはっきり致しました。正すべきところは正しつゝ、手を取り合へるところはどんどん手をとるというところへ一生懸命努力いたします。高橋二郎氏を桜井治八氏がお連れするとの事でしたし、車一郎さんもお呼びする事になってをりまして、本当に異体同心の真剣な祈りをもって席にのぞまうと深く決意していたところでございます。閣下の思召を承り勇気百倍でございます。明日、美登里さんと岩村さんがまゐりますから、よくよくお話しいたし手順を定めます。

松平夫人が正宗の御方ゆえ一昨日は朝、松平夫人を御訪問いたし異体同心大同団結への大きな祈りをもって心一杯力一杯論ずべきは論じたいこと、尊いありがたい機会としたい念願である事を申上げました　夫人は大よろこびで御賛同　しかも近くその正宗の青年男女の指導者である北條老夫人の許に御一緒にまゐる事をおすゝめ下さいました

願ってもない事とご快諾申上げました　夫人から宮さま御手づくりのもち米でおつきになりましたおもち少々頂きました　前日御殿場から頂戴お持帰りの由でございます

宮さまにはいよいよ御壮健にて今年は附近の農家にこのおもちを宮家からおくばりものせられました由。このおもちは松平家を辞し板垣家二七日法要に伺ひました時　少々御霊前に供しました。ほんの少々ながら閣下の御許まで御送り申上げます。御味ひ下さいまして殿下の御健康を御祝ひ申上げて下さいませ　明後日は東京精華会で又、一ト口づゝ頂くつもりでございます。

尚、大先生の御本尊建立に関する御思召と御本尊さまの御花押の御変化　佛部の御変化等（護国曼荼羅のみ、佛部は文永建治と等し）の関聯に関して　私共がかやうに研究させて頂き　発表させて頂くことは差支ないかと存じますがいかゞさまでございませうか。

板垣夫人から板垣閣下御辞世のおうた伺ってまゐりましたから　つゝしんでお書き申上げます。

　　おわびは

大神のみたまの前にひれふして　ひたすら深き罪をこうなり

日満支手をとりて

なつかしきからくに人よ今も尚　東亜の外に東亜あるべき

×

ポツダムののりのまにまにとこしへの　平和のためにいのちさゝぐる

とこしへの平和の為に身をすてゝ　糞土をこがねにかへるうれしさ

今ぞ知るいつわり多き世の中に　仏の道ぞまことなりける

われとわがとこしえのいのちかへりみよ　天つ地と共に極みなからん

しをきまつ　朝な夕なの片時も　ひとのひとたる道にいそしむ

子供らに

まこともて　み国の為につくす時　父はかならず御身らと共

インドのパール判事の意見書をよみて

二とせにわたるさばきの庭のうち　このひとふみぞ尊とかりける

勝れたる人の文みておもふかな　やみよをてらすともしびのごと

百年（もゝとせ）ののちの世かと思いしに　今まのあたりこの文をみる

今はたゞ妙法蓮華経と唱へつゝ　わしのみ山へいそぎ立つなり

以上

最後のきはまで御見送りした花山信勝氏の御許にもいづれお尋ね申上げるつもりでございます。

岩村君は、なつかしきからくに人のおうたに感激し　一文をしたゝめてをられます。王道文化におのせしたいと思います。

昨六日は五條さんのところで御開顕式をいたしました　国柱会の御本尊さまがとゞいてゐますつもりでしたが、本日国柱会から、手続が正軌でないから送れない旨御返事がありました。板垣家にも精華会から御贈りするつもりでしたが御本人の申請に限ると叱られました　私の粗忽で誠に申訳なく早速国柱会に御わび申上げました。いづれ国柱会にもまゐります。板垣夫人は閣下の墓所を霊廟にとおのぞみでしてそれも会員に限るとの御事ゆえ夫人に申上げまして出来ますれば御伴して霊廟にまゐるつもりでございます。
昨六日　五條さんの御許で御相談の結果、五條さん中心に澁谷精華会をつくり舞踊を特色とした異彩あるものとして芸術家方面に働きかける御約束ができましたから何卒御よろこび下さいませ。それから五條さんは五月にまた西山に伺ふおつもりで　その時までに宗歌を舞踊化して下さるさうでございます。
東京は広くて交通事情等も思はしくございませんから、だんだん地区的に小精華会をもうけたく存じてをります。さし当って、一番活発な伊地知政恵さんのところを独立し、政恵さんの縦横の活動をまたうと思って居ります。畠山さんも続々戦果をあげていらっしゃるやうでございます。村人の信用も中々つよくなったやうでございます。その上、割合に近い森田芳夫さん方にも行かれよい提携をしてをられます
森田夫人は橘高女の先生になられました。森田さんもいづれなって下さるおつもりのやうでございます。森田夫人は津田節子夫人のよいお弟子でしたし、森田さんの妹さんは剛氏の夫人でございます　津田先生御一家も今度こそ正信に安住おさせ申したいと念じてをります。鶴見には私　今月中にまゐります。主人事　近く就職でもいたせば一寸足どめされると思いましたら　良雄肺炎にて、旅行できるやうになり次第　帰る事となりましたから当分静養の必要もありますし、出歩けるやうでございます。
万事御思召しあつい御取計らひと唯々感激の外はございません　又々吉報申上げます御楽しみ下さいませ　合掌
一月七日夜　　　　小泉菊枝

308▲御法論を明後日にひかえ

一月七日付武田邦太郎（山形県吹浦局区内西山）宛小泉菊枝（東京都下国立局西区八八四）葉書［憲政・武田邦太郎関係文書27―21］

合掌　御法論を明後日にひかえ御高教おつたへ下さいまして誠に誠に忝く合掌仕ります　勇躍してをります　明日は岩村君美登里さんも見えますがよく思召しのほどを伝えます。松平夫人日蓮正宗ゆゑ一昨日は参上　私共の意のありますところをおつたへ申上ました　夫人の崇拝さるゝ北条老夫人が発起人でありますやうでいずれ夫人の御供して北条夫人を御訪問の約も出来ました。正しき異体同心の拡大強化へとお互さまに肯づき合って楽しんでをります　三日夜は畠山さん私方に一泊されましたが、畠山さんは正宗の出ゆゑその主張の大半を知り早速日夜勉強し実によい研究が出来ました　すべてすべてありがたい思召でないものはありません　必らず吉報申上げます　高橋先生のこと　ほんとうに残念でございました

## 309▲法戦の結果報告

二月十一日付石原莞爾（山形県吹浦局西山）宛小泉菊枝（東京都下国立局西区八八四）封書［憲政・武田邦太郎関係文書27―22］

合掌　御法戦の結果を御報告申上げます

電報で申上げました通りもう一度法戦をかはすことゝなりました　実は今度で決戦のつもりでございましたが　日蓮聖人本佛論の文證から観心本尊鈔の拝読の仕方に問題が集中いたし、大石寺一統が大聖人門下の異体同心を妨げる菩提法智魔か　大先生の御感得にまちがひがあるか　重大問題に逢着いたしましたので　私共の方から申出て延長戦に

入りました
陣を引きましたのは私共の方でございまして実に悪戦苦闘でございますが御法門的には無傷でございます　容易ならない事でございます　速記者をやとへませんでしたし、皆様筆記をしにくくていらっしゃいましたので、河野信さんの所々飛ばした筆記を辿って整理してをります。いづれ御わかりやすくしましてから御目にかけますが、別紙にこちらから出した主張を書き、又、向ふの出した論点の重大なところを御書き申上げましたから、何卒、御高覧の上、西山の皆様の御研究を願って下さいませ。
向ふの陣営　正学会館の二階は粗末なイステーブルなどをおき、殆ど毎日研究をしているらしく、貸本の御遺文集教学書など、手あかでよごれたものが片隅に二三十冊もつんであり、かべには、迹門十妙、本門十妙、一念三千等の構成図など、常に研究につかふらしくはりつけてあり、二十人ほどの中年青年男女が子供連れまで集って来ました。不作法な人たちですが元気のいゝのにはうらやましくなりました。最初　次のやうな誓約書をかはしました。

誓約書

双方論議の末　自己の主張する教義が御妙判で裏付けされないことが明瞭となった時は速に潔く従来の信仰を捨てゝ正見なる信仰に帰一すること
但し精華会員は創価学会に、創価学会は精華会に帰入すべきこと

年月日

戸田城聖　矢島周平　小平芳平　辻武寿　柏原ヤス　龍年光
水野孝　小泉菊枝　許利玉　中村君子　畠山悦子　河野信　山口美登里

水野先生がそこまでやらずともの思召でしたが向ふでは、お互に正しいと信じてゐる以上　これをもって世界中に及ぼさうとしているのだらう、そこまでやらねばならぬと申し　私共、それが真に正しいと信じ直ちに応じましたこちらからいふことだったのでございますから。

戦ひは非常な苦戦でございます。文字通り生命がけでございます。何しろ未熟幼稚な私共が六百年来、この信念で他派を圧倒し、大先生をさへ手古ずらせた相手と取り組んだのでございます。どうも　かもねぎどころかうっかりすると向ふの御鍋で煮られます。しかし、それが真に大聖人の思召しならさういたします。未熟幼稚一念信解の私共でございますが　法王のみ子として　ぼんぼんたる王師の陣を布くことを思ひ、大聖人のおいましめを思って素直さと和やかさを失はぬやうにしながら、態度を乱す事はいたしませんでした。ナポレオンの戦術ではないけれど、ちっとも御法問的な常套手段を知らない私共の唯大聖人の思召を仰ぎ奉る打ち方に、大分相手は面くらったらしいと帰途笑ったことですが、かういふ重大問題をおあたへ下さった天意をおもひます時、又、大先生が大石寺派の事を自然の時にまかせると仰せられた事、精華会にのぞみをかけられた事を思ひ合はせて身命を捨てようと存じました。

美登里さんは大したものでございます。神意をうけたかと思ふやうにあらゆる御遺文をひいて応酬しました。蓮見博士の診察をうけにいらっしって一日のばして出席されていますのでお家には秘密でございます。

先般の御法戦以来更に精進を加へられ、その代り身体はわるくなっております。御両親さまの事をおもひ、御身体の事を思ひ、私断腸のおもひでございます。私ひとりでよろしいならこんな苦悩はおあたへいたしません　又私そのつもりではおりましたが　美登里さんは日蓮門下で一同の異体同心の関門をひらく為いのちをさゝげる事をよろこんでいらっしゃいます　信者として私はそれをとゞめる気持はございません　もし一心欲見佛、不自惜身命、時我及衆僧倶出霊鷲山の金言がまことならば　大聖人滅後六百年余のがんをのぞく為に私共に力をおあたへ下さいますでせう

次の御法戦は三月と一応約束しましたが　恥をしのんでもうしばらく延期を申出るつもりでございます。願はくばそれまでに全国精華会の主な人々も充分研究してほしいと存じます。やりますのはあくまで私共いたしますが。できる限りの研究をしました上で又美登里さんとお会ひし案を練り合ひます。ほゞ出来ましたらお目にかけます。

大先生の問題でもありますので、芳谷先生、車一郎さんともお目にかかり、大先生の思召のほども伺ひ、山川先生にも御高見承ります。しかしそれらにたよらず、精華会の信仰にもとづいて　直接　父　日蓮聖人の思召を伺ひつゝ対

策を練り研究をいたすつもりでございます。

大先生の問題といふのは、本尊抄五重三段の文底三段の流通を直ちに大聖人であらせられるといふことが、御遺文に対しておくそくを加へる謗法であるといふのでございます。御文通りに頂けばいゝ、義も立たないではないかと申します。田中智学を信ずるのか、大聖人を信ずるのか、この謗法の田中智学の奉ずるお曼荼羅は質屋にあったではないか。

伝持の人なければ木石の如し

だと種々申します。しかし、質屋にあらせられたら御本尊でなくなるといふ御遺文があるかとつっぱねて受け付けませんが、文底三段の流通の問題と、「南無妙法蓮華経の教主は　日蓮聖人であらせられる。五百ヂンデン已前の古佛とは大聖人なのだ。かゝる大深秘をあかされる為に、本尊抄では是より固く是を秘せとある。四十五字法体の本国土妙位は天台妙楽もいっている。八幡抄の月は西より東へ向へりの通りなのだ。大聖人こそ本佛の実体で、五百ヂンデンの佛までは正像でもわかったのだ。無始の古佛と下種の南無妙法蓮華経は大聖人によって説かれたものである」と申して、これに迷ふのが父統の邦に迷ふ畜生だとあって大義名分がひっくりかえってしまふことでございます。

しかも山川先生の本尊抄講話にも「此時、地涌千界出現、本門釈尊為脇士」の御文章が本門釈尊を脇士と為しともよめるし、又、その前に「小乗釈尊　迦葉阿難為脇士」と同じだとする義もないではないと仰せでございますが、創価会は教主釈尊を脇士となしと拝読するのでございます。

そしてあなた方のやうな間ちがった信仰の人たちがいるから日本は亡国となった。佛立講・国柱会・霊友会が獅子身中の虫だ。戦争中、われわれは純粋に信仰を守って牢にも入った、牢死した者もいる。理事長も終戦後出獄した、とのゝしります。国柱会の現状を思ひ、戦争中の私共の無力を思ひ、西山でさへいまだに異体同心が出来ていない精華会の現状を思ひ黙って面罵を受けました。

向ふは私共の改信を迫りますが、報恩鈔、三大秘法抄、当体義抄、等の本門の教主釈尊を本尊とすべし等々を文証としてこの線から一歩も引かず、唯あなた方の所説ははじめて伺った　是がもし本当ならば日蓮門下の一大事だと思ふ。軽々しく扱ふ事はできないから、あなた方の拝読の仕方を承りたい。又、研究書をお貸し願ひたいと申し出て、向ふの大切な書類を写させてもらふ約束をしました　岩村君が出かけて行って写す事になっています。本尊抄と大先生の横浜問答の往復書類等でございます。午前十時から六時頃まで、真剣なやりとりをしましたが帰ってからあれもこれもと思ふ事も多くどうも不手際な事でございます。向ふでは、それだけの信仰をもちながらどうして田中智学などに迷ふかと嘆息していましたが、どうもこちらもさう言ひたい事でした。

向ふでは御本尊さまのおまつりがひどくお粗末で旭森のかけじくなどもたゞの絵としてぶらさげてあるやうな有様で、御法戦の中で若い婦人が日蓮　など、よびすてにし、論説とそぐはない感じがしました。わが陣営にも無礼な人はいますし何とも申せませんが、唯物論者たちのやうな気がいたしました。報恩抄の切々たる御文章を拝読しましても釈尊を所従になさる筈はないと信じます。本尊抄の中にどんな魔がかくれたか、もし魔であれば必らずどこかにしっぽが見えませう。これを機会に精華会の人々は大奮起をして頂きたいと存じます。御法戦参加者たちは心の底から奮ひ立っています。我党の人々はみんな立派な態度でいて下さいました。

食事休みの時、水野先生が日興譲状の問題でわたり合ひ結局水掛け論と怒鳴り合いに終られました。私共は何気なく食事をしてその仲間に入りませんでしたが、やはりこういふ相手には声を高めるやうなやり方はまずいやうでございます。

強敵を伏せてはじめて力士と知る。

獅子王の如く心を持てる者　必ず佛と成るべし。今のところ獅子の子達は谷底にをとされて二三辺　目をまはした有様でございます　手に立つ敵にめぐり合ったよろこびも満身にみなぎります。意をつくしませんが、以上御報告いたします　くれぐれも御身御大切に願ひ上げます　この位のところでは私共が一生懸命にいたしますがもっと大物が閣下をおまちしてゐるかも知れません　合掌

二月十日　　　　　　　　　　　　　　　　　小泉菊枝拝

精華会の皆様のうち、速記のお稽古をして下さる方々があるとい丶がと思ってをります

追伸　二月十一日昨夜半、大分　なぞがとけてまいりました　どうやら無始の古佛はアミーバみたいでございます文底三段のままでも、芳谷先生等に御会ひする必要がなくなったやうでございます。クロスワードパズルをとくよりもたのしい自受法楽を感じます。次の御法戦は楽しいものになりさうでございます　こんな事なら私の方がおとくいでございます　しかしどうなりますか、まだ断定はできません

## 310▲熱が下らぬとのこと心配致し候

三月十五日付石原莞爾（山形県飽海郡高瀬村西山道場）宛南部襄吉（伊勢崎市本町七ノ九八〇）葉書［鶴岡・石原・手紙1297—6］

熱が下らぬとのこと心配致し候　御大切に願度

奥さんのお心尽しの民田茄子多量に届き今夏せいぜい愛培可致忝く御礼申上候

次郎修業に罷越度御連絡申上たる処、皆さんは不都合の由、残念乍ら次回に延期致度、本日多分帰宅予定に付きよくよく申聞かせ思止まらせ可申候　椎茸のこともあり一度は是非伺はせ度心組致候

本日突然、青森県下帰農の木村民蔵氏より来信、淋しそうに思はれ候

## 311▲飯沼家で同期生会

三月二十日付石原莞爾（山形県飽海郡高瀬村西山道場）宛南部襄吉（名古屋、筒井町二ノ三飯沼氏方にて）
葉書［鶴岡・石原・手紙1297—12］

20日、私が行ったのを機会に飯沼家で同期生会、此処は中々同期生の連絡がよくて　広セが世話役、十二、三名も文通して居る。集ったのは佐の秀一、下田鉄之丞、矢守貞吉、長々成、米津穂積、飯沼兄と私を加へて六人だった
佐のと私が君の近況を話して皆病気を案じて居た。下田は老妻も丈夫だと伝へてくれと言ふて居た。飯沼兄は何か実業をやって居るらしく門戸は張って居るが大して景気はよかりそうにも無いのは奥さんの愚痴でも察せられた。佐の君のお灸は中々はやって居るらしく信者（?）も相当だといふ話だった
飯沼君得意の火鉢らしくトコナメ焼と?

## 312▲「日蓮本仏論」に対する明確な態度と池本農場の実情

三月二十四日付石原莞爾（山形県吹浦局区内西山）宛武田邦太郎（神戸市灘区篠原仲町窪田方池本気付）
葉書四葉［鶴岡・石原・手紙469—4］

其后閣下も奥様も御加減如何でいらっしゃいませうか。些かでも御加減が御軽快でいられます様祈上げます
旅中只一人となると誠心至らぬ農場の日々が殊更に深く大聖霊の御前に懺悔されます。日頃御心配いただく歌川さんや持田さん達の不行届きも結局は御思召を農場の現実に生し得ざる私の力不足と懈怠のために相違ありません。奮起を固くお誓ひ申上げます
廿三日、大阪で小泉、保坂両先生と大原氏のお宅で拝眉しました。丁度、高橋先生も御一緒でした。小泉先生には、「日

蓮本仏論」に対する明確な態度で山口さんを御指導いただくよう、教学の勉強が信心を却て揺がしめることなきよう、お伝へ申上げました。私の印象では大聖人の御遺文や御一生を拝するよりも、教学大観にある「聖祖の内容が本仏に等し」との大先生の御文章に心をとられているように思へましたし、特に山口さんは大石寺派の主張はむしろ大先生に近いではないかと考へているとのお話でしたので、後輩の身に分に過ぎるかとも存じましたが、大先生が大謗法の大石寺派に近い御説を立てられるはづなく、仮にお立てになっているのなら矢張大先生も謗法といはざるを得ない旨強調し、重ねて先生の明確な御指導をお願い致しました。先生は勿論、私などが申上るまでもなく、よくお解りになっている様に拝見するのですが、愛弟子にたいすると不思議に曖昧なことになられるのではないかという気持が致します

池本兄はまだ臥床して居りました。一日十分くらいは室内を歩く位にはなっています。アンゴラは五番、石川県の種兎場の優秀種兎を西山に移管し、種兎場を設定し、種兎の頒布と生産物の集荷に当る様に打合せました。尚一両日中に日本畜産の事務担当者（何れも鐘紡の旧僚友です）と打合せ細目協議の予定でございます。種兎の選定は私の任ではありませんので、先方に一任し、万一不良兎ある時は返送、淘汰の自由を当方に確保しておきます。西山の飼料事情等につき門馬さんの十分の計画をうかがった上で、更に五番くらい后日要求しても宜しいかと存じます

池本農場は完全に人手に渡すことも適当な人がない模様で、できれば西山的な行き方に切換えたいとの気持に傾いている様です。姉の気持も十分確かめた上、西山の共同体制の精神と将来の設計をお話して参考に供する程度にしておきたいと存じます

池本兄は事業の苦難と病床の日々を通じ血のにじむような信仰への模索に精魂をしぼっているように見えます。私の話も何のこだわりもなく受入れることができるといいつつ、エホバ、キリストを寿量の序分と決着して考え得ず、仏と神に父母に仕へるごとくお仕えできるものならと、いたましい嘆息をもらしています。私のような鈍根懈怠のものが信心に安住して、ともかく精進の幸福を享けているのに、兄のごとく心一分の虚偽もなく昼夜を分たぬ努力を生

得の性質となし、希有の天才を擁し乍ら何故にかくもいたましい信仰的苦悶を課せられねばならぬのか、涙なくして之を見ることができません。兄は時折どこからとも解らない唱題の声を耳にして、気のせいかと疑って耳をふるっても尚、明瞭に耳底にひゞく唱題を経験する由、この恩人が一日も早く正信に帰せられる機縁をつくり得ないかと存じ、滞在中微力をさゝげる心算で居ります

廿九日午前中まで兄の病床に看護しつつ各種打合せ、卅日協議会、卅一日大阪の鐘紡本社で□□パルプ調査、四月一日、兄に一日を贈って出発、東京で高島先生の法要をすませ、四月三日帰着致します

尚、出発の折、酒田の地方事務所でやはり種豚、種鶏は五―六月一杯かかる旨承知、それも酒田の種豚場、種鶏場のものの由、西山は直接交渉してはと青年たちに連絡いたしました。奥様によろしくおつたえ下さい　合掌

## 313▲テキストはレニンの国家と革命

三月二十六日付石原莞爾（山形県吹浦局区内西山）宛武田邦太郎（神戸市灘区篠原仲町窪田方池本気付）

葉書［鶴岡・石原・手紙469―5］

合掌　御加減其后いかゞでいらっしゃいませうか。電報廿六日夜拝受。曺先生但馬に見えません由、私で代りができるかどうかと存じますが、沢山集って居られる方々に少しでも失望を少くする為、廿八日早朝但馬に出向きます。廿七日に会見する為、東京等から三名ほど日曜を利用して招いて居りますので、どうしても廿八日となります。主にテキストはレニンの国家と革命によりたく存じて居ります。それにしても、先生の安否が心配です

日本畜産の人達との打合せは目下の処極めて順調に進んで居ります。何分池本兄が病臥中なので多くの人の意見をまとめねばならないのですが、種兎の移管、増殖后の返済、頒布兎の兎毛の買付（一匁につき一円までは手数料を出

張所に交付する。尚、買付資金は本社から委託送金するとの申出あり）出来れば兎は兎肉も買付等、当方に最大限の自由を許す様、尚、確答は西山に帰り兎担当者の意見も聞いた上にて示したいと申して居ります。

卅一日また関係者集り打合せする予定でございます。□□パルプの件は鐘紡は人絹課を解体して居りますので、帝人の友人に調査を依頼しました。

帰場の予定が一日延び四日となりますこと御高承下さいます様　奥様御無理遊ばしませぬ様　合掌

## 314●超階級による日本再建を

「スト階級に寄せて立正安国を論ず」（『王道文化』二七四号昭和二四年四月）

（一）　社会発達史における国家と階級との関係につき、マルクスは、人類の歴史は階級闘争の歴史である。国家とは支配階級が被支配階級を支配し搾取するための機関である、と主張した。この見解は、近代までの社会発達を見ると、多くの人の気付かなかった真理の一面を明かにし得たものとして、十分傾聴すべきものである。
（二）　しかしマルクスの預言によれば、所謂資本主義時代になると階級が単純化されて、はっきりブルジョアとプロレタリアの二大陣営に分裂し、少数のブルジョアが富を壟断し、多数のプロレタリアが貧窮におちいる。ところがプロレタリアは搾取されることによって却って闘争の迫力を加え、遂に暴力革命によってブルジョアを打倒する。かくして階級なく搾取なき共産主義の理想社会が、プロレタリア独裁の時代を経て実現する、といわれているが、今日この預言は大きくはずれて来た。元来階級という問題は、これまで学問的には比較的詳細な検討が加えられていない分野であり、極めて曖昧に考えられている。我等はこれを正確に究明せねばならぬ。今日では階級は文明の進んだ国ほど複雑に分化して来ており、ブルジョアとプロレタリアが社会全体に占める比重は、共に重大さを軽減しつつあり、ブルジョアでもプロレタリアでもない階級がいよいよ増加しつつあるのである。これこそ社会発達の今日の段階における決定的趨勢であることを、人は確認せねばならぬ。

(三)　今日ブルジョアは、依然としてマルクス主義者のいうごとく、国家の権力をかり、政治的策謀によって利益を壟断しようとしている。我等はかくの如き時代錯誤の行動を断固として第一に破折せねばならぬ。

しかし今日、ブルジョアの勢力が非常に低下していることは明瞭である。現に日本で見ると、保守政党、資本主義政党と自称する民主自由党が、議会で圧倒的勢力をもっていながら、実際は組織的にストライキを行う諸階級に叩頭せずして政治を行い得ないという実情がこれを立証している。

(四)　しからばプロレタリアは如何。今日ではプロレタリア、即ち都市の工業労働者が社会全体に占める比重は、前記の通り必ずしも重くない。従って予期通りの政治勢力を自然に獲得すること不可能の状態にある。そこで共産党は、プロレタリアにあらざるものを自己の階級の中に引き込み、或いはプロレタリアと利益必ずしも一致し得ざるものまで術策をもってプロレタリアの友軍たらしめんと努力している。かくして何時しかプロレタリアと自称することをやめて、「勤労階級」と僭称するに到った。

所謂「勤労階級」とは、プロレタリアはその一小部分であり、会社員や教員、特に傲慢と非能率で国民をいぢめる官公吏や公団関係者が、最も重大なる「勤労階級」の中に入っていることを注目すべきである。ストライキに参加しさえすれば、カフエーや喫茶店の女給でも「勤労階級」に抱き込むのである。かくして彼等は道義的に重大なる意味を持つ「勤労」の美名を独占し、これによりストライキに参加しうるものをすべてプロレタリアと合体せしめ、勢力の拡大を策しているのである。彼等は速かにかかる神聖なる名称を国民大衆に返還し、謙虚且つ正確に「スト階級」と自称すべきものと信ずる。

しかるに彼等はこれのみで足らず、農民および市民を友軍としようとしている。農民や市民が彼等と利害の一致する面も確かにあるが、一致し得ざる面も極めて大きい。例えば日本の農民は、今日では殆どすべて自作地主的性格をもち、生産手段を持たずと規定されたプロレタリアとは本質的に異るものである。特に都人として極力安価にして豊富なる食料を要求する彼等は、血と汗の結晶たる農産物を強制的に、しかも工産物とは比較にならぬ低価格で供出させられる農民に心よりの同情をなし得ざるのみか、供出責任量の軽減や供出価格の引上げは彼等の堅く欲せざるところである。

次に一般市民を見る。スト階級が物価騰貴につれてどしどし賃金ベースを引上げ得るに反し、ストライキを行い得ない市民は、これに追随して収入を増加して行くことは出来ない。勿論ベース引上げにより、未組織労働者の賃金もこれに伴って向上する面があることはある。しかしそれは限られた一小部分に過ぎず、すべての市民が常に同じき恩恵に与かり得ざることは何人も首肯するであろう。ベース引上げによって激化するインフレの悪循環に、一般市民はいよいよ困窮せざるを得ない。

況やスト階級の所謂最低生活とは何であるか。最低生活とは、国民全体の所得と生活を睨み合せ、そのバランスの上に決定すべきものであって、自分勝手に決定すべきものではない。新聞は今日、貧困の余り人身売買が農村に都市にひんぴんと行われることを報じているが、我等はいまだスト階級に人身売買ありしを聞かない。スト階級は盛に富裕なるものの浪費を批判するが、まずみづからの所謂最低生活を反省せねばならぬ。六千数百円ベースの問題、行政整理反対の問題、首切り反対の問題等に、スト階級は今や国家の暴君である。我等は勿論富裕なる階級にも反省を要望するが、スト階級の諸々の生活要求に対しても大反省を要求するものである。特に利害一致し得ざるものを一致しているかのごとく喧伝してこれを自己の友軍たらしめんとするがごときは、明らかに大なる欺瞞であることを指摘せざるを得ない。

しかし、スト階級が真に農民と市民を欺瞞せず、独力で国民多数の信頼を得て行くことは不可能に近い。ここに共産党、マルクス・レニン主義者にとり、スターリンが「レニン主義の基礎」の中で力説している暴力革命とプロレタリア独裁が非常な価値をもつことが理解される。近時、討論会等を聞くと、共産党側は必ず相手の云うことを十分言わしめず、弥次り倒そうとする。或いは全逓、国鉄、その他の労働組合の運営を見ても、共産党員は極めて少ないにかかわらず、戦略戦術をもって幹部の地位を占領し、多数のものを心より納得させず、少数幹部の独断により一挙に事をなさんとする。彼等は今日、口に平和革命を唱えているが、これらの事実こそ、暴力革命的、プロレタリア独裁的、しかして非民主主義的本質を最も明瞭に暴露せるものである。

彼等が真に暴力革命によらず、多数国民の心よりの納得同意によってその目的を達し得ると信じておるならば、それはマルクス・レニン主義の放棄である。彼等は即刻、過去に日和見主義と愚弄し来った社会民主主義の陣営に降伏合体すべきである。

（五）　マルクスの予言通り、近く階級がなくなるということが確定的ならばいざ知らず、逆に複雑化し混沌たる情勢を示し来った以上、国家の政治が或る階級の独裁によって行われることは不当である。人は今や超階級の政治が要望せられるべき時代を迎えていることを知らねばならぬ。

これを経済からいえば、単純に資本主義とか社会主義とか、自由経営とか官公営とか一定してしまうのは適当ならず、これらを巧みに按配して総合運用すべき時代となっているのである。ここにその原則を述ぶれば次の如くである。

第一　最も国家的性格の強い事業は逐次国営にし、これが運営に当たるものは職業労働者でなく、義務的奉仕的労働によるべきである。我等は資本家の独裁を許さざるがごとく、職業労働者の独裁をも許し得ざるものである。

第二　大規模な事業で国民全体の生活に密接なる関係あり、経営の比較的安定せるものは逐次組合の経営に移す。かくして国家は今後組合国家の形態に発展するであろう。

第三　しかし創意や機略を必要とし、且つ経営的に危険の伴う仕事は、やはり有能なる個人の企業、自由競争にまかすことが最も合理的である。特に今日の日本の困難なる情勢を突破して新日本の建設を計るには、機敏に活動し、最新の科学を駆使する個人的企業にまつべき分野の極めて多いことを考えねばならぬ。妙な嫉妬心から徒らに高率の税金を課し、活発なる企業心を削減せしめることは厳に戒めねばならぬ。

右のごとき経済組織をもって努力し、逐次発達して行くならば、社会の階級は増加しても、嘗てのブルジョアとか、プロレタリアのごとく特殊の階級が独裁的に政治を行うことは不可能となるであろう。我等は必ずしも階級間の闘争を認めないのではないが、より重要なるものは調和である。階級が消滅せずして益々増加し、複雑化する以上、その間の協調、相互扶助が、今日の政治の最大の問題とならざるを得ない。超階級の政治はますます合理化されるであろうが、結局は和をもって尊しとなす東洋精神に立脚したる政治こそ、我等の理想でなければならぬ。

(六)　政治が超階級となることは、政治が「或る階級の利益のために」ということから、「主義によって」ということに転換することを意味している。ナチス・ドイツやソ連の政治が共にイデオロギーの政治であり、アメリカの民主主義も最近ではイデオロギー的に変化してきているが、これらは現実的にこの動向を示すものである。かくして政治はますます道義的宗教的色彩を濃厚にし、真に気迫ある人々の奉仕によって行わるべきものとなりつつある。

過去の政治は階級的利益のための政治であったから、政治資金と称する金銭授受が行われたことは当然である。しかし今後の政治は主義による、理想のための政治である。従って一切の政治運動は党費のみによって賄わねばならぬ。

主義による政治の一例を述べると次のごとくである。

敗戦日本を再建するため、出来る限りの耐乏生活が要求される今日、企業家の企業心を麻痺せしめる煩瑣な利潤統制は行わないが、乏しきを憂えず、等しからざるを憂うる東洋の徹底せる道義心により、衣食住の統制は最も強化すべきものと信ずる

衣　模様ものは全廃し、しばらくは無地もののみを使用し、模様ものはすべて輸出に振りむける

食　官公費乃至社費による宴会はすべて贈収賄として厳重処断し、旅行者のための必要最小限度の食堂の他は料理飲食店を全廃する。（但し一面国民の娯楽には十分注意せねばならぬ。例えば映画、寄席等には一切課税せず、芝居も特等席には重税を課するが立見席は無税とする等。）

住　金持が勝手に広壮な家に住むことを厳禁する。

かくして富の余裕を個人生活のために乱費するを許さず、すべてを国家経済の再建のために傾注せしめるのである。これが如何に困難であるかは想像の他であるが、如何に困難であっても、今後の政治はかくのごときを断固として強制し得るものでなければならぬのである。かくのごとき政治を敢えて行うものこそ、国民の強き道義心を根底とする不惜身命の政治家である。今や立正安国が、時来って真に実現すべき世界の最も重大なる指導原理となれることを確信するものである。（二四、一二、一二五、）

### 315▲講習会及全国協議会

四月一日付石原莞爾（山形県吹浦局西山）宛小泉菊枝（大阪市東区大手前町大原方）葉書［憲政・武田邦太郎関係文書27―23］

合掌　御容態は如何でいらっしゃいませうか。御連絡が下手で御心配おかけ申上げる事多く誠に申訳ありません。自ら鍛えてまゐりますから何卒御赦し下さいませ　美登里さんのことでは種々御心配おかけ申上げ何ともおわび申上げやうもありません　今度厳しく御誡しめしましたが必らず矛盾を越えて更に強信者となって下さること丶信じます。私の教育に欠陥があるのでございますからともどもに反省に反省を重ねてまいります。昨日無事、但馬の講習会及全国協議会を終って大阪にまゐりました　東京で種々御苦労の後御出講下さった朞先生は二日二夜九・七度の高熱でおなやみでしたが武田先生の御援助により講習全過程はと〻こほりなく終り、朞先生もお元気になられました。本講習会では色々今までとちがった企てをいたしましたが、一度は　1、本佛が本化にゆづり渡された一大秘法は何か、2、本化は何時出現せらるか、3、五五百歳の特色如何といった三問題を課し試験をいたしました。百点は大阪（君本）

香住（浜本）鳥取（野呂）林田（長谷）奥佐津（麻中）の五人で、御法を重点的に掴んでいるかどうかについて面白い結果が出て賑かな話題となりました。又、受講生が八月までに何回初心者講習会を実行するか予定を申出てもらいましたところ、杉沼、森田両氏が十五回、その他君本、夜久氏等六名が十回、他は五回という風で今後が期待されます。通信連絡等で実行に関し激励するつもりでございます。受講生は聴講生十四名、年令十七才—二十九才で二十才—二十五才までが一番多く講習生十八名で二十才—三十六才で二十才—二十七才が断然多うございました。講習会の効果に対する感想は皆良好で唯一人きらひな告示練習を強いられて辛かったとありました。松浦さんは効果絶大としておりました。宣言解説書を懸賞募集にしましたので関西では来る十七日研究会を開き研究し、我と思わん人たゞが応募しますそうで、今から若人は勇んでをります。五日大阪出立、九州に向います。立正の御聖日には保坂先生、恵先生ともども御そばに伺ひます。五月弘前から帰りましたら、しばらく西山で原稿書をさせて下さいませ。御身くれぐれも御大切になさいませ

## 316▲九州の講習その他無事終了

四月十五日朝付石原莞爾（山形県吹浦局西山）宛小泉菊枝（福岡県大牟田市草木久松方）葉書［憲政・武田邦太郎関係文書27—24］

合掌　御きげん如何でいらっしゃいませうか。九州の講習その他無事終了いたしまして唯今から林田に向けて出立いたします　関西協議会に列席の上　二十日には東京　二十七日には西山にお伺ひ申上げます　当地には福岡飯塚　日向　大隅　鹿児島等の人々つどひ　正式の講習生二十二名、どうやら九州も軌道に乗りました　東京では十七日御法戦との事ですが　二十四日に御延期を願ひ最後の決を示したいと存じます　小原上人から大石寺派の文献をいたゞき

ましたので講習のひまひまに勉強できまして幸ひでございました　御目もじをたのしみにいたして居ります　御身の上をくれぐれも祈り上げて居ります
合掌

## 317▲体力さへおつきになれば

五月二十三日付武田邦太郎（山形県吹浦局西山）宛小泉菊枝（東京都下国立局西区八八六）封書［憲政・武田邦太郎関係文書70―2］

合掌　昨二十二日朝　蓮見先生の御許に伺ひ御容態も申上げ御高見承りました　四月の峠は美事に御越しになったやうでございます　万々歳でございます　体温表を眺められつゝ、腎臓もおよろしくなっておられると仰せでした。万事は斎藤先生に御たより申上げるのが一番だとの事、斎藤先生は天下の名医だと口を極めてほめて居られました。又、パピロムは脱落する方がいゝさうです。体力さへおつきになればパピロムができなくなるのださうです。尿閉の場合は藪で治療すれば排尿機関が刺激されて活動が活発になるからすぐ藪をすればよろしいし、又、恥骨のすぐ上（二ミリ以上上は腹膜にさわるおそれがある　腹膜を破ると腹腔内に小便がもれる。）に注射針を刺してそれで尿を吸い出せばよろしいから心配はないとの事でしたから、克枝さんをどなたか医師について勉強させておくやう御手配下さいませ。閣下にも御手紙いたしましたが、蓮見先生の御研究がアメリカでみとめられだしたやうです。アメリカのコロンビヤ大学の何とか氏とその他二人が同様の研究発表をし、うち一人は治療法も蓮見先生と同意見ださうで、アメリカ当局は大々的に後援するさうです。イギリスにも一人研究者が出たさうです。蓮見先生の方からも連絡なさったさうで先生大層御きげんよろしい御様子でした　Kマイシン Sマイシン共に十本づゝ頂きました。出来るだけ早くおとゞけ方を考へます。閣下の御念願の一つが早くも世に出る事になりました。閣下も農場の人々の不甲斐なさにお腹も立ちましょうが、今しばらく御怒りになって御障りになるやうな事をなさらず、御恢復に全力をおそゝぎ頂き、その代り御元気になられてたくさん御叱り下さるやう御願ひ申上げて下さいませ。おあづかりの三百円でキャンデイ一箱おみやげにいたしました。
良雄はまだ少々熱がありますが歩けるやうになりましたら蓮見先生の御許に伺ひ、又　西山にも行かせて頂くことも承知しました　この上は　一日も早く旅行出来るところまでなほしたいと心をつくして居ります。いろいろな事情が重って全く三障四魔でございますが　御法の活動に支障のないやう　それ以上に禍を転じて福とするやう精進いたしてをります　御かげ様で健康に自信があって働いております　閣下　斎藤先生はじめ皆々様のたまものでございます
　御厚礼申上げます
出来れば予定通り今月一杯でこちらの用事を終へ西山に帰れますかと思ひますが　今のところまだ確実とも申されません　書先生とはまだ御連絡がつきません。電報もうってあります　皆様におよろしく
　アインシュタイン博士の声明は昨夏だったさうですが　はっきりした時日、内容は又しらべて申上げます。同博士唱導の世界聯邦の世界政府樹立運動の一部の機関誌同封しました

## 318▲少々お悪いと承り憂慮致し候

六月二十四日付石原莞爾（山形県飽海郡吹浦局区内西山道場）宛南部襄吉（伊勢崎市本町七ノ九八〇）
葉書［鶴岡・石原・手紙1297—14］

御近況如何。少々お悪いと承り憂慮致し候　祈好転　六月二十四日

## 319▲お具合好転と承り大に喜んで居ます

七月二十七日付石原莞爾（山形県飽海郡吹浦局区内西山道場）宛南部襄吉（伊勢崎市本町七ノ九八〇）

葉書［鶴岡・石原・手紙1297—16］

お具合好転と承り大に喜んで居ます。民田茄子は成長順調ですが播種遅れてまだ実りません

汗三斗　漢口の夏も夢遠き

# 解題　「毅然たる孤独」（東亜聯盟期の石原莞爾日記及び書簡・文書）

野村乙二朗

## 毅然たる孤独

晩年の石原莞爾の姿を「毅然たる孤独」と評したのは、冤罪の救済を使命とされる後藤昌次郎弁護士（一九二四〜）である。わたしは晩年の石原の側近であった武田邦太郎（一九一二〜）氏が参議院議員当時、その議員宿舎で「石原莞爾を語る会」を開かれた際、その席で後藤氏の話しを聞いた。〔以後、敬称略〕

### 花巻講習会

後藤が初めて石原莞爾に会ったのは昭和二十年三月、花巻で開かれた東亜聯盟北上支部の講習会であった。当時、後藤は旧制第一高等学校の生徒で、級友は日立の工場に動員されていたが、彼は脚の病気を再発させて郷里の黒沢尻（岩手県北上市）に帰っていた。たまたま友人の阿部清治郎に勧められ、初めて東亜聯盟の会合に出席したのである。この時の会合について石原日記には次のように書かれている。

二三日（金）　花巻ニツク　夜　一時間足ラス座談会
二四日（土）　午前、北上青年隊結成式　　後　一、五時間計リ講話
　　　　　　　午後　協議会始マル　夜　会長問題悲シキ極也
二五日（日）　午前　協議会終了　照井氏宅　一泊

その座談会で、脚の悪い後藤は勧められるままに石原の前で椅子に腰をかけていた。それがあたかも畳に座っていた石原を見下す格好に見えたらしい。突如として背後から、「無礼者。閣下の前で何だ」という破鐘のような怒声が

聞こえ、驚いて振り返ると、東洋豪傑とはかくもあらんかというような人物が立っていた。彼は後藤のことをハッタと睨み付けていたが、「この人は脚が悪いんだよ」という石原の取りなしを聞くと、にわかに、「君は脚が悪いのか」といたわってくれた。それが東亜聯盟同志会代表の和田勁であった。

石原は、普段は極めてサービス精神が旺盛で、茶目っ気があり、砕けた態度で人を笑わせ、座談の名手といってよい存在であった。人の話もよく聞くが、理解が早いから応答が的確で、その上、比喩が巧みでリアルだから石原の周りでは笑い声が絶えなかった。ところが見ていると、石原と話していたある熱心な会員が、何気なく「日本はアジアの盟主ですから」と云ったとたん、それまでの砕けた態度を厳然たるものに改めた。

「日本がアジアの盟主とは何だ。日本民族も漢民族も朝鮮民族も蒙古民族も皆、平等ではないか」と怒った語気は震え上がるほど迫力のあるものだった。その時、後藤は、初めて、東亜聯盟が日本政府や軍部が云っている大東亜共栄圏とは決定的に違うことを知ったという。

翌朝、後藤は東北特有の春先の冷気の中で、大勢の同志たちに取り巻かれながらも、厳然と屹立する石原の姿に「毅然たる孤独」を感ぜざるを得なかった。「まわりの空気とは真空の壁があってね。そんな感じを受けました」と彼は云う。

その光景は、そのまま、その夜の情景につながった。その日、協議会が終わった後、東亜聯盟の幹部たちが畳に額をこすりつけ涙を流して石原に会長就任を懇願していたが、石原は端然と座しただけでとうとう首をタテにはふらなかった。そのことを石原は「会長問題悲シキ極也」と日記に書いたのである。その光景は余程印象深いものであったらしく、当時、津軽支部長だった佐藤正三も石原の想い出の中で同様の事を書いている。

## 思想的孤独の自覚

確かに、晩年の石原を見ると、このような孤独の影がつきまとっている。石原自身にその自覚は濃厚にあったらしい。終戦直前の昭和二十年七月二十二日に訪れてきた大来佐武郎や後藤誉之助に対し、「自分の場合、自ら立案し、計画し、実行、講評までしてきたが」と反省し、それとの対比で、戦後プランは、「調査は多人数で行い、実際の企画は少人数の頭で考えるとよいと思う」と述べたという（小野善邦『大来

佐武郎評伝』日本経済新聞社、二〇〇四年）。

甥の石原尚に対してはもっと率直にその思想的孤独を語っている。終戦から間もない頃、尚が「木村武雄氏などよく訪ねてくるようですが、ああいう政治家や名士は最終戦争をどう考えているのでしょうか」と質問したのに対して、「あの連中はただ寄ってくるだけで、最終戦争などわかっていないのだ」と云った。尚が「東亜聯盟の代表までやった人さえわかっていないとすると、一体、誰が最終戦争を本気に信じているのですか」と聞くと「おれだけさ」と答えた顔はさすがに淋しそうだったという（石原尚「叔父・莞爾の思い出」（5）『協和新聞』昭和三六年七月一日）。

これらの言葉には、満州事変以来の彼自身の言動が結果として裏目に出ている事への痛哭の響きがある。

## 史料に基づかない議論は有害

石原莞爾という際どい人物を論じる場合、史料に基づかない議論には有害なものが多い。特に退役後については、従来、『日記』の公刊がなかったためもあり、勝手な推理が見当違いの発言を許してきた。

退役後の石原の活動は、戦後、占領軍によって解散させられるまで東亜聯盟協会（同志会）運動に集中している。その東亜聯盟運動については、代表的研究者の一人である桂川光正すら、全く見当違いの理解をしている。彼は石原の東亜聯盟運動のピークを昭和十五年前後とみており、昭和十七年以後の石原は「思想の独自性がほとんど失われた段階」としているが（「東亜聯盟論の成立と展開」『史林』六三号一九八〇年九月号）、とんでもない誤解である。むしろこの時期以後にこそ石原思想の独自性が顕著に表れるのである。こうした見当違いが生まれる背景には、石原莞爾といえども退役してしまえば情報源は限られるし、特に太平洋戦争が始まってしまえばその選択肢などたかが知れているという見くびりがあるように思われる。

晩年の石原を語る史料としては、既に『東亜聯盟復刻版』（柏書房、一九九六年）があり、『石原莞爾全集』や『石原莞爾選集』にも相当数の史料があるし、戦後の石原思想を語るものとしても『人類後史への出発』（展転社、平成八年）があるが、等身大で石原莞爾を語るには『日記』や書簡等を抜くことは出来ないであろう。石原の思想は、むしろ晩年にこそ闊達に展開された。

本資料集は従来、かえりみられなかった昭和十八年から昭和二十四年にいたる石原莞爾日記を中心に、特に東亜聯盟運動関係の新発掘の書簡や文書を中心に編輯したものである。

## 一　退役まで──東亜聯盟の本質と協会改革の必要性（京都市伏見区深草時代）

### 退役を境として

東亜聯盟運動は終始、石原莞爾を中心とした社会運動であったが、石原の退役を境として明確にその性格を異にする。現役時代には、軍務以外のことに関与することに極めて神経質であった石原が、退役後は、直接、東亜聯盟協会を指導するようになり、同時に、その改革に乗り出したからである。当然、東亜聯盟に関しては、退役後の方が石原思想の本質に近いと考えるが、本資料集には敢えて退役前の書簡も二十一通入れてある。東亜聯盟協会改革の必要性は、既にこの時期に表れており、退役後の改革の前提となったと考えるからである。解題文中に（x）で示した数字は、本資料集での資料番号である。

### 天皇の激怒

昭和十四年（一九三九）八月二十三日に、突如発表された独ソ不可侵条約は天皇を激怒させた。天皇は、この怒りを、これまで天皇の意向と海軍の反対を押さえてドイツとの同盟強化を推進してきた板垣陸相に向けた。平沼内閣総辞職に際し、板垣の辞表が他の閣僚と同様、通り一遍であることに不満を示した天皇は、阿部内閣の組閣に際して陸軍三長官の推薦した多田駿中将陸相案を拒否したのである（『畑俊六日誌』）。

当然、このことは、人事局長としてこの人事に直接かかわり、既に多田の許に交渉に向かっていた飯沼守には決定的な印象を残した。石原からの慰めの言葉に、彼は「石原を友人に持ちたるが故に些かの迷惑も蒙らず」といいながらも、この「一年間の人事は悉く失敗」と要約し、「他の人々の人事に於て、大兄と良きが故に適所に使用し得ず、兎角の故障の出たるは事実」とし、「大兄に於かれても大局より観て多少工夫せられて然るべき点あらずや」（2）と批判めいた感慨を述べたのである。

## 満州指導者の交代

石原が、満州国に対する軍の内面指導（政治関与）撤回について、軍司令官や参謀長との対決に破れて帰国してから一年の余が経っていた。軍司令官も参謀長も、ノモンハン事件の責任を取らされて交代し、九月からは、軍司令官に梅津美治郎、参謀長に石原同期の飯村穣、参謀副長には石原の仙台陸幼の後輩遠藤三郎が就いていた。飯村も遠藤も東亜聯盟には好意的で、満州において石原の代官的役割を自負していた山口重次にも何回か会って意見を聞いてくれた。十月一日の会見に同席した建国大学教授岡野鑑記は、意見採用については悲観的であったが、山口も言っているように、内面指導撤回という、殆ど革命的な改革意見など、聞いて貰えるだけでも「偉大な進展」であったろう（1）。だが支配の実態には何らの変化も見られなかった。

## 高木清壽の木村武雄批判

東亜聯盟協会改革の必要性は、石原の足下で起こっていた。石原の側近であった高木清寿が東亜聯盟代表の木村武雄を批判していたのである。

木村武雄（一九〇二〜一九八三）は山形県米沢の人。農民運動を母体に政界に入ったが、県会議員時代に農民に理解のある聯隊長として石原を知り、彼を生涯の師父と仰いだ。中央政界では、最初、中野正剛の東方会に所属したが、石原の日中戦争反対と東亜聯盟思想を知ったことで、事変拡大に奔った中野とは袂を分かち、昭和十四年十月、東亜聯盟協会を創設、その代表となった。「そんぴん」（米沢の言葉で、自ら損と貧乏を買って出る剛直な人柄のこと）と自称する気骨のある人物であったが、選挙で選ばれる政治家としての側面を強く持っていたから、その手法はどうしても派手で、既存の勢力に頼りがちであった。

それに対して、高木清寿（一九〇三〜一九九六）は水戸の人、早稲田を出て報知新聞に入り、仙台記者時代に名連隊長としての石原を知り、爾来、石原に傾倒して国防研究会を創った。石原の参謀本部時代に誘われて満州国協和会東京事務所指導部長となったが、昭和十三年暮れ、浅原事件に連座して浅原健三と共に十四年六月まで憲兵隊司令部地下室に監禁された。この時、憲兵隊の誘導にのって浅原をアカだと認めた前歴があった。本来、直情の人だったようだが、木村とは同年配だけに、既成政治家としての木村に飽き足らない点があった。木村の運動手法に対して、それが単なる選挙目当ての運動で、木村は石原を利用しているに過ぎないと攻撃していた。

石原は、高木の批判の当否はさておき、彼のそうした攻撃が、始まったばかりの「運動の内部攪乱」を引き起こすことを心配し、昭和十五年二月に二回に亘って手紙を出し、高木の批判に懸念を表明した（昭和十五年二月九日・十九日付高木宛石原書簡。『石原莞爾選集』9所収）。この段階では、石原は木村の運動に対して、高木の言うような改革の必要性は認めていなかったのである。しかし、これが翌年の改革の要因となった。

## 杉浦晴男の役割

石原は現役時代、東亜聯盟運動に対して直接指導はしなかった。その場合、彼の手足となって活動したのが杉浦晴男（一九一〇〜一九八五）であった。石原六郎によれば、杉浦を石原に紹介したのは南部襄吉で、昭和七年の夏のことであった。当時、南部は第一高等学校の配属将校で、杉浦は生徒だった。杉浦の左傾化を懸念した南部の配慮だということであるが、左傾化を懸念されるような生徒なぞ外にもいたはずだということから言えば、むしろ杉浦の側に積極的動機があったことを窺わせる。

理論的な理解の広さからも、石原への人格的傾倒の深さからも、杉浦は石原陣営中の筆頭と目された。確かに、理論的な指導力と調整能力において杉浦の右に出る者はなく、彼は間違いなく東亜聯盟陣営を代表する人物の一人であった。従って、石原陣営に於ける経済分野の代表的理論家である宮崎正義と石原との理論面での調整役に、石原が杉浦を使っていたのも当然であった。石原は杉浦を通じて、一般的問題に限らず、宮崎が専門とする経済分野に於いても、その専門家としての立場を尊重しつつも、細かな事項についてまで注文をつけていたのである（3、4）。

前述した木村武雄に対する高木清寿の批判についても、石原は杉浦に対して両者の斡旋を依頼していた。両者に別々に会った杉浦からの報告は、石原が抱いていた懸念を裏書きするものであった（3、4）。そして、ここで杉浦が述べている木村と高木両者についての批評が、石原退役後の協会改革の基本構図の一つとなった。

杉浦書簡の中で、協会関係に次いで重要であり確度も高いのは、陸軍中枢の動向に関する情報であった。阿南惟幾次官を始め陸軍省中枢に石原同調者が多く、石原の代理人としての杉浦に正確な情報を流していたのである（5、6）。そのことは陸軍省がこの段階には、東亜聯盟思想による事変収拾に固まりつつあったことを思わせる。支那派遣軍にしても、総司令官が西尾寿造であり、総参謀長が板垣征四郎であることを考えれば、そこで行った宮崎正義の講演が総軍の空気を決定的に東亜聯盟に傾けつつあったのは当然ともいえるものであった（5）。東亜聯盟による事変の収拾は、第二次近衛内閣成立の七月前後、辻政信参謀などの工作によって急速に陸軍主流の思想となりつつあったのである（6）。

**阿南次官の存在**

石原が京都の師団長になった時、陸軍大臣は畑俊六であり次官は山脇正隆であったが、間もなく次官は阿南惟幾となった。翌十五年七月、大臣は東條英機に変わったが、阿南は残り、石原が現役である間変わらなかった。そして阿南次官の存在は、畑や東條にとって決して小さいものではなかったのである。阿南の次官としての重みと、東條に対して持っていた存在意義について、畑は後に次のように述べている。

次官として阿南さんは政治的意見を一回だに余に具申したことはなかった。阿南さんは純粋の武将として政治のことはあまり興味を持って居らぬ様で、この方面は凡て軍務局長たる武藤少将に一任せられてあったが、唯、米内内閣崩壊の際は、余には一言も言われなかったが、同期の参謀次長澤田中将ともよく協力して手際よく陸軍大臣を退却せしめたことは後で承知した次第で、中々政治的手腕も鮮かであると心中敬服した次第である。

東條君が陸相となるに及んで、阿南さんは留任はしたが丸で人格も貫禄も違い、加うるに僅か東條君は一期の先輩で東條君には煙たがられた。（沖修二『阿南惟幾伝』講談社、一九九五年、一六五頁）

阿南が東條に煙たがられたのには、もっと直接的な理由があった。陸相になるに際しての経緯である。陸軍省首脳としては、一年前に多田陸相案が天皇に拒絶されたことを踏まえれば、陸相候補に石原に近い人物は選べなかった。一方、七月政変をにらんだ辻政信支那派遣軍総司令部付少佐の上京画策もあり、陸軍省や参謀本部では東亜聯盟熱が急速に高まる中で、陸相候補と目された東條英機について懸念されたのが石原との関係であった。一度決まりかけた東條陸相案が消え、急遽、阿南次官の昇格案に変わったのはそのためであった。七月十一日、木戸内府は金光庸夫から、陸相候補は「阿南一色」になったという軍務局情報を聞いている（『木戸幸一日記』）。

### 阿南の腹案

しかし、この案には、当の阿南が反対で、阿南の手堅い周旋で、結局、東條案が内奏された。後に阿南が「自分の一生の最大の過失は、東條氏を第二次近衛内閣の陸軍大臣に推薦したことであった」と述懐することになるのはそのためであるが（田中隆吉『日本軍閥暗闘史』中公文庫、一三二頁）、この時は、阿南には敢えて東條を陸相とすることで、陸軍の意思統一を図る腹案があったのである。

それを物語るのが岩畔豪雄軍事課長から石原に宛てた七月二十日付の書簡（7）である。内外の情勢を一新する上で最も重要なのは挙軍一体の態勢を作ることだが、「挙軍一体の実は東條将軍と石原閣下の握手に外ならず」と言い切った上で、「此度、東條将軍出馬に当り我等一同、同将軍に望む所一点、即ち石原閣下と握手なさること」である。東條将軍に対しては既に意見を具申しておいた。この点、阿南次官以下、武藤軍務局長、渡部防衛課長等悉く同感であるから、もし其の主旨に異存がなければ細工はお委せ願いたいというのである。

書簡の日付は東條が大臣に就任する二日前である。東條にしても軍人としては頂点に上り詰めたという昂揚した気分の中で、阿南次官以下、陸軍省幹部の強い希望として伝えられれば受け入れざるを得なかったであろう。それに陸相として直面しなければならない最大の課題が、挙軍一体による日中戦争の解決であり、その最も有望な解決策が東亜聯盟とあれば、石原に対する雅量も必要であろう。

石原としても阿南次官以下の一致した要望を受けて東條と会うということは、特に「過ぐる歳、支那事変勃発に際する石原閣下の先見の明は、今日、明瞭に証明せられたる所にして、諸人均しく閣下の前に脱帽すべき必要あり」とまで持上げられ、基本的に彼の立場が認められた形での会談は、悪い条件ではなかった。石原の構想を現実の政策に反映させ得る機会でもあった。石原もそれを認めたからこそ会談となったのである。七月二十八日の石原日記に「大阪ニテ大臣ト会見」とあるのがそれである。

**中部軍管区師団長会同**　ただこの会見は、外見的には中部軍管区師団長会同という形をとり、第三（安岡正臣）、第九（樋口季一郎）、第十（佐々木到一）、第十一（永見俊徳）、第十六（石原莞爾）の五師団長が集められ、場所も大阪の中部防衛司令部とし、岩松義雄中部防衛司令官と武藤章軍務局長を含めて計八名が参加した。

会談の内容は不明だが、岩畔の手紙から考えれば会談の主要課題が日中戦争の解決策であるのが当然であろう。石原の解決策は東亜聯盟の結成であるから、対立点が東亜聯盟の政策となったことは推測に難くない。東亜聯盟の基本政策としての「政治の独立」、「国防の共同」、「経済の一体」の中で東條等好戦派が容認できない条件は「政治の独立」である。日中戦争の具体的解決策に則して云えば、つまるところ占領地行政を中国人に返還出来るかどうかにあった。これは満州国における「内面指導撤回」同様、利権放棄につながる容易ならない問題であり、石原の様な強固な思想的背景を持たない人間に決断出来ることではなかった。

しかし、石原は、東條が昂揚した気分の中で見せた譲歩的姿勢と、阿南次官以下陸軍省幹部に協力姿勢の見えたこの会談こそ一気に日中戦争解決に向けて陸軍の姿勢を固めさせる決定的な機会であると踏んだ可能性がある。となれば、はしなくもこの会談が「政治の独立」を含めた東亜聯盟賛成派と反対派のリトマス試験紙となった可能性を否定できない。翌年四月までの異動で、この会談に立ち会った安岡正臣、佐々木到一、永見俊徳、石原莞爾の四人は予備役となった。

**宮崎正義のたじろぎ**　東亜聯盟の主張する「政治の独立」は両刃の刃であった。確かに、これは中国に対しては説得の武器になったが、満州・朝鮮・台湾に関しては従来の日本の植民地統治の在り方を真っ向から否定するものだったからである。石原の昭和維新論からいえば当然のことであったが、これには東亜聯盟の理論家である宮崎正義すらたじろぐ過激さがあった（8）。

満州に関しては、石原は既に関東軍の内面指導撤回案を出していたが、宮崎が懸念したのは、石原がここにきて、朝鮮についても全面的に従来の統治方式の否定を提案していたからである。「国内における民族問題」を正式な討議に持ち出せば、これは当然、台湾統治にも波及せざるを得ない。それはこの地域の統治に関係する役人、特に軍人の総反発を招く可能性が強い。宮崎までがたじろぐ姿をみて、石原も、「これは自分と同信者に対してのみ言うべきことだった」(25)としてこの方針を一時留保したのである。しかし、これも東亜聯盟協会改革の課題となった。翌年、石原はこれを正式に東亜聯盟協会の運動方針に提起する。

## 日満財政経済研究会の解消

九月十四日、宮崎は石原の許を訪れ、この年十一月末をもって発足以来満五年を経過した日満財政経済研究会を解消することについての諒解を取った。この機関は、石原が参謀本部に入った時、民間にも政府にも日本経済力の綜合判断をする調査機関がないことに驚き、参謀本部と満鉄に資金を出させて設立したものだった。しかし石原が参謀本部を去るとともに重要な調査依頼が少なくなり、逆に膨大な経費をただ食いするようにも見え始めたこのシンクタンクの存在理由が問われるようになってきていた。企画院が出来てからはこれと競合する面もあった。従って、これを主宰する宮崎はその継続に重圧を感じていたのである。

そこで権力中枢を離れ、この機関の存在理由を切実に感じている筈の石原の諒解がとれたことで、宮崎としては双肩の重荷を一時に下ろした感じがした(9)。石原にしても当初、二年の約束で発足し、シンクタンクとしては充分に機能を果たしてきたものをこれ以上無理強いすることは出来なかったのである。

しかし宮崎にとっては「日満」の解消は開始の時より困難を伴うものだった。他日、有事の際(彼は明らかに石原政権の出現を予想していた)、再び集まって協力してくれることを期待する宮崎としては、研究所の全員に満足の行く就職先を世話しなければならなかったからである(11)。また当時、参謀本部第一部長であった田中新一少将はこの機関の解消を残念がり、「近く本格的戦争計画研究機関を設置し石原将軍の志を継ぎたく、その暁には再度貴下の御出馬を願う決意なり」(18)といったという。田中新一なども主観的には石原の同志のつもりだったのである。「日満」の研究成果は総て参謀本部に引き継がれた。

**飯沼守書簡**　元人事局長飯沼守が石原に違和感を感ぜざるを得なくなったのは、先に述べた人事面だけではなかった。飯沼は、昭和十四年の暮れに北支派遣軍第百十師団長となったが、それから約一年の中国での体験を踏まえて、中国人に政権を返すという石原構想には批判的になった。十月八日付書簡で、「今日只今より支那人に政治をやらせるが宜しきや、軍政が宜しきやは更めて検討の要あるやに考えられ候」（10）として、「軍政の廃止」をためらう気持ちを率直に述べている。こうした事態は、石原にいよいよもって味方陣営内における思想訓練の必要性を痛感させる動機となった。

**天皇盟主論**　こうして、同志間にすら牢固として存在する閉鎖的民族意識を打破することなくしては、東亜聯盟による講和の達成など到底無理だということが改めて明白になった。この偏見打破のために石原が持ち出したのが「天皇が東亜聯盟の盟主と仰がれるに至っても、日本国は盟主ではない」という論理であった。

ここでは、民族意識を超越した理想像としての「天皇」が、日本人の狭い民族的偏見の輪郭を写し出す鏡として利用されている。しかも、石原はこの議論を当時流行であった近衛の新体制と結び付け、狭い島国根性を旧体制と断じたのである。この「新体制と東亜聯盟」という議論は、十月十八日に昭和会館での講演で発表され、二十六日までに原稿化され、十月末までにガリ版印刷にされた。ただ、石原は、これを直ちに一般に公開するつもりはなかった。また、これを読んだ杉浦もこの議論の公刊には慎重であった。これが天皇と日本国は一体という素朴な国民感情の反発を受ける可能性は充分にあったし、偏見の是正に「天皇」を利用することは有効であるだけ危険でもあった。この時、これは限られた東亜聯盟同志間にしか回覧されなかった。

**淵上辰雄の切望**　しかし、この議論は、東亜聯盟工作員として、日夜、民族的偏見に取り囲まれて東亜聯盟思想の普及に苦労していた淵上辰雄には「初めて理想の出発点と終点を見出すことが出来る」論理であった。彼は石原に対し「此の書を天下に公表していただきたい」と切望した（12）。

これが『東亜聯盟』誌上に公表されるのは、丁度一年後の昭和十六年十月号に於いてであり、他誌に無断掲載されたのを見た上でのことであった。予想通り「天皇と日本国を分離して考えることになる」という批判を招いたのでそれに反論する必要が生じたからである。

**教授団研究会**

木村武雄は東亜聯盟協会発足当時、かなりの数の大学教授を運動の支持者にしていた。協会はこの教授団の研究会を組織していたが、この教授達にしても、その意識は石原とはかなりの開きがあった。十一月二十八日の研究会では、この教授達も、本音は天皇機関説に近く、石原の昭和維新論中の「聖断」論は容易には受け容れられないものであることが明らかになった。これは石原の国体観が、他の日本のエリート達と著しく違っている点であり、あからさまには論じにくい問題であっただけに、杉浦のみならず石原にも思想的孤立と運動の前途遼遠を痛感させたのである（14）。

**中国三団体、東亜聯盟に一本化**

七月に第三次近衛内閣が発足してからも日米間の緊張は高まる一方だった。九月には日本軍の北部仏印進駐が行われ、又、日独伊三国同盟が締結された。外交的選択肢が狭まり国際的緊張が高まる中で、中国における東亜聯盟運動への期待も大きく膨らんでいた。

五月には北京で新民会副会長であった繆斌が中国東亜聯盟協会を発足させたのに続き、九月には広東で林汝衍省政府教育庁長が中華東亜聯盟協会を発足、さらに十一月には南京で周学昌国民党中央党部副秘書長が東亜聯盟中国同志会を発足させた。こうした動きの中で、十二月には何湖北省長を中心とする武漢共和党と、維新政府の支持母体となってきた中国大民会と、汪精衛の思想的支持母体となってきた興亜建国運動本部の中国三団体が解散し、東亜聯盟結成を目標に汪精衛の国民党に合流することとなった（16）。

**東亜聯盟促進議員聯盟**

東亜聯盟運動を議会活動とすることについては石原は反対だったし、そうした意向は杉浦を通じて木村にも伝えられていた（15）。しかし議員である木村武雄にとっては、表面上であれ情勢が有利に展開しているようにみえる段階に、議会内で同志を募ることは抑制しがたい願望となった。彼なりの政治的直感もはたらいたであろう。事実、彼が議会で東亜聯盟促進議員聯盟の結成を呼びかけると、忽ち、貴族院二五名、衆議院一七三名、計一九八名の呼応者があった。彼はそれを組織化して、中国の東亜聯盟同志会との間に一気に日中両国政治家による直接的対話気運を醸成しようとしたのである。

こうした木村の動きは東條陸相を刺激した。これは石原や杉浦の予想した通り険悪な気配を生じ、十二月十五日には木村は大谷東京憲兵隊特高課長から呼び出され、議員聯盟の結成を自発的に取りやめるよう圧力をかけられた。木村等はこうした圧力にもかかわらず、十二月二十七日には「常磐」で盛大な結成式を挙行するのである。しかし、その後、木村等の呼びかけに応じた代議士達は憲兵隊から個別の圧力を受け、多くの議員は脱落したが、それでも木村は残った議員中の有志を組織して東亜聯盟促進議員聯盟中華民国視察団を組織した。

**妥協の道を塞ぐ**　九月三十日に甘粕正彦と辻政信が東條との和解を斡旋するために石原の許を訪れた。岡田益吉によるとこれは東條の命を受けたことだという。しかし、こうした妥協斡旋の震源地はやはり阿南次官であろう。ただ、石原はこうした斡旋を受け入れなかっただけでなく、むしろ公然と対立を鮮明にすることで安易な妥協の道を塞いだ。「政治の独立」に対する好戦派側の実質的譲歩が無い限り、表面的妥協は和平実現にはむしろ有害と見ているからである。十二月に開かれた京都在住の将官会議で東條を非難したのも、京都帝大での公開講演会の席上で東條や梅津美治郎を名指しで非難したのも、結果については覚悟した上であった。

**平穏な元旦**　昭和十六年の元旦、東京は雲ひとつなく美しく静かに明けた。正月二日、杉浦は東亜聯盟東京事務所で木村武雄や田村真作と会ったが、彼等はいずれも石原退役や東亜聯盟弾圧を予想していなかった。杉浦は、この時にも木村に東亜聯盟促進議員聯盟のような派手な政治行動は慎むよう進言したが、木村はあくまで方針を撤回しなかった(17)。

**訪中視察団**　「東亜聯盟促進議員聯盟中華民国視察団報告」によると、一月三日に東京を出発した熊谷直太団長以下の衆議院議員一行二十名は、六日に上海に上陸、登部隊に澤田最高指揮官を訪問、次いで市政府に市長陳公博を表敬訪問挨拶後、上海に一泊。

翌七日早朝、上海出発、午後一時半南京駅に到着、秘書長周学昌以下南京政府要人多数の出迎えを受け、直ちに中山陵に参拝。支那派遣軍総司令部に西尾総司令官を訪問、更に板垣総参謀長を訪問挨拶、その後、汪精衛国民政府主席を訪問挨拶した。夜は東亜聯盟中国同志会主催の懇談会が開かれた。

八日、国民政府に続いて国民党中央党部訪問、午後四時から大亜洲主義・月刊社主宰の懇談会、夜は板垣総参謀長の招待会があった。九日は再び総司令部で状況説明を受け、警備司令官を訪問挨拶し、午後、教育建設協会懇談会、南京市長蔡培氏主宰懇談会、夜、行政院招待懇談会があった。十日は中央儲備銀行参観、午後、外交部宣伝部懇談会、首都新聞会茶会、夜、立法院招待懇談会がありこれで主要日程を終わる。

翌十一日八時に南京出発、上海に行き、十二日一行の大半は帰国の途に就くが、中村高一、中村梅吉、中田儀直の三名はここで一行と別れ、翌十三日に飛行機で台湾経由、広東に飛び、十三・十四の両日にわたり特務機関長矢崎少将、南支派遣軍参謀副長佐藤賢了、及び中華東亜聯盟協会長林汝衍などから南京の情況を聞き、また彼等の招待宴等を受けている。

## 視察団報告の内容

政府が東亜聯盟弾圧の方針を発表するのは、この訪中議員団が帰国する直前の一月十四日のことである。訪中議員団は、この政府方針を無視する形で十八日に山王下の「幸楽」で帰朝報告会を開いた。近衛総理もこの報告会に招かれていたが、会場に現れたのは東條陸相であった。

報告の内容は、主として中国側要人の談話内容の紹介であった。先ず汪精衛主席の「日本側の与論の中で、中国人の最も共鳴しうるものは東亜聯盟の理論であるが、聯盟結成の要件は第一に主権の独立と政治の自由にある」という発言が紹介され、次いで行政院副院長周佛海の「現在、重慶政権の指導下に戦っている中国青年は祖国の独立と自由の為に命を捧げているのであり、東亜聯盟が結成されれば抗戦の意義は失われる」という意見が紹介された。更に立法院長陳公博の「東亜聯盟結成には二つのチャンスがあるが、一つは東亜全体の危機に見舞われた時、いま一つは中日両国民が同時にこれを叫んだ時であり、今や正にその時である」というような発言も紹介されている。東條はこうした中国側要人の意向を聞かされた上で、これに対する日本側の責任当局者としての見解を求められた。これに対する東條の回答は、木村の回顧録によると実に曖昧なものであった。「ああでもない、こうでもないと言い抜けながら、実は私たち一人一人の発言よりも人間そのものの観察に全神経を集中しているようなふしが見られた」という。

この報告会の後、木村は東條の秘書官から連絡を受け、陸軍大臣室で東條に会った。この時、東條は「人間というものは実際に会ってみないとわからないものだ。君については人がいろいろなことを話している。あれは戦争に反対しており、軍の悪口を平気で口にする。国賊みたいな男だ、という噂もある。だがこうして会ってみると、噂とはまるで違っている。君は気に入った。これから先、君のいうことは何でも聞いてやろう。頼みたいことがあったら、何時でも私のところにくるがいい」と言ったという。

この訪中議員団の行動や彼等が汪精衛主席を始め南京政府側要人と会い、彼等から、直接、主権回復への熱望と東亜聯盟結成希望を聞き出したことはそれなりの成果であったということも出来よう。しかし、石原は、この訪中議員団の成果を含め、東亜聯盟促進議員聯盟の活動を失敗であったと断じ、以後、東亜聯盟協会(同志会)の政治進出を許さなかった。

## 閣議声明の曖昧さ

東亜聯盟に対する政府の弾圧姿勢が明確になったのは、前述の通り昭和十六年一月十四日である。だが政府によるこの弾圧なるものは、唐突に出されたというばかりでなく、その理由も虚偽と矛盾に充ちたものであった。

閣議声明の「肇国の精神に反し皇国の主権を晦冥ならしむる虞れある如き国家聯合理論等は許さない、帝国内に於ける大東亜新秩序建設に関する思想運動は大政翼賛会をしてこれに当らしめる」という閣議声明の実質的な内容が、国内では東亜聯盟運動の禁止を目標にしたもので、今後はこれに類する思想運動はすべて大政翼賛会に吸収するつもりらしいということは分かる。ところが、それでは具体的に東亜聯盟協会をどうしようとするのかは明瞭ではない。新聞報道を通じて伝えられる政府の姿勢は三つの点でいぶかしいものだった。

第一には日本の東亜聯盟協会と汪精衛の東亜聯盟同志会を殊更に区別して、前者は許さないが、後者は問題なしとしたことである。第二には、わざわざ、東亜聯盟協会が、日満華三国の国家の上に、三国を統制し拘束し権力を行使する東亜聯盟統制機関の創出を狙っているなどという、本来の東亜聯盟の「政治の独立」とは正反対の難点をねつ造し、これが近衛声明や日満華三国共同宣言に違反するとしたことである。第三には、既に東亜聯盟協会もその誤りを認めて自発的にその主張を中止すると共に、一応、協会を解消する方針を当局に申し出たとも伝えられているとしたことである。ただし第三の自発的解消説は誤報として翌日取り消された。

## 阿南次官の苦心の結果

朝日新聞一月十四日夕刊及び十五日朝刊の伝える閣議声明をみて疑問を持った石原は、二回にわたって阿南次官に問い合わせた。これに対する阿南からの返事(20)を読むと、この弾圧策が曖昧となったのは、東條の顔を立てながら、実質的に弾圧策を回避する阿南達の演出であったことがわかる。そういう筋書きからいうと、東條によるその後の憲兵を使った弾圧も、せいぜいが石原陣営のみならず、陸軍内部における東亜聯盟同調勢力の本格的反抗を呼び起こさない限度を意識して、東條が自己の身辺の安全を確保するという姑息な手段を出なかったと言えるかも知れない。

これ以後、翌昭和十七年九月まで延々と続けられることになる興亜諸団体統合問題も、実は東亜聯盟に対する弾圧であるよりは、むしろ阿南による弾圧回避策であった。そのように捉え直すことで初めて東亜聯盟協会が、ねばり強い抵抗運動の結果とはいえ、厳しい弾圧に耐え、同志会と名前を変えただけで生き残れたことについての説明も付くのである。

## 満州での本格的弾圧

しかし、東條と石原の対決姿勢が明らかになると、武力によって権益の維持・拡大を図ることを国益と考えている好戦派の軍人や役人達の中には、本気で東亜聯盟の弾圧を図る者が出て来る。特に満州・朝鮮においてそういう傾向が甚だしかった。昭和十五年十二月二十三日付で木村兵太郎参謀長から三宅光治協和会中央本部長宛の通牒で東亜聯盟の名称は使用を禁止された。翌年一月十六日付で建国大学教授岡野鑑記が石原宛に出した手紙には、「聯盟運動に対する本格的弾圧来り」とこの弾圧のなまなかのものでないことを訴え、それにどのように対処したらよいかを聞いている（19）。それに対する石原の答えは、東亜聯盟の精神を堅持することが重要で、会や会合の名称に囚われる必要はないというものであった。岡野は昭和十六年二月十八日付の手紙で、弾圧が、先ず、協和会からの東亜聯盟主義者の一掃、治安部内における鷲崎研太一団の排除、岡野自身の関東軍嘱託解任というような形で進行しつつあることを告げている（21）。

## 二　東亜聯盟協会改革の基本方針（京都市上京区等持院北町五二時代）

### 石原の予備役編入と平林の期待

昭和十六年三月一日、石原は待命となり予備役に編入された。立命館大学総長の中川小十郎は大学に国防学研究所を創って所長に石原を迎え、国防学等を講じて貰うこととし、上京区等持院北町五二番地の宿舎を提供した。九月までの半年、石原はここに居を構えるのである。

平林盛人（21期、陸大31期）が、石原の退役を知って出した書簡は、さすがにこの時の石原の心情をほぼ余すところなく忖度するものであった（22）。持つべきは友であるが、石原が友人達とは飛び離れて傑出していた為と、おそらくはその放言癖に禍されて、親友と呼ばれる人間は意外に少ない。生涯を通じての親友と言えば仙台幼年学校以来の南部襄吉であろうが、退役以後を限っていえば平林も南部に比肩される存在である。

その平林は石原の勇退を「全く意外、真に晴天の霹靂、皇国の為、はたまた国軍の為にも大損失」と痛嘆するが、一面、平素の言動からすれば、「進んで退かれたるに非ずや」とも推測している。何よりも将来の活動への希望として「第一、東亜聯盟運動、第二、満州国指導、第三、学究的事業」を挙げている。

### 東亜聯盟協会改革の動き

東亜聯盟協会改革の動きは退役直後から始まる。直接には、昭和十六年一月に表面化した政府の弾圧姿勢への対応を迫られたためであるが、石原が現役を離れて聯盟運動へ本腰を入れることが可能となったこと、加えて東亜聯盟の本質については周辺の同志達にも理解が徹底していないことに石原自身が気付いたこと、それと関連して、運動方式について、側近の高木と協会代表の木村との間に対立が生じていたも大きい。

残念なことに、この段階に来て石原の母の鉦井（一八六二〜一九四六）が高齢で病臥がちであったのと、石原自身の持病の進行が、彼の全面的な活動を制約することとなった。とはいえ石原による東亜聯盟協会改革は極めて徹底したものであったから、十分、注目に値するものである。改革関連の資料が(23)、(24)、(27)、(30)、(32)と続く。

### 三月十二日付自筆メモ

三月十二日付石原自筆メモ(23)は、当日、京都市上京区等持院上町五二番地の彼の居宅を訪れた東亜聯盟協会の主要幹部を前に改革の概略を提示した時のメモである。注目されるのは、先ず「信とは己が言を践み行い、義とは己が分を尽くすをいうなり」と協会員に道義的立場からの反省を求めていることである。これは日本人が一般的に建前で行動することが多く、面従腹背的傾向を持っている事に対する批判であるが、協会員も例外でないという。参謀本部の中枢にいながら日中戦争拡大を阻止できなかった時以来の石原の思想的孤立認識を示すものでもあろう。

協会運動を、当面、文化運動としたことも、政治運動とすれば勢い戦争からの直接的影響を避けられず、運動が建前論のきれい事に終わってしまう可能性が高いことを懸念したからである。運動の重点は勿論、事変解決にあったが、それには先ず、協会員が東亜聯盟を単なる表面を取り繕うスローガンとしてではなく、その思想を根底から理解し行動で実践しなければならないとしたのである。

### 本部事務所

宮崎正義は昭和十五年十一月に日満財政経済研究会を解散したとき麻布区桜田町八の事務所を東亜聯盟協会本部事務所に引継いでいた。ただ建物所有者と名義人で折り合いがつかぬまま、借家人名義はその後も宮崎になっていた。昭和十六年三月に石原が予備役となると、宮崎はそのことに彼なりの責任を感じ、協会理事を辞任、借家人名義も連帯保証人も辞退したため、以後、協会が正式借家人となり、連帯保証人には満鉄東京支社調査室嘱託の尾崎秀実が立つことになった（24）。

### 改革と人事

改革に当たって石原は、組織を分裂させないことに極力留意した。しかし従来の路線を大幅に修正して改革を進めるとなれば、それは勢い木村武雄や、木村に従って運動を進めてきた人々に対する風当たりが強くなる。しかも分裂を避ける為には人事の移動は極力避けねばならない。杉浦が「木村氏が自ら率先して陣営を一新することに努力するやう連日説きます」（24）と言っているのはそういう意味で極めて重要なことであった。

しかし、仮にも批判を受けた人間が、そのまま責任ある地位にとどまって新しい方針を実行するということは心情的にも実践的にも極めて困難である。淡谷悠蔵などは「改組の処置一任して」帰郷したというし、比較的責任の軽い淵上辰雄のような人物までが「現在の人間では到底、閣下のお考へを実行出来ぬから、先ず小者より精算すべく自分がやめる」と退職を願い出ている。しかし、こうした淵上等の抵抗を抑えたのは他ならず木村武雄であった。石原の人格識見に傾倒する木村には、石原の批判を受け入れる潔さがあった。また、淵上なども心情的な納得に時間がかかっただけである。得心すれば身を挺して改革の推進役を勤めて行くことになる。

ただ従来の運動の中核を担ってきた淡谷などは、どうしても運動の最前線からは後退せざるを得なかったし、木村も会を代表する立場ではなくなり、たまたま誘われたこともあって活動の本拠を上海に移した。協会は、本部は勿論、場合によっては地方事務所や支部・分会までが巨細に亘って、直接、石原の指導を受けることになる。

### 第一回全国中央参与会員会議

四月十日に東京麻布区桜田町八の本部会議室で第一回全国中央参与会員会議が開かれた。その席上で石原が協会改革について講演した際の自筆メモがある（27）。東亜聯盟中国総会の成立が高く評価され、これが東亜聯盟運動者の十年に及ぶ不撓不屈の実践のたまものであると強調され、従来の運動の成果が積極的に評価されている。協会員への激励と共に、改革の矢面に立つ木村達に対する配慮を示したものであろう。ただ、同時に、今日以後は協会創立の趣旨に立返り、純然たる文化運動によって、中堅国民に、正確に聯盟の精神を理解させることに全力を尽くせと云ったのである。

組織についてもごく簡単にではあるが、一挙に支部の結成を図るよりも、分会や班等の下部組織から積み上げて支部結成に進む方が自然であろうとした。大政翼賛会との統合問題にも軽く触れているが、これは主として協会員の動揺を抑え、同時に阿南等の好意的斡旋に配慮しようとしたものであろう。

### 第二回全国中央参与会員会議

石原が運動改革の立場を全面的、包括的に述べたのは十月五日に東京府麻布区笄国民学校で開かれた第二回全国中央参与会員会議の席上であった。「『東亜聯盟協会運動要領』について」(32)は、この日の為に石原が準備した自筆メモ(カタカナ書きゴチックの部分)に、『東亜聯盟』誌上に掲載された同じ題名の講演速記からの摘録を加えたものである。この講演は、石原の運動論を包括的に展開する中で、それがはしなくも従来の運動に対する批判になるという体裁になっている。従って、これは退役後の石原の東亜聯盟運動を知る上では最も基本的な文献となった。

ここでも石原は改めて「東亜聯盟運動ハ昭和維新運動ナリ。維新ハ『誠』ノ恢復ナリ」と道徳論から切り込んでいる。「革新はどういう時に行われるか」と問いかけ、現代を「いつわりが多くなり、妥協が多くなり、誠心がなくなって、どうにも我慢の出来ない」時代として描き、それによって聖戦意識＝建前に潜む権益主義をあぶり出したのである。彼が「反省、反省、又反省」として誠心の恢復を強調するのは、そうした思想的純化を経ない限り好戦的な聖戦意識(＝権益主義)を払拭出来ないからであった。

石原は、「政治団体ニアラス」として東亜聯盟協会が政治運動に乗り出すことを拒否したが、それは、協会には未だ自信をもって「大命降下」に応ずる準備が出来ていないためであった。彼が「政治運動をやるといふならば、畏多いことでありますが、その政治運動をやる運動の責任者に、万一大命が降下することがありましたならば、全責任を以て必ず危局を突破するといふ自信を持たなければならぬ」からである。具体的に云えば、石原が「大命降下」を受ければ、直ちに満州の「内面指導」を止め、中国人に「政治の独立」を許さねばならぬ。その場合、協会員に満州や中国での既得権益にしがみつく日本人多数派の抵抗を本気で排除する覚悟があるかを問うものであった。

石原が、阿南次官に対して、このまま軍の政治関与が進んで行くと「遂ニハ軍内閣ノ出現ヲ見テ短期間ニ無能ヲ暴露シ全面的ニ軍ノ威信ヲ失墜スル方向ニ突進シツ、アルヲ思ハシム」（「昭和維新ニ対スル軍ノ責務」角田順『石原莞爾資料・国防論策』）と警告してから、ほぼ一年半、事態はその予測の通りに進んでいた。石原の脳裏には十日後に迫っていた東條英機への大命降下の予想が明確に描かれていたのである。

彼が東條と対決する中で直面しなければならなかったのは、一個人としての東條ではなく、東條の背後に存在する聖戦意識（＝権益主義）に生きる多数派の日本人であった。飯沼守ですら「軍政なくば今日より飛躍的に良くなるやに関し疑問なき能はず」と嘆ずるのを聞くにつけても、聖戦意識が日本人の中で圧倒的多数を占め、同志中にすら数多く存在している実態を認めざるを得なかったのである。

そうした現状を打破するには、上っ面だけの同調者を数多く集めたところでどうにもならない。真の東亜聯盟思想に目覚め、権益主義を捨てた中堅会員を多数育成しなければならない。そのためには訓練を経た中堅会員と、単に心情的同調を示しているだけの普通会員とは明確に区別しなければならない。彼は、満州国協和会や大政翼賛会が必ずしもうまくいっていないのは、この中堅会員制度が確立していないからで、それはそれらの組織が国家権力によって急速に発展させられた結果として避けられなかったことだという。それに較べて逆風に立たされている東亜聯盟運動はむしろ恵まれている。「反対者の盛んな今の中に中堅会員を厳選して、それを訓練し、組織して行く。そしてこれをしっかりと真の同志的結合にすることが、最も大切なこと」であるとし、そのために出来たのが参与会員制度であるというのである。

従来の木村武雄の路線に対する批判もそうした文脈の中で行われた。しかし、選挙への功利的利用という高木の木村批判に対しては、「今のように東亜聯盟運動が世間から若干睨まれている時代は別です」と木村を弁護しつつ、「景気のよい時代には、東亜聯盟運動を功利的な考えより利用しようとする人が起きないとは言はれません。この意味で潔癖過ぎる人の疑いも一応考へてやらなければならない」と高木の批判にも理解を示した。

ここには東條と対決する中で、改めて東亜聯盟運動の国内での支持基盤の弱さを自覚せざるを得なかった石原の苦悩がにじみ出ている。既存の政治理論や人的組織を拒否しながら、しかも天皇の精神的権威を背負って昭和維新を遂行しようという石原としては、先ず自己の陣営の浄化から取りかからねばならなかったのである。

**朝鮮問題**

ところで、十月五日に石原が提起した問題の中に朝鮮問題があったことは注目に値する。これについては、昭和十五年七月段階に、宮崎正義がこの問題を取り上げることに反対し、一応、石原も「これは自分と同信者に対してのみ言うべきことだった」として問題提起を見送っていたからである。その時、宮崎が反対した理由は、東亜聯盟が総督府の政治に批判を試みれば、それは総督府、内務省、警視庁等の総反発を招き、本格的弾圧を誘発する可能性があったからである。その時点と変わった条件としては、この七月から板垣征四郎が朝鮮軍司令官となっていたが、石原はこれで乗り切れると判断したのであろうか。この度は「東亜聯盟の最重要問題は民族問題」であるとし、「朝鮮問題を正確に解決しないで東亜聯盟運動を論ずるものは、家庭がおさまらないで社会で発言するようなものであります。断じて是は解決しなければならない」と正面切って宣言したのである。

## 三　東亜聯盟協会改革の具体的展開と組織防衛（鶴岡市番田時雨荘時代）

**鶴岡市番田に隠棲**

昭和十六年四月に阿南惟幾は第十一軍司令官となり陸軍省を去った。以後も、阿南の敷いた路線は残るが、漸く、東條による憲兵政治の色合いが濃厚になる。石原が立命館大学の国防学研究所で国防学を講ずることにも圧力がかかってきた。そうなると石原の対応は、これまた相手の意表を突く。十六年九月、彼はあっさりと立命館を辞めたばかりか、京都を引き揚げ鶴岡市番田《バンデン》に隠棲する。

京都から引き揚げるのに、鶴岡市番田という場所を選んだのは明らかに憲兵政治に対する目くらましであった。番田は鶴岡市の中でも中心部からかなり離れた田舎である。その上、時雨荘などという名前が如何にも文学的で、石原から生臭い政治的臭みを消し去る。九月に予備役となったばかりの多田駿大将なども石原宛の書簡で「時雨荘とは貴兄に映らぬ風流な処」と評しているが、誰しもこれで石原も世事から隠棲したと考えたであろう。しかし、この番田時代こそ、石原が本格的に東亜聯盟の指導に乗り出した時期なのである。

### 庄内支部運動要領

石原は昭和十六年九月に鶴岡に帰るや早速、庄内を山形県支部から独立させた。交通手段から考えて、庄内は山形県という行政枠に縛られる必要はないと考えたのである。支部を独立させるにあたって石原が示したのが「庄内支部運動要領」(30)であるが、はしなくも十月五日の第二回全国中央参与会員会議での講演内容を最も簡潔にかつ実践的に要約したものとなっている。

三項目からなるが、冒頭の「組織ト訓練トノ緊密なる協調」という項目に述べられた「自由主義時代ニ於ケル、数ノ獲得ヲ第一義トスル方針ハ我等ノ採ラザル所、堅確ナル同志的結成ヲ根本トス、コレガ為メ組織ト訓練ハ渾然一体ナルヲ要ス」という言葉ほど、この時期の石原の東亜聯盟協会改革の本旨を簡潔に表現したものはない。

第二の「組織」は、中堅会員の発見、獲得、訓練による参与会員の任命、その参与会員を中心とする班（部落単位）、分会（市町村単位）の結成、酒田市と飽海郡は合わせて聯合分会をつくり、それらを束ねて支部が結成されるが、支部は会員の分担する会費によって運営され、決議権は参与会員のみに与えられる。

第三の「訓練」は分会毎の輪読会と支部講習会によって行われる。

この「庄内支部運動要領」は簡潔だが、東亜聯盟組織を下から造り直すという石原の構想が、具体的にはどのようなものであったかを端的に示している。ただ、簡潔すぎるために原則論のみで説明に欠けている。石原は翌十七年一月に、これを地方組織運動の模範例として全国の同志に発表するに当たってその内容について説明を加えている。それが「庄内支部運動要領説明」（『東亜聯盟』昭和十七年一月号）である。

従ってこの「庄内支部運動要領説明」は、単なる庄内の「運動要領説明」ではなく、むしろ全国的な運動の実践的指針となっている。

### 支部組織と地方事務所

石原が庄内支部を山形県支部から独立させたことは、直ちに全国に波及した。これによって、従来、県単位であった支部組織は、地域交通や経済に密着した単位に変えられた。こうした石原の考え方は、以前から身近に接していた者達には伝えられており、既に昭和十六年の半ばから東京、神奈川、長野、岐阜、鳥取等に府県の枠にとらわれない新たな支部が結成されていたが、十七年一月に「庄内支部運動要領説明」が出て、庄内が山形から独立した経緯が示されると、三月には旭川、津軽、房総、神田、日本橋、豊島、荏原、淀橋、中信、沼津、愛知、福井、丹後、津山、徳島、丸亀、綾歌、汕頭と一挙に十八支部が新設され、それに伴って、本部と支部の中間要地に地方事務所が設けられることになり、東北、関東、関西、関門、四国という五つの地方事務所が設置され、満州と中国にもそれぞれの地域を統括する機関が設けられた。ただ、石原が官僚的形式主義を嫌ったことから、東亜聯盟の地方組織にはその成立事情や役割にかなり地域差がみられることになる。上からの官僚的組織でなく、組織に生きた生命体としての息吹が吹き込まれる場合、地域的較差が生じることは当然であろう。

## 地方に於ける運動の独自性

石原が師団長として勤務し、退役後も半年居住した京都には、義方会を主催する福島清三郎、立命館創立者の中川小十郎、立命館教授の田中直吉等がいて、最初から東京の協会本部とは異なった活動領域を持っていた。石原が鶴岡へ去ってからも、関西事務所として、山陽、山陰地方に対する活動拠点としての指導的地位を占めるのである。ただ、石原の存在が大きかっただけに、彼が去った後は、理論上にも運営上にも組織内部に対立を招いた。淵上など組織者として有能であっただけに、石原が去った後の組織的沈滞が我慢できなかったのかもしれぬ。間もなく京都を離れることを望んだ(31)。その後、淵上が郷里の九州などで見せた活動には淵上ならではの人格本位の特色が見られる(91、92)。

組織成立のいきさつから独特の運動形態をもったものとしては、高木清寿の国防研究会がある。そもそもは、昭和八年に仙台で第四聯隊長だった石原から教えを受けるために、聯隊の中堅・青年将校だった天野一雄、伊奈重誠、大久保朝雄、成田頼武等と共に作った純然たる国防学の研究会であった。その後、高木は宮城・新潟・富山というような自分の任地で同名の組織を造ったが、それらは啓蒙運動組織であった。昭和十四年暮〜十五年初頭に高木が木村の運動形態を批判したのは、その運動実践に基づいたものだったのである。その木村批判に対して、石原から同行賛美の姿勢を説かれると、高木はこれらの組織を、一応、東亜聯盟の下部組織（分会）にしたが、高木の意識にはこれらの組織こそ東亜聯盟の本流だという気持ちが残ったと思われる。昭和十六年に石原が予備役となった気楽さから地方巡遊を始めると、高木は先ず第一にこれらの地域に石原の巡回を求めたのであるが、杉浦など協会本部との間で日程の調整が容易でなかった（28）。

また、高木は元の第四聯隊将校たちとのつながりは大事にしており、昭和十六年にはその研究の過程で浮かび上がったアレキサンデル・フォン・ベエツ著『対英封鎖論』等を戦争史叢書として出版するが、この段階からその翻訳に外山卯三郎が参加する（38）。高木等は昭和十九年には共同研究の成果を『戦術学要綱』として発刊した。外山は、必ずしも高木の枠にははまらなかった多彩な人物だが、東亜聯盟運動に於いては、高木の周辺にいた人物として、ヤミの撲滅や生活改善運動など極めてユニークで幅広い活動を行った（195）。

四国の田中久（25期33期）大佐の存在も独特のものであった。彼は陸大出の砲兵大佐で、永興湾要塞司令官時代に東條との対立から軍を退いたと言われるが、中国語に堪能で、歴史にも造詣のあった田中には、日露戦争以後の不幸な日中関係を打開したいという意欲が何より強かった。その場合、彼にはことさらに旧体制の人間と新体制の人間を峻別するように思われる昭和維新運動の考え方に批判的だった。彼は東亜聯盟という遠大な目標で一致出来るなら、現在の社会的地位とか所属団体等は問わないで一緒にやってゆく方がよい。それには支部と班という形に囚われるより、もっと融通性のある世話人くらいの存在が組織の発展に寄与できると考え、四国がそういう方針で進むことに石原の諒解を求めたのである（26）。それに対して石原がどういう反応を示したかは明確でないが、許容したのではないかと思われる。後に東亜聯盟は、会費制度の確立と併行して、各支部や班毎の会員獲得競争にとりくむが、四国は最初から最後まで会員数一〇〇〇人ということで競争の圏外に立った。一面、木村嘉久郎の農法や多田政一の綜統医学というようなユニークでかなり社会的影響力をもった既成の社会運動が、東亜聯盟運動と友好関係に立ったのは、田中の活動に負うところが大きかった（56・60）。

満州に於いては、先にも述べたように東亜聯盟は名称の存続すら出来なかった。ここには、なまじ協和会があり、その上、石原莞爾が参謀副長として内面指導撤回を打ち出していただけに、弾圧も中途半端では済まなかったという面がある。然し、建国大学教授岡野鑑記等の地道な努力で、昭和十六年十一月から十七年三月頃までの間に奉天、新京、安東、吉林、公主嶺、哈爾濱などに「誌友会」という名称の組織が出来ている（42、68）。いずれも小規模の研究会組織程度のものを出なかったが、内容的には古知静岳の日蓮主義による国体論と岡野鑑記の東亜経済論などを目玉にした講演会、東亜聯盟建設要綱の輪読会、座談会等で、それなりに充実したものであったようである（29）。それには齊々哈爾開拓医学院長三神正蔵博士などの活動が見逃せないが、岡野は三神などのような人物の存在については「何と申しても、閣下より直接指導を受けし人々の信念は絶大」と石原の影響力の残存を評価している（21）。

## 婦人運動への期待

石原の運動で見逃せないのは婦人運動である。自分の事を書かれることはあまり望まなかった石原が小泉（白土）菊枝にだけは、「貴女は石原莞爾をお書きなさい」と自分の伝記を書くことを望み、それも「東亜聯盟は、戦前・戦中・戦後を通じて、男女同権を実行してきた日本の唯一の団体である」と断定して書くことを望んでいたという。戦後のことだから、婦人解放政策を進める占領軍に対する配慮が含まれていたにしても、石原には本来の人間性理解に加えて、信仰上からも婦人の解放運動については特別の期待があり、東亜聯盟思想普及上、婦人解放は重要な戦力になるという見通しがあったのである。

昭和十六年十月十二日に小泉に宛てた手紙（34）には、「市川房枝さん等により東亜聯盟婦人部いよいよ成立するらしく候」とある。それは九月末に市川が山形に来て、一連の講演会を通じて、東亜聯盟運動に於ける婦人の役割を訴えたことに関係していた。

市川は懇意にいていた淡谷悠蔵から石原の思想が他の軍人とは違い、権益主義を捨てた立場で日中和解を進めようとしていることを知り、木村武雄による東亜聯盟協会発足以来、東京に於ける東亜聯盟の集会には顔をみせ、また昭和十五年二月下旬から三月にかけては東京朝日新聞記者の竹中繁子と共に訪中を計画、神戸から乗船する前に、京都の師団長官舎に石原を訪ねて話しを聞き、南京では汪精衛や婦人活動家にも会うなどの積極的活動を見せていた。石原の推挙によって東亜聯盟協会中央参与会員ともなっている。十六年秋の段階では、山形のみならず名古屋支部等にも講演に招かれたりしていた。

その後も関係は持ち続けているが、東亜聯盟婦人運動の中で、石原が期待したような市川が中心になった積極的組織活動の形跡は見られない。東條による弾圧もあり、また、石原が男女同権を主張しながら、婦人参政権には賛意を表していなかったことと関係があるかも知れない。

それよりも鶴岡在住の家庭婦人であった尾形好子の方が石原を通じての東亜聯盟婦人部の活動を生々しく伝えてくれる。尾形は石原の頼みを受けて庄内支部に婦人部を作り、その中心となった人物だが、活動の最盛期には婦人部員がほぼ二千人規模に達したという。本資料集に掲載したこの人の回想録(35)は、約三十年の時を経て書かれたものだが、石原の婦人運動への期待の大きさと共に、彼の組織活動誘導の巧妙さをリアルに示している。中心人物になりうると見定めた尾形への執拗なまでの働きかけ、身体が弱いという尾形の言い逃れを逆用し、綜統医学の多田政一や精華会の小泉菊枝を紹介して衣食住の生活改善と日蓮主義への思想的開眼を促し、効果的に組織活動を誘導している。

## 小泉菊枝とまこと会

戦前女性の人間性解放意欲を、東亜聯盟の組織力につなげようとした石原の誘いに最も積極的に応えたのは小泉(白土)菊枝であった。国柱会婦人部の中でも知性的な女性の集まりであった「まこと会」の創立メンバーとして、また、「満州少女」の執筆者としても、小泉は石原の影響を受け入れ易い思想的立場にあった。その上、彼女は石原に会う前に、石原解説者としては第一人者と言って良い杉浦晴男から石原に関する最高のレクチャーを受けた。彼女が、主計官であった夫の周辺からの石原に対する「人格劣等」という評価を聞かされていたことも、逆にほどよい刺激になった。そこで小泉は、最初に会った時から石原に対して鋭い質問をあびせ、答えを引き出す中で石原という人格をほぼ誤り無く理解出来たのである。

小泉は昭和十三年三月には夫の転勤に伴って名古屋に居を構えることになった。名古屋は波寄（なみよせ）という会館があったことでも知られるように国柱会の活動拠点地域の一つであった。戦後、第四代経団連会長としてのみならず、「行革の鬼」の異名で知られた土光敏夫の母登美がこの地に開いた橘女学校も、思想的基盤は国柱会にあった。

この地で小泉は国柱会の二世（にせ・田中智学の弟子の子供達で、智学からは孫弟子に当たる）の少女達を集めて、毎週土曜に法華経、日曜には日蓮聖人を講じた。これが「名古屋まこと会」である。昭和十四年十月に東亜聯盟協会が設立され、小泉も中央参与会員になると、当然、ここは東亜聯盟運動の有力な活動拠点になった。戦後に淵上辰雄夫人となる宇野千津が、二世（にせ）であった小野（真山）文子の誘いを受けたのもその頃であった。宇野や小野には、昭和十四年に設立されたばかりの名古屋帝国大学という男性本位の職場環境の中で、女性職員としての共通の悩みがあり、それが小泉による法華経提婆達多品サーガラ竜王の娘の「女人成仏」説法によって少なくとも精神的には慰撫された。

## 太平洋戦争勃発と東亜聯盟

昭和十六年十二月八日、東條内閣は遂に米英に対して宣戦を布告した。自発的撤兵の道を選ばなかった結果として、アメリカに中国・仏印からの撤兵を要求され、それを拒否して対米英戦争を始めるというのは、石原莞爾の視点から見れば、日本として撰びうる最悪のシナリオであった。

米英との開戦を石原は高松で迎えた。十二日、石原はその旅先の宿で、ハワイやマレー沖海戦の戦果を聞きながら、国民にこれからの長期で困難な戦争を予想する原稿を書いた。緒線の大戦果の効果は絶大だが、にもかかわらず、これによって「頑強なイギリスと、未だ一度も破れたことのないアメリカ」が容易に屈服するとは考えられず、逆に、ソ連が満州国を脅かす地獄図も予想されるとしたのである（「大東亜戦争と東亜聯盟」『東亜聯盟』昭和十七年一月号）。

翌昭和十七年一月三日から五日にかけて千葉県安房郡小湊町誕生寺において、東亜連盟中央講習会が開かれた。石原はこの時「世界最終戦争と大東亜戦争」という題で講演し、緒線の大戦果に対する東亜聯盟の立場を次のように説明した。

今日も、汽車で来る途中に和田常任委員のお話では、「東亜聯盟の連中は、日米戦争に反対してをったが、やればこの通り巧く行った。どうだ」と云ふ人がある相であります。御尤もであります。私共は作戦や外交のことを与論に訴へてはいけないと常々主張してゐましたから、日米戦争反対とは公然云うてをりませんでしたけれども、戦争学的見解から支那事変解決までは日米戦争の起きないことを内心希望してをりましたのは事実であります。

石原がこの講演で最も強調したのは、大東亜戦争は世界最終戦争ではないということであった。「最終戦争は徹底した決戦であるべきに、今度の大東亜戦争は持久戦争であります。最終戦争では断じてあり得ません」。彼はそのことを印象づけるために、最終戦争を皇太子殿下教育と結び付けて次のように説明した。

日本の国務の中で、常に皇太子殿下の御補導は最も重大なものであります。常に重大でありますが、殊に最終戦争近きにある今日に於きましては皇太子殿下の未来の大元帥としての御補導と云ふことが、国家の最重大な問題であります

要するに、最終戦争は現天皇のもとで戦われる戦争ではないということである。そこで石原は大東亜戦争を、「準決勝時代に於ける東亜の大同、東亜聯盟結成のための戦」と位置づけたのである。

東條権力と本格的に対決するためには、東亜聯盟協会の戦闘的組織への改造が必要で、それには改めて理論武装を急ぐ必要があり、その成否は指導原理の完成に掛かっていた。

## 指導原理完成への石原の焦慮

指導原理を作製する場合、根底をなす統帥と政治の関係については石原は余人に任せる意志は毛頭なかった。昭和維新論を杉浦に口述し、それに対する同志の学者の意見を聞いただけである。二月号掲載予定の石原論文が、当局によって全文削除となったことから、杉浦は、三月号については、自分の責任でゲラを事前に検閲課長に提出、いろいろ注文をつけられたが、「聖断の箇所」と「内面指導撤回論」については頑張り通した（17）。

しかし、経済の分野については、専門家の手に委ねる以外になかった。石原の経済建設の原則は、市場経済の活性を残しながら、しかも目標値を設定して計画経済を推し進めるという統制経済にあったが、戦時統制が強まる中では、特色はむしろ農業と工業との矛盾を克服する視野での農工一体政策にあった。既に計画経済については宮崎正義の書いたものがあり、農業については武田邦太郎が池本喜三夫の代筆をした「池本・農業政策要綱」があったが、大東亜戦争が勃発したのに伴い、両者ともに書き直しが求められた。

宮崎に対しては既に昭和十六年年末の段階に、杉浦が昭和維新論中の経済建設の項目中の内容についての加筆訂正を求め本人の諒解を取った(43)。然し、農業については、池本に傾倒する石原としては、あくまで池本本人の農業綱領が欲しかったようである。淵上辰雄が池本に『池本農業政策大綱』の執筆を承諾させたと聞いた時、一月三十一日付の葉書(46)で「池本氏を納得せしめられし御熱意、全東亜の名を以て御礼中上候」と書いたのは、石原としては決して単なる褒め言葉ではなかった。ただ、二月十日付と十二日付の石原・淵上の往復書簡(47、48)によって、池本は間もなくこの執筆を断念、この度も武田が代筆することとなったことが分かる。

## 石原日程の奪い合い

組織防衛は、消極的に従来の組織を守るより、むしろ積極的に新しい組織を創出することで果たされた。未開拓地域にはオルグとして淵上辰雄や佐々木政一のような工作員が派遣され、かなり周到な下準備が行われた上で石原の講演会や座談会を目玉にした講習会がもたれた。二月二十八日付の淵上宛石原書簡(51)が物語るように、石原人気は絶大で、組織の拡大を図る分会や支部の間で石原の日程の奪い合いがあり、調整が図られている。石原も工作員や各地域の熱意に応じて、多少の無理を承知で忙しい日程をこなした。

## 東條首相との会見と翼賛選挙

三月九日、木戸幸一内大臣はお召しによって天皇に拝謁したが、「竜顔殊の外麗しくにこにこと遊ばされ、『余り戦果が早く挙り過ぎるよ』との仰せあり。七日ジャバ方面にてはバンドンの敵軍は降伏を申出で、目下軍は蘭印の全面降伏に導かんとしつつあり、スラバヤの敵軍も降伏し、又ビルマ方面にてはラングーンも陥落せりとの御話あり。真に御満悦の御様子を拝し慶祝の言葉も出ざりき」

（『木戸幸一日記』）という有様であった。

『東條内閣総理大臣機密記録』には、その三月十四日午前八時三十分から九時十分まで「石原莞爾陸軍中将来訪要談」とある。一方、高木清寿は『東亜の父石原莞爾』の中で「石原・東條会見」を「十七年秋」のこととしている。ただ、高木が石原から聞いた会談内容は、大政翼賛会と戦争処理であり、そのことからすると、高木が「十七年秋」のこととしている「石原・東條会見」は三月十四日のことであった可能性が高い。その時点であれば、東條にしても、四月三十日に翼賛選挙を控えて、大政翼賛会に対する石原の見解に興味があったと思われるし、また対米英戦争も、緒線に予想外の大戦果を得たばかりで、石原から戦争の見通しを聞いて見たい気持ちのゆとりも生まれていたと考えられる。然し、石原の答弁は前者については「君が自信あっての上で総理大臣になり、翼賛会を動かしているのではないか。俺はあんな官製の官僚運動など考えたこともない」とにべもないものであったし、また後者についても「戦争は君では勝てない」と東條のお祭り気分に水をさすものだったという。

しかし、緒線の楽観ムードは、天皇や東條や一般国民に限らなかった。東亜聯盟協会幹部の中にすら「世界最終戦争ハ数十年後」という昭和維新の遠大な道のりを説く「協会宣言」に疑問を持つ者を生じていた。石原は、東條に会った翌三月十五日、「東亜聯盟協会」の幹部を集めて、改めて「協会宣言」の意義について口述し、思想的引き締めを計っている（53）。

### 破門の弟子

石原思想を信奉した軍人は数多いが、三品隆以ほど生涯にわたって石原思想への思慕を捨てなかった例も珍しいであろう。彼は辻政信と同期の陸士36期で、情報畑の参謀として長く満州と中国にあり、地道に東亜聯盟思想の実践に努力した。終戦直前に支那派遣軍報道部長から第三九師団参謀長に転出させられて満州に移動、終戦後はシベリヤに抑留されたが、石原思想の表明を憚らなかったため、伊東六十次郎などと同様、抑留期間を延長され、帰国したのは昭和三十一年（一九五六）であった。彼は帰国後、石原追慕として『我観・石原莞爾』をまとめ、抑留期間の思い出として『どん底からみたクレムリン』を書いている。

その三品が昭和十七年三月という時点で上海から石原に寄越した書簡（54）がある。それには「先年、洛東御病臥の枕頭に拝訣以来、当時叱汰の御声と、御高教の神髄は深く肺肝に徹して忘る、こと能はず、私かに破門の弟子を以て自ら居り」とある。石原日記によると三品が京都師団長官舎に石原を訪ねたのは昭和十五年四月五日のことだから、「破門の弟子」とは、それ以来の石原に対する三品自身の位置づけである。その時は、石原の意に沿わないことを承知で協和会と建国神廟について報告し、石原の罵声を浴びた。協和会は実質、民族差別を払拭できず、むしろ差別政策を推進する役割を果たしており、また、建国神廟が伊勢の皇大神宮を分祀することになったことについても、異民族は精神的隷属化が決定的になったと反発を強めるというのである。いずれも三品の担当ではあるが、到底、三品一人の力では大勢に抗する事が出来なかったのである。

三品の例は、石原思想がなまじいな覚悟では実践できないことの例証であろう。三品が手紙の続きで、「日支両国の結合提携の実を具現し、以て時世の急に処するの絶対一路なるを想ひ、しがなき情報勤務者の御役目を勤めつ、ある次第」というのは謙虚な自省であるが、彼の存在が東亜聯盟協会の同志にとっては物心両面での大きな支えであったことは多くの関係資料の物語る所である。

**智学没後の国柱会**　三月三十一日付の国柱会講師保坂富士夫の書簡は、田中智学没後、内紛状態にあった国柱会周辺の事情を石原に伝えたものである（58）。この書簡は石原の求めによって書かれたものではなく、石原との関係が疎遠になることを懸念した保坂が自らの意志で報告したもので、石原は国柱会の内紛には積極的な関心は示さなかった。

**統制主義**　四月二日付の杉浦書簡（59）で注意を要するのは、従来、石原陣営で「全体主義」と言ってきた概念を「統制主義」に改めたことで、これからは「計画経済」も「統制経済」と云うようになる。これは「自由主義」とか「自由経済」に対立する概念として、より正確であるというばかりでなく、戦時統制の中にあって、「統制」という概念は「全体」とか「計画」より遥かに実態になじみやすい言葉であったからだと思われる。

**興亜諸団体統合問題の進展**

　第一節で書いたように、興亜諸団体統合問題は、本来、阿南次官等の東亜聯盟に対する好意に出たことであったが、東條憲兵政治の中にあっては交渉に気の抜けない場面もある。杉浦が「興亜諸団体の足並が予想外に乱れてまゐりますと、或は逆に面子維持のため、弾圧が加はる可能性がある」と懸念するのは、彼が交渉の限界を意識するからであろう。

　しかし、一面、交渉の席上では当局（興亜院）側に「東亜聯盟協会ハ大体解消セズト判断シアルヲ以テ」とか、「諸団体一部ノモノニハ東亜聯盟ノ石原閣下以下ノ同志参加セバ興亜同盟ノ主流ヲ奪取サレルタメムシロアマリ勧誘セザル方可トスト考ヘルモノアルヲ否定セズ」とかいうような弱気の発言が目立つ。東亜聯盟側の勇み足を誘導する意図があったのかも知れないが、究極の脅迫が、「我々トシテハ、閣下、木村氏ソノ他有能ナ人ガ今後活動部面ヲ狭クナルコトノナイヤウニ」（59同封別紙）というようなところであった。

**弾圧の中での朝鮮問題**

　興亜院を仲介にした統合問題が容易に進展しない中で、特高による弾圧路線が勢いを増す。しかもその矛先は東亜聯盟と他の興亜諸団体との矛盾を広げる部分を突いてくる。曺寧柱が特高に逮捕されたのは、東亜聯盟が、外部とは勿論、内部に於いても微妙な対立点を抱えるのが朝鮮問題であることを見込んだ特高の東亜聯盟分断策であった。四月十八日の石原への報告（61）の中で杉浦が、「曺君は利用された る形にして当局も同情してゐるが送局は免れ得ないであろう」という情報を伝えている。同情しながらも送局を免れ得ないというのは、興亜院の立場から特高の動きを視ているからであろう。同時に、東亜聯盟側が懸命な救出活動を続けるのも曺寧柱問題が、単に一個人の問題ではなく、組織の最も基本的な存立条件がかかっているからである。言い換えれば朝鮮民族の民族意識に応えられるかどうかに東亜聯盟の存在意義が問われていたのである。

**大阪新聞の中所豊**

　五月一日、朝日、毎日を除いた大阪の各紙が整理統合され、「大阪新聞」が創刊された。一月末から三月末迄、従軍記者としてマレー戦線にあった大阪時事の中所豊も、帰国後、新しく生まれたこの新聞で働いていた。五月十日の大阪新聞に石原の「わが国の政治体制」が載ったが、これは中所が、石原の国防論の中から政治組織に関する部分を抜き出して、その一国一党制と聖断論の主張を「大東亜解説」というコラムに仕立てたものである。五月十七日付の書簡（62）で、「相当、反響あらうかと存ぜられます」と得意げに報告している。確かに言論統制の厳しい時代に石原の思想を宣伝する上では、彼のような器用で際どい存在も必要であったかも知れない。中所自身「同志を獲得するといふことは、結局、職場に於て東亜聯盟理論を徹底せしめることに外ならぬ」と言っているが、彼が取材先の中部軍で、中野良次大佐とか難波三十四中佐というような参謀連と、石原を語り、東亜聯盟を論じたというのも組織の維持という点では多少の意義があったであろう。

### 中所の田中直吉批判

その中所が、六月十四日付の石原宛書簡（76）で、当時、立命館大学法学部長であり、また東亜聯盟関西事務所の中核であった田中直吉の講演の低調振りを口を極めて罵倒している。京大事件で辞職した教官という田中の履歴が過大な期待を懐かせていたのかもしれぬが、中所の失望は、むしろ同じ石原思想の信奉者といっても、地政学などをめぐっては、中所と田中に極めて大きな思想的隔たりがあったことを示しているように思われる。こうした具体的問題に対する見解の隔たりは、石原信奉者一般にみられる傾向である。ただ中所の場合、こうした遠慮のない同志批判が極端で、やがて、中所自身に対する同志間の反発や批判としてはね返り、中所の中央参与会員資格を問題視する動きとなって表れた。それに対して石原は、中所の言動は或いはそうかもしれないが、大阪における唯一人の中央参与会員であり、一度、同志とした者に軽々しい取扱をすることは反対だという立場を取っている（95）。

### 「日蓮無用論」

『東亜聯盟』には、昭和十七年（一九四二）三月号から翌十八年一月号まで計八回に亘って雷撃山人の「老骨談議」という連載があった。雷撃山人のスタンスは、予備役になったばかりの多田駿陸軍大将を想定させる陸軍の長老が、水戸黄門ばりの天下の御意見番を演じているという設定で、自在に書かれた社会戯評であった。太平洋戦争が始まって言論統制が一段と厳しくなった中では信じがたいほど痛快に、戦時下の社会事象に筆を走らせていた。その主張は、ほぼ石原の云わんとするところを、石原の兄貴分的立場からやや辛口に代弁していたが、筆誅の及ぶ範囲は味方陣営も例外としなかった。

この「老骨談議」が昭和十七年五月号に「日蓮無用論」を書いたのである。石原自身の信仰については敬意を払いつつも、日蓮信者をよそおう偽物には我慢がならないとして、「東亜聯盟は日蓮主義と一つではない。東亜聯盟論は信奉するが、日蓮主義は信じない。好かない思うたとて差つかえはなかろう」と言ってのけたのである。これにはさすがの石原が憤慨した。

確かに、東亜聯盟にとって日蓮主義は強みであると同時に弱みであった。石原自身は田中智学から信仰の基礎を与えられ、自らの研鑽によって揺るぎない信仰を得ていたが、東亜聯盟の同志を折伏する態度は取らなかった。だが、それは東亜聯盟にとって日蓮信仰が必要条件ではないと考えていたことを意味しない。日蓮信仰によってもたらされた最終戦争の予言は、彼にとっては東亜聯盟思想の根底をなすものであった。五月二十一日の淵上宛（63）及び増川宛の手紙（64）で石原が「日蓮無用論を読み不愉快、憤慨いひ難きものあり」とし、特に増川宛の手紙に伊地知則彦からの痛憤の手紙を同封したのは、日蓮主義に対する無理解が東亜聯盟の思想的分裂をもたらすことへの深刻な懸念をかかえているからであった。

然し、石原は、この件で、編集部の増川が五月二十四日付速達（65）で正式に謝罪し、六月号に謝罪文を掲載するとしたことについては、その謝罪文に多少筆を加えただけでこの件を落着させた。また、雷撃山人の覆面を脱いだ中央公論の福島昌夫が、「未だ私はかの駄文を記しました時の心を変ずるに至らない」（69）と開き直って告白したことについても、「私としてもあの様なことが日蓮聖人を信ぜざる人々から申さるる事は十分理解せらるるところ」（74）と許容したのである。雷撃山人の役割についてはそれなりの評価を与えていたからであろう。

## 農業講習会の役割

産業別就業者の比率で、なお、四十四パーセント以上の人間が第一次産業に従事していた一九四二年当時の日本にあって、東亜聯盟の地方組織を立ち上げる場合に農業講習会の役割は決定的であった。しかも戦時中、権力からの圧迫を受ける中で組織を拡大するには相当の警戒心が必要であった。六月十日の石原宛書簡（73）で淵上が農業講習会に高倉テルと中央公論の木村の出席について了解を求め、十二日付の淵上宛葉書（74）で石原が了承を与えているのはその為である。

高倉テルは、大正・昭和時代の作家、社会運動家として知られた。戦後は長野県選出の共産党代議士として党中央委員にもなり、GHQのパージ追放後も異色の文化人指導者として影響力を残し、中国に共産党政権が出来ると亡命して北京に日共党員養成学校を作り、その校長になったことでも話題を撒いた人物である。

しかし、結局、高倉は講習会には姿を見せなかった（78）。

## 興亜院との交渉

九月には一応の決着を見ることになる興亜諸団体統合問題も六・七月段階ではまだ落としどころが決まっていなかった。交渉相手は興亜院や警視庁（内務省）の外、統合の相手先となる大日本興亜同盟などであったが、主な窓口は興亜院であった。背後に憲兵隊も睨みをきかせていたとはいえ、交渉相手が分散していることは煩わしさの反面、相手側の矛盾をつく上からは有利であった。協会側からは「無理なる統合は当初の公約に反す」（77）としつつ、東亜聯盟独自の主張が統合に依って損なわれる点を繰り返した。杉浦の人柄を反映してか「各方面とも第一線の者は、協会の態度を支持してゐます」（80）というような雰囲気の中で、協会は解散要求を拒否し続けたのである。

## 講演会と座談会

石原莞爾の魅力は、戦時中の限られた情報の中でも世界戦局の大勢を見失わないことにあった。これは戦意昂揚の為にデマ情報を流し続けている当局にとっては恐るべき存在であった。彼等が意図して東亜聯盟を赤呼ばわりしたり、敗戦主義者と罵ったのはそのためである。

それに対抗するために石原は意見を発表する場合、最初から公開を目的とした講演と、信頼する同志間に限定した座談会とでは語る内容を厳密に分けた。講演は基本的に翌月の『東亜聯盟』誌上に公開されたが、それに対してすら検閲当局が事前に様々な削除や修正を要求し、時には原稿全体を没としたことは杉浦の書簡（50）に見た通りである。ましてや座談会で話す内容は、厳しく日本の現状を批判していて、とても公開できるようなものではなかった。石原が淵上に「兄の選定する少数の真の同志との懇談（全く他人を入れずに）に重点を置く方式に今から堅く御願ひ致し置き候」（81）と要求するのも、「当方、極力秘密に出発可致、成るべく気につかれぬ事肝要」（108）というのも、石原が必要としていたものが表面的な組織の拡大ではなく、頼みになる同志の獲得であったことを物語っている。

**周佛海の来日**

七月十二日には南京政府財政部長兼中央儲備銀行総裁の周佛海が来日した。彼は三十日まで、二十日間にわたって滞在し、政財界の有力者と会談したばかりでなく、講演会なども開いている。十六日に杉浦は牛島辰熊や増川と共に周を帝国ホテルに訪問したが、僅か七・八分しか会えなかった。それでも「閣下は御壮健なりやと問ひ、種々の事情にてお伺ひ出来ざるのが残念」と言われ、最近「政治の独立」の項を撤去出来ぬかと圧力をかけられていることを訴えられている（83）。十一月八日付宮本忠孝の書簡（109）で「先般、中国政府某代表者来朝の砌、東亜聯盟（中国の）の名を興亜同盟とかに変換してはとかの日本側よりの申出」云々と語られている「中国政府某代表者」も周佛海のことであろう。

**杉浦晴男の情報源**

東亜聯盟の組織防衛の為には、出来る限り正確な情報があるに越したことはなかった。そうした情報収集において、杉浦の抱える人脈は極めて貴重であった。七月二十二日の書簡で杉浦が軽井沢に後藤隆之助を訪ね、「二晩三日、徹底的に話し」あったことを、「今後の会運営についていろいろ得る所多かった」（85）というのは誇張ではなかったと思われる。

**此度の戦ひは兄等の勝利**

九月には大東亜省の設置が決まり、拓務省や対満事務局と共に興亜院も廃止されることとなった。興亜院は廃止に先立って、従来、推進してきた興亜諸団体統合問題に一応の決着をつけた形で打ち切ることとし、それによって東亜聯盟協会も、東亜聯盟同志会と名称を変えただけで存続できることとなった。従ってこの問題がほぼ決着を見た九月二十六日、淵上辰雄宛の葉書で石原は「此度の戦ひは兄等の勝利と存じ候」（102）と評価出来たのであった。

淵上などが新しい地域に進出する場合に、とっかかりとしたのは、国柱会のような東亜聯盟に友好的な組織であった。九州には既に福岡、長崎、熊本に東亜聯盟の支部があったが、石原の希望する「下からの組織作り」には従来の地方名望家に依存することは望ましいことではなかったから、地方組織の再建は殆ど新天地を開くに等しい努力を要した。

## 創生会

その場合、昭和十六年末に飛行機事故で急逝した清水芳太郎が残した「創生会」は淵上にとって天与の土壌であった。「創生会」は既に解散していたが、石原と清水には親交があった上、天才的な発明家としての清水の理念には石原に極めて類似したものがあり、その会員であった人々に東亜聯盟思想を吹き込んで新しい福岡支部を創成しようというのが淵上の構想であった。福岡は淵上の故郷であるだけにやりにくい側面も見えており、「閣下御西下の時迄に創生会が支部を組織して居ればよいですが、その時機に至りません時は、一日、創生会の為に時間を取って懇談してゐただけないでしょうか」(88)と頼んでいる。組織作りに於いて、やはり最後の頼みは石原の話しの魅力であった。

## 『池本農業政策大観』

池本の執筆断念後を引き受けた武田邦太郎の努力が実って六月初旬には原稿が完成、池本による校閲が始まった。然し、天才肌の池本は自分の名前を冠したこの原稿について容易に校了を認めず、終に武田は淵上に約束した原稿引渡の期限を守ることが出来なかった。六月八日付の武田から石原宛の詫び状(71)はその時のものであるが、今日、これを読むと、逆に指導原理完成に賭けた石原の焦慮が浮かび上がる。それに石原の構想では「東亜聯盟農業政策」を望んでいたのだが、池本には、石原の最終戦論に自分の農業理論を無理してかみあわせる意志がなく、折角の武田の原稿にも徹底して校正を入れたため、時間的遅れのみならず、完成したものも到底「東亜聯盟農業政策」といえるものではなくなり、『池本農業政策大観』(昭和十七年十月刊)となった(71・94)。以後、東亜聯盟関係の原稿に関しては、武田はその一々について池本に相談しなかった。池本の期限を無視した完璧主義が嫌われたためでもあるが、池本が石原の都市解体論を認めなかったことが根本である。以後、武田の原稿は期待通りに届けられるようになった(112)。

石原は殆ど生理的と言いたいほど寡欲であり、経済的には極端なまでに潔癖であったが、そのことは彼の日常生活を様々な側面で余裕のないものにしていた。六月に母の鉦井が中風で病臥すると、それは即座に石原の行動を束縛した。十月遊説の予定は十一月に漸く実現するが、それは姉の中村志んの協力を得てのことであった（87）。ただ、十月には、遅れていた『池本農業政策大観』も出版され（104）、この冬の工作重点もその普及徹底に置かれることとなった（106）。

## 会費制の確立

木村武雄の東亜聯盟運動と、石原莞爾のそれとを最も鮮明に別けたものは会費制度であった。両者の考え方の違いは両者のあげる会員数の差に明瞭である。木村によると東亜聯盟の会員は「正会員数だけで東北の四万を筆頭に、全国に十万余の多きに至った」（『米沢そんぴんの詩』一五四頁）のである。それに対して、石原が押し進めた改革の結果、組織をあげて会員獲得を督励した成果として昭和十九年末に集計された会員数は一万八百六十名である。この桁違いの較差（激減）をもたらしたものが会費制度であった。

石原も、最初に改革を打ち出した昭和十六年四月十日と十月五日の第一回・第二回全国中央参与会員会議での講演の中では会費制度のことはそれほど問題にしていなかった。石原にとっては会員になることと会費を払うことは必然的に相伴うことで、会費制をとることにそれほどの抵抗があるとは予想されないことであったのか、逆に、抵抗の大きさを考えて意図的に持ち出さなかったのかは分からない。

ともかく石原の注意に従って、協会は『東亜聯盟』昭和十六年三月号に「正会員規定変更」の記事を掲載し、正会員は年間一円五十銭の年会費を納めることとしたのである。そして五月号の会員申込書からは、会費を払わない普通会員と会費を払う正会員の二本立ての会員制度が出来た。

農民組織を母体に運動を展開してきた木村達にとってはこうした妥協が限界であった。当時、現金収入の乏しかった農民達から会費を徴収するなどということは、組織を壊滅させる暴論と思われたのである。しかし、石原にとっては、どんなに些細な会費であっても、会費を負担させないというのでは、会員の自覚が生まれないばかりか、しっかりした名簿も出来ず、組織が闘える組織にならないのであった。従って、昭和十七年の組織改革の後半段階に至って、石原が最も執拗に協会組織に要求したのは会費制度の確立であり、また本部に残った常任委員たちが抵抗したのもこの問題だった。

これに対する抵抗が如何に強かったかは、石原の要求を伝えた六郎と高木清寿に対して、原玉重が、辞任するからやれるものならやってみろという態度に出たことに表れている(75)。また「会費制度が確立出来なければ協会は解散したらいい」とまで考えて石原の代弁をした杉浦が、その故に「この一年、私は皆からさんざん悪口を云はれました」というのも、会費制度が如何に無謀なことと考えられていたかを示している(114)。しかし、困難であればこそ、鉄壁の組織を造る為には敢えてこの課題を出したのである。淵上千津に云わせれば、これは石原が工作員に求めた組織工作の鉄則であった。

終戦前後の東亜聯盟同志会会員数の激増が石原に高く評価されたのも、その数字が会費納入に裏付けられたものだったからである。昭和二十年十二月八日付石原尚宛石原莞爾のハガキには「東聯は東北地方は大発展。四、五万人の会員となりました。会員と申すのは昭和二〇年の会費を納めた人です」とある。戦後、財団法人日本食生活協会理事長になった淵上辰雄が最もうるさく日本食生活協会に要求したのも、石原からたたき込まれたこの組織原則であり、それが今日の信頼される日本食生活協会組織を造り上げたのだという。

## 四　若杉参謀の中国派遣と東亜聯盟の国民組織（高畑町時代）

### 高畑町への移転

先に述べたように番田へ隠棲したことは東條憲兵政治に対する目くらましであっただけに、来客の不便を考えれば早晩、移転が望まれた。一年の余を経て、多少とも警戒感か緩和したと思われる時点で、鶴岡駅近くの高畑町乙一番（現在の山王町一番41）にあった高山樗牛の生家に移ることになった。転居は昭和十七年十一月、石原の九州遊説中に行われた。図らずも家主となった高山孝は当時を回想して次のように書いている。

御縁でお貸しすることになり、私共は取り急ぎ隣家の旧家に引越し、お隣同志という事になりました。閣下の御家族はお病気の御母堂様、閣下御夫妻、早坂と申す書生さん、女中さんでした。弟の六郎様も時折お出なられておりました。さあ、大変、驚きました事には毎日毎日大勢のお客様です。個人、団体、時折は満州から体格の立派な軍人さんも来られて居りました。団体は玄関先に並び、閣下にお目通り、御挨拶頂いて帰られました（蛸井久八篇『石原将軍の思い出』）

ここで昭和十七年（一九四二）末から昭和十八年（一九四三）にかけての戦局を展望しておこう。

**太平洋の戦局**　前年（昭和十七年）八月以来、半年にわたって死闘を繰り返していたガダルカナル島の攻防戦が二月初旬の撤退で終わったことが物語るように、日本軍は東西南北に延びきった最前線を何としてでも維持しようと不毛な消耗戦を続けていた。逆に、米国は南太平洋の制海権・制空権をほぼ掌中にしながら、しかもなお自軍の損害を抑え、日本側の消耗を大きくするために意図して作戦を急がなかった。欧州戦局の帰趨が優先されたこともある。それでも米軍はその圧倒的な物量・情報量を背景として、的確にその戦略目標を定め、包囲網を縮めつつあった。日本軍はガダルカナル撤退以後も、五月にアッツ島玉砕、七月にはキスカ撤退と南北の最前線を後退させる中で、四月には連合艦隊司令長官山本五十六の搭乗機が狙い打ちに撃墜された。

**世界戦局**　世界規模で見れば、一九四三年（昭和十八）の戦局は、まだヨーロッパが中心だった。前年八月以来続けられてきたスターリングラード（今日のボルゴグラード）攻防戦も二月二日に独軍が降伏して決着、さらに五月十二日には北アフリカ戦線でも独軍が降伏した。七月十日にはアイゼンハワーに率いられた連合国軍がシシリー島に上陸、戦局不利の中でイタリーでは七月二十五日にムッソリーニ首相が失脚してバドリオ政権が成立、九月八日に連合国側に無条件降伏した。しかし、その翌日、独軍が介入し、ローマに進軍して巻き返しを図り、十二日にはムッソリーニを救出して政権を回復、バドリオ政権は南イタリーに逃亡、十月十三日に対独宣戦布告をした。

この段階でドイツに対する空襲が本格化する。七月二十四日から三十日にかけてのハンブルグ市に対する重爆撃は死者三万人といわれ、杉浦も八月九日付の石原に対する手紙で「空前の規模なりし由」(148)と伝えている。空爆の心理的効果は国境の壁をゆうに乗り越える。八月十四日、米英首脳はカナダのケベックで統合戦略を協議したが、それには重慶からも宋子文が参加した。

## 石原莞爾の『日記』

昭和十八年(一九四三)からは昭和二十四年(一九四九)六月に至るまでほぼ連続して石原の日記がある。日記とは云っても、殆どの場合、人名や日時・場所など極めて簡潔に書かれたメモに過ぎないから、書簡や文書等と併読するのでなければ意味不明の場合が多い。本資料集では、同一年次の中では、先ず日記を出し、次いで書簡・文書を配置した。但し、章だてを優先したので、章が変わる場合は、年次の途中でも日記を打ちきり、書簡・文書を配置した。

## 三笠宮殿下御進講

視点を石原に戻そう。昭和十八年一月五日の石原日記に、「夜行ニテ出発」、七日に「三笠宮殿下御進講」とある。これは、一月十三日に支那派遣軍参謀として出発されることになった三笠宮崇仁親王に、石原がわざわざ鶴岡から呼び出されて御進講したことを意味する。

三笠宮は中国では若杉参謀という別名で活動されることになっていた。その公式の目的は、政府の「対支新政策」に則り、中国における日本軍の軍紀を正して和平機運をつくることにあった。詳細については既に柴田紳一「対支新政策の決定と若杉参謀の中国派遣」(柴田『昭和期の皇室と政治外交』原書房、一九九五年所収)があり、阿部博行『石原莞爾』にもこれについて要領の良いまとめがあるからここでは重複を避ける。ただ、若杉参謀派遣に際して石原に御進講の機会が与えられていたことと、三笠宮自身が「対支新政策」の要点を、東亜聯盟の主張する「覇道主義ヨリ王道主義ヘノ転換」と捉えていたことは、正に陸軍内部における石原派の健在を示すものであった。

前年十月、米英は、中国の双十節(十月十日)に合わせて対中不平等条約廃棄を発表、引き続いて重慶で、米英ソ中の東亜作戦会議を行った。日本が権益にこだわっている間に、米英側が権益放棄を発表して中国国民の歓心を買い、重慶政権を自家薬籠中に取り込み、抗日戦線を強固に構築してゆく図式が明らかになってくる。心ある者には米英側の戦略のゆとりと、同時に、東亜聯盟の主張の妥当性を認めざるを得ない事態であった。三笠宮の中国派遣に当たって石原が御進講に呼ばれたのは、遅きに失するにしても当局にもそうした認識があったことを示すものであった。

**日本農業革命**

一方、同志会と名称を変えた東亜聯盟も徐々に組織活動に進展が見られる。一月二十二日から二十四日にかけては静岡で、二月八日から十一日にかけては鶴岡で農事を中心とする講習会が開かれた。いずれも、前年十月に『池本農業政策大観』（亜細亜青年社）が完成したことを受けて、石原がその普及徹底を強く望んだことによるものであり（106）、特に鶴岡の講習会は、四日間にわたる講師を武田邦太郎一人に絞って行われたものであった。増川喜久男「郷土建設への前進」よると、定刻十時に開講、午前二時間、午後二時間の講義、午後三時からは五時まで座談会が行われた。初日は吹雪で、会場までの道のりも大変だったが、寒気の中にもかかわらず席を立つことが禁止された。午前と午後で計四時間にわたる講義の内容は、日本農業に革命的変革を迫る厳しいものであった。

この時以来六十余年もたつ今日に至るまで武田によって真剣に繰り返し主張されることになる日本農業革命の内容を、ここで安易に、また冗長に繰り返すことは、当時の石原や武田の切迫した願いを損なうことになるだけだろう。ただ、座談会での質疑には、多少とも出席者の率直な反応を伝えるところがあると思われるので簡単にふれておこう。

質問の一つは、日本人の米への執着についてである。池本農業政策は、日本人も米にこだわらず多種多様な農畜産物を常食とすべしと主張するが、それは民族精神を損なうのではないかというのである。質問というよりは保守的な農民の本能的な反発感情を反映したものであった。第二は、経営規模を最小限三倍に拡大せよという池本の主張は、それでなくとも労力不足に悩んでいる農村の実情に則していないのではないかという質問である。第三には、反当たりの収量増加を主張する池本農政は収穫逓減の法則に反するのではないかという疑問であった。

これらの質問に武田がどう答えたかについてもここではふれない。ただ、これらの疑問なり反発は、池本農政が農村に求めている革命的改革の厳しさからすれば当然のことであった。問題は何故このように厳しい改革要求を、戦争中のこの時期に敢えて農村に突きつけたのかという石原の意図である。そこにこそ石原の面目が表れているように思われる。人間は危機に臨んでしか自己変革をなしえないという逆転の発想が表れているからである。死中にこそ活を求めるのが石原の発想の根本であった。

**東條政権の言論弾圧**　戦局が厳しくなると政府に対する不満が増大する。東條政権はますます言論弾圧を強め、情報操作によって国民の戦意の維持を図った。元旦の朝日新聞は中野正剛の「戦時宰相論」を掲載したことで発禁処分を受けていたが、二月四日付の高木清寿の手紙（123）によると、前年十月以来、同志の鈴木清が逮捕されていた。鈴木は農民作家であったが、彼の逮捕は『中央公論』九月号に発表した「共同作業・移動労力の実際面」を口実とするものであった。

また、石原が小泉菊枝にあてた手紙（127）によると『東亜聯盟』二月号掲載予定の原稿の削除は、蒙古では「蒙古語を話さねばなりません」という一語が、朝鮮語の撲滅を策している朝鮮総督府の忌諱に触れたからであった。民族文化を尊重することで民族の心をつかもうとする東亜聯盟思想と、内鮮一如の美名の下に民族固有の言葉を奪うことで民族の独立心を根絶しようと焦っていた小磯朝鮮総督等との思想的落差は顕著である。

**国民組織の建設**　そうした中にあって、石原が急いでいたのは東亜聯盟同志会を中心とする国民組織の建設であった（122）（125）（128）（134）（135）（136）（140）（149）（155）（157）。これは昭和十五年に行われた近衛の新体制運動が、挙国一致の国民組織の結成を目指しながら、一国一党制を国体に合わないとして退けた結果、翼賛政治会、大政翼賛会、翼賛壮年団の三者鼎立に終わっていることを憂え、「一億同胞をして生きた一体」とする戦うための国民組織の結成であった（杉浦晴男「党部と国民組織」『東亜聯盟』六月号）。究極においては、これは最終戦争に備えた一国一党的政治組織体の結成を目指すものであるが、石原にしても十八年の六月段階では漸く『国民組織要綱案』

を出版に漕ぎつけ得たにとどまっていた。

**都市解体論**

時局の急迫は石原の存在を社会的によみがえらせる。一つはヨーロッパ戦局における凄惨な空襲被害である。七月末から八月にかけて、ドイツ国民の戦意を喪失させるために米英が、昼夜を問わずハンブルクやベルリンに加えた戦略重爆撃は、石原の予言の的確性を証明するものであった。八月十九日の毎日新聞は四段抜きの紙面で、石原に空襲対策としての「都市解体論」を語らせたのである。「世界近代戦にそなえるためには、まず都市分散が焦眉の急務で、空襲の警告は天が日本に、この大国策決行の絶好の機会を与えてくれたものである」という石原の論法は、逆境にあるものに勇気を与えてくれる。杉浦も「今更ながら、肝銘深く承りました」（148）とその感激を伝えた。

**中国情勢**

世界の戦局が、次第に連合国側に有利に展開する中で、尚、中国情勢は一進一退を繰り返していた。その六月十五日に召集された第82臨時議会に出席するため帰国した木村武雄から、この時期に上海において成立した全国商業統制総会という経済団体と中国聯合出版公司という文化団体のことが報じられている（137）。木村によれば、これら二つの機関が強力に動けば事変処理も近いのだが、「その為めにはどうしても日本側有力者との相談が必要、その人物は日本に於て池田成彬老以外にはなしと思はれ工作を進め居り候。但し政府、軍は池田老に白紙委任状を渡す必要有之候」というのである。これらは、木村が上海の木村公館での活動を通じて築き上げた経済界や文化人の人脈を通じて日中講和への道をさぐろうとしたものである。議会終了後の訪問が予告され、木村は二十三日に鶴岡を訪問した。

七月七日付で河辺虎四郎が書簡をよこした（141）。当時、河辺は第二航空軍司令官として新京に駐在していたが、日中戦争開戦時、参謀本部の第一部長と戦争指導課長という関係の中で、共に事変の泥沼化を予想し拡大阻止に努めた時を回想し。戦局の行き詰まりの中で、改めて石原の見通しの適確であったこと、陸軍が組織としてその見識を生かせなかった無念を痛嘆したのであろう。

七月五日付で予備役になり東京の妻子の許に帰って来た南部襄吉から、七月二十二日付の書簡（143）がきている。中国にあった二年半の情況を報告したものである。純然たる作戦に明け暮れた連隊長としての一年はさておき、旅団長となり、後方勤務についてからは貴兄（石原）の心をもって中国人に対処してきたが思うに任せなかった。原因は、南京政府要人の自己利益優先、日本人の悪質な利得行為、日本人当局者の頻々たる交代で中国人の信用を得られない点などと見ている。結論として「自嘲的な考乍ら、大和民族の偉大性は国体、歴史の上にのみ存し、現実は眠って居り、米英の感化反って深刻なるが如く思はれ候」と結んでいる。

**八月ニ大事**　八月になると、世界戦局における枢軸側の劣勢を反映して、日本国内でも内閣更迭を望む重臣達の動きがあった。岡田啓介が平沼騏一郎や近衛文麿等と諮り、重臣側が政府首脳を招致する形での懇談会が三十日に開かれた。

その八月二十八日午後三時、大川周明は、鶴岡の「きくち」で石原に会い、夕食を挟んで五時間の会談をもった。会談後、大川は帰京、東久邇宮内閣の擁立に動いた。牧野伸顕の秘書的役割を果たしていた下園佐吉に対し、牧野への面会を申し入れ、東久邇宮内閣成立の必要を説いた。下園から「宮様は政治に経験はなし。結局誰かが実際国政を運用する外なきこととなるべきが、それは誰を考えて居るのか」と聞かれ「石原莞爾なり」と答えたという。下園は「其の考想が余りに単純なるにあきれたり」と云うが、下園からこの話しを聞いた木戸幸一は「大川は熱血漢なれば警戒を要すべし」と日記に書いた。下園と木戸の理解には温度差が感じられるが、何れにせよ彼等が、石原に警戒感を抱いていることは間違いない。

翌十九年二月の日記に石原は「十八年八月ニ大事」と書く。

バドリオ政権の名でイタリアの降伏が発表された九月八日、東京の街頭では夕刊が飛ぶように売れた。奪いあうようにして買い求めた新聞に見入る人々の表情には心の激動が表れていた。しかし、翌日からの迅速なドイツ軍のイタリア侵攻作戦によって人々の表情からは危機感が薄れ、再び安易な惰性が復活した。ただ、無理をして戦場を拡大した日本軍の戦略的不利は、情報をふさがれた庶民の目にも痛切に感じられており、それが本能的に明確な見通しを持つものを渇望する。それだけに石原に対する政府当局の監視の目は厳しかった。

## 石原の東奔西走

庄内はさておいても、全国の同志からの要望に基づいて本部や拠点支部などから要請された講習会が引きも切らず、石原の日常は文字通りの東奔西走が続く。主要なものだけでも、八月十七日から二十日にかけて弘前での「津軽支部講習会」、二十二日から二十四日の鶴岡郊外楠公館での本部主催「農事講習会」、九月十五日から十八日の北上支部講習会、岩手県翼壮団幹部講習会、十月二日から四日の高松での四国地方講習会、五日の播州支部、六日の阪神支部、九日の京都支部の講演会、十一月二十八日から十二月九日までの山陰・九州巡歴での今市、大村、小浜における講習会、十二日の阪神支部責任者会議での講演等が挙げられる。

石原自身の東奔西走もさることながら、東亜聯盟同志会会員、特に幹部クラスの鶴岡詣でも尋常ではない。このことは石原の吸引力と同時に、同志会組織の石原への依存度の高さを物語るものである。その点、山本勝之助に「本部の諸氏　善良に候へ共　あまり閣下の眼光をおそれ　男子の意気を喪失し　独自の考へを持たず」(124)と批判されるような面があったのかもしれない。ただ、会費制度の確立や、ヤミなどの不正行為への不寛容など、石原の要求には常識的には実践が困難と考えられるようなものが多かったから、常任委員全員の足並みをそろえる為には頻繁な鶴岡詣でもやむを得なかったであろう。

## 鶴岡での常任委員会

勿論、常任委員や工作員になっている人々は、それぞれがかなりの人物であったから独自の判断で行動出来ない訳ではない。たとえば十一月二十五日付杉浦の速達葉書(165)が物語るように、「昭和維新の本質」の執筆など「目下智津氏立案中」というように、石原には組織員が各自の判断で自発的に活動するのを喜ぶ姿勢があったし、特に組織の末端に連なるような人々の行動に関しては相当の逸脱をも許容する姿勢があった。同時に、石原は、人々の理解度や許容量を計って要求水準を変えたから、組織の要になるような人物に対しては尋常でなく厳しい姿勢で臨むところがあった。戦後の事になるが、淵上千津などには「まるで淵上（辰雄）は故意に虐められている」ようにさえに見えたという。

杉浦などが殊更に常任委員会を、工作員をも含めて鶴岡で開こうとしたのは、石原のこうした、人々に対する取扱の温度差を組織的に解消する手段であったとも思われる。一面、人々が交通不便な鶴岡参りを厭わなかったのは、石原の話がそれだけの労に価する値打ちがあったからである。八月四日、九月二十四日、十一月四日に引き続いて十一月二十六日にも鶴岡で常任委員会が開かれたが、十一月四日の常任委員会には全国工作員も同行している(160)(162)(163)。

**弾圧の多様性**

この段階に来て当局の弾圧も次第に陰湿で多様になる。十一月五日、元政友会系の県会副議長であり、東亜聯盟庄内支部の農事部長であった阿部久兵衛が「恐喝、詐欺、横領」容疑で鶴岡署に留置、さらに二十日からは鶴岡刑務所に拘留された(171)。

年末の十二月二十八日には治安維持法違反(独立運動)容疑で未決のまま長く拘留されていた曺寧柱が予審判事の好意で保釈された。判決は懲役二年、未決通算三百日、二年間執行猶予であり、身元引受人の福島清三郎は「先方が政治的に判決を下して居る以上は上告しても結局無駄だから上告せず服罪したら」という意見だったが、曺は「あくまで闘う」と言っており、石原の判断が求められている(174)。そうした状況は十九年になっても変わらず、年頭には名古屋の朝鮮人同志尹奉玉(井上義郎)が、これも独立運動容疑で逮捕・拘留された。朝鮮半島の人々との団結が強く要求されている時に、当局者がまさにその人々を敵に追いやるような行動をとることに対して、石原は心を痛めた(177)。

**大東亜会議とカイロ・テヘラン会談**

十一月五日、日本政府は満州・中国・タイ・フィリピン・ビルマの政府代表を集めて大東亜会議を開催した。連合国も十一月中にカイロとテヘランで首脳会談をもったが、連合国側の会談が二つに分けられたのは主として中国とソ連に対する配慮からであった。十二月一日に連合国はカイロ宣言を出して日本に無条件降伏を迫ったが、これには蒋介石も参加していた。

**インパール作戦**　個々の戦闘に関する限り、兵站の伸びきった遠い戦場で戦うより、出来る限り近くの一点に兵力を集中した方が有利であることは知れたことである。しかし昭和十九年（一九四四）になっても日本側にはまだ広大に伸びきった戦線を整理縮小する戦略は出てこなかった。それどころか一月七日には大本営はインパール作戦を認可してインドにまで戦線を拡大しようとしていた。

**講習会活動**　こうした中で各地からの要望に応えて石原の地道な講習会活動は続けられる。昭和十九年一月四日から七日までの千葉県中根村での関東・東北講習会では、主催者となった関東地区や北陸の東亜聯盟組織にいろいろの不測の事態が起こって、殊に食事数など齟齬を来していたのを村長の好意的斡旋で無事に乗り切った。厳しい食糧事情と交通難の中での講習会には平時には想像のつかない困難が伴ったのである。

一月八日・九日の福島県中畑村での講習会には、その最前列に棚倉村から女子青年団数名を率いて参加した小野姉妹たち娘子軍八名の姿があった。この小野三姉妹は国柱会の二世で長女克枝は東大医学部看護婦養成施設の出身、戦後、病臥した石原の看護に当たり、酒田の軍事法廷に付き添ったことで知られる。講習会後、石原は十日に早田伝之助等のいる半田村に寄り一泊する。半田村も東亜聯盟運動の拠点であった。鶴岡に帰っても講習会への要望は続く。二十二日から二十四日にかけて湯の浜温泉朝日館で庄内支部青年隊の講習があった。

この一月六日、多忙な講習会の日程を割いて石原はわざわざ館山市舟形町に多田駿大将を訪ねている。中根村から中畑村へ行く途中としてはかなりの寄り道になるが、多田からは立ち寄ることを懇望されていた(167)。戦局の行き詰まりの中で、多田ほどの人間でも、石原の的確な見通しが欲しかったのである。

**元国柱会員山本又との関係**　国柱会は石原が日中戦争拡大阻止に躍起になっている時に戦争を鼓吹する方針をとったことでも分かるように、石原を有力会員と遇してはいても、石原思想に理解を持とうとはしなかった。特に田中智学の没後はとかく関係がギクシャクしていたが、会員中には石原ファンも多く、特に地方組織は淵上などの工作に協力的だった。従って会員の重複も多かったのである。

昭和十九年一月、静岡支部の集会に出た淵上は、その席で、二・二六事件関係者で出獄後、伊豆の山奥で炭焼きをしていた元国柱会員山本又に出会った。彼は事件では同志との盟約で石原を殺害する役目をになっていたが、ピストルを向けながら石原をどうしても撃てなかった。「あの時の態度は法華経の行者であるだけに一番立派であられた」と山本は言ったが、その話しを聞いて皆の気持ちも盛り上がった。そのお蔭で、「私も全力を尽して皆にお話出来たので合掌しております」(178)と淵上はその日の感激を伝えたが、それを読んだ石原も「山本氏のこと誠に感慨深き思い出に御座候」(182)と応えている。

### 石原の講演内容

ここで昭和十九年に入った段階における講習会での石原の講演内容にも少しふれておく必要があろう。「国民社会主義ドイツ労働党初期の運動」と題したこの講演内容は、主として一九二〇年代の権力を握るまでのナチスの運動を、ヒットラーのマインカンプに沿って述べたものである。しかし、石原の本当の目的は、ナチスを論じてヒットラーを賛美することではなく、むしろナチスとの対比でマルキシズムの民族政策を持ち出し、それらの批判を通じて東亜聯盟の民族政策を述べることにあった。次の例を見よう。

今日、民族問題を最も巧みに解決し得た国は、世界における優勝の地位に上る一つの資格を獲得するわけである。あの鈍重なソヴエートが今日、厖大な戦力を以てドイツに対抗している一因は、ソ連の民族政策が相当な成功を納めているにあると信ずる。国内に幾十の民族を包含しているソ連は、民族問題に関し深刻な体験を重ね、逐次、今日の成功を収めたのであろう(『東亜聯盟』昭和十九年三月号五頁TR16-八五頁)

当時の厳しい検閲の中で、ソ連の民族政策に関するこれほど高い評価は、盟邦ドイツのナチズムを語るという演題の中でしかありえなかったであろう。石原は何もアウトバーン政策におけるヒットラーの成功を賛美するためにナチスを論じたのではない。革命前のレーニンが「奴隷の言葉」をもって革命を語ったように、石原も「奴隷の言葉」をもって東亜聯盟を語っているのである。

**三分ノ一誠心を回復したならば**

二月になっても五日から七日が湯の浜での庄内講習会、十五日から十七日の関西地方講習会、二十一日の豊橋、二十二日の浜松、二十三日から二十六日の東京と講習会や座談会は続く。その二月の日記の備考欄に石原は次のような予言めいた言葉を書いている。

十八年八月ニ大事　十九年六月迄1／3改心セバ十一月迄　二十年八月迄1／3改心セバ二十一年八月迄
（其以後ハ最終戦争ニ引キツグ）

石原はこの頃、同志に対しては「日本人が三分ノ一誠心を回復したならば必ず天佑が降る」と云っていた（『東亜聯盟』昭和十九年十一・十二月合併号26頁ＴＲ17―六二頁）。この「誠心回復」を、東亜聯盟の会員獲得目標と読み替えることも可能であろう。これがどれほど前途遼遠の目標であるかは、当時最大の会員数を誇った庄内支部ですら十九年の会員獲得目標が全人口の五十分の一であったことをもってみてもわかる（南田米三「庄内支部通信」昭和十九年六月号ＴＲ16―一七九頁）。ただし、これも終戦前後の会員数の激増を考えてみると、状況次第では可能性がなくはなかったのである。

**速見鉄工所訪問**

三月も二十二日の庄内支部参与会員会議、二十五、二十六日の北陸地区講習会、二十七日の宇奈月における工作員会議（186）と地道な活動が続くが、二十八日の高岡市伏木国分の速見鉄工所訪問は石原に取っても感慨の深いものだった。というのもこの速見鉄工所は、二年前から東亜聯盟の同志が経営の刷新に取り組み、石原も相談を受けてそれに関わり、かなりの成果を挙げていたからである（樋口義重「速水鉄工所の東聯運動を顧みて」『東亜聯盟』昭和十九年十一・十二月号）。

**人事には限度あり**

四月、石原は、北京市にある華北東亜聯盟月刊社の社員石沢四郎、稲葉正三の両氏を通じて中国の同志から質問を受けた。これに答えて、現実の日中講和問題にかなり踏み込んだ見通しを述べている。質問は、蔣介石をどう考えるかということと、この戦局の煮詰まりの中で、東亜聯盟が依然として文化運動に止まる理由を聞かれたのである。それに対して石原は、「蔣介石は世界的大人物」と云い、文化運動に止まる理由については「日本は東亜古今でもまれな組織的言論の弾圧下にあり。これに対しては慎重巧妙な戦術を必要とする」ということと、「ほどなく政変が起こるだろうが、東亜聯盟はその時もまだ政権の圏外に立つであろう」という見通しである。一面、「次期政権は言論結社の自由を許すであろう」ともいい、「そうなれば勝敗は案外速やかに決定する」に違いないが「この勝利が得られなければ、国民党を通じて日華両国民協力の政治組織の結成は不可能である」というのである。東亜聯盟を呼びかけている人間としては無責任ともとれる発言であるが、そのことについても「このような悠長な態度は危険だが、人事には限度があり、日本も東亜も亡びないから中国の同志も心静かにされることを希望する」と云っている。状況の変化を忍耐強く待つ以外にないのである。

## 石原の病状の起伏の激しさ

このところ石原は持病である膀胱内腫瘍が悪化していた。この病気は、腫瘍が崩れ、傷口を尿中の塩分が刺激して激痛がはしるのと、尿中に流れ出した血膿で尿道がつまって尿閉塞を起こすので急速に生命の危険にさらされる。座骨神経痛も起こっていた。しかし尿閉塞が解決されると病状は改善する。それに石原は克己心が尋常でなく、病苦を表情に表さないから、彼の許を訪れた人も普通は病気に気が付かない。従って、彼の病気は外見的には異常に起伏が激しい。

四月十六日に池本喜三夫が訪れた時には喜んで一緒に湯の浜温泉に出かけたが、二十一日に池本が講演会を開いた時には欠席、さらに別れを告げるために訪れると医者から面会謝絶を告げられ、特別扱いでほんの数分挨拶しただけで辞去したが、池本が他に挨拶回りして駅に出てみると石原が見送りに出ていた。池本は石原の友情の厚さに感激しているが（『農公園列島』東明社昭和48年）、確かに絶望的な状況に臨んでの石原の精神力は驚嘆に値する。そうした中で人の来訪は絶えない。五月には、恐らく政変の予測から大政翼賛会興亜局長の永井柳太郎や三井銀行企画部長の泉山三六や木村武雄などが訪れている。求められれば講習会の要請にも応じている。

**ヤミの撲滅運動**　直接、石原の関係したことではないが、周辺に起こったこととして外山卯三郎のヤミの撲滅運動も見逃せない。これは外山が東京都杉並区神戸町の町内会副会長として取り組んだ配給ルートの改善策が、はしなくもヤミの撲滅につながった話である。河川への鯉の放流や、隣組の共同耕作による農園や養豚、木村農法を通じての東亜聯盟思想の普及なども行った(195)。外山という人物が単なるインテリでなく、創意工夫に富んだ活動家だったことを物語る。石原が貴重な蔵書を外山に預けたことには、言外に彼への評価が含まれていた。

**戦局の煮詰まりと病状悪化**　六月に戦局は一段と煮詰まってくる。六日にはヨーロッパでは連合軍がノルマンデイに上陸、十五日には米軍がマリアナ群島のサイパンに上陸する。石原の講習会には日蓮主義の講習が増える。石原の病状も進行し神経痛が悪化している。

## 五　政変と石原陣営（高畑町時代　2）

昭和十九年七月七日にはサイパンの守備隊が全滅、これによってマリアナ基地が米空軍のものとなり、東京をはじめとして日本本土の主要都市が全てB29の爆撃圏内に含まれることとなった。

**政変予測と石原陣営**　その七月八日、政変を予測した中山優の示唆と了解の許に、朝日新聞記者茅原（千原）楠蔵が石原を訪れ、政変が起これば発表するという腹づもりを持って彼の政局展望を聞いた(197)。十二日には産業新聞の菊池健次郎も社命を受けて石原を訪れている(198)。また、九日には、柔術家で皇宮警察師範の牛島辰熊と、大本営参謀津野田知重少佐が石原を訪れたが、彼等は、もしも政変が起こらなければ、東條を暗殺してでも政変を起こすという目論見をもっていた。その彼等にしても、事を起こすに当たっては的確な見通しが欲しかったのである。

## 怪文書事件

七月十八日に東條内閣が総辞職、二十二日に小磯内閣が成立した。石原が予言した政変が起こったのである。しかも石原は、この政変で成立する政権に対しては「言論結社ノ自由ヲ許ス」可能性を指摘していた。石原周辺が色めき立ったのも無理はない。そのトップバッターが茅原楠蔵であった。彼はこの七月八日・九日の両日に石原から聞いた話を「某将軍の時局談」としてまとめ、大東亜省内外各方面に配布したのである。

これは先ず、東條政権の軍事的・政治的大失態を具体的に列挙し、東條ら責任者を軍法会議にかけて処刑し、天皇の御親政を回復する、それ位の非常措置を取るのでなければ敗戦は必至であると云うのである。東條政権が倒れた後とはいえ、日本陸海軍の戦略の誤りをあからさまに指摘し、その責任を追及したこの文書が、東條の息のかかった東京憲兵隊の知るところとなって無事にすむ筈はない。忽ち茅原は逮捕拘禁された。この怪文書事件については高木清寿『東亜の父・石原莞爾』(錦文書院昭和二九年)が紹介して以来よく知られているが、それを発表する時期や方法についての判断に中山優が関与していたことは、鶴岡郷土資料館が持っていた八月十八日、及び二十四日付の杉浦書簡(202)によって初めて明らかになった。

確かに、石原はこの四月に中国人同志の質問に答えて、政変によって成立する政権が言論の自由を許す可能性を予測していたが、それは「必ズシモ直後ノモノヲ指摘スニアラズ」と云っていたように、決して政変直後を意味していなかった。それに杉浦が指摘しているように「千原氏の軽挙は一面、我等の政治目標を羅列的に暴露し、佐々　太田氏等を中心とし既に鋭意新体制創立のため工作中の諸氏は、実に千原氏に憤激」というように、東亜聯盟同志会の政権獲得を視野に工作している者達にとっては非常識で破壊的行為であった。従って、杉浦に取っては「聯盟首脳の一員たる中山先生が、事前にこれを承知しつつ、尚ほ敢て阻止せざりし政治的無感覚」は我慢なりかねるものであった。ただ、こうした悲観的見方は杉浦のみで、同志会首脳部の多くは事態を茅原一人の暴走事件に止まるものと楽観しており、その点についてては、石原も「天意」と達観していた。

産業新聞の菊池の場合は石原訪問が社命によるものであったため、石原のあまりにも過激な時局談を知ると到底これを紙面に生かす方法を思いつかず、社にもその旨を報告しただけで取材は徒労に終わった(198)。

**東條暗殺計画**　津野田知重・牛島辰熊等の東條暗殺計画は決行前に東條が退陣し未遂に終わったが、計画が洩れたため、彼等は逮捕され軍法会議にかけられた。この件に関する石原の関与は事前にこの計画の概要を聞かされたに止まるものだったが、年末から年始に三度（昭和十九年十一月二十一、二十二日、十二月十四日、二十年二月十六日）軍法会議に呼び出された。

**東亜聯盟要人の鶴岡参集**　八月十二日から十四日にかけて、石原は鶴岡ホテルで山口重次、丸川順助、大塚芳忠、福島清三郎、鷲崎研太、淵上辰雄というメンバーと会合した。福島は関西事務所長として上京、本部と協議した上で鶴岡へやってきているし、鷲崎は九州地区の責任者であり、山口は満州における東亜聯盟運動の中心的人物である。石原は山口とは十五日にも会って話しを聞き、そこには和田勁も加わっている。

**東久邇宮内閣待望**　東亜聯盟同志会に政治運動を許さなかった石原が、この段階で願ったのは皇族内閣であり、具体的には東久邇宮内閣であった。九月五日に石原から話を聞いた山口重次は、翌日、「皇族内閣ノ意義」（角田順『石原莞爾資料』）を書いた。戦争勝利の第一条件は「国民意識ノ高揚デアル」が、それを可能にするのは「国民ノ政治組織」である。それには言論結社の自由が必要だが、その条件を可能にするのは皇族内閣のみである。しかも皇族内閣は非常措置であるから、あくまで国民の正しい政治組織が出来るまでの緊急態勢である。しかも、石原は、皇族内閣が出来た時に石原自身がその廟議に参画する可能性については、絶対的に否定した。

時局の切迫を受けて、石原は地道に講習会・座談会活動を続けながらも、九月下旬には上京して直接、要路に東久邇宮内閣成立を働きかけた。そういう際も、石原は迂回路を通らない。二十二日には先ず小磯首相を訪ねている。会談の結果を石原は「張合ヒナシ」と日記に書いたが、彼はその後も書簡で小磯の説得を続けている。二十六日には終に東久邇宮邸を訪れ、宮様本人を口説いた。「戦争解決の第一歩は重慶との和平にある。これがためには小磯内閣ではダメである。故に小磯内閣を倒し、東久邇宮内閣を組織し、三笠宮を支那派遣軍総司令官として、重慶と和平しなけれぱならない」という石原の論理には宮も反対ではない。だが、それを直接、天皇に上奏して実現しようとする「狂気」が宮にはなかった。

## 小泉菊枝宛詫び状

九月十八日付小泉菊枝宛書状の中で「先日多数同志お揃い御出で下され候ひし時は老母病状思はしからず、自省を失ひ失礼の事のみ申し上げ誠に御恥しき極に御座候」(205)とあることには説明がいる。

これについては、日時に多少ずれがあるが、昭和十九年七月のある日の事として淵上(宇野)千津が『石原莞爾研究』第一集(保坂富士夫編昭和25)に書いている。この日、小泉菊枝と宇野千津は石原から昼食に招かれていた。丁度、鶴岡駅前で、独立運動容疑で半年の拘留を受け釈放されたばかりの朝鮮の同志に会った。彼を同道すれば石原が喜ぶことは間違いないと考えた小泉等は彼を誘って石原を訪問した。

ところが石原は予想に反して彼等を歓迎せず、「私は貴女方二人を招待しました。昼飯に招かれてくるのに、人を連れて来たのですか」といい、「あなた方には思いやりの心がない」と苦情を言った。小泉が、連れて行った人への責任と気の毒さから「私の分を差し上げていただきます」と言ったのに対しても、「招待をした貴女に出さないですみますか。相手の立場を考えてみるものです。みんながそういう事をされるから予定が立ちません、何時も人数以上に飯を炊いておかないと間に合わない。お蔭でうちの大切な奥さんは次々と余った飯ばかり食べる様になります」と言ったという。

朝鮮の同志を連れて行った事に対しては意外という感じがしないでもないが、淵上千津によると、小泉菊枝との関係では、錸子夫人に対する配慮が格別だったらしい。

## 天橋立文殊堂講習会

十一月十日には南京国民政府主席の汪精衛(汪兆銘)がその波乱にとんだ生涯を閉じた。その十五日から十七日にかけて天橋立文殊堂で開かれた東亜聯盟の講習会は、同志会の政治進出への熱気に包まれたが、先にも述べたように石原はそれを許さなかった。(「東亜聯盟の政治進出について」『東亜聯盟』昭和二十年一・二月号TR17二〇七頁）。おそらくその場に同席した石原以外の人間総てが政治運動に乗り出すことを望み、石原一人がそれを許さなかった。慎重すぎるようにも見えるが、石原の場合、文化運動と政治運動に明確な境界線があるわけではない。むしろ政治運動を許されない無念を運動への起爆剤にしようとしたとも考えられる。それに、石原が軍法会議に呼び出されるような政治状況は石原の読みの正確さを思わせる。

講習会の終わった日にこの講習会を準備した丹後支部長の木村重一が死んだ。準備中の無理が祟ったのである。僅か百数十名三日間の講習会の準備であるが、戦局もいよいよ煮詰まってきたこの段階に、軍や官からの支援を受けることなく開催するとなれば、無理を承知で押し通すだけの責任感が要求されたということであろう。

**日本ももうダメだ**

この講習会に引き続き、十一月二十一日と二十二日には東京での軍法会議に呼び出されていたが、そこへの途中で石原は平林盛人中将が市長を務めていた松本に立ち寄って懇談会に臨んだ。

平林は本来講演会を望んでいたが、石原が引き受けないことがわかっていたのでせめてものこととして懇談会を頼んだのである(212)。十九日の懇談会が終わって平林と二人っきりになると、さすがの石原が「日本ももうダメだ」と悲観論を述べたという（平林盛人『わが回顧録』）。平林には気を許していたのである。

翌日、軍法会議に出席するため早朝六時に出発するという石原に弁当を約束した平林は、その日、帰宅後、鶉入りの特製弁当を作るのに夜中までかかった。その後、ぐっすり寝入った平林は、翌朝、寝坊したため駅まで一キロ半の道のりを韋駄天で走ったが遂に列車に間に合わなかった。しかし平林が寝坊して見送りに遅れたという詫び状(215)は石原を喜ばせた。石原から「兄は大文章家だ。俺は自分のところへ来た手紙を家内に見せることは殆どないが、兄の手紙は家内と二人で読んで心から笑ったり喜んだりした」と返事が来たという（平林前掲書）。

その月の二十四日、マリアナ基地を飛び立ったB29約70機が東京を爆撃した。予期されたこととは云え、こうした事態は戦局の最終段階を告げていた。

**石原蔵書の被爆**　師走に入っても石原は盛岡の座談会などに呼ばれていたが、十二月三日の東京空襲では外山卯三郎家が被爆、預けてあった石原の貴重な蔵書が土砂に埋まった。十四日に再び軍法会議に呼び出された石原は、十九日、帰郷に先立って山本勝之助を訪問、連れだって東京の焼け跡を見物している。

山本は若いとき、アナーキストとなり、一時は軍隊を使う革命を考えるようになっていたが、京都師団長当時の石原に出会ったことからその非を悟り、東亜聯盟の支持者になっていた。興亜団体統合問題が起こった当時、杉浦晴男を助けて東亜聯盟の生き残りに働いた。組織活動の枠にはまる人間ではなかったから、東亜聯盟協会（同志会）での表だった活動は見られないが、軍当局や出版界への顔の広さから、戦中から戦後の時期を通して、東亜聯盟関係の出版は多く山本の斡旋で行われた(138)。

## 六　戦後を憂えることなかれ（高畑町時代　3）

**前甸子村**　昭和十九年（一九四四）末から二十年初頭にかけて、依然として地道な講習会・座談会活動が続くが、二十年の一月から二月の石原日記の記事で最も目立つのは満州国撫順県前甸子村の記事である。ここには丸川順助の関係した前甸子水利合作社があり、東亜聯盟が弾圧の対象とされるようになるとこの水利合作社も弾圧の対象となった。日記の記事の具体的問題が何であったかは分からないが、丸川から高木清寿に宛てた昭和十八年七月十八日の書簡が参考になる(142)。石原からの依頼を受けた関東軍総参謀長笠原幸雄からの四月一日付書簡で「前甸子の件は内地よりの移住を抑制する方針にて処置」(226)と返答してきたところをみると、この段階になってもなお内地からの移民の為に現地民に対する無理な要求が行われていたと思われる。

**阿南惟幾への期待**　この時期の石原日記で、前甸子村に次いで目に付くのは、阿南惟幾大将に関する記事である。一月二十五日に「阿南サンへ手紙」、二月七日「阿南サンヨリ返信」、更に、二月十六日から二十日まで、軍法会議の為に上京した機会を利用して十七日には直接、阿南に会った。その日の日記に見える「四月頃ヨリ出馬ノ半約束」からみると、四月の政変は陸軍に関する限り半ば予定されたことであったように見える。

**東山温泉講習会**

一月五日から三日間会津若松の東山温泉で会津支部主催の講習会が開かれた。何十年ぶりという大雪をついて東北各地から参集した参加者は百数十名で、さながら東北大会の観を呈した。夜間一回座談会を開いた外は石原の講義聴講に終始したが、大戦下の世相から始まって政治力の結集、最後に東亜聯盟の政治進出問題に至る講義内容は前年十一月の天橋立講習会と同様であった。皆の期待は東亜聯盟の政治進出に集まったが、石原は会の実勢をその目標に達しているとは認めなかった。

**東北地区青年大会**

二月、東京から帰って間もない二十四日と二十五日、新庄近くの瀬見温泉で東北地区青年大会があり石原も大雪をついて出席した。宇野千津は、瀬見駅頭で、出征兵士を送る軍歌を聴いていた石原の口から「あゝ泣いてゐる、泣いてゐる。軍歌が泣いている」という言葉が洩れるのを聞いた。

**花巻講習会**

三月も二十三日から三日間、岩手の花巻温泉で講習会があり、北上青年隊の結成式があった。この時のことは参加者によほど強い印象を残したらしく幾つかの参加記があるし、筆者も後藤昌次郎から聞いたことを、この解題の冒頭に書いた。

**繆斌工作**

四月三日に上京した石原は、午後、舞踏家の五條珠実の家で繆斌と会い夜を徹して話し合った。繆斌工作として知られる彼の使命は三月末を期限とするものであったから、既に工作自体としては失敗に終わっていたのであるが、東亜聯盟に命を賭けた日中両国の指導者が会ったのはこれが最初で最後となった。

**あの美しき八幡**

閣内不統一で繆斌工作に失敗した小磯首相は四月五日に辞表を提出、四月七日には鈴木貫太郎内閣が成立した。阿南が陸相に就任する情勢の中で、石原に近い平林盛人中将も三月中旬現役に復帰、松代に予定されていた大本営を管区に収める長野師管区司令官となっている。

ただ、石原を取り巻く状況には直接的には大きな変化は見られなかった。依然として、石原に対する同志からの集会出席への要望は強く、交通事情が極端に悪化した中にも拘わらず彼は病躯を押して、関東から東北各地を回っている。それだけに官憲による監視の眼も依然として厳しく続けられている。須賀川での集会のように多数が押しかけてくるような集会もあったが、却ってそういう席では本音は語れない。次に述べる群馬八幡の沼賀氏宅での集会のように特高や憲兵の眼をくらませてやるには、統制の行き届いた組織力が必要だった。五月十九日付の小泉菊枝宛の書簡で、石原はこの地に住居を定めることにした小泉に、「あの美しき八幡に御住所決定の由」(227)と絶賛しているのは、単に景色の美しさを云っているのではない。この地域の東亜聯盟組織の統制力が気に入っていたのである。

## 高崎の座談会

四月二十六日の群馬八幡の集会については黒沢義人によるレポートがある(「高崎の座談会」『石原莞爾研究』昭和二五年)。この会は那須温泉での講習会の帰途を利用して多忙な石原の日程に割り込み、群馬の同志の待望を満たそうとしたものである。老若男女取り混ぜて五、六十人という小規模の集会であったにも拘わらず、その日朝から高崎署の特高係の刑事が二、三人、会場と目された石橋要延(群馬支部長)の家で待機していた。石橋は「午後からやるわけだからそれまで待っててくれ。一寸用足しに行ってくる」と刑事達を丸め込み、実際の会場となった沼賀博介の屋敷に自転車を飛ばした。石橋が到着すると間もなく石原も現れ、座談会が始まった。座談会といっても「将軍にものを聞く会」であった。質問は多岐に亘ったが、石原はそれらを見事に同志の思想教育に収斂している。

或る学生が学徒動員について質問したのに対する石原の答えなどはその適例である。彼は当時の勤労動員が、ただ戦時中の労働力不足の補充策としてしか理解されていない点を指摘し、この問題は、学生に対する教育効果の点から、むしろ文部省当局が積極的に取り組むべき課題であるとした。ここには、戦時中に与えられた条件を、ただ受け身にやむを得ない変則として受け入れている文部当局役人の消極的態度に対して、勤労こそ教育の原点という発想から取り組む必要性を示したものであった。

また衣食住に関する若い娘さんの質問に対しても、その意表をついて「あなた方の敵は芸者である。敵のまねをしては戦争でも負けだ。敵の不得意な点を研究しなければならない。芸者は暇さえあれば白粉を塗り色々の柄の着物を作って着る。芸者とそんなことで競争しても大体敵ひっこない。芸者の一番不得意な点を研究すべきだ。……中略……着物を見るのは女同志である。女が行き逢ったときは必ず振り返って着物をみる（ここで笑ひもせずにそのしぐさをして見せ皆を笑はせる）男に好かれたいと思って幾ら着物を気にしてもダメである。要は全体の教養から来る美である」と答えたという。

**戦後を憂えることなかれ**

七月には大来佐武郎や後藤誉之助のように、敗戦を見越して石原の見通しを聞きに来るものも現れる。戦後の日本再建の担い手となった彼等に伝えた「戦後を憂えることなかれ」というメッセージには石原の見通しの的確さが浮き彫りになっている。

彼は、空襲により都市が壊滅したことを奇貨として、農村工業を盛んにし、農業と工業の調和のとれた発展を図るべきだが、そのためには、土地の配分など農地改革が不可欠だと云ったのである。戦後、日本は農地改革によって農民から巨大なエネルギーを引き出し、戦後の疲弊を乗り切る一助としたが、こうした見通しの的確さが石原という人間の真骨頂なのである。

**ミイラ取りがミイラに**

時局が煮詰まってくると、取り締まる側の官憲の中にも石原の見識に伺いを立てる者が出てくる。六月に山形県の特高課長として赴任した堀田政孝のように「ミイラ取りがミイラに」なった例もある。堀田は「石原莞爾の反政府的言葉をつかまえて逮捕すべし」という命令を受けていたというが、赴任挨拶という名目で石原を訪ねたところ、予想と違って非常に謙虚な人柄で、慇懃に礼をもって迎えられ、戸惑ったばかりか遂に尊敬するに到った。

八月十一日の夜、無条件降伏決定の報が県に入ると、加藤県警察部長は石原の去就を懸念し、堀田特高課長を石原の所へ派遣した。十四日の朝八時頃、堀田が自動車で訪ねると、かすりの浴衣で玄関に現れた石原はニヤッと笑うと、いきなり、「戦に負けたんだろう」と言われ参ったという。「その通りです。それについて、今後執るべき処置と見通しについて教えて頂きたい」と言ったら、「国体護持の絶対肝要なこと、精神力で立ち上がるべきこと、パンパンや占領で一応事態は混乱するであろうこと、しかし悲観するには及ばぬ、その敗戦のドン底から立ち上がることによって新日本が生まれること、米ソは必ず衝突すること」など些かの淀みもなく明快に答えてくれたという。

堀田は今更のように石原の偉大さにうたれた。そして石原が決して抗戦派や、まして右翼に担がれる様なことは絶対ないという確信を得たので、帰るとすぐ談話の内容を詳細に筆記して本省に報告したところ、本省でも余りにも明快な今後の見通しに驚いたり感心したりの揚げ句、それをガリ版にして全国の特高に配布したという。「このガリ版刷りで特高関係は勿論、全国の府県当局が落ち着きを得たといっても過言ではないでしょう」と堀田は言っている（堀田政孝「ミイラ取りがミイラに」『共通の広場』昭和二十八年四月号）

## 七　新日本建設遊説の旅（高畑町時代　4）

### 敗戦の日に

敗戦は未曾有のことであっただけに、うちひしがれたのは失業する軍人や軍需産業関連の人間に限らなかった。殆どの日本人が茫然自失状態にあった。何よりも、昭和十六年以降、「生きて虜囚の辱めを受けず」という『戦陣訓』まがいの教育がかなり徹底して行われていて、国民全てが虜囚となるような事態に心の準備が出来ていなかった。しかし、そのような深刻な危機に臨んで初めて指導者の値打ちも表れる。

八月十五日、鶴岡市の中心から西北八キロの面野山部落で予定されていた東亜聯盟の講話の席で、石原は陛下の放送を聞いた。予期したことであったが彼も涙を禁じ得なかった。しかし、午後には、会員の青年二人が自転車で引くリヤカーに乗って、面野山の北、更に八キロほどの黒森部落に行き農業会を会場にして「敗戦の日に東亜聯盟会員に訴える」という話をした。曺寧柱のメモによると、その時、石原は、敗戦の原因が国民道徳の驚くべき低下であり、その点については全ての国民が反省懺悔し、改めて国体に対する信仰に徹することを求めている。石原の真面目は、占領軍が進駐する前に、日本人自身の手で軍の解体復員を実現し、民主主義と言論・信仰の自由を達成しておくことが大切だと指摘した点である（前掲『人類後史への出発』平成八年）。武装解除と戦後改革を占領軍の手によってやられるのか、日本人自身の主体性でやるのかに日本の本質的復興の鍵があるとみていたのである。同夜は小学校時代の同級生佐藤主殿之介の家に泊まった。

翌日は十一時に帰宅したが、この時から石原は来客の応接に追われる。十七日は、さすがの彼が「五時ヨリ夜九時迄、連続来客閉口ス」と日記に書く。十八日には、彼の家と道路を隔てただけの龍覚寺で、町内会のために講演をした。石原の「新日本建設」遊説の旅はこうして始まったのである。

## 「新日本建設」遊説の旅

二十二日には地元の湯ノ浜で東北大会を開いたが、八月十七日に組閣を終わったばかりの東久邇宮に電報で呼び出され、午後三時には鶴岡を出発し新庄経由で上京、二十三日には首相の宮殿下に拝謁した。この時、石原は内閣顧問になることを求められたが、「自分は東亜聯盟と深い関係がある。大東亜戦争が始まってから今日まで官僚の息のかからない純民間団体は東亜聯盟だけである。今後とも官僚の息のかかることは絶対に避ける決心で、純民間人として働きたいから、内閣顧問のような地位は真っ平御免である」とキッパリ断った。それでも二十六日まで澁谷松濤の山田芳太郎（山口重次の友人）宅に滞在し、求められるままに敗戦内閣の取るべき方策について語っている。東久邇宮は、石原が自分の代わりに推薦した賀川豊彦を顧問として受け入れ、また二十七日に行われた初の記者会見で、国体護持と全国民総懺悔を唱えた。石原は二十六日からは宿舎を練馬の早川左吉宅に移し、曺寧柱、小島渡、石原六郎を相手に『昭和維新論』の改訂作業に当たった。改定案は三十日に完成し、鈴木文史朗の好意で印刷は朝日新聞に託された。

## 世界文化に達観

二十八日には連合国軍の先遣部隊が厚木に到着、横浜に連合国軍総司令部（ＧＨＱ）を設置した。

その日に石原の「世界文化に達観」が『毎日新聞』に掲載された。「いよいよ連合軍の進駐をみんとしてわれらはここに毅然たる大国民の態度を示さなければならぬ」として、性急に事を誤る短見者は、卑屈になって国の栄誉を汚す者と同様、「われらの絶対に排撃するところである」として、彼は赤穂城明け渡しの際の大石内蔵助の例を引いている。そしてこれから日本民族が迎えることになる苦難の時代を予告した。それを乗り越える条件として、彼が掲げるのは、一つは心からの懺悔であるが、今一つは、世界文化の過程に対する達観である。分業形態が分化に分化を重ねて今日の生活形態を迎えている人類が、やがて農工両全、或いは農工一致に進むことの必要性を達観することだとしたのである。

## 敗戦は神意なり

三十日には連合国軍最高司令官として、マッカーサーが厚木に到着した。その翌三十一日、石原は宇都宮三楽園で開かれた東亜聯盟関東地区大会に於いて「敗戦は神意なり」と演説した。論点は二つあり、一つは敗戦原因を国民の道義の退廃としたこと、二つ目は平和条約を有利にする方策として、連合軍の進駐に先立って（敵の侵攻は予期に反して既に始まっているが）軍閥政治の打倒、民主主義の確立、言論信仰の自由の三つを断行し、さらに重慶与論の喚起、ユダヤ工作、日本自身の覇道的行為への謝罪と、米国の爆撃、特に原爆使用への非難（これは東亜聯盟の名によらず）等を挙げたのであった。

## 新庄大会

九月一日、二日、三日、石原は中畑村、石川町、郡山市と福島県各地での集会に出席したが、こうした形での東亜聯盟運動のピークが九月十二日の山形県新庄市での大会だった。地方都市としては参加者数が格段に多く、一万とも二万とも、中には三万いたという人もいるほどで、同市最上公園は立錐の余地もない盛会であった。これには運輸大臣小日山直登がこの日のために貨車を仕立てたことも与ったと言われている。少なくとも、この時、東亜聯盟は昭和十六年以降、初めて晴れて好意的な政権の下にあったのである。

以後も、十四日盛岡大会、十六日一ノ関大会、十八日秋田大会と続くが、盛岡と秋田では雨中での集会であった。そして二十七日には元朝日新聞記者で当時、東久邇宮の首相秘書官であった太田照彦から電報で京都での講演依頼がくる。三十日に鶴岡を発った石原は新津で一泊、ここで京都公演の原稿を仕上げた。

**新日本の建設**

「新日本の建設」と題された十月六日、京都朝日会館での大阪朝日新聞社主催の公開講演は、決して戦後の石原思想の新展開という訳ではない。占領軍を迎える中で、多くの日本人がカメレオンのように思想の色を塗り替えた中で、石原は美事なまでに思想表現の一貫性を貫いた。

この日の講演で石原が、一、「道義の低下」、二、「国民総懺悔」を説いたことに問題はないとしても、骨子となる、三、「新日本の建設」では「八紘一宇の基地」として都市解体による国民皆農・農工一体による国家の再建を説き、しかも、結論部分に敢えて「国境は最早大問題に非ず」として近い将来での東亜聯盟の結成と「八紘一宇の道義的基礎」を訴えたことは、占領軍のプレスコードを無視したに近かった。

さすがに翌日の大阪朝日新聞は、見出しを「国民皆農の大方針へ」とし、副題に「道義の世界一家説く石原莞爾氏」と付けて第二面四分の一くらいに掲載したが、東京朝日新聞は、紙面を幣原内閣組閣関係記事で埋めて石原の講演を掲載しなかった。

**満州建国事情弁明と中国国民への謝罪**

但し、朝日新聞両紙（東京朝日・大阪朝日）は、講演内容をそのまま伝えなかった申し訳のように、「満州独立前後の事情」という見出し記事を掲げ、重慶中央通信社記者の宋徳和が石原莞爾中将から聞いた話を紹介している。満州独立は、東亜防衛と日中和解の為であり、在満諸民族は全く平等とし、満鉄、旅順、大連は即時満州国に返還し、中国にある日本の権益は無条件で中国に返還する意向であった。こうすることでソ連に対抗できると考えたからであるが、実現しなかったと弁明し、日本人に協力した中国人に謝罪している。

**思想的エネルギー**

京都講演の後、石原は豊岡で講習会を開き、京都の周辺を二三ヶ所廻った後、十四日、鶴岡に帰った。依然として彼のところには来訪者が引きも切らずだが、その人々の中には、石原に代わって「敗戦は神意なり」というメッセージを全国の同志たちに遊説していた小泉菊枝と山口みどりの姿もあった。彼女等も時折、石原の話を聞かないと思想的エネルギーが続かないのである。

## 九州遊説の旅

石原は、十一月十二日出発、今度は九州遊説の旅に出る。九州に渡る前、京都に寄り、十三日には高坂正顕を、十四日には素粒子論で著名な京都大学の湯川秀樹教授を訪問している。

その夕刻に京都を発って翌十五日の夕刻まで、大混雑の列車にゆられ、ほぼ丸一日がかりで博多に着き旅館に投宿、夜は西日本新聞社の招待を受けた。翌日、西日本新聞社主催の座談会に出席したが、折角の招きでの座談会にしては翌日の西日本新聞の記事の扱いは小さかった。占領軍を憚って記事に出来ないのである。

福岡からは佐賀に向かい十七日には北地区会員大会に臨席、十八日には佐賀知識人会合に顔を出しているが、ここまで来て連日の疲れから体調を崩している。十九日は大村へ廻るがここでは下痢の上に嘔吐し、排尿困難を起こし午前三時過ぎに漸く寝た。にも拘わらず翌二十日には彼は長崎を見学している。ここから雲仙を越え島原湾を渡り、三角町から熊本を経て二十二日に阿蘇の内牧温泉に到着、ここで二日間講習を開いた。

この講習会場には、昭和十三年に憲兵隊に逮捕されて以来、石原とは七年ぶりの浅原健三が顔を見せた。石原はさらに富高で講習会を開いた後、別府の浅原邸に二泊している。浅原は、この時、一別以来の経緯を話し身の振り方も相談したかったのに果たせなかったと後から残念がっている(230)。病躯に鞭打って日本の再建に焦慮している石原の姿を見れば、とてもそうした個人的な話しは持ち出せなかったのでもあろう。

## 曺寧柱の思想的一貫性

十二月半ばになって曺寧柱が新日本の建設綱領の起案にきている。石原自身が戦中戦後と思想的一貫性を貫いたことは先にも見たとおりであるが、曺寧柱も在日韓国人の立場にあって、戦時中から戦後にかけての激変期に、一貫して東亜聯盟に対する信念を変えなかった。

## 戦犯にも役割

鶴岡に帰っても講習会続きで、身辺一向に休まらない日々であったが、そうした中にあっても、曾て同志として心を許した数少ない人物が戦犯容疑者として拘引せられることは石原にとっても気の重いことであった。しかし多田駿大将が戦犯容疑者になったと聞いた時、石原は、むしろこうした形でなければ果たせない役割もあることを説いて多田夫人に申し送っている。多田夫妻がこの手紙にどれほど勇気づけられたかは夫妻の手紙（231）が物語る通りである。

## 八　東亜聯盟解散と入院・軍事裁判の訊問始まる（高畑町時代　5）

### 上京・入院・手術

昭和二十一年は、年頭に石原の母・鉦井が他界、その葬儀の後、石原自身の病状（膀胱腫瘍）も急激に悪化、日記があたかも闘病記録の趣を呈する。一日、四日、六日の日記に見られる「止」「血」「多」は出血の有無と量である。医者達の診断は癌を巡って対立（特に北川正淳と蓮見喜一郎）、石原自身は蓮見に傾いていたが、周辺の多くは北川の癌説を採り、上京しての手術と決定した。

北川は東大医学部出身の慶応医学部泌尿器科教授、膀胱腫瘍の電機凝固療法を日本に初めて紹介実施した人物として知られる。当時、慶応医学部は昭和二十年五月の空襲で施設の大半を失い、基礎学科は山形県大石田町に疎開しているような状況だったから、北川は母校を紹介、一月二十六日に上京した石原は東大病院に入院した。しかし、ここは患者への応対が不親切のため同志間に評判が悪く、二月十五日に同志の経営する目黒の水野病院に転院、二月二十七日に逓信病院に再転院した。

### 東亜聯盟解散

腫瘍のもたらす激痛と不眠の中にあって、なお石原の悲願は東亜聯盟の建設にあった。ＧＨＱの東亜聯盟解散の方針は、既に一月四日の日本政府に対する指令の中で明らかにされていたが、何とかその指令を解除させようとする努力が三月初旬まで続けられる。積極的に占領軍の説得が試みられ、石原はマッカーサー宛の手紙を書いている。同時に綱領や規約の検討などが続けられている。それに地方の実態としては、解散指令が出た前後、運動は東北のみならず京都や四国、九州で活気を呈する状況が生まれていた。

本部は新庄へ移っていたが、公然たる組織活動を禁じられれば機関誌の発行が出来ず、東亜聯盟としての組織活動は諦めざるを得なかった。三月八日の日記に「木村来リ落胆シテカヘル」とあるのを見ると、政治家としての木村武雄には東亜聯盟の解散が自己の追放と重なって意識されたのであろう。石原も公然たる組織活動としては精華会による日蓮教布教と酵素肥料の普及活動に移さざるを得なかった。ただ五月には、石原とは無縁の形をとって神崎正義を代表とする国民党が結成されている。そういう中で、後に、片や在日朝鮮居留民団長となり、片や在日大韓民国居留民団長となって対立する朴烈と曺寧柱が共に見舞いに訪れているのが印象的である。

## 通訳困難進捗セス

三月の中旬辺りから石原の日記にも極東軍事裁判関係の記事と検事・弁護士・旧軍人などの来訪が多くなる。四月二十日の日記に「米軍ノ取調べ約一時間、通訳困難進捗セス」とあるのは、言葉の問題というより、石原の応答が米軍の意向に沿うものでなかったのと、通訳の意表をつくものだったことを思わせる。

## 米記者二人

その四月二十七日、シカゴ・サンの記者マーク・ゲインとボッブ・コクレンがやってきた。石原の日記は「米記者二人」と素っ気ないが、マーク・ゲインは有能な新聞記者の目でしっかりとその日の石原を捉え、二年後に出版された『日本日記』で紹介した。

部屋の窓枠はまだ爆撃のため歪んだままだった。彼はやせた男で、渋紙色にやけ、頭は剃ったように短く刈っていた。厳しいめったに瞬きもしない黒い眼は、私たちを射抜くような光をたたえていた。彼は手を膝において、寝台の上に日本式に坐っていたが、黄色い支那絹の不格好な寛衣をまといながらも、彼の体躯は鋼鉄の棒のようにまっすぐだった。彼の背後には日本式の掛軸がかかっていた。私たちはただ二つだけ質問した。敗戦の日本は？そして彼自身は？彼はすぐさま鋭い確固とした口調で長々と答えた。自分の発した言葉の一つ一つに確信を持っている人の語り方だった」（井本威夫訳『日本日記』筑摩書房昭和二八年一七七頁）

日本の敗戦原因やそれに対する責任論についての石原の回答を、マーク・ゲインの口を経由して聞く必要はあるまい。だが、その翻訳は出版当時、ベストセラーになったというだけでなく、歴史的にも占領下の日本を生き生きと語る貴重な証言である。

**ソ連判事愚問多数**　五月・六月・七月と病院にありながらも軍事裁判の取り調べは続く。米側は主として検事が担当していたが、ソ連の方は予審判事であった。石原の日記は五月二十八日の「ソ連判事一行三名　愚問多数、鈴木文平　ソ連判事ノタメ空シクカヘル」などに見えるようにソ連の方に厳しい。その取り調べも七月二十四日には「ソ連判事以下来リ、供述書ニ署名」して一応終わった。

**病気治療**　病気治療はレントゲン照射での焼きを主体としたが、三月六日と二十七日、五月三十一日には手術も受けた。手術後も焼きは続いた。四月十六日の見通しでは、なお四・五回焼く必要があるので後二ヶ月という予定であったが、何度かの機械の故障で焼きが延期になって治癒が伸び、結局、退院は八月八日となった。

**自給肥料普及会**　石原入院中の東亜聯盟同志間の動静の一つとしては、淵上辰雄と宇野千津の結婚があった(233)。二人とも東亜聯盟工作員としての収入の道を絶たれたことから、ひとまず岩沼の肥料問屋鈴木文平の所に居を定めた。そのことは、淵上夫妻の個人的困窮というより東亜聯盟組織の苦境と共に、残された組織活動の主体の一つが自給(酵素)肥料普及会活動に移ったことを物語るものでもあった。この自給肥料普及会もその後、東亜聯盟の後継団体として法務庁から睨まれ、鈴木文平等は役員を退き、責任者を郝奎彦とし、事務所を仙台市の郡山襲夫宅に移した。

郝は、閻錫山派遣の留学生として来日したが、石原を知ったことで終に中国に帰らず、生涯を日中両国の文化交流に捧げた。学者としては東北大学、二高、東北学院等で教鞭をとった。郡山は、鈴木文平の紹介で昭和十四年に中国に渡り中華民国新民会に属して山西省での宣撫工作に従い、昭和十八年からは東亜同文会北京経済専門学校に学んだ。敗戦後、帰国して、再び鈴木に誘われて自給肥料普及会運動に活躍していた。

郡山によると、当時は食糧事情が悪い上に肥料も不足していたから、農家の庭先で酵素肥料の講習会を開くと忽ち数十名も集まってきたという。その後、科学肥料が出回るようになり食料事情も改善するにつれて人々の熱も冷めた。郡山は後藤澤治と共に西山に石原莞爾を見舞った時、椎茸栽培の普及事業に参画するように薦められ、それが彼の生涯の事業となった（郡山襄夫『私の追想録』創栄出版、平成十年）。

## 九　退院・酵素風呂に入り果実酵素を飲み元気づき（大泉村森片時代）

**大泉村森片**

石原は昭和二十一年八月八日、逓信病院での治療を終わり退院した。一旦、目黒の水野病院に投宿、十日出発、鶴岡への帰途、岩沼の鈴木文平宅に立ち寄り三泊、酵素風呂に入り果実酵素を飲んで元気をつけたという。その時、自給（酵素）肥料普及会の連絡者達に国民党について話した。十三日には新庄に行きここでも国民党の綱領となる「我等ノ世界観」(235)を講義した。十四日に鶴岡に着き、湯田川温泉に近い大泉村森片の佐藤幸一の別荘に入った。この森片の地で石原は「日蓮聖人伝覚え書」の執筆を始めている。

ここで戦中から戦後の一時期、鶴岡市政を担った三人の市長と石原との関係に触れておこう。

**三人の鶴岡市長**

一番目は昭和十九年五月から昭和二十一年三月までの二年弱、第八代市長を務めた小林鉄太郎である。小林は明治十九年十一月生まれだから石原より二歳年長。苦学して東大法科を卒業、鉄道省に入り、同郷出身の太田政弘関東長官に目をつけられてその秘書官をやり、その後、太田の台湾総督就任に従って台湾に渡り、総督秘書官、奉天鉄路学院長、北京中央鉄路学院長を歴任した。関東州から台湾に転じた半年後に満州事変が勃発、太田総督が「ウム石原君やったナ」と云ったという感慨は、そのまま小林のものであった。石原に強いあこがれを抱き、石原が仙台の第四聯隊長であったときその官舎を訪れ、「まあ、男一人の仕事はしましたから」と聞かされて、いかに羨ましく思ったか、彼はその時の心境を、「此の吾に生命を賭くる仕事あれ　それを仕遂げて死なんとぞ思ふ」と詠っている。退官後、昭和十六年十月に東亜聯盟に入った(33)。昭和十七年衆議院議員となったが、昭和十九年に鶴岡市長となった。弁舌さわやかで、如何なる場所でも草稿なしに演説をして聴衆を感動させたというが、終戦後は進駐軍との応接に苦労したと言われる。

二番目は昭和二十一年五月から昭和二十七年九月までの六年余、第九・第十・第十一代市長を務めた加藤精三である。明治三十三年十一月生まれだから石原より十一歳年下である。一高・東大を経て内務省に入ったという英才であるが、鹿児島県学務課長、青森県経済部長等を歴任した後、昭和二十一年五月、戦後、初の公選鶴岡市長となった。三期市長を務めた後、衆議院議員となっている。石原とは縁戚に連なり、それを頼りに青森県経済部長時代に石原にリンゴを送って寄越したことがある(117)。市長時代、石原日記にはかなりの頻度で出てくる。彼は石原が鶴岡を出て、西山に入植することには反対であった。元自民党幹事長の加藤紘一は彼の息子である。

第三は、昭和二十九年二月から昭和三十七年七月まで第十三・第十四・第十五代市長を務めた松木侠である。松木は、明治三十一年三月生まれだから石原より九歳年下であるが、二高・東大を経て満鉄に入社、昭和七年に満州国国務院法制局次長、欧米出張を経て国務院法制局第一部長兼第二部長、総務庁法制処長、昭和十五年に総務庁次長、昭和十九年に満州国大同学院長になっている。満州国の創設に法制面から深く関わった人物であり、石原とも思想的に近かったと思われるが、温厚篤実な人柄で、その姿勢を露骨に表現することはなかった。

これら三人は何れも東大卒の高級官僚であり、大なり小なり石原の崇拝者で、程度の差はあれ石原と同傾向の思想を持ち、その影響をかなり濃厚に受けた人々であった。

## 十　西山入植と「我等の世界観」（西山時代　1）

### 吹浦・西山への入植

石原が終焉の地となる吹浦・西山への入植を何時頃から考えたのかは定かでないが、国民皆農を説く中で自らの帰農を周辺に漏らし、それを聞いた人々の中に、自分の処に石原をと願う者が出るのは自然の勢いであった。その筆頭が桐谷誠で、戦時中から自分の土地を石原の農工一体の実験場として提供してきた桐谷にしてみれば、この地に石原を迎えるのを当然と考えたのも無理からぬ成り行きであった。

しかし石原を迎える住まいも用意され、それが現実のことになると、周囲に反対する声が起こると共に、西山より良い条件で石原を自分たちの処へと望む者も出てくる。加藤精三鶴岡市長など何度も石原を訪れて吹浦行きを引き留めている。また、昭和二十二年になってからであるが、紀南支部長の田中随憲のように「白浜に行って今津老や同志各位と相談をして先生をお迎えして御養生して頂けるやう宿舎の手筈をして来ました。………試作して頂く畑も用意して置きます」(247)と云って寄越した人もある。

武田邦太郎によれば、石原自身も終焉の地としてはむしろ会津を希望していたらしい。会津は若いときから法華道場建設を目論んだ地でもあった。しかし、石原は人の誠意、特に若い者の懸命の努力に応えようとした人である。田中久に「桐谷兄弟の覚悟は現代青年の鑑」(79)と賞賛された桐谷が、小さいながらも新築の家を用意したことが石原の気持ちを固めさせた。桐谷誠夫人敏子は石原と散歩の途中、「私はこの松林がドイツの風景に似ていて好きだ」と聞いたことがある。昭和二十一年十月十二日、石原は西山に入植した。

**我等の世界観**　ただ、西山に来ると医者にかかるときはいちいち鶴岡に出なければならず、十一月には早速、北川教授の診察を受けるため九日から十二日まで鶴岡に出掛け森片の佐藤幸一の別荘に泊まった。十二月にも北川教授の受診で、六日から九日まで鶴岡へ出掛け森片の佐藤別荘に泊まったが、この時、石原は既に逓信病院で下書きしてあった「我等の世界観」(235)に筆を入れてこれを完成させた。国民党の綱領となるものである。

「我等の世界観」は三項目から成り、第一「敗戦によって強制せらるゝもの」として、①都市解体、②農工一体、③簡素生活が挙げられ、第二「新日本の使命」として戦争放棄と王道文明による世界統一への貢献が語られ、第三「建設方式」として「資本主義か共産主義か」が語られる。

石原の場合、第一の目標は常に都市解体、農工一体、簡素生活であるが、戦時中は戦争に勝つために必要であったものが、戦後は敗戦によって強制されるものとなっている。

第二の「新日本の使命」は「身に寸鉄を帯びずして、唯正義に基き国を立つるの大自覚」として「今日迄は軍備なくして独立を完うし得ざりしが、世界統一の前夜は正に時なり。中途半端の兵備は役に立たず。国際正義感は近時大躍進す（弱国ノ発言）」といっているのが注目される。

第三の「建設方式」では自由主義の時代は去ったとしながら共産主義批判に多くの筆を費やし、計画経済で肝要なのは目標の確立であるが、それは世界観の確立なしには不可能であるという。米ソの対立も「今やイデオロギーを主とするものではなく、むしろ政治であり、その優劣を決するものは生産力である」とみている。

**矛盾の顕在化**　石原の西山入りによって吹浦周辺地域の開発は大いに活気を帯びたが、それは同志間の矛盾の顕在化を伴った。一つは農村工業のあり方を巡る争いであり、一つは日蓮主義を巡る争いであった。

農村工業については二十二年になってから、日蓮主義については二十三年になってから、より鮮明となるが、武田邦太郎は西山へ入植するに先立って、桐谷誠から法華の信者を伴うことを婉曲に断られた(234)。桐谷にしてみれば、石原や武田のような是非必要な人間は欲しいが、随伴するトラブルメーカーはお断りというのが本音のようであった。

## 十一　再手術・農工一体の実践と酒田軍事法廷（西山時代　2）

**再手術**　昭和二十二年に入って石原の膀胱腫瘍が再び悪化した。石原には再手術に当たって、最早、蓮見喜一郎の執刀を受けることに迷いはなかった。一月十六日、蓮見が来訪、独特のワクチン反応で癌ではないと断定、一月十八日、鶴岡の木根淵医院に入院、二十日に蓮見の執刀で手術、その後は輸血と高熱に苦しんだ。高熱はかなり長期間続き、手術跡の口が割れるようなことも起こったが二月末にはほぼ収まり、三月九日に退院した。

**農工一体**　空襲の脅威がなくなって見ると、石原の都市解体と農工一体はやはり極めて実現困難な目標となった。一面、石原の志操の高さに触れた者には、障碍の大きさがむしろ魅力ともなる。現状に強い不満を持ち、同時に多少とも自己の有能を自負する者には、その実現に挑む衝動を抑えることが困難になった。

### ミシン工業

山口一太郎や高橋柳太の場合は正にその例であろう。二人共に元軍人。山口が義父に本庄繁大将を持ち、二・二六事件に連座した人物である事はよく知られているが、技術畑を歩いた経歴から理工系について多少の専門知識があった。高橋は現役時代から熱烈に石原思想を信奉していた元主計少佐であった。

山口は昭和二十一年十月に、庄内にミシン工場起業の動きを知った時、脳裏にひらめいたのは空襲被害にあって絶望状態になっている優秀なミシン技術者山本仁之助の存在であった。彼がこの両者を結びつけることで石原の農村工業の理想を生かしたいと考えたのは或いは自然のことであったかも知れない。当初、事は極めて順調に運び、十一月十一日、鶴岡で庄内農村ミシン工業発足の話しが決まった後、澁谷をはじめとする関係者は繰り返し山本に技術の中心人物になることを懇請し、山本はまた無条件で引き受けた。山本は早速、三人の技術協力者を集めて治具の設計に取りかかったが、この段階で既に相当な資金需要が明らかとなった。

### 飽海と田川の対立

余りにも順調に見えた滑り出しと、関係者の願望の強さが資金面の詰めの甘さとなりこれが躓きのもとになった。農村側の予想より遥かに多額な設備投資が必要らしいと実感され始めると関係者の間で内紛が起こり、十二月二十六日、問題が石原の下に持ち込まれた。たちまち対立は飽海と田川という地域的対立となり、翌二十七日には、組織から田川が脱落した。

昭和二十二年になっても山本への形式的依頼は続いていたが、四月になるまで山本に支払われた金額は、十二月に当座の費用として支払われた十万円だけで、その大半は山本、及び彼が集めた技術者四人とその家族の生活費に費消された。四月中旬に、飽海でもミシン人事は全面的に入れ替わり、従来、山口との窓口だった山木と澁谷が引っ込んだことで、ピンチに立たされた山口は石原に泣きついている(250)。五月十日の石原日記には、山口から「不徳ノタメ好転デキヌ」と電報があったとある。この計画は失敗に終わったが、六月二十二日の日記に「阿曽　ミシンノ結果ニツキ泣言」とあるように、不毛に終わったこの計画は関係者に大きな痛手を残した。

**自転車工場計画**

ミシン問題では、石原は、山口本人に向かってはその杜撰さを罵倒しながらも外部に対しては概ね彼を擁護する立場を取ったように思われる。しかし、そうした態度は石原が全面的に山口を支持しているという誤解を招いた。従来は石原に対してほぼ絶対的な畏敬の念を持っていた金石舎研究所社長の安藤徳次郎が、このことをさかいに石原に対して批判の眼を向けるようになった。安藤は、山口に批判的な立場から、飽海から分裂した田川農業会の為に大日本機械の古屋幹雄等を紹介したが、この古屋と田川農業会のボスで当時、代議士でもあった山本武夫が意気投合、ミシンに代えて自転車工場計画を推進した。然し、四月三十日の第二十三回総選挙で山本が落選すると自転車工場計画も推進力を失って計画を解消、安藤も莫大な損害を蒙った。

**製塩事業**

その他、農村工業としては桐谷誠が大川忠吉（純平）博士等を相談相手として起こした製塩事業がある。大川は東芝の技術部長として戦時中、鴨緑江発電ダムの設計をやった人物である。日記の五月十日に「誠、本日ヨリ突貫作業」と書かれているのは、この製塩工場のことであった。これも、途中から計画通りに進まず、関係者をいらつかせた。しかし桐谷夫人敏子が無事長女を出産した七月二十五日には工場から最初に出来た塩を届けに来た。名付け親になった石原はこの子に「しほ」と命名した。ただ本格的に塩が出たのは九月末のことで、その製塩業も状況の変化の中で、結局、長続きは出来なかったが、農村に工業をという一つの試みであった。

**伊奈重誠と大久保朝雄**

石原の部下であった旧軍人の典型として、伊奈重誠と大久保朝雄のことにふれておきたい。

伊奈は、石原が仙台の第四聯隊長時代にその聯隊の中隊長として直接の薫陶を受け、軍事学でもそれなりの見識を持ち高木清寿等と『戦術学要綱』を出版している。昭和十九年八月には大佐に進級、歩兵第92聯隊長となったが、終戦の時は茨城県鹿島郡鉾田町で部隊を率いて陣地づくりに励んでいた。戦後、彼はそのまま鉾田の地で農業を営んだ。不慣れな農作業もなかなかの苦労だったが、問題はむしろ経営だった。それを解決するため、彼は旧聯隊の部下で近隣に帰農していた者達と農事協同組合を作ったが、石原から酵素肥料のことを聞かされると早速、岩沼の鈴木文平に連絡して普及会に入会する手続きを取った。伊奈の献身的努力によって生産組合も酵素肥料もそれなりの成果を挙げるが、そうなると激しくなるのが同業者の悪口と中傷であった。そして、その中傷に伴うのが旧軍人に対する誹謗で、そうした誹謗・中傷は、むしろ誠実に新日本の建設に取り組んでいるものに激しく向けられた。伊奈が三月二十日付の石原宛書簡で訴えている闇取引という中傷は、それでも、まだ仕事そのものに関する密告(243)であったが、陰湿なのは戦犯としての密告であった。

大久保朝雄の場合がその例であろう。大久保も伊奈と同様、第四聯隊時代の石原の部下で、石原の薫陶を受け、石原を師父と仰いだ。終戦までのコースは伊奈と大差なかったと考えてよいであろう。戦後は流通業務に励み、仙台に出来るニュー・トウキョウの支店長になるとかデパートを経営するというような話もあったが、結局は自分で会社を起こすこととなった。昭和二十一年の十一月五日には西山に入植したばかりの石原を訪ねてもいる。それが昭和二十二年になって、にわかに占領軍から戦犯の容疑を受け自決に追い込まれた。

## わとう会

「わとう会」という名前は、終戦の混乱の中で満州の長春にいた伊地知則彦が、彼の許に身を寄せ合うように集まった十六人の共同生活者に名付けた「わとう道場」に由来する。「わとう」とは、日蓮の『種々御振舞御書』に「日蓮先がけしたり、わとう共二陣三陣つづいて」とあるところから採ったという。

彼等は長春でほぼ一年、瀋陽で約二ヶ月の抑留生活の後に帰国するが、伊地知という強い宗教的個性の影響に加えて、その間の奇跡に近い異常な体験を踏まえて、石原の「日蓮教」に対する揺るぎない信仰を懐くようになった。伊地知は引き揚げ直後に小倉の病院で亡くなったが、彼の信仰は武田邦太郎等に引き継がれた。

メンバーはそれぞれ、一旦郷里へ引き揚げたが、武田は伊地知から託された「わとう村」建設を生涯の使命と考えるようになった。その後、武田は池本喜三夫と連れだって鐘紡本社に帰国挨拶に行った時、鐘紡への残留を希望されたが、彼は伊地知から託された「わとう村」建設を優先することにした。そこで、武田は西山へ入植していた石原の処へ挨拶に行ったとき薦められてそこの農場長に納まることになったのである。ただ、同じ時期、池本も鐘紡を退職し、兵庫県揖保郡神岡村に適正規模の農場建設を目論んでおり、病弱な池本からその農場への支援も頼まれ、武田は西山と神岡村という二つの農場の建設にかかわることになった（239、240、241）。

## 精華会の活動

精華会は、本来、国柱会の中核的組織であったのだが、その組織内に石原傾倒者が多かったのと、特に田中智学の没後は国柱会が跡目相続で荒れたことから、むしろ東亜聯盟の一翼の観を呈するようになった。精華会の機関誌『王道文化』には東亜聯盟の主張の載ることが多くなり、『東亜聯盟』の掲載文が当局の意向で没になると、即座に『王道文化』に掲載されたという（白土菊枝『将軍石原莞爾』二九一頁）。『王道文化』も用紙不足から廃刊同様になっていたが、その組織は戦後、特に東亜聯盟が解散になってから生きた。

武田は昭和二十一年の年末に西山に入植したが、前述したような事情から翌二十二年二月には早くも兵庫県神岡村の池本農場に出向くことになる。彼はその出発前に淵上や歌川など精華会の同志等と東北精華会の活動について打合せを行い、（イ）差しあたり小泉菊枝の三部作をテキストとして、一泊二日の月例会を開くこと、（ロ）謄写版刷り連絡版五百部発行、（ハ）通信連絡費年額十二円などを決めている（238）。

武田が関西に出るとそこには既に曺寧柱と小泉菊枝が、各々を中心とするいくつかの精華会組織を作っていて、そこに新たに武田の「わとう会」が加わり、各地で盛んに講習会などを催すようになった（239、240、241）。小泉の居住地であった丸亀では精華会へ続々と若い新入会員があるという有様であったが、小泉一家の入植地は旧軍用地であっただけに周囲の反目が厳しく立退きを迫られることとなった。

折から曺寧柱も同志との協同入植地を探しているところであったから一緒に行こうということになり、昭和二十二年十月段階には入植地が三島に決定したので小泉も一家を挙げてそこに移り住むことを目論んでいた（259）。しかし、その後も曺の入植地は、曺が在日朝鮮人ということで容易に決定せず（265）、決着は年を越すのである。

## 酒田軍事法廷

何と言っても昭和二十二年におけるハイライトは五月一日・二日の東京裁判の酒田出張法廷であろう。この裁判については高木清寿以来、多くの石原伝記が取り上げてきたが、阿部博行の『石原莞爾』は、様々の裁判模様についての証言を引用して余すところがない。

ただ、当日の石原日記の「終日裁判、中々ススマズ　夜　東亜聯盟ノ説明」という記事に関する限り、当時、西山に入植していた仲條立一の証言が最も説得力を持っている。それによると、法廷記録に見当たらない石原発言の多くは、その夜、酒田ホテルで内外記者達を前に「東亜聯盟ノ説明」をしたときになされたものだという。

石原の証言が痛快なのは、彼のスケールが桁違いに大きく、胆力も坐っているために、満州事変の原因を追求する側の検事と、追求される側の証人の攻守の席が入れ替わってしまうところにあった。基本的に自らの満州事変に於ける戦争責任を回避しない代わりに、連合国側の戦争責任も許容しない態度を貫いている。

何度も指摘する様に、石原の思想的特色の一つは戦前戦後を通じての一貫性である。八紘一宇もそうであるが、国体とか天皇に対する彼の発言は戦後も変わっていない。

## 陛下御通御奉迎出来ズ

昭和二十一年二月の神奈川県から始まった天皇御巡幸を石原は昭和二十二年八月十五日に山形県飽海郡吹浦の地で迎えた。二年目の終戦記念日であったが、天皇にはこの地に石原がいることとの認識は明確だったのではないか。東久邇宮首相に石原を内閣顧問に推されたことなど、終戦に当たって「国体護持の絶対肝要」を打ち出していた石原の立場が天皇に届いていた可能性は高い。酒田法廷に於ける態度の美事さも聞こえていたかもしれぬ。

石原は、武田邦太郎等が自発的に奉迎を申し出たことを非常に喜び、帰宅するのを待ちかねて御様子を尋ねたという。武田には、東條を重用されたことへの怨念があったから、「闇浮第一の大難に合われているようなお顔付きでした」と報告したところ、黙ってはいるが胡座に組んだひざを震わせている様子から石原の不興を察知した武田は早々に退散したという。この日の石原日記には「午前十一時二十分、陛下御通御奉迎出来ズ」とだけある。後日、武田は石原から「今次の大戦で一番、男をあげられたのは天皇である」と聞いたときに、あのことだなと思い当たったという。石原にとっては敗戦日本を救ったのはやはり天皇の御聖断だった。

## 蓮見診療所開所

昭和二十二年十月一日に鶴岡市十日町の料亭「きくち」で蓮見喜一郎が診療所を開いた。

この年の一月二十日に石原の膀胱腫瘍の手術をして以来、石原の主治医となっていた蓮見は、東京都杉並区阿佐谷に居住しながらも、一月三十日から二月五日まで、二月十九日から二十六日まで、五月二十二日から二十四日まで、七月四日から六日まで、九月一日から四日までというようにほぼ隔月に鶴岡に来ていた。「きくち」を定宿にしていたから、ここで一般患者を診ることが出来れば、もっと頻度高く石原を往診することも負担にならない。既に、七月五日の段階に石原は蓮見が「きくち」に癌病院開設計画を持っていることを聞いている。

一方、「きくち」の経営者である佐藤幸一にとっても、戦時中から終戦直後の食糧難の時代、料亭経営は思うに任せなかったから、ここに診療所を開くのは魅力的な話だった。ただ蓮見は、本拠を東京から移す気はなかったから、診療所を開くには所長になってくれる医師が必要であった。その場合、普通の医者からは異端と見られている蓮見と折り合ってくれる医者を見つけることが難しかった。

この問題は、国柱会員で石原の信奉者でもあった小野誠淳医師の長男で、戦時中は軍医であった淳信が引き受けることになって解決した。当時、石原の付添看護婦をしていた妹の克枝から石原の頼みとして口説かれたのである。そこで十月一日の開所となったが、開所して直ぐに経営権が問題となった。開所するまでは、小野氏に経営を委せるといっていた佐藤幸一が、にわかに経営権を主張して経営方針に介入し始めたからである。問題は直ちに石原に持ち込まれたが、佐藤は石原に対しても、「自ら経営するのでなければ感激がない」といい、「然し、この事業は決して利益の為ではないし、経営に不適任であることが明らかとなれば直ぐに身を引く」と云って開所前の発言を翻したことを弁明した。この争は十一月八日には終に佐藤が小野医師に辞職を勧告するまでになったが、おそらく石原が介入したために表向きは一応収まったかにみえた。しかし根本的な解決には到らず、翌年三月には小野淳信の退職となった。

**平林ヨリ今夕着ノ電アリ**

昭和二十二年十月二十四日の日記に「昨日平林ヨリ今日夕着ノ電アリ。三、二七ニ克枝サン迎ニ行キシモ来ラス。明日ト思ヒシニ、夜、誠夫妻カヘル。ソレト同時ニ吹浦着、雨ノ中ニヌレテ到着」という記事がある。

平林盛人は石原とは陸士同期で、石原が退役になった時、戦地から最も情意溢れる手紙をよこした。昭和十八年一月に退役になり、周囲に請われて松本市長になっていた時に石原も招かれて座談会に行ったことがある。平林は昭和二十年三月末に現役に復帰、四月から新設の長野師管区司令官となった。管内には松代の地下壕に設けられる天皇の御座所と大本営が予定されていたから、彼の人柄が見込まれた人事であった。

八月の終戦で司令官は僅か四ヶ月で終わったが、戦後、この履歴がとんだ災難をもたらした。というのは、この師管区内に作られた軍需物資納入会社に対して、部下の担当者が、戦時中の投資への補償として、戦後になって軍需物資を与え、それが軍用物資不当処理として占領軍に訴えられたからである。平林は事件の最高責任者として部下をかばい、積極的にこの事件の責任を背負った。平林という人物のさわやかさを示すものであろう。その為に彼は昭和二十一年の十二月から長野の刑務所に下獄していた。刑期は三年であったが、模範囚であり本来の入獄事情に対する関係者の同情もあり、二十二年十月十六日に仮釈放となった。

石原は彼の釈放を待ちかねていた。石原にとって、平林は胸襟を開いて語れるごく僅かな人間の一人だった。仮釈放の二日前に面会に来たサト夫人から、平林は背広と靴と旅費の差入れを受け、一通の手紙を渡された。それは石原銻子夫人からサト夫人宛のもので、石原が手術後も案外に元気だったが、夏以来大部衰弱して、しかも切実に平林に会いたがっているという内容であった。サト夫人は、仮釈放になったら、直接、山形へ行ってくれと頼んだ。石原の平林に対する友情と銻子夫人の懇情にほだされたのであろう。然し、仮釈放の条件では、出獄から直接、他所へ向かうことは許されず、平林は一旦、穂高の自宅に帰り、それから満員列車に立ちづめ四時間の後、ようやく吹浦にやってきたのである。

会えば別段改まって用事があるわけもなく、おそらくは今生の想い出に、今一度不幸であったと仄聞する平林と語り合いたかったのであろうし、平林にしてみれば、重態を予想していただけに意外に元気なので安心したという。最初は、一泊し翌朝帰途につく予定だったが、石原があまりに引き留めるので更に一泊することに決心し、海岸を歩いて鳥海山の景を賞したり、砂防の目的で松苗を植える行程を視察したり、又、帰ってきて話しをしたりしたという。

石原の話は全くの雑談で、一番多くを占めたのは士官学校当時の追懐談であった。一番おかしかったのは「東條という男は経理委員主座には適当な男だったなあ」という東條評で思わず相づちをうったという。経理委員主座とは、被服等のことを司っていてケチケチと大勢に関係のないようなことを取り扱う役柄であった。夜になって、酒田の極東軍事裁判のことも話題に出たが、平林は時間を気にしてあまり質問もしないで聞いたらしい。要するに二人は士官学校時代の童心にかえって二日間をとりとめのない雑談で過ごし、翌日、平林は再会を約して帰ったという。これが心を許しあった二人の永別となった（平林盛人『わが回顧録』）。

## 十二　農工一体・簡素生活と「言行録」（西山時代　3）

### 朝日新聞投書事件

昭和二十三年三月二十日の朝日新聞「声」欄に「慢性盲腸炎」という投書があった。蓮見が鶴岡の料亭「きくち」で開いた診療所の内情を悪し様に暴露してあった。

鶴岡の料理屋が昨年十月から突然、診療所の看板を掲げたが、農民の間であれやこれや非難が高まってきたので調べてみると、経営者は料理屋の主人で、一ヶ月に約一週間、東京から医者が来て診療に従っている。この医者は診断の際、顔や額のシワや黒子などから診断をつける、胸部疾患も盲腸を手術すれば治るとして手術するが、一週間に二十五名という能率のよさである。最近まで保険診療を拒否しており、それは大衆の非難に抗しかねて改めたが、自家製の癌ワクチンを非常な高値で患者に売りつけていると非難した。

この投書は、小野医師の退職時期を待って、問題の焦点が蓮見に集中する時期を狙って出されたという点で、内部事情に通じた者が行ったことが明らかである。石原日記の四月二日の記事に「森国、自分ハ出サズト主張」とあるところをみれば、森国年男が疑われた事が分かる。森国はどういう関係からか、この診療所の経営には最初から深く関わり、小野医師と菊地の関係がこじれると、小野医師に代えて地元の栗本医師を連れてくる工作をした。それが、どういう経過で蓮見医師批判に転化したのかは分からない。ただ、癌ウイルス説を称え、独特の癌ワクチン治療を行っていた蓮見に対する医師会の反発は相当幅広く根強いものであったから、こうした誹謗がどこから忍び込んでもおかしくはなかった。

ともかく診療所の問題は、最初は経営権をめぐる争いであったが、投書事件を契機に蓮見医師の診療方針に対する批判に変わった。それでも蓮見は十月までは鶴岡に来ていたが結局、以後は定期に来ることを諦めた。ただ、それ以後も、石原に対する見舞いと診療だけは続けている。癌ウイルス説をとったことで周囲から孤立していた蓮見としては石原からの支持が心の支えであった事が分かる。

### 救国青年聯盟

三月二十二日の石原日記を見ると、小泉菊枝の次男の小泉良雄が救国青年聯盟代表の代議士・織田正信の使いでやってきて、衆議院での代表質問に関する要領を聞いている。石原の答えは「真ニ国民ニ訴フル価値アル点少数ヲ短時間ニ！」ということであった。

織田は香川県木田郡牟礼町の出身で、東京文理大卒業後、昭和二十一年四月、郷里に帰り、石原の東亜聯盟思想を引き継いで救国青年聯盟を結成、昭和二十二年四月に行われた第二十三回衆議院総選挙に香川県から立候補、二十五歳という最年少でのトップ当選を果たした。この時の選挙は、社会党が第一党となり社会・民主・国民協同三党の片山連立内閣が成立したが、昭和二十三年三月十日には社会党が左右の内部対立で分裂状態に陥り片山が辞任、後を受けて芦田内閣が成立した。二十日に首相の施政方針演説が行われ、それに対する各党、各会派の代表質問が二十一日から三十日まで行われた。織田も小会派の代表として質問演説をすることとなったので、これに対する要領を聞きに来たのである。

織田の質問は三月二十九日午後の本会議で行われたが、当日の衆議院議事録を見ると、外交、言論の自由、食料問題、地方分権、道義の高揚、義務制公共奉仕団の提唱という六点にわたって展開されている。

第一の外交については、特に、わが旧領土の人々や中国人に日本国民の謝罪の気持ちが十分伝わるような施策が講じられているかということである。第二の言論の自由については、民主政治の基本であるに拘わらずまだ不徹底であるから、この際、特に声明を出して国民の蒙を啓く必要があるのではないか。第三の食料問題については食料の自給策と、日本人の米作偏重にたいする是正策、具体的には甘藷・馬鈴薯・雑穀等との総合供出制度についての見解、国際貿易が許された後の廉価な外国食料によるダンピング対策を聞いた。第四の地方分権の徹底については、予算の削減には行政機構の改革と人員整理が必要だが、それを可能にするのは地方に対する大幅な権限委譲が不可欠だということであった。第五の道義の高揚については、首相は施政方針の中で提唱していたが、いかなる具体策があるのかという質問であった。最後に、青年教育の根本的対策と経済混乱を打開する生産復興の一翼として、青年男女の義務制公共奉仕団を提唱、これに対する見解を求めた。

以上の織田の質問に対して、芦田総理は第一の過去の過ちに対する謝罪はポツダム宣言の忠実な履行によって果されるとし、第二の言論の自由の不徹底については今日の我が国の境遇による制約条件によるところであると答え、第四の行政の整理については趣旨にそうよう努力するといい、道義の高揚については全く同感であるとした。第三の食糧問題については永江一夫農林大臣が答弁に立ったが、自給策は努力目標としては当然だが、雑穀等との総合供出制度は国民の嗜好にからんでいるから不適当、農業恐慌の恐れについてはそうならないよう努力すると答えたが概して織田の提案には否定的であった。第五の道義の高揚策と青年男女の義務制公共奉仕団の提唱については森戸辰男文相が答弁に立ったが、義務制公共奉仕団は良い点もあるが、かつてのドイツでのような弊害も考えられるから、これらを勘案して考えたいと答弁した。

以上、議事録を読んで良く分かるのは、織田の質問が、一応は石原の視点を踏まえながら、その問題を掘り下げて追求できていないことである。石原の視点は何れも革命的な論争点を持っているので、羅列的に並べて質問してもありきたりの答弁しか引き出せない。特に食糧問題など数字を押さえた議論でなければ問題になるまい。石原が「真ニ国民ニ訴フル価値アル点少数ヲ短時間ニ！」と云ったのは正にそういう意味であった。

## 言行録

重態が伝えられる中でも、石原は外見は意外に元気そうで各方面からの報告を聞き指示も出していた。しかし、日々の出血と激痛や尿閉等による体力の衰えは争うべくもなく、今の中に石原からその言行録の聞き取りを残しておかねばという焦りが石巻の真山元輔や東京の今田新太郎少将などにはあった。

八月五日付の今田の書簡(281)に依れば、彼は九月に速記者三名と加藤惟孝(中江丑吉の弟子)を同行、半月滞在し毎日二時間位話しを聞きたいと云っている。今田が中江の目線で石原思想を残したいと考えていたことが伺える。しかし、この書簡を九日に受け取った石原は「一寸待テ」と返信したと日記に書いている。

ところが、翌日、真山元輔が石原に「言行録」の相談をすると、石原は「俺の身体のゆるす限りやろう」と云っただけではなく「大体一日に、午前と午後に分けて計三時間位ならよかろう」といい、対談、速記のかたちで、その相手は取り敢えず都合のつく人々ということで、和田勁、木村武雄、小泉菊枝、高木清寿、丸川順助、今田新太郎の名前を挙げたという。

今田の具体的な提案に「待った」をかけながら真山の提案には応ずる姿勢を見せ、その中には今田の名前も見える。今田と真山の提案との差を問えば、加藤(中江の弟子)の目線を通すかどうかしか無い。石原としては体力の衰えたこの段階に、気心の知れない相手に自分の本音を語る煩わしさを避けたかったのであろう。

残念ながらこうした計画は具体化する前に石原の病状が急速に悪化したために実現には到らなかった。しかし真山によれば、これがほぼ三十年近くの時を経て、『石原莞爾全集』を作る基になったという(真山元輔「石原莞爾先生著書刊行趣意書について」『石原莞爾全集』第七巻)。

## 精華会弾圧と曺寧柱の活躍

昭和二十年以来止まっていた精華会の機関誌『王道文化』が、昭和二十三年六月に復刊された。すると早速にそれは占領軍の知るところとなり、六月五日には軍政部から石原のところへ精華会の取り調べに来ている。石原は取り合わなかったが問題は法務庁に廻り、執拗な取り調べを受けることになる。

この時、精華会組織防衛の為に法務庁との折衝の窓口に立ったのが曺寧柱（一九〇八～一九九六）であった。曺は韓国慶尚北道生まれ、昭和八年、滝川事件で京都大学を中退、立命館大学に編入。朝鮮独立運動を志したが、義方会の福島清三郎の紹介で舞鶴要塞司令官時代の石原莞爾に面会したことが、その後の彼の生き方を決めた。東亜聯盟運動に参加、昭和十七年には石原弾圧の手段に利用され、独立運動容疑で拘禁を受けた（61）。戦後、精華会の中心的活動家となったが（254、257、260）、在日韓国人を代表する人物としては大韓居留民団中央団長を二期勤めた。武道家としても知られ大日本武徳会空手九段、範士、義方会（柔道）本部師範であった。

八月二十六日に東京に着いた曺は、当時、精華会の活動拠点となっていた目黒の水野外科病院に駆けつけ水野孝院長から情況の概要を聞き、同志の太田金次郎弁護士を尋ねて、勅令一〇一号と宗教の法的解釈等を検討した上で二十七日に法務庁の吉橋義雄調査課長を尋ねて見解を聞いた。この時の問答の要領は八月二十八日付の曺から武田邦太郎宛の手紙（284）に詳しいが、要するに勅令一〇一号の解釈と、宗教団体の定義付けと、精華会についての曺からの概略説明に終わっている。

本格的折衝は八月三十一日の法務庁における吉橋課長及び池田主任検事と曺との対談で行われた。法務庁側が暗に石原を指す言葉として特別の指導者の存在を追求したのに対して曺はそれを否定し、教義上の解説者はいるが運営は合議制をとっていると答えている。また、日蓮の予言について、神話に基づく予言には普遍性がないとした点については、曺は朝鮮人の私が信仰しているのに普遍性がないとは何事かと開き直っている。ここがこの日の折衝の山場であったように思われる。爾後の応答を読むと法務庁の態度は概ね好意的に推移しているように思われる。例えば「当局の願ひは、論筆等において、誤解のないよう、も少し技術的考慮を計って然るべきだと云ふ事だけである」というような発言（289）からは、占領軍との間に挟まれた当局の苦衷が読み取れる。

一応の決着は十一月十二日に、「一、精華会ハ東亜聯盟会員ヲ役員ヨリ除外シ、又今後モ役員ニ推挙セズ　一、精華会ハ今後宗教外ノ思想、特ニ東亜聯盟思想トハ何等ノ関係モナシ　一、精華会ハ純宗教団体トシ、勅令一〇一号第一条、第四条ニ違反スル行動ハトリマセン」というような誓約書を出すことで解散を免れた(295)。この交渉経緯を見ると、精華会が解散せずに済んだのは曺寧柱のみの力とは云えないまでも、彼の交渉力に待つところが大きかった。

## 南部襄吉の来訪

十月十八日の石原日記に「十二時四十分ノ列車ニテ南部君到着」とあり、二十日の記事に「南部君午前八時出発帰ル」とある。石原は時間を守ることを極めて重視していたし、旅行なども実に細かく厳密に時刻表で予定を立てていた。しかし石原が日記の中で自分以外の人間の行動に時間を書き込むのは極めて稀で、余程の思い入れのある時のみである。南部襄吉の来訪が如何に待たれていたか、また彼との別れが如何に辛かったかが表れている。南部は勿論、幼年学校以来の一番の親友であった。戦後も文通を途切らせることはなかった。その南部ほどの人間でも、戦後、軍人恩給が打ち切られた中で、しかも、食糧難、交通難を越えて西山を訪ねるということは容易のことではなかった。

それでも南部がどうしても石原を訪ねなければならぬと思い定めたのには、或る運命的な奇遇があった。南部は戦後、群馬県の伊勢崎で農業をしていたが、彼の花作りは本職はだしの本格的なもので、昭和二十三年になると、東京目白のヤマト種苗の顧問に迎えられていた。彼が信州の花圃視察に出向いたのはその関係からであった。しかも、たまたま出向いた穂高町で、これも農業をしていた平林盛人に巡り逢い、石原の病状がただならぬものであることを聞いたのである。南部はその時の感慨を次の句に託した。

思ひきや信濃に花を尋ね来て　蘇州を語る君あらんとは(282)

つもる話しに平林の家に一泊した南部は西山訪問を決意する。菅原道大も誘ったが都合がつかず、彼一人の訪問となった。会えばさしたることもなく思い出の雑談に終始したようである。その後も旅費が貯まったらチョイチョイ伺うつもりと言っていたが、結局、これが二人の永別となった。

菅原道大が南部の勧めで石原を見舞ったのは十二月二十五日のことだった。

**板垣家弔問**

十一月十二日に極東国際軍事裁判所は戦犯二十五被告に有罪判決を下した。十二月二十三日には板垣征四郎その他七名の絞首刑が執行されたが、石原の意向でこれらの遺族には弔電が打たれ、特に板垣の留守宅には曺寧柱、淵上辰雄、桜井治八、中村君子、小泉菊枝の五人が弔問に訪れた。

ところが板垣の処には創価学会からも三人の弔問客が訪れており、祀ってあった御本尊を巡って弔問客間に論争が起こり、小泉が相手を「私としましては誠に誠に、かもがねぎを背負ってきたと俗に申すのはこの事か」と侮って受け止めたことから、年明けに目黒の水野病院で論戦を展開することとなった（302、303、304）。

**伊達順之助処刑記事**

板垣に限らず昭和二十三年の後半は石原が心を許した数少ない人々との別れが続いた。九月十一日の新聞には伊達順之助処刑の記事が載った。伊達からはその翌日、田中久大佐を経由して遺言が届けられた。十二月十七日には多田駿大将の死去が伝えられた。恐らく数多くの先輩将軍の中で、多田と板垣両大将ほど、石原の識見に素直な敬意を抱いてくれた人物はいなかったのではないかと思われる。

## 十三　最後の闘病・日蓮教入門完成と永眠（西山時代　4）

**法戦**

昭和二十四年の初頭、日蓮の教義に関して石原の下にもたらされた二つの論争があった。一つは新年早々、国柱会の田中芳谷から、「末法二重説」についての詰問の手紙で、これに対しては武田邦太郎に代筆を頼んでいる。田中芳谷としては智学亡き後、国柱会を維持するには智学の言葉を唯一絶対の拠り所としたかったのであろうが、石原としても最終戦論の宗教的確信の根拠を容易に譲ることは出来なかったのである。

今一つは創価学会との法戦で、一回目は一月九日に水野病院で行われ、二回目は二月九日に創価学会の正学会館で行われた。双方共にかなりの自信で臨んだであろうことは、二回目の論戦を始める前に交わした誓約書をみても分かる。創価学会側は、戸田城聖、矢島周平、小平芳平、辻武寿、柏原ヤス、龍年光という錚々たる顔触れであり、精華会側も水野孝、小泉菊枝、許利玉、中村君子、畠山悦子、河野信、山口美登里という陣容であった。精華会側は山口美登里が代表格であったらしい。

観心本尊鈔の解釈に議論が集中したのは当然であろうが、二回目も苦戦ながらしのいで決着に到らず、三回目を三月に開くことにしていたが、四月に延びただけでなく、石原日記の四月二十四日には「小泉サンヨリ宗論打切リノ電」とあるところから見れば第三回目は開かれずに終わったらしい。武田邦太郎の見るところでは、山口などかなり創価学会の主張に傾いていたようである（312）。

### 精華会講習会

昭和二十四年の三月には東京に引きつづき、但馬でも講習会が開かれ、曺寧柱が講師として出講することになっていた。ところが、東京での無理がたたって曺が高熱で倒れ、そのピンチヒッターとしてちょうど神戸の池本の処にいた武田邦太郎が当てられ、急遽赴いているが、こうした指示が石原を通じて出されていることをみると、この段階になってなお、精華会も重体の病人の指導の下に動いていたことが分かる（312）。

そして、この時の武田のテキストがレニンの「国家と革命」であったこと、及び『王道文化』昭和二十四年四月号の巻頭無記名論文が「スト階級に寄せて立正安国を論ず」（314）であったことなどは、石原の関心が日蓮教と共に共産主義に向けられていたことを物語るものであろう。講習会は九州でも開かれている（316）。

### 壮絶なる闘病生活

死に至る病の床での闘病は、周囲にどれほどの介護の手があろうと、所詮、孤独な闘いでしかない。昭和二十四年は元旦から「出血、シボリ、夜　下痢」、「終日出血尿ツマリ大脱落　痛ミ甚シ」という記事が続く。崩れたパピローム破片が血尿に交ざって尿道を塞ぎ尿閉が頻発、膀胱の激痛に不眠が続く。五月になると出血量が増え、「殆ド不眠」状態が続き、「甚シク苦シム殆ド横ニナル能ズ」という状態となるが、六月には流石の石原が「昨夜眠レズ朝甚　快　気ノ狂ハンバカリ」と書くほどになる。凄まじいのは、そうした苦しみの中で依然として講習会や普及会などへの指示を続けていることである。

## 「新日本の進路」

死の床にあって尚、石原の悲願は東亜聯盟の結成にあった。「新日本の進路」と題する連合国軍最高司令官マッカーサーに宛てた書簡は、七月に武田邦太郎に口述したものである。

日本を再建するには、共産党を圧倒しうるようなイデオロギー中心の政党を結成し、統制主義国家として独立するのでなければ、日本は何時までも安定しない。従って、アメリカ軍の引き上げは永く不可能となり、そのうちに日米両国間の感情は著しく悪化する危険が多分にある。

戦後、極端な保守反動思想として解散を命ぜられた東亜聯盟が、その主張として、最終戦争が東亜と欧米の間に行われると云ったのは「甚だしい自惚れであり、事実上明らかに誤りであった」が、その経済建設の方式や、運動実践のデモクラチックさは、土地狭隘で資源に乏しい日本の実情に合っている。共産党の攻勢の激しい今日、東亜聯盟の本質と足跡は再検討される必要があるというのであった。

日米安全保障条約の下での独立をどう考えるかにもよるが、このマッカーサー宛の手紙で予言せられたアメリカ軍の引き上げが不可能の状態は、戦後、半世紀を超えた21世紀の今日も続いているのである。

## 「日蓮教入門」の完成

石原最後の著述となったのは「日蓮教入門」である。彼の場合、「入門」というのはへりくだっての言葉であり、平易な言葉で語っているけれども、それは決して初心者の入門を意味するものではない。むしろ日蓮信仰を手がかりとして石原の世界観を示そうとしたものである。ただ、敢えて石原の真意を付度すれば、これはむしろマルキシズム批判の書と要約することも可能である。その点を中心にして紹介して見よう。

先ず最初に、科学と宗教が、五官によって観察出来るものと、五官には直接観察出来ないが直感で悟りうるものに分類定義される。その定義に従うと、マルキシズムにも科学と宗教の両面がある。有史以来、資本主義までの具体的現実を分析した科学の面と、今後、どのような時代がどのようにして現れるかという未来を予言した宗教面である。石原は専らこの宗教面をとりあげこれをマルクス宗として批判するのである。

マルクス宗の予言では、資本主義時代には社会の階級構成がブルジョアとプロレタリアの二大陣営に二分化され、少数のブルジョアが富を独占することにより多数のプロレタリアが貧窮に陥る。そこでプロレタリアは階級闘争を強化し、遂に暴力革命によってブルジョアを打倒、プロレタリア独裁の過程を経て共産主義の理想社会を実現すると云っている。石原はこのマルクス宗の予言を二つの面で破綻しているという。

一つは、先進国ほど社会の階級構成は単純化されず、むしろ複雑化している。その原因は科学の進歩で優れた機械設備がどしどし実現し、生産において人間労働の必要が少なくなり、プロレタリアの数が減少傾向を示すと共に、必ずしも大きくない資本で高能率の生産を可能にしている。従って、国家の政治が、社会の一小部分に過ぎないプロレタリアの独裁によって行われることは、むしろ不当である。

今一つは、理想社会の実現は、社会制度の暴力革命からよりも、むしろ科学の進歩によって可能となる。マルクス宗は、資本家経営でなく社会的経営によって生産力の飛躍的発展を期待したが、経験によると個人経営と社会的経営の間にこのような飛躍的発展は期待し得ない。生活資材の豊富な供給はむしろ科学の進歩のみが可能とするというのである。以上のマルキシズム批判の中で、石原はロシア革命の特殊性の説明にかなりの筆を弄しているが、ソ連崩壊後の今日ではそれは捨象してよいであろう。

いずれにせよ石原が、その苛烈な生涯を終えるに当たって、日本人に語り残したいと考えたことの第一が、このマルキシズム批判であったことは、戦争直後の政治状況を振り返らないと理解できないであろう。

石原の念願の第一が日本の独立達成であり、その為には、当時の思想界を風靡していたマルキシズムの克服がその前提条件であったのである。日本に共産革命の可能性が残される限りアメリカの占領体制は解除されないと見ていたのである。

勿論、この「日蓮教入門」は、日蓮教の解説を主体とした本であるから日蓮教の説明に最も多くの筆を費やしている。そして日蓮が、末法（釈迦入滅後二千年以後）の時代に法華経に予言せられた本化上行菩薩であることは信仰上疑えないとしても、その出現が今日の歴史学から考えると、なお像法（釈迦入滅後千年から二千年まで）の時代であったことについて、「五五百歳二重の信仰」という独特の解釈を行っている。しかし日蓮教の部分についての紹介は今日の筆者の能力では到底及ばぬ処であるから控えたい。キリスト教批判や、その他についても同様、ここで筆者が多弁を弄する必要はあるまい。

この「日蓮教入門」の仕事を通じて、改めて見逃せないのは石原の仕事のスタイルである。可能な限り彼自身は骨格を示すに止め、肉付けは弟子乃至は同志の手に委ねようとした。しかも重大な箇所に未熟な用語が用いられると「そのところはこの方がよくはないか」と書き直しを命じた。そのスタイルは昭和維新を杉浦晴男に書かせて以来、ほぼ一貫した石原の手法であった。

そういう意味で、曺寧柱、小泉菊枝、武田邦太郎の三人は、石原が自分の思想を語らせるにたる人物として選んだのであり、六月十五日の日記に、彼は「曺君到着、早速『日蓮教入門』ノ愚見ヲ述ブ」と書いた。その日、「『日蓮教入門』起草に関する愚見」というメモを示して三人にその起草に着手することを促したのである。メモの日付は昭和二十四年六月六日となっている。以後、三人の分担執筆を石原が校正する形で叙述が進められた。

前述したマッカーサー宛て書簡「新日本の進路」口述を例外として、もはや日記すら書かれることなく、残された気力の全てが「日蓮教入門」の完成に注がれた。草稿完成の翌日、容態が急変、八月十五日の永眠の時を迎えたのである。

## 償いの日々

石原莞爾の晩年が激痛と不眠にさいなまれた長い闘病生活であったことについて、石原自身は一種、心ならずも犯すことになった罪の償いの日々として覚悟していた感がある。

昭和二十二年五月十一日の石原日記に「蕨岡四名」とあることについて武田邦太郎は次のように書いている。

その日、昭和二十二年初夏の明け方はまだすっかり明け切っていなかった。この年は打ち続く大雨の年で、西山の砂丘地と鳥海山麓との間にまんまんたる大きな湖ができた洪水の年であったが、その日も夜来の豪雨の中に明けようとしていた。その未明、石原将軍のお宅に前もって何の知らせもなく突然訪れてきた来客があった。それは隣村、蕨岡村杉沢の高橋豊治郎氏母堂はじめ数名の男女であったが、いずれも日蓮聖人の信者で、日蓮聖人のお側に仕える竜神から常に教えを仰いでいるという人々である。

私はその場にいなかったのであるが、その人々が将軍のお部屋にうかがって御本尊を拝するや、竜神は待ちかねたように出現されたという。そして将軍の永らくの病悩を慰め、自分の力で平癒させようと申し出られた。将軍はこれに対し、「御好意は日蓮聖人の教えに照らし合わせてでなければいただくことはできない、自分の病悩は戦争で多くの人を死傷させた罪の報いであるから喜んでお受けしているのである」、と返答されたとのことであった。

竜神は高橋氏母堂の体をかりて出現される。出現の時、母堂は日頃と全く違った堂々たる態度と高い格調をもった音声で、意識をこえて口頭にあふれ出る竜神の言葉をかたるのである（『王道文化』一一八〇号）

このような神懸かりな話しをどう受け止めるかは人によって様々であろうが、石原が、竜神の申し出を断った毅然たる態度には、偽りのない罪の償いの覚悟が表れているように思われる。激痛にさいなまれた死の床にあって、なお、石原に未来の東亜を説き続けさせた剛直な姿勢には、満州事変以来、日蓮の予言を信じた石原莞爾の信仰を奉じて倒れてくれた多くの人々への限りない哀惜と罪障を償うゆるぎない覚悟がうかがえる。

最晩年の石原莞爾の姿を詠んだ次の二句を掲げて結びとする。

鳥海を　ただ雲表に　刈田原
癒ゆるなき身を秋風の冴えに耐ふ　　淡水

淡水は「淡如水」よりとった南部襄吉の俳号である。

## 東亜聯盟期を中心とした石原莞爾略年表

| | | |
|---|---|---|
| 明治22年（1889） | 1 | 山形県西田川郡鶴岡町日和町甲３番地にて出生 |
| 〃35年（1902） | 9 | 仙台陸軍地方幼年学校に第６期生として入校 |
| 〃38年（1905） | 7 | 同校を卒業。優等生として教育総監賞を与えられる |
| 〃　年 | 9 | 陸軍中央幼年学校に入校 |
| 〃40年（1907） | 6 | 士官候補生・歩兵第32聯隊付 |
| 〃　年 | 12 | 陸軍士官学校に入校（21期） |
| 〃42年（1909） | 12 | 歩兵少尉・歩兵第65聯隊付 |
| 〃43年（1910） | 4～45年 | 韓国（朝鮮）守備 |
| 大正２年（1913） | 2 | 歩兵中尉 |
| 〃４年（1915） | 11 | 陸軍大学校入校（30期） |
| 〃７年（1918） | 11 | 同校卒業。優等卒業生として恩賜の軍刀を授与される |
| 〃８年（1919） | 4 | 歩兵大尉 |
| 〃　年 | 7 | 教育総監部勤務 |
| 〃　年 | 8 | 国府錸と結婚 |
| 〃９年（1920） | 4 | 中支那派遣隊司令部付 |
| 〃10年（1921） | 7 | 陸軍大学校兵学教官 |
| 〃11年（1922） | 8～14年 | ドイツ駐在 |
| 〃13年（1924） | 8 | 歩兵少佐 |
| 〃14年（1925） | 10 | 陸軍大学校兵学教官 |
| 昭和３年（1928） | 8 | 歩兵中佐 |
| 〃　年 | 10 | 関東軍作戦参謀 |
| 〃６年（1931） | 8～８年 | 満州事変 |
| 〃７年（1932） | 8 | 歩兵大佐・兵器本廠付 |
| 〃　年 | 9～８年 | ジュネーブ国際聯盟臨時会議随員 |
| 〃８年（1933） | 8 | 歩兵第４聯隊長 |
| 〃10年（1935） | 8 | 参謀本部作戦課長 |
| 〃12年（1937） | 1 | 参謀本部第１部長心得 |
| 〃　年 | 3 | 陸軍少将・参謀本部第１部長 |
| 〃　年 | 7 | 盧溝橋で日中両軍衝突（日中戦争の発端） |
| 〃　年 | 9 | 関東軍参謀副長 |
| 〃13年（1938） | 6 | ［板垣征四郎陸軍大臣に就任。東亜聯盟の線で事変の解決を図る］ |
| 〃　年 | 8 | 内面指導撤回を貫徹出来ず、予備役編入願を出し、帰国 |
| 〃　年 | 9 | 大洗で「昭和維新方略」を執筆 |
| 〃　年 | 12 | ［浅原事件］ |
| 〃　年 | 〃 | 舞鶴要塞司令官 |
| 〃14年（1939） | 8 | 陸軍中将・第16師団長 |
| 〃　年 | 9 | ［西尾寿造支那派遣軍総司令官・板垣征四郎総参謀長］ |
| 〃　年 | 〃 | 木村武雄、東亜聯盟協会創立 |
| 〃　年 | 11 | 『東亜聯盟』創刊 |
| 〃15年（1940） | 7 | ［第二次近衛内閣、東條英機陸軍大臣］ |
| 〃　年 | 〃 | 中部軍管区師団長会同（東條・石原会談） |

| | | |
|---|---|---|
| 〃16年（1941） | 1 | ［東亜聯盟促進議員聯盟中華民国視察団の訪中］ |
| 〃　年 | 〃 | 閣議声明「皇国の主権を晦冥ならしむる国家聯合理論等は許さない」 |
| 〃　年 | 3 | 待命・予備役編入 |
| 〃　年 | 〃 | 「東亜聯盟協会について」（東亜聯盟協会改革への第一弾） |
| 〃　年 | 〃 | 東亜聯盟「正会員規定変更」会員を正会員と普通会員の二本立てとする |
| 〃　年 | 4 | 「全国中央参与会員会議に於いて」（東亜聯盟協会改革への第二弾） |
| 〃　年 | 5～9 | 立命館大学講師兼国防科学研究所長　全国各地を遊説 |
| 〃　年 | 6 | 東亜聯盟協会顧問就任 |
| 〃　年 | 9 | 鶴岡市番田時雨荘隠棲を隠れ蓑に、以後、指導原理確立を急ぎ全国各地巡遊 |
| 〃　年 | 〃 | 「庄内支部運動要領」（東亜聯盟協会改革への第三弾） |
| 〃　年 | 10 | 「東亜聯盟運動要領ニ就テ」（東亜聯盟協会改革への第四弾） |
| 〃　年 | 〃 | ［東條内閣成立］ |
| 〃　年 | 12 | ［太平洋戦争に突入］ |
| 〃17年（1942） | 3 | 東條・石原会談（東條に辞任勧告） |
| | | この頃から特に会費制度の確立と、指導原理の確立普及を図る |
| 〃　年 | 11 | 鶴岡市高畑町に転居 |
| | | この頃から東亜聯盟同志会を中心とした国民組織案の完成を急ぐ |
| 〃18年（1943） | 1 | 三笠宮殿下（若杉参謀）に御進講 |
| 〃　年 | 2 | 東亜聯盟同志会と改称 |
| 〃　年 | 8 | 大川周明と会談、皇族内閣を要望 |
| 〃19年（1944） | 4 | 中国同志からの質問に答えて、東亜聯盟の政治進出を否定する |
| 〃　年 | 7 | ［サイパン失陥、東條内閣退陣］ |
| 〃　年 | 9 | 山口重次「皇族内閣の意義」。東久邇宮に組閣を直接働きかける |
| 〃　年 | 11 | 天橋立講習会で同志会の政治進出に反対する |
| 〃20年（1945） | 3 | 北上支部講習会で同志会の政治進出を許さず、会長就任も断わる |
| 〃　年 | 8 | ［敗戦］　この前後、東亜聯盟会員激増 |
| 〃　年 | 9 | 新庄を始め、各地大会で「敗戦は神意なり」と説く |
| 〃　年 | 10 | 京都講演で「新日本の建設」を説く　朝日新聞「満州独立前後の事情」掲載 |
| 〃21年（1946） | 1 | 東亜聯盟、ＧＨＱによる解散指令を受ける |
| 〃　年 | 1～8 | 東大病院、次いで逓信病院に入院 |
| 〃　年 | 5 | 国民党結成される |
| 〃　年 | 8～10 | 大泉村森片に仮住まい |
| 〃　年 | 10 | 西山に入植 |
| 〃　年 | 12 | 「我等の世界観」（国民党の綱領）執筆 |
| 〃24年（1949） | 6～8 | 「日蓮教入門」執筆 |
| 〃　年 | 7 | マッカーサー宛に「新日本の進路」を送る |
| 〃　年 | 8.15 | 永眠 |

# あとがき

東亜聯盟に関しては根本から書き改めねばならないと考えたのは十五年前、つたない私の『石原莞爾』を出版した直後からであった。石原莞爾も、昭和十七年（一九四二）以降になると思想的に衰え、和平への道をあきらめて武力解決を主張するようになったという誤解があるからである。

そう言い出されたのは秦郁彦氏であるが、証拠として持ち出された石原莞爾の言葉は「支那事変は断じて我々の実力を以て根本的に解決することが必要である」というものである。文脈を素直に読めば、その「実力」とは「東亜聯盟」という「思想的実力」なのであるが、それを秦氏は「武力」と読み替えておられるのである。秦氏の説はマーク・R・ピーティ氏が、彼の名著とも云われる『「日米対決」と石原莞爾』にそのまま採用されたことによって、ほぼ定説となった観がある。

その影響を強く受けられた結果だと思われるのは桂川光正氏の東亜聯盟論である。氏は「聯盟論の意味内容やそれを支える中国認識は、ほぼ三段階に分けられ、第一は西安事件の前後、三六年末から三七年初頃までである。第二は四〇年秋頃までの数年間で、聯盟論の特色の最も明らかな時期である。第三は、以後、石原の死までの時期で、石原の思想の独自性がほとんど失われた段階である」とされているのである。同氏が『石原莞爾選集』中の『東亜聯盟』の編集者を勤められているということは、東亜聯盟の代表的研究者と見なされているということであろう。

このような有力者による東亜聯盟論を根本から書き直すには従来の資料を使ったのでは説得力は得られない。だが石原に関する新資料の発掘は私のような在野の研究者には極めて困難であった。鶴岡の郷土資料館には未解読の石原莞爾日記が残されていることは分かっていたが、当時の私にはその日記手帳の解読は無理だと思われた。隠れている石原資料は決して少なくはないと考えられるが、その資料をどのようにしたら提供して貰えるかが問題であった。

それらの障碍は三つの幸運によって乗り越えられることになった。一つは、辛亥革命研究会を主催されていた日本女子大の久保田文次先生によって梅屋庄吉日記の解読作業が進められることになり、私もその作業に参加させていただけることになったが、これが難解なメモ的日記を解読することへの自信を私に与えてくれたのである。梅屋日記を解読するのと同じ手法を使えば石原日記も読めるかも知れないという希望は、石原莞爾平和思想研究会の武田邦太郎、仲條立一、菅原一彪、仁科悟朗、戸辺栄一、淵上千津氏等のご協力を得て現実のものとなり、私はその成果を平成十一年（一九九九）の『政治経済史学』（三九〇号〜三九七号）に発表することが出来た。

今一つは、これも石原莞爾平和思想研究会の志賀明彦氏によって、鶴岡の郷土資料館には石原六郎氏によって集められた未利用の文書が相当数残されているという情報を与えられたことであった。私は鶴岡に通い始め、それによってかなり貴重な資料の発見があった。

第三にはそうした資料の解読過程で生じた、主として武田邦太郎氏や淵上千津氏との信頼関係によって武田・淵上両氏の周辺に残されていた幾つかの貴重な資料が新しく発見され、私にその閲覧と整理の機会が与えられたことであった。高木清寿の関係資料をお持ちであった野崎寿子氏にも御紹介戴き、その資料の整理の機会も与えられた。

私はそれらの資料を解読してゆく過程で、それらの資料の一部を平成十三年（二〇〇一）九月から平成十五年（二〇〇三）九月までの『政治経済史学』（四二一号〜四四五号）に発表させて戴いた。その後のことを含めて、私が発掘・解読に関係出来た新資料の中で、東亜聯盟研究にとり最も貴重なものは、平成十七年（二〇〇五）夏に、増川久子氏のところで発見された書簡・書類群であろう。氏の夫君は、長く『東亜聯盟』の編集者を勤められた増川喜久男であり、これらの文書は東亜聯盟運動中枢の情報を伝えているからである。これら新しく発掘された文書は、所蔵者の御希望に従って、今日では全て国会図書館憲政資料室に寄贈され公開されている。

今回、『東亜聯盟期の石原莞爾資料』として刊行するのはこうして得られた新しい資料群とともに、それらに基づいて私が到達できた東亜聯盟期における石原莞爾像である。これがどのように理解されるか、それとも理解されないかは分からないが、私にはこういう形で世に問う以外になかったということが出来る。

長くかかったこの資料集にはこの「あとがき」にふれえた方々の外に、取材過程を含めて実にさまざまの方々の御世話になっている。敬称を略して御名前だけ挙げれば、新井克輔、秋保良、安藤徳次郎、池本孝、伊藤清孝、植田弘、小野淳信、桐谷敏子、河野信、栗原健、黒沢秀子、工藤司、小泉良雄、郡山襄夫、柴田紳一、鈴木和子、後藤昌次郎、高橋勝浩、多田顕、戸部良一、中村静、中村竜平、林譲、平林伊三郎、原子昭三、真山元輔、真山文子、保坂喜美氏らが主な方々であるが、中には既に鬼籍に入られた方も少なくない。御名前のもれた方々には、全て私の老耄ということでお詫び申し上げる。今、その方々への感謝の言葉を書きつらねれば際限もないことになる。ただ一言で謝辞を述べれば、私はこういう形で石原莞爾という人物に出会わせてくれた全ての人々に感謝するということである。

身内の事にふれるのは恐縮だが、老妻和子や娘の鴻が、私のこのような全く見返りの期待できない研究や出版に何時も変わらぬ全面的な協力を惜しまないでいてくれることにはただただ頭を下げるのみである。

最後に、今日の出版状況の厳しさの下で長く難渋していたこの資料集の出版を引き受け、短期間に出版にまで漕ぎつけてくれた同成社の山脇洋亮社長をはじめ、吉田幸一、山田隆氏らに心から御礼を申し上げます。

平成十九年三月

野村乙二朗

# 人名索引　［　］は支部長

# 事項・地名索引　［支部］は支部の所在地

# 東亜《とうあ》聯盟期《れんめいき》の石原莞爾《いしわらかんじ》資料《しりょう》

**■編者略歴■**


野村乙二朗（のむら　おとじろう）

略歴　1930年　山口県山口市に生まれる。
国学院大学卒業。都立高校教諭を経て国学院大学講師、東京農業大学講師を歴任。

著書　『近代日本政治外交史の研究』（刀水書房、1982）、『石原莞爾』（同成社、1992）

共著　『人間吉田茂』（中央公論社、1991）、『再考・満州事変』（錦正社、2001）、『その時歴史が動いた 15』（ＫＴＣ中央出版、2002）



2007年３月30日発行

編　者　野　村　乙　二　朗
発行者　山　脇　洋　亮
印刷者　㈲にっぽり製版印刷
モリモト印刷㈱

発行所　東京都千代田区飯田橋 4-4-8 東京中央ビル内　㈱同成社
TEL 03-3239-1467 振替 00140-0-20618





ISBN978-4-88621-388-4 C3021